Sous la direction de **Sylvie Angel**

Mieux vivre
mode d'emploi

Illustrations de **Soledad**

LAROUSSE

psychologies magazine

Conception du projet
et responsabilité éditoriale
Jean-Christophe Tamisier

Suivi de la rédaction
Colette Gouvion

Assistance et suivi d'édition
Céline Poiteaux

Lecture-correction
Gilles Barbier

Direction artistique
Uli Meindl

Conception graphique de l'ouvrage
mise en pages
Sophie Compagne

Fabrication
Nicolas Perrier

N° project 10069738

Distributeur exclusif au Canada : Messageries ADP, 1751 Richardson, Montréal (Québec)

ISBN 2-03-501051-9

Préface

Récemment, aux États-Unis, un sondage demandait : « Pour vous, le succès, c'est quoi ? » Or, au pays où l'on a l'habitude de tout quantifier en dollars, les deux premières réponses étaient :

– « être satisfait de ma vie » (83 %) ;

– « pouvoir conduire ma vie » (80 %).

– « Avoir beaucoup d'argent » n'était cité que par 25 % des personnes consultées.

Convenons-en, seul chef-d'œuvre qui vaille, c'est une vie réussie.

Mais c'est un vaste programme : comment faire ?

Par définition, c'est chacun pour soi, car personne, absolument, ne le fera à notre place. Pourtant, qui peut prétendre y parvenir seul ? Nous avons tous besoin d'appuis, de conseils et du plus d'amis possible.

Psychologies Magazine s'est donné pour mission d'être pour ses lecteurs, au fil des mois, l'un de ces amis.

Mais des problèmes imprévus, des souffrances, des questions aussi, sur le sens et les orientations à donner à sa vie, peuvent surgir à tout moment. De quoi avons-nous besoin alors ? Clairement, de repères fondamentaux, d'un socle de réponses sur ce qui nous préoccupe. Et comment cela se passe-t-il d'habitude ? On s'aperçoit combien il est difficile de faire la part des choses dans tout ce qui s'énonce sur de tels sujets ; on se rend compte aussi à quel point le dialogue avec soi-même et avec les proches ne va pas toujours de soi !

Quoi de mieux alors qu'avoir, à portée de la main, un ouvrage-compagnon centré sur le fond des choses, un livre-confident accessible, pratique et plaisant à consulter, auquel on puisse se fier en toute circonstance.

C'est donc tout naturellement que *Psychologies Magazine*, soucieux de vous fournir une gamme complète de ressources psychologiques pour mieux-vivre, et Larousse, fidèle à sa vocation de communication au plus grand nombre du meilleur du savoir disponible, ont décidé de s'associer pour vous offrir un tel ouvrage.

Ensemble, nous avons retenu comme le plus convaincant le projet du Dr Sylvie Angel, psychiatre réputée, thérapeute confirmée et tête de réseau dans le monde des psy.

Connaissance de soi, relation aux autres, conviction qu'il existe des moyens de faire face aux difficultés de l'existence, enfin épanouissement personnel… chacun connaît les éléments d'une vie réussie. Ce sont donc eux qui ont, très naturellement, servi de fil directeur à ce « mode d'emploi » pétri d'expérience et de vécu quotidien.

Il nous reste à souhaiter que vous et les vôtres puissiez en tirer le meilleur profit.

Jean-Louis SERVAN-SCHREIBER,
directeur de Psychologies Magazine.

Jean-Christophe TAMISIER,
éditeur.

Sommaire

L'aide thérapeutique 341

Introduction

On peut le parier, le XXIe siècle, qui vient de s'ouvrir, sera marqué par une accumulation de savoirs nouveaux, qui auront, avec les progrès à venir, de la génétique par exemple, des retombées importantes sur la vie de chacun, ouvrant à l'humanité un champ de possibles, parfois risqués, qu'elle n'aurait même pas rêvé d'explorer il y a encore vingt ans. Bien des mutations sont à prévoir dans la vie – personnelle, familiale, sociale et citoyenne. D'ores et déjà, les avancées de la médecine ont contribué à augmenter la longévité de la vie. S'adapter à cette longévité implique de nombreux éléments ; accepter de vivre plus longtemps avec un compagnon, ou d'avoir des vies différentes, de recommencer une nouvelle vie de couple ou de célibataire, de mieux gérer le stress, de trouver des alternatives créatives et personnelles, pour enrichir notre vie. C'est aussi accepter de vieillir...

« La vie nous a été donnée assez longue et avec une libéralité propre à l'achèvement des plus grandes choses, pour peu qu'elle soit bien gérée de bout en bout »

Sénèque, *Sur la brièveté de la vie.*

Parallèlement, nous continuons à penser le monde et nous-mêmes selon des cadres de pensée parfois très anciens. Nous sommes pour le meilleur et pour le pire des héritiers, issus de cultures et de traditions diverses, et nous sommes marqués – parfois au fer rouge – par notre histoire familiale ou par les circonstances de notre petite enfance. Plus que jamais, nous devons, au fil de nos existences, concilier l'inconciliable, mettre en harmonie l'ancien que nous véhiculons et le moderne qui nous transporte, nous construire et respecter la manière dont l'autre, proche, voisin, collègue, entend bâtir lui-même son existence, transmettre des valeurs à nos enfants et respecter leurs propres réponses au défi que leur jette le monde contemporain. Tout cela fait la complexité de notre vie psychologique et en commande les aléas. Il est donc parfaitement légitime, ne serait-ce que pour cela, que cette vie psychologique fasse l'objet d'une attention soutenue, pourvu qu'elle soit sérieuse et n'entrave pas le droit que chacun doit garder sur lui-même. Ce qui est, d'ailleurs, une évidence pour tout thérapeute digne de ce nom.

À cet égard, le XXe siècle, déjà en rupture forte avec les époques précédentes, et qui fut tourmenté par tant d'événements qui remirent parfois en cause la notion même d'humanité, nous a légué des armes puissantes pour mieux comprendre et affronter les souffrances et les errements de ces « moi » en quête éperdue de bonheur que nous sommes. Le développement de la psychologie, la psychanalyse et les différentes écoles thérapeutiques, l'attention humaine de tant de grands praticiens ont ouvert des horizons nouveaux, que la plus grave des erreurs consisterait à refermer. Mieux, une des exigences fondamentales de l'avenir est sans doute que tout un chacun puisse disposer d'un bagage de connaissances qui intègre ces apports et qui nous permette d'être de plus en plus libres, en gagnant dans la maîtrise de notre mental, pas dans l'optique malsaine de devenir des surhommes, mais dans le dessein d'accroître et d'intérioriser le mouvement de progrès qui a mené à reconnaître à tout individu le droit à l'autonomie maximale, qui passe aussi par le recours conscient, quand il est nécessaire, aux aides disponibles pour restaurer cette autonomie.

Le présent ouvrage se veut une tentative en ce sens. Nous avons entendu faire droit à ce souci de soi, qui, s'il est de toutes les époques, a pris de nos jours le pas sur bien d'autres préoccupations et n'est critiquable que lorsqu'il verse dans l'égoïsme et dans l'oubli de l'autre.

Plusieurs facteurs, bien connus et qu'il est inutile de développer, expliquent la force actuelle de ce souci : pêle-mêle, la montée de l'individualisme (j'ai le droit et le devoir de m'occuper de moi, de ma vie et de mes plaisirs avant toute chose) ; la pression sociale (exigence de performance et de réactivité, importance donnée aux signes du dynamisme, particulièrement pour les femmes : culte de la minceur, mode, etc.) ; la dévalorisation des pratiques addictives (tabac, alcool), obligeant à des efforts de reconquête de sa liberté ; l'évolution rapide des mœurs (nouveaux rapports aux autres dans le cadre de la famille recomposée, etc.) et du cadre de vie (comment faire face aux menaces : pollution, aliments transgéniques, etc.) ; l'effacement des idéologies (il faut trouver soi-même les bonnes réponses plutôt que d'adopter un kit de solutions de vie proposé par tel ou tel courant de pensée…).

Il en est résulté une technicisation, au sens large, de la vie quotidienne. Si le savoir pour le savoir (la « culture ») est quelque peu et malheureusement dévalorisé, en revanche, il est de plus en plus fait appel, pour mener son existence, à des savoirs pratiques directement liés à l'évolution des connaissances ou à un savoir-faire social. La vie quotidienne a perdu de sa simplicité : il est ainsi de plus en plus admis que se nourrir, pour vivre plus longtemps et mieux, suppose de véritables connaissances diététiques (ainsi oligoéléments ou « radicaux libres » ne sont plus des termes savants, mais des éléments courants de notre vocabulaire à tous…, même les hommes s'y sont mis !). D'où un besoin d'y voir plus clair pour se diriger soi-même. Nous avons, autant qu'il nous était possible, pris en compte le considérable besoin de savoir et de référence liée à cette situation.

Les éditions Larousse, en la personne de Jean-Christophe Tamisier, et Psychologies Magazine, en celles de Jean-Louis Servan-Schreiber et Arnaud de Saint Simon, qui ont tant fait – et avec quel succès ! – pour diffuser auprès du public une approche à la fois exigeante et profitable des réalités psychologiques, ont accueilli le projet avec enthousiasme. Quelque 60 auteurs confirmés ont bien voulu, sous ma direction, communiquer, question par question, ce qu'ils jugeaient essentiel pour aider chacun à trouver ses repères, à ne pas exagérer l'accessoire, mais à repérer à temps ce qui peut être grave. La très talentueuse Soledad, enfin, a commenté avec finesse et sensibilité nos textes de professionnels. Je les remercie très chaleureusement tout un chacun.

Et tous, nous nous estimerons amplement récompensés si cet ouvrage, en vrai livre-compagnon, vous aide dans l'ensemble ou au coup par coup à optimiser votre rapport à vous-même et aux autres.

Sylvie ANGEL

À la rencontre de ma personnalité

Connais-toi toi-même

À l'évidence, la personne que nous sommes amené à côtoyer le plus souvent au cours de notre vie n'est autre que nous-même. Pourtant, la plupart des gens ont une connaissance très limitée de ce qu'ils sont au niveau physiologique, affectif ou mental. Nous désirons aimer et être aimé ; pourtant, il ne nous vient pas à l'idée que ce mouvement amoureux prend sa source et culmine dans le respect, l'amour et la connaissance de soi-même.

Comme le disaient les alchimistes, nous foulons au pied la matière première du grand œuvre de transformation sans même la voir, alors que nous l'avons sous les yeux. Cette matière première n'est autre que soi. Repartons donc, en nous lançant dans une perspective psychanalytique au sens large, d'une des plus anciennes injonctions de la culture occidentale : « Connais-toi toi-même. » Cette formule, le philosophe grec Socrate, maître de Platon, l'avait lue à Delphes, au sanctuaire d'Apollon, où il était venu consulter l'oracle, et il en avait fait le centre d'un procédé pédagogique qui renvoyait sans cesse le chercheur de vérité à lui-même.

La première fois que j'ai entendu ce fameux « connais-toi toi-même », c'était au cours de mes études secondaires au Québec : un hurluberlu de professeur nous enseignait la civilisation grecque avec enthousiasme. Il se passionnait pour Lesbos, qui prônait l'amour entre femmes, pour Diogène le Cynique, qui, une lanterne allumée en plein jour, cherchait un homme digne de ce nom dans les rues d'Athènes, et pour un certain Socrate.

Tous ces détails croustillants stimulaient mon imagination d'adolescent, et je me dépensais en lectures et en travaux pour rencontrer la passion de mon professeur. « Connais-toi toi-même » me semblait alors une formule qui allait de soi parce que je n'avais pas la moindre idée de ce qu'elle voulait dire. Aujourd'hui, je comprends mieux de quel effort d'auto-observation il s'agit. Encore maintenant, je sens la plupart du temps cet effort au-dessus de mes capacités.

Commencer par le commencement

Certains jours, je ne trouve en moi qu'obscurité, complexité et difficulté. Il me semble alors que rien ne peut venir de moi, et surtout pas la connaissance. Et puis, peu à peu, je me rends compte que c'est précisément cet état qu'il s'agit de connaître, qui se déploie dans mon être au moment présent. Aussi, pour moi, « connais-toi toi-même » veut d'abord dire « commençons par le commencement » : par la présence à ce que nous éprouvons maintenant physiquement, affectivement et mentalement.

C'est ainsi que je pourrais vous suggérer de prendre un grand carton pour y exécuter un dessin où vous dresseriez sous forme symbolique le paysage de vos maux physiques et moraux, et vous dire : « Voici la carte de ma libération. Lorsque je connaîtrai la raison d'être de tout cela, je serai libre. » Il s'agirait, pour ainsi dire, du premier exercice du cours intitulé : « Connais-toi toi-même. » Il pourrait tout aussi bien en être le dernier.

Le besoin de devenir soi-même

De nos jours, nous pouvons dire que la psychologie en général et la psychanalyse en particulier ont pris le relais du « connais-toi toi-même » formulé par Socrate. Si nous résumions la position des différentes écoles psychanalytiques à l'égard de la nécessité de se connaître, nous en arriverions vraisemblablement à une formule comme celle-ci : l'être humain souffre et, pour se libérer des souffrances qui l'accablent, il doit parvenir à connaître les raisons de cette souffrance. Parcourant ce chemin de connaissance de soi, il prend contact avec certains conditionnements qui le rendent victime du malheur, et il peut ainsi reprendre la maîtrise partielle de sa vie. Il s'agit, en somme, de passer d'une position de victime du destin à une position créatrice vis-à-vis de ce même destin

Un tel mouvement de libération anime tous les êtres. Cette constatation a permis à Jung d'affirmer qu'en plus des grands instincts postulés par Freud, comme la sexualité et l'agressivité, il y avait un autre moteur du comportement humain qui était la pulsion de devenir soi-même, le besoin de se réaliser. Plus concrètement, l'hypothèse de Jung signifie qu'il y a, en nous, une pulsion irrépressible vers la connaissance de soi.

Cela peut sembler étrange, puisque, d'une certaine façon, on a toujours l'impression de bien se connaître. Mais, à y regarder de près, nous sommes plutôt comme des touristes dans notre propre pays. Nous n'en fréquentons qu'une petite province. Et ce qu'il se passe dans cette petite province nous captive tellement que nous ne prenons pas le temps de lever les yeux pour voir l'étendue de notre domaine.

En fait, penser qu'on puisse être naturellement conscient de tout ce qu'on est ne tient pas compte d'une des découvertes les plus importantes du siècle dernier : l'inconscient. Vers les années 1900, Freud réalisait qu'il y a plusieurs maîtres dans la maison d'un individu, et que, de surcroît, ils ne veulent pas tous la même chose. Notre partie instinctive, le « ça », désire que nous obéissions à nos pulsions et impulsions. Notre partie sociale, le « surmoi », désire que nous réalisions des choses convenables correspondant aux valeurs morales qu'on nous a inculquées. Notre « moi », centre du champ de notre conscience, tente de faire la part des choses entre les extrêmes, tout en faisant valoir sa volonté.

Ce moi conscient constitue, d'ailleurs, l'outil par excellence de la connaissance de soi. Par son existence, il rend possible une vie individuelle et subjective. Il est une des fonctions essentielles de cet appareil psychique qui nous permet de jeter un regard sur notre réalité.

Pourtant, si important soit-il, le moi conscient ne représente qu'une partie du psychisme. Nous pourrions même dire de l'être qui croit tout savoir de lui-même qu'il se voit comme le Soleil au centre du système solaire. Mais la psychanalyse nous a démontré qu'il correspond plutôt à la Terre qui tourne autour du Soleil, et que, par conséquent, la majeure partie de notre système psychique nous demeure inconnue.

La crise est un miroir

Les techniques psychanalytiques visent à l'établissement d'une relation avec l'inconscient. Elles ont pour balises le refoulement d'un côté et le « submergement » de l'autre. Ayant refoulé un problème, on ne se rend même plus compte qu'il existe. Étant submergé par celui-ci, notre espace mental se rétrécit au point qu'on ne voit plus que lui.

Nos moments de crise nous donnent, en fait, une image concrète de ce qui ne va pas et ils représentent autant d'opportunité de prise de conscience. Nos douleurs physiques, affectives, mentales et spirituelles nous offrent un miroir de ce qui bloque en nous. Elles nous indiquent que quelque chose du mouvement et de la fluidité naturelle fonctionne au ralenti ou plus du tout, et il en va des malaises psychiques comme des malaises physiologiques. Pensez à un mal de foie dû au ralentissement du flot biliaire, ou à une dépression et à son cortège d'idées fixes.

Quelque chose d'inconnu nous interpelle par le biais de ces ralentissements douloureux, et nous invite à une connaissance de nous-même, une connaissance qui vise un rééquilibrage et, par conséquent, un mieux-être. La douleur nous offre, pour ainsi dire, sa loupe. Parce que cela fait mal, nous allons cesser nos activités et porter notre attention à ce qui nous arrive, stimulant ainsi les processus naturels de guérison.

En somme, nous souffrons parce que le flux naturel d'énergie s'est bloqué et que nous n'arrivons pas à incarner ce que notre nature profonde nous suggère. D'où la nécessité de se connaître.

À la découverte des complexes

Pour découvrir les différentes facettes conscientes et inconscientes qui nous constituent, il faut se mettre à l'écoute de soi-même ; regarder ce que l'on fait et se demander qui agit. On s'aperçoit alors qu'une large partie de ce qu'il y a véritablement à connaître consiste en ces couches de mémoires et d'expériences qui se sont cristallisées et sont devenues, à la longue, des façons automatiques de faire, de sentir et de penser.

La psychologie appelle ces automatismes des « complexes ». Certains d'entre eux nous facilitent la vie, tout comme un programme d'ordinateur favorise l'écriture d'un texte. En revanche, certains de ces conditionnements nous limitent et nous emprisonnent : ceux que le langage populaire a retenus sous le terme de « complexes ». Cependant, pour la psychologie, les complexes peuvent être tout aussi bien positifs que négatifs. Ils représentent les vertèbres de notre colonne vertébrale psychique. Ainsi, une expérience chaleureuse avec un père aimant deviendra la source d'une bonne estime de soi, et l'on parlera d'un complexe paternel positif.

Positifs ou négatifs, les complexes sont vivants ; ce sont des masses énergétiques qui agissent à l'intérieur de nous et qui, à l'occasion, ont le pouvoir de nous subjuguer. Imaginez, par exemple, que vous êtes en colère parce que votre partenaire manifeste par ses remarques acerbes un manque de compréhension à votre égard. Tout un pan de votre personnalité se réveille alors. Vous étiez fatigué, vous ne l'êtes plus. Exaspéré, vous ne pensez pas comme d'habitude non plus. Vous vous rappelez tout ce que votre compagnon (ou compagne) a pu faire de heurtant depuis des années, et vous pouvez même en arriver à lui souhaiter du mal.

Un complexe constitue donc une véritable sous-personnalité avec sa propre énergie, sa propre mémoire et possède la capacité de vous submerger lorsque certaines conditions sont réunies. Vous n'êtes pas « hors de vous » lorsque vous êtes en colère, votre moi vit momentanément sous l'influence d'une sous-personnalité.

Si cette sous-personnalité colérique vous interpelle des profondeurs, ce n'est pas pour que vous déchargiez votre agressivité sur l'autre, mais plutôt pour que vous puissiez constater par vous-même la force de vos attentes inconscientes, de vos désirs frustrés et des expériences où ils s'enracinent. Plus important encore, de la sorte vous pouvez prendre conscience des croyances de base qui dictent votre comportement : le premier pas vers une correction éventuelle.

Ainsi, un individu qui a manqué d'attention dans l'enfance peut vivre avec la conviction inconsciente que « personne ne le comprendra jamais ». Sûrement une telle blessure stimule le désir ardent d'être compris. D'où l'attente irréfléchie qu'un partenaire amoureux sache le deviner sans même qu'il ait à parler, sa colère lorsqu'une attitude d'incompréhension confirme son interprétation de base, à savoir qu'il ne sera jamais compris.

La voie des rêves

Les rêves nous offrent un outil fort précieux de connaissance de nos complexes. Pendant le sommeil, les défenses naturelles de la conscience se relâchent, nos sous-personnalités prennent alors le dessus, et nous pouvons assister à leur théâtre intérieur. Ainsi, ce que nous avons refoulé a une chance de remonter à la surface, et nous pouvons en devenir témoin.

Les rêves ont l'avantage d'offrir un autoportrait, dressé par l'inconscient, de la situation globale du rêveur. Ainsi, un de mes patients rêvait de temps à autre qu'il visitait un sous-sol où vivaient des enfants fous fabriquant des papillons en papier. Il détestait l'atmosphère de folie qui se dégageait de ce songe. Pourtant, l'inconscient remettait, de la sorte, cet homme en face de sa réalité : il se jouait des tours en continuant à réprimer sa sensibilité artistique au nom du sérieux de sa profession.

Jung a vu dans de tels rêves l'action de la fonction d'auto-équilibration de notre psychisme. Il note ainsi que nos fictions nocturnes viennent en quelque sorte compenser ce qui manque au point de vue conscient pour établir une image plus juste de la dynamique globale de l'être. La plupart de nos systèmes organiques possèdent une telle dimension d'auto-équilibration. Ainsi, lorsque vous vous coupez, vous n'avez pas à penser à vous réparer. Instantanément, les 27 milliards de cellules de votre organisme savent qu'il y a une brèche dans l'intégrité du système et vont y acheminer les enzymes et les matériaux nécessaires à la coagulation du sang et à sa cicatrisation. Dans les rêves, nous assistons à cette tentative d'équilibrage. Plus cette compensation est vigoureuse, contrastante même, plus elle nous permet de mesurer le fossé qui existe entre le point de vue conscient et le point de vue inconscient. C'est exactement ce qu'il se produit à l'occasion d'un cauchemar, lorsqu'un être est par trop éloigné des attitudes qui serviraient un développement équilibré.

On ne saurait cependant réduire les rêves à leur seule dimension compensatrice. Ils possèdent aussi une fonction prospective. Ils pressentent notre futur à partir des données présentes. Voilà pourquoi on peut aussi les étudier sous l'angle de la solution des problèmes. Il arrive qu'ils aient aussi des fonctions télépathiques ou prophétiques. De toute façon, en plus d'être la représentation du psychodrame qui se joue en nous, ils ouvrent une porte sur des dimensions inconnues de l'être et deviennent en cela des outils précieux de connaissance de soi. Ils nous sont tellement nécessaires que, si nous empêchons un individu de rêver pendant plusieurs nuits, des signes de désorientation et de confusion mentale apparaissent immanquablement, s'apparentant aux états psychotiques.

Nous sommes « expression »

Les rêves produisent des métaphores sur lesquelles nous pouvons nous appuyer afin de réfléchir sur nous-même. La production de ces métaphores peut également s'opérer de façon consciente. Voilà pourquoi les techniques thérapeutiques qui favorisent l'expression créatrice permettent plus facilement de rendre visible ou audible ce qui est inconscient. Même la psychothérapie classique essentiellement fondée sur l'échange verbal repose sur un moyen d'expression qui est la parole. Elle permet au patient de s'entendre. En fait, il s'agit toujours de rendre manifeste ce qui ne l'était pas afin de faciliter une prise de conscience.

De la sorte, le jeu de sable, le dessin, la danse, l'écriture poétique, le théâtre peuvent devenir autant de moyens de s'exprimer et de se connaître. Il s'agit, en somme, d'« objectiver », c'est-à-dire de rendre « objet », ce qui jusque-là était emmêlé au « sujet », à savoir la personne. Cette objectivation permet de dialoguer avec nos problèmes, car il est plus facile d'échanger avec ce qui est en dehors de soi. Il n'y a qu'à peindre un état dépressif ou à écrire un poème sur la colère pour se rendre compte que cette activité influence notre humeur et occasionne des trouvailles inattendues par rapport à notre état.

L'expression créatrice nous offre un miroir de ce que nous sommes et nous fournit ainsi l'occasion d'entreprendre un dialogue avec les complexes qui nous submergent à l'occasion. Pourtant, même sans recherche particulière de compréhension, elle sert l'évolution de l'individu en favorisant un mouvement d'expansion. En effet, la créativité est essentiellement mouvement et fait bouger l'être vis-à-vis du problème qui le tient prisonnier dans le cercle vicieux des pensées et des sentiments répétitifs.

S'exprimer allège ce qui nous opprime, même si on ne comprend qu'obscurément ce dont il est question. Cela permet de remettre en circulation ce qui nous ralentissait, stimulant le rétablissement du flot d'énergie.

En outre, l'utilisation de l'expression créatrice comme support à l'observation de soi ajoute une dimension de plaisir à ce qui, bien souvent, n'est entrevu qu'à titre de « travail ». Dans le domaine du développement personnel, cette notion de travail s'avère malheureuse, car elle teinte cet élan d'une connotation de tâche. En réalité, le dialogue avec l'inconscient bénéficie grandement de ce que je qualifierai de « rapport poétique avec la connaissance ». Cette attitude arrondit, pour ainsi dire, les contours froids du terme connaissance, qui, bien qu'impliquant sa part de raison et d'effort, se conjugue mieux sous le mode de l'intuition, de l'imagination et de la créativité, lorsqu'on en vient à la connaissance de soi.

Résister à soi-même

Même si les crises peuvent êtres entrevues comme autant de chances de se rencontrer, il y a pourtant un hic : le moi n'aime ni les problèmes ni les ennuis. On le comprend. Quoi de plus pénible que ces périodes où nous oscillons entre le bien-être et le malaise de façon incontrôlée ? Il utilise donc toute une série de mécanismes de défense pour se protéger des irruptions perturbantes de l'inconscient. Un exemple : vous apprenez une nouvelle attristante alors que vous êtes en train de terminer une tâche importante. Vous serez sans doute capable de finir votre tâche avant de vous livrer à la peine. Si vous revenez, par la suite, sur l'émotion retenue afin de la vivre, il n'y aura pas de problème. Si vous ne revenez jamais dessus, ce mécanisme, sain en lui-même, de remettre à plus tard ce qui vous dérange se transformera en refoulement et même en suppression des contenus psychiques indésirables. À la longue, cela finira par créer une telle tension entre le conscient et l'inconscient que vous risquerez d'être submergé par des humeurs incontrôlées ou des cauchemars, car le refus de négocier avec l'inconscient nous met à sa merci.

En fait, chacun de nous rencontre des résistances internes à la connaissance de soi, et la peur de souffrir constitue sans doute la plus importante d'entre elles, ce qui est tout à fait paradoxal car la peur de souffrir nous précipitera éventuellement dans une souffrance encore plus grande que celle que nous cherchions à éviter.

À cette peur de souffrir s'ajoute la peur de l'inconnu. Même lorsqu'une situation est inconfortable, nous préférons souvent demeurer dans un malheur connu plutôt que d'aller vers un bonheur étranger. Encore plus, si aller vers ce bonheur nécessite un passage par une phase de transition désagréable où de nombreux refoulements risquent d'être mis au jour. C'est comme devoir quitter le confort d'un vieil appartement pour aller vers un nouveau lieu qui, même plus confortable, n'en demeure pas moins inconnu. Sans parler de l'épreuve représentée par le déménagement.

D'une certaine façon, nous pouvons dire que la peur de souffrir et la peur de l'inconnu masquent simplement le fait que nous sommes attaché à nos souffrances et que cet attachement constitue le véritable obstacle au changement. Pourquoi un alcoolique a-t-il de la difficulté à cesser de boire ? Parce que bien souvent il a connu ses plus grandes joies en état d'ivresse. Alors, quand trouvons-nous le courage de changer ? Lorsque la souffrance apportée par une situation devient intolérable. Bien entendu, une telle attitude constitue la pire des stratégies. Le véritable art de vivre consiste à s'aimer et à se respecter suffisamment pour aller simplement vers le bonheur. Il s'agit, d'ailleurs, là, du but visé par la connaissance de soi. Malheureusement nous sommes souvent trop occupé pour nous accorder l'attention nécessaire. Nous nous consolons en nous disant que « la souffrance fait grandir », mais à quel prix ?

Échanger pour se connaître

Il y a un leurre dans l'expression « connais-toi toi-même », car elle peut servir à justifier un isolement dans l'exploration de soi. En effet, le trait de Socrate nous laisse pressentir que la connaissance existe déjà en nous et que nous avons le pouvoir de la faire jaillir en nous observant suffisamment. Mais qu'en est-il dans les faits ?

Dans les faits, nous sommes des êtres sociaux. Nous vivons en société et nous avons besoin d'un échange de points de vue dans l'amitié, dans le couple, dans la famille ou dans le groupe de travail pour évoluer. En d'autres termes, il ne saurait y avoir d'intimité avec autrui sans intimité avec soi, d'intimité avec soi sans intimité avec les autres.

Je me permets d'insister sur ce point car nombreux sont les êtres qui croient sincèrement n'avoir pas besoin de l'opinion de leurs congénères et encore moins d'une thérapie pour progresser. Ils se font une fierté de s'en tirer tout seuls. Or, bien souvent, par soi-même, on stagne. Les douleurs et les situations qui ont le potentiel de nous informer ont beau se répéter, nous ne pouvons pas les utiliser car nous manquons d'informations de base sur nous-même.

En réalité, lorsque nous sommes submergé par une situation difficile, nous avons peine à nous mettre à l'écoute de nous-même. Au moment d'une crise, nous sommes rapidement réduit à l'impuissance. Nous avons besoin d'appuis extérieurs afin de mieux observer ce qui se passe en nous. Nous avons besoin d'un regard externe qui, nous offrant une interprétation par rapport à ce que nous vivons, nous apportera la distance nécessaire pour trouver une position plus objective. Cette réalité constitue la base de toute pratique psychothérapeutique, et de toute véritable amitié.

Cela explique pourquoi les groupes d'entraide fonctionnent. Ils occasionnent des échanges de points de vue qui permettent à un être de se regarder différemment. J'ai moi-même travaillé à la mise sur pied de groupes d'entraide pour hommes et pour femmes dans plusieurs pays, et j'ai pu constater combien le simple fait d'avoir un lieu de parole qui permet de briser l'isolement intérieur agit de façon thérapeutique.

À dire vrai, la psychologie et la psychanalyse n'ont pas autre chose à offrir qu'une interprétation de la vie et de ses vicissitudes. Cette perspective peut cependant créer toute la différence, car elle permet au regard que l'on pose sur soi de se renouveler. Savoir que, dans un couple, nous nous comportons encore comme le petit garçon qui devait faire sourire sa mère, de peur d'être battu, peut expliquer à quelqu'un pourquoi il a peur de parler de façon authentique à sa partenaire. Vue sous cet angle, la connaissance de soi délivre véritablement. Elle est comme le soleil qui perce derrière les nuages.

Jusqu'ici, nous avons traité de la découverte de soi en termes de connaissance de sa propre personnalité. La seconde partie de la proposition de Socrate va nous permettre d'aller un peu plus loin. En effet, l'inscription entière trouvée à Delphes se lisait comme suit : « Connais-toi toi-même et tu connaîtras le monde. »

Se connaître pour connaître le monde

Est-ce à dire que, en nous penchant sur nos propres profondeurs, nous finissions par rencontrer ce qui est commun à tous ? Que « l'intime est mondial », comme l'affirme le philosophe Gabriel Marcel ? Est-ce à dire que, au centre le plus intime de l'individualité, nous rencontrions la portion universelle de l'être ?

Encore une fois, Jung va nous aider à pénétrer au cœur de ce dilemme. Tentant de spécifier l'origine des effets d'auto-équilibration qui sont à l'œuvre dans les rêves, il a conçu que le « moi » n'était pas le centre de la personnalité, mais uniquement le centre du champ de la conscience. Il appela « soi » le centre réel de la personnalité globale, un soi qui englobe à la fois la vie consciente et inconsciente. Spéculant sur la nature de ce soi à partir de sa propre expérience et de celle de ses patients, il arriva à la conclusion qu'il s'agissait de ce qui permettait à un individu de devenir lui-même de la façon la plus originale possible et, en même temps, de se savoir et de se ressentir comme étant de la même nature que tout ce qui existe. Selon lui, cette hypothèse nous plaçait devant le paradoxe fondamental de l'être humain, à savoir la nécessité de conjuguer réalité individuelle et appartenance au monde. Comme si la rencontre avec soi signifiait les retrouvailles entre le moi intime et ce qui, en nous, se sait « poussière d'étoiles », selon la belle expression de Hubert Reeves.

Un tel appui dans l'universalité permet de s'abandonner réellement au mouvement créateur et de trouver une véritable intimité, un réel confort dans le monde. Sans cet appui, il est difficile pour un être de s'affranchir de ses peurs et de ses angoisses. Il demeure prisonnier de son individualité en tentant de définir et de retenir une identité personnelle qui fuit sans cesse. En réalité, l'identité personnelle, l'individualité, est une expression pleine et entière de l'universalité. Elle n'existe pas en tant que phénomène séparé et indépendant du tout. Tout comme le moi est une expression du soi.

Le soi manifeste, pour ainsi dire, l'intelligence créatrice inscrite dans chacune de nos cellules, une intelligence qui se déploie sur le plan psychique autant que physiologique. Une telle perspective nous laisse entrevoir la beauté et la perfection du processus vivant. En ce sens, nous pouvons même concevoir nos maux comme l'expression même de cette perfection naturelle, puisqu'ils nous rappellent à notre nature profonde. Ils nous réclament plus de respect et plus d'amour pour nous-même. Ils nous incitent à nous traiter comme la personne la plus précieuse au monde, et à traiter chaque être que nous rencontrons de la même façon.

Comme l'affirme Jung lui-même, le soi constitue une hypothèse limite, psychologiquement fondée, mais impossible à prouver. En fait, il s'agit plus de l'éprouver que de la prouver. C'est, d'ailleurs, en utilisant sa propre vie comme laboratoire que chacun de nous est invité à la vérifier.

Cette démarche, nommée par Jung processus d'individuation, va teinter la vie entière d'un individu à partir du moment où il s'y engage. Elle offre un regard qui éclaire toute la raison d'exister. Toute la vie s'oriente alors sur la réalisation de soi, sur l'établissement d'une relation avec le mystérieux et l'inconnu que nous portons au cœur de nous-même.

L'élan vers le bonheur

Quel est le bénéfice apporté par ce mouvement de connaissance de soi ? D'abord, il propose à un être un regard plus vaste sur lui-même, et ce regard élargi relativise les obstacles quotidiens en leur donnant un sens global. Ensuite, il offre un contact plus intime non seulement avec son être intérieur, mais également avec la société, l'humanité et l'univers auxquels on appartient. Finalement, il permet de satisfaire la pulsion la plus profonde de l'être, c'est-à-dire la recherche du bonheur.

Tour à tour, nous pensons trouver la félicité dans des objets et des relations que nous traitons comme des absolus, mais, invariablement, après un temps donné, l'insatisfaction montre le bout de son nez. Alors nous nous rendons compte que notre quête se terminera uniquement lorsque nous ferons de la rencontre intime avec nous-même et avec tout ce que nous sommes le but de notre existence, même si cette recherche signifie l'exploration de nos zones les plus sombres. La relation entre le moi et le soi apporte la sensation d'être heureux car, en renouant avec sa propre essence, le moi arrête de se sentir séparé et abandonné. Il se perçoit partie d'un tout, uni de nouveau au mouvement universel.

Se connaître soi-même, c'est donc reconnaître le mouvement fondamental qui nous habite, la pulsion profonde qui nous pousse à nous unir aux autres, à travers le couple, la famille, la communauté. Cette connaissance nous conduit à participer non seulement à notre propre transformation, mais aussi à celle de la société et de l'univers qui nous abrite. Cette pulsion, cet élan, comment le nommer autrement qu'en le disant amour, pour peu que, sous ce terme, nous acceptions d'entendre le mouvement d'attraction et de cohésion qui lie tout ce qui existe ? Apprendre à se connaître signifie apprendre à s'aimer et à se respecter comme représentant de la vie universelle. C'est entrer progressivement, ou tout d'un coup, dans un courant d'expression libre, infiniment libre.

Guy CORNEAU

Rien ne sert de se fuir si c'est pour se perdre...

L'astrologie, soit, mais...

Depuis toujours, l'astrologie attire, fascine, agace, répugne, suscite dans tous les cas de violentes controverses. Réalité, croyance ou mythe ? Que peut-elle nous apporter dans la compréhension de nous-même sans nous faire basculer dans l'irrationnel ? Après des siècles d'histoire et de polémiques, le débat reste ouvert.

Voilà cinq mille ans que l'homme cherche à lier son destin aux étoiles, et, après trois cents ans d'éclipse, l'astrologie semble connaître une véritable résurrection. Il suffit d'ouvrir un magazine, d'écouter la radio ou une conversation pour se rendre à l'évidence, elle est présente, fait partie de notre quotidien, et perdure en dépit de ses détracteurs. Toute époque en perte de valeurs – et ce serait, semble-t-il, le cas de la nôtre – accroît la tentation de se réfugier dans des conduites irrationnelles mais rassurantes, qu'elles soient sectaires ou individuelles. Sans clouer toutes les formes de divination et *a fortiori* l'astrologie au pilori, il est donc important de les repositionner à leur juste place : il s'agit bien d'un outil. Évidemment, il ne révèle pas l'avenir, n'a pas réponse à tout, mais, à la lumière des grands thèmes symboliques et de l'inconscient culturel, dont C. G. Jung, en particulier, fut le grand doctrinaire, il peut nous aider à mieux comprendre ce que nous sommes.

Si personne de sérieux ne songe plus aujourd'hui à revendiquer un quelconque statut scientifique pour l'astrologie, il n'en demeure pas moins que l'intelligence humaine ne maîtrise pas tout, et que ce n'est pas parce qu'on n'explique pas un fait qu'il n'existe pas. Soyons humbles, nombreux sont les exemples de théories scientifiques qu'on a abondamment validées pour mieux les abolir quelques décennies plus tard, et nul doute que le futur réserve encore quelques surprises.

Depuis le début du XXe siècle, on assiste à une véritable résurgence de l'astrologie. Ce phénomène semble résulter de la conjugaison de plusieurs facteurs : d'abord, l'affaiblissement progressif de l'Église, en même temps que se développe une nouvelle quête de spirituel, nourrie par le besoin de situer l'homme au sein du cosmos. Or, si l'astrologie a toujours survécu, en dépit des attaques dont elle a fait l'objet, c'est qu'elle est portée à travers les siècles par une idée majeure : relier l'homme au monde.

L'astrologie aujourd'hui, un langage symbolique

Dans les années 1960, A. Barbault, astrologue éminent, pose les fondements de la psycho-astrologie, directement inspirée de l'astrologie traditionnelle, mais renouvelée par les concepts et le langage psychanalytiques. Ce nouveau courant réaffirme les principes de la théorie symboliste, c'est-à-dire l'analogie entre le monde macrocosme et le monde microcosme, l'homme contenant en lui tous les caractères de l'Univers, dont il est la copie miniaturisée.

L'astrologie d'aujourd'hui, donc, ne se définit plus comme une science, mais comme un langage symbolique. Il est clair que les astres n'exercent aucune influence physique, matérielle, causale sur l'homme : les planètes ne sont que l'expression de ce que nous sommes. Le thème astral correspond à une figuration statique du ciel aux moment et lieu précis de la naissance d'un sujet. Observations et statistiques, menées depuis des siècles, ont conduit à établir les correspondances entre les dix planètes et les archétypes fondateurs de l'être humain. Ainsi, le thème astral traduit les potentialités, les tendances profondes et, éventuellement, les grands tempos d'une destinée. Lorsqu'on dit qu'une configuration astrale correspond à tel événement ou à tel comportement, c'est que le sujet porte en lui une tendance le prédisposant à ce comportement ou à cet événement, ce qui amène à la question suivante : peut-on prévoir par l'astrologie ?

Aucun destin n'est tracé d'avance

À l'heure actuelle, il est un fait essentiel sur lequel tout le monde s'accorde. Il n'existe pas en astrologie de déterminisme absolu. Si nous avions été soumis au poids d'un tel joug, nous ne pourrions douter de l'immense pouvoir des astres. Or, à l'instant même où nous le discutons, c'est que ce

Aux côtés de l'astrologie

D'autres modes de divination tiennent le haut du pavé aux côtés de l'astrologie. La voyance a toujours ses adeptes. La numérologie s'appuie sur la valeur symbolique d'un nombre obtenu par l'addition des lettres d'un nom (ou, de façon plus sophistiquée, d'une valeur numérique appliquée à chacune des lettres) à la date de naissance. Dans le tarot, les 22 cartes, ou lames, doivent être décryptées. Certains y voient un enseignement secret issu de l'hermétisme chrétien, de la Kabbale et des traditions astrologiques d'Inde ou de Chaldée, et une illustration des grands principes qui régissent le cosmos. C'est également le cas du Yi King : en lançant à plusieurs reprises des baguettes d'achillée ou des piécettes selon une démarche précise, on obtient six chiffres, à leur tour traduits en traits pleins *(yang)* ou en intervalles *(yin)*, qui donnent, avec 64 possibilités, un hexagramme renvoyant à une sentence contenue dans le livre du Yi King et contenant en lui l'élément de sa prochaine évolution, dans une conception de transformation perpétuelle. Tarots et Yi King sont complexes et d'une grande richesse par leur connexion avec des spéculations métaphysiques, sinon philosophiques.

De la Chaldée à Louis XIV

L'astrologie est née en Mésopotamie au IIIe millénaire avant J.-C. Les prêtres chaldéens inscrivaient les mouvements planétaires relevés depuis leur observatoire. Très vite, ils associèrent la course du Soleil à tous les événements de la vie quotidienne : agriculture, chasse, pêche, guerre, etc. C'est ainsi que s'élabore un système complexe qui fonde les lois de correspondances entre les mouvements planétaires et la vie sur terre. Deux mille ans plus tard, ces pratiques semi-religieuses se généralisent. Progressivement, elle gagne la Perse, les Indes, la Chine, l'Arabie, l'Égypte, la Grèce, et c'est là qu'elle prend corps véritablement. Pythagore confirme le fait astrologique, et, au IIe siècle, Ptolémée, astronome réputé, rédige la *Tétrabible*, une œuvre posant les principes fondamentaux, les symboles et les interprétations, qui vaudront pour les quinze siècles à venir. Jusqu'à Louis XIV, l'astrologie connaît de beaux jours, malgré l'opposition de l'Église. Puis arrive la révolution copernicienne. Du même coup, les bases théoriques et scientifiques de l'astrologie s'effondrent. Les rationalistes avaient ouvert la voie, mais Colbert porte le coup de grâce à l'astrologie en l'excluant définitivement de l'Académie des sciences. Astronomie et astrologie deviennent dès lors deux sœurs ennemies, et cette dernière plonge dans un sommeil de trois siècles.

pouvoir est inopérant. Aucun destin n'est tracé par avance ; l'homme jouit de ce qu'on appelle le libre arbitre, qui fait de lui un être autonome à part entière. Selon le vieil adage, « les astres inclinent, mais n'imposent pas ».

La prévision astrologique ne traduit pas nécessairement des faits matériels, c'est même rarement le cas. D'abord, l'effet d'une configuration peut revêtir différentes manifestations – et elles sont souvent internes ; ensuite, la même configuration n'a pas la même portée selon les individus. On ne peut dissocier, en aucun cas, l'étude d'un thème de son contexte. En outre, un thème révèle des tendances, il ne recèle jamais une fatalité.

C'est pourtant souvent dans cette perspective, à mi-chemin entre magie et superstition, que l'on consulte. Il s'agit là d'une démarche passive, figée dans l'attente du miraculeux. On cherche dans cette consultation à justifier ses difficultés : « Ce n'est pas moi, c'est Saturne », entend-on fréquemment.

S'il est vrai que les horoscopes des médias offrent une image peu valorisante de l'astrologie, celle-ci n'en demeure pas moins un formidable outil dans l'appréhension de soi. La prévision astrologique s'apparente plutôt à la prévision de futurs états psychologiques. Les différentes configurations traduisent un climat, un courant dont l'intensité varie selon le sujet et son histoire.

À configuration identique destins différents. Pour illustrer ce propos, on raconte souvent l'anecdote suivante : le 4 juillet 1738, à 7 h 30, deux enfants naissaient dans une paroisse anglaise. Tous deux succédèrent à leur père, se marièrent le même jour, eurent le même nombre d'enfants, et moururent à une heure d'intervalle. L'un était le marchand de fer Samuel Hennings, et l'autre le roi George III…

Le vrai sens d'une consultation

Le but d'une consultation est d'amener le sujet à cerner sa personnalité, ses tendances, son rapport à l'autre. Interpréter un thème revient à la fameuse comparaison des deux colonnes, d'un côté toutes les potentialités d'un sujet, de l'autre ses choix. Cette analyse permet d'identifier sous quelle forme l'individu exprime, ou pas, ses tendances. Souvent la consultation donne lieu à une prise de conscience, et conduit à l'actualisation d'une ou plusieurs tendances du thème. On consulte rarement par hasard. Il faut savoir que le thème astral peut expliquer ponctuellement une situation ou une difficulté. En cas de crise, la consultation donne la mesure de certains événements et permet de dégager leur signification dans une perspective d'ensemble.

C'est aussi l'occasion, pour d'autres qui n'osent pas consulter un psy, de briser un silence, tout en effectuant une première démarche pour se repérer. En donnant le sentiment d'être au plus près de soi, la consultation peut avoir une action thérapeutique ; c'est un premier pas qui ne dispense pas pour autant d'une thérapie véritable, si besoin est.

Après trois siècles de déclin, l'astrologie revient en force. Elle fait aujourd'hui son apparition dans les cabinets de recrutement, les secteurs éducatif, médical, et jusque chez des thérapeutes.

Témoin de l'histoire des civilisations, elle demeure, à travers le temps, un outil précieux dans la connaissance de soi. Le vieil adage : « Le sage régit son étoile, l'ignorant est régi par elle », participe du même processus de la conquête de soi que les diverses théories de la psychologie moderne. En offrant une image plus large de l'individu, elle permet de saisir ses possibles comme ses contradictions.

Caroline WEILL

À LIRE

Barbault, D. et M., *Dictionnaire des aspects astrologiques*, Bussière, 1996.

Barbault, A., *De la psychanalyse à l'astrologie*, Seuil, Paris, 1996.

À CONTACTER

Agape, 41, avenue Rapp, 75007 Paris. Tél. : 01 45 51 21 26.

EN BREF

Le grand retour

Dès le début des civilisations humaines, les hommes ont scruté le ciel pour tenter d'y lire leurs destins, collectifs ou individuels. Après la révolution copernicienne, au XVIIe siècle, elle connut une éclipse de trois cents ans, mais opère aujourd'hui un retour en force.

D'évidentes limites

L'astrologie ne peut, en aucun cas, être qualifiée de science. On s'accorde également aujourd'hui à estimer qu'elle ne peut prédire l'avenir, mais, en revanche, nous aider à mieux nous connaître et à interpréter les événements de notre vie.

Un danger certain

Le risque du recours à l'astrologie ou aux autres techniques divinatoires est de faire basculer des personnalités fragiles ou en détresse momentanée dans l'irrationnel, et souvent d'en faire les victimes consentantes de charlatans ou de gourous.

Quand on fait son propre malheur...

Le malheur est-il une question de malchance, une distribution aveugle du destin, ou bien une pseudofatalité à laquelle certaines formes de personnalités seraient prédisposées ? Comment expliquer qu'il épargne les uns et accable sans merc les autres ? La psychologie ou la psychiatrie sont-elles qualifiées pour rendre un tel problème intelligible, ou faut-il laisser cette question aux philosophes et aux théologiens ?

Nombre de cliniciens sont confrontés avec effarement à une catégorie particulière de patients, dont l'approche thérapeutique est rendue difficile par le simple fait qu'ils s'ingénient à ne pas guérir, et ce en dépit de leur demande apparemment sincère d'une thérapie destinée à les aider à mieux vivre. Ces experts de l'échec et du désenchantement, sans distinction liée au sexe ou à l'âge, se singularisent par leur haute résistance aux interventions thérapeutiques, une espèce de propension passionnelle à la délectation morose. Ils se plaignent en tout temps de sentiments d'impuissance, de manque de confiance en eux-mêmes comme dans la vie, d'anxiété face au moindre changement, etc. et ces plaintes se compliquent parfois de symptômes divers, allant de la dépression aux troubles du comportement, en passant par des profils de « personnalités pathologiques »: névrose de caractère, troubles narcissiques, psychosomatiques...Il y aurait donc certaines raisons relevant de la psychologie humaine pour expliquer, du moins partiellement, cette répartition du malheur, à première vue aléatoire, par l'art de faire son propre malheur.

Le retentissement lointain d'une expérience précoce

Maintes formes de blessures affectives précoces jouent un rôle déterminant sur le développement de la personnalité. L'enfant abandonné, maltraité ou mal-aimé apprend de bonne heure à ne pas s'aimer lui-même, quand il ne s'initie pas carrément au mépris ou au dégoût de soi, souvent accompagnés de la honte ou de la culpabilité d'être au monde. Cet apprentissage douloureux et précoce est d'autant plus dramatique à vivre qu'il se passe à un âge où l'enfant n'a aucun recul critique envers ses parents, en qui il place naturellement toute sa confiance, Le raisonnement de l'enfant exposé à ce type de blessures pourrait se résumer en une sentence un peu lapidaire : « Si mes parents ne m'aiment pas, c'est parce que je ne suis pas aimable ou parce que je ne mérite pas d'être aimé, et je n'ai par conséquent aucune raison de m'aimer moi-même. » Ce genre de sentence prend aisément la force d'un « cliché personnel », pour ne pas dire d'un « slogan intime », qui restera durablement gravé dans la mémoire et dans l'inconscient de l'enfant, surtout s'il ne lui est pas donné de faire l'expérience, au cours de sa croissance, d'une relation affective différente et compensatrice, c'est-à-dire aimante, chaleureuse, sincère et respectueuse de sa personne. De la sorte, le « non-amour » et son cortège de désenchantements successifs deviendra synonyme de la « réalité du monde ». Tout semble démontrer à l'évidence qu'une personne victime de carences ou de maltraitances précoces a tendance à répéter, de façon compulsive et obsédante, le scénario initial de son enfance, comme si le même malheur devait fatalement se reproduire, soit exactement de la même manière, soit sous la forme de conduites symboliques, en restant convaincue que tout cela est de sa faute.

Le grand livre familial et la légitimité destructive

Aux carences ou aux maltraitances initiales s'ajoutent d'autres contraintes, essentiellement alimentées par une autre logique liée au climat de justice immanente se dégageant des pourparlers invisibles du tribunal intime de chaque famille. Les recherches et les expériences cliniques des thérapeutes de famille montrent bien, depuis une cinquantaine d'années, combien la famille continue à exercer une influence déterminante dans la vie de chaque personne – et ceci pas seulement au cours de l'enfance, mais bel et bien lors de chaque étape du cycle de vie.

Déjà à un premier degré, la façon de communiquer en famille imprègne en profondeur le fonctionnement psychique de chacun des membres et

Des rôles distribués par la famille

Dans certaines familles pathogènes, les rôles semblent s'imposer. L'un aura pour script d'être le « malchanceux », un autre le « méchant égoïste » qui n'en fera jamais qu'à sa tête (mais que le destin punira un jour), une autre sera la « gentille raisonnable » au cœur fidèle, sur laquelle on peut toujours compter mais qui s'oublie toujours elle-même alors qu'elle souffre mille morts, et ainsi de suite. Le casting distribuant ce genre de rôles ou de statuts est très varié, il s'inscrit dans ce que I. Boszormenyi-Nagy, pionnier de l'approche éthique en thérapie de famille, a appelé le patrimoine familial.

constitue un type spécifique d'apprentissage, présidant à la façon de penser ou de se parler à soi-même, comme de communiquer avec autrui. La force de pénétration du style familial et de ses règles propres, dans la vie de chaque membre, en particulier des descendants, s'explique par la tendance à se soumettre au script narratif découlant du patrimoine commun et distribuant les rôles à tous les membres. La loyauté de chaque membre envers les expectatives de son clan familial le met à la merci, sous peine de se sentir coupable, ou même carrément d'être coupable, des injonctions et attributions édictées par ses parents et par ses grands-parents, prescriptions prenant parfois l'allure de véritables missions.

Dans chaque famille, la distribution des dettes et des mérites entre les membres est inscrite dans le grand livre invisible qui définit la position de redevance ou d'exigence de chacun par rapport aux autres. Selon qu'un enfant doit « éponger la dette » de son père ou de sa mère envers la génération précédente, son destin pourra être jalonné de maux, malheurs, accidents en chaîne, altérations répétées de la santé mentale ou physique, et cela parce sa vie entière est dictée par les attentes claires ou cachées de ses ascendants. L'un aura pour mandat de rater sa vie amoureuse, familiale ou affective au sens large, alors que sa vie professionnelle sera sauvegardée. Un autre devra cumuler toutes les maladies graves, ou subir des rechutes indéfinies de la même maladie, parce que son père est devenu un assisté précoce de la société, et parce qu'il est hors de question de lui infliger le spectacle d'un fils qui, lui, réussit. On le voit, cette forme d'habilitation ou de légitimation du descendant par le clan a ici un caractère franchement destructeur et l'expérience clinique montre que cette légitimié destructive est souvent à l'œuvre dans l'obstination à ne pas guérir, à résister à toute occasion de changer les choses, à se complaire dans le malheur en s'en plaignant bruyamment au besoin.

Perspectives thérapeutiques

Il existe maintes façons d'affronter ce type de problème en psychothérapie. Au stade le plus élémentaire, le thérapeute qui travaille individuellement avec le patient peut s'efforcer de lui offrir, avec constance et patience, un autre regard sur lui-même. Cette forme de reconstruction de son image dépend beaucoup de la qualité de la relation thérapeutique, de son climat affectif et éthique, de la confiance qui règne entre les deux protagonistes, en vue de permettre l'expérience suffisamment prolongée d'une relation affective novatrice et heuristique. Elle peut être complétée par des procédés techniques modernes, tels que l'usage du jeu de rôle et de la vidéo, qui incitent le patient à explorer d'autres modalités de sa relation à lui-même, mettent au jour ses ressources et lui permettent d'inventer un nouveau dialogue avec lui-même.

Heuristique : *se dit de ce qui favorise la découverte d'une autre façon de se percevoir au monde.*

Un autre niveau d'action thérapeutique est la thérapie de famille, qui consiste à confronter le patient à ses proches parents, dans des séances au cours desquelles le thérapeute agit directement sur les interactions affectives et sur le style de communication, tout en incitant chacun à reconnaître le mérite ouvert ou caché des autres membres (en particulier du patient).

Un troisième levier d'action utile est la thérapie de groupe entre patients souffrant du même type de problème. Il s'agit ici de partager l'expérience vécue avec d'autres artisans de leur propre malheur, de façon réparatrice.

À ces divers procédés s'ajoutent des outils thérapeutiques originaux, tels que l'hypnose, ou les thérapies brèves dans la ligne du groupe de Palo Alto, en Californie.

Quelles que soient les techniques thérapeutiques suivies pour résoudre ce genre de problèmes, l'esprit commun qui les inspire pourrait être illustré par un antique adage chinois : « Vous ne pouvez empêcher les oiseaux de malheur de voler. Vous pouvez seulement les empêcher de faire leur nid dans vos cheveux. »

Gérard SALEM

À LIRE

Greenburg, D., *le Manuel du parfait petit masochiste*, Seuil, Paris, 1985.

Miller, A., *l'Enfant sous terreur. L'ignorance de l'adulte et son prix*, Aubier, Paris, 1987.

Salem, G., et Boszormenyi-Nagy, *le grand livre des dettes et des mérites*, in Dialogue, 110-4: 50-73,1990.

Salem, G., *l'Approche thérapeutique de la famille*, Masson, Paris, 1987; 3éd. 2001.

Watzlawick, P., *Faites vous-même votre malheur*, Seuil, Paris, 1984.

EN BREF

Éternelles victimes

Certains êtres semblent attirer le malheur à répétition et s'y soumettre avec une délectation morose. La fatalité est souvent moins en cause que leur propre comportement.

Entre l'enfance et la famille

Deux facteurs prédisposent essentiellement à la condition de victime : une enfance mal-aimée ou le maintien systématique d'une conduite destructive de soi-même, alimentée par des loyautés invisibles envers la famille et entretenue dans une mentalité victimaire.

Des thérapies délicates

De la thérapie classique individuelle à l'hypnose, en passant par la thérapie familiale, la thérapie de groupe et la thérapie comportementale, il existe plusieurs techniques permettant de ne plus faire son malheur soi-même, à condition de ne pas s'ingénier à ne pas guérir.

Voir aussi

- Mais qu'est-ce qu'ils me veulent ? p. 58
- Les thérapies cognitives et comportementales p. 364
- L'hypnose médicale p. 370
- Les thérapies brèves p. 378
- L'estime de soi p. 424

La pente de l'esclavage

Nous avons tous besoin, à des degrés différents, d'obéir aux injonctions sociales, de nous plier aux normes dictées par la mode ou bien d'aider les autres. N'y a-t-il pas en cela une attitude qui s'apparente au sacrifice, et, si c'est le cas, à quoi sert ce sacrifice et dans quel cadre s'inscrit-il ?

Si le XXIe siècle se cherche, il nous sollicite beaucoup pour se fabriquer une identité. Et la bonne volonté que nous mettons à être la victime plus ou moins consentante de toutes sortes de promesses illusoires qui nous sont faites – le bonheur n'est jamais où l'on se trouve au moment où on nous le promet ; il est à portée de main, ailleurs, sur Internet, ou bien labellisé par les grandes marques, l'engagement pour une cause ou pour autrui – serait presque incroyable si nous ne refaisions pas surface, parfois, en prenant conscience qu'on nous en demande un peu trop.

Nous adhérons à toutes sortes de slogans censés nous forger une personnalité au-dessus de tout reproche et nous rendre heureux dans la soumission. Nos religions, nos mythes culturels, nos contes de fées, nos romances à l'eau de rose et, pour tout dire, notre imaginaire collectif nous offrent une image du héros tout à fait idéalisée. Sans doute est-ce pour cela que nous y adhérons si facilement et tenons tant à nous y conformer. Mais où se situe la réalité dans tout ça ? Y a-t-il une différence entre ce que nous considérons comme la juste cause et la réalité des combats ?

Esclaves de l'individualisme performant

Le premier des esclavages qui nous guette est lié à cette notion d'individualisme dont nous rebattent les oreilles les gourous de la société des médias, nous infligeant des pertes d'ordre affectif qui peuvent être tout à fait regrettables. Le besoin irrépressible d'indépendance qui nous est suggéré avec insistance nous oblige souvent à négliger les groupes d'appartenance auxquels nous faisions jadis référence. Au nom d'une liberté qui demeure, somme toute, une promesse toujours renouvelée, nous sommes en passe de perdre l'identité que nous offrait l'adhésion à des communautés d'intérêts, de goûts ou bien de croyances, et qui était souvent source de solidarités, de repères et de valeurs, tout cela au profit d'une personnalité précaire en mal de fondements solides, prête à se dissoudre dans le premier milieu hostile venu. N'y a-t-il pas un paradoxe à vouloir se débarrasser de ses racines, lorsque, précisément, elles sont ce dont on a le plus besoin pour avancer et pour s'inscrire de manière singulière dans un tissu social qui exige toujours plus de charisme et d'originalité ? Sortir du lot, tel est le maître mot.

Esclave des injonctions sociales

Nous sommes tous, peu ou prou, esclaves d'un paradoxe. Même retranchés dans une apparente indifférence face aux jugements d'autrui et avec la quête insatiable de leur approbation, dans le rejet des standards et dans l'angoisse d'être différent, dans l'aspiration à nous distinguer qui finit par nous transformer en répliques les uns des autres, dans l'affirmation que nous n'avons besoin de personne, mais avec la peur panique que personne n'ait besoin de nous ; quoi qu'il en soit, toutes ces contradictions nous bousculent et font perdre la tête à certains. Au-delà d'une simple description de la mode et de ses tendances, les magazines nous prescrivent des comportements et des langages vestimentaires bien codés. Si la mode est, par définition, ce qui se démode, l'engrenage dans lequel nous mettons le doigt est sans fin. L'apparence, le corps, le cœur et l'âme sont au centre du plus formidable marché qui existe, celui qui nous intéresse le plus : nous-même.

Esclaves de la consommation

Je consomme donc je suis. Cette boulimie d'achats qui tenaille les dépensiers compulsifs, et tant d'autres, a pour véritable but de réduire, voire de supprimer la tension qui ne cesse de croître en eux jusqu'à ce qu'ils y mettent brutalement fin en faisant l'acquisition de l'objet de toutes les convoitises. Les victimes de ce type d'achats pathologiques sont exposées en permanence à la tentation, à cette illusion tenace qui consiste à croire que tout ira mieux dès qu'ils posséderont l'objet du désir qu'ils seront enfin comblés, soulagés parce qu'il ne leur manquait plus que ça pour être heureux. Ces maladies de l'argent qu'on pourrait appeler « dépensites aiguës » sont d'autant plus résistantes qu'elles sont réactivées en permanence par l'aiguillon perfide des campagnes publicitaires, des propositions de crédits et des promotions alléchantes.

Esclaves de l'image du corps

Si une opération de chirurgie esthétique peut s'avérer utile pour le bien-être psychologique d'une personne en gommant la bosse disgracieuse d'un nez, le culte forcené de l'apparence pousse nombre d'individus à subir des interventions lourdes pour accéder aux canons éphémères et contestables d'une beauté en perpétuelle mutation. La tyrannie du corps parfait et de la plastique irréprochable est largement exploitée par les lois d'un marché

intraitable : celui de la jeunesse éternelle. Le mythe de Faust, s'il ne conduit pas forcément dans un bloc opératoire, entraîne une foule de personnes à adopter des comportements totalement dénués de bon sens ; les régimes perpétuels en constituent un exemple frappant. Des efforts surhumains sont fournis pour oser paraître dénudé sur la plage au maximum quatre semaines dans l'année, au prix de sacrifices qui gâchent beaucoup de vraies occasions de se faire plaisir. Le reste du temps, c'est le visage qui prime ; on traque la moindre ride qui fera l'objet de soins incroyables. Aucun résultat n'est véritablement mesurable, mais le doute bénéficie toujours aux crèmes et aux laboratoires qui les ont mises au point. L'anatomie est un destin, disait Freud : avec les tatouages et le piercing, le corps porte désormais les stigmates indélébiles d'une mode qui inscrit ses caprices dans la chair.

Esclaves du devoir

Si l'on n'est soumis ni aux diktats sociaux ni aux frénésies de la consommation, une autre forme d'esclavage, beaucoup plus subtile, nous guette. Le désir, le devoir, ou bien la mission, pour certains, de venir en aide aux autres s'imposent et ouvrent ainsi une nouvelle voie vers l'aliénation. Si tout nous semble dû, nous avons en retour l'impression d'avoir contracté des dettes envers bon nombre de personnes. Nous nous sentons comptable vis-à-vis des autres de nos bonheurs ou de nos chances. Nos loyautés familiales nous tiraillent en pointant du doigt ce que nos proches, nos parents ont fait pour nous, et dont il nous semble leur être à jamais redevable. Ainsi la « tentation de l'innocence », selon l'expression du philosophe P. Bruckner, nous incite à liquider tous types de contentieux plus ou moins imaginaires, à solder les comptes en faveur de ceux que nous aimons et dont nous avons la certitude que les attentes sont justes. Travaillés par cet obsessionnel sentiment de culpabilité qui nous étreint en permanence, nous n'avons de cesse de rendre à autrui ce qu'il ne nous a ni donné ni même prêté. Retranché derrière cette offrande, cette espèce de vaccin antireproche qui nous sert de bouclier contre les éventuelles attaques dont notre égoïsme sous-jacent pourrait faire l'objet, nous anesthésions notre mauvaise conscience au prix fort. Cette attitude proche du dévouement peut se révéler invalidante pour ceux qui finissent par ne plus se consacrer qu'au bonheur supposé des autres dont ils pensent être en charge et qu'ils n'arrivent presque jamais à satisfaire. Est-ce qu'en nous acquittant de dettes que nous croyons être les nôtres, au lieu de nous libérer d'un poids, nous ne resserrons pas les liens qui nous

Ces bons conseilleurs !

Les magazines regorgent de conseils et de recettes pour réussir notre vie. Tous les aspects y sont abordés, et des dossiers de fond nous renvoient à des livres savants dont la lecture est indispensable à notre bonheur. Derrière tout cela se cachent trop souvent les diktats des publicitaires dévoués aux marques et aux valeurs qu'elles véhiculent.

entravent ? Que nous soyons ou non sollicité pour relever ce défi, lorsque nous sommes enclin à endosser l'armure de « sauveur », nous acceptons la responsabilité de prendre en charge le redressement de la situation. Souvent, cette démarche devient envahissante, elle occupe trop de place et occulte, à elle seule, bien des problèmes personnels, auxquels nous ne faisons plus attention, les reléguant ainsi au second plan.

Faire de la résistance

Face au déferlement d'idées reçues, d'injonctions limitatives, il faut nous protéger et préserver notre quant-à-soi, faire de la résistance et ne pas céder aux chants des nouvelles sirènes, qui font la tendance et le politiquement correct.

Où se situe la frontière entre normal et pathologique ? Cette différenciation s'effectue dans la bonne appréciation du rôle effectivement joué par la personne qui s'engage dans une relation d'aide, mais surtout dans le rôle que joue l'action entreprise dans la vie de celui qui l'entreprend. Est-ce que, comme c'est le cas en matière de dopage sportif, l'action ne sert pas de produit masquant, dissimulant derrière les notions de courage et d'altruisme un désespoir sous-jacent ? Comme pour tout acte de générosité, il s'agit d'un problème de gestion de notre économie personnelle, et, à cet égard, il vaut mieux être rationnel et évaluer au plus juste le potentiel dont on dispose, et ce qu'on peut raisonnablement mettre au service de ceux qui en ont besoin. Les bénéfices secondaires dégagés au cours de ce type d'opération doivent être suffisamment substantiels pour que la transaction soit équitable.

La tentation est grande de confondre la satisfaction que l'on tire en effectuant des « bonnes actions » et le côté « thérapie » que l'on croit voir se profiler derrière ce type de démarche. Beaucoup sautent le pas en se disant que d'écouter ses petites misères n'est pas une solution, qu'il faut réagir, arrêter de se regarder le nombril, mais ils n'ont pas les « moyens » de faire du social, ils ne sont pas suffisamment armés, ils sont trop fragiles. Il est prudent de s'interroger sur les véritables motivations qui poussent à entreprendre une telle démarche souvent plus complexe, moins spontanée qu'il n'y paraît. Cette erreur d'appréciation peut entraîner nombre de personnes dans une aventure qui pourra les épuiser littéralement sans apporter de réelle satisfaction à ceux qu'ils ont entrepris de secourir. En effet, ce désir d'aider l'autre n'est-il pas qu'une espèce de mécanique de fuite devant une forme de mal de vivre, une sorte d'incomplétude ? La fuite en avant est souvent le ressort caché de cette mécanique qui peut entraîner la perte de soi, la dissolution dans l'infiniment compliqué. Ne rien attendre du tout en retour est sûrement la seule condition à respecter pour ne pas être déçu par ce qui pourrait apparaître alors comme de l'ingratitude, et ne serait, en réalité, que le renoncement à cette distance qu'il est préférable de savoir mettre quand ce genre de situation se présente à nous. Ces précautions sont valables pour tous les compartiments de notre existence, dès que nous cédons à la tentation de croire qu'il nous est possible de chercher et de trouver le bonheur à l'extérieur de nous-même ou, pis, sans nous-même.

Lorsque nous revêtons l'armure de « sauveur », nous sommes persuadé de pouvoir intervenir parce que nous nous croyons plus fort que la personne à secourir et capable d'accomplir des tâches que nous n'envisagerions pas pour nous-même.

À LIRE

Bruckner, P., *la Tentation de l'innocence*, Grasset, Paris, 1995.

Butler, P. E., *Savoir se parler, se comprendre et s'affirmer*, Librairie de Médicis, Paris, 1995.

La tentation de l'humanitaire

Dans une société qui manque de pratiques religieuses, mais pas d'actes sacrés, les sacrifices individuels semblent se substituer tout naturellement à la pratique de cultes qui ne mobilisent plus assez. Chacun trouve une foi à sa mesure, nous pouvons désormais afficher notre dévotion et l'offrir aux yeux du monde dans l'engagement humanitaire. C'est une façon d'expier notre chance en offrant de notre temps, de notre argent et bien plus à ceux qui, selon nous, méritent ces dons. Des organismes à caractère humanitaire canalisent fort bien ces élans de générosité qui envoient des individus à la rencontre d'autres, même si cette rencontre se réalise parfois au prix d'une plus ou moins grande part de leur intégrité.

Le bonheur est-il au bout de ce parcours ? Peut-être pas, mais une certaine satisfaction sûrement.

En fait, pour être bien vécues et apporter le bien-être qu'on est en droit d'en attendre, les positions, tant de soutien que de soumission, ne requièrent qu'une chose : que nous établissions des limites précises. Nos barrières doivent être solides, parce qu'en nous offrant en sacrifice nous devenons une victime condamnée à la perte de nous-même, dans une fuite qui ressemble à une escalade à laquelle nous ne sommes pas préparé, et dont les pertes qu'elle engendre n'ont jamais été estimées à leur juste valeur. L'oublier, c'est se perdre un peu. En avons-nous les moyens ?

Jean-Paul BERTRAND

Voir aussi

- Trop moche, trop belle... p. 234
- S'engager dans l'humanitaire ? p. 480

EN BREF

Une pente dangereuse

Soumis aux injonctions sociales, aux tentations de la consommation, au sens du devoir, à une certaine notion de « dette sociale », nous faisons des sacrifices qui peuvent nous mener à l'abandon de nous-même.

Au-delà des apparences

Malgré son aspect généreux, le souci de l'autre et, plus encore, l'action humanitaire peuvent masquer une incomplétude compensée par une fuite en avant.

Un juste équilibre

Être un peu égoïste est le gage de l'intérêt qu'on porte à ceux qu'on aime : il faut savoir garder un peu de soi pour en donner aux autres.

Les facteurs déterminants

Famille et environnement

Notre personnalité n'est pas constituée dès la naissance. Elle s'élabore peu à peu. Sa construction est soumise à diverses influences et, en particulier, à celle des personnalités qui environnent l'enfant. La famille dont on est issu et au sein de laquelle on grandit est un déterminant essentiel. Mais, plus généralement, c'est l'environnement d'un individu qui sert de support à l'élaboration de sa personnalité.

Lorsque nous venons au monde, d'emblée, nous imitons notre mère ou, en son absence, la personne qui nous a pris en charge. L'imitation constitue le premier stade de développement de notre personnalité, et c'est là une capacité innée. Elle s'exprime d'abord par les expressions faciales. Les mimiques de sa mère vont entraîner chez le bébé, par mimétisme, des mimiques analogues. Par exemple, si la mère est déprimée, le nouveau-né risque d'avoir un visage figé, n'exprimant aucune émotion.

Imitation, ressemblance et reconnaissance

Par les expressions et la voix commencent à s'élaborer les phénomènes de ressemblance. Parents et enfants vont plus ou moins se reconnaître comme semblables, et les premiers cultiver ou non cette ressemblance, agissant sur le développement de l'enfant. Ainsi, un père se reconnaissant davantage dans son fils aura tendance (sauf s'il ne s'aime pas lui-même) à entretenir cette ressemblance et à être avec lui. Cependant, ces capacités extraordinaires d'imitation dites précoces du nouveau-né ne sont présentes que les quatre premiers mois ! Elles disparaissent ensuite.

Après 1 an, un autre type d'imitation devient possible : l'imitation volontaire. Viendra ensuite l'imitation différée. L'enfant devient apte à recréer une action sans que le modèle soit présent.

L'enfant va donc imiter au départ ses parents et les adultes tutélaires (nourrices, par exemple), sa fratrie, puis les autres enfants et en particulier ceux de son âge, enfin les autres adultes. Ses imitations vont être sélectionnées par l'entourage en fonction de tout un ensemble inconscient : chez eux, de renforcements positifs ou négatifs. Cependant il va opérer ses choix parmi ses modèles en fonction de ses affiliations affectives.

Donc l'imitation joue un rôle considérable dans les aspects externes de la personnalité. Mais pour ce qui est de la construction intime de la personnalité, c'est un autre mécanisme qui est en jeu : l'identification.

Les renforcements positifs *sont toutes les attitudes parentales qui vont soutenir la mise en place de traits particuliers chez un enfant. Par exemple, tout ce qui va favoriser la capacité à chanter d'un enfant qui en manifeste le désir.* Les renforcements négatifs *sont ceux qui vont* a contrario *et qui inhibent une potentialité. Cette potentialité n'étant en elle-même pas forcément quelque chose de valorisé socialement. Ainsi, des renforcements négatifs peuvent retenir les conduites d'autonomie d'un enfant, mais aussi son agressivité.*

L'identification, creuset de la personnalité

L'identification est un processus psychique qui conduit l'enfant à intégrer un trait de caractère, une qualité, un sentiment, une faculté, un fantasme (c'est-à-dire un désir inconscient), une propriété ou tout autre attribut conscient ou inconscient, présent chez l'adulte qui sert de support à cette identification. Il va se transformer totalement ou partiellement à partir de ce modèle. C'est donc l'aspect interne de la personnalité qu'il enregistre. Armand se passionne pour le sport, comme son père, et Augusta a le caractère entier et perfectionniste de sa mère. C'est l'environnement qui va fournir à l'enfant les supports à ses identifications. Cela se met en place très tôt dans la vie et se poursuit jusqu'à la mort. C'est un phénomène plus profond que l'imitation. Chaque nouvelle identification est une assimilation qui va interagir avec les autres assimilations antérieures.

Ainsi, l'ensemble de la personnalité va s'en trouver en permanence modifié comme dans les jeux de construction. En ce sens, la personnalité de l'enfant se modifie au cours de son développement. Mais les premières identifications régentent et conditionnent les identifications ultérieures. C'est pourquoi ce sont les identifications des premières années qui constituent le creuset de la personnalité. L'identification, au contraire de

Quand les enfants s'imitent entre eux

Des enfants du même âge réunis en l'absence d'enfants d'autres tranches d'âge et d'adultes vont s'imiter mutuellement dans leurs conduites. Cela est particulièrement visible dans les choix des objets et leurs modes d'utilisation. Il s'agit d'une donnée encore peu connue : l'imitation simultanée. Elle se met en place durant la 3e année, décline rapidement ensuite, mais donne tout son sens à la socialisation des enfants de 3 ans entre eux.

Quelques éléments d'influence

Parmi les éléments qui permettent aux parents d'exercer consciemment ou non une influence, on peut, entre autres, citer le choix du prénom, la qualité des stimulations physiques du nouveau-né, le contenu et la forme des propos tenus à l'enfant, le choix des vêtements et du décor de la chambre, les principes éducatifs, etc.

l'imitation, n'est pas toujours visible. Elle est chaque fois en totale résonance avec les émotions. Elle est dirigée par le lien affectif qui relie l'enfant et l'adulte. Le bien-être de l'enfant est indispensable pour que la construction de la personnalité, établie grâce au processus d'imitation et d'identification, se réalise de façon harmonieuse.

Un devenir sous influence

L'influence des parents débute avant la naissance des enfants. Quand la future mère est enceinte, elle imagine l'enfant à venir. Cet enfant imaginaire, elle l'invente à partir de ses ressentis physiques et psychologiques durant sa grossesse, mais aussi de ses craintes et désirs qui prennent parfois racine dans sa propre enfance, quand, toute petite fille, elle s'imaginait maman en jouant avec ses poupées. Cet enfant imaginaire chargé d'éléments négatifs ou positifs sera comparé à l'enfant qui naîtra. Le regard porté par la mère sur cet enfant ne sera donc pas vierge ni neutre, et il influencera le devenir de cet enfant. Ainsi, telle mère qui « rêvait » d'un enfant doux et rêveur va favoriser dans son attitude avec lui ces caractéristiques. J'ai constaté également que chaque membre de la famille qui va accueillir l'enfant et sous l'influence desquels l'enfant réel va grandir a son propre « enfant imaginaire ».

Sur chaque enfant sont projetés en permanence les divers désirs, conscients ou non, des personnes de son entourage. Ces désirs vont du plus commun (que l'enfant soit beau et intelligent) au plus spécifique (qu'il soit un grand sportif). Nous avons tous été sous influence ! Et c'est heureux ! Sans cela, nous ne serions pas. Un bébé qui ne recevrait les projections de personne dépérirait. S'il survivait, il serait désanimé. C'est le propre de l'homme de projeter ainsi ses pensées. C'est ce qui permet à l'enfant qui les reçoit de penser à son tour. Je pense car on m'a pensé. Ces projections vont plus ou moins laisser une trace en fonction de l'importance de ces personnes et des désirs propres de l'enfant. Le désir d'un parent est quelquefois si intense qu'il ne laisse que peu de choix à l'enfant qui ne serait pas par ailleurs disposé à s'inscrire en faux par rapport à ce désir. La transmission de ces désirs s'opère par tous les modes de communication et de toutes les façons possibles. C'est le parent maternant, s'occupant du quotidien, qui projette davantage quantitativement. Signalons l'importance, à cet égard, de l'influence de la nourrice qui fait office de parent maternant en l'absence du père et de la mère. Des projections multiples laissent à l'enfant plus de liberté de choix et de combinaisons possibles allant dans le sens de son désir propre.

Dans le tourbillon de la vie

Les aléas de la vie familiale contribuent à donner un cours particulier à la personnalité de l'enfant qui se constitue. Ainsi l'arrivée d'un petit frère ou sœur peut-elle être vécue comme un traumatisme et centrer ses futures relations aux autres sur la rivalité. Le divorce et la mésentente parentale ne laissent pas l'enfant indifférent. Les effets sont variables selon son âge, sa maturité, sa sensibilité et le contexte. Il peut développer un profond sentiment de culpabilité. L'image qu'il a de ses parents peut s'en trouver modifiée du fait des agressions mutuelles, et les identifications qu'il a opérées antérieurement, être mises à mal.

L'adolescence est une période de profond remaniement. L'enfant se désengage de ses identifications de la petite enfance pour choisir d'autres modèles en dehors de la famille, notamment parmi ses pairs. Ces modifications déclenchent souvent chez les parents des changements internes (réactivation de la propre adolescence des parents) qui vont influer à leur tour sur l'adolescent.

À LIRE

Dolto, F., *les Étapes majeures de l'enfance*, Gallimard, Paris.

Les différentes influences familiales et environnementales sont des déterminants essentiels dans la construction de la personnalité. Mais le désir propre de l'enfant est fondamental dans les choix qui seront opérés parmi ce qui est proposé, mais aussi dans ce qui ne l'est pas, car l'enfant pourra désirer être ce qui fait défaut autour de lui-même.

Stéphane CLERGET

EN BREF

Les deux stades du développement

Le petit enfant commence par imiter les formes d'expression de son entourage immédiat. Dans un second temps, il s'identifie à un modèle en intégrant dans son psychisme des aspects mentaux de l'adulte.

Une modification perpétuelle

Il n'y a pas une, mais des identifications multiples. Chaque nouvelle identification est une assimilation qui va interagir avec les précédentes. L'ensemble de la personnalité s'en trouve en permanence modifié.

Voir aussi

▶ Mais qu'est-ce qu'ils me veulent ? p. 58
▶ L'enfance p. 136
▶ L'adolescence p. 140

Émotions féminines, émotions masculines

Chaque sexe possède-t-il son propre langage affectif ? Hommes et femmes ne parleraient-ils pas exactement la même langue ? Chacun est pourtant capable de se mettre à la place de l'autre, d'être empathique et de percevoir ses propres émotions et ses réactions. La différence affective entre les sexes serait-elle, pour l'essentiel, liée au biologique ou à une différence d'expression ?

Pour les deux sexes, les émotions de joie ou le rire se manifestent de la même manière et suscitent des réactions identiques. Il n'en est pas de même pour la colère, le chagrin, la culpabilité et, surtout, l'angoisse. Deux fois plus de femmes que d'hommes laissent apparaître ouvertement leur anxiété ; trois fois plus d'hommes que de femmes se montrent coléreux.

Pourquoi ? L'un des facteurs de différenciation des sexes est biologique, et on est loin d'en avoir éclairci tous les mystères. Les femmes ont plus de matière grise que les hommes dans les deux aires cérébrales associées à la facilité de la parole ; dans certaines situations, leur cerveau s'active plus et de façon plus étendue que celui des hommes. Par ailleurs, si les hommes versent moins de larmes, ce n'est pas seulement par orgueil, mais parce que la testostérone, l'hormone mâle, émousse l'expression émotionnelle et inhibe les pleurs.

Un autre facteur essentiel est lié à l'éducation et à l'environnement social : les adultes attribuent aux fillettes et aux garçons, à peine sont-ils nés, des caractères émotionnels différents et, du coup, modèlent leurs comportements.

En fait, tous les enfants naissent avec la capacité d'exprimer la joie, la peur, la colère, la tristesse, le dégoût ou la surprise. Progressivement, l'émergence de ces différentes émotions s'effectuera. Chacun sait que les premiers signes d'émotivité ou de détresse chez le bébé se manifestent par des cris et des pleurs. Dès cette phase initiale du développement, les filles devraient manifester plus souvent ce type de comportements. Or, la plupart des études menées sur le sujet ont montré qu'au cours de la première année les bébés des deux sexes crient et pleurent avec la même fréquence. De même, les réactions à la séparation et les différents comportements d'attachement sont parfaitement identiques. Il faut cependant noter que les garçons sont, dès les premiers mois, d'humeur changeante, et plus difficiles à consoler, les filles émotionnellement plus stables. Elles sourient et vocalisent avant et plus souvent que les garçons. Elles disposent, pour exprimer leurs émotions et pour se faire comprendre, d'une gamme plus large de mimiques. Elles expriment davantage leurs émotions. Apparemment plus aptes à la communication affective interhumaine, elles parleront plus tôt et mieux. Les bébés garçons sont plus intensément – ce qui ne signifie pas plus fréquemment – expressifs que les bébés filles. Pour se faire entendre, les petites filles seraient-elles, en grandissant, obligées d'amplifier leurs expressions émotionnelles ? Cela pourrait en partie expliquer pourquoi les filles, puis les adolescentes et les femmes sauront mieux, plus tard, exprimer leurs émotions ou reconnaître celles d'autrui.

Des différences qui s'accentuent

Les différences entre sexes dans le ressenti et l'expression des émotions continuent de s'affirmer au long des années. Beaucoup d'observations ont porté sur l'anxiété enfantine, surtout à partir de l'âge scolaire. Les manifestations physiologiques, l'inquiétude et l'hypersensibilité, la peur et l'inattention sont plus importantes chez les filles que chez les garçons, et cet écart s'accroît avec l'âge, notamment à partir de l'adolescence : les tests démontrent incontestablement un potentiel d'anxiété supérieur chez elles.

Une autre émotion spécifique est la colère. Chez le nourrisson, elle se manifeste en particulier lorsqu'un adulte ou un autre enfant l'empêche de se mouvoir comme il le souhaite. La réponse faciale et motrice caractéristique correspond alors généralement au besoin de surmonter l'obstacle. La colère serait donc un comportement adaptatif, permettant de vaincre ce qui empêche d'atteindre le but choisi. Filles et garçons la découvrent approximativement au même âge, entre 2 et 4 mois, mais très tôt l'expression de cet affect différencie clairement les deux sexes. Entre 2 ans et

La communication affective entre adultes

Une enseignante du département de psychologie de l'université de Boston a montré que les hommes sont plus chaleureux lorsque leurs sentiments d'amitié vont à une femme, et que les femmes se mettent davantage en colère face à un homme. Pour cet auteur, ces différences d'expression d'amitié ou de colère sont attribuables aux interactions entre les deux sexes. Entre deux personnes du même sexe, les tendances naturelles se renforceraient, alors qu'elles s'inverseraient entre deux personnes de sexe opposé. Les femmes qui passent plus de temps en compagnie d'autres femmes consolideraient positivement leur affectivité, et négativement, leur manque d'agressivité. Les hommes en compagnie d'autres hommes feraient le contraire. Ils seraient donc moins habitués à exprimer leur agressivité à une femme ou à marquer leur affection à un autre homme.

La force des stéréotypes

À propos des larmes, il existe une expérience très intéressante. On projette l'image d'un bébé de 9 mois en pleurs et l'on interroge un groupe d'adultes des deux sexes : « Pourquoi ce petit garçon pleure-t-il ? » « Parce qu'il est en colère », répondent généralement ces hommes et ces femmes. On reprend la même photographie, on la présente à un groupe identique. « Pourquoi cette petite fille pleure-t-elle ? » demande-t-on alors. « Parce qu'elle a du chagrin » ! L'interprétation d'une même image a donc varié avec le sexe prêté au bébé. La force des stéréotypes culturels renforce les différences biologiques dues au sexe.

demi et 5 ans, les garçons deviennent progressivement deux fois plus coléreux que les filles ! Les explications de ces faits sont probablement complexes. S'agirait-il simplement d'une différence de tonus physique ? Les filles seraient-elle donc moins robustes, ce qui expliquerait leur moins grande agressivité ? Rien n'est moins sûr. Le psychologue français R. Zazzo a montré que, dans le cas de « faux » jumeaux fille et garçon, la première est plus tonique que son frère et marche plus tôt. Il faut donc ici faire entrer en lice les facteurs hormonaux.

Le rôle de l'éducation

Dès les premières semaines de la vie de l'enfant, les parents adoptent un comportement différent, largement dicté par le sexe du bébé. Pères et mères privilégient ainsi les face-à-face et les interactions affectives vocales avec leurs petites filles. Ils manifestent en leur présence des émotions plus fréquentes et plus variées, gardant la colère ou la violence pour leur fils. Le comportement des deux parents n'est pas semblable en tout point. Les pères questionnent ou menacent davantage, surtout leur garçon. Ils interrompent plus fréquemment leurs enfants, leur parlent de façon plus abstraite, emploient davantage de termes péjoratifs. En retour, les enfants, garçons et filles, une fois en âge de parler, avouent qu'ils confieraient probablement plus volontiers leur tristesse et leur colère à leur mère qu'à leur père.

Le rôle des facteurs hormonaux est démontré par l'hyperplasie surrénalienne, malformation affectant la glande surrénale, productrice d'une bonne partie des hormones androgènes, qui se rencontre dans les deux sexes. Les petites filles qui en souffrent se montrent plus agressives que les autres dans les premières années de leur vie et ont un comportement plus « masculin » dans leur quotidien.

Du côté des mères, on a remarqué qu'elles manifestent, lorsqu'elles jouaient avec leurs petites filles, davantage d'émotions et, en particulier, d'émotions positives. De même, on s'est aperçu qu'elles répondent « en miroir » aux expressions émotionnelles de leur fils, alors qu'elles adoptent plus facilement pour leur fille une expression émotionnelle autre que celle qui est manifestée par l'enfant. Elles lui sourient davantage et sont globalement plus expressives avec elle. Du coup on comprend mieux que les filles acquièrent vite une palette d'expressions émotionnelles plus large et plus variée que celle des garçons.

Très tôt les parents favorisent les différences d'expressions émotionnelles chez leurs enfants. Ainsi, les parents des tout-petits trouvent déjà spontanément que leurs filles sont plus douces, plus jolies,

À LIRE

Braconnier, A., *le Sexe des émotions*, Odile Jacob, Paris, 2000.

Lelord, F., et André, C., *la Force des émotions*, Odile Jacob, Paris, 2001.

plus délicates et leurs garçons plus alertes, plus robustes. Plus tard, lorsque leurs enfants grandissent, ils les poussent à mener des activités différentes, selon qu'ils appartiennent à l'un ou l'autre sexe. Ce sont les pères qui généralement encouragent les manifestations d'affection de leurs petites filles – le contre-Œdipe des pères est plus précoce qu'on l'imagine – et s'opposent à ce que leurs garçons jouent à la poupée – peur de leur bisexualité refoulée ? Ce sont les mères qui insistent surtout pour que leurs filles aident les autres enfants. Les pères utilisent davantage de termes émotionnels quand ils s'adressent à leur fille, évitant seulement le mot « dégoût ». Les mères font de même, mais éviteront notamment tout terme évoquant un sentiment d'agressivité ou de colère. Confortant les différences au sein de la famille, l'étude des interactions enseignants-enfants montre que les éducateurs sourient davantage et manifestent plus d'affection envers les petites filles qu'envers les petits garçons. L'observation des bébés, filles et garçons, montre donc une vie émotionnelle initialement comparable, se développant et se différenciant progressivement sous l'influence des « projections parentales » sur l'attribution féminine ou masculine des émotions. Si, consciemment, nous pensons ne pas faire de différence entre les bébés filles et les bébés garçons, inconsciemment nous nous comportons différemment selon le sexe de l'enfant. Ainsi nous ont traité nos parents, et nous procédons de même.

Notre devoir d'adulte est surtout de veiller à ne pas être dupe de nos propres schémas inconscients, et de modérer tout excès pouvant insuffisamment préparer l'enfant à la société de demain, plus exigeante sur la question de l'égalité des sexes. Dès le plus jeune âge, le partage des émotions, quelles qu'elles soient et qui que l'on soit, facilite la vie future, et la communication « inter-sexe » n'en est qu'améliorée

Alain BRACONNIER

EN BREF

Des émotions sexuées

Si les hommes et les femmes ont parfois du mal à communiquer, c'est qu'ils n'ont pas toujours le même ressenti ni surtout la même expression de leurs émotions.

Le biologique et l'éducation

Garçons et filles naissent avec des différences physiologiques qui conditionnent en partie leurs comportements, et l'attitude des parents, répétant les stéréotypes sur l'image de la fille ou du garçon, les accentue. Ces derniers doivent veiller à ne pas être dupes de leurs schémas inconscients.

La gamme des sentiments

Les sentiments que nous éprouvons témoignent de la nature des relations que nous entretenons avec les autres et avec nous-même. Reconnaître, identifier, exprimer spontanément ses sentiments n'est pas toujours facile, mais permet de s'en distancer et de partager ce que nous sommes, nos limites, nos enthousiasmes ou nos « affections ». Sentiments et émotions sont les vecteurs de notre vie affective et participent à la transmission de nos modèles familiaux et de nos traditions.

Le développement de notre personnalité et de celle de nos enfants se nourrit des sentiments, mais il dépend aussi de la liberté avec laquelle nous nous autorisons à les vivre. Ne pas savoir identifier ce que nous ressentons, ne pas nous permettre de l'exprimer restreint notre autonomie et notre capacité à agir sur le monde.

Les sentiments informent la conscience de la qualité affective de nos pensées et de nos actes. Ils permettent de comprendre et d'interpréter ce qui nous arrive du « dedans » ou du « dehors » de nous-même. Ils donnent de la « couleur » à nos relations. Ils peuvent être également l'origine des « ponts » relationnels jetés vers les autres.

Chaque sentiment est éprouvé dans le corps sous forme de sensations physiques et affectives qui correspondent à des mouvements énergétiques internes. Cette énergie peut provoquer des modifications physiologiques (des rythmes cardiaque et respiratoire) ou de l'expression (du sourire aux larmes) et du comportement (de l'agitation à la paralysie provoquée, par exemple, par la peur) ; ces manifestations perçues en partie inconsciemment accompagnent et participent au langage des sentiments. Souvent nous les percevons sans les décrypter.

Parler cette langue en nécessite un apprentissage et un vécu émotionnel.

Une langue vivante

La langue « parlée » des sentiments utilise un vocabulaire spécifique qui recouvre celui des émotions, transmis de manière particulière à chaque culture. Cette langue inscrit chacun dans la lignée émotionnelle de sa famille. Elle possède ses codes, sa grammaire : certains sentiments vécus intensément, comme la joie ou la honte, traduisent un état de tension agréable ou de conflit interne douloureux. La tranquillité, l'apaisement évoquent un état de bien-être ou de relâchement des tensions. Plusieurs sentiments peuvent être éprouvés simultanément (l'abandon, l'incompréhension et le dépit, ou encore la gratitude et l'espoir), et le plus souvent en opposition (courage-lâcheté, autonomie-dépendance).

Il arrive également qu'un sentiment serve de « couverture » à un autre ou à une succession d'autres : la colère peut recouvrir l'envie qui, elle-même, peut cacher un sentiment d'abandon ou de dépendance insupportable. Le sentiment se nourrit d'émotions pour grandir et durer. Les liens d'amour, d'attachement dans le couple, dans la famille, dans la culture ou dans la société se construisent progressivement. De même les sentiments d'abandon, de jalousie, de haine ou d'envie s'enracinent au fil du temps.

Y a-t-il universalité des sentiments ? On peut imaginer que leur registre n'est pas équivalent d'un individu à un autre, que leur gamme est singulière à chacun et qu'elle se développe avec les expériences de la vie. On ne pourra donc identifier un sentiment dont on ne possède pas le registre. La Rochefoucauld disait : « Beaucoup de gens n'auraient jamais éprouvé d'amour s'ils n'en avaient pas entendu parler. » Parler la langue des sentiments suffirait-il à leur donner la vie ?

La langue des sentiment ne reste vivante que si elle est parlée et nourrie d'expériences vécues et partagées. Parler ses sentiments construit et

Sensations, sentiments, passions : le vrai sens des mots

Trois mots essentiels s'appliquent à la désignation des sentiments.

■ Les sensations : le corps envoie des informations par l'intermédiaire de nos sens ; cette perception est ressentie sous forme de sensations tactiles, gustatives, affectives ou autres... Sentiments et émotions sont des représentations du mode d'expression et de la qualité de ces sensations affectives.

■ Le sentiment (du latin *sentire*, « sentir », « percevoir ») est un état affectif plus stable et durable que l'émotion. Pour croître et durer, il se nourrit d'émotions et se manifeste en « écho » de celles-ci.

■ La passion (du latin *passio*, « souffrance ») s'exprime avec l'intensité de l'émotion. Envahissant la conscience, elle peut générer obsession, violence ou fanatisme, car elle exclut l'intelligence et la raison. C'est un état fusionnel (entre soi et l'objet aimé), d'exaltation du plaisir ou de la douleur (passion amoureuse, idéologique, religieuse) ; aussi, l'absence ou la disparition de l'objet entraîne une grande souffrance. Elle peut également être le moteur d'actions ou de créations extraordinaires, manifestant lyrisme, pathétique ou adoration. La passion de la musique ou de la lecture désignent un intérêt exalté ou enthousiasmé.

renforce les liens sociaux. Non seulement représentations d'états affectifs, ils sont aussi la source de paroles, de gestes et d'actions qui s'expriment dans les relations, l'imaginaire et la créativité de chacun.

Une interprétation complexe

En soi, un sentiment ne s'interprète pas : ce qui est ressenti est bien réel, corporellement vécu. La difficulté tient à l'interprétation des sensations affectives, de ses nuances, de sa multiplicité qualitative. Elle porte aussi sur ce dont parle le sentiment : la nature de la relation vécue.

Appréhender le ressenti de soi-même ou des autres dépend de l'expérience acquise, du niveau de connaissance de la langue des sentiments. On pourrait dire, métaphoriquement, que la carte géographique des sentiments, comme la « carte du Tendre », est une représentation imposée par la mémoire de nos voyages émotionnels. Ils parlent de l'état des chemins déjà parcourus, enregistrés comme faciles ou dangereux, autorisés ou interdits. L'interprétation de la réalité dépend de la liberté de se déplacer sur cette carte géographique affective de soi-même. C'est pourquoi certains se plaignent de se retrouver toujours sur le même chemin ou dans une impasse. Chaque difficulté de la route renvoie à une expérience antérieure, le plus souvent de l'enfance, à une « part-enfant » qui s'est perdue sur son chemin ou arrêtée dans son voyage. Ces échecs sont vécus avec une souffrance psychique plus ou moins grande et se trouvent réactualisés dans le présent par des obstacles émotionnels équivalents. Notre carte affective est donc limitée par la peur ou par l'impossibilité de choisir ou d'inventer de nouveaux chemins. Habituellement chacun préfère cacher sa peur, ses limites, ou adopter des conduites compensatoires à risque ou de toute-puissance. Les sentiments non exprimés trouvent toujours une manière de parler autrement car ils sont une énergie dont le mouvement est nécessaire à la vie. De nombreuses souffrances morales ou physiques en sont sans doute la manifestation.

La carte géographique des sentiments se dessine dès le début de l'existence. L'enfant apprend à reconnaître et à nommer les sentiments dans la relation aux autres sur le mode de l'identification, jeux, histoires racontées, contes et fables, chansons et films. Tout son environnement participe à cette initiation émotionnelle. Il s'approprie ainsi progressivement l'expérience des sentiments, la manière de les nommer et de les exprimer. Mais aux questions des enfants : « M'aimes-tu ? », « Pourquoi es-tu triste ou en colère ? », il n'est pas toujours répondu...

Enfin, les expériences du présent peuvent susciter des sentiments opposés selon la carte géographique de chacun. Vivre une situation de rivalité peut réveiller une jalousie ancienne comme susciter une combativité saine et stimulante. Une critique d'un membre de l'entourage peut être vécue comme une disqualification ou comme un appui. L'état affectif dans lequel nous sommes conditionne également notre réponse émotionnelle : une personne déprimée peut vivre toute rencontre comme une agression. La pléthore affective et matérielle peut générer l'ennui, et l'excès de privations l'anesthésie des émotions. Selon le psychiatre B. Cyrulnik, « l'agression la plus importante pour un enfant est de ne pas en subir [des émotions], car c'est une réelle souffrance que d'être un enfant trop protégé », c'est-à-dire empêché de vivre des relations multiples avec le monde. C'est en effet le « manque » qui nous met en appétit de vivre.

Certes nous ne vivons pas seulement des répétitions du passé et le présent peut être réellement violent ou maltraitant, cependant notre

réponse à ces événements, notre capacité à nous protéger dépend de notre faculté à ressentir, à parler, à dire « oui » ou « non » à ce qui nous arrive, à choisir notre route.

Le dialogue entre ces parties de nous-même, enfant-adulte, est difficile à mener seul. C'est pourquoi, pour différencier ce qui est du présent de ce qui vient du passé, nous parlons, nous nous racontons, cherchant à identifier nos sentiments, à partager nos peurs, nos plaisirs, ce qui nous fait rire, pleurer, aimer. Surgira, pour certains, la nécessité d'un guide, d'un « passeur », d'un thérapeute. Il permettra au « patient » de projeter sur lui ses parties souffrantes afin qu'elles soient reconnues, nommées et réinscrites dans la chaîne de la vie. La thérapie modifie les interprétations construites pour justifier ou donner du sens à ce qui est arrivé. Elle désamorce une certaine « jouissance » éprouvée dans la répétition ou dans l'idéalisation des acteurs de son histoire et permet de se réapproprier ses sentiments et sa vie.

Un écosystème familial

La famille est une somme d'éléments que l'on peut considérer comme un système en interaction. L'interaction est l'ensemble des messages échangés entre individus par la parole, le langage non verbal et le comportement. Cela définit une relation. Nous avons une perception différente de nous-même en fonction des personnes que nous rencontrons, car nous

L'enseignement des mythes

De tout temps les hommes ont cherché à comprendre l'origine de leurs sentiments. Les mythologies, les religions et la philosophie ont tenté d'y répondre, bien avant la psychologie et la psychanalyse. Les héros, figures emblématiques, y vivent des aventures extraordinaires pour donner aux hommes simples des représentations amplifiées de toute la gamme des sentiments. Ces histoires symboliques suscitent, par identification, la reconnaissance de leurs propres émotions.

Les mythes religieux racontent d'autres histoires exemplaires. Ainsi, selon la Bible, Yahvé donne les Tables de la loi à Moïse pour guider son peuple, contenir les émotions violentes et destructrices, soutenir les sentiments qui génèrent le respect de la vie et des autres. La psychanalyse vient, avec Freud, introduire une autre mythologie. L'inconscient remplace l'Olympe, le jeu des transmissions et des transgressions familiales efface la main des dieux ou du destin. C'est pourtant le mythe d'Œdipe qui est choisi pour illustrer la loi qui sépare les générations et qui interdit l'inceste.

Mythes des origines, religieux ou profanes, mythes de la nature ou mythes sociaux, tous viennent nourrir les sentiments, la pensée, l'imagination à travers la littérature et toutes les représentations de l'art : peinture, musique, cinéma, etc. Les mythes modernes de progrès ou de communication expriment l'immense besoin de relation, de dépendance ou de liberté des humains d'aujourd'hui.

À LIRE

Bateson, G., *Vers une écologie de l'esprit*, Seuil, Paris, 1977.

Cyrulnik, B., *Mémoire de singe et paroles d'hommes*, Pluriel Hachette, Paris, 1984 ; *Sous le signe du lien*, Hachette, Paris, 1989 ; *l'Ensorcellement du monde*, Odile Jacob, Paris, 1997. *Dictionnaire des émotions*, éd. Syros, Paris, 1996.

Olievenstein, C., *Le non dit des émotions*, Odile Jacob, Paris, 2000.

Vincent, J.-D., *Biologie des passions*, et *Qu'est-ce que l'homme ?*, Odile Jacob, Paris, 2000.

Watzlawick, P., *Une logique de la communication*, Seuil, Paris, 1979 ; *Comment faire votre malheur ?*, Seuil, 1991.

construisons avec chacune des formes d'interactions multiples mettant en jeu des sentiments ou des parties différentes de nous-même.

Cela explique la complexité des interactions qui régissent l'« écosystème » familial en tant que système de relations établi dans le temps et sur plusieurs générations.

Le couple, la plus petite unité interactionnelle, fait interagir deux « cultures » familiales ayant chacune ses règles, ses modes d'expression et de réception des émotions et sentiments. Appréhender ce que l'on ressent dans son couple nécessite de reconnaître ces différences pour pouvoir établir des règles de fonctionnement communes. Ce qui nécessite évidemment souplesse et relativité pour se dégager du modèle des parents respectifs.

Les règles des familles d'origine vont se confronter dans l'éducation. Les enfants y réagissent avec plus ou moins de facilité et interrogent ces modèles par leur comportement ou leurs symptômes. La compréhension de ce qui arrive dans une famille nécessite donc d'interroger plusieurs générations car les modèles, auxquels chacun s'identifie et qui n'appartiennent en fait à personne, traversent l'histoire familiale sur le mode du mythe, considéré ici comme représentation implicite d'un mode de communication émotionnel. L'expression du mythe peut être de « se battre » ou de « se taire », elle est toujours plus forte que les individus.

Dans les familles dysfonctionnelles, ce mythe produit sur certains membres une grande tension. Ceux-ci, « patients désignés » par leurs symptômes et par l'ensemble de la famille, incarnent le mythe dans son incohérence, ses paradoxes, son enfermement. Leur souffrance a pour fonction de préserver l'équilibre familial, mais est aussi un puissant appel au secours, une ouverture vers l'extérieur, dans le meilleur des cas à un autre système, celui des thérapeutes familiaux.

Psychanalyse et sentiments

La psychanalyse est née de la parole donnée aux sentiments. Dès l'origine de la vie, la mère est l'intermédiaire entre l'enfant et le monde. Son humanité se développe en relation avec cette interprète. Les premières émotions répondent aux sensations liées aux besoins vitaux, le froid et le chaud, la faim, mais aussi au « bain » d'odeurs, de touchers et de sentiments échangés avec la mère. À travers cette gamme d'émotions-sensations, la perception du monde se construit, pourvu que ces émotions soient reconnues et parlées en rapport avec l'autre. L'autre et, en particulier, la mère incarnent la rencontre de l'émotion et de la parole.

Ces expériences ne sont pas toutes satisfaisantes ; les frustrations vécues avec souffrance ou culpabilité et qui n'ont pu être verbalisées dans la relation à l'autre vont être en partie refoulées dans l'inconscient. Cette mémoire inconsciente peut s'exprimer par des symptômes (angoisse, douleur morale ou physique). Ces émotions peuvent resurgir réveillées par des situations du présent, libérant alors des souffrances qui nous surprennent et perturbent notre relation au monde.

Comment réagissons-nous à la violence de nos émotions ?

Face à une émotion violente, trois modes de réaction sont possibles :

- **Refuser cette soudaine violence émotionnelle et la rejeter à l'extérieur sous forme de colère, de fureur ou d'exaspération contre ce qui, dans le présent, est vécu comme blessant ou bien a réveillé un souvenir douloureux.**
- **Réprimer à nouveau cette émotion en choisissant de fuir la relation, en la disqualifiant.**
- **Reconnaître et donner place à ce qui résonne émotionnellement en l'exprimant afin de signifier notre difficulté à vivre ce moment de la relation. La bonne réaction à l'évidence, mais qui ne va pas de soi.**

Toutes les familles, toutes les sociétés sont soumises à des mythes auxquels elles s'identifient. Elles ont besoin de ces modèles pour se construire, puis les aménagent autrement au fil des générations. Après guerre, les parents ont découvert qu'ils ne s'occupaient pas assez de leurs enfants et ont accusé les grands-parents de ne pas l'avoir fait pour eux. Après Mai 68, les nouveaux parents devenus « libéraux » se sont sentis dépassés par l'« autonomie » donnée à leurs propres enfants. En réaction, la génération suivante a rétabli avec les siens la « dépendance », et ce fut l'ère du *cocooning*. Quel sera le prochain modèle ?

Patrick VINOIS

EN BREF

Des témoins de notre vie

Les sentiments sont à chaque instant de notre vie des « témoins » qu'il est important de reconnaître et d'identifier pour interpréter la réalité, se protéger physiquement et psychiquement de dangers ou d'intrusions, comprendre les enjeux des relations dans lesquelles nous sommes impliqués, décoder les modes de fonctionnement des systèmes humains.

Une gamme à interpréter

Nous devons apprendre à jouer avec la gamme des sentiments, à les exprimer, à nous réconcilier avec ce qui nous fait mal, et entretenir ce qui nous donne de la joie, du bien-être et nous apaise, sans que cela ne soit jamais absolu ou définitif.

Un manque dynamique

Le « manque » nous relance toujours comme moteur de vie, de création et d'espoir.

Moi et les autres

L'homme, un animal qui parle

Les animaux dits sociaux sont légion. Ils ont leurs codes, leurs systèmes éducatifs, leurs façons de vivre avec leurs congénères, des modes de communication. Ils manifestent des émotions qui naissent de la peur, de l'abandon, de l'inquiétude, exprimées par les attitudes du corps, les sonorités de la voix qui grogne, gémit, menace, appelle. L'être humain est un animal social presque comme les autres, mais il parle. Pas seulement pour satisfaire ses besoins élémentaires vitaux, mais pour échanger des idées, des sentiments et, ainsi, se relier à l'autre, aux autres. La parole contribue à faire de lui un animal social particulier.

Nous habitons un monde interprété par d'autres où il nous faut prendre place. Le monde interhumain est un monde des sens autant qu'un monde de sens puisqu'un monde où nos sens prennent sens. Un monde où notre sensorialité se charge d'histoire, elle qui gouverne nos émotions autant que nos perceptions. « Je est un autre », disait Rimbaud vers la fin du XIXe siècle et, au début du XXe, Apollinaire rétorquait : « Tous les autres sont en moi. » Les deux poètes, après bien d'autres écrivains et philosophes, mettaient en exergue la nécessité de l'existence de l'autre pour nous donner notre propre sens. Et si la relation à l'autre passe par nos sens, il est certain que la parole lui apporte plus de sens encore et, même, se révèle vitale.

Le roi de Prusse Frédéric II voulait savoir quelle était la langue naturelle des enfants : le grec, le latin, l'hébreu ou l'allemand ? Il « acheta » donc une cinquantaine d'enfants, leur offrit d'excellentes conditions matérielles d'existence, mais donna pour consigne aux valets de porter un loup noir devant leur visage et de ne jamais parler. Le résultat de cette expérimentation fut tragique. Beaucoup d'enfants moururent, les survivants devinrent arriérés et aucun ne parla !

L'enfant a besoin de l'autre

L'aventure humaine produit souvent des situations analogues à l'expérience immorale du roi expérimentateur : les guerres, les fracas familiaux provoquent aujourd'hui sur la planète l'abandon ou l'isolement total de plus de 100 millions d'enfants. Les retards mentaux et les troubles de la socialisation sont si importants que le développement économique de certains pays s'en trouve ralenti.

Ce terrifiant constat permet de soutenir qu'un enfant seul n'est pas un enfant. Il lui faut quelqu'un d'autre pour devenir lui-même. Cette notion entraîne une manière différente d'observer et de comprendre le développement de nos enfants.

D'abord, au cours de notre ontogenèse – l'évolution individuelle depuis la fécondation jusqu'à la mort –, nous avons à nous développer là où la vie nous a mis. Lors de ce stade de formation, nous sommes tous des mammifères, puisque la fusion d'un spermatozoïde et d'un ovule doit se faire dans un liquide, puis se planter dans une paroi utérine gonflée par les hormones et rendue susceptible d'accueillir un œuf fécondé. Cet embryon de mammifère nage et grandit dans le liquide amniotique de la mère, mais, en fin de grossesse, le fœtus change sa manière de traiter les informations. L'embryon se développe dans sa mère. Le fœtus, lui, établit des rapports avec elle dès le septième, huitième mois. Il répond à des stimulations sensorielles venues de son milieu : sensible à la flaveur du liquide amniotique, il le déglutit chaque fois qu'il a une émotion ; selon que sa mère marche, travaille ou se détend, il s'adapte par des changements de posture ; et surtout, enfin, quand elle parle, il gambade, sursaute ou les battements de son cœur s'accélèrent.

Qu'entend-il ? Que fait-il ?

Longtemps, on s'est interrogé pour savoir si, réellement, le futur enfant « entendait ». Depuis 1970, des capteurs performants ont permis de classer les réponses en deux groupes. « Non, le fœtus n'entend pas, préten-

S'attacher pour survivre

Chaque espèce manifeste une manière particulière de s'attacher, de percevoir préférentiellement une figure et de s'orienter vers elle pour s'y sécuriser. Dans l'ensemble, les nouveau-nés collent à leur mère, mais en grandissant ils explorent de plus en plus loin de son corps. Les singes rhésus restent près de leur mère pendant trois ans. Les babouins sont d'abord très proches, puis s'éloignent dès la deuxième année. Les chimpanzés s'autonomisent vers la septième année. Généralement, les petites femelles restent plus longtemps collées à leur mère.

Tout trouble de l'un des deux partenaires modifie la forme des liens : la maladie de la mère provoque l'hyperattachement du petit, autant qu'une anomalie chromosomique (mongolisme) peut provoquer un hyperattachement ou le rejet par la mère (maladies génétiques qui provoquent l'agressivité).

Comme tous les mammifères, le bébé humain doit s'attacher pour survivre. Mais son développement particulièrement lent tisse des liens très différents selon les aléas de son milieu.

L'affectivité, force biologique

Les réflexions les plus récentes sur l'affectivité amènent à ne pas isoler les émotions des représentations. Un nouveau-né organise ses relations avec autrui à partir des événements quotidiens dans sa vie familiale. Les affects sont échangés lors des interactions du bébé avec ses proches et leur culture et, dès les premiers gestes, lui imposent un code comportemental qui le façonne. On pourrait donc dépeindre l'affectivité comme une force biologique, une communication matérielle, un lien sensoriel qui unit les êtres vivants et structure entre eux un véritable organe de la coexistence.

dent certains chercheurs, sa trompe d'Eustache est bouchée, un paquet gélatineux obture son oreille moyenne, et surtout les pressions égales entre les oreilles internes, moyennes et externes empêchent la transmission des sons. Son monde sonore pourrait, à la rigueur, ressembler à celui de grandes surdités de transmission des personnes âgées, qui ne perçoivent que les grands bruits, lesquels les font sursauter. » « Si, le fœtus entend, répondent d'autres scientifiques. À partir de la vingt-septième semaine, le bruit, pour lui, n'est plus une invasion sonore qui déclenche une réponse motrice comme le sursaut, mais l'objet d'une perception active qui le tient à distance, le structure et lui donne une forme. Il est alors neurologiquement apte à traiter des perceptions pour créer une représentation alimentée par la sensorialité. » Les progrès de l'imagerie endo-utérine comme le microcinéma ou l'échographie à trois dimensions permettent en tout cas de visualiser cette idée : lorsque la mère parle, la structure physique de sa parole se transforme en toucher qui stimule le fœtus et déclenche un comportement exploratoire avec la main et la bouche. Bien sûr, à ce stade du développement de son appareil psychique, ce n'est pas le contenu de la parole maternelle qui émeut l'enfant, mais l'objet sensoriel parolier dont les basses fréquences, bien transmises par le corps maternel, viennent vibrer contre sa bouche, comme une caresse.

L'indispensable structure sensorielle

Aussitôt né, un petit mammifère doit trouver autour de lui des structures sensorielles qui vont favoriser son développement. La manière dont on le manipule, par exemple pendant la toilette, dont on le nourrit crée une enveloppe sensorielle qui le stimule et qui l'apaise. Le visage de sa mère ou, plutôt, la brillance de ses yeux, la barre du nez et des sourcils et les mouvements de la tête constituent, dès les premiers jours, une image préférentielle que le bébé perçoit mieux que toute autre. Quand la mère parle, il reconnaît la musique de sa voix et, s'approchant de son cou, il s'apaise à son odeur. Vers le deuxième mois, il distingue son visage vers lequel il s'oriente préférablement, alors qu'il ne reconnaîtra celui de son père qu'un peu plus tard.

Cette enveloppe sensorielle préparolière est de même nature pour tous les êtres vivants : un petit goéland, dès la naissance, s'oriente vers la tache rouge sur le bec jaune de ses parents goélands. En donnant un coup de bec sur cette figure géométrique et colorée, il provoque une régurgitation de poissons prédigérés. Un poulain, dès la première heure, s'oriente vers les flancs de sa mère, il la suit où qu'elle aille, il adhère à son corps grâce à cette sorte de « colle affective », et, dans son ombre, il apprendra tout ce qui est nécessaire pour se faire une vie de cheval suffisamment heureux.

Cette idée de pulsion d'attachement qui démontre qu'un nouveau-né s'oriente vers un autre partiel, un morceau d'autre, comme la tache rouge du bec de goéland, le flanc de la jument ou le mamelon de la mère, a pu être analysée expérimentalement. Un petit macaque se sécurise au contact d'un leurre en feutre qui ne nourrit pas, mais qui est doux, alors qu'il ne se blottit jamais contre un leurre en grillage qui pourtant porte un biberon. Les expérimentations sur les mammifères témoignent d'une « étonnante convergence » avec les observations directes réalisées avec les bébés humains.

L'aptitude à faire signe

Pourtant, chaque espèce se développe dans un monde qui lui est propre : les abeilles dans l'ultraviolet, les serpents dans l'infrarouge et nos enfants dans un monde sensoriel structuré par la parole. On devrait dire plutôt que notre aptitude à faire signe métamorphose le monde. En agitant la langue, on produit des mots ; en bougeant les mains, on exprime nos émotions, et même les objets sont chargés d'une signification qui vient de notre histoire. Tout cela enveloppe nos enfants et leur propose des tuteurs sensoriels le long desquels ils auront à se développer.

Lorsqu'un chaton miaule de détresse, la mère répond presque aussitôt par des ronronnements d'apaisement. Mais, si son propre développement a été altéré, elle peut ne pas répondre et être mauvaise mère. Le trouble du développement qu'elle a subi lors de son enfance désorganise à son tour l'environnement sensoriel de son propre enfant, qui aura du mal à s'épanouir dans un milieu où la mère ne répond pas.

Quand un nouveau-né humain pleure, c'est tout l'appareil psychique de sa mère et de son père qui est alerté. Selon l'idée qu'ils se font de leur propre enfant, ils peuvent accourir avec plaisir, avec exaspération ou ne pas répondre au nom d'un stéréotype culturel qui dit que « prendre dans les bras un nouveau-né qui pleure, c'est le rendre capricieux ». Leur réponse comportementale dépend de leur propre histoire et de leur contexte culturel. Mais l'enfant, lui, aura à se développer dans des milieux sensoriels totalement différents et structurés par les récits de ses parents et leur culture.

Après le geste vient le mot

Sémantiser, c'est lier le signe et son sens. Un néologisme né du mot sémantique, qui désigne, entre autres, l'étude du sens des langages. À rapprocher de « sémiologie » une science qui selon son fondateur, F. de Saussure, « étudie la vie des signes au sein de la vie sociale ».

Dès l'âge de 8-10 mois, les bébés humains se mettent à pointer de l'index, ce que ne font jamais les animaux. Ce petit scénario comportemental permet d'observer comment l'enfant commence à sémiotiser son monde, à faire signe avec son doigt. Il pilote ainsi l'attention de ceux qu'il aime et partage son petit monde mental. Mais presque toujours il distingue un objet mis en lumière inconsciemment par l'histoire de ses parents : un stylo, si la mère est intellectuelle ; une casquette, si le père est marin ; une fleur, s'il est jardinier. Il est capable de sémantiser avec des gestes, il ne lui reste qu'à apprendre les mots de sa langue.

Le simple fait de parler modifie alors l'usage de son corps. Désormais, c'est avec la langue qu'il désigne, et non plus avec le doigt. La métamorphose dans la condition humaine vient de s'accomplir.

Boris CYRULNIK

EN BREF

Un besoin vital

Pour vivre et pour se développer de façon satisfaisante, un enfant a besoin d'entendre parler. C'est pour lui la seule manière d'acquérir ce lien fondamental aux autres qu'est le langage.

Un environnement sensoriel précoce

Dès 7-8 mois, le futur bébé répond à des stimulations sensorielles venues de son milieu et réagit à la voix de sa mère.

La grande métamorphose

Alors que les animaux ne le font jamais, le petit enfant, vers 18 mois, sait désigner de l'index ce sur quoi il veut porter l'attention de son entourage. Il a appris le signe. Après le geste viendra la grande métamorphose : le mot, propre à la condition humaine.

Frères humains...

Mais qu'est-ce qu'ils me veulent ?

Ni le nouveau-né, ni l'enfant, ni l'adulte ne vivent normalement dans la solitude. Dès la naissance, l'interaction avec l'autre, les autres, est permanente. L'échange de signes, puis l'échange de mots posent la question de leur signification : « Que me veut-on, qu'est-il attendu de moi ? », et cette question organise alors les communications entre tous nos mondes intimes.

Supposons qu'un bébé sain arrive au monde. Ses chromosomes possèdent, bien sûr, quelques anomalies génétiques dont les gènes voisins empêchent l'expression. Il est donc, comme tout le monde, suffisamment sain. Son cerveau et sa biologie se mettent en place, avec la santé que possèdent presque tous les bébés à la naissance.

Il arrive que les accidents de la vie et, surtout, les fracas sociaux le privent de la présence d'adultes pour s'occuper de lui. On peut, alors, clairement affirmer qu'il n'a aucune chance de se développer, malgré sa saine constitution. La distinction classique qu'établissent nos philosophes entre l'inné et l'acquis n'a aucune pertinence, puisque, si une seule catégorie vient à manquer, rien ne se développera.

Pour qu'un enfant devienne lui-même, il faut que les deux se rencontrent. L'articulation entre l'équipement biologique d'un enfant et les représentations psychiques des donneurs de soins est rendue possible parce que chacun des partenaires de l'interaction perçoit et traite les signaux émis par le corps de l'autre.

D'abord, un message sensoriel

Un nouveau-né ne vit pas dans un désert. Dans l'heure qui suit sa naissance, il perçoit des éléments sensoriels qui émanent du corps de sa mère. La brillance des yeux à 30 cm et le dessin de la lèvre, des sourcils composent une image géométrique qui capture l'attention du nourrisson. Les basses fréquences de la voix maternelle caractérisent l'architecture de sa voix et viennent caresser le bébé, qui perçoit cette signature vocale mieux que toute autre sonorité. Il reconnaît très vite l'odeur du cou de sa mère et se familiarise à sa manière de le manipuler. Son monde sensoriel est donc organisé par des sensorialités repérables et reconnues dont la stabilité compose des tuteurs affectifs, sonores et gestuels le long desquels le nouveau-né pourra développer ses promesses génétiques.

Pourtant, il y a une très nette asymétrie entre les partenaires de cette rencontre. Le petit partenaire se développe à toute allure, puisqu'il fabrique 20 000 neurones chaque jour et reçoit de son milieu des empreintes qu'il gardera dans sa mémoire biologique pendant toute sa vie. Alors que le grand partenaire se développe lentement, maintient sa structure ; il est historisé, lui.

L'articulation entre ces deux domaines de nature différente se fait encore par la sensorialité, mais elle sera sensée dès les premières interactions.

L'inné et l'acquis semblent former un couple d'opposés. L'un désigne une caractéristique individuelle présente à la naissance sous une forme manifeste ou latente. L'autre s'applique à un accroissement des connaissances ou à une modification du comportement intervenant au cours du développement. Mais le patrimoine héréditaire impose forcément des contraintes à l'acquisition. Et il faut prendre en compte l'importance de l'expérience individuelle sur le flux de l'évolution génétique.

La communication par l'émotion

Lorsque à l'échographie on voit sourire un fœtus, on est en droit de se demander ce qui peut bien l'amuser. En fait, le mot « sourire » attribué à un comportement provoqué par la contraction de l'orbiculaire des lèvres est abusif. Cette réponse musculaire de la bouche est due à une stimula-

Les interactions sont précoces

Il n'y a pas si longtemps, un grand nombre de praticiens pensaient que les nourrissons ne voyaient rien, n'entendaient rien et, surtout, ne comprenaient rien. Cette attitude qui chosifie l'autre est avantageuse, puisqu'en cas de malheur la tristesse est moins grande, et la culpabilité aussi.

L'excès inverse a consisté à croire que le monde mental d'un nourrisson était analogue à celui d'un adulte et qu'il suffirait donc de lui expliquer les événements qui survenaient autour de lui pour que tout s'arrange.

Les études éthologiques montrent que ces deux attitudes ne sont pas pertinentes. Le monde mental d'un nourrisson se construit lentement à partir du biologique, pour partir du biologique, et pour lui échapper grâce à la parole et au signe. Il est d'abord composé de perceptions sensorielles qui, graduellement, évoluent vers les représentations sensorielles d'odeurs, d'images et de musiques verbales. Bien avant de maîtriser la parole, le monde d'un bébé est sensé grâce à l'histoire de ses parents, qui attribuent à tout comportement de l'enfant une signification venant de leur propre histoire et structurant les conduites dont ils entourent leur enfant.

La question : « Qu'est qu'ils me veulent ? » entraîne la réponse : « Il faut que je m'aventure dans leur monde pour le savoir », et cet échange mène à la création d'un monde intersubjectif qui, plus tard, vers l'âge de 2 ans, invitera à la parole.

À LIRE

Pomerleau, A. et Malcuit, G., *l'Enfant et son environnement*, Éd. Mardaga, Bruxelles, 1983.

Sterne, D., *le Monde interpersonnel du nourrisson*, PUF, Paris, 1989.

tion bioélectrique qui envoie des influx au cortex, aux muscles des yeux et des lèvres. Au moment où le cerveau est en alerte, comme lors des rêves, le bébé manifeste des saccades oculaires, des sursauts des doigts et un rictus que nous appelons sourire.

Mais, quand une mère perçoit le « sourire » déclenché par l'impulsion électrique de la base du cerveau, elle ne dit jamais : « Tiens, Mathieu vient de sécréter le neuropeptide qui provoque le sommeil paradoxal et la contracture de l'orbiculaire des lèvres. » Elle dit : « Mathieu est mignon quand il sourit. On dirait son père. » Cette interprétation enjouée vient de sa propre histoire et de la relation avec son mari, puisqu'elle ne dit pas ça quand elle déteste le père ou quand elle refuse l'enfant.

Or, l'expression de cette émotion va désormais organiser l'alentour sensoriel du nourrisson. Si la mère est heureuse, elle va jouer avec l'enfant ou éprouver un sentiment de tendresse. Alors que, si elle souffre, elle pourra ne jamais répondre au sourire ou même détester le nourrisson, qui lui rappelle l'homme qu'elle déteste. C'est dans un tel univers sensoriel, modifié par l'histoire et la relation maternelle, que l'enfant aura à se développer. Chacun perçoit sur l'autre ce qu'il y a mis. La mère perçoit sur son bébé ce qu'il évoque de sa propre histoire. Et le bébé perçoit sur sa mère la colère ou la gaieté qu'il a déclenchée par son petit comportement. La médiation entre ces deux psychismes, l'un qui démarre et l'autre historisé, se fait par la sensorialité.

La communication par l'expression

Très tôt, bien avant qu'il soit capable de maîtriser sa propre parole, le bébé tente d'agir sur le monde mental de ses figures d'attachement. Vers le 3e mois, il répond aux mimiques souriantes ou sévères de ses parents par des éclats de rire ou par un retrait comportemental. Mais, à partir des 8e ou 10e mois, c'est lui qui pilote l'attention de ses proches avec le petit gouvernail de son index pour désigner l'objet convoité qui n'est pas n'importe quel objet : ce sera de manière préférentielle le stylo, le chapeau ou la fleur qui ont été mis en lumière par le comportement de ses parents. Ce sont donc les mimiques, les gestes et la musique de la voix fâchée, gaie ou douce qui font comprendre à l'enfant que l'adulte exprime ainsi son monde intime. Il tente d'y répondre par des comportements de charme, de

À qui appartient l'enfant ?

Dans notre culture de la personnalisation, la réponse à cette question serait : « Il appartient à lui-même. » Mais elle n'aurait pas de sens. L'enfant qui n'appartient pas est condamné à mourir ou à mal se développer. L'enfant qui appartient est condamné à se laisser façonner par ceux à qui il appartient. Le plaisir de devenir soi-même passe par le lien tissé avec les autres.

colère ou d'indifférence. Les deux partenaires de l'interaction mettent en scène leurs mondes intimes et organisent ainsi un style relationnel.

Tous nos canaux de communication deviennent sensoriels et sensés, intelligents bien avant la parole. À partir du 15e mois, un enfant sera capable de se représenter les représentations d'un adulte et de lui attribuer des émotions et des intentions. Il peut alors essayer de gouverner le monde intérieur invisible de l'adulte, en faisant semblant de pleurer ou d'être gai, en désignant de l'index un objet signifiant qui pourra médiatiser les relations et en soutenant le regard de l'adulte de façon à bien vérifier si la communication est passée correctement entre les deux mondes intimes.

Mais les adultes ne sont pas les seuls à façonner le psychisme des petits. Les enfants entre eux s'influencent beaucoup. Dès les premières semaines, un bébé face au miroir jubile intensément tant la simple perception d'une image de bébé provoque en lui une heureuse et forte émotion. Si bien que, s'il arrive que la mère défaille parce qu'elle est malade ou qu'on l'a rendue malheureuse, d'autres tuteurs de développement pourront se mettre en place. Le père en tant que mâle manifeste une forme sensorielle différente de celle de la femme, mais tout aussi efficace. Quant aux enfants entre eux, ils possèdent un effet stimulant et sécurisant très actif que nos études récentes sous-estiment encore.

Extrêmement tôt, le nourrisson ressent une émotion qui pourrait correspondre à la forme verbale de cette question : « Qu'est-ce qu'ils me veulent ? » Il comprend de manière sensorielle et répond à cette « question » par un profil comportemental qui le caractérise. Mais les adultes aussi et les autres enfants se posent la même question, qui organise alors les communications entre tous ces mondes intimes.

Boris CYRULNIK

EN BREF

La grande affaire du sens

Par le milieu sensoriel qui l'environne, le ressenti des émotions maternelles, puis les mimiques, les gestes et, enfin, la parole, le bébé d'abord décrypte ce que l'on attend de lui, puis, peu après, exprime ses propres désirs. Les enfants, puis les adultes agissent de même.

La mère, mais pas seulement

Si la mère, premier tuteur de développement, est défaillante, d'autres tuteurs peuvent se mettre en place. Le père possède une forme sensorielle différente, mais tout aussi efficace. Et l'interaction des enfants entre eux est considérable.

Voir aussi

- Relations et amis p. 188
- Exprimer ses émotions p. 442

Je m'en vais parce que je t'aime

L'attachement est un bon mot : il désigne autant l'aspect positif du lien qui nous construit que l'aspect négatif de la liaison qui nous retient, et, paradoxalement, c'est dans la sécurité qu'il nous donne que nous trouvons la force d'avancer et de nous en éloigner.

Quand il s'est bien tissé, le lien nous attache à une autre personne, un animal, un site ou un objet. Dès que cet autre est imprégné dans notre mémoire, nous ne l'éprouvons plus de la même manière. À peine devenu familier, il nous sécurise délicieusement, jusqu'à l'engourdissement. Tandis que l'inconnu, non imprégné dans notre mémoire, nous effraye et nous éveille en créant un sentiment d'événement.

L'attachement n'établit pas de rapport de domination ou d'assujettissement, comme lors de la dépendance. C'est un lien qui nous renforce et nous entrave, comme un tuteur de pied de vigne qui aide au développement en imposant une direction. L'enfant, qui a besoin d'un autre pour devenir lui-même, acquiert, grâce à ce lien, une manière d'aimer qui caractérise son style développemental. Le sentiment ainsi tissé est une émotion provoquée par une représentation, comme si cet enfant disait : « Le sentiment que j'éprouve en pensant à moi dépend du regard que mes figures d'attachement portent sur moi. S'ils m'aiment, j'éprouve le sentiment d'être aimable, mais si j'observe sur leur visage des mimiques de dégoût, je ressens au fond de moi le désespoir d'être celui qui dégoûte. »

Les comportements quotidiens de l'enfant, ainsi façonné par un lien interactif, répondent à cette représentation qui provoque une émotion. Ce modèle opératoire interne (MOI) crée un style, une manière d'aimer qui caractérise ces petites personnes. L'absence ou la rupture du lien sécurisant d'attachement entraîne des troubles graves. On le note aussi bien dans l'observation naturaliste, sur le terrain en quelque sorte, que dans les situations expérimentales. Ainsi, la perte des parents ou leur dépression réalisent des équivalents spontanés de l'expérimentation. Les psychanalystes A. Freud, fille de Sigmund, et R. Spitz ont décrit pendant la Seconde Guerre mondiale des troubles comportementaux provoqués par ces pertes affectives. Puis, en 1959, un psychanalyste anglais, J. Bowlby, mort en 1990, a donné à l'attachement un statut scientifique. Rompant avec toutes les théories antérieures sur les premiers liens sociaux et affectifs de l'enfant humain, sa théorie posait que la tendance à rechercher le contact avec un congénère n'est pas dérivée, mais primaire et permanente. Elle s'opposait donc aussi bien à toutes les théories de l'apprentissage social, selon lesquelles les liens affectifs se construisent avec des individus intervenant dans la réduction des besoins primaires, qu'avec celles de la psychanalyse pour laquelle le lien à la mère s'étaie sur la satisfaction du besoin de nourriture. Ainsi, l'observation naturaliste permet une manipulation expérimentale en laboratoire ou sur le terrain, mais cela n'empêche pas de favoriser, par ailleurs, le lent travail affectif de la parole.

L'éthologie est l'étude des comportements. D'abord appliquée aux animaux, elle s'est étendue aux humains. Aujourd'hui, la distinction entre éthologie animale et éthologie humaine n'a plus grand sens. On pourrait plutôt parler de l'ouverture éthologique sur une discipline déjà constituée, par exemple l'étho-anthropologie, l'étho-urbanisme, l'étholinguistique ou l'éthopsychanalyse.

Quand la mère rassure, l'enfant ose

Les observations d'éthologie animale et humaine font apparaître que, lorsqu'un petit mammifère acquiert les comportements d'attachement qui lui permettent de se sentir en sécurité en présence de sa mère, c'est alors qu'il trouve la force de s'en séparer. Se sentant protégé, il ose explorer son milieu. La possibilité de se ressourcer au contact du corps, des cris, des

Des empreintes à la parole

En éthologie, l'empreinte est un processus d'acquisition précoce et relativement rapide qui se distingue des autres processus d'apprentissage par une période sensible où l'organisme possède une aptitude biologique à la mémoire durable. Cet organisme hypersensible doit donc, à ce moment précis, rencontrer un objet qui, en se marquant dans la mémoire, deviendra un repère saillant de son monde.

L'empreinte olfactive ou vocale, l'image d'un visage ou d'un site deviennent alors les repères sensoriels qui étayent le développement des constructions mentales du petit.

Un enfant isolé, privé de telles empreintes, vit dans un monde sans repère où la confusion des informations altère son développement. Mais, paradoxalement, un excès d'information crée une confusion analogue puisque aucun objet n'y est mis en lumière.

Ce moment d'hypermémoire est précis chez les oiseaux, où il dure quelques heures. Il s'allonge chez les mammifères, où l'organisme « apprend » quelques objets qu'il familiarise mieux que d'autres en quelques semaines. Chez les grands singes, ce processus dure quelques mois et, chez l'homme, il est vif lors des petites années, mais dure toute la vie.

Cette lenteur du développement humain dilue la période de l'empreinte. L'apparition du monde parolier change la nature des empreintes qui non seulement sont sensorielles, mais s'enracinent désormais dans les représentations verbales.

sourires et des mots de sa figure familière, lui permet d'affronter les figures non familières et de lentement les apprivoiser pour ne plus en avoir peur.

Si bien que, dès l'âge de 12 à 18 mois, chaque enfant a acquis une manière d'aimer qui le caractérise. Quelle que soit la culture, 65 % de tous les enfants ont acquis un attachement sécure : quand la mère s'éloigne (en situation expérimentale ou spontanée), le petit a appris à surmonter l'inévitable épreuve de son départ. Il attribue à un objet familier (nounours ou chiffon) le pouvoir de la sécuriser en la représentant. Et, quand une figure étrangère apparaît, l'enfant parvient, geste après geste, à la familiariser. Lorsque la mère revient, il manifeste sa joie et renoue la proximité par ses babils, ses sourires ou ses caresses.

Cependant, 20 % de tous les enfants ont acquis, à ce stade de leur développement, un attachement ambivalent : quand la mère revient après avoir laissé son petit seul ou au contact d'une étrangère, l'enfant, au lieu de s'y ressourcer, l'agresse, la frappe ou la mord.

Enfin, 15 % de toute la population enfantine ont acquis un attachement évitant où le petit recherche l'indifférence, comme s'il avait appris à ne compter que sur lui, tandis que 5 % de cette population manifestent un attachement confus où aucun comportement n'est suffisamment efficace pour provoquer un effet de sécurisation, d'agression ou de fuite. Le total

Quand le lien se distend ou se rompt

Il arrive que le lien fondamental unissant la mère à l'enfant soit distendu ou rompu par la séparation. Dans le monde animal, la rupture du lien a des conséquences immédiates. Par exemple, un agneau déclenche le comportement maternel de sa mère, qui, en le léchant, le marque à son odeur. Ainsi s'amorce, entre la brebis et l'agneau, la spirale relationnelle de l'attachement. Si cette spirale et interrompue, la communication olfactive (qui peut être aussi auditive ou tactile) ne passe plus, l'attachement peut être définitivement rompu avec des conséquences fatales pour le petit animal.

À la différence de la brebis, la mère humaine se pense en tant que mère. Cela lui permet après une séparation de renouer, en tâtonnant, le lien sensoriel qu'elle aura ainsi « pensé ». Fréquemment, les retrouvailles sont maladroites. La mère est souvent intrusive ou, au contraire, retenue, comme gênée. Le bébé est avide d'affection ou bien indifférent. Généralement, il suffit de quelques heures, de quelques jours, au pire de quelques semaines pour que se tisse de nouveau un lien harmonieux. Il n'empêche que cette séparation a réalisé une période sensible et vulnérable où toute faille a pu se révéler : on retrouve souvent, dans la population des enfants martyrs, un antécédent de longue séparation. La plupart des enfants assument les traumatismes de la séparation en quelques jours, mais quand celle-ci perturbe le sommeil ou provoque des troubles alimentaires, ils sont interprétés par la mère, et risquent, en révélant une faille de son inconscient, d'engendrer une spirale de troubles relationnels durables.

de ces styles d'attachement dépasse 100 % car ils sont durables, mais non définitifs. Ils peuvent changer selon le style interactionnel de l'adulte ou le moment de développement de l'enfant.

Pourtant un couple de forces opposées se met en place. Dans le système nerveux, une stimulation excessive de la zone périthalamique du plaisir finit par provoquer une réaction douloureuse, comme dans l'orgasme douloureux. À l'inverse, une stimulation prolongée de la bandelette frontale inférieure, zone de la douleur, finit par stimuler la réaction de la zone de la recherche de plaisir. Il en est de même pour l'attachement : sans le bien-être provoqué par la simple présence de la figure familière, l'enfant perçoit tout événement comme une peur. Mais, quand le bien-être est trop durable, il engourdit l'attachement, alors qu'un petit chagrin, une fatigue qui invite au blotissement, un départ momentané stimulent le désir des retrouvailles et le renforcent.

S'attacher pour pouvoir se détacher

Le petit dont la mémoire n'a pas acquis l'empreinte d'une figure d'attachement base de sécurité n'ose rien explorer. Quand il parvient à tisser un lien, il manifeste un hyperattachement anxieux, il s'y agrippe et ne peut s'en éloigner. Mais, à l'inverse, quand la figure d'attachement a toujours été présente, le petit n'a jamais eu l'occasion d'apprendre à inventer son propre tranquillisant, tel que le nounours ou la mentalisation, qui lui permet de se représenter sa mère alors qu'elle n'est pas là. Ces enfants exagérément entourés sont écœurés par la figure d'attachement trop familière autant qu'ils sont effrayés par les figures non familières.

À LIRE

Cyrulnik, B., *Sous le signe du lien*, Hachette littérature, coll. « Pluriel », Paris, 1989 ; *les Nourritures affectives*, Odile Jacob, Paris, 1993 ; *les Vilains Petits Canards*, Odile Jacob, Paris, 2001.

Vers l'âge de 6 ans, ceux qui ont acquis un attachement sécure s'amusent à l'école, où ils apprennent d'autres influences, alors que ceux qui n'ont pas eu l'occasion de triompher de petites épreuves sont effrayés par ce nouveau monde social et écœurés par l'ancien.

L'adolescence, avec l'intensité émotionnelle provoquée par l'apparition du désir sexuel, remet en jeu l'apprentissage de toutes les manières d'aimer. Mais cette fois-ci le désir va orienter les adolescents vers une figure non familière, la belle inconnue à laquelle, plus tard, ils devront s'attacher, alors que dans les petites années c'est l'attachement qui les orientait vers une figure ne provoquant pas le désir.

L'équilibre affectif et même la stabilité des représentations mentales (« j'aime les femmes sportives », « j'aime les hommes doux ») résultent probablement du gouvernement de ce couple d'opposés où l'on a besoin de s'attacher pour trouver la force de se détacher, puis de désirs pour s'attacher ailleurs, à une figure inconnue qu'il faudra familiariser : « Je m'en vais parce que je t'aime… », ou « … parce que tu as su m'aimer ».

Boris CYRULNIK

EN BREF

La racine du lien

Au commencement de la vie, ce sont l'amour, la sécurité, l'interrelationnel avec les proches et, particulièrement, avec la mère qui constituent le tuteur au long duquel le petit humain peut se développer pour mieux prendre son essor.

Détachement, désir, plaisir

Avec l'adolescence, l'intensité émotionnelle provoquée par l'apparition du désir sexuel remet en jeu l'apprentissage de toutes les manières d'aimer. Mais cette fois-ci le désir détache du tuteur initial et oriente vers une figure non familière. Un nouvel attachement qui pourra se nouer lorsqu'elle sera familiarisée.

Seul(e) en ce monde

Tant de façons d'être seul...

Les événements de l'histoire personnelle au travers du cycle vital sont traversés de moments solitaires qui peuvent être ressentis comme un enfermement dans l'isolement ou comme une liberté personnelle. Cela dépend du contexte et de la manière dont chacun se sent intimement relié aux autres dans le cadre même de sa solitude.

Il y a tant de façons d'être seul. Des sentiments si différents accompagnent cet état. On peut se sentir seul au monde, alors c'est le désespoir, le sentiment d'abandon, parfois l'angoisse ; ou bien être très content : enfin seul ! Un plaisir jubilatoire est éprouvé lors d'une escapade d'un moment pour soi tout seul, sans contrainte, sans avoir à tenir compte des autres, plaisir d'autant plus grand qu'on le sait limité dans le temps. Le petit enfant qui fait ses premiers pas sans qu'on le tienne par la main éprouve un plaisir intense : premiers pas vers l'autonomie et la liberté... Quelques instants plus tard, il pleure en réclamant un parent qui tarde à venir. À l'âge adulte, on retrouve cette variabilité du vécu, connue de chacun, qui accompagne le fait d'être seul, selon que la solitude est ressentie comme une fatalité ou un choix, comme un moment passager, selon qu'elle est choisie ou subie.

Le manque de liens

On se sent seul au monde, isolé, comme orphelin, si l'on n'a pas de liens affectifs amicaux ou familiaux, qui donnent le sentiment d'être relié à d'autres avec lesquels on partage des valeurs ou une connivence essentielle pour soi. Ce sentiment, proche d'un vécu d'abandon, peut être passager et réactionnel à l'occasion d'événements particuliers. Certains moments de crise, comme une rupture ou la perte d'une personne proche, fragilisent. Le vécu émotionnel intense dans ces moments submerge, enferme parfois et isole. Mais cet état ne se prolonge pas si l'entourage ou des proches sont à l'écoute. Désigner ses émotions et sa tristesse avec des mots permet à une personne de se relier aux autres et de sortir de l'isolement.

L'impossible quête

Certains se sentent « seuls au monde » pour toujours, depuis toujours. Leur vécu, leurs émotions, ils n'imaginent pouvoir les partager avec personne, ni même les évoquer, ni être compris s'ils essayaient. Pourquoi cette fatalité de l'isolement ? Les causes peuvent être complexes et multiples : une fracture dans l'histoire à un moment fondamental de la construction de l'identité de l'enfant ; une sécurité, un soutien ont manqué et ont fragilisé la construction de l'unité interne. L'enfant, puis l'adulte se sent inachevé, manquant, jamais bien avec lui-même, toujours en quête, et paradoxalement jamais satisfait des liens avec les autres. Il cherche sa moitié pour une complétude parfaite et idéalisée en vain. Il est toujours déçu. Tout accroc à cette image idéale de la relation qui devrait combler tous les manques est insupportable et réactive un sentiment de solitude. Le surinvestissement de l'autre imaginaire, prince charmant ou princesse, celui qui donne vie et réveille la Belle au bois dormant, installe dans l'attente de l'improbable élu, avec un vécu de frustration et de solitude douloureuse.

Être seul devient un plaisir, une revendication, une escapade délicieuse quand ces moments sont limités par le temps, exceptionnels, rares et précieux. Les adolescents ferment la porte avec joie aux parents qui partent en week-end et les laissent « enfin seuls » dans l'appartement. Les mêmes parents, homme ou femme, se réjouissent de pouvoir faire l'école buissonnière hors de la famille ou du couple ; aller seul au cinéma, pouvoir s'occuper de soi, être seul chez soi, enfin ! Une légèreté de l'être confinant à l'ivresse envahit la personne qui peut s'inventer sans contrainte et disposer de soi pour un moment, sortir de la prévisibilité.

Mais cette même légèreté peut devenir insoutenable si elle s'installe ; de grisante, elle devient difficile à vivre. Ainsi dans la passion amoureuse. « Un seul être vous manque et tout est dépeuplé », écrivait Lamartine. Cet état

Le « doudou » et la maman

L'enfant développe sa capacité à être seul sans se sentir ni mal aimé ni abandonné ; très jeune, il investit un « doudou » qu'il ne quitte plus ; il emmène partout avec lui ce doudou qui assure une permanence des liens avec sa mère, avec les êtres aimés quand ceux-ci sont absents, avec la maison, et qui l'aide à élaborer en lui une image intérieure solide permettant sa construction identitaire.

amoureux est connu de tous. Comment comprendre qu'une telle passion amoureuse puisse s'emparer de l'être humain ? La défaillance de l'autre, son absence, entraînent un désinvestissement total de l'humanité. L'attente anéantit tous les autres : ils n'existent plus pour le désir de l'amoureux passionné qui se sent dépossédé de son être. Le plaisir de pouvoir vivre des moments solitaires peut ainsi basculer dans un face-à-face avec soi-même pesant et désagréable.

Le plaisir d'être seul est donc vraiment lié à la variabilité possible des moments. Comment l'élastique relationnel peut-il s'étirer sans casser, comment alterner pour chacun des relations de proximité et de distance sans crainte de rupture ou de perte d'amour ? Comment pouvoir être seul avec son partenaire amoureux sans se sentir seul avec lui ? Toutes ces questions parlent de la capacité de chacun à vérifier en soi la flexibilité de l'élastique qui le lie aux autres et qui l'assure de son identité.

Nous sommes aussi des êtres sociaux. Le vécu de la solitude et le rapport à la solitude ont évolué. La société contemporaine soutient fortement l'effort de l'individualisme dans la vie privée. L'individuation sociale, la réussite individuelle, l'expression des besoins individuels, un centrage sur l'individu incite à s'autodéfinir, à être unique responsable de sa réussite et de son devenir. Cette évolution complexifie les attentes de chacun.

À LIRE

Anzieux, D., *le Moi peau*, Dunod, Paris, 1995.

Aussenberg, J., Czernichow, S. et Geberowicz, B., *Heurs et malheurs de la vie quotidienne*, éd. Syros, 1994.

Bruckner, P. et Finkielkraut, A, *le Nouveau Désordre amoureux*, Seuil, Paris, 1988.

Kaufman, J. C., *la Femme seule et le Prince charmant*, Nathan, Paris, 1999.

Lemoine, E. et Lemoine, P., *le Psychodrame*, Robert Laffont, Paris, coll. « Réponses ».

Kristeva, J., *Folle Vérité*, Seuil, Paris, 1979.

Plutôt pas de couple qu'un mauvais couple

Le couple reste le modèle de la vie privée ; cependant, chacun des partenaires attend de cette union un épanouissement personnel qui puisse chahuter la vie du couple. On n'hésitera plus à rompre, à rester seul, si le couple ne répond pas à son attente. À défaut du bon partenaire, vivre seul s'avérera la meilleure façon de réussir sa vie individuelle en étant seul responsable et acteur de son devenir et de son épanouissement. À l'inverse, rester dans une relation conjugale frustrante et figée peut amplifier le sentiment de solitude à deux, incompris d'un autre supposé proche, avec ce ressentiment réciproque qui permet peu d'échappées. Aussi, sortir d'une telle relation est une libération.

La vie en célibataire peut donner des ailes, particulièrement aux femmes qui

Le stade du miroir

Le bébé trouve dans le miroir des yeux de ses parents une image anticipée de lui-même qui lui donne un contour rassurant, une identité. Cette identité trouvée, il la paie d'une liberté perdue : il est désormais voué à la quête de lui-même dans le désir des autres.

sortent d'une abdication d'elles-mêmes au bénéfice de la famille. Leur désir identitaire est plus récent : liberté et vie en solitaire peuvent être revendiquées et appréciées. Elles assument leur existence en solitaires sans se sentir seules, profitent de leur solitude et s'y plaisent.

Être seul ne signifie pas se sentir seul. De même on peut ne pas être seul et se sentir seul. La vie contemporaine hypertrophie toutes les possibilités de communication. On peut être en communication avec le monde entier sans se sentir en relation avec quelqu'un. On « naît » seul. La coupure du cordon ombilical à la naissance symbolise cette entrée dans la vie, qui passe par la séparation d'avec le corps de la mère. Il faudrait le couper pour se construire un être indépendant, un « bien-être », une idée de soi intérieure, une identité que, pourtant, l'on ne trouve que dans sa relation à l'autre. C'est dans ce va-et-vient entre dépendance et liberté que l'être humain vit l'expérience de la solitude. Il compose avec ses différents vécus, développe une capacité à être seul sans défaillir. Il apprend à manquer de l'autre sans manquer à lui-même, l'important étant la mobilité de ce mouvement qui évite l'enfermement dans un vécu unique et définitif.

Le cordon ombilical symbolise un double paradoxe : il faut le couper pour construire une identité qui, cependant, ne se trouve et ne se confirme que par l'autre, et l'on ne peut couper ce lien symbolique indéfectible sans avoir la garantie de sa permanence, solide en soi, qui relie aux autres.

Julie AUSSENBERG

EN BREF

Des états différents

Le même mot de solitude s'applique à des vécus différents selon les personnalités, les moments, les âges, les choix de vie.

La parole comme remède

Nommer ses émotions et sa tristesse permet de se relier aux autres et de sortir de l'isolement.

La solitude libératrice

À certains moments, la solitude est vécue comme une période délicieuse de légèreté. Sur un autre registre, on voit des couples la préférer à une mauvaise union. Enfin, désormais, des femmes la choisissent délibérément et la vivent sans frustration.

Le lien nécessaire

L'identité se trouve dans la relation à l'autre et ce lien ne peut être coupé sans dommages. C'est par un mouvement psychique entre cette dépendance et la liberté que l'on arrive à manquer de l'autre sans se manquer à soi-même.

Voir aussi

- Relations et amis p. 188
- Exprimer ses émotions p. 442

D'une solitude vide à une solitude pleine et vivante

Nous croyons parfois vivre seul, alors que nous abritons des occupants ou des envahisseurs installés à demeure, qui nous exilent en quelque sorte de nous-mêmes. Certaines personnes restent habitées de fantômes, blessées par des pertes, des séparations, des abandons... ou fascinées par des illusions et des leurres non viables, telle la recherche exigeante de l'âme sœur, de la femme ou de l'homme de sa vie, de la perle rare, obnubilées par des espoirs si irrationnels ou rigides qu'elles ne laissent plus guère d'ouverture à des rencontres nouvelles ou à la découverte de l'inattendu.

Pour pouvoir faire alliance avec un être proche et s'engager vers une relation intime dans la durée, il convient tout d'abord de se délier ou de pouvoir se désengager des relations antérieures trop prégnantes.

Se délier ou se désengager, c'est-à-dire non seulement s'être séparé physiquement, mais être séparé en profondeur des attaches inscrites en amont de sa vie, ou libéré du système relationnel par lequel on était attaché à telle ou telle personne. Se délier et se désengager ainsi de relations anciennes, de personnes significatives, d'images idéalisées ou de croyances qui autrement squattent de l'intérieur et empêchent d'aller vers autrui, qui parasitent l'ouverture et la recherche vers autrui et qui ne permettent pas de trouver un espace de disponibilité vers une nouvelle relation envisagée et choisie.

Pourquoi nous souffrons

Vivre seul au présent peut se révéler, dans diverses circonstances, source de souffrance et de malaise. Par exemple, quand nous laissons le passé nous encombrer avec des inquiétudes et des peurs venues de notre histoire ou de nos expériences antérieures. Ou bien quand nous avons été enfermé dans des promesses, des fidélités ou des loyautés trop aliénantes pour oser les transgresser. Ou encore quand nous restons emprisonné par des engagements ou des contrats intimes qui ne sont toujours pas résiliés, passés avec nous-même ou avec d'autres et qui agissent comme des impératifs prioritaires sur tous les choix existentiels.

Quelques confessions douloureuses

Les exemples sont légion, autour de nous, de solitudes en quelque sorte imposées par des événements déstabilisants ou par des circonstances douloureuses qui n'ont pas pu être résorbés ou effacés. Ainsi :

- **Une douleur de l'enfance : « Je ne veux plus revivre ce que j'ai vécu à 4 et à 10 ans. La première fois, quand j'ai été en nourrice, que je me suis attachée à elle durant six ans, et la seconde fois, quand mes parents m'ont reprise. »**
- **La prison d'une promesse : « Ma mère malade m'avait fait jurer, à 12 ans, que, si jamais il lui arrivait quelque chose, de m'occuper de mon frère infirme mental. Ainsi, je ne me suis jamais mariée, je n'osais commencer une relation en pensant à l'avance que je ne pouvais pas imposer une telle charge à un compagnon. Mon frère est décédé il y a quelques années, j'avais 52 ans, et ma vie aujourd'hui est une vie de solitude inutile ! » Solitude sans issue, quand le présent devient douloureux et désespérant à vivre, car il semble sans horizon, sans projet, sans rêve à vivre.**
- **Le sentiment d'être hors norme : « À 42 ans, j'ai honte d'être seule. Quand on me demande si j'ai des enfants, c'est comme si c'était une tare d'avouer que non. »**

Le « vivre seul » au présent est aussi source de souffrances, quand la ligne du futur reste barrée par des injonctions de normalité ou des prescriptions de conformité qui défigurent l'horizon des possibles.

Ainsi, la solitude est invivable quand elle désigne le modèle du couple comme un standard et la seule voie de recours vers le bonheur, la créativité et l'épanouissement de soi. Ces souffrances sont comme des langages, voire des cris.

Être aimé pour exister ?

Une exploration sur l'origine de ces douleurs et de ces peines de cœur nous permet de regarder et d'entendre ce qu'elles peuvent nous révéler des manques et des trop-pleins qui font que, faute de nous aimer nous-même, nous investissons toutes nos énergies d'« aimance » autour du seul besoin d'être aimé. Quand nous sommes prisonnier de l'exigence d'être choisi par quelqu'un, pour que nous puissions faire la preuve à nos propres yeux que nous existons.

Le besoin impérieux et inassouvi d'être aimé constitue alors une dépendance et fait obstacle paradoxalement à la possibilité d'être aimant (dans le double sens d'« aimanter » et d'« aimer ») et de nous affirmer tel que nous sommes, avec des ressources et aussi des limites.

L'enjeu aujourd'hui pourrait être pour chacun non pas de répondre au précepte socratique du « connais-toi toi-même », mais plutôt d'accepter, d'oser aller vers une dimension plus hédoniste, vers le meilleur de soi pour pouvoir se rencontrer et s'aimer. La connaissance de soi est à considérer dans la trajectoire et l'écoulement du temps, à travers le renouvellement que constituent les multiples naissances qui jalonnent une existence. En découvrant que la vie n'est faite que de rencontres et de séparations, avec lesquelles nous pouvons nous construire, nous développer ou encore nous détruire ou engranger un cycle de répétitions mortifères.

En acceptant quelques-uns des repères proposés dans un ouvrage récent (*le Courage d'être soi*, Éditions du Relié), nous pouvons apprendre à être un meilleur compagnon pour nous-même. Afin de devenir celle ou celui que nous sommes, en agrandissant le meilleur de nous... en nous. Car la pire des solitudes n'est pas d'être seul, c'est de s'ennuyer en sa propre compagnie.

Solitaire dès la naissance

La solitude ni douce ni amère commence tôt, dès la naissance et parfois même avant, durant la conception.

Nous savons aujourd'hui qu'il y a beaucoup de conceptions de type gémellaire où deux ovules seront fécondés, semble-t-il, mais dont un seul sera viable. Le survivant de cette aventure, inscrit dans son corps l'abandon dont il a été l'objet, et une importante partie de son existence se construira dans une grande solitude, parfois autour de la recherche vaine, ou vouée à l'échec, de l'âme sœur.

L'irrémédiable solitude de l'existence, Freud la découvre quand, à 5 ans, assis sur le carrelage de la cuisine familiale, il constate qu'il est seul, totalement seul. Il le racontera à sa façon.

Mais la solitude la plus profonde et la plus banale commence à la naissance. Séparation, différenciation, perte d'un milieu bienveillant autant par la qualité de ses réponses (on n'a pas besoin de faire des demandes pour être comblé) que par la globalité, la totalité, la densité de la prise en charge.

Sortir du ventre, quitter un univers clos, totalement adapté au bébé qu'il a accueilli durant neuf mois (dans le meilleur des cas), c'est tomber dans l'immensité de l'univers. Naître, c'est découvrir à la fois la force et la violence d'une solitude qui semble irrémédiable et la qualité d'un accueil, d'une prise en charge qui ne sera qu'une ébauche de réparation, une maigre compensation vis-à-vis de l'avant-naissance.

Je crois que tout bébé va progressivement conscientiser l'immense solitude dans laquelle il entre et développer une résistance acharnée pour en nier l'évidence et l'impact.

Chacun d'entre nous, à l'aide de son imaginaire, va occuper, meubler sa solitude de constructions diverses et la peupler, l'animer de scénarios inventés, réinventés, visités et revisités sans fin.

Puis l'inscription en nous de rencontres significatives, structurantes va nous faire oublier progressivement ce sentiment d'être seul et, pour la plupart, nous réussissons à repousser les frontières de la solitude.

La socialisation en marche nous intègre, et nous avons de nouveau le sentiment de faire partie intégrante d'un tout.

Cette intégration, favorisée par la demande tout aussi insistante de toutes les autres solitudes qui nous entourent, va être couronnée de succès pour la grande majorité d'entre nous. Cet agglomérat de solitudes niées, rejetées se trouvera cimenté, lié par l'éducation, l'école, le monde du travail, les loisirs. La solitude, par la suite, peut réapparaître à partir des messages ou des injonctions reçues dans la petite enfance : « Oh, celui-là avec son caractère, il aura du mal à trouver quelqu'un qui l'aimera ! » Elle peut aussi se construire à partir d'incidents liés à des privations, à des agressions quand l'environnement proche paraît menaçant ou dévitalisant, et qu'il ne reste à un enfant que le repli sur soi, le refus des échanges pour survivre.

Solitudes choisies et solitudes imposées

Il y a plusieurs sortes de solitudes : solitude choisie, solitude imposée ou solitude apprivoisée.

Solitude choisie, feutrée, qui peut se remplir d'attentions, de soins et parfois d'amour pour plus nécessiteux que soi-même. Solitude oblative pour se rendre disponible à ceux qui sont plus mal lotis, qui n'ont pas eu la chance, eux, d'avoir réponse à leurs besoins essentiels, qui sont plutôt dans la survie que dans la vie, et pour lesquels il convient de se dévouer en renonçant à une vie sociale, familiale ou intime.

Solitude plus ou moins choisie à partir de la peur d'être envahi, d'être obligé de partager ou de se révéler dans des aspects de soi perçus comme inacceptables.

Solitude choisie, revendiquée donc à partir d'une image négative de soi.

« Dès l'âge de 14 ans, j'ai pensé que personne ne pourrait m'aimer avec mes dents de lapin, mes épaules pointues et mes jambes de sauterelle, alors j'ai décidé de ne jamais me marier. »

La solitude choisie, quelles qu'en soient les motivations de départ, est une activité à plein temps, qui s'appuie et se fortifie autour de nombreux alibis, avec une motivation forte et une construction défensive réactionnelle bien établie : « Ou les autres ne sont pas bons, ou ils sont dangereux, ou ils ne sont pas faits (trop imparfaits ou trop parfaits) pour quelqu'un comme moi... » Même si elle est parfois une fuite de la réalité, la

Le cas de l'enfant unique

La solitude de l'enfant unique est une solitude à deux visages. D'un côté, il est entouré, choyé, objet d'une attention soutenue et quelquefois envahissante de la part des parents ; de l'autre, il éprouve des manques, des non-stimulations. Il peut se réfugier parfois dans des jeux, des échanges inventés à partir d'un imaginaire avide de partages.

L'enfant unique est rarement seul dans sa tête ; il est accompagné par des héros, soutenu par des personnages magnifiques ou vulnérables qu'il protège ou guide dans les méandres d'une vie imaginaire qui concurrence le réel.

Même s'il ne réclame pas toujours un frère ou une sœur, il peut s'en attribuer un/une, ou rechercher un partenaire idéal à l'école ou dans le voisinage immédiat.

solitude peut se trouver valorisée par un choix professionnel : « J'ai été gardien de phare pendant quinze ans, là au moins personne ne venait me contrarier ou me donner des ordres… », « Comme médecin chef dans ce sanatorium d'altitude, j'étais plus seul que sur une île déserte. Avec une équipe composée de huit assistants qui avaient chacun sa propre vie, j'avais la paix… »

La solitude choisie est souvent défensive, elle vise à protéger non seulement des malheurs à venir, mais aussi une image de soi : « Très tôt, j'ai voulu leur montrer que je n'avais besoin de personne, que je pouvais m'en sortir tout seul… »

La solitude protectrice

« Ma mère me l'avait bien dit, qu'il ne faut jamais faire confiance à une femme. Elle, ce n'était pas une femme, c'était ma mère. Quand je suis tombé amoureux de ma collègue de travail, elle a tenté de me mettre en garde. Je n'ai pas voulu l'écouter. Deux ans après mon mariage, ma femme me trompait avec un autre collègue. J'ai décidé qu'on ne m'y prendrait plus. » Après un échec amoureux, une déception sentimentale, des conduites d'autoprivation peuvent se mettre en place et mener à une solitude férocement et tenacement défendue.

Ainsi cet homme choisit-il la solitude pour ne plus être confronté à la souffrance de la trahison ou de l'abandon. En pensant qu'il ne peut se permettre de traverser une nouvelle fois cette épreuve, il va se construire un cocon, blockhaus relationnel, dans lequel il ne laissera pénétrer personne. Sa solitude ne lui pèsera pas ; chaque jour sera un combat gagné contre le malheur possible d'être aimé, choisi et trahi.

La solitude recherchée

Il nous arrive de rechercher, voire de revendiquer des temps et des espaces de solitude. C'est-à-dire d'avoir la possibilité de se retrouver, de se recentrer ou de s'engager dans une activité ou une recherche plus personnelle.

Dans l'évolution d'un couple, par exemple, après le dépassement d'un « nous » trop fusionnel, il n'est pas rare que l'un ou l'autre membre du couple ait besoin d'un espace et d'un temps plus personnels. Ce sera, d'ailleurs, la cohabitation harmonieuse d'une vie commune et partagée avec une vie personnelle plus réservée, qui créera une dynamique plus ouverte et porteuse de respect. La solitude sera également recherchée au moment d'une crise, d'un changement d'état affectif.

« Pour panser mes blessures, j'avais besoin d'être seul. Je ne supportais pas la présence, même attentionnée, d'un proche. Tel un animal blessé, je léchais mes plaies avant de revenir dans le monde. »

La solitude ainsi choisie permet une meilleure rencontre avec soi-même, sans parasite extérieur. Pour certains, il y a aussi la nécessité de prendre du recul après un événement traumatisant. « Après le départ de ma femme, qui a demandé le divorce au bout de six ans de vie commune, j'ai éprouvé le besoin d'apprendre à vivre seul. Je n'ai pas voulu me lancer dans une nouvelle relation. Ce retour sur moi-même m'a appris à prendre soin de mes besoins au lieu d'attendre la réponse des autres… »

La solitude à deux

La solitude à deux est peut-être la pire des solitudes. C'est celle qui laisse croire aux autres, à l'entourage, que nous ne sommes pas seul puisque nous vivons et partageons un territoire avec un compagnon ou une compagne, alors qu'il n'y a plus d'échanges, sinon une cohabitation de fait, imposée, subie et parfois haïe.

La solitude à deux, faite de silences, de tensions, de non-dits, est éprouvante. Elle mine de l'intérieur avec des frustrations rentrées, indicibles ; elle est chargée de ressentiments qui empoisonnent le quotidien.

« Mon mari pense que j'ai tout pour être heureuse un confort matériel de haut niveau, deux enfants qui sont établis et moi qui passe ma vie à l'attendre, à espérer un peu d'imprévisible, une surprise, une disponibilité soudaine… Ses enfants l'appellent "Monsieur 90 %", car la quasi-totalité de sa vie est investie dans son travail, le reste pour lui-même ! »

La solitude à deux, nous la reconnaissons au restaurant, chez ces couples qui mangent, silencieux, absents l'un à l'autre, à cent mille années-lumière de celui, de celle qui est là, tout proche, à portée de main et qui ne voit même pas le partenaire assis devant lui !

Cette solitude est une présence toxique dans une intimité où l'indifférence domine, dans le lit conjugal, dans l'acte d'amour qui se vit en silence, avec des gestes stéréotypés, des sensations en conserve, des sentiments fossilisés.

Dans certains couples, la solitude se nourrit de l'incompréhension, de l'absence de communication, des frustrations et des ressentiments alimentant des forces d'éclatement qui vont détruire toute velléité de rapprochement.

Et enfin le solitaire heureux

Pour l'écrivain C. Bobin, la solitude se situe entre grâce et malédiction. Le solitaire heureux est une espèce rare. On a peu de chance de le rencontrer dans un métro ou sur les trottoirs pleins d'anonymes des grandes métropoles.

La solitude habitée par la présence d'objets aimés, par des souvenirs dépouillés de regrets et de nostalgies, par des rêves et des

À LIRE

Salomé, J., *Une vie à se dire*, Éditions de l'Homme, 1998.

projets en devenir. La solitude ainsi irriguée est une ferveur envers la vie.

Pour beaucoup, l'antisolitude serait l'amour. L'amour donné et reçu qui refermerait les bords d'une plaie appelée esseulement, qui dynamiserait un présent en expansion.

Ainsi, la solitude heureuse, tel un navire libre, naviguerait sur les flots de l'attente ouverte à l'inconnu, accueillante ou plus réservée à l'imprévisible. Cette solitude ouverte deviendrait la matrice nourricière d'une rencontre possible avec le meilleur de soi-même.

La solitude sera aussi recherchée par tous ceux qui sont en quête d'eux-mêmes, que ce soit au travers d'un isolement provisoire, d'une méditation ou d'un travail sur soi.

La solitude acceptée suppose une autonomie affective émotionnelle, relationnelle qui ne peut s'appuyer que sur une expérience de sécurisation intime suffisamment forte pour lui servir de support.

En ce sens, elle est comme un miroir susceptible de nous renvoyer le précieux et le meilleur de nous.

Qu'il soit dans l'action ou la rêverie, le solitaire est quelqu'un qui s'accepte avec ses ressources et ses limites. Il s'accorde avec lui-même sans avoir besoin de la confirmation ou de l'encouragement d'autrui.

Jacques SALOMÉ

Voir aussi

- Tant de façons d'être seul... p. 68
- Folle, fou de soi p. 240
- La pente de l'esclavage p. 22
- Connais-toi toi-même p. 12

EN BREF

Savoir se libérer

Pour émerger d'une solitude non choisie, il importe d'abord de se délier des illusions, des relations antérieures trop prégnantes, des fidélités sans objet, des pesanteurs, des normes sociales habituelles, et même du besoin d'être aimé.

Faire la différence

Une solitude apparemment choisie peut, en réalité, masquer un rejet de son apparence, une fuite devant la vie ou une protection de l'image de soi.

Donner sa part à l'hédonisme

S'accepter, oser aller vers une dimension plus hédoniste, c'est aussi rencontrer le meilleur de soi pour accéder à une solitude pleine et vivante dans l'autonomie affective et relationnelle, et s'ouvrir ainsi à tous les possibles.

Un + un = quoi ?

L'Amour, toujours ?

Sans amour, la vie serait paisible, comme dans les cimetières. Par bonheur la pulsion vient mettre le feu à notre monde intime, et le brasier nous pousse alors à réorganiser le style de nos relations. Si l'on veut coexister, il faut bien donner forme à nos pulsions, sinon la violence régnerait. Et puisqu'il y a deux sexes dans un monde humain, on peut se demander à quoi ça sert et ce que ça fait.

S'il n'y avait qu'un seul sexe, l'ordre régnerait et la reproduction du même, à chaque génération (ce sexe devrait donc être féminin), entraînerait un paisible engourdissement du psychisme, puisque le même dérivé du même ne pourrait produire que du même.

La prise de conscience ne peut naître que de la différence de deux perceptions, sinon ce serait une habituation. Alors, vers l'âge de 3 ans, la découverte de la différence des sexes pose un problème dont on ne se remet jamais. Cette découverte nous invite à l'exploration de la différence dont les débats enflamment les cultures et dont les discours édictent certains comportements sexuels.

La découverte des sexes, vers l'âge de 3 ans, ne provoque pas du tout la même ambiance émotionnelle qu'à l'âge de 14 ans : à l'intrigue exploratoire des petits scientifiques de 3 ans s'ajoute la fièvre du désir de la passion amoureuse, qui bouleverse la charpente de la personnalité. Le moment amoureux de l'adolescence permet au jeune de s'arracher du clan de ses origines et de se jeter dans la volupté angoissante du risque sexuel.

Avant le premier amour, les enfants se développent dans l'émotion de l'attachement. Les nourrissons, véritables éponges affectives, recherchent sur le corps de leur mère les préférences sensorielles qui, en charpentant leur monde, leur donnent une sensation de stabilité. La mère se trouve ainsi transformée en base de sécurité, à partir de laquelle l'enfant explore son monde. Tant que cela dure, les catégories sont claires : le monde est divisé en objets connus, qui sécurisent l'enfant, qui le ressourcent après le stress de ses explorations ; et en objets inconnus, qui sidèrent le petit et qui bloquent ses développements.

À l'adolescence, un nouvel ordre amoureux

À l'adolescence, avec l'irruption du désir sexuel, on assiste à un renversement des stratégies affectives : la base de sécurité devient un morne lien, tandis que la belle inconnue crée une sensation d'événement érotique.

Le premier amour aurait ainsi pour fonction de relativiser l'attachement des petites années et d'orienter vers un nouveau projet d'existence. Grâce au premier amour, l'enfant cesse d'être le « petit » et poursuit ses acquisitions comportementales. Le simple fait d'aimer attachait l'enfant qui découvrait les sexes mais n'éprouvait pas le désir, alors qu'à l'adolescence on désire un (une) inconnu(e) auquel on s'attachera plus tard, en le familiarisant. Le petit enfant s'attache avant de découvrir le sexe, alors que l'amoureux fait souvent le contraire.

La période sensible des petites années imprégnait dans la mémoire de l'enfant une sécurisante manière d'aimer. Une seconde période, parfois critique à l'adolescence, provoque un remaniement de l'ancienne mémoire d'aimer et l'apparition d'un nouvel ordre amoureux. Mais, alors que le lien de l'attachement est durablement imprégné dans la mémoire de l'enfant, la force du désir est intense et labile quand elle n'est pas suivie d'un nouvel attachement.

Le moment amoureux crée une nouvelle période sensible où notre conscience, délicieusement remplie par l'image de l'autre, s'imprègne en nous à l'occasion des rêves éveillés et nocturnes. Il ne nous reste qu'à faire la lente connaissance de cet autre, facilitée par l'hyperattention de ce moment privilégié. L'intensité de l'émotion crée le sentiment de « toujours », qui ne dure parfois que ce que durent les désirs. Puisque la mémoire n'a pas la même réceptivité chez les nourrissons et chez les

La sexualité et les modèles d'attachement

Alors que les bébés filles s'orientent préférentiellement vers d'autres bébés filles dès la fin de la 2e année, les garçons attendront la fin de la 4e année pour se rencontrer entre hommes.

À l'adolescence, en revanche, presque tout le monde est d'accord : c'est l'autre sexe (en général) qui est intéressant. Le partenaire choisi n'aura pas la partie facile, puisqu'il devra assumer le double rôle de partenaire sexuel et, si le couple dure, de figure d'attachement.

Le choix du partenaire se fait donc sur le sexe et sur la manière d'aimer. L'amour, en nous arrachant à nos premiers liens, nous permet de poursuivre d'autres stratégies affectives.

Notre nouveau partenaire, outre la sexualité et l'enfantement, devra nous sécuriser, nous séduire chaque jour et satisfaire nos fantasmes : si nous désirons assumer le rôle de celle qui sauve un homme, notre partenaire devra s'arranger de façon à être toujours sauvé. Si nous voulons devenir celui par qui le bonheur arrive, notre conjointe aura intérêt à être toujours heureuse.

Ces emboîtements d'inconscients expliquent l'étonnante « personnalité » des couples et leurs évolutions si différentes.

Comment se situer en saluant

Lors d'une rencontre, il est urgent de connaître le sexe de l'autre sous peine de maladresse relationnelle, c'est donc le sexe que l'on présente en premier. Mais, comme ils ne peuvent ni n'osent présenter leur sexe anatomique, les humains présentent seulement les mots qui le désignent : « Monsieur » ou « Madame ». Parfois ils présentent même l'état de fonctionnement de ce sexe : « Mademoiselle ».

Les rituels d'interaction diffèrent beaucoup selon ce sexe. On utilise son corps de manière différente. On ne dit pas bonjour à une femme de la même manière qu'à un homme. Les ethnologues ont remarqué que cette différence se trouve dans toutes les cultures, mais que chaque culture exprime à sa façon ce rituel de présentation.

adolescents, puisque les personnalités sont à des niveaux très différents de leur construction, l'empreinte n'est pas la même : elle est plus durable chez le nourrisson, plus violente chez l'adolescent.

Le coup de foudre n'est pas le lien

La rencontre est facilitée par une émission sensorielle que l'organisme est apte à saisir. Elle est justifiée par la création d'un milieu sensoriel intersubjectif, riche en informations biologiques et émotionnelles, échangées d'un organisme à l'autre et stimulantes pour chacun d'eux. Chaque individu se lie ainsi à l'autre.

La flambée amoureuse, cependant, ne mène au lien fort de l'attachement que dans la mesure où les partenaires partagent un projet. Sinon, quand l'embrasement s'éteint et que les corps sont calmés, les partenaires étonnés regardent d'un œil neutre celui ou celle qui a provoqué l'embrasement. Car la foudre n'est qu'un coup, sinon ce serait un amour, une forte émotion ou un attachement.

Pourtant, le feu du ciel ne frappe pas au hasard, il tombe de préférence sur les paratonnerres. Presque tous ceux qui déclarent avoir reçu la foudre ne savent pas qu'ils la cherchaient. À ce moment de leur vie, ils connaissaient une période de flottement, une incertitude, un engourdissement, ils aspiraient au réveil. Alors s'est présenté celui ou celle qui allait frapper et stimuler leurs sens et leur existence endormie. C'est pourquoi la foudre frappe souvent lors des vacances. Quand un projet nous possède, nous sommes moins sensibles à ce bel événement. Mais le retour à la lucidité en fait souvent une rencontre sans lendemain. Les amants se séparent avec un sourire étonné et, s'ils restent ensemble, c'est qu'un lien commence à se tisser, mais dans ce cas ils vivent une forte émotion amoureuse, et ce n'est plus un coup.

Le couple, étrange alchimie

Pour faire un vrai couple, et pas seulement une rencontre, il faut que les partenaires réalisent un petit mouvement collectif. Deux personnes dont les histoires et les tempéraments sont différents décident de mélanger leurs mondes physique et psychique, et cette alchimie provoque curieusement une vraie personnalité de couple.

Le mystère s'explique par l'emboîtement des deux styles d'attachement. Lorsqu'un attachement sécure s'articule avec un autre attachement sécure, on observe comment deux personnes différentes s'entraident et tissent paradoxalement un lien léger où chacun respecte l'autonomie relative de l'autre. Parfois les couples sont collusifs, ils entrent en compétition, et, malgré leurs déclarations d'amour, chacun cherche à affaiblir l'autre. Il peut y avoir aussi des couples complémentaires où l'association des vulnérabilités renforce les partenaires, comme parfois dans les carences affectives. Les couples pansements – quand on épouse le deuxième pour moins souffrir du départ du premier – sont résignés. Les couples platoniques ne sont pas rares, les couples stressés s'épuisent et les couples pervers enchantent les témoins tant leur apparence est stable et sans orage.

En fait, la fonction essentielle du couple, c'est de nous arracher à la prison affective à laquelle nous devons pourtant notre force, de façon à rencontrer un partenaire qui nous aidera à poursuivre notre évolution personnelle.

Boris CYRULNIK

À LIRE

Cyrulnik, B., *les Nourritures affectives*, Odile Jacob, Paris, 1993 ; *Sous le signe du lien*, Hachette littérature, coll. « Pluriel », Paris, 1992.

EN BREF

Une découverte pour toute la vie

Vers l'âge de 3 ou 4 ans, l'enfant découvre la différence des sexes : une découverte dont on ne se remet jamais. Mais il est encore dans l'émotion de l'attachement à sa mère.

Un renversement des stratégies affectives

Avec l'adolescence et l'irruption du désir sexuel vient le premier amour. Il relativise l'attachement des premières années et oriente vers un nouvel ordre amoureux.

Les paradoxes du couple

La diversité des couples s'explique par l'emboîtement, tenant de l'alchimie, du style d'attachement de chacun des partenaires, en une sorte de prison affective, dont il faut savoir s'arracher.

Voir aussi
► Je m'en vais parce que je t'aime p. 62

Vivre hors des sentiers battus

Un choix de vie hors des sentiers battus est une façon visible de s'écarter d'une norme. Peu de rapports entre la personne qui ne mange que de la nourriture macrobiotique, le couple échangiste, l'homme qui vit en solitaire sans le moindre confort sur un causse perdu, ou le jeune qui part à l'aventure sans profession ni domicile fixe. Pourtant, il s'agit, dans tous ces cas, d'une tentative de création pour gérer sa vie. Anodine quand elle ne met en cause que le seul individu, adulte et responsable. Dangereuse quand elle fait glisser sur les chemins de la délinquance ou risque de porter atteinte à l'intégrité d'autrui.

Par l'exagération d'un trait de caractère ou d'une croyance, des caractéristiques physiques particulières, un comportement décalé, il existe de nombreux degrés d'originalité. Au chapitre des originalités, on peut trouver pêle-mêle les tenants de tel ou tel type d'alimentation, végétarienne voire végétalienne, les adeptes d'une religion orientale ou d'une expression particulière d'une religion monothéiste, le choix d'un mode de vie ou d'une manière de se vêtir qui vont créer la différence avec le groupe. Souvent, c'est la valorisation pour une personne de sexualité différente, ou une relation amoureuse dérangeante (décalage d'âge, liberté sexuelle, échangisme) entre son choix et le jugement commun.

Le besoin d'originalité

Dans le développement de leur personnalité, certaines personnes plus que d'autres se posent des problèmes d'identification à un modèle. Pour certaines, la norme familiale proposée semble étouffante et donne envie de se différencier ; d'autres ayant en revanche vécu dans des milieux chaotiques aspirent à une vie ritualisée et réglée. Cette différenciation nécessaire apparaît souvent à l'adolescence sous forme d'une révolte transitoire, qui mûrit progressivement. Mais certaines personnes fixées sur un aspect particulier de la réalisation d'un désir ou confrontées à un interdit tenace décident de tout mettre en œuvre pour se réaliser, y compris dans un défi visible.

Une relation amoureuse peut être hors norme par le simple choix que font les amants de son registre. Sur ce thème, on peut lire Vie secrète, *de P. Quignard, éloge de l'amour dans le silence, la nuit et le secret absolu.*

Elles peuvent choisir une différenciation inoffensive : afficher un look particulier ou des goûts musicaux tranchant sur leur milieu d'origine, ou bien adopter divers comportements dont certains peuvent envahir ou exposer leur vie. La prise de risque que comporte cette originalité varie grandement et dépend de la visibilité et de l'acceptabilité sociale de ce comportement.

Toutes les formes de défi existent : certaines, comme l'héroïsme ou la vocation religieuse, sont valorisées ; d'autres, au contraire, renvoient à des représentations d'un monde interlope et marginal vivant hors des règles. L'exigence idéale est parfois très forte. La provocation peut paraître d'autres fois au-devant de la scène. Il s'agit de s'opposer dans un désir d'affirmation et de tracer une ligne de réalisation personnelle.

Si sortir des sentiers battus, en particulier par les parents ou par les institutionnels, permet d'accélérer une autonomie, cela favorise aussi la rencontre avec d'autres personnes partageant les mêmes goûts. Ainsi, chacun peut trouver sa tribu et se relier avec d'autres. La communication mondiale sur l'Internet est une représentation du « il y a toujours quelqu'un pour quelqu'un ». Mais le monde virtuel réserve moins de mauvaises surprises que le monde réel, où les retours de bâton existent.

Les normes sociales réduisent les originalités et limitent souvent les passions. On peut alors distinguer les personnes dont le mode de vie dans sa globalité les écarte des normes, et celles dont la différence n'envahit pas une vie sociale et professionnelle.

Quelle différence d'intégration entre ce couple bien intégré professionnellement qui, le samedi soir, aime partager des ébats sexuels de groupe, et ces jeunes à la tenue plus ou moins exotique qui cherchent du travail ? Comment comparer l'un qui dédie toutes ses nuits à l'étude des langues rares, et l'autre qui court les casinos ? Entre les manies, les hobbies ou les passions dévorantes, il y a des marges.

Des couples qui choquent ou étonnent

Il existe trois sortes de couples « hors norme » : ceux qui s'autorisent mutuellement toute liberté sexuelle ; ceux qui ont une grande différence d'âge... surtout quand c'est la femme qui est la plus âgée ; et ceux qui inversent les rôles – homme au foyer, femme au travail. Curieusement, ce sont ces derniers qui surprennent le plus.

Franchir la ligne

Pourtant, certains comportements mènent à une marginalité qui s'accentue, soit parce qu'ils occupent de plus en plus d'espace dans la vie au détriment d'autres réalisations, soit parce qu'ils mettent en danger la santé ou coûtent cher, ou encore parce qu'ils paraissent incompatibles avec une vie socialisée. Certains développent une dépendance envahissante qui s'aggrave avec le temps. Alors une destructuration sociale se met en place, et des rejets multiples s'opèrent, confrontant la personne à une solitude grandissante. Hors des sentiers battus, on enfreint parfois les limites légales et on accumule des délits.

À l'image valorisée de l'originalité créative s'oppose celle d'une marginalité délinquante en spirale... La société a mis des garde-fous pour limiter ces comportements, et, l'âge venant, la tolérance diminue pour les déviants.

Un équilibre difficile

Chacun d'entre nous est partagé entre des aspirations différentes : l'une, c'est de sortir des moules normatifs, de vivre des expériences différentes et d'explorer une grande gamme de plaisirs ; l'autre, c'est de gagner une intégration sociale qui permette de progresser et de mener à bien des projets. Chaque moment de la vie combine les principes de plaisir et de réalité, à la recherche d'un équilibre possible. Trop de conformité enferme, mais trop d'originalité exclut ; et tout le monde ne peut prétendre d'être un créateur génial ! Il faut donc combiner la dimension du rêve avec les possibilités de vie que l'on se crée.

Perversions et perversités

Certaines personnes ne peuvent prendre leur plaisir qu'au détriment de l'autre, en ne tenant pas compte de son désir. D'autres personnes ont, dans leur personnalité, une dimension de destruction qui les pousse à

À propos de sexualité hors norme

Selon un sondage publié en 1999 par le magazine mensuel *Psychologies*, à la question : « Trouvez-vous tout à fait choquant, plutôt choquant, plutôt pas choquant, pas du tout choquant qu'un couple d'amis proches vous propose d'aller dans un club échangiste ? », 71 % des interviewés ont répondus « choquant », 11 % « plutôt pas choquant » et 10 % « pas choquant du tout ». Dans les fameuses petites annonces, réputées souvent coquines, du *Nouvel Observateur*, on relevait (numéro du 15 février 2001), sur environ 80 propositions, trois offres explicites d'amours « partagées », la première proposant « amours et plaisirs libres », la deuxième émanant d'un homme en quête d'un couple de lesbiennes, la dernière d'un couple « romantique branché » cherchant « jolie complice pour soirées et week-ends coquins, complices, originaux, fantasmatiques, etc. »

entraîner autrui dans un chaos total. Il y a aussi des personnes qui aiment les jeux de victimes et de bourreaux, et répètent des relations sadomasochistes. Parfois une personne très intégrée en apparence présente un trait de comportement qui l'oblige à un exhibitionnisme ou un fétichisme particulier. Tous ces passages à l'acte exposent autrui à des dommages divers. La nuisance peut rester dans le domaine psychologique ou attaquer véritablement le corps des autres. L'actualité se charge de rendre visibles des comportements aberrants, parfois criminels, qui émaillent le quotidien. La visibilité plus grande des violences intrafamiliales ou des incestes nous enseigne la proximité de ces comportements, qu'on croyait réservés aux grands délinquants.

Chacun a besoin d'un espace de rêve et de se projeter au-delà des moules traditionnels, dans l'envie souvent de rencontrer d'autres personnes répondant à cette attente. Mais des risques de dérapage existent, comme les rejets intolérants. Il faut donc savoir préserver cette dimension privée sans prendre de coups exagérés, en favorisant et en soutenant la curiosité et la tolérance mutuelle.

Arnaud MARTY-LAVAUZELLE

EN BREF

De multiples façons d'être hors norme

Des conduites alimentaires aux choix de modes de vie, des pratiques religieuses aux pratiques sexuelles, l'éventail des conduites hors des sentiers battus est très vaste, de l'anodin au dangereux.

Des adolescents aux adultes

Pour les adolescents, le souci de se différencier par leur tenue, leur contestation des normes familiales, leurs comportements relèvent de la quête, normale, de l'identité. Pour les adultes, que l'on suppose matures, cela relève *a priori* de choix personnels.

Une affaire d'équilibre

Chacun de nous peut éprouver le besoin ou l'envie de se projeter hors des moules traditionnels. Toute la difficulté est de savoir le faire sans se livrer à des conduites asociales ou dangereuses.

Mais qu'est-ce qu'un couple ?

Le couple, depuis des années, est pris entre deux feux : sa disparition est sans cesse annoncée, et pourtant, d'après toutes les études sociologiques, il reste une valeur stable et prioritaire dans les projets de vie. Comment le rendre toujours vivant et en mouvement ; rassurant, sans qu'il devienne ennuyeux ; et dynamique, sans le mettre en danger ?

Le couple est la plus petite institution existante dont les intérêts se développent entre ceux de la société et de la famille élargie, et ceux de chacun de ses membres. Il est création permanente, mais se façonne souvent dans les vieux modèles familiaux. Le terme de couple vient du latin *copula*, qui signifie « lien », « chaîne ». Pendant des siècles, il n'a pas eu vraiment d'existence propre. Les mariages étaient arrangés par les familles avec comme objectif de perpétuer leur nom et leurs biens. En raison de la brièveté de l'espérance de vie, la durée moyenne d'existence commune dépassait rarement vingt ans. Si on considère que les gens travaillaient beaucoup, que les hommes partaient longtemps à la guerre et que les femmes élevaient de nombreux enfants, on imagine volontiers que la qualité relationnelle à l'intérieur du couple n'était pas la priorité.

À la fin du XIXe siècle, le modèle de la famille patriarcale laisse petit à petit la place à celui de la famille conjugale. Dans les années 1930, psychologues et thérapeutes commencent à s'intéresser au couple, notamment dans le cadre des mouvements de « conseil conjugal ».

Un moment d'une histoire familiale

Le couple comme descendant et fondateur d'une nouvelle branche prend sa place, tout naturellement, dans l'arbre généalogique des familles. Chacun des partenaires apporte avec lui les modèles qu'il a eus sous les yeux et qu'il souhaite, ou non, reproduire. Il apporte aussi les idées reçues, les préjugés et toute une cohorte de comportements dont il ne lui est pas facile de se départir. Chacun peut attendre de l'autre qu'il l'aide à créer son identité propre, et à se dégager des liens d'avec sa famille d'origine. Mais cela ne peut s'opérer dans la trahison ; chacun veut bien changer, mais pas trop, et sans se conformer au modèle de la famille de l'autre. La création du nouveau couple devra tenir compte du passé sans être figée par ce poids.

Une dynamique particulière

La plupart des sociologues expliquent que, si les jeunes ne sont pas pressés de s'établir dans le couple, si les femmes attendent souvent de s'imposer sur le marché du travail avant de s'établir dans la conjugalité, si les exigences grandissantes de qualité conjugale provoquent la multiplication des changements de partenaire ou une vie de couple par séquences, il n'en reste pas moins que la construction du couple reste au centre des préoccupations des individus.

Il est donc essentiel d'avoir à l'esprit que le couple a une dynamique, tout comme l'individu et la famille. L'insatisfaction vient souvent de la volonté de chacun de tenir tous les rôles à la fois, et donc de se sentir toujours en décalage avec soi-même. Une femme, par exemple, ne peut être simultanément au travail, mère, épouse et maîtresse. De ce fait elle peut facilement se dire, quand elle remplit une de ces fonctions, qu'elle devrait être ailleurs en train de faire autre chose. Il faut aussi bien comprendre que le couple traverse divers moments du cycle de vie de la famille : les priorités doivent être régulièrement redéfinies ; elles ne peuvent à la naissance du troisième enfant, être les mêmes que pendant la lune de miel ou au moment de la retraite de l'un des conjoints.

Un plus un : différence et complémentarité

L'arithmétique du couple est complexe, et qui cherche sa moitié rencontre souvent son double. Le couple se fonde sur les différences et la complémentarité, il se renforce grâce à la solidité des liens qui unissent les deux

Sous l'influence de la culture ambiante

Les familles ne sont pas les seules pourvoyeuses de modèles. La culture ambiante nous façonne dès le berceau. Les contes ne nous apprennent jamais ce qu'il faut faire pour vivre heureux et (ou ne pas) avoir de nombreux enfants. Comme si cela allait de soi…

Les chansons, réalistes, romantiques ou *no future* racontent les amours contrariées, la douleur du manque, qu'« il n'y a pas d'amour heureux » et que, sinon, il ne dure qu'un moment, alors que les chagrins durent toute la vie.

Les films ne s'intéressent qu'aux coups de foudre, aux ruptures et aux trahisons. Ce qui se passe entre deux personnes qui s'aiment et qui font en sorte que cela continue ne fait pas recette. Même dans les magazines, il n'existe presque plus de modèle de couple de célébrités ou de grands de ce monde dont le lien ne s'use pas. Pas étonnant que, dès que l'amour s'essouffle, les amants aient envie de chercher ailleurs ce qu'ils ne trouvent plus chez eux.

individus. Il est difficile d'échapper aux rapports de force, à l'impression de perdre ou de gagner sur l'autre à force de compromis ou de renoncements. Chacun peut penser qu'il perd à vouloir animer la relation. Pourtant, la vitalité de cette relation est bénéfique à chacun, qui, se sentant plus fort, peut à son tour s'investir dans le lien. Ainsi, dans une vision dynamique s'instaurent des échanges dans lesquels chaque personnalité fait profiter au couple de ses valeurs ; la stabilité de la relation permettant à chacun de mûrir.

Un des obstacles à la pérennité du couple peut être la difficulté à accepter le changement de l'autre (ou le fait d'avoir soi-même changé « pour » et « par » l'autre) : « Je te choisis pour ce que tu es, mais, à mon contact, tu vas changer, ainsi que je vais changer au tien. M'aimeras-tu encore quand je serai devenu ce que tu auras participé à faire de moi ? T'aimerai-je encore, alors que c'est moi qui t'aurai permis de changer ? »

C'est ainsi que se pose la question de la permanence du désir. Il est souvent difficile de faire évoluer la sexualité, quand l'envie de séduire se modifie et que chacun s'inquiète du vieillissement et de ses effets sur le désir et la sexualité.

Un plus un égale souvent au moins trois : toi, moi, et ce que nous faisons ensemble qui n'appartient ni à toi ni à moi, mais à « nous ».

Des modèles qui se multiplient

Les changements actuels sont importants et ne concernent pas seulement le refus ou le report du mariage et le développement de l'union libre. Désormais, les partenaires insistent sur la priorité qu'ils souhaitent donner à la protection de leurs intérêts individuels et à leur développement personnel. De plus, ils revendiquent une liberté dans le choix amoureux qui n'existait pas il y a quelques décennies. Alors que les modèles de couple étaient peu nombreux, ils sont maintenant multiples. Les croyances de chacun sont également variées. Ainsi, depuis l'importance qu'a prise dans les mentalités l'ego-psychologie, depuis que l'épanouissement personnel est devenu un objectif prioritaire, beaucoup pensent que le couple va constituer un frein au développement personnel. Ou, encore, que l'arrivée d'un enfant va signer la fin du couple qui ne se remettra jamais du passage de deux à trois, voire plus. Pour passer de la rencontre à l'aventure, puis à la relation qui va devenir un couple, les chemins sont très variés. Lorsqu'ils ont vécu des échecs, les partenaires hésitent souvent à construire des projets communs. « Je ne veux pas lui faire peur », « Je ne veux pas être envahie » sont des formules qui montrent combien le rythme est difficile à trouver. Les sociologues ont ainsi

Comment résoudre un paradoxe

Le thérapeute familial américain C. Whitaker écrivait qu'« il n'existe pas une chose comme le couple ». D'après lui, les deux personnes qui le constituent ne sont que les boucs émissaires de deux systèmes d'origine – leurs systèmes familiaux – tentant à la fois de s'y rattacher et de s'en extraire.

inventé le terme de « concubins non cohabitants » pour évoquer cette frange importante de ceux qui veulent passer seulement les bons moments ensemble.

On sait que les mentalités évoluent plus vite que ce qui nous est transmis et ce qui habite notre inconscient. Les partenaires peuvent avoir des idées très claires sur l'égalité homme-femme, sur la répartition des tâches à la maison, sur l'éducation des enfants. Ils peuvent toutefois se retrouver en contradiction avec eux-mêmes quand l'un se sent humilié si l'autre réussit mieux, quand la femme souhaite être prise en main, parfois, par un homme plus macho qu'elle l'avoue officiellement. Ces décalages entre l'idéologie consciente du couple, ce projet objectif de vie et ce qui ressurgit de vieux modèles sont parfois difficiles à gérer et ressortissent autant d'un travail sur soi que sur la relation. Les couples sont tous singuliers : leur contrat tacite initial, leur projet familial les différencient. Pour faire vivre la relation sans l'étouffer, les partenaires se retrouvent autour de projets plus ou moins communs : logement, cercle d'amis, enfants, vacances, etc. Mais, parfois, ils utilisent aussi, pour trianguler leur relation, des tiers dangereux.

Trianguler la relation de couple, c'est y intégrer des tiers qui peuvent être dangereux. Il en va ainsi de l'alcool, des relations extraconjugales, de l'importance exagérée ou sous-estimée, du travail ou des familles d'origine, parfois bien envahissantes.

À LIRE

Aussenberg, J., Czernichow, S. et Geberowicz, B., *Heurs et Malheurs de la vie familiale*, Syros, 1997.

Le couple permet également, en théorie, à chacun d'en finir avec les angoisses de l'enfance : peur de l'abandon, de l'envahissement, de la dépendance à l'autre. Ainsi, l'identité propre de chacun se trouve renforcée, et lui permet de trouver la bonne distance entre lien et liberté, et d'affirmer sa définition de l'intimité.

Le couple serait-il la dernière aventure de l'individu ?

Bernard GEBEROWICZ

EN BREF

Une permanence confirmée

Bien que sa disparition soit régulièrement prophétisée, la construction d'un couple reste au centre des préoccupations des individus.

Quelques décalages

Pour s'établir et durer, le couple doit faire face à certains décalages, notamment entre les modèles familiaux et sa propre idéologie, l'image de l'autre tel qu'il était et tel qu'il devient ou les changements qu'imposent les différents cycles de la vie.

De nouvelles exigences

La revendication actuelle d'épanouissement personnel, pour lequel le couple peut apparaître comme une entrave, engendre une multiplicité de modèles d'union à structure plus ou moins souple.

Voir aussi

► L'amour, toujours ? p. 80
► Fidélité et infidélité p. 96
► Entre couple et famille p. 178

Le couple homo

Deux femmes ou deux hommes décident parfois d'un projet de vie commun homosexuel qui réponde du mieux possible à l'ensemble de leurs aspirations. Malgré la légitimité de ce choix, un certain nombre d'embûches spécifiques menacent ce couple, souvent liées au regard normatif de la société et au manque de modèles.

Issu du désir qui allie la réalisation amoureuse et la matérialisation d'un certain nombre de souhaits, le couple homosexuel se construit par des étapes qui le fortifient et, au départ, ne se différencient guère du cheminement hétérosexuel.

Avant le couple survient l'état amoureux. Le projet de vie émerge après un certain temps qui permet d'éprouver cette période de lune de miel et de distinguer dans cette intensité les éléments concrets d'une vie possible à deux. Renoncement à la liberté individualiste et à son cortège de séductions possibles, affirmation d'une identité homosexuelle dans le regard des autres figurent parmi les éléments qui parfois font peur. Mais, d'un autre côté, la perspective d'une relation continue augure d'une installation qui va permettre une relation d'échanges stables.

La définition du projet

Vivre en couple nécessite la prise en compte de différents éléments : l'intensité des sentiments, qui fait revivre des situations d'attachement avec ses résonances sur le plaisir sexuel ; mais aussi le projet matériel, qui nécessite une habileté particulière ainsi qu'un sens de l'organisation. Il convient de lutter contre un environnement souvent moqueur ou hostile. Vivre à deux, c'est prendre le risque de devenir un(e) homosexuel(le) visible, avec son cortège d'opprobre.

La gêne familiale est souvent perceptible lors des réunions de famille : y amener son compagnon du même sexe ne va pas toujours de soi !

C'est donc pas à pas, et avec l'aide d'alliés, que le couple se consolide. Les amis forment depuis longtemps une famille choisie, et leur soutien est indispensable pour un premier niveau de reconnaissance sociale de proximité. Avec les familles de sang, on se heurte aux secrets, aux conflits, parfois aux rejets. Nombreuses sont les situations où seulement un des parents, un frère ou une sœur sont au courant. L'orientation sexuelle différente d'un enfant déclenche souvent des sentiments de gêne ou de honte.

À l'inverse, d'autres se portent en soutien et aident à l'installation comme pour n'importe quel autre enfant. Au carrefour d'un projet émotionnel, matériel, intellectuel commun s'ajoutent, pour que le bonheur soit complet, ces éléments de reconnaissance familiale. Quant au monde du travail, il concrétise un des aspects de la réussite et de la reconnaissance sociale indispensables. Malheureusement, la discrimination reste encore forte, et certains rejets sur le lieu de travail rendent à nombre d'homosexuel(le)s la vie professionnelle particulièrement stressante.

Des obstacles de nature diverse

Les différentes productions d'un couple homosexuel dépendent de la personnalité, de la culture, des envies des partenaires, et ne les différencient pas du couple hétérosexuel.

En revanche, certains obstacles sont spécifiques. Les uns sont liés au contexte d'homophobie, qui s'apparente à une forme de racisme. De la moquerie quotidienne à la caricature, un climat hostile pousse les personnes homosexuelles à se dissimuler pour éviter ces attaques ou, à l'inverse, les oblige à rester sur un qui-vive perpétuel pour faire face ! Si la société évolue, il reste des représentations amalgamant travestis, transsexuels des deux sexes, « folles », etc., dans le même jugement d'anormalité. Les anathèmes médicaux ou religieux aggravent ce rejet.

D'autres difficultés tiennent plus à une fragilité possible des personnes homosexuelles qui ont eu à se développer dans une dimension de conflit intérieur pour intérioriser et pour réaliser leur orientation différente. Le manque d'estime de soi, la dépression, la jalousie peuvent venir interférer dans la relation de couple en la compliquant. Aucun couple n'est à l'abri de conflits, qui, parfois, s'enveniment par manque de modèles. Un soutien psychologique serait alors indispensable.

Amitiés particulières

De l'Antiquité jusqu'à Montherlant ou Gide, la recherche d'une amitié fusionnelle, essentiellement entre hommes, a souvent revêtu une dimension élitiste qui a pu alimenter l'homophobie « populaire ».

La question des enfants

Chez les gays et les lesbiennes, comme dans une autre forme de couple, le désir d'enfant vient, pour certains, éclairer une évolution et un avenir. Les changements de la famille traditionnelle ouvrent toutes les questions sur ce thème, que l'enfant provienne d'une union antérieure, d'une fécondation artificielle ou d'une adoption. Les plus récents travaux de recherche ne montrent ni influence néfaste sur une éducation par des parents de même sexe, ni incidence sur la sexualité de l'enfant. La dimension de prosélytisme n'existe pas au quotidien. Nous avons beaucoup à apprendre de l'expérience de pays où ces liens sont reconnus pour combattre les préjugés sans nier les difficultés.

Du fait d'un cadre légal récent, le couple homosexuel a acquis une image et une dynamique nouvelles, qui doivent s'intégrer aux différentes avancées de la société pour améliorer la qualité de vie globale en luttant contre les discriminations.

Arnaud MARTY-LAVAUZELLE.

EN BREF

Un couple comme les autres

Le couple homosexuel se construit comme le couple hétérosexuel, avec les mêmes aspirations.

Des difficultés spécifiques

Malgré l'évolution des mœurs, une certaine intolérance persiste, qui pèse sur la vie familiale, sociale, professionnelle, matérielle. D'autres difficultés tiennent plus à une fragilité possible des personnes qui ont eu à se développer dans une dimension de conflit intérieur pour intérioriser et pour réaliser leur orientation différente.

Des perspectives

L'épidémie de sida a permis de créer des images fortes et solidaires des homosexuels, et les luttes pour la reconnaissance sociale du couple des droits à l'héritage et à un soutien social ont abouti à la possibilité de contracter un Pacs (pacte civil de solidarité). Une loi contre l'homophobie devrait compléter ce dispositif de reconnaissance légale.

Voir aussi

- L'amour, toujours ? p. 80
- Émotions féminines, émotions masculines p. 40
- Vivre hors des sentiers battus p. 84

questions-*réponses*

Comment accueillir pour la première fois à déjeuner votre enfant et son compagnon du même sexe ?

Avec le plus grand naturel en essayant de démonter les blocages chez d'autres membres de la famille : l'affection et le soutien sont les meilleurs conseillers, les frères, les sœurs, les amis proches de vos enfants sont souvent des alliés précieux et peuvent contribuer à détendre l'atmosphère.

Pourquoi semble-t-il y avoir une tolérance sociale bien plus grande pour les artistes homosexuels ?

La dimension artistique joue.
Souvent présente, elle a entretenu le cliché d'une homosexualité élitiste, alors qu'effectivement l'homosexualité populaire peinait à être acceptée à l'atelier, à l'usine ou au bureau.

Quels sont concrètement les avantages du Pacs ?

Le Pacs fait bénéficier un couple homosexuel ou non de certaines protections sociales. Il peut être pris en compte lorsque intervient une mutation géographique dans la vie professionnelle de l'un des partenaires. En cas de décès, il permet au survivant de conserver le droit au bail et d'hériter en payant des droits de succession moins élevés, à condition qu'il y ait eu un testament. En revanche, il ne permet pas de devenir parents. S'il marque une certaine reconnaissance symbolique de l'homosexualité et du couple homosexuel, être « pacsé » ne donnera pas aux homosexuels le droit de fonder une famille au sens classique du terme. Pour le droit français, en effet, c'est l'enfant qui crée la famille. Or, le Pacs n'apporte nullement aux couples homosexuels la possibilité d'en adopter ou de recourir à l'insémination. Si une personne homosexuelle souhaite adopter un enfant, elle est autorisée à le faire en tant que célibataire. Et en dissimulant soigneusement son homosexualité.
En France, l'insémination est exclusivement réservée aux couples hétérosexuels ayant des problèmes de fertilité. En revanche, une personne homosexuelle pourra la demander en Belgique. Mais, en aucun cas, le couple homosexuel ayant décidé d'avoir un enfant, par l'adoption ou la science, ne pourra se prévaloir du Pacs pour réclamer une reconnaissance et des droits similaires à ceux des parents hétérosexuels.

Fidélité et infidélité

Le mariage ne signifie plus la même chose aujourd'hui qu'il y a un siècle ou deux. Hier véritable engagement entre deux familles, il réunit désormais deux êtres qui se sont librement choisis et, souvent, ont cohabité avant de se marier. Les notions de fidélité et d'infidélité dans le couple s'accompagnent nécessairement aujourd'hui de quelques réflexions concernant l'évolution de la famille et de la société.

Le sentiment amoureux est à la base du choix du conjoint, et l'exigence aujourd'hui est très différente des années passées : le bien-être, la qualité de la vie affective et sexuelle comptent bien plus que la transmission du patrimoine, comme c'était le cas auparavant.

Le projet de fonder une famille reste la préoccupation première de la plupart des gens, mais à condition de garder la qualité relationnelle des conjoints, exigée comme préalable. La possibilité, aujourd'hui, de divorcer sans tomber dans une stigmatisation sociale comporte nombre de ruptures : l'accession des femmes au monde du travail leur a permis d'assumer des séparations en ayant la possibilité de subvenir aux besoins de leurs enfants, même si la pension alimentaire tarde. L'évolution de la juridiction tend à clarifier les rôles et les devoirs de chacun des parents lorsque le divorce est prononcé. Mais le point le plus important de l'évolution de la relation conjugale est certainement l'allongement de la durée de la vie et, par conséquent, l'allongement de la durée de la vie du couple : alors que l'on se mariait « pour le meilleur et pour le pire » avec une vingtaine d'années devant soi, aujourd'hui ce peut être pour cinquante à soixante ans... Comment gérer les exigences du couple aussi longtemps ?

Fidélité sexuelle d'abord

Auparavant, l'infidélité conjugale était liée en partie à l'interdiction de divorcer : l'indissolubilité des liens, à laquelle s'ajoutaient le manque d'amour et des rapports sexuels forcés, favorisait les romances extérieures. La littérature du XIXe siècle regorge d'exemples de ce genre (Flaubert, Stendhal, Maupassant...). Sans parler des amours royales extraconjugales...

La fidélité dans le couple (et aujourd'hui nous parlons de couple et non de mariage car le contrat moral est aussi important que le contrat social) est entendue comme sexuelle : la fidélité des corps est considérée comme règle de base dans la plupart des cas tant il est bien difficile d'exiger la fidélité des esprits. Nous savons pourtant que des relations de désir, des liens affectifs intenses peuvent se nouer sans contact sexuel. Comment établir une limite ? Tout dépend de la définition des deux partenaires, et celle-ci n'est pas toujours claire et équivalente : les valeurs de chacun renvoient à leur histoire personnelle, à leur éducation et à leurs références socioculturelles.

Certains vont tolérer un « coup de canif » dans le contrat, alors que d'autres, suspicieux de nature, auront une conduite soupçonneuse envers leur compagnon et montreront une jalousie pathologique envers le (la) voisin(e) venu(e) rapporter un livre...

Le temps joue son rôle

L'infidélité n'a pas la même résonance selon l'ancienneté de la construction de la relation : plus cette relation est durable, plus elle est sécurisante. La relation extraconjugale est vécue différemment selon qu'elle a lieu quelques mois de vie commune ou après vingt-cinq ans de mariage. Les réactions sont variables et contrastées : remise en question totale après de longues années de vie de couple ou, au contraire, « accident de passage » plus ou moins toléré.

De même, l'infidélité retentit différemment selon l'étape du cycle de vie : être trompé(e) lorsqu'on attend un enfant n'a pas la même signification que lorsqu'on est installé dans sa vie quotidienne et que son conjoint fait un déplacement à l'étranger. Chacun pose ses limites en fonction de sa propre histoire : ces limites concernent la durée de l'infidélité, sa répétition, sa discrétion ou, au contraire, son exhibition, qui souvent ajoute l'humiliation au chagrin. Le caractère secret ajoute, en général, au plaisir de cette relation, (bien des romans, des films, des chansons le soulignent), ou sinon, il accroît la culpabilité, surtout du fait des mensonges utilisés.

Quelques dates importantes

De la Révolution à nos jours, des législations successives ont régi les vies privées. À retenir :

- **1792 :** Le 20 septembre, introduction du divorce en France.
- **1804 :** Avec le Code Napoléon, l'adultère est une des trois causes de divorce reconnues si c'est la femme la coupable. Si l'homme est infidèle, il n'y a pas vraiment de délit.
- **1816 :** Abolition du divorce.
- **1884 :** Le 27 juillet, rétablissement du divorce.
- **1967 :** Loi Neuwirth sur la contraception.
- **1972 :** Reconnaissance des enfants adultérins.
- **1975 :** Loi Weil relative à la législation de l'avortement.
- **1975 :** Le 11 juillet, complément de la loi du 27 juillet 1884, établissant le divorce par consentement mutuel.

À LIRE

Chaumier, S., *la Déliaison amoureuse*, Armand Colin, Paris, 1999.

De Singly, F., *Libres ensemble*, Nathan, Paris, 2000.

Leleu, G., *la Fidélité et le couple*, Flammarion, Paris, 1999.

Malach Pine, A., *la Jalousie amoureuse*, éd. Osman, Eyrolles Santé et Société, 2000.

Malarewicz, J.-A., *le Couple : 14 leçons décourageantes, donc très utiles*, Robert Laffont, Paris, 1999.

Melchior-Bonnet, S., de Tocqueville, A., *Histoire de l'adultère*, Lamartinière 1999.

Voir aussi

- Le couple à l'épreuve p. 280
- Avoir une sexualité heureuse p. 446

Des périodes à risque

Des périodes « à risque » sont propices aux relations extraconjugales, à des moments où le couple est fragilisé dans son histoire.

Ainsi, la grossesse, l'arrivée d'un enfant réaménagent les relations conjugales, centrant autour de son bébé une mère, du même coup moins disponible.

La crise du milieu de vie constitue un autre de ces passages difficiles : l'approche de la cinquantaine, les premiers cheveux blancs, les premières rides font s'interroger les uns et les autres sur leur pouvoir de séduction...

L'adolescence de ses enfants n'est pas neutre : elle réactive les souvenirs de ses premières amours et cette période interpelle au plus profond de soi-même.

Enfin, le départ des enfants oblige le couple à redéfinir son fonctionnement : vivre de nouveau à deux n'est pas toujours simple... Ces étapes de la vie remettent en question la relation de couple et une infidélité révélée ou découverte à ces moments perturbants le mettra davantage en péril. L'infidélité peut être alors le prélude à la séparation, alors qu'à un autre moment elle aurait eu moins de conséquence. Hier, un code social régissait le mariage. Les « coups de canif dans le contrat » relèvent sans doute d'une nouvelle éthique.

Sylvie ANGEL

EN BREF

Un changement de durée

La durée de vie s'étant considérablement accrue, un couple peut, potentiellement, se vivre sur le très long terme. Cela implique la traversée d'un certain nombre de crises qui peuvent conduire à la rupture.

Un changement de mœurs

Le mariage n'est plus un contrat social mais le libre choix de deux individus pour lesquels compte d'abord le relationnel. La fidélité, au moins sexuelle, est l'une des composantes essentielles du fonctionnement du couple.

L'infidélité en question

Chacun ressent l'infidélité selon son tempérament, ses codes, son âge et les circonstances. Mais, lorsqu'elle survient à certains moments qui fragilisent la vie du couple, elle accroît les risques de rupture.

Avoir un enfant

Désir et non-désir d'enfant

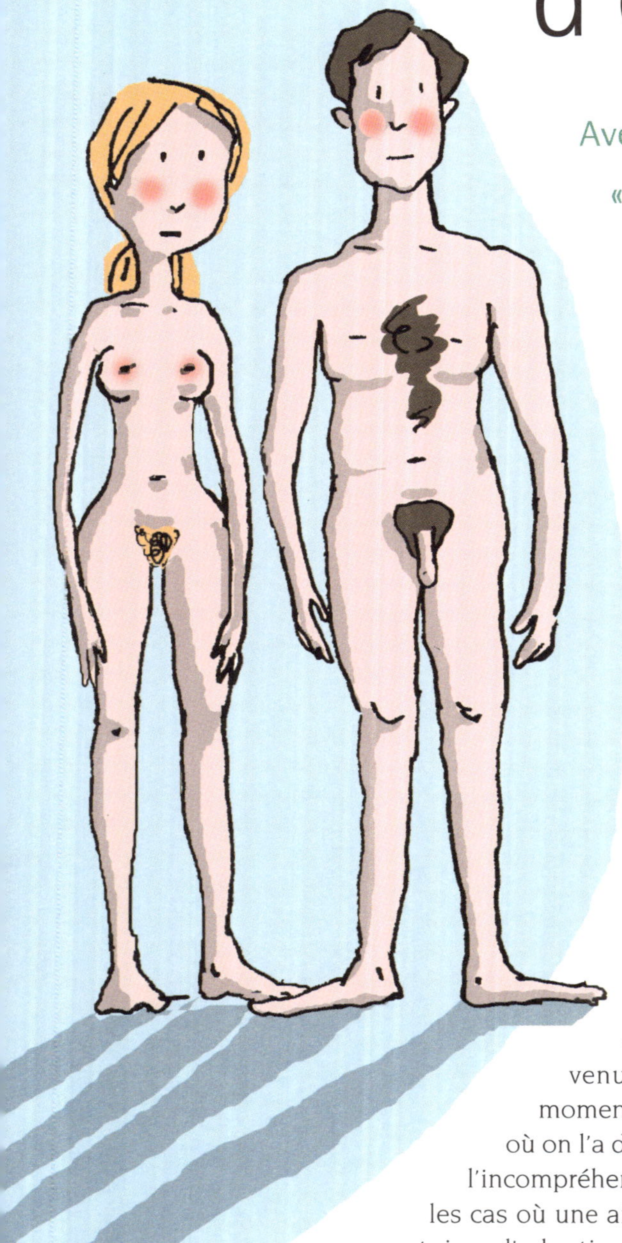

Avec la contraception, le slogan des années 1960 « un enfant si je veux quand je veux » est devenu une norme. Le « si je veux » est avéré. Le « quand je veux » connaît parfois des revers lorsque l'enfant souhaité ne vient pas. Alors il arrive qu'on le désire à tout prix. Et cela ne va pas sans risque.

« Pas d'enfant si je n'en veux pas ou si je n'en veux pas maintenant » ; ou encore : « Pas d'enfant si je n'en veux pas avec ce procréateur-là », bref : « Pas d'enfant par hasard » : la mise au point et la légalisation de la contraception ont été une grande victoire sur le hasard et la fatalité, étant donné les drames qu'ils engendraient. Un piège pourtant s'y tendait : les futurs parents en sont venus à penser, de manière presque banale, que pour avoir un enfant il suffisait d'être au clair, de manière rationnelle, avec son désir d'enfant et qu'il n'y avait donc qu'à programmer sa conception ; ou bien, à l'inverse, que si l'on ne voulait pas d'enfant, on n'avait qu'à en faire son deuil ; ou encore qu'il était possible de surseoir toujours plus à sa venue, quitte à garder le rêve d'en avoir plus tard, au bon moment, avec le « bon » partenaire… Mais lorsque, au moment où on l'a décidé, la nature refuse d'obéir à la volonté humaine, c'est l'incompréhension, presque l'indignation. Il est devenu habituel dans les cas où une aide médicale s'avère nécessaire, ou encore dans les histoires d'adoption, de parler désormais de « demande parentale » ou de « projet parental ». L'expression est significative de l'aspect volontariste du désir d'enfant à l'heure actuelle. Mais qui ouvre sur un risque, celui de penser qu'il y aurait – pour chacun – une sorte de droit à l'enfant. Dans le contexte où désirer un enfant devient un acte délibéré, tout obstacle à ce désir risque, en effet, d'être vécu comme une atteinte au droit de procréer. Un « désir-projet d'enfant » qui se trouve contrarié par une raison quelconque flambe vite et a vite fait de se transformer en désir d'enfant à tout prix. Le désir est exacerbé par l'échec de la maîtrise dans un domaine qui

Un singulier besoin de se rassurer

La maîtrise de la procréation s'est si bien banalisée qu'elle occulte un phénomène significatif. Les couples nés après les années 1960-1970 font précéder toute expérience de fertilité d'une période de stérilité volontaire. Par conséquent, ni la femme ni l'homme ne savent s'ils sont féconds. Cela amène chez les femmes un certain nombre d'actes manqués aboutissant à des grossesses accidentelles interrompues par IVG. La même crainte peut pousser des hommes, rares il est vrai, à être donneurs de sperme, ce don leur permettant de le vérifier, grâce à leur spermogramme et au fait qu'ils sont retenus par le Centre de conservation des œufs et des spermes humains (Cecos). Dans les deux cas, il s'agit de se rassurer sur sa fertilité.

paraît simple, auquel répond une offre médicale immédiate. Ensemble, les deux – demande et offre en synergie – aboutissent à des comportements d'acharnement procréatif qui culminent notamment dans la fécondation *in vitro* et ses différentes applications. Les diverses techniques de procréation assistée constituent la clé de voûte de ce changement, et nous sommes entrés sans nous en rendre compte dans cette nouvelle ère.

Le désir dans sa complexité

La réalité du désir et du refus d'enfant est (malheureusement ou, on va le voir, plutôt heureusement…) moins simple qu'il y paraît. Pourquoi ? Pour plusieurs raisons. La première : les corps et les esprits humains ne fonctionnent pas comme des machines ; le fait d'arrêter une contraception qu'elle quelle soit – pilule, stérilet ou encore absence de relations sexuelles – et de se mettre en situation de concevoir ne veut pas dire que « ça » va forcément marcher ou que « ça » va marcher tout de suite.

Deuxième raison : un désir d'enfant passe par deux personnes, le futur père et la future mère. Un enfant, comme le disait joliment et justement le poète R. Char, « chante toujours dans les branches de son arbre généalogique ». Ce qui veut dire que le désir passe aussi par deux histoires familiales, qu'il vienne ou qu'il ne vienne pas soit parce que le couple a opté pour la contraception, soit parce que cela pose un problème d'infertilité.

Dernière raison, enfin : il n'est pas prouvé scientifiquement qu'un enfant doive obligatoirement être désiré pour bien « partir dans la vie ». À l'inverse, personne ne peut dire à l'avance que lorsqu'une grossesse s'annonce, alors qu'elle n'est pas vraiment désirée, si l'enfant tombe mal, il vaudrait mieux ne pas le garder. On sait que certains enfants non désirés peuvent, par la suite, être aimés autant, voire plus, que les autres. Les « enfants Ogino », né de la méthode Ogino (enfants « accidents » des débuts de l'ère contraceptive) ne sont pas tous devenus – heureusement – des adultes particulièrement malheureux !

La méthode Ogino a été l'un des premiers moyens de contraception. Mise au point par un médecin japonais, elle se fondait sur un calcul des périodes fécondes du cycle féminin pendant lesquelles il fallait s'abstenir de rapports sexuels. Malheureusement, le calcul était aléatoire, et on appela « enfants Ogino » tous ceux qui lui devaient leur naissance.

Le sentiment d'une dette

Les procréations assistées accentuent un fait de société très général en posant la question centrale de la succession des générations. On « se doit » d'avoir un enfant pour s'acquitter d'une dette transgénérationnelle. On « doit » un petit-enfant à ses parents. Cela reste la souffrance majeure des couples qui n'arrivent pas à procréer et, plus que d'une blessure narcissique personnelle, il s'agit d'une souffrance de ne pouvoir s'acquitter d'une dette.

Les psychanalystes savent, en tout cas, de manière certaine que c'est dans l'après-coup seulement qu'on a une connaissance de son propre désir. Cela veut dire qu'on n'est jamais sûr à l'avance, dans ce domaine complexe, de savoir exactement ce qu'on veut. Les démographes ont aussi montré, à partir de longues enquêtes, qu'on ne peut pas gérer son désir d'enfant comme un portefeuille d'assurances ! Telle mère, par exemple, qui, dans un premier temps, déclarait ne pas vouloir d'enfant, en avait un « supplémentaire » trois ans plus tard. Et cela ne voulait pas dire qu'elle était incohérente, mais c'était le résultat de circonstances propres à l'histoire de chacun (comme un deuil survenu dans la famille, un exemple parmi d'autres) qui l'avaient – elle ou son compagnon – fait évoluer.

Le désir rencontre le devoir

Le terme même de « désir d'enfant », lié, on l'a vu, à l'invention de la contraception est récent. Dans les générations précédentes, le fait d'avoir un enfant était naturel, on n'avait pas besoin de le déclarer publiquement, c'était évident. Et, en général, nos ancêtres se plaignaient d'en avoir trop… sans avoir le temps de les désirer. Et ceux qui n'en avaient pas, c'était presque toujours qu'ils n'avaient pas pu en avoir. Mais, de toutes façons, et là encore la psychanalyse a beaucoup à nous apprendre, avoir un enfant était non pas tant un désir, mais, en général, un devoir. Devoir de donner des petits-enfants à ses parents, de les rendre grands-parents. Devoir aussi de perpétuer la lignée familiale (ce qui renvoie à tout ce qui tourne autour de la transmission du nom du père, désormais aussi de celui de la mère !). Devoir, enfin, vis-à-vis de l'espèce, c'est-à-dire du genre humain : mettre des enfants au monde, c'est, en somme, un peu s'acquitter de la dette qu'on a contractée en naissant (on a reçu la vie, il faut la donner à son tour). Or, et c'est essentiel pour bien comprendre le désir d'enfant, toutes ces raisons (désir mais aussi devoir) sont très vraies, aujourd'hui comme hier, en dépit du cliché qu'on lit et qu'on répète un peu partout, selon lequel on « fabrique » un enfant de manière délibérée, après avoir

bien réfléchi, pesé le pour et le contre, etc. L'expérience de la psychanalyse, là encore, est précieuse : elle montre qu'un enfant vient, en grande partie, d'un désir inconscient de ses parents. De même qu'on ne fait pas un enfant uniquement pour se faire plaisir (comme on achèterait une voiture ou un appartement), on ne possède jamais un enfant. Il nous dépasse, va plus loin que nous. C'est une autre personne que soi (ou que la duplication de soi) qu'on lance dans la vie.

Le désir d'enfant est compliqué et contradictoire chez les humains. Il ne faut pas hésiter à le « désembrouiller » en demandant une ou deux consultations à un professionnel. Ainsi, l'on sait que ce qui est désiré, ce n'est pas simplement un enfant, mais un enfant imaginaire, parfois difficilement comblé par l'enfant réel. D'où il peut résulter une difficile adaptation... qu'il vaut mieux prévenir que guérir ! Cet engagement exceptionnel dans une vie peut ainsi utilement être éclairé par quelques entretiens pour situer les enjeux du désir d'enfant pour les deux parents.

À LIRE

Delaisi de Parseval, G., et Lallemand, S., *L'art d'accommoder les bébés*, « Poches », Odile Jacob, Paris, 2001.

Delaisi G., et Verdier, P., *Enfant de personne*, Odile Jacob, Paris, 1994.

Il vaut mieux essayer de ne pas se mettre dans une situation d'urgence quand on désire concevoir : l'« épée de Damoclès », avec la pression de l'horloge biologique qui tourne (surtout pour les femmes), ajoute un stress supplémentaire à l'inquiétude normale éprouvée quand « ça » ne marche pas rapidement. Ce qui veut dire qu'il faut envisager ce projet de vie longtemps à l'avance, en parler à différents moments avec le futur père et ne pas attendre les « conditions idéales » pour s'y mettre. Il n'y a pas de moment parfait, et il est naïf de croire qu'un enfant a intérêt à être conçu et à naître uniquement parce qu'il est très désiré.

Enfin, on a le droit de ne pas vouloir d'enfant. Nombreux sont les individus équilibrés et mûrs ayant construit leur vie sans enfant. La seule question est de se donner le droit de choisir librement et sans pression. Et de se souvenir qu'un enfant vivra d'autant mieux qu'il est arrivé « bien désiré » par ses parents ; c'est-à-dire, comme disait C. Brétécher dans une célèbre bande dessinée, qu'il a été conçu un tout petit peu par hasard...

Geneviève DELAISI de PARSEVAL

EN BREF

De la contraception à la revendication

La banalisation de la contraception a eu pour corollaire le sentiment qu'on pouvait aussi facilement procréer qu'on pouvait l'éviter. Du coup, médecine aidant, on voit apparaître une revendication de l'enfant à tout prix.

Un désir complexe et contradictoire

Entre désir et devoir, ce qu'on nomme aujourd'hui « demande ou projet parental » est complexe et demande à être mis au clair.

Voir aussi

- La stérilité et ses palliatifs p. 126
- Devenir père, devenir mère p. 104
- Adopter un enfant p. 130

Devenir père, devenir mère

Avoir un enfant est une chose, devenir parent en est une autre. Cela passe par une crise d'identité, une transformation. Une péric de mue qui fragilise. La naissance du nouveau-né serait-elle créatrice d'autres naissances ? Ces constatations obligent à s'interroger sur l'origine et sur la constructio des sentiments paternel et maternel.

Nous ne sommes pas le même père ou la même mère ; nous n'avons pas les mêmes sentiments, le même comportement, voire les mêmes tolérances et intolérances vis-à-vis de chacun de nos enfants. Il s'agirait donc d'une naissance collective – de l'enfant, du père et de la mère – qui se renouvellerait à chaque « heureux événement ».

La mère, le père et le bébé

L'enfant, dès sa naissance, oblige à un réaménagement de l'espace psychique ouvert durant la grossesse. À ce moment, les relations – réelles et fantasmatiques – que la mère a entretenues avec ses propres parents vont peser de tout leur poids. Comme l'expliquent très bien T. B. Brazelton et B. Cramer, l'un pédiatre et l'autre psychanalyste, le désir d'avoir un enfant passe par le désir d'être mère. Ce désir est imprégné positivement par l'image de sa propre mère, mais éventuellement perturbé par l'angoisse d'être comme elle : une ambivalence à la fois fréquente et normale.

La position du père n'est pas, comme on pourrait se l'imaginer, symétrique de celle de la mère. Généralement, le garçon a été élevé par une femme. Sa relation avec sa mère a constitué son premier modèle de lien et d'identification précoce. Le désir d'enfant, chez le garçon, s'étaie sur cette première identification. C'est ce qui fait dire à Cramer et Brazelton que, dans la relation à son enfant nouveau-né, « le père est d'abord une mère ». Il doit intégrer cette féminité primaire, c'est-à-dire reconnaître et accepter la place de cette mère en lui pour pouvoir remplir cette fonction maternante. Première personne extérieure au monde du nouveau-né (quand celui-ci se vit encore comme non séparé de sa mère), il est un modèle dans les identifications précoces, pourvu que la mère l'accepte et lui concède cette possibilité.

On ne s'étonnera pas de noter que, durant le processus d'acquisition de la fonction paternelle, les pères deviennent plus vulnérables et peuvent présenter des crises psychologiques. Moins attendue peut-être est la constatation faite par R. Kano et T. Shibusawa (un psychiatre et un psychothérapeute) : lors d'une naissance prématurée de l'enfant, on « s'attend qu'ils [les pères] soient forts et qu'ils soient aussi en mesure de réparer la situation en garantissant la survie de l'enfant. Les pères en viennent ainsi à être plus impliqués ».

Le père est d'abord une mère : *c'est effectivement la première identification du petit garçon. Les règles sociales et ses parents lui apprendront à ne pas se comporter comme elle. Être un homme, c'est « ne pas être et ne pas faire ce que fait la femme ». Il reste au père des traces de ces premiers temps qu'il peut utiliser au contact de son nouveau-né.*

Des interactions précoces

Dès sa naissance, l'enfant est actif dans la relation parents-enfant. Non seulement il est capable d'émettre des réponses aux stimulations extérieures, mais il peut déjà stimuler ses parents. Ses pleurs, ses regards, ses expressions sont source de réponses affectives et comportementales. Ses réflexes eux-mêmes jouent un rôle dans ses premières interactions, en particulier celui de *grasping* (réflexe d'agrippement). Les parents se sentent reconnus par leur bébé, ce qui les renforce dans leurs capacités à être parents. Les interactions deviennent de plus en plus complexes au fur et à mesure du développement de l'enfant. Les parents interprètent les signaux qu'il émet. Leur vécu infantile resurgit et modèle cette interprétation. À travers leurs réactions, tant psychiques que comportementales, c'est leur histoire familiale qui se trouve réactualisée avec tous ses avatars. L'histoire transgénérationnelle influence activement la relation parents-enfant, pour le meilleur et parfois pour le pire

On comprend les écueils de tels mouvements psychiques parentaux, la plupart du temps inconscients. Il n'est pas rare en consultation de retrouver

L'intérêt du paternage

Lorsque le père prend soin de son bébé, celui-ci a la possibilité d'interagir au sein de deux systèmes dyadiques (mère-enfant et père-enfant). Des observations ont démontré la capacité des bébés à interagir très tôt dans ces triades père-mère-bébé. Les rôles du père et de la mère restent fondamentalement complémentaires. Même si de plus en plus de pères donnent le biberon, changent leur bébé, bref assurent les soins dévolus traditionnellement à la mère, ils ne le font pas de la même manière, ils le font au masculin. Selon P. Mazet, professeur à l'Université de Paris-Nord, et S. Stoleru, chargé de recherches à l'INSERM, ces interactions « sont plus physiques, plus stimulantes, et amènent l'enfant à un état d'éveil et d'attention intenses ». Il semble que ces différences de rythme constituent un indice supplémentaire qui aide le bébé à distinguer ses parents.

Le besoin d'attachement

Le chercheur J. Bowlby a observé et décrit le concept d'attachement comme un besoin primaire, au même titre que le besoin de nourriture ou celui de respirer. Dès la naissance, l'enfant dispose de « comportements instinctifs [ayant] pour fonction de maintenir et d'accroître la proximité avec la mère ou le substitut maternel ». L'attachement se construit et se renforce en lien avec les réponses. Le « schème d'attachement sûr » est facteur d'une confiance et d'une sécurité de base qui inciteront plus tard l'enfant à explorer sereinement son environnement.

On doit différencier la parentalité de l'attachement. Des parents peuvent être à la fois défaillants dans leur fonction parentale et attachés à leur enfant. Ils seront éventuellement soulagés par une décision de séparation s'ils ne peuvent subvenir à ses besoins, mais, en même temps, si le lien d'attachement est trop étiré par cette séparation, ils ressentiront, de même que leur enfant, une grande souffrance.

derrière le « bébé-qui-pose-problème » un lien à une personne passée (parent, frère ou sœur…) avec laquelle de nombreux conflits ou relations idéalisées ont existé sans être élaborés. L'enfant se retrouve malgré lui acteur dans un théâtre qui déborde le temps et l'espace du noyau familial dans lequel il vit.

Toute une élaboration psychique

Dès la naissance s'opère chez les parents un double mouvement qui peut sembler contradictoire.

D'une part, un travail d'élaboration psychique visant à réduire l'écart entre l'enfant imaginaire et l'enfant réel est nécessaire pour que ce dernier puisse exister en propre, avec ce qui plaît à ses parents, mais aussi avec ce qui les déçoit.

D'autre part, et simultanément, les parents doivent continuer d'imaginer l'avenir de leur enfant, ce qu'il sera et fera. Ces représentations contribuent à alimenter leur capacité à l'élever et à l'aimer. Rêver à propos de son enfant est nécessaire et structurant pour l'enfant, mais aussi pour cet homme et cette femme, et contribue à les rendre parents.

Les constructions imaginaires et le rapport à sa propre mère pèsent fort sur la relation mère-enfant. Pour être mère de cet enfant-là, la mère devra se décoller de ce qui lui aura servi à construire des représentations concernant son futur enfant. De cette manière, ils existeront chacun dans la continuité de l'histoire familiale, et non dans le fantasme de la réécrire.

Le travail psychique nécessaire à la reconnaissance de l'enfant réel peut être contrarié par des constructions imaginaires et fantasmatiques envahissantes. Quand un des parents (ou les deux) s'obstine à communiquer avec un enfant « qui n'existe pas », l'enfant réel risque d'avoir recours à un fonctionnement pathologique pour se sentir exister *a minima*.

De même, se retrouver parent dans la réalité oblige à revoir ce que l'on s'imaginait être. Rester attaché à des rêves ou ne pas pouvoir se dégager de fantasmes liés à l'exercice du rôle parental risque d'entraîner des conduites incompatibles avec la nécessité d'évoluer quotidiennement avec le nourrisson, l'enfant, puis l'adolescent.

Autrement dit, les parents doivent, pour une large part dans l'improvisation, faire à la fois le deuil du bébé idéal et celui du parent idéal. C'est à cette condition que chacun aura la possibilité de prendre vie et corps dans cette existence partagée.

Des interactions complexes

Il est intéressant d'étudier et d'évaluer l'interaction parents-enfant sous l'angle de la réciprocité des réponses de chacun des partenaires.

En effet, un enfant peut manifester par son comportement une certaine demande et le parent peut y répondre soit dans un sens cohérent avec la demande (par exemple, un enfant de 12 mois veut descendre des genoux de sa mère, celle-ci l'accompagne dans sa demande), soit d'une manière qui s'oppose (la mère remet l'enfant sur ses genoux et l'y maintient fermement). Dans ces deux cas, la mère a perçu la volonté de l'enfant. Elle peut également répondre d'une manière non reliée (par exemple, lui proposer de la nourriture). Face à ces possibilités, l'enfant réagit à son tour.

Les interactions deviennent de plus en plus complexes au fur et à mesure du développement de l'enfant. Si les adultes s'identifient à celui qu'ils ont été eux-mêmes, et donc à leurs propres besoins, désirs ou angoisses pour réagir, ce dernier n'est pas reconnu comme autre avec ses propres désirs. L'enfant apprend très tôt les règles relationnelles qu'il doit respecter. Même celles qui peuvent apparaître comme inattendues ou incohérentes prendront sens chez chacun des partenaires. Ce type de relation première aura des répercussions qui vont s'étendre bien au-delà de la vie familiale : il aura valeur de modèle à partir duquel l'enfant va apprendre à interagir avec son environnement.

Quelques indications de thérapies parent(s)-enfant

Les psychothérapies parent(s)-enfant sont indiquées pour favoriser la mise en place du lien entre les parents et l'enfant, l'améliorer ou le rétablir. Les thérapies mère-enfant sont les plus courantes, la mère restant majoritairement le partenaire préférentiel dans la première période de cette relation. On peut y recourir dans des situations qui dépassent ce cadre :

- **Pour soutenir les parents dans leurs nouveaux rôles face à un enfant vécu comme difficile.**
- **Lors d'une prématurité de l'enfant, d'un développement compliqué par des réalités somatiques, de la découverte d'un handicap.**
- **Lorsque les professionnels de la santé soupçonnent qu'une influence psychologique est à l'origine de malaises somatiques de l'enfant (souvent répétitifs) ou de plaintes exprimées (troubles du comportement, du sommeil, de l'alimentation, difficultés scolaires...) et rapportées par le(s) parent(s).**
- **Lorsqu'une mère a dû subir une interruption volontaire ou thérapeutique de grossesse, dans le cas d'un parent, d'un frère ou d'une sœur gravement malade, d'un deuil dans la famille, etc.**

Dans certains cas, des symptômes, par exemple, somatiques ou comportementaux, sont le signe d'un problème inconscient. Lebovici, professeur de psychiatrie de l'enfant et de l'adolescent, a décrit les « interactions fantasmatiques », repérées et analysées au cours de consultations psychothérapeutiques, dont l'interprétation, quoique très variable, est toujours en lien avec l'histoire des parents.

Des psychothérapies constructives

Chaque parent rencontre des difficultés diverses dans sa vie et ne peut pas prétendre être toujours disponible et heureux de s'occuper de son enfant. Ce qui pose problème n'est pas un état transitoire du parent moins réceptif ou moins disponible pour son enfant, mais plutôt un état négatif vis-à-vis de cette nouvelle situation globale ou de l'enfant lui-même, qui va s'installer dans la durée.

Il existe des psychothérapies parent(s)-enfant qui permettent aux parents d'exprimer des déceptions, des fatigues ou des angoisses. Celles-ci ne peuvent surgir et être travaillées qu'après un temps pendant lequel s'instaure une relation de confiance avec un psychologue spécialisé. Elles peuvent avoir lieu à tout âge de l'enfant. Même une intervention précoce, peu après la naissance ou durant la grossesse, est possible, compte tenu des remaniements psychiques naturellement induits par ces événements.

Sur un plan pratique, ces interventions utilisent les propos du (des) parent(s), l'observation du comportement de l'enfant, ce qu'il dit lorsqu'il est plus âgé, ses productions (jeux, dessins...), mais aussi le comportement de la mère, du père, leur attitude, leurs gestes, leurs regards, vis-à-vis de leur enfant, etc. Le lien parent(s)-enfant est travaillé au travers du lien entre ces divers éléments.

Alors qu'il n'y a apparemment que le(s) parent(s), l'enfant et le thérapeute dans le cabinet de consultation, le cadre mis en place convoque de nombreuses autres personnes : les ascendants, les fratries, l'entourage proche... Rapidement, la famille, les parents et les enfants rêvés ou fantasmés vont apparaître.

Différents niveaux de travail sont disponibles ne pouvant se circonscrire au seul plan inconscient de la relation. Toutes les représentations liées à l'enfant sont aussi influencées par la culture dans laquelle chacun est inscrit. Les interventions thérapeutiques considérées comme nécessaires doivent également tenir compte de la culture de chaque protagoniste.

Les parents arrivent avec la formulation de soucis et de souffrances qui semblent ne s'inscrire que dans le présent et l'immédiat, alors qu'ils sont chargés d'histoire

Des cas particuliers

Les enfants issus des techniques de procréation médicale assistée sont de plus en plus nombreux. Différents types de problèmes (d'identité, de secrets autour de la conception de l'enfant...), au niveau autant des parents que des enfants sont susceptibles de s'immiscer dans la relation précoce. Ils peuvent nécessiter un soutien psychologique, de même que des cas d'adoption.

passée et à venir. Ils vont construire un récit et lui donneront progressivement un sens personnel aboutissant à un lien plus harmonique avec leur enfant.

Si, face aux difficultés, il convient de savoir qu'en cas de malaise durable on peut recourir à une aide psychologique, il n'en faut pas moins garder à l'esprit que la fonction parentale doit se mettre en place avec le plus de simplicité possible. Le meilleur guide reste, à maints égards, l'enfant lui-même, qui réclame d'abord « à corps et à cris », comme l'écrit la psychanalyste C. Eliacheff, d'être porté, contenu et protégé de très près – une distance qui évoluera au cours des développements simultanés de l'enfant et de ses parents. Chaque partenaire de la relation devra s'y adapter. C'est une des conditions qui permettront à l'enfant d'exister, puis de devenir un adulte autonome et libre.

Même si certaines fonctions parentales évoluent avec la société, certains gestes simples apparaissent naturellement en écoutant et en observant son bébé. Ce sont justement ces premiers gestes de réconfort et d'affection qui signent le type d'attachement liant les parents et cet enfant-là.

Véronique COHIER-RAHBAN

À LIRE

Brazelton, T. B. et Cramer, B., *les Premiers Liens, l'attachement parents-bébés vu par un pédiatre et un psychiatre*, Stock/Laurence Pernoud, Calmann-Lévy, Paris, 1991.

Eliacheff, C., *À corps et à cris*, Odile Jacob, Paris, 1989.

Olivier, C., « Un seul repère », in Série *Mutations*, Éd. Autrement, « Parents au Singulier, Monoparentalité : échec ou défi », n° 134, janvier 1993, pp. 93-101.

Moro, M. R., *Psychothérapies transculturelles des enfants de migrants*, Dunod, Paris, 1998.

À CONSULTER

L'École des parents, 162, boulevard Voltaire, 75011 Paris. Tél. : 01 44 93 24 14.

EN BREF

La parentalité

D'une manière générale, on peut définir la parentalité comme un ensemble de réaménagements psychiques et affectifs. Ce processus évolue avec le développement de l'enfant. Il n'est pas symétrique entre le père et la mère.

Des interactions permanentes

Les interactions parents-enfant commencent avant même la naissance et deviennent de plus en plus complexes au fur et à mesure du développement de l'enfant. La relation a valeur de modèle à partir duquel l'enfant va apprendre à interagir avec son environnement.

Des psychothérapies adaptées

En cas de problème, des psychothérapies peuvent être entreprises dès la naissance, voire avant. Elles prennent largement en compte l'environnement familial, le vécu et la culture des parents.

L'aventure de la grossesse

Un enfant s'annonce. Généralement, c'est avant tout une belle nouvelle, la concrétisation d'un désir. En même temps une aventure commence, pas si facile que l'on pourrait croire. La grossesse contraint autant qu'elle comble. Elle implique tout un travail psychique d'adaptation, non seulement de la future mère, mais aussi du couple, à cette situation neuve qui peut être génératrice d'angoisse ou même de sentiment de culpabilité.

La grossesse est un moment qui prend une importance particulière dans la vie de chaque couple. Avoir un enfant n'est plus une fatalité. On décide, on prévoit, on anticipe ce moment. Et, dès l'annonce de sa venue, on attend d'autant plus de lui qu'il n'aura vraisemblablement pas une ribambelle de frères et sœurs. Il est devenu une personne intéressante : la psychologie, la psychanalyse, la publicité, le cinéma, la littérature s'y intéressent. Il est mis en avant de plus en plus tôt. Les tenues des futures mères reflètent cette nouvelle fierté d'être porteuse de vie. Des vêtements très près du corps affichent l'idée d'un bébé désiré et d'un couple heureux face à cet événement de vie.

Pourtant, alors que l'on s'attendrait à une période de vie synonyme de temps de préparation paisible, qualifié parfois de « moment de plénitude » pour la mère, cela n'a rien d'un parcours tranquille. La femme, dans un certain repli sur soi, va devoir affronter les transformations de son corps, réfléchir sur sa féminité, se préparer, tout comme le père, à de nouvelles responsabilités. Le couple en sera modifié, la sexualité aussi, au moins d'un point de vue subjectif. Pour les futurs parents, enfin, il s'agit de s'ouvrir sur autrui. Cela ne va pas forcément de soi.

Un travail en trois temps

Le repli sur soi : la future mère devient très attentive à son corps, ses perceptions et ses sensations. Elle semble en attente d'un signe de l'enfant. Malgré lui, le fœtus-enfant devient actif puisque c'est un mouvement de sa part qui rassurera la mère sur sa présence vivante. C'est comme une période de préparation à l'attachement et à l'investissement affectif qui devraient suivre.

La réalité amène très rapidement quelques difficultés à surmonter. Pour les futurs parents, la grossesse va être une période de préparation propice à une réflexion sur ce qui est et ce qui pourra advenir.

Il existe de nombreux écrits sur cette période, en particulier d'orientation psychanalytique. Le travail de Brazelton et Cramer, l'un pédiatre, l'autre psychiatre, allie ce type de réflexion à l'observation et à la prise en compte de la réalité. Ils ont repéré trois stades dans le déroulement de la grossesse, correspondant chacun à un travail d'élaboration psychique qui s'effectue en parallèle du déroulement chronologique. Ils parlent de « tâches à accomplir », rappelant que même une grossesse désirée n'est pas une période dénuée d'efforts.

Première étape : accepter la nouvelle

La première tâche repérée au cours de la grossesse est d'« accepter la nouvelle », ce qui peut paraître évident, mais ne l'est pas.

Le début de la grossesse met les mères dans un état de repli sur soi. L'intériorisation de cette transformation physique favorise une maturation psychique, parallèlement à la place de plus en plus importante que l'enfant prend dans la réalité.

Au commencement, sa réalité peut sembler floue. Les futurs parents savent qu'un bébé est là, mais aucun signe réel de sa part ne vient conforter cette information. Une prise de sang, un test, un retard dans le cycle, des nausées, des sensations corporelles pour la femme, mais rien de visible extérieurement. Grossir, prendre du ventre sont les premiers signes qui rassurent. La femme est reconnue en tant que femme, future mère. Ses relations sociales se modifient, comme son corps. Elle apparaît et elle se sent devenir une autre.

Intérêt et limites de l'échographie

Très largement utilisée, l'échographie a des effets complexes sur les parents. D'un côté, elle les rassure sur la bonne conformation de l'enfant, mais, de l'autre, elle les confronte à sa réalité d'une manière trop froide, trop précoce, qui risque d'interrompre le travail nécessaire de leur imaginaire. Des études ont montré que les parents avertis avant la naissance du sexe de leur enfant mettent souvent plus de temps à s'attacher à leur bébé et ont plus de difficulté à le reconnaître comme une personne séparée. On comprend mieux le choix des futurs parents (près de 40 %) qui refusent de procéder à cette « interruption volontaire de fantasme » (expression de M. Soule) et qui préfèrent ignorer le sexe de l'enfant jusqu'à sa naissance.

En cas de problème

Les progrès en génétique offrent la possibilité du diagnostic prénatal.

Dans le cas de familles touchées par des maladies génétiques, on peut, préventivement, faire les recherches de certaines de ces maladies sur le bébé à venir. Ces examens et leurs conséquences sont encadrées par des lois. La maladie diagnostiquée par le médecin, maladie objective, n'est pas la même que celle de la personne ou la famille dont la représentation est teintée par de nombreux éléments subjectifs et affectifs. Des consultations sont prévues en binôme, médecin généticien et psychologue, de manière à ce que soit entendu le discours parental. Lorsque le diagnostic est défavorable, le rêve de bébé idéal se trouve alors anéanti. Les questions de la vie à venir ou de la mort à décider doivent être pensées dans un contexte où le temps devient paradoxal. Il s'immobilise dans le choc de l'annonce tandis que la réflexion nécessaire à une prise de décision renforce la réalité de la vie de cet enfant dans l'histoire familiale.

Cette période est propice aux angoisses diverses de la part des parents. En effet, passé un certain délai, la grossesse devient un processus auquel on ne peut échapper. Ce qui a été désiré, puis agi, devient alors hors de contrôle. Cette prise de conscience n'est pas toujours facile à accepter.

Pour la future mère, les désagréments physiologiques du début (fatigue, nausées) peuvent être source d'ambivalence vis-à-vis du désir même d'enfant, du père coresponsable de cet état ou du futur enfant à l'origine des difficultés ressenties.

Enfin, concernant le fœtus, la question la plus générale peut se résumer ainsi : « Mon bébé sera-t-il normal ? » Même s'il existe de nombreuses réponses sur le plan médical, la mère porte ce questionnement et le sentiment d'être responsable – exagéré quand la communication avec son conjoint est restreinte –, puisque c'est bien elle qui porte ce bébé dans son ventre. Ce contexte d'ambivalence favorise l'émergence d'une culpabilité. Ces éléments surgissent normalement mais ne doivent pas être si intenses parce qu'ils limiteraient une réflexion nécessaire face à tant de nouveautés.

L'idéalisation de l'enfant à naître devra faire place à son image réelle. Durant la grossesse, la mère s'attache à un bébé qu'elle imagine. Ce préattachement se construit à partir de ce qu'elle a vécu durant son enfance et de ce qu'elle souhaiterait vivre en tant que parent. Cette construction influencera la relation à venir, qui sera modulée par une réalité plus ou moins décevante, a fortiori *différente des représentations issues de la période de grossesse.*

Sur le plan psychique, il faut trouver un moyen de se défendre contre toutes ces angoisses, ces cauchemars ou autres pensées négatives. La parade disponible est à la fois simple et imparfaite. Simple, parce que l'idéalisation est immédiate. Le bébé sera merveilleux, sans défaut, exactement comme on l'aura désiré. On se promet aussi de très bons parents, bien meilleurs que ceux que l'on a connus. Mais méthode imparfaite aussi, puisque dès la naissance le premier travail consistera à élaborer la déception apportée par l'enfant lui-même, lequel ne saurait entrer en pure conformité avec notre idéal. Quant à nos capacités effectives, elles sont mises en doute dès les premiers pleurs difficiles à calmer.

Notre système psychique est donc sérieusement ballotté par cet enfant, alors même qu'on ne le connaît pas encore...

Deuxième étape : reconnaître l'enfant à venir comme « autre »

Le père se construit également une représentation de ce que pourra être son enfant. Les bases s'en trouvent aussi dans son enfance et sont, en conséquence, différentes de celles de la mère. Cependant, ne portant pas l'enfant, il est influencé par les aires de sa femme sur ses sensations, ou par ce qu'il peut voir lorsque l'enfant bouge. Tout cela va provoquer des sentiments positifs ou inquiets, voire hostiles envers l'enfant à venir.

Pour les parents, la deuxième tâche du travail de la grossesse au fil des mois sera de reconnaître l'enfant à naître « comme un futur individu qui sera séparé de sa mère », disent Brazelton et Cramer. Très tôt, le père soutient la mère dans ce sens. Une future mère disait en ces termes : « Nous, on porte le bébé dans notre corps alors on l'a à moitié dans notre corps, et à moitié dans notre tête. Tandis que le père ne l'a que dans sa tête, alors c'est à 200 %. » Le père a une distance réelle avec cet enfant. L'enfant est hors de lui. L'effort pour le penser, l'imaginer est plus important, mais il est immédiatement pensé en tant qu'autre. Cet exercice est plus compliqué pour la femme, qui, de fait, porte un bébé faisant encore partie de son corps. Cette période est donc marquée par la symbiose étroite qui unit la mère et son enfant en gestation. Au-delà des données purement biologiques, la vie émotionnelle de la mère a des répercussions sur le fœtus, lequel pourra réagir par une augmentation de son activité motrice au stress que sa mère peut éprouver, à l'annonce d'une mauvaise nouvelle par exemple.

À LIRE

Brazelton, T. B. et Cramer, B., *les Premiers Liens, l'attachement parents-bébés vus par un pédiatre et un psychiatre*, Stock-Laurence Pernoud, Calmann-Lévy, Paris, 1991 pour l'édition française.

Cyrulnik, B., *Sous le signe du lien*, Hachette, Paris, 1989.

Cyrulnik, B., *les Nourritures affectives*, Odile Jacob, Paris, 1993.

Dolto, F., *Tout est langage*, Gallimard, Paris, 1995.

Le bébé, pour sa part, se révèle déjà actif dans cette prise de conscience. Alors qu'il s'accorde souvent aux rythmes de sa mère, il s'individualise progressivement en adoptant ses rythmes et ses niveaux d'activité distincts qui deviendront peu à peu perceptibles.

Le fait que la mère sente son enfant bouger en elle favorise une régression plus importante et une identification inconsciente à lui. Cet état particulier prend appui sur les relations fusionnelles qu'elle-même aura connues au début de sa vie. Ce qui ne manque pas d'activer des conflits restés latents. La vie imaginaire de la mère – représentation consciente concernant son enfant – comme sa vie fantasmatique, inconsciente modèlent sa relation avec son bébé *in utero* et constituent la base de ses relations ultérieures avec lui.

Les questions concernant l'identité et la séparation sont remises à l'ordre du jour. Sentir un être étrange(r) grandir en soi et simultanément être en fusion extrême avec lui peut déclencher des angoisses importantes, des sentiments de rejet autant envers l'enfant qu'envers le père. Ces questions d'identité, de séparation et d'individuation ont déjà fait l'objet d'un travail psychique au cours de plusieurs étapes de développement dans la vie de chacun. Le stade de l'adolescence a dû permettre leur relative résolution. Si ce travail n'est pas effectué au préalable, cette période peut déclencher des réactions pathologiques s'opposant aux premières capacités d'empathie pour le bébé.

Troisième étape : la découverte du futur bébé

Le couple est « parentalisé », c'est-à-dire institué dans son état de parents à la naissance, par la présence même et le comportement de son enfant. Mais, dès les relations intra-utérine, la dyade mère-bébé est prise dans un système interactif. Le fœtus agit. Il développe son propre rythme, que la mère ne manque pas de repérer. En fonction de l'intensité et de la fréquence de son activité, la mère va commencer à lui donner une signification, à l'interpréter, à le comparer aux autres. Le bébé acquiert dans le psychisme de sa mère un tempérament, une personnalité. Il pourra même déjà faire penser à un membre de la famille. Il va, malgré lui, déclencher des sentiments aussi bien positifs que négatifs.

Dès le cinquième mois, les fonctions auditives se développent, après les fonctions gustatives, plus précoces. Le fœtus commence à réagir aux changements chez la mère, à avoir des mouvements individuels souvent décrits comme des coups de pied. Ces gestes sont visibles et peuvent être provoqués par des caresses sur le ventre de la mère. Ce sont là les premières interactions prévisibles.

À propos du dernier trimestre, des recherches ont montré avec certitude que l'enfant réagit alors aux stimulations extérieures, qu'elles soient visuelles (lumière vive sur l'abdomen de la femme), auditives ou kinesthésiques. Les mères sont très sensibles aux capacités de réaction du fœtus. Au fur et à mesure que l'on se rapproche de l'accouchement, ces réactions du fœtus vont rassurer la mère sur la résistance possible de l'enfant au travail de l'accouchement qui s'annonce. C'est par conséquent

Dépressions d'avant et d'après

Un syndrome de dépression avant l'accouchement survient chez près de 20 % des femmes enceintes. On le nomme syndrome de dépression du prépartum. Ce même syndrome se retrouve dans 65 % des cas de femmes présentant ce qui est plus connu : la dépression d'après la naissance, ou postpartum. Il serait donc intéressant de détecter et de prendre en charge précocement ce type de syndrome, puisque les interactions précoces mère-enfant en sont affectées. Les signes cliniques caractéristiques de la dépression du prépartum sont un sentiment de solitude, des autoreproches, une autodévalorisation, de l'anxiété, des troubles du sommeil et des problèmes somatiques. La grossesse est ressentie comme difficile. Des facteurs de stress accompagnent ce tableau, en particulier des problèmes familiaux ou économiques.

On observe cependant que près de 70 % des femmes qui ont connu un syndrome de dépression pendant la grossesse sortent de cet état dépressif avec la naissance de l'enfant. Pour la majorité d'entre elles, la fin de la grossesse, la délivrance et le fait d'être mère agissent comme des antidépresseurs.

le bébé lui-même, par son comportement intra-utérin en réaction aux stimuli externes, qui va rassurer ses parents sur ses capacités à se confronter au monde.

La mère rêve, imagine ce que sera cet enfant. Le fœtus devient un bébé qu'elle peut se représenter. Cette représentation est influencée par sa propre histoire, tant par ses relations à ses parents et autres adultes, que par celles au sein de sa fratrie et des enfants de son entourage ayant eu une importance particulière durant son enfance. Elle en parle avec son partenaire. Cette troisième période prépare la naissance. Le bébé à venir n'est plus totalement un étranger. Dès son apparition, il sera déjà pourvu de caractéristiques éventuellement reconnaissables.

Des bouleversements physiques et, consécutivement, psychiques accompagnent la grossesse et peuvent être difficilement partageables. La future mère peut se sentir très vulnérable. La prise en charge médicale centrée sur les corps de la femme et du bébé ne doit pas faire oublier une éventuelle prise en charge psychologique. Une attention particulière soutiendra préventivement la mère si des difficultés apparaissent. En sachant que, comme chaque enfant, chaque grossesse est unique.

Véronique COHIER-RAHBAN

EN BREF

La grossesse

Aussi désirée qu'elle puisse être, la grossesse est toujours un moment de bouleversements physiques et psychiques qu'il importe de prendre en compte.

Le couple

Père et mère participent de la même aventure. Les rapports du couple sont changés, la sexualité même peut être modifiée. Une adaptation s'impose. Le soutien du père contribue à un meilleur vécu de la grossesse.

L'enfant

Père et mère doivent parvenir à percevoir leur futur bébé comme « autre ». Progressivement, ce bébé s'individualise. Dès le cinquième mois, il y a interaction entre lui et ses parents et, lorsque le terme approche, son activité les rassure sur ses capacités à naître et à affronter le monde.

Voir aussi

- Désir et non-désir d'enfant p. 100
- Devenir père, devenir mère p. 104
- L'arrivée du premier enfant p. 116

L'arrivée du premier enfant

Ses parents l'attendaient, l'imaginaient, le rêvaient, et le voilà, leur premier né. Joie. Inquiétude aussi. Quelle est donc cette responsabilité, si neuve et si totale qu'ils vont devoir assumer ? Qu'est-ce qu'un bébé ? Ils ne le savent pas vraiment. Qui est là désormais ? Encore un petit inconnu. Comment devient-on parent ? Ils ne le découvriront que pas à pas. Commence une magnifique et difficile histoire à trois, où l'on s'apprend et, où l'on défriche ensemble le chemin.

Vaut-il mieux être l'aîné ou le cadet d'une famille ? Voilà qui se discute. L'aîné dispose d'une attention décuplée, d'un souci de répondre au moindre de ses désirs, d'une vigilance de tous les instants. Le cadet n'est pas porteur d'autant d'attentes et d'images préconçues que son aîné. Et, surtout, il ne subit pas autant le poids du « trop vouloir bien faire » et de l'anxiété.

Le premier écueil qui se dresse sur le chemin d'un aîné souhaité et normalement accueilli n'est pas, en effet, l'inexpérience de ses parents – elle sera rapidement surmontée, d'ailleurs avec sa coopération – mais le « trop » : trop d'imaginaire, trop d'investissement, trop d'attente, trop d'inquiétude, qui risque de le perturber. Bref, un « trop » qu'il va falloir progressivement modérer de manière à ce que la situation soit confortable pour tous les trois. Autant il est normal et indispensable que les soins des parents assurent la vie et le développement du nouveau-né dans de bonnes conditions, autant les angoisses et l'anxiété excessives qui peuvent s'installer risquent d'envahir leur relation. Au pire, ce peut être incompatible avec un développement harmonieux de l'enfant et du lien avec l'homme et la femme dont il est né. Et, tout d'abord, il importe que ces derniers s'adaptent à l'inconnu qui leur est né et ouvrent une immense brêche dans une vie jusqu'alors prévisible. Puis ils franchiront les premières étapes de ce début d'histoire commune.

L'accouchement, première rencontre

L'accouchement est à la fois un événement attendu et appréhendé avec inquiétude. Les parents vivent une transition d'une très grande intensité émotionnelle, troublante, voire désorganisatrice, en particulier pour la mère. De pleine elle se retrouve vide. D'un bébé imaginaire elle se retrouve avec un bébé bien réel dont il lui faudra décoder tous les signes. Certaines parlent même de télépathie. De deux, avec le père, ils se retrouvent à trois. Le moment est unique, plus délicat qu'il n'y paraît, et il contraint à un mouvement psychique d'adaptation extraordinaire.

Ce temps signe pour la mère et l'enfant la première séparation. Les femmes regardent longuement ce bébé. Elles l'attendaient, en rêvaient, mais le contempler provoque une sorte de sidération. Quelques heures, voire quelques jours sont nécessaires pour sortir de cet état où le temps semble s'immobiliser. On peut y voir une réaction de choc, d'admiration, de fascination, mais aussi, parfois, de rejet. En même temps, devant l'apparente fragilité du nouveau-né, sa vulnérabilité et son indéniable dépendance se déclenche, pour le couple, un fort sentiment de responsabilité.

La télépathie existe-t-elle entre une mère et son enfant ? Christine, sourde de naissance, mariée à un homme qui souffre d'un handicap similaire est mère de deux petites filles parfaitement normales. Question : « Que se passe-t-il si elles pleurent la nuit, puisque tu n'entends pas ? » Réponse de Christine, parfaitement sereine : « Je n'entends pas, mais je sais. » L'entourage de Christine confirme que jamais ses filles n'ont pleuré la nuit sans qu'elle bondisse à leur chevet.

Que perçoit-il ? Que peut-il ?

Nous voit-il ? Nous entend-il ? Nous reconnaît-il ? Longtemps on n'a pas su grand-chose du développement sensoriel du nouveau-né. Aujoud'hui, grâce à la recherche, on est beaucoup plus informé sur ses capacités, et on sait aussi qu'elles vont « dialoguer » avec celles de ses parents pour construire leur relation.

Le regard si particulier du nouveau-né est immédiatement interprété par les parents : il a l'air sérieux, il observe, il réfléchit, il nous regarde, il a le même regard que... Quant à celui qu'ils posent sur lui dès les pre-

Trois étapes en six jours

La psychanalyste E. Darchis a observé un processus en trois étapes chez la mère :

- **Premier jour : elle adopte son bébé et se reconnaît mère.**
- **Du deuxième au quatrième jour : elle s'adapte au bébé en passant par une étape de tâtonnement et de baby-blues. Elle fait le deuil de la mère parfaite et du bébé idéal.**
- **Le cinquième et le sixième jour : elle se dégage du tâtonnement et dispense des soins de manière relativement adéquate à ce bébé unique.**

mières minutes, il a un impact considérable comme l'exprime merveilleusement une mère, C. Haussaire-Niquet : « Tu venais de naître sous mes yeux. Je venais de te mettre au monde par mon regard posé sur toi. » La capacité du nouveau-né à voir et à entendre a un effet aussi important dans le processus d'attachement que le fait de le mettre au sein pour qu'il tète. Les échanges visuels, en particulier dans les face-à-face, renforcent l'intérêt et l'attachement des parents envers leur bébé et sont, pour eux, très gratifiants.

L'ouïe est déjà parfaitement développée. On a même pu démontrer, dès la naissance, une préférence majeure pour les sons humains et, en particulier, pour les voix féminines. Les bébés synchronisent leurs mouvements au rythme de la voix de leur mère. De son côté, la mère est capable de distinguer les pleurs de son bébé parmi d'autres dès le troisième jour de l'existence de celui-ci.

L'odorat, très développé, permet au nouveau-né, dès l'âge de 7 jours, de reconnaître la mère, et il ne s'y trompe pas.

Le goût est différencié : le nourrisson réagit très spécifiquement au lait maternel comparé à la prise d'un autre lait.

Enfin, il est sensible au toucher, qui le calme, l'éveille ou l'énerve selon la zone du corps et le type de caresse qui lui sera prodigué.

Les parents découvrent toutes ces aptitudes au fil de véritables échanges. Mais ces découvertes seront d'autant plus compliquées que l'enfant a des périodes où il y est plus ou moins disponible. Leur première difficulté va donc être à la fois de repérer les moments où l'enfant est disponible aux interactions, et de saisir la signification des signes qui leur sont adressés. Des parents normalement attentifs y parviennent vite.

On a observé que les nouveau-nés traversent des état différents, qui vont du sommeil à la colère en passant par la somnolence, etc. Les périodes d'interaction les plus favorables sont celles du réveil alerte. Celui qui le précède, la somnolence, et celui qui le suit, le réveil alerte mais furieux, sont également propices à des échanges, mais risqués pour un parent inexpérimenté. En effet, autant les réponses positives de la part de l'enfant renforcent la confiance que les parents acquièrent progressivement, autant une réponse négative, en particulier les pleurs déclenchés par une tentative d'interaction, sera déroutante.

Au-delà des capacités sensorielles des uns et des autres, et des uns envers les autres, les parents interprètent ce qu'ils perçoivent. Ils donnent un sens et attribuent des intentions au bébé en observant son comportement. Les mères auraient même tendance à surestimer cet élément intentionnel. Du coup, une mauvaise

À LIRE

Haussaire-Niquet, C., *l'Enfant interrompu*, Flammarion, Paris, 1998.

Brazelton, T. B. et Cramer, B., *les Premiers Liens, l'attachement parents-bébés vu par un pédiatre et un psychiatre*, Stock/Laurence Pernoud, Calmann-Lévy, 1991 pour l'édition française.

Winnicott, D. W., *De la pédiatrie à la psychanalyse*, Payot, Paris, 1989.

Lieberman, A., *la Vie émotionnelle du tout-petit*, Odile Jacob, Paris, 1997.

Cohen-Solal, J. et Golse, B., *Au début de la vie psychique, le développement du petit enfant*, Odile Jacob, Paris, 1999.

Bettelheim, B., *Dialogues avec les mères, la première tâche: éduquer les parents*, Robert Laffont, The Free Press of Glencoe, inc, 1962, trad. 1973.

Brazelton, T. B., *la Naissance d'une famille*, Stock/Laurence Pernoud, 1983.

Montagner, H., *l'Enfant acteur de son développement*, Stock-Laurence Pernoud, 1993.

Winnicott, D. W., *Conseils aux parents*, Payot, Paris, 1995.

Winnicott, D. W., *l'Enfant et sa famille, les premières relations*, Payot, 1971, réed. Petite Bibliothèque Payot, 1991.

interprétation du comportement de l'enfant peut être préjudiciable autant à son développement global qu'à la qualité de l'attachement parent-enfant. Or, celui-ci constitue la base de sécurité à partir de laquelle l'enfant pourra plus tard, avec plus ou moins de confiance, prendre de la distance pour explorer son environnement.

S'adapter et s'adopter

Dès l'arrivée du nouveau-né, les parents vont devoir s'adapter à lui et l'adopter. Le bébé demande une attention extrême. L'empathie, c'est-à-dire l'aptitude à s'identifier au bébé, développée progressivement par les parents est particulière chez la mère. Le pédiatre et psychanalyste Winnicott a créé le concept de « préoccupation maternelle primaire » pour décrire cette disposition. Il a proposé une analogie avec une maladie qualifiée de « normale », une sorte de « folie amoureuse » envers son petit. La mère, au travers des mouvements et préinteractions avec son enfant, durant sa grossesse, s'est préparée depuis le dernier trimestre à être attentive et à interpréter ces mouvements. Dès la naissance, elle atteint un stade d'hypersensibilité dont elle sortira au fur et à mesure que l'enfant grandira et l'en délivrera. Cet état naturel lui permet de répondre aux besoins de son bébé, sur les plans corporel, affectif et psychique. Elle peut connaître aussi, durant la traversée de ce que l'on a baptisé le baby-blues, cette

Les six états de conscience du bébé

L'observation des nouveau-nés a permis de distinguer chez eux six états de conscience. Les connaître peut aider les nouveaux parents à savoir quels sont les bons moments pour communiquer avec leur bébé. Ce sont :

- **le sommeil profond durant lequel le bébé n'est pas disponible aux stimuli extérieurs ;**
- **le sommeil rapide ou paradoxal, où le bébé est plus vulnérable aux stimuli extérieurs ;**
- **l'état intermédiaire, somnolent. Une stimulation éveillera le bébé et le rendra plus réactif ;**
- **l'état de réveil alerte durant lequel on peut engager des interactions prévisibles ;**
- **l'état d'alerte mais furieux : état de transition soit à l'état suivant, soit au précédent, puisque le bébé est encore disponible aux stimulations et peut être calmé ;**
- **les pleurs, qui ont pour fonction d'attirer l'attention de l'adulte. La mère apprendra à reconnaître s'ils sont liés à la faim, la douleur, l'inconfort, l'ennui ou au besoin de câlins.**

À chacun son tempérament

Chaque bébé qui naît est unique, mais quelques grands traits ont permis d'établir trois catégories en fonction du tempérament qu'ils manifestent. Selon des recherches menées en 1984 par Chess et Thomas, on distingue les enfants faciles, difficiles et lents à se mettre en train et à se réchauffer. Dès la naissance, on peut repérer le style du bébé. Ces descriptions indiquent comment l'enfant réagit, mais n'expliquent pas pourquoi. Elles peuvent cependant aider les parents à comprendre, sans inquiétude injustifiée, les comportements de leur nouveau-né.

brève période de vacuité un peu mélancolique survenant après l'accouchement – ce que l'on nomme la préoccupation maternelle anxieuse. Il s'agit, en fait, d'un travail psychique d'adaptation au bébé tel qu'il est, non tel qu'il était rêvé, et qui permet en quelque sorte le deuil des représentations idéales de l'enfant et du parent. Cette étape est particulièrement difficile pour la mère. Elle varie en intensité selon le soutien qu'elle reçoit de son environnement proche, en particulier du père, sa sécurité interne, son histoire, mais aussi les caractéristiques et donc les réponses du bébé. Ce stade impose une réelle vigilance, et même une prévention. Si la dépression persiste, et que ces difficultés ne sont pas surmontées, un état anxieux et dépressif peut s'installer et s'aggraver, la mère peut se vivre comme mauvaise mère, et vivre le bébé comme mauvais bébé. Maltraitance et rejet peuvent s'installer. D'où la nécessité d'une aide psychothérapeutique.

Apprendre à se connaître

Chaque bébé a ses propres caractéristiques. Dès la naissance, certains vont affirmer leur présence bruyamment et souvent. D'autres, au contraire semblent paisibles et ne se manifestent que lors des repas, à l'occasion d'une gêne ou d'un besoin qui paraîtra facile à combler. De leur côté, à la naissance, les parents nourrissent un idéal bien personnel, par exemple, un bébé qui pourrait apparaître comme difficile à certains va en combler d'autres qu'au contraire la tranquillité d'un petit paisible inquiéterait. Tout se joue, en fait, au niveau des représentations des parents. Si le bébé ne se manifeste pas assez bruyamment, la mère peut s'inquiéter de ne pas l'entendre, craindre qu'il soit trop faible pour appeler. Au contraire, un enfant qui a de la voix, qui pleure dès qu'il est dérangé, peut rassurer par ses capacités à réagir et à appeler.

C'est donc la rencontre entre l'histoire singulière de chacun des parents et le comportement effectif du bébé qui va apaiser les parents ou, au contraire, amplifier leurs inquiétudes et leurs angoisses. Les réponses du bébé les confirmeront dans leur sentiment d'être compétents ou insuffisants.

Les parents se doivent d'apporter réconfort et soutien à leur enfant. Si celui-ci est difficilement consolable, si après de nombreux soins de base il continue à montrer un malaise que les parents n'arrivent plus à qualifier – physique ou psychique ? besoin de lait ou d'un câlin ? et si rien ne le calme ? –, cela remet sérieusement en question leur croyance en leur capacité à remplir leur rôle. Les enfants au tempérament dit « difficile » (4 % des bébés) amènent régulièrement les parents à douter de leurs compétences. Mais tout ne dépend pas des seuls parents, l'enfant est actif dans le type de lien qu'ils construisent ensemble.

À CONSULTER

L'École des parents et des éducateurs (EPE) Île-de-France, 162, boulevard Voltaire, 75011 Paris.
Tél.: 01 44 93 24 14.

Faire ses premiers pas dans l'état de parent pourrait, au fond, apparaître comme une expérience à haut risque. Ce serait le cas si le bébé, de quelque façon, ne guidait les pas de ses parents encore inexpérimentés. Habituellement, on pense que l'enfant apprend tout de ses parents, or les parents apprennent beaucoup de leur aîné. L'enfant fabrique cet homme et cette femme comme parents pour la première fois. Il est à la source de l'élaboration psychique du droit à être imparfait, à la fois pour les parents et pour les enfants.

De bons parents sont peut-être tout simplement de bons observateurs. S'adapter reste le maître mot du processus de parentalité. Winnicott nous a appris qu'il suffit d'être « suffisamment bons » pour soutenir son enfant dans sa croissance. Permettons d'être suffisamment lui-même à ce grand créateur qu'est un premier-né.

Véronique COHIER-RAHBAN

EN BREF

Parents pour la première fois

Bien vivre la naissance du premier-né est une expérience unique. Elle impose des bouleversements profonds dans le psychisme des parents qui ne savent rien encore de ce qu'il convient de faire ou de ne pas faire.

Le danger

Le plus gros écueil tient à l'angoisse de n'être pas à la hauteur, et à la tendance au « trop » : trop d'attentes, trop d'inquiétude, qui peuvent perturber le lien parent-enfant.

La mère

La jeune mère peut traverser une phase critique lorsqu'elle doit substituer à son enfant imaginaire son enfant réel et prendre conscience que l'enfant idéal n'existe pas plus que le parent idéal.

L'enfant

Dès sa naissance, le nouveau-né a son caractère, l'exprime et le communique. C'est avec lui et par lui que l'on apprend à être parent.

Voir aussi

- Devenir père, devenir mère p. 104
- L'aventure de la grossesse p. 110
- Les relations parents-enfants p. 162

Entre frères et sœurs

Avant ces dix dernières années, les relations fraternelles avaient fait l'objet de peu de travaux, tant la psychologie s'était essentiellement intéressée au développement individuel. Aujourd'hui, nous cernons mieux l'importance des liens frères-sœurs au sein de la famille. Liberté, égalité, fraternité retentissent comme les symboles de la République, mais, en fait, l'observation des frères et des sœurs montre que, malgré un patrimoine génétique, social et culturel commun, il existe plus de différences que de ressemblances.

Différents éléments caractérisent chacun des membres d'une même fratrie. Cinq d'entre eux les différencient en premier lieu. Pour basiques qu'ils paraissent, ils sont cependant porteurs de significations spécifiques. Ainsi sont répertoriés :

Le sexe (appelé également genre) : naître garçon ou fille n'est certes pas la même chose.

Le rang : être l'aîné ou le cadet n'implique pas la même position dans la famille. Si les privilèges de l'aîné (mâle) ont été abolis après la Révolution française, c'est lui qui fait découvrir aux parents la parentalité. De nombreux travaux ont tenté de définir des caractéristiques précises selon le rang. Aujourd'hui, la plupart insistent sur l'importance de l'ensemble des paramètres plutôt que de tendre vers une simplification excessive. Aucune place n'est meilleure qu'une autre, mais on envie toujours l'autre en rêvant d'être l'enfant unique.

L'écart d'âge : avoir deux ou dix ans de différence modifie considérablement les liens. L'écart d'âge fait écho aux rivalités fraternelles : une différence d'âge importante diminue la rivalité.

La succession des genres, leur écart et le nombre d'enfants : être l'aînée fille de cinq garçons n'a rien à voir avec le fait d'être un garçon, benjamin d'une fratrie de trois autres garçons. Les parents de fratries unisexuées montrent souvent leur déception de ne pas avoir un enfant de l'autre sexe.

L'histoire du couple : le moment de l'arrivée de l'enfant dans la vie de la famille modifie les désirs et les attentes : être désiré ou conçu par « accident », être l'enfant de l'amour ou celui qui arrive pour réparer les failles d'un couple en difficulté, ou encore naître alors que les parents sont déjà séparés retentit sur le bébé. De même, avoir des parents jeunes ou âgés modifie la situation : Clara est née alors que ses frères avaient 16 et 19 ans, son père et sa mère expliquent volontiers leur nouvelle approche dans leur rôle de parents d'une petite fille désirée arrivée tardivement.

Ainsi apparaît la complexité des situations fraternelles auxquelles s'ajoutent les séparations, les recompositions familiales créant des demi-frères et demi-sœurs ou induisant des liens affectifs, alors qu'il n'existe pas de lien de parenté biologique ou juridique, lorsque, par exemple, deux enfants sont élevés ensemble.

Être l'enfant unique : le fantasme de nombreux enfants qui rêvent d'être l'objet d'amour exclusif de leurs parents. Mais ils rêvent aussi de « grand frère » ou de « grande sœur » et s'inventent une fratrie idéalisée. En général, ils sont précoces et préfèrent la compagnie des adultes. Il leur manquerait l'expérience de la jalousie liée à l'arrivée d'un autre enfant. Aujourd'hui, ils sont de plus en plus nombreux, et les parents se soucient de les « socialiser » en leur faisant rencontrer d'autres enfants.

Des complexités particulières

L'histoire est là aussi pour ajouter des difficultés : les maladies, les handicaps, parfois un décès précoce vont marquer la fratrie, comme la notion d'enfant de remplacement, concept illustré par la biographie de génies tels Beethoven, Van Gogh ou Dali. En fait, il s'agit, pour un enfant conçu peu de temps après le décès de son aîné, d'en effacer l'ombre. Si ces personnages illustres, portant tous trois le prénom de leur frère décédé, sont devenus célèbres, leurs souffrances étant reconnues, le destin d'autres enfants ayant vécu des situations analogues ne les a pas pour autant conduits à une telle réussite.

L'importance de la répercussion du traumatisme dépend de l'âge de l'enfant lorsque le drame arrive, de sa personnalité et de la capacité des parents à faire face. Il importe encore de souligner qu'un frère ou une sœur

L'esprit des lois

- **1789 : La Révolution française abolit les privilèges de rang et de sexe. Auparavant le fils aîné héritait au détriment des autres enfants. Désormais tous les frères et sœurs sont considérés comme égaux quels que soient leur genre et leur rang. L'enfant naturel obtient les mêmes droits que l'enfant légitime mais, en 1804, le Code Napoléon les lui retire.**
- **1896 : Une nouvelle loi accorde à l'enfant naturel la moitié de ce qu'il aurait eu s'il avait été légitime.**
- **1972 : Une loi donne à l'enfant naturel les mêmes droits que l'enfant légitime.**
- **1996 : Il est interdit de séparer les fratries dans les divorces et dans les placements temporaires.**

Jumeaux, triplés et autres. . .

Les jumeaux monozygotes, ou vrais jumeaux, proviennent d'un seul ovocyte fécondé par un seul spermatozoïde. Cet œuf se scinde par accident en deux embryons de même patrimoine génétique.

Les jumeaux dizygotes, ou faux jumeaux, sont issus de deux ovocytes différents. Les faux jumeaux ne se ressemblent pas plus que des frères et sœurs, et c'est parmi eux que l'on retrouve les couples fille-garçon.

Les enfants nés de grossesses multiples peuvent provenir d'une polyovulation ou de la scission d'un œuf, et sont vrais ou faux triplés, quadruplés... Les relations des jumeaux sont caractérisées par l'effet miroir, la fascination pour le semblable, leurs relations fusionnelles. Ils forment un couple et utilisent souvent un langage codé pour se parler (cryptophasie). Le livre de M. Tournier *les Météores* constitue un remarquable exemple de gémellité. Tournier s'est inspiré, pour l'écrire, des travaux de R. Zazzo, spécialiste en gémellologie.

handicapé reste à la charge de sa fratrie après le décès des parents : les enfants en sont conscients dès leur plus jeune âge, et ces situations contribuent à accélérer leur maturation.

Toute une gamme de sentiments

Les sentiments fraternels sont modulables et leur gamme varie de l'amour à la haine en passant par la jalousie et la rivalité.

La rivalité fraternelle est illustrée par de nombreux mythes fondateurs (Caïn et Abel, Jacob et Esaü, Joseph et ses frères, Remus et Romulus, Seth et Osiris...), comme si la lutte fratricide était à l'origine du monde. Cette rivalité se bâtit grâce à la mise en place de systèmes défensifs structurants. La relation qui s'organise autour du partage des parents a un rôle fondamental dans le développement de la personnalité, puis s'estompe et se dépasse lorsque l'enfant grandit.

Généralement la rivalité est plus importante lorsque l'écart d'âge se situe entre deux et quatre ans. Lorsque les enfants ont moins de deux ans d'écart, leur relation s'apparente plus à une relation gémellaire, c'est-à-dire à une notion de couple. Au-delà de quatre ans de différence, la rivalité fraternelle s'estompe : les enfants ont acquis la socialisation et des investissements extérieurs à la famille. La rivalité est plus importante entre les enfants du même sexe : la comparaison est souvent inévitable et renforcée par les attitudes des parents. Ces derniers jouent un rôle important en majorant cette rivalité s'ils montrent une préférence par rapport à l'un de leurs enfants.

Les parents influencent considérablement la qualité du lien fraternel et doivent aider leurs enfants à trouver la bonne distance émotionnelle, en évitant également des relations trop passionnelles et destructurantes.

Les relations entretenues au sein de leurs propres fratries y contribuent. Leurs attitudes souvent inconscientes de protection ou de rejet renvoient à leur vécu d'enfant au sein de leur famille. Une mère, aînée de sa fratrie, s'identifiera plus facilement à sa fille aînée qu'à son fils cadet. De la même façon, un père défendra aisément le fils placé dans la même position que lui.

À LIRE

Angel, S., *Des frères et des sœurs*, Robert Laffont, Paris, 1996.

Bourguignon, O., *le Fraternel*, Dunod, Paris, 1999.

Corman, L., *Psychopathologie de la rivalité fraternelle*, Éd. Charles Dessart, Bruxelles, 1970.

Gayet, D., *les Relations fraternelles*, Éd. Delachaux et Niestlé, Neuchâtel, 1993.

Porot, M., *l'Enfant de remplacement*, Éd. Frison Roche, Paris, 1993.

Les relations fraternelles nous accompagnent tout au long de notre vie, et nous restons liés à notre fratrie plus longtemps qu'à nos parents ou à nos enfants. Au moment où les liens conjugaux se distendent, les solidarités fraternelles se renforcent parfois et donnent une alternative de solidarité familiale : il n'est pas rare aujourd'hui de rencontrer des frères et sœurs divorcés ou veufs vivant à proximité ou ensemble. Les nouvelles lois (le Pacs) ont failli légiférer pour donner un lien juridique aux frères et sœurs vivant sous le même toit... Alors, l'avenir est peut-être à la fraternité.

Sylvie ANGEL

EN BREF

Une évidente complexité

De multiples éléments régissent les relations à l'intérieur d'une fratrie, liés au sexe, au rang, à la répartition entre filles et garçons, au couple parental et à l'histoire particulière de chaque famille.

L'influence des parents

Les parents exercent une influence considérable sur le lien fraternel et doivent aider leurs enfants à trouver la bonne distance émotionnelle, en évitant des relations trop passionnelles et destructurantes.

Un lien de longue durée

Les relations fraternelles nous accompagnent tout au long de notre vie et constituent de plus en plus souvent une alternative de solidarité familiale.

Voir aussi

- L'enfance p. 136
- L'adolescence p. 140
- Les relations parents-enfants p. 162
- Quand on fait du mal aux siens p. 276

La stérilité et ses palliatifs

Il est devenu habituel de rencontrer des couples qui se heurtent à une stérilité involontaire après avoir vécu pendant une quinzaine d'années une période de stérilité volontaire. Situation très paradoxale et particulièrement difficile à vivre. On le comprend d'autant plus qu'au contexte médical s'ajoutent les dimensions sociologique et psychologique de l'infertilité.

La grande majorité des couples veulent, à l'heure actuelle, fonder une famille. Afin de bien poser les questions sur les difficultés que ces parents potentiels peuvent rencontrer pour mener à bien leur projet d'enfant, il est important de remarquer que, dans le contexte contraceptif de notre époque, la non-venue d'un enfant après des années de contraception est d'autant plus douloureuse, et vécue de manière d'autant plus injuste, que la contraception a fait penser aux futurs parents qu'ils auraient facilement la maîtrise de la conception d'un enfant. C'est d'ailleurs pour cela qu'on retrouve tant de patientes âgées d'environ 35 ans dans les programmes de fécondation *in vitro*, avec un diagnostic de stérilité ou d'infertilité. La prise de moyens contraceptifs a pu masquer l'infertilité de l'un des membres du couple. Mais, quand aucune cause objective ne peut être décelée, cela renvoie principalement au fait que le temps a passé, et qu'une femme, ou qu'un couple, est moins fertile à 35 ans qu'à 25…

Ces enfants qui ne peuvent pas venir

Pour mieux comprendre les enjeux psychologiques des diagnostics médicaux de stérilité, il est intéressant de comprendre le problème non seulement à partir de la cause de l'infertilité du couple, mais aussi à travers le problème de l'absence d'enfant. La souffrance du couple, c'est bien, en effet, celle du manque de ces « enfants qui ne peuvent pas venir », soit parce que l'un ou l'autre de leurs parents potentiels (ou les deux ensemble) ont un problème physiologique, soit parce ces enfants sont arrivés ou ont été désirés trop tard dans l'histoire de leurs parents.

Les problèmes de stérilité sont, de nos jours, très vite (parfois même un peu trop vite...) pris en charge par la médecine. Ce qui constitue, il faut le souligner, un immense progrès par rapport à la situation des générations précédentes, où les couples qui ne pouvaient pas avoir d'enfants devaient soit adopter dans les bons cas, soit faire leur deuil définitif d'enfant.

Face à la stérilité masculine

Dans les cas où la stérilité est d'origine masculine, il existe deux palliatifs. L'un est simple techniquement et plus complexe sur le plan psychologique : c'est l'insémination artificielle avec don de sperme anonyme (IAD). L'autre est plus lourd sur le plan médical, surtout pour la mère, car il faut passer par une fécondation *in vitro*, au cours de laquelle son ovocyte sera fécondé grâce une micro-injection d'un spermatozoïde du futur père (cela s'il n'est pas totalement stérile, mais seulement très peu fertile). Dans le premier cas, l'enfant sera conçu avec les gamètes d'un homme inconnu, et le père aura donc à faire le deuil de sa fertilité. Les parents devront aussi se mettre au clair avec ce qu'ils diront à l'enfant au sujet de sa conception. Taire ou choisir la vérité ? En mettant en avant la question « faut-il lui dire ? » ou « à quoi lui servira-t-il de savoir ? », on fait comme si l'histoire de l'enfance ne marquait pas le sujet en dehors d'une connaissance consciente. Comme si tous nos échanges tenaient dans les verbalisations clairement formulées telles que « c'est ton père puisque ton acte de naissance le dit ». Or, la psychanalyse, depuis près de cent ans, apprend que l'histoire du début de notre vie et les circonstances de nos origines s'impriment et font effet, parfois douloureusement et dans le corps même, à l'insu du savoir immédiat.

Se pose aussi, dans le cas du « donneur anonyme », non seulement le problème de l'identité du père biologique, mais aussi celui de la position du père légal. Pour le droit français, pas d'ambiguïté : IAD ou non, ce dernier est le seul. Aux yeux de nombre de psychanalystes, de pédopsychiatres et de juristes, il s'agit là d'un « faux légal ». Par l'affirmation d'une filiation identique entre un enfant de filiation classique et un enfant né par IAD, on gomme à la fois la dimension existentielle de la stérilité du père légal, la réalité des inséminations de la mère et l'historicité de la participation du donneur. Du même coup, la paternité du père via IAD est fragile, de même que le statut de l'enfant vis-à-vis de ce père, dans la mesure où il peut facilement contester cette fausse filiation ne correspondant pas à la

Des initiales à décoder

- **CECOS : Centre d'étude et de conservation des œufs et du sperme humain.**
- **CCNE : Comité consultatif national d'éthique.**
- **DPI : Diagnostic pré-implantatoire.**
- **FIV : Fécondation *in vitro*.**
- **FIVETE : Fécondation *in vitro* et transfert d'embryon.**
- **FIV-D : Fécondation *in vitro* avec donneur de sperme.**
- **IA : Insémination artificielle.**
- **IAC : Insémination artificielle avec sperme du conjoint.**
- **IAD : Insémination artificielle avec sperme de donneur.**
- **PMA : Procréation médicalement assistée.**

Les grandes étapes de la procréation médicalement assistée

La décennie 1960-1970 a été celle de la conservation du sperme par congélation. Elle s'appliquait essentiellement à des hommes jeunes avant une chimiothérapie qui risquait de les rendre stériles, ou une vasectomie (résection partielle du canal excréteur des testicules). Elle a éventuellement donné lieu, par la suite, à des inséminations avec le sperme du conjoint qui furent les premiers cas de procréation assistée.

La décennie 1970-1980 a été celle de l'insémination artificielle avec le sperme d'un donneur anonyme, selon la technique précédente.

Entre 1980 et 1990 se sont mises en place la fécondation *in vitro* et les techniques connexes, comme les dons d'ovocytes, la FIV avec donneur de sperme, etc.

vérité. On s'enferme alors dans un réseau de secrets de filiation qui deviendront secrets de famille, ouvrant la voie à des transmissions psychiques transgénérationnelles pathologiques. La solution pourrait consister à envisager plutôt qu'un secret une adoption de l'enfant par le père légal. Dans le second palliatif de l'infertilité masculine (appelé ICSI), l'enfant est conçu avec les gamètes de ses parents, et il sera ainsi porteur de la totalité de l'histoire familiale.

Face à la stérilité féminine

L'enfant procréé artificiellement, selon le pédopsychiatre L. Roegiers, « porte à son paroxysme l'ambivalence du statut de l'enfant actuel : très désiré et vraisemblablement très aimé mais tellement bien entouré qu'il pourrait avoir du mal à se détacher de toute dette implicite héritée de sa procréation laborieuse ».

Les questions psychologiques sont un peu différentes quand la stérilité est d'origine uniquement féminine. La FIV est devenue, depuis plus de quinze ans, un recours possible dans de nombreuses difficultés physiologiques féminines. Plus nouveau encore, la FIV permet de recourir à un ovocyte donné par une autre mère (de manière anonyme en France, comme c'est le cas pour l'IAD). Sur le plan relationnel, la différence avec l'IAD est cependant considérable : la mère qui reçoit l'ovocyte inconnu sera, en effet, la « vraie mère » (sur le plan légal comme sur la plan du lien affectif) de l'enfant procréé artificiellement, dans la mesure où elle vivra la grossesse et l'accouchement à l'instar de n'importe quelle autre mère. Ce qui ne veut assurément pas dire que recevoir un ovocyte étranger est anodin, loin de là. Mais, en l'absence d'un recul suffisant (une centaine d'enfants seulement ont été conçus de cette manière), on constate que les questions liées au secret et à l'anonymat pèsent moins lourd que dans les conceptions avec dons de sperme.

La loi bioéthique qui régit, en France, les procréations artificielles avec don de gamètes (elle a été votée en 1994, et sera révisée fin 2001) a prévu un autre palliatif de la stérilité : le don anonyme d'un embryon d'un couple à un autre (il s'agit d'embryons que le premier couple de parents ne peut plus utiliser car ils en ont trop). On touche là à un domaine très complexe, dans la mesure où on peut se demander pourquoi les parents infertiles ne se tournent pas vers une « vraie » adoption d'un enfant abandonné, plutôt que se préparer à vivre avec un enfant une histoire excessivement compliquée. Ces cas sont rarissimes, mais il faut les connaître car ils permettent de mieux comprendre ce qui se joue dans la blessure narcissique de la stérilité, comme l'appellent les psychanalystes.

Vivre une stérilité est une des expériences les plus difficiles de la vie, car il s'agit d'un véritable deuil. Deuil d'un enfant qui porte l'histoire familiale de chaque membre du couple, mais aussi deuil d'un enfant conçu à deux par des parents qui auraient voulu se donner un enfant l'un à l'autre. Il convient donc d'utiliser à bon escient et sans acharnement les différents palliatifs proposés par la médecine et par la loi. Faire son deuil demande un travail de réflexion et d'élaboration mentale ; cela demande aussi du temps comme tout un chacun le sait à travers l'expérience personnelle qu'on a du deuil (d'un proche, par exemple). De nombreux couples sortent grandis de cette épreuve, avec ou sans enfants.

Geneviève DELAISI de PARSEVAL

À LIRE

Delaisi de Parseval, G., *La part de la mère*, Odile Jacob, Paris, 1998.

Delaisi de Parseval, G., et Bigeargeal, J., *Objectif bébé, une nouvelle science, la bébologie*, Seuil, Paris, 1987.

Un bilan relativement modeste

Selon des statistiques relativement récentes, 6 enfants sur 1 000 naissent actuellement en France par procréation assistée : 6 000 pour 760 000 naissances, par exemple, en 1993. Sur le nombre, 300 enfants sont nés après transfert d'embryons congelés, 132 (depuis 1986) après don d'ovocytes, et 3 seulement après don d'embryons.

EN BREF

Quarante ans de progrès

Entre les années 1960 et l'an 2000, de l'insémination artificielle à la fécondation *in vitro* par donneur, les possibilités de procréation médicalement assistée se sont considérablement accrues.

Une nécessité de transparence

De même que dans le cas d'une adoption, il est indispensable de ne rien cacher du début de son histoire à un enfant né grâce aux nouvelles techniques.

Une évidence à admettre

Les solutions médicales n'éliminent pas les problèmes psychologiques, notamment dans le cas d'un enfant né d'un don de sperme.

Voir aussi

- Désir et non-désir d'enfant p. 100
- Secrets et non-dits dans une histoire familiale p. 152

Adopter un enfant

Il y a de plus en plus de candidats à l'adoption et de moins en moins d'enfants adoptables en France. Au droit de l'enfant d'avoir une famille s'ajoute la revendication de chacun au droit d'être parent. Mais devenir parent d'un enfant adopté ne va pas toujours de soi. Aux enfants adoptés, leur statut comme leur devenir posent question et eux-mêmes se questionnent sur leur origine. Des repères psychologiques s'avèrent indispensables aux uns et aux autres.

Longtemps, l'adoption a été perçue socialement comme un acte de bienfaisance. De nos jours, le nombre important des demandes par rapport à celui des enfants adoptables modifie les enjeux.

Si la stérilité reste la principale raison du recours à l'adoption, d'autres motivations peuvent intervenir : par exemple, pour les femmes, la crainte de la grossesse et, chez les hommes, le sentiment qu'il existe suffisamment d'enfants malheureux pour ne pas prendre la responsabilité d'en faire d'autres. En fait, cette dernière motivation masque parfois la crainte inconsciente d'une parentalité biologique. Adopter est alors un compromis entre le désir et l'angoisse d'être parent.

L'adoption d'un enfant étranger se fait fréquemment par défaut, étant donné la difficulté d'adopter un enfant français, mais il peut s'agir d'un choix humanitaire. Quant à l'adoption d'enfants handicapés, elle résulte souvent d'une réussite familiale qui justifie d'entreprendre ce projet généreux. Mais c'est aussi, rarement, le fait de couples qui ont déjà des enfants bien portants, et se reposent sur l'assurance (inconsciente) d'avoir un enfant qui dépendra toujours de ses parents.

Côté parents, un apprentissage qui ne va pas de soi

Certaines femmes célibataires choisissent d'adopter un enfant sans avoir de compagnon : elles ne peuvent ou ne souhaitent pas vivre en couple et préfèrent cette démarche à la procréation d'un enfant avec un homme de passage.

L'accession à la parentalité, qui ne va pas de soi pour les parents biologiques, est un cap encore plus délicat à passer pour des parents adoptifs. La mère adoptante n'a pas connu les modifications liées à la grossesse ni bénéficié des réactions de l'entourage la préparant à son futur statut. La date non prévisible de l'arrivée de l'enfant, son âge parfois avancé, des capacités d'attachement éventuellement limitées en raison des carences qu'il a subies, sont autant de nouveaux facteurs jouant contre l'épanouissement du sentiment de parentalité. Une stérilité préalablement vécue peut provoquer chez ces parents un manque de confiance en soi, ou encore un sentiment de culpabilité à l'idée de l'avoir transgressée en adoptant. Une fois l'enfant présent, il arrive qu'ils dépriment ou qu'ils se conduisent de manière trop perfectionniste.

Lorsque l'enfant grandit, son statut d'adopté peut venir colorer des mouvements affectifs communs à tous les enfants. Ainsi, des périodes de mésestime de soi à l'occasion de déceptions ou d'échecs seront parfois reliées par l'adopté à sa situation : « Je ne vaux rien, d'ailleurs mes parents se sont débarrassés de moi. » Des moments naturels d'opposition, le besoin de s'individualiser vis-à-vis de ses parents, pourront s'exprimer sur le modèle suivant : « Je n'ai pas à vous obéir, vous n'êtes pas mes parents ! » L'erreur serait alors de lire tous ces comportements à la lumière de l'adoption et de quitter sa place et son bon sens de parents. Il ne faut pas craindre de proposer une séparation provisoire, si nécessaire, par

Le parcours du candidat à l'adoption

L'agrément est délivré par l'Aide sociale à l'enfance, après entretien avec assistant social, psychologue, psychiatre et médecin généraliste.

Il est valable cinq ans et définit le nombre et les caractéristiques (âge, santé, origine) des enfants qu'on souhaite adopter. En cas de refus, un recours est possible. Il faut savoir que l'obtention de l'agrément peut demander des mois et ne garantit en rien qu'on aura un petit enfant dans les bras au bout du parcours. Dans la loi actuelle, toute personne de plus de 30 ans et tout couple marié depuis cinq ans peuvent adopter un enfant. Dans le cas de l'adoption plénière, la plus usuelle, l'enfant prend les noms des parents adoptants et son prénom peut être changé. Il a les mêmes droits et devoirs que les enfants légitimes. Dans le cas moins fréquent de l'adoption simple, les liens avec la famille d'origine ne sont pas rompus. L'adopté conserve son nom et y ajoute celui de l'adoptant, qui a l'autorité parentale. Il cumule les droits dans ses deux familles.

La quête des origines

Tout un mouvement se dessine en faveur de la possibilité pour un adopté de retrouver ses origines. Il conviendrait que les informations sur les parents biologiques soient notifiées dans un dossier disponible quand l'enfant souhaitera le lire, mais ce n'est pas le rôle des parents adoptants de les transmettre. Il faut éviter que l'enfant puisse croire à un pouvoir des parents adoptants sur les parents d'origine. Il faut protéger les parents adoptants, dont le regard sur l'enfant serait parasité par un supposé savoir, forcément parcellaire. La vérité ne se contente pas d'un résumé lapidaire. Si l'enfant devenu adolescent demande à rencontrer sa famille d'origine, les parents adoptants ne doivent ni s'opposer ni s'engager trop avant dans cette quête. Le mieux est de laisser l'adolescent gérer cela seul, tout en se montrant neutre et bienveillant.

exemple chez des grands-parents, qui rappellera à l'adolescent qu'il n'a pas été seulement adopté par un couple, mais par toute une famille

Plus tard, l'accession à la sexualité des adolescents peut remuer certains parents qui ne tardent pas à se faire des idées et qui imaginent, par exemple, que leur fille, dès son premier flirt, va suivre le chemin de sa mère biologique connue pour sa vie dissolue.

Une crainte fréquente des parents adoptants est l'influence d'une hérédité familiale présumée. Ils risquent de la voir partout où leur enfant adopte un comportement déréglé. À l'inverse, ils peuvent se retrancher derrière l'hypothèse de l'hérédité pour se protéger d'une éventuelle culpabilité au cas où apparaissent des troubles graves de la personnalité.

Côté enfant, une double filiation à négocier

La notion de roman familial, élaborée par Freud, renvoie à la tendance du jeune enfant, concernant ses origines, à élaborer un scénario imaginaire différent de la réalité qui lui a été transmise. Ainsi, il va s'inventer une histoire familiale où il serait, par exemple, un enfant trouvé. Habituellement, l'enfant se crée un ou des parents plus valorisés à ses yeux que ses parents réels. Il s'agit de rêveries diurnes qu'on oublie une fois devenu adulte. C'est un bon moyen pour l'enfant de se dédouaner des règles intrafamiliales qui l'empêchent de se « marier » avec ses parents ou sa fratrie. S'imaginant d'une autre lignée, il ne se sent pas concerné par ces interdits. Par ailleurs, pour lui qui se sent tout petit face à ses parents, c'est un moyen de s'imaginer plus puissant en s'octroyant une origine « titrée » (par exemple, il s'imagine fils de vedette).

L'enfant adopté est concerné au même chef qu'un enfant naturel par cette élaboration, nécessaire à la construction de son identité. La particularité, chez lui, est qu'il va pouvoir utiliser ses parents naturels comme

support à son roman familial et, en conséquence, les idéaliser, ce qui risque de déstabiliser les parents adoptants.

Il semblerait qu'il n'existe pas de troubles pathologiques spécifiques chez l'enfant adopté. Statistiquement, son devenir est le même qu'un autre, s'il a été adopté jeune et s'il n'a pas subi de traumatismes. Dans le cas contraire, ses possibilités de restauration grâce à l'adoption seront moindres. Troubles du comportement, émotionnels et scolaires risquent alors d'être fréquents.

Le QI à l'adolescence des enfants adoptés est similaire à celui des enfants élevés par leur famille biologique de même milieu culturel.

Quelques particularités sont possibles. Il arrive que l'adolescent oppose les parents adoptants et les parents de naissance. Il y aurait les bons et les mauvais parents, les rôles étant interchangeables. Ainsi, il les unit en les rendant complémentaires. C'est une façon aisée mais sommaire de négocier le sentiment incommode de double filiation.

Les angoisses liées à l'interdit de l'inceste sont parfois plus vives, car la compréhension de cet interdit est rendue plus difficile par le statut

L'adoption transnationale

Les études concernant le devenir des enfants adoptés à l'étranger sont contradictoires mais semblent montrer qu'ils ne s'adaptent pas plus mal que les autres. Les difficultés éventuelles sont surtout liées aux carences affectives et alimentaires (durant et après la grossesse) et aux traumatismes qu'ils ont pu subir avant l'adoption.

La couleur de peau différente de celle des parents adoptants permet une reconnaissance plus aisée d'une autre origine biologique. Vis-à-vis de ces enfants, l'information est souvent plus facile à communiquer par les parents. Certains parents cherchent à créer autour de l'enfant une atmosphère susceptible de maintenir un lien avec son pays d'origine (musique, décoration, langue, etc.). Rien ne prouve que cela soit utile. Les enfants adoptés souhaitent généralement adhérer le plus possible à la culture d'accueil.

À LIRE

Verdier, P., *l'Adoption aujourd'hui*, Bayard, Paris, 1999 ; *Face au secret des origines*, Dunod, Paris, 1996.

Sell, M., *la Loi c'est l'amour*, Pocket, Paris, 1999.

Clerget, S., *Adolescents, la crise nécessaire*, Fayard, Paris, 2000.

d'adopté. Elles expliquent quelquefois les problèmes de distanciation (fugues ou, au contraire, refus scolaire).

La mésestime de soi, fréquente chez l'adolescent, est renforcée par le besoin de savoir s'il a été abandonné. Il arrive qu'il remette en scène cet abandon par des conduites aboutissant à son rejet par les autres. À l'inverse, il peut vivre une adolescence stable avec le sentiment d'avoir été choisi par ses nouveaux parents.

La meilleure volonté possible des parents adoptants ne produit pas nécessairement l'effet attendu. Tout enfant a sa propre sensibilité, et une éducation s'évalue à la fin d'une vie. Vouloir faire de l'enfant adopté un enfant conforme à tous ses désirs est illusoire, et néfaste pour son devenir. Si l'adoption ne doit pas être cachée, on ne doit pas non plus considérer que tout ce qui caractérise cet enfant est la conséquence de cette adoption. Enfin, ce n'est pas parce qu'un enfant adopté devenu adolescent va traverser une crise, qu'il faut parler d'« échec à l'adoption ». Les meilleurs parents, biologiques comme adoptifs, ne se trouvent pas à l'abri de crises, parfois nécessaires.

Stéphane CLERGET

Voir aussi

- Devenir père, devenir mère p. 104
- Les relations parents-enfants p. 162

EN BREF

Un apprentissage nécessaire

La parentalité ne va pas de soi. Des parents adoptifs peuvent avoir plus de difficultés d'adaptation et se poser davantage de questions que des parents biologiques.

Une erreur à ne pas commettre

Il ne faut pas attribuer au statut d'adopté d'un enfant ou d'un adolescent les comportements parfois perturbants qui sont ceux de son âge.

Une double nécessité

Autant il est impératif de dire très tôt à un enfant qu'il a été adopté, autant il faut savoir lui éviter le terrible sentiment d'avoir été « abandonné » par sa mère biologique parce que indigne d'être aimé.

Les âges de la vie

L'enfance

L'enfance commence dans les premiers instants qui suivent la naissance et s'étend jusqu'au début de l'adolescence. Elle est marquée par des changements rapides et importants, autant sur le plan physique et biologique que sur le plan psychique. C'est une période décisive au cours de laquelle le petit homme en développement va acquérir tout ce qui sera nécessaire à sa vie d'adulte.

L'enfant vient au monde avec des valises déjà bien remplies (son bagage génétique, hérité de ses deux parents, le déroulement de la grossesse et de l'accouchement...), mais il aura tout le loisir de les enrichir des nouvelles expériences réalisées au cours de sa vie.

L'ensemble des capacités qui lui permettent d'utiliser les informations recueillies sur lui-même ou sur l'environnement et de faire des acquisitions constitue les fonctions cognitives, liées à la fois au développement très rapide du système nerveux – le poids du cerveau triple en deux ans – et à des facteurs psychologiques, comme la vigilance (qui lui permet d'être attentif à ce qui l'entoure, d'intégrer et de moduler toutes ses capacités), la personnalité ou les affects. Tous ces éléments se potentialisent les uns les autres tout au long de son développement.

« Le bébé est une personne... compétente ! »

Dès la naissance, le bébé est doué de facultés à la fois sensorielles et motrices. Certaines se sont développées pendant la grossesse (l'ouïe, le goût, le toucher). D'autres vont rapidement évoluer dès qu'il aura vu le jour : la vue, bien que jusqu'à 2 mois l'enfant ne voit pas de façon nette au-delà de 30 cm (ce qui est amplement nécessaire pour voir le visage de sa mère pendant la tétée !) ; et l'odorat, qui est aussi efficace que celui de l'adulte, dès les premiers jours de la vie.

Les fonctions cognitives intègrent des facultés comme la mémoire, l'attention, la logique, le jugement et la capacité d'abstraction.

Son cri est, en fait, une voix, car il est différent selon chaque enfant et variable selon les situations. La mère semble être « programmée » naturellement pour les distinguer : ainsi, des cris de faim du bébé provoquent une augmentation de chaleur au niveau des mamelons d'une mère allaitante. Il naît aussi avec une amorce de caractère, de tempérament élémentaire. Les mères qui ont plusieurs enfants remarquent bien qu'ils n'ont pas la même personnalité dès leur tout jeune âge. Ce que confirment les expériences qui ont évalué, en les codifiant, l'irritabilité, la capacité que l'enfant a de se stimuler lui-même et de se consoler plus ou moins facilement

Le nouveau-né a également des compétences motrices exceptionnelles qui sont réflexes et disparaîtront pour laisser la place à des comportements volontaires. Ainsi, il possède une forme archaïque de marche : quand il est porté debout, ses jambes miment des enjambées. Le réflexe dit « de succion » et celui dit « des points cardinaux » lui permettent de diriger sa bouche du côté de la joue qu'on chatouille et de téter. Il s'agrippe au doigt qui lui caresse la paume. Le réflexe dit « de fouissement » l'oriente naturellement vers le sein quand on le prend dans ses bras

« Tout n'est pas joué avant 6 ans ! »

Si les premières années de vie s'avèrent décisives pour la bonne évolution de l'enfant, les spécialistes de l'enfance ne sont plus aussi pessimistes sur le caractère irréversible de ces premières étapes...

Le développement de la personne se poursuit tout au long de la vie avec une plasticité, une sensibilité aux échanges entre l'individu et son milieu, qui définit son adaptabilité. Rapide et souple dans l'enfance, elle diminue avec le temps, mais reste tout à fait mobilisable, permettant, à tout âge, de faire face aux aléas de la vie ou d'entreprendre une psychothérapie !

Dès les premiers instants de vie, l'enfant est donc un partenaire actif et compétent dans la relation avec ses parents. Les sons variés, les mimiques (sourires ou grimaces), les émotions, les pleurs, les mouvements qu'il va produire vont permettre que s'établissent avec sa mère des contacts et des dialogues qualifiés de toniques : elle leur trouvera un sens et y répondra de façon à provoquer de nouvelles réactions chez le nourrisson en une sorte de spirale interactionnelle.

Cette relation qui se met en place va être importante dans la maturation de l'enfant : sous l'effet de ces stimulations, associées à la poursuite du développement de ses structures neuromusculaires et cérébrales, il grandit et accroît encore ses potentialités.

Avant 1 mois, le bébé a un langage qui se limite à des cris exprimant essentiellement des malaises liés aux sensations provoquées par son organisme (comme une sensation de faim). Puis il commence à gazouiller, capable, d'ailleurs, de produire tous les sons possibles appartenant à toutes les langues du monde. Même les enfants sourds gazouillent ! C'est une véritable source de plaisir phonatoire auquel vient s'ajouter secondairement le plaisir d'échanger avec la mère, et, vers 1 mois et demi, il sourit nettement quand sa mère ou quelqu'un d'autre le regarde, et il répond en gazouillant quand on lui parle. Déjà son désir de communiquer s'exprime.

À 3 mois, lorsqu'on l'allonge sur le ventre, il relève la tête perpendiculairement. Assis, il peut la tenir droite. Réflexes d'agrippement de la main et marche automatique ont disparu.

À 6 mois, sur le dos, il relève la tête. Sur le ventre, il se soulève avec une main. Il peut se faire rouler sur le côté. Il tient un petit jouet dans la main, le passe d'une main à l'autre, parfois le porte à la bouche. Le babillage s'organise peu à peu et une amorce de dialogue s'installe. Il reconnaît son nom et prononce quelques syllabes. Il craint les visages inconnus en les différenciant nettement des visages familiers

À propos d'Œdipe

On résume souvent le complexe d'Œdipe aux situations suivantes : le petit garçon veut, de manière inconsciente, se marier avec sa mère et, dans ce dessein, se débarrasser de son père ; et la petite fille faire l'inverse. La réalité psychique est bien plus complexe. Le désir de l'enfant à l'égard de ses parents ou de ses équivalents parentaux peut prendre toutes les formes de l'amour humain.

À 9 mois, le bébé tient assis parfaitement et son dos est plat. Il tient debout avec appui. Il fait « bravo », salue de la main son papa et dit ses premiers mots : « Maman », « Papa ».

À 1 an, il tient debout sans appui et commence à marcher, connaît le sens de plusieurs mots, peut en dire de cinq à dix et répondre aux consignes simples, comme désigner du doigt l'objet qu'on lui nomme. À 18 mois apparaissent les premières phrases composées de deux mots, comme : « Maman pati » ou « Pas dodo. »

À 2 ans, il court, escalade, ramasse ses jouets, ouvre les portes, s'habille, émet des phrases simples, devient propre le jour, dessine des traits et répond à des consignes complexes comportant jusqu'à quatre demandes associées. Il connaît jusqu'à 200 mots. Le « non » apparaît, lui permettant d'affirmer son identité avant le « je », qui n'arrivera que vers 3 ans. C'est une étape importante, souvent marquée par des moments d'opposition. Il n'est plus, sauf pour sa maman, un bébé…

Premiers pas dans le grand monde

Fort de toutes ces acquisitions, l'enfant, dont les interactions sont jusque-là essentiellement tournées vers la mère et le père, va commencer à rechercher le contact d'autres personnes de son entourage, adultes ou enfants. Il est aidé en cela par le fait que son univers s'élargit et ne se borne plus à la seule sphère familiale.

En effet, souvent pour des raisons professionnelles, les parents sont amenés à confier leur enfant aux soins d'une nourrice ou à la crèche. Plus tard viendront le jardin d'enfant et la classe maternelle. Cette étape importante est la première expérience de séparation consciente. Les pleurs ne sont pas rares quand vient le moment de se quitter ; aussi pour aider l'enfant à le supporter, les « doudous », bon moyen de garder près de soi un peu de sa maman et de son chez-soi, ont un rôle important. L'enfant prend conscience qu'il peut continuer de vivre en l'absence de ses parents et que leur disparition n'est pas définitive : hors de son regard, ils continuent d'exister.

En présence d'autres enfants, il va prendre conscience de son identité sexuée, c'est-à-dire de la notion de différences entre garçon et fille. Il va découvrir qu'il y a entre les deux beaucoup de semblable et un peu de dissemblable.

Vers 5 ou 6 ans survient la période œdipienne. Pour le jeune enfant, résoudre son complexe d'Œdipe, c'est parvenir à organiser « dans sa tête » l'ensemble de ses désirs amoureux et hostiles vis-à-vis de ses parents. Lorsqu'il a résolu ce complexe, il a fait le choix d'un modèle auquel il aspire à se conformer, qui est généralement celui de son parent du même sexe. On entre en période de latence, de

À LIRE

Clerget, S., *Ne sois pas triste mon enfant*, Robert Laffont, Paris.

Dolto, F., *la Cause des enfants*, Seuil, Paris.

calme (apparent), au cours de laquelle il va investir les processus intellectuels, notamment à l'école. On voit apparaître la pudeur, les aspirations morales et esthétiques.

Sur le plan scolaire, la pensée devient opératoire, c'est-à-dire capable d'opérations concrètes. Un apprentissage correct de l'écriture et de la lecture nécessite une organisation œdipienne préalable. L'enfant appréhende bien mieux la réalité et s'appuie pour cela sur la mise en place de la connaissance logique. La pensée devient de plus en plus souple et mobile. Il acquiert la possibilité de réaliser ses actions en pensée. Socialement, il se dégage d'une relation trop exclusive avec ses parents et investit les enfants de son âge, les groupes. Il s'intéresse aux actions communes et aux jeux à règles et développe les échanges verbaux.

Cette maturation progressive conduit à l'âge adulte, dont la stabilité repose sur le trépied *individuation-distanciation–autonomisation*, c'est-à-dire, respectivement, l'élaboration d'une identité personnelle (et la prise de conscience d'exister en tant qu'individu), le recul vis-à-vis de l'environnement familial et social qui l'a porté jusque-là, et la possibilité de se prendre en charge et de s'émanciper.

De cette autonomie dépend aussi une adaptation sociale harmonieuse qui lui permettra de nouer des relations d'amitié, d'accéder à un travail et de nourrir une vie affective et sexuelle satisfaisante.

Gilles-Marie VALET

EN BREF

Croissance et dépendance

L'enfance est caractérisée par une dépendance au milieu familial et social et une grande évolutivité marquée par des acquisitions successives.

À chaque étape son fonctionnement mental

Au-delà des variations normales qui existent entre chaque individu, la maturité de l'enfant correspond à la concordance entre son âge et son fonctionnement mental. Elle progresse à chaque étape du développement et dépend des critères sociaux et culturels de la société dans laquelle il évolue.

Voir aussi

- L'homme, un animal qui parle p. 52
- Mais qu'est-ce qu'ils me veulent ? p. 58

L'adolescence

« Tu es plus le fils de ton époque que le fils de ton père », dit un proverbe africain. L'adolescence, qui désormais couvre une période plus longue que par le passé, semble le confirmer. Cependant, les adolescents contemporains restent, comme de tout temps, confrontés à des émois, à des changements, parfois même à des ruptures brutales. Ce développement irréversible, radical, a toujours été source d'une formidable potentialité, mais aussi d'une véritable difficulté pour ceux qui le traversent en principaux acteurs, en partenaires ou en témoins.

L'adolescence est constituée de trois temps plus ou moins articulés entre eux : le temps des conquêtes et des choix, le temps des paradoxes et le temps des menaces.

Conquérir, s'engager et choisir n'est pas une mince tâche. Cela demande de prendre une position active, des responsabilités et, surtout, des décisions qui ne vont pas forcément dans le sens des parents. Cela peut concerner des détails mineurs, comme l'habillement, l'heure de sortie, ou des engagements plus importants, tels que le choix d'un ami ou d'une amie, voire l'orientation vers une profession, et peut, dans tous les cas, provoquer des relations particulièrement tendues dans la vie familiale. Les choix se négocient ou, parfois, s'opposent, créant une situation aussi difficile pour les adolescents que pour les parents, d'autant que ces derniers ont tendance à penser qu'on est toujours heureux.

Or, dans une grande majorité des cas, en effet, on est heureux d'être parents d'enfant, mais, après cela, on est obligés d'être parents d'adolescent, et ce n'est pas toujours simple, surtout dans notre monde contemporain. La difficulté des conquêtes et des choix doit être partagée entre les parents et les adolescents.

Le temps des paradoxes

L'abandonnisme parental peut avoir des motifs socio-économiques ou s'expliquer par des raisons liées aux problèmes que rencontrent eux-mêmes psychologiquement les parents.

L'importance du maintien du rôle parental en cette période de l'existence est capitale. On le voit d'autant plus qu'un certain nombre d'adolescents sont dans des « abandonnismes parentaux ». Ces adolescents se trouvent en très grande difficulté face à cette vacuité due à l'absence des parents, physique ou psychologique. Cela montre bien que l'adolescent a toujours besoin de ses parents, mais d'une manière différente de l'enfant ; il en a besoin pour s'opposer, pour se confronter à eux et, au fond, pour faire en sorte que cette identification à son père et à sa mère, ou à son père contre sa mère, ou à sa mère contre son père, lui permette, un jour ou l'autre, de devenir parent à son tour. Devenir adulte passe par cette confrontation avec ses propres parents. L'adolescent, derrière une présentation assez souvent agressive ou excessivement affirmative, est, au fond, très inquiet ou très indécis sur ce qu'il doit faire, et pourquoi il doit le faire. Quand il a trop bien « réussi » à attaquer ses parents, c'est-à-dire que ceux-ci s'effondrent devant lui, il se culpabilise beaucoup plus qu'on l'imagine, et son attitude n'est pas toujours évidente à cerner, tellement il accumule les paradoxes.

Une véritable dialectique s'engage entre des besoins d'autonomie ou de séparation, et des besoins de dépendance, non seulement entre les personnes réelles qui constituent son proche entourage, mais aussi au niveau des images internes qu'il s'en est faites. Le besoin de séparation et de distance qui caractérise l'adolescence commence par un sentiment de déception de l'adolescent vis-à-vis de ses parents : il les « désidéalise ». Il lui faut alors trouver un autre idéal qu'il cherchera à l'extérieur du cercle familial. Ainsi, la communication avec les parents devient plus difficile et nécessairement conflictuelle. Cela est renforcé par le besoin non dit de dépendance qui complique les choses, poussant parfois l'adolescent à des conduites d'opposition, de colère ou de risque, qui doivent être comprises comme des tentatives de lutter contre ce besoin. Si, au terme d'une discussion houleuse et après vous avoir attribué tous les défauts de la terre parce que vous avez refusé une demande ou une sortie, votre adolescent finit par crier qu'il n'a pas besoin de vous et qu'il peut se débrouiller tout seul, essayez de ne pas céder à la colère. Évitez : « Eh bien, puisque c'est ça, pars, quitte la maison et trouve-toi un travail ! » Ces mots, qui souvent dépassent la pensée, peuvent avoir des répercussions inattendues et non désirées.

Les trois modes actuels d'adolescence

Toutes les études actuellement menées mettent en évidence la nécessité de prendre en compte trois groupes d'adolescents. D'abord, ceux qui « vont bien », et ils sont nombreux. Associer systématiquement la jeunesse à des problèmes, comme on a tendance à le faire, ce serait perdre

quelque part l'idée que cette jeunesse, notre avenir, a aussi son propre avenir devant elle. Mais il y a, en effet, des adolescents pour lesquels nous sommes évidemment inquiets, encore que cela pose une question : la rencontre avec des spécialistes de la santé mentale est-elle un indicateur suffisant du mal-être ? Ces adolescents qui ne vont vraiment pas bien peuvent certes présenter ce que l'on repérait, il y a trente ans, comme des troubles psychotiques graves, mais sont plus souvent actuellement des jeunes en proie à des problèmes multiples : conduites à risque, rupture avec leur environnement, violence, tentatives de suicide... Ces différents problèmes surgissent chez un certain nombre de sujets donnant l'impression que, dans cette période de la vie où l'on peut manifester tout son dynamisme, toute son envie de conquête, tous ses choix, ils se sabotent ; des spécialistes ont même parlé, à propos de ces adolescents, d'« autosabotage ». Il est vrai que, dans ces comportements, un certain nombre d'adolescents nous donnent le sentiment qu'ils s'attaquent à eux-mêmes, dans leur propre histoire, leur propre destinée, à leur propre projet de devenir sujet et acteur de leur vie. Ils ont incontestablement de graves difficultés, face auxquelles nos réponses, pas toujours faciles, ne peuvent non plus être toutes faites, et nous interrogent sur l'aide qu'on peut leur apporter.

Enfin, il y a, entre ces deux catégories, un groupe qu'on peut désigner sous des formes diverses : adolescents « en crise » ou « tumultueux ». Faut-il plutôt considérer ceux-ci comme plus proches des adolescents qui vont bien, mais à propos desquels on parlait voilà vingt ou trente ans de « crise d'adolescence », ou s'agit-il d'adolescents pour lesquels un travail de prévention, à l'adolescence et peut-être même dès l'enfance, est particulièrement important ?

Nous savons maintenant de mieux en mieux que les problèmes survenant chez certains adolescents, les plus en difficulté, s'inscriront dans leur histoire, dans leur manière de se la représenter et, par là même, dans leur confiance en eux, leur identité propre. Ces différences les rendront particulièrement fragiles et vulnérables aux aléas de leur trajet ultérieur. Certains en tireront même une confiance minimale en eux, quelle que soit leur apparence, au point qu'ils seront confrontés à des problèmes de mal-être, parfois même de dépression durant le reste de leur vie. Ces problèmes peuvent évidemment avoir leur racine dès l'enfance, mais, au moment de l'adolescence, peut-être les jeunes en difficulté n'ont-ils pas rencontré les nouveaux appuis que cette période de l'existence permet parfois de trouver.

Le danger des apparences

Ce n'est pas forcément l'adolescent affichant un besoin de séparation très prononcé qui ressent le moins le besoin de dépendance, bien au contraire. On le constate en voyant quelques-uns d'entre eux basculer dans des conduites d'addiction qui sont une autre aliénation de leur indépendance.

Le temps des menaces

La « menace dépressive » est la plus importante de celles auxquelles est confronté l'adolescent. C'est un temps où, pour différentes raisons, il est confronté à l'image de lui-même : derrière cette certitude qu'il affirme parfois se cache une grande incertitude sur ce qui le conduit à tel ou tel comportement, à telle ou telle action ; face à son agressivité envers ceux auxquels il se confronte, il ressent plus ou moins consciemment une grande culpabilité. Cela amène un certain nombre d'adolescents à considérer qu'ils sont au fond impuissants face aux autres, face à la vie, un sentiment parfois conforté par le contexte social, culturel ou économique. Ces adolescents sont menacés par cet état dépressif qui, arrivé à terme, est le sentiment qu'on ne peut plus rien faire et qu'on ne peut plus faire que ce « rien ». On risque d'en arriver à une véritable dépression : être confronté au fait qu'on est totalement impuissant face à ses désirs, à ce qui devrait vous aider, ou à une vie qui paraît particulièrement compliquée à affronter. Cette menace dépressive sera, pour certains, particulièrement difficile à élaborer, à dépasser. Elle peut se manifester sous des formes assez différentes allant jusqu'à la tentative de suicide.

Ces attaques contre soi, contre son corps, constituent des expressions manifestes, qui sont cependant parfois trop mises en avant. De fait, trop souvent, on éclaire les problèmes de l'adolescence avec les seuls comportements apparents, alors qu'en fait ils expriment une souffrance psychique et un mal-être, certes difficiles d'accès, mais devant être approfondis si l'on ne veut pas en rester à l'aspect comportemental.

Alain BRACONNIER

À LIRE

Nachin, C., *À l'aide, il y a un secret dans le placard*, FLeurus, Paris, 1999.

Huerre, P., *l'Adolescence en héritage*, Calmann-Lévy, Paris, 1996.

Casenave, C., *Puberté et adolescence*, Masson, Paris, 2000.

EN BREF

Trois temps pour un cycle

Le cycle de l'adolescence, de plus en plus long aujourd'hui, comporte trois temps : celui des conquêtes et des choix, celui des paradoxes et celui des menaces.

Trois groupes instables

Les adolescents se classent en trois groupes : ceux qui vont bien, les plus nombreux ; ceux qui se trouvent véritablement en difficulté, capables de conduites à risque et devant impérativement être aidés ; et, entre les deux, ceux qui présentent les signes classiques de ce qu'on appelait autrefois la « crise d'adolescence », et qui peuvent inciter à une action de prévention.

Voir aussi

- Les conduites à risque des adolescents p. 244
- Les dépendances aux produits p. 264
- Les addictions p. 268

L'âge adulte

Devenir adulte, c'est pouvoir décider par soi-même, s'assumer et être responsable de ses choix envers soi-même et envers la société. L'accession à l'autonomie affranchit des limites imposées par les parents, mais, en même temps, fait tomber le rempart de sécurité qu'ils constituaient. Il faut composer avec ces deux aspects de façon subtile pour conserver un espace d'épanouissement, apprendre à doser les contraintes sociales et les choix personnels et ne pas stagner dans un état d'adolescence prolongée.

L'état d'adulte correspond, d'une part, à un statut défini par des critères extérieurs d'ordre biologique, sociologique, économique, culturel, légal, etc., et, d'autre part, à un sentiment personnel qui suppose que chacun le définisse de sa propre place. Les critères extérieurs ne suffisent pas à faire d'un être un adulte, encore faut-il qu'il en ait lui-même le sentiment.

Le plus souvent, l'accession à l'état adulte se réalise le plus simplement du monde. Passer d'un statut d'enfant dépendant de ses parents sur les plans économique, social et affectif à celui de jeune adulte s'effectue à plusieurs niveaux de manière concomitante. La fin des études, qui se poursuit par un premier emploi, puis avec un logement indépendant, conduit habituellement à la constitution d'un couple fondant sa propre famille. La naissance des enfants apporte un sentiment nouveau de responsabilité, dans la mesure où d'autres êtres dépendent maintenant de ces jeunes adultes. Ils ont changé de statut sans même y réfléchir.

Entre l'adolescent et l'adulte

Souvent, l'adolescent et l'adulte s'opposent. L'adulte pose un regard condescendant sur l'adolescent et semble lui dire : « Je suis aussi passé par là et j'en suis revenu. Tu y viendras aussi. » L'adolescent, quant à lui, part en guerre contre cette idée prédictive l'enfermant dans une fatalité qu'il récuse. Mais ce regard ne pourrait-il pas contenir autre chose ? Le regret ou la tristesse, la rage ou le soulagement de ne plus en être là ? Chaque adulte emporte avec lui une part d'adolescence qui continue à se révolter contre la fatalité. Certains l'utiliseront pour donner un sens à leur vie, d'autres la subiront comme une entrave à leur épanouissement.

L'état d'adulte qui recouvre la plus grande partie de la vie se révèle être une constante oscillation entre ce qui est possible et ce dont on rêve.

De ce point de vue, l'adolescent et l'adulte semblent s'exclure mutuellement, comme si l'existence de l'un signifiait forcément la mort de l'autre. En fait, tout est une question de dosage et de fine combinaison entre le rêve qui porte le désir, crée des envies, maintient un certain niveau d'aspirations et la réalité avec son cortège de contraintes. Un processus d'« adultisation », comme le nomme le psychanalyste S. Lebovici, pour être réussi, doit permettre ce jeu entre le rêve et la réalité.

L'accession à l'état adulte peut survenir à la mort des parents. Un homme d'une cinquantaine d'années dont les parents viennent de décéder dit avoir, pour la première fois de sa vie, le sentiment d'être adulte : « Il n'y a plus rien devant moi pour me protéger de la mort. »

L'adulte est un équilibriste capable d'une alchimie subtile entre des mouvements parfois contradictoires qui font irruption dans la vie et qui déstabilisent les acquis. Il se touve dans l'obligation d'une recherche permanente d'équilibre pour la survie de lui-même et de ceux dont il a la charge. Pourtant, contrairement aux idées reçues, l'équilibre n'est pas immobilité, mais tension, et celle-ci peut entraîner un sentiment de fatigue, voire d'épuisement.

Le crescendo et le decrescendo

Deux périodes essentielles et d'intensité différentes constituent l'état d'adulte.

Une période d'activité intense, de construction, de développement sur les plans familial, professionnel et social, la « force de l'âge ». C'est l'époque du plein épanouissement sexuel. Sorti de la période narcissique de l'adolescent, centré essentiellement sur lui-même afin de construire sa

Les situations de crise

Parmi tous les rôles qu'une personne doit endosser au cours de sa vie adulte, certains seront tenus avec plus ou moins de conviction et d'aisance.

Le rôle de conjoint est le plus exposé lors des remaniements dus à l'évolution de la vie, comme l'arrivée des enfants. Laisser la place pour être parent réduit l'espace du couple.

L'autonomisation des enfants et leur départ de la maison sont un autre moment susceptible de déclencher une crise et, notamment, une crise de couple. Quelquefois, ce moment correspond à une difficulté professionnelle. Deux domaines essentiels de la vie d'un individu sont alors malmenés, et il faut beaucoup de ressources personnelles et familiales pour faire face à tous les remaniements pouvant intervenir.

La dépendance physique ou psychologique des parents avec leur décès en perspective et sa tonalité dépressive exige une réflexion sur son rôle d'enfant « parent de ses parents », afin d'accepter d'entendre leur plainte et de percevoir leur détresse.

Les difficultés liées aux enfants et à leur évolution tiennent une place à part dans la vie familiale. C'est la préoccupation majeure des parents tout au long de leur vie, avec des moments plus propices à l'apparition des crises et des domaines particulièrement sensibles : santé, difficultés scolaires, mœurs et comportements des adolescents.

Un état de crise peut en engendrer un autre faisant boule de neige et consumant les ressources familiales.

personnalité et ses rapports au monde, l'adulte s'ouvre à l'autre et devient capable de le voir et de l'accepter comme différent de soi. La sexualité devient le support d'une intimité partagée et la complicité qui en découle un soutien mutuel.

Parallèlement, légalement et moralement, les parents sont responsables du développement physique, psychique et social de leurs enfants, et ont pour mission de leur permettre d'accéder à leur tour à l'état adulte. Puis l'intensité de l'engagement envers les enfants diminue et laisse un espace libre qu'il s'agira de meubler d'une autre façon. C'est le moment où le couple revient au premier plan, où les engagements sociaux peuvent se déployer différemment et donner un autre sens à sa vie qui s'oriente alors davantage vers soi-même.

Le départ des enfants coïncide parfois avec le moment de la maladie ou de la dépendance de ses propres parents, repoussant à plus tard le répit attendu, obligeant une nouvelle fois la redéfinition des rôles. Accepter cette inversion des rôles suppose que le chemin de sa propre indépendance psychique a été parcouru, et qu'un changement de statut s'est produit.

À LIRE

Anatrella, T., *Interminables Adolescences*, Cerf-Cujas, Paris, 1999.

Tuininga, M., *Être adulte*, Albin Michel, Paris, 1996.

Gruere, M. (dir.), *Construire un adulte*, Bayard, « Païdos », Paris, 1999.

Singly, F. de, *le Soi, le Couple et la Famille*, Nathan, Paris, 2000.

Cyrulnik, B., *Sous le signe du lien*, Hachette Littérature, Paris, 1997.

Quand tout coexiste

Le privilège de l'état adulte est d'avoir traversé les expériences d'enfant et d'adolescent. Il connaît ainsi les forces et les faiblesses de toutes les étapes. Il peut aussi faire appel à tel ou tel aspect infantile de lui-même pour puiser dans la créativité de l'enfant afin de rendre sa vie comme un jeu, rappeler à la mémoire l'insouciance quand il lui est possible de s'en servir, utiliser la naïveté pour apprendre. L'adolescent qu'il était lui rappelle sans cesse ses luttes et ses espoirs, son désir de changer

Les dangers du « jeunisme »

Les valeurs de notre société tendent vers une culture de la jeunesse et les progrès de la chirurgie esthétique peuvent conforter le fantasme du « toujours jeune ». Le contexte culturel modifie les relations entre les générations, et on peut observer une inversion des modèles : les adultes s'identifient aux adolescents, et non plus l'inverse. La limite générationnelle s'estompe, et il est devenu fréquent de voir des parents soutenir par un sentiment de fierté les frasques de leurs enfants adolescents qui défient la loi et les conventions. Ce qui est une étape nécessaire pour un adolescent devient pour ces adultes un moyen de vivre par procuration leur propre adolescence à laquelle ils semblent avoir du mal à tourner le dos.

La différence des sexes

Du point de vue biologique, il est acquis que les femmes accèdent plus tôt à la maturité que les hommes. Leur corps est formé avec quelques années d'avance. Il est fréquent de lier maturité et maternité, mais c'est confondre maturité et responsabilité. Être mère et avoir la responsabilité de la vie d'un autre être ne rend pas forcément adulte. Les exemples de mères immatures sont nombreux.

les choses et sa foi dans sa capacité à le faire. L'adulte veille à ce que chaque aspect de lui-même puisse continuer à exister, qu'aucun d'eux n'efface ou n'en détruise un autre. Ce mouvement intérieur, souvent à peine visible, se déroule comme une respiration, tout simplement.

Il est possible d'observer ce mouvement également à l'extérieur de l'individu, dans ses échanges avec les autres, à travers une certaine souplesse relationnelle, une tranquillité émotionnelle. Si tel n'est pas le cas, il est permis de penser que l'état adulte n'est pas tout à fait atteint.

Zorica JEREMIC

EN BREF

Un processus permanent

L'état adulte, difficile à définir précisément, est un processus de maturation psychologique qui s'étend sur plusieurs décennies et varie selon les individus en fonction de nombreux éléments biologiques.

Du temps fort au temps calme

Deux périodes d'intensité différente constituent l'état adulte. Une période de pleine activité où les rôles remplis sont actifs et nombreux sur les plans familial et professionnel, et une période d'activité réduite et de grande disponibilité dont on saura faire plus ou moins bon usage sur les plans social, économique, et culturel.

Tempérer pour s'épanouir

L'adulte est celui qui réussit à tempérer les aspects antérieurs de son évolution, montrant alors sa capacité à adapter ses désirs à la réalité et à contenir les débordements dans un cadre qui permette son épanouissement en tenant compte du contexte global dans lequel il évolue.

Voir aussi

- Devenir père, devenir mère p. 104
- Les relations parents-enfants p. 162
- L'adolescence p. 140
- Le grand âge p. 148

Le grand âge

L'amélioration des conditions de vie augmente la longévité, et la population globale vieillit. Mais l'évolution de la société est plus rapide que celle des individus et des mentalités. Chacun doit s'adapter à ce changement afin de rendre sa vie cohérente avec le contexte qui se modifie. Croire que la vie est terminée, alors qu'elle ne fait que se poursuivre, condamne à une mort avant l'heure. Le sens que tout vieillard peut donner à sa vie est de lutter pour que la mort ne l'emporte pas de son vivant.

Après avoir nourri et élevé ses enfants, quelquefois ses petits-enfants, avoir indiqué tant de fois des voies à suivre, résisté aux tempêtes, résolu des conflits, maintenu, malgré tout, un lien familial et social, il n'est pas facile de se voir relégué au second plan en se posant mille fois la question : « Suis-je encore utile à quelqu'un ? » Ce que nous avons appris pour nous-même et enseigné à nos enfants nous fait face comme un défi : les sens réduits, le temps ralenti, les rôles remplis, que reste-t-il de la vie ?

La vieillesse est un apprentissage. Comme tout apprentissage, il a pour fonction de permettre une adaptation aux situations à venir. Chaque individu est le vieux qu'il a appris à être à travers ses expériences de jeunesse, et celui qu'il souhaite être dans ses expériences actuelles.

Aujourd'hui encore, dans les cultures dites traditionnelles, comme autrefois dans les sociétés occidentales, le grand âge porte en soi la sagesse. L'éclairage que les anciens peuvent apporter à la compréhension de la vie est précieux. Ils ont la possibilité de transmettre aux plus jeunes ce que la vie leur a appris, afin qu'ils l'incorporent à leur propre expérience. Cette transmission fait partie intégrante de leur contribution sociale et familiale. Être utile, c'est aussi montrer aux plus jeunes qu'avoir la mort présente à l'esprit ne fait pas mourir, que penser ne tue pas.

Éviter le désengagement

La diminution des ressources apporte un sentiment d'insécurité, un certain niveau de dépendance, une attente passive, parfois timide de l'attention des proches. Parallèlement à l'affaiblissement physique et sensoriel, les rôles sociaux et familiaux se réduisent. Le désengagement social et familial conduit à l'isolement où l'on peut se sentir abandonné et, en réaction à ce sentiment, se couper des relations avec les autres. Un appauvrissement relationnel va de pair avec une diminution des capacités sensorielles et intellectuelles. Il ne reste que la plainte et la déchéance, autres façons de ne pas penser à la mort et d'éviter d'en ressentir l'angoisse.

Tant que la personne reste active, si la vie lui en laisse le temps, en relation directe avec les autres, le sentiment de solitude est repoussé à plus tard, même si elle a affronté les questions à propos de la mort, de la séparation, de l'abandon. Mais si elle ne l'a pas fait auparavant, le grand âge l'y ramène. Et il existe tant de manières d'y échapper qu'il faudra bien du courage pour s'y confronter.

L'incompréhension entre générations est bien marquée par la phrase : « Il retombe en enfance. » En fait, plus on avance en âge, plus les ressources s'épuisent et plus on se réfère au passé, prenant appui sur une période de la vie où les liens, les capacités, les relations affectives ont été les plus solides. La tentation est alors grande de s'adresser aux vieux comme s'ils étaient enfants, ce qui, mettant le doigt sur les difficultés contre lesquelles ils n'ont plus les moyens de lutter, les fâche et les humilie.

Le rôle des descendants

Les plus jeunes ne sont pas plus courageux que leurs aînés. Eux aussi tenteront de remettre à plus tard ces questions de la séparation et de la mort. Ils auront envie de ne pas voir la détresse qui, par moments, apparaît dans le regard légèrement voilé de ceux qui, comme un rempart protecteur, les précèdent dans la vie. Ils tenteront de ne pas voir la douleur du corps, la chaleur qui s'en va... L'incompréhension est grande dans les relations avec les personnes âgées. Comment garder présent à l'esprit que le corps douloureux méconnaît la précipitation et que, chaque fois qu'il se sent incapable de faire ce qu'on lui demande, un vieux pense qu'il ne représente qu'une gêne pour les autres ? Comment se souvenir que, s'il ne donne pas son avis, c'est qu'il n'entend pas ? Cette incompréhension contribue au sentiment d'isolement et de solitude. Lui-même se rend-il compte de ces différences de perception ? Petit à petit, il cessera peut-être de parler, d'écouter, de se déplacer. Aux sollicitations maladroites de son entourage, il répondra qu'il se sent être une gêne et se dira : « J'aimerais mieux être mort. » Mais cette pensée est une fuite, et non un enseignement.

Voir ses parents aux prises avec la vieillesse et son cortège de désagréments et d'angoisses confronte les adultes plus jeunes à des situations qu'ils n'ont pas envisagées. Avoir à s'occuper de ses parents comme s'ils étaient leurs enfants crée un inconfort pouvant aller jusqu'au rejet. Une

Des facteurs protecteurs et stimulants

Les différentes études montrent que la stimulation intellectuelle en termes de projets pragmatiques est un facteur de protection contre le vieillissement. Imaginer et concevoir des actions intellectuelles, de plaisir personnel ou des actions dans le domaine social stimule les individus et donne une coloration agréable à leur vie.

Il en est de même de la vie de couple : même lorsqu'elle s'exprime sur un mode conflictuel, elle protège du vieillissement.

Les solutions offertes par la société

Lorsque la dépendance devient trop grande et que les familles des personnes âgées ne peuvent plus l'assumer, la société propose les maisons de retraite et les services de long séjour des hôpitaux. Les besoins vitaux sont pris en charge par des institutions dites spécialisées, mais incapables d'offrir ce qui reste essentiel pour les personnes âgées : le lien affectif préalablement constitué dans leur famille ou dans leur couple. Le couple y conserve plus longtemps son autonomie et une vie sociale plus riche.

La décision de placement est une épreuve pour les personnes, ainsi que pour leur famille, avec sentiment d'abandon pour les uns et culpabilité pour les autres. Outre le sentiment d'abandon, ces personnes vivent un sentiment de solitude qui les isole : dans une communauté de semblables, elles ont peu à échanger. Ceux à qui les personnes âgées parlent le plus facilement sont souvent les soignants qui, par leur fonction, ouvrent la voie vers un lien particulier et intime. Mais, souvent, ils sont malheureusement peu disponibles.

À LIRE

Cyrulnik, B., *Sous le signe du lien*, Hachette, Paris, 1989 ; *les Nourritures affectives*, Odile Jacob, Paris, 1993.

Singly, F. (de), *le Soi, le Couple et la Famille*, Nathan, Paris, 2000.

Maisondieu, J., *le Crépuscule de la raison*, Bayard, Paris, 1996.

Olievenstein, C., *la Naissance de la vieillesse*, Odile Jacob, Paris, 2000.

Sarraute, N., *Ici*, Gallimard, Paris, 1997.

relation adéquate suppose la fin des revendications d'enfant, l'acceptation de nouveaux rôles, la confrontation à la mort de ses parents et de la sienne propre.

Quant aux petits-enfants, arrière-petits-enfants, ils ont à montrer à leurs ancêtres qu'ils n'ont pas peur et qu'ils peuvent entendre ce qui les préoccupe, qu'ils ont su les rendre suffisamment forts pour qu'à leur tour ils puissent les rassurer. S'ils ne peuvent leur témoigner cette assurance, ils continueront à les protéger sans affronter la question essentielle de notre vie à tous : la mort et la séparation d'avec ceux qu'on aime, tout en sachant que la vieillesse reste une étape qui, pour être plus proche de la fin, n'en est pas le synonyme.

Zorica JEREMIC

EN BREF

Une question d'actualité

L'allongement du temps de vie contraint à réfléchir sur la manière de vivre et d'aider à vivre le grand âge.

Le risque de la solitude

Potentiel physique altéré, ressources souvent diminuées, les personnes de grand âge sont menacées par le désengagement social et par la solitude.

Pour une qualité de vie

Pour que leur vie reste active, elles doivent trouver une façon de vivre tout en continuant à être actrices de ce qu'elles vivent. Transmettre leurs expériences aux plus jeunes et affronter la question de la mort sont deux moyens de conserver la qualité de vie, malgré le temps qui passe.

L'univers familial

Secrets et non-dits dans une histoire familiale

Beaucoup d'entre nous portent un secret. Anciens secrets remontant parfois à plusieurs générations, dont les effets perturbateurs se perpétuent dans l'inconscient familial ; secret personnel, en quelque sorte actuel, de l'un ou l'autre ; secret connu ou seulement pressenti : de quel poids pèsent-ils sur nous ? Et ne risquent-ils pas de passer de nos épaules sur celles de nos enfants ? Faut-il les taire ou lever le voile et, dans ce cas, quand et comment ? De telles questions méritent d'être posées. En sachant que précisément, quand les parents se murent dans le non-dit, ce sont souvent les enfants qui en souffrent.

Il importe avant tout d'établir la différence entre les « bons » secrets, qui protègent notre intimité et auxquels nous avons droit, et les « mauvais » secrets, qui peuvent troubler une famille sur plusieurs générations. Nos « bons » secrets ne nous perturbent pas : nous ne sommes jamais préoccupé par l'idée de les partager ou non avec d'autres. Nous vivons en paix avec eux, et nous les cultivons pour notre bonheur. En revanche, toutes les fois où un secret déchire, il a toutes les chances d'être néfaste. C'est, par exemple, lorsque nous nous disons : « Peut-être devrais-je parler de cette chose, mais peut-être ne le dois-je pas », ou bien : « J'ai envie d'en parler, mais j'ai peur de faire du mal, ou d'attenter à la mémoire de quelqu'un », etc.

Toutes les fois où nous sommes ainsi partagé par un secret, il y a souffrance non seulement pour nous-même, au point parfois de générer une maladie psychosomatique, mais pour notre entourage et, spécialement, pour nos enfants. En effet, nous ne pouvons pas nous empêcher de le trahir à travers des intonations, des mimiques ou des attitudes. Ils imaginent alors que nous leur cachons un acte abominable et honteux, et ils sont bien plus perturbés par leurs pensées que par la vérité si nous la leur disions, parce que, au moins, ils pourraient en parler avec nous.

Une maladie psychosomatique peut naître d'un secret trop lourd. À la fin du XVIIIe siècle, en pleine vogue du magnétisme, le marquis de Puységur entreprit de soigner les gens de son village par le sommeil hypnotique. Il constata que des malades assez bénins se délivraient, sous hypnose, de secrets qui les empoisonnaient littéralement, et se réveillaient guéris. Freud connaissait ses travaux et sut en faire usage.

Mais qu'est-ce au juste qu'un secret ?

Si l'on demandait à plusieurs personnes de définir le mot « secret », il est probable que la plupart répondraient : « C'est quelque chose que je choisis de dire à quelques-uns et pas à d'autres. » Mais un secret n'est pas seulement « quelque chose qui n'est pas dit ». Nous ne disons évidemment pas tout à tous et à tout moment. Ce qui définit le secret, c'est à la fois que quelque chose d'important n'est pas dit et qu'il est interdit de comprendre que ce n'est pas dit.

En fait, dans le secret de famille, ce n'est pas l'intention de garder un secret qui importe, mais le fait que l'on pressente quelque chose qu'il est interdit de comprendre et de connaître. Et ce n'est pas forcément un acte coupable et volontairement dissimulé. Il peut s'agir aussi d'un événement qu'une personne a vécu, mais dont elle ne veut pas se souvenir et qu'elle essaie de fuir par tous les moyens parce qu'il est trop douloureux pour elle de se le rappeler. Tel est le cas, parfois, de survivants d'un séisme meurtrier, ou d'anciens déportés qui ne peuvent faire ressurgir l'horreur. Quant à ce qu'on appelle le non-dit, ce n'est qu'une autre façon de désigner le

Secret privé et secret social

Tous les traumatismes n'engendrent pas forcément un secret. Il est, en effet, toujours possible d'élaborer et de surmonter un traumatisme. Mais la plupart des secrets sont liés à un traumatisme non surmonté. Il peut s'agir d'un traumatisme individuel comme un deuil ou une fausse couche, mais aussi de situations collectives : les catastrophes naturelles, les attentats et les guerres sont des sources importantes de secrets dans lesquelles le silence familial est redoublé par le silence social. On peut songer aussi aux secrets traditionnellement cultivés par des clans : l'omerta sicilienne par exemple, ou le voile jeté par tout un village sur un événement grave qui a pu s'y produire.

même drame. Mais dans tous les cas, l'enfant confronté au mur du silence grandit avec l'impression qu'il est tenu à l'écart de quelque chose d'important, pour son parent ou pour lui-même, et qu'il est condamné à essayer de le deviner en devant faire, en plus, comme s'il n'avait rien vu !

À l'origine des secrets de famille

Dans les circonstances les moins graves, le parent porteur d'un secret douloureux peut en parler à quelques proches et à lui-même. Mais, dans les cas les plus sérieux, il ne peut même pas l'évoquer pour lui-même. Ces situations provoquent alors des troubles dans la communication familiale qui peuvent perturber plusieurs générations. La personne qui a vécu une expérience importante et pénible – et qu'on peut qualifier, pour cela, de « traumatique » – s'en est toujours donné certaines représentations, le plus souvent émotives, trahies par des gestes, des expressions qui lui échappent : preuve en est que cette personne s'émeut quand elle y pense, pleure ou se met en colère. Mais, d'un autre côté, elle est incapable de raconter cet événement : elle manque de mots pour le dire. Or, si cette personne a un enfant, il va se trouver, de ce fait, confronté à de grandes difficultés : elle manifeste des émotions, des sensations et des états du corps en relation avec une expérience forte, mais sans pouvoir lui confirmer la nature de ce qu'elle éprouve et encore moins lui en expliquer la raison. Ses attitudes et ses gestes peuvent notamment entrer en contradiction avec les mots qu'elle prononce, mais aussi entre eux, et être même parfois totalement déplacés par rapport à la situation. Une mère qui regarde son enfant en souriant cesse soudain de sourire et s'assombrit, ou bien un père qui tient son fils sur ses genoux en regardant la télévision se raidit soudain et l'écarte de lui. De tels changements brutaux d'attitude, de mimique, de comportement ou d'intonation ont toujours une cause précise. Par exemple, cette mère a cru soudain voir dans le regard de

questions-*réponses*

Quand faut-il parler à son enfant d'un secret qui préoccupe ?

Le plus tôt possible, c'est-à-dire dès la naissance de l'enfant. Il ne comprendra peut-être pas ce que nous lui disons, mais, au moins, nous nous familiariserons nous-même peu à peu avec les mots pour en parler, et, quand l'enfant sera assez grand pour tout comprendre, les mots viendront facilement sur nos lèvres !

Les effets des secrets disparaissent-ils avec leur divulgation ?

Non, malheureusement, car la personnalité de l'enfant qui grandit dans une famille où existe un secret grave est un peu comparable à un arbuste qui pousse avec un tuteur l'obligeant à se courber. Une fois l'arbre devenu adulte, on peut enlever le tuteur, il ne se redresse pas pour autant ! C'est la même chose pour la personnalité de l'enfant.

Que faire quand on se sent victime d'un secret ?

Partager ses forces en trois ! Tout d'abord, il est parfois utile de chercher à connaître le secret. Mais, comme il est toujours impossible de savoir si ceux qui nous ont caché quelque chose n'étaient pas eux-mêmes les victimes d'un autre secret – ou du même ! –, il ne faut accuser personne et se contenter de dire : « Il me semble que quelqu'un, un jour, dans notre famille, a caché quelque chose... » Et il vaut mieux, aussi, renoncer à connaître la vérité car on n'est jamais certain d'y parvenir. Ensuite, il est utile de chercher des informations sur l'époque ou la région où nous pensons qu'il a pu y avoir un secret. Beaucoup de secrets, dans les familles, sont en effet communs à une époque, à une zone géographique ou à une catégorie sociale ou professionnelle. Enfin et surtout, il faut questionner notre mémoire pour y retrouver les moments où nous avons eu l'impression qu'on nous cachait quelque chose : à défaut de connaître le secret (quoique, parfois, cela nous aide à le découvrir), cette recherche nous informe sur la façon dont nous avons tordu notre personnalité sous son influence, et peut donc nous éviter de perturber nos enfants avec nos propres troubles. Et puis, à défaut de pouvoir découvrir et raconter le secret qui a pesé sur nous, il est essentiel de leur faire part de nos questions : c'est une autre façon de privilégier l'échange et la confiance par rapport au silence.

Les circonstances particulières d'une naissance ont longtemps constitué l'une des causes majeures de silence. On dissimulait à un enfant une naissance « naturelle ». On renâclait – on sait aujourd'hui combien cela était dangereux – à révéler à un autre qu'il était adopté. Aujourd'hui, les parents d'un bébé né par fécondation artificielle hésitent, à leur tour, entre vérité et silence.

son enfant, ou même dans la seule forme de son visage, quelque chose qui lui a rappelé le visage de son propre frère à un moment où elle a eu très peur de lui. Et ce père qui regardait tranquillement la télévision avec son fils a soudain été bouleversé parce qu'un mot ou une image a réveillé un souvenir désagréable de son histoire passée. À travers ces « suintements » du secret qui peuvent être aussi bien des mots répétés, des lapsus ou des comportements, l'enfant pressent une souffrance de son parent qu'il ne peut s'expliquer. Mais le drame est que, prisonnier de sa vision du monde de l'enfance – et notamment de son sentiment de toute-puissance –, il a tendance aussi à s'en imaginer le responsable. L'inquiétude, la culpabilité même, se substituent à l'incompréhension.

Le drame de l'enfant qui pressent un secret

Sous l'effet du secret qu'il pressent, celui de sa naissance par exemple, l'enfant est amené à couper en deux sa personnalité. D'un côté, il est obligé d'apprendre à repérer l'existence du secret douloureux à de multiples indices, de manière à ne pas courir le risque de confronter trop brutalement son parent à cette zone douloureuse de sa personnalité. Mais, d'un autre côté, il est obligé de faire comme si ce secret n'existait pas. Un tel partage de sa personnalité a des effets immédiats. Il apprend à cacher ses sentiments, ses pensées et se replie souvent sur lui-même. Les parents qui cachent quelque chose d'important à leur enfant, qu'ils puissent ou non s'en parler à eux-mêmes, ne présentent pas en général de troubles psychiques. Ils arrivent à faire comme si ce qui les dérange n'existe pas. Leurs enfants, en revanche, qui pressentent qu'on leur cache quelque chose d'important, souffrent souvent d'une perte de confiance en eux-mêmes et dans les adultes qui les entourent, de crises d'angoisse et de troubles de l'apprentissage. À la génération suivante, leur personnalité perturbée trouble à leur tour leurs propres enfants. Ceux-ci ne peuvent pas imaginer que les bizarreries de leurs parents sont liées à un secret, et ils en conçoivent une conception du monde désespérée sur laquelle peuvent se développer des troubles apparemment dénués de tout sens, comme la toxicomanie ou la délinquance. Enfin, chaque génération confrontée à un secret qu'elle ne maîtrise pas a tendance à construire ses propres secrets en réaction. Après la troisième génération, le souvenir du secret initial est effacé, mais de nouveaux secrets sont apparus. Les enfants qui grandissent dans une famille à secret deviennent souvent à leur tour des adultes qui créent... de nouvelles situations de secret ! Comme ils ne peuvent pas maîtriser les

À LIRE

Nachin, C., *À l'aide, il y a un secret dans le placard*, Fleurus, Paris, 1999.

Tisseron, S., *Tintin et les secrets de famille*, Séguier, Paris, 1990 (réédit. Aubier, 1992).

Tisseron, S., *Nos secrets de famille*, Ramsay, Paris, 1998.

secrets dont ils sont victimes, ils tentent d'en créer d'autres qu'ils puissent contrôler ! Ainsi existe-t-il de véritables « familles à secrets » dans lesquelles l'origine du secret initial s'est perdu, mais où la règle du secret perdure. Ainsi, un secret de famille anodin – ou que tout le monde connaît et fait semblant d'ignorer – en cache bien souvent un autre, qui a pu être très grave, dans les générations précédentes. De telles familles engendrent parfois un créateur dont la force est de nous faire croire aux histoires qu'il raconte… et aussi, éventuellement, de grands dissimulateurs qui peuvent mettre leur maîtrise du non-dit au service d'une carrière, d'une cause ou d'un parti.

Lourds ou véniels, tus de volonté délibérée ou inexprimés faute de recul, de maturité suffisante ou de mots pour les dire, bons ou mauvais, les secrets sont chose courante. Ils peuvent être pernicieux, mais il faut aussi savoir qu'ils ne s'inscrivent pas dans une fatalité : leurs effets sont transmis un peu tous les jours à travers les diverses communications familiales, verbales et non verbales. Parler de ce que l'on sait – et savoir dire que l'on ignore ce que l'on ne sait pas – est le meilleur moyen d'en protéger nos enfants.

Serge TISSERON

EN BREF

La nature des secrets

Secrets et non-dits sont chose courante dans les familles et parfois se transmettent d'une génération à l'autre. Il en est de bons, source de bonheur, et de lourds, qui troublent l'atmosphère. Tous ne sont pas honteux et peuvent simplement naître de l'impossibilité où se trouve une personne de réactiver des circonstances traumatisantes de son existence.

Les risques du silence

Le détenteur d'un secret lourd se trahit par des émotions, des gestes dont l'entourage a conscience sans pouvoir se les expliquer. Les enfants qui ont ainsi la prescience d'une chose dissimulée par leurs parents, ou par l'un d'eux, peuvent en être sérieusement perturbés dans leur développement psychologique.

Comment lever le voile

Le malaise provoqué par l'existence d'un secret se dissipe quand on l'éclaircit. Mais les questions explicites ou implicites qu'il suscite doivent trouver des réponses réfléchies : brutales ou maladroites, elles pourraient causer plus de mal que de bien.

Les deux grands : père et mère

Père, mère : depuis Adam et Ève, ce sont sûrement deux des mots qu'ont le plus prononcés les humains à quelque époque et sur quelque point de la planète que ce soit. Mais ils n'ont pas toujours la même connotation. Et il n'y a pas si longtemps que l'on connaît l'importance fondamentale du lien entre enfants et parents.

Sans cesse nous disons, nous citons, nous entendons, nous lisons « père », « mère », « parents ». Nous sommes tous le fruit de la rencontre d'un homme et d'une femme, que nous connaissons plus ou moins bien, que nous acceptons d'une manière ou d'une autre. Pour chaque être humain, ces mots renvoient à une signification, des évocations, des connotations différentes, plus ou moins positives ou négatives, qui bâtissent son histoire personnelle. Ils n'ont pas le même sens ni la même prédominance selon les cultures. Il a fallu des siècles pour que, dans les sociétés occidentales, on ne perçoive plus le père et la mère dans leur seule fonction reproductrice, et qu'on s'attache à donner sa vraie place, entre eux deux, à l'enfant né d'eux.

Enfin l'enfant parut

Le grand tournant dans les mentalités est dû à J.-J. Rousseau. Il a, le premier, réfléchi à ce qu'est un enfant, à sa place dans la société, et s'est attaché à mettre en évidence son importance dans un système à l'époque complètement dénué de sentiments, où les lois l'ignoraient complètement. C'est à partir de cette période que la notion père-mère prend une tout autre dimension : celle de la responsabilité, de l'attachement et de l'appartenance. Mais, malgré les prises de position philosophiques soulignant que les enfants ont un rôle prédominant dans l'évolution d'une société, le cheminement ne fut que très progressif.

Le sens que nous donnons désormais à « père » et « mère » est relativement récent. Il s'est fait jour au début du siècle dernier, spécialement grâce à Freud et, un peu plus tard, au psychologue suisse J. Piaget, qui, chacun dans leur domaine, ont mis en lumière ce qu'implique donner la vie, et étudié le lien affectif entre parents et enfants. Freud évoque ce lien primal avec la mère qui sera responsable du bonheur, de l'équilibre émotif et du succès dans une vie d'adulte. Piaget parle d'autorité et de responsabilité du père dans le rôle d'éducateur des enfants. Cependant, notre histoire avec notre père et notre mère ne peut être comprise uniquement à travers ces deux grands auteurs. D'autres suivront, comme M. Klein, E. H. Erickson, D. Winnicott, F. Dolto plus récemment, qui ont apporté de nouveaux et d'importants éléments de connaissance sur le processus de développement du lien affectif de l'enfant vis-à-vis du père et de la mère, et à propos de leur emprise sur chacun de nous.

J. Piaget, *mort à Genève en 1980, fut l'un des très grands novateurs de la psychologie des enfants. Il a notamment démontré que le développement de l'intelligence se réalise de façon progressive et que la socialisation de l'enfant s'opère graduellement, sous l'influence du milieu adulte ambiant.*

La nature des liens

Les liens plus ou moins forts avec le père et la mère amènent évidemment à évoquer le complexe d'Œdipe, ce lien d'attachement sexuel qui lie tout enfant à son parent du sexe opposé et plus tard, faute d'avoir été résolu, peut conduire au refoulement et à la névrose. Mais soyons rassurés : malgré les liens d'attachement que nous éprouvons envers notre père ou notre mère, nous ne souffrons pas tous de ce complexe jusqu'à développer un état pathologique. De toute manière, ils sont nécessaires à notre propre développement personnel. Ils nous permettent de devenir à notre tour des adultes responsables, qui pourront reproduire d'autres enfants comme eux ou même meilleurs.

Pour certains, le lien avec son père et sa mère sera positif : le monde autour d'eux ne sera pas effrayant, mais plutôt stimulant, permettant de créer, de rêver et de grandir sans peurs. Il sera toujours présent résistant aux distances et au temps, preuve que cette relation privilégiée est nécessaire au renforcement du sentiment du sens de sa vie.

Pour d'autres, le lien avec le père et/ou la mère sera difficile, voire impossible, empêchant de grandir sans angoisse, sans anxiété vis-à-vis des réalités de l'existence.

Mère et fille dans la tourmente

Une jeune fille de 16 ans est hospitalisée pour de multiples tentatives de suicide, dont la dernière est très importante. Elle a déjà subi deux avortements, et sa mère l'apprend à cette occasion. « Je préférais avorter qu'abandonner mes enfants », explique-t-elle. Complètement bouleversée, la mère révèle alors qu'elle-même, enfant adoptée par un couple qu'elle n'a jamais pu accepter, a abandonné une première fille à sa naissance.

La jeune fille apprend ainsi qu'elle a une sœur (une demi-sœur) qu'elle ne connaît pas, et que ses grands-parents ne sont pas les « vrais ». En accord avec sa mère, elle décide de rechercher ces derniers et, dès lors, n'attente plus à sa vie. Elle a compris la souffrance de sa mère et lui montre l'importance de leur lien dans le déroulement de leurs vies respectives.

Une angoissante absence

Tous les pères et mères, en effet, ne reconnaissent pas leurs responsabilités. Certains – plus souvent les pères que les mères – vont aller jusqu'à la négation de l'existence de leur enfant. Pour les mères, qui ne peuvent nier la réalité du bébé qu'elles ont mis au monde, ce sera plutôt l'abandon de ce lien à l'extrême, tel que l'accouchement sous X. Dans ces cas particuliers, il a fallu trouver un remplacement, une (des) personne(s) qui accepte(nt) de jouer ce rôle. Que l'enfant soit pris en charge par des grands-parents, confié à une famille d'accueil ou adopté, et malgré le meilleur remplacement du monde, il restera préoccupé à propos de son père et ou de sa mère biologique. Il lui faudra, pour grandir le mieux possible, établir d'autres types de liens et fonctionner sur un autre mode de relation avec ces grands absents. Il devra développer dans son esprit et dans son cœur un sens qui lui soit propre, lui permettant de garder une vie saine et équilibrée, puis de désirer à son tour être père ou mère. Peu importe le modèle qui se mettra alors en place : l'essentiel est qu'un lien particulier maintenu avec ses origines, et l'être humain dans son ensemble, l'amène à croire à quelque chose de positif.

Pour tous, le lien du sang – symbole de l'attachement biologique à ses ancêtres – reste et restera le lien privilégié avec ses origines, qui fait de chacun d'entre nous un modèle, à la fois semblable aux autres et unique par sa propre histoire.

Marie-Rose RICHARDSON

À LIRE

Erickson, E., *Adolescence et crise*, Flammarion, 1978, Paris.

Freud, S., *Introduction à la psychanalyse*, Payot, 2000, Paris.

Crozon, C., *Œdipe*, Érès, 2000, Paris.

Rousseau, J.-J., *Émile ou de l'éducation*, Flammarion, 2000, Paris.

EN BREF

Voir aussi

▶ Devenir père, devenir mère p. 104

▶ Les relations parents-enfants p. 162

Une notion relativement récente

Au XVIIIe siècle, J.-J. Rousseau fut l'un des premiers à revendiquer une place pour l'enfant dans le système social, mais il a fallu attendre le début du XXe siècle pour passer de la notion de géniteurs à celle de parents.

La force du lien

Tout être humain naît d'un père et d'une mère biologiques et leur reste lié. Que ce lien soit vécu de manière positive ou négative, il est indissociable de notre histoire.

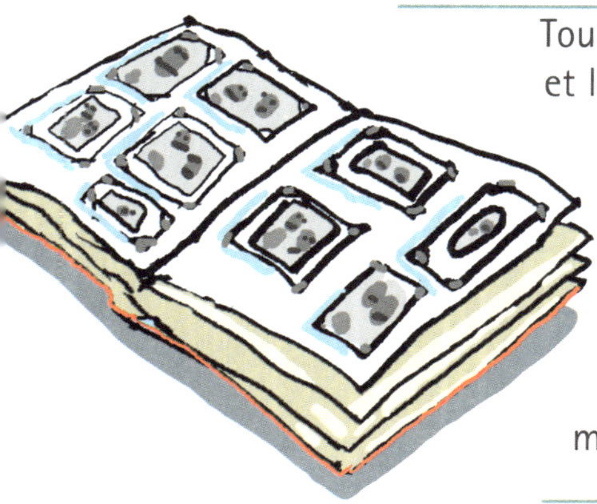

La substitution impossible

Aussi parfaits que soient les proches ou les parents adoptifs d'un enfant coupé de ses parents biologiques, ce dernier devra, pour bien vivre, se trouver, de quelque manière que ce soit, un lien avec ces grands absents.

questions-*réponses*

Le père tient-il un rôle particulier dans la vie de l'enfant ?

La figure paternelle est souvent nécessaire pour sécuriser l'enfant et l'aider à se structurer. Il représente l'encadrement qui lui est nécessaire pour bien fonctionner. Il est la figure dominante qui représente l'extérieur et détermine l'autorité. Il faut en finir avec la notion sociale du père uniquement « pourvoyeur » des besoins matériels de la famille.

De même qu'il y a des pères absents, n'y a-t-il pas des mères trop présentes ?

Oui. La mère trop présente est celle qui va au-devant des autres en provoquant les besoins et en y répondant par elle-même. C'est celle qui est angoissée quand son enfant s'éloigne d'elle, pense être sa seule protectrice et considère toute personne de l'extérieur comme un élément dangereux. Elle perturbe alors, au même titre que le père absent, la stabilité émotive de l'enfant, lequel est privé de sa propre prise en charge et de ses responsabilités.

Une mère, même très attentive, peut-elle combler l'absence du père ?

L'enfant privé de la présence du père a beaucoup de peine à se stabiliser, malgré une mère très proche. La mère ne peut pas jouer les deux rôles : elle est la mère qui assure l'amour, la protection, l'attachement direct. Être les deux est une mission impossible. Mais un grand-père, un oncle, un ami proche de la famille peut tenir le rôle de l'absent. Chacun dans l'entourage peut devenir médiateur afin d'assurer une présence importante de la place du père au sein de la famille.
Il y va de l'intérêt de l'enfant.

Quels dangers guettent une mère seule ?

Il devient parfois impossible au duo mère-enfant de se séparer. Les inquiétudes sont souvent mal assimilées par l'un ou par l'autre. L'enfant angoissé, peu stable, a du mal à quitter librement son milieu, même pour un temps très court. L'équilibre est mieux redistribué lorsqu'il y a un tiers, parent ou ami, extérieur au réseau fermé. Sa présence sera le point de référence amenant chacun à mieux se positionner. Le concept de triangle relationnel est ici essentiel afin de redistribuer correctement l'attachement, l'affection et les responsabilités.

Les relations parents-enfants

Qui a osé penser un seul instant qu'être parent pouvait se présenter comme une tâche facile à accomplir ? Qui ose même dire que les enfants, nos enfants, nous aiment pour toujours ? Qui ose encore déclarer qu'il suffit de les aimer pour garantir le succès de leur éducation ? Qui ose prétendre qu'ils sont, à eux seuls, une des sources de nos grandes satisfactions dans la vie ? Y a-t-il des réponses aux questions qui nous préoccupent tant ?

Aujourd'hui plus que jamais, nos rapports avec nos fistons et nos fillettes passent par la confrontation directe. Un véritable et constant bombardement d'informations, de mises en garde, de conseils, venus du milieu scolaire, des amis, de la famille, de la presse, de livres, de la publicité même, ne cesse de nous faire prendre conscience des difficultés au milieu desquelles nous avons à nous débattre pour bien remplir notre mission de parent. Et nous voilà perturbé, accablé de questions.

Nous sommes déchiré à l'idée d'être trop sévère, trop généreux ; y a-t-il trop ou, au contraire, pas assez de présence ? Est-ce que la tâche de nos propres parents nous semble avoir été plus simple que la nôtre ?

Ce sont, parmi nos préoccupations, certaines questions qui nous dérangent et qui nous amènent à réfléchir justement sur notre rôle de père-mère avec nos enfants.

Le lien d'attachement, élément fondamental

Le lien d'attachement, premier sentiment exprimé dès la naissance, est ce lien privilégié, ce sens d'appartenance qui nous permet de trouver que notre bébé est le plus beau, le plus intelligent des bébés. Il nous permet donc d'être à son écoute lorsqu'il pleure, qu'il a faim ou qu'il a besoin d'attention.

Tout d'abord, il paraît important de souligner, comme l'a fait la grande psychanalyste M. Klein, un élément fondamental dans notre relation avec notre enfant : le lien d'attachement.

Cette union est la base d'une relation possible avec elle ou lui. Mais le lien peut aussi être fragile, déséquilibré par certains événements pénibles de la vie tels que la mort, la maladie ou la dépression, et cette fragilisation peut être au début de difficultés relationnelles. Parfois aussi, la relation sera plus facile avec l'un des deux parents et celui-ci sera ensuite en mesure d'aider l'autre dans son approche face à l'enfant.

Puis vient le premier contact du petit avec le monde extérieur, par exemple la crèche, la maternelle, une garderie, et cela donne aux parents une première occasion de vérifier la stabilité de leur relation. À la maternelle, l'enfant se mesure avec les autres, se compare et ainsi se construit. Selon ses habilités sociales, c'est-à-dire ses capacités d'interaction avec les autres, il peut alors se sentir menacé et demandera donc l'appui de ses parents. Si la mère, le père ou les deux se montrent indisponibles, préoccupés par d'autres événements plutôt que par son inquiétude, son angoisse peut-être, l'enfant va en conclure qu'il n'est pas essentiel pour le parent de pourvoir à son bonheur, à sa sécurité. La relation parents-enfant va prendre des dimensions plutôt conflictuelles, qui pousseront l'enfant à se rebeller ou à se retirer.

De son côté, le parent peut ne pas avoir compris l'urgence de la difficulté de l'enfant et va continuer à exiger de lui d'être performant. Pour certains enfants, cette exigence se révélera impossible à supporter.

Face à un enfant qui a peur

Des parents viennent consulter avec un garçon âgé de 6 ans. Il manifeste des peurs importantes liées au sommeil. Impossible pour les parents de le coucher à des heures raisonnables, d'où en résulte épuisement des parents et de l'enfant. À l'école s'accumulent difficultés d'attention, agitation, à quoi s'ajoute même la peur d'aller à l'école sans sa mère.

Après quelques consultations, nous apprenons que cet enfant a été conçu dans une période plutôt difficile du couple. Cet enfant, né malgré toutes les difficultés relationnelles, est accepté ; mais il est admis qu'il n'aurait pas dû naître. Dans cette histoire, les parents, se sentant à la fois si coupables et si épuisés par ces événements, oublient tout simplement que l'enfant a besoin d'être rassuré et sécurisé et que le sentiment de culpabilité reconnu ne mérite pas autant d'attention que la nécessité de travailler leur relation actuelle. La mise en place d'une structure ferme servira à mieux gérer les peurs du petit garçon et, en imposant des heures raisonnables pour le coucher, lui permettra de mieux vivre le lendemain à l'école.

Avec l'école primaire, les premiers affrontements

L'école primaire va être l'occasion pour les parents et les enfants de s'affronter positivement ou négativement. Les multiples exigences scolaires et sociales se complexifient encore et demandent une plus grande présence de la part des parents. L'école veut un « rendement » académique et les parents, de leur côté, sont obligés d'exercer sur leur enfant un certain contrôle. La relation parents-enfant, à ce stade de développement, sera cruciale… Si le lien de confiance, de sécurité est bien installé, l'enfant progressera sans trop de difficultés. Mais si, au contraire, il est aux prises avec des difficultés d'adaptation sociale, face à un parent qui ne sera pas en mesure de suivre la crise, toutes ses énergies se focalisent au niveau de la performance scolaire et non dans l'émotion reliée à l'insécurité et au besoin d'être compris, aimé, de l'enfant ; il s'ensuivra une série de difficultés qui n'aideront pas au rapprochement entre eux.

Souvent, en cas de crise, les enseignants essaient d'intervenir auprès des parents, suggèrent une aide supplémentaire, parfois même l'intervention d'un professionnel – psychologue, psychothérapeute – afin de soutenir l'enfant et les parents dans ces difficultés. Mais les parents perçoivent-ils cette aide comme un soutien ou comme une intrusion dans leur vie privée ? Que faut-il dire aux parents qui se sentent, sous l'angle familial, submergés par cette crise ? Doit-on considérer cette difficulté seulement du côté de l'enfant ou reconnaître le sentiment de culpabilité vécu par les parents et les diriger vers une meilleure prise en charge de l'enfant source de beaucoup de soucis ? La relation parents-enfant mérite toute notre attention. Au sentiment de culpabilité qu'on reconnaît doit répondre l'indication d'une direction : il s'agit d'amener parents et enfant à mieux se

Face à une adolescente perturbée

Il s'agit d'une jeune fille de 16 ans qui consulte pour des difficultés scolaires importantes et des problèmes de violence à la maison. Les parents ont été vite dépassés par la montée de l'excitation chez cette adolescente, qui, jusque-là, ne leur avait donné aucun souci, ni dans son comportement ni dans sa scolarité. De son côté, la jeune fille souffre énormément de cette situation et se tourmente pour ses études et son avenir. L'ambivalence de cette situation l'amène à en vouloir à ses parents et particulièrement à son père, qu'elle trouve rigide, froid et distant. Avec l'assistance du thérapeute, elle va verbaliser sa souffrance et effectuer un rapprochement de dialogue avec les parents, spécialement en créant des occasions d'activités positives avec le père. Le changement d'approche a permis à cette famille de s'expliquer et de prendre des décisions face aux choix scolaires, notamment par un changement de milieu.

À la maison, reconnaître qu'elle avait grandi, qu'elle pouvait prendre des décisions et assumer ses responsabilités, a permis à tous de vivre positivement le changement.

comprendre, mieux s'écouter à l'intérieur même du système familial. La famille élargie (grands-parents, par exemple) peut être mobilisée afin d'aider à mieux gérer la situation.

Heureusement, tous les enfants à ce stade de la préadolescence ne manifestent pas de problèmes dits d'adaptation. Beaucoup grandiront sans trop de difficultés, le support des amis de classe contribuant, de son côté, à leur bon équilibre, et ils seront pour les parents une grande source de satisfaction. En fait, à la préadolescence, en moyenne de 7 ans à 11 ans, la majorité des enfants progresse plutôt bien sans trop de soucis.

L'adolescence, période périlleuse

L'étape suivante est plus périlleuse. S'il y a problème, c'est plus souvent à l'adolescence qu'il se manifeste. Le bébé de 2 ans peut être exigeant avec son « non » perpétuel, mais les parents réussissent à soutenir leur système familial, même si la stabilité n'est qu'apparente. Cependant, à la crise de l'adolescence, la plupart n'y arrivent plus, et c'est là le problème !

Bloss nomme cette étape la « deuxième chance » pour l'enfant de s'individualiser. Cette période va être prédominante dans la solidification de la relation entre la famille et l'adolescent. Ces « partenaires » seront mis à l'épreuve, et chacun d'eux aura à se positionner dans leur propre relation.

C'est à ce stade que l'ensemble relationnel se met en place et se solidifie afin d'assurer l'autonomie du jeune adulte qui, à son tour, doit perpétuer le cycle de vie de la famille. L'adolescent met en examen constant sa relation avec son père, sa mère et son milieu, afin de créer la distance nécessaire à son autonomie et son indépendance-dépendance affective.

À LIRE

Dolto, F., *Aujourd'hui présente*, Gallimard, Paris, 2000 ; *Actes du colloque de l'Unesco*, janvier 1999 ; *la Cause des adolescents*, Pocket, 1997 ; (avec Dolto-Totlich C.) *Paroles pour adolescents ou le Complexe du homard*, LGF, 1992.

La Lettre du Grape n° 41, « Les parents difficiles », Erès, 2000.

Klein, M., *la Psychanalyse des enfants*, PUF, Paris, 1990.

À CONSULTER

L'École des parents, 162, boulevard Voltaire, 75011 Paris. Tél. : 01 44 93 24 14.

L'adolescent(e) se considère déjà comme jeune homme (femme) et perçoit ses parents différemment. Il les regarde avec une nouvelle paire de lunettes : il réalise que ses parents ont des qualités et des défauts et qu'ils sont loin d'être parfaits. Momentanément, ils le déçoivent. Cette déception est aussi ressentie par les parents, qui, de leur côté, réalisent la distance que prend l'adolescent vis-à-vis d'eux et de leurs proches ; on peut dire que la famille vit un peu le deuil de ses relations antérieures et doit en créer de nouvelles.

Les adolescents souhaitent ouvrir un niveau de discussion les amenant à vérifier leurs idéologies, leurs positions qui peuvent diverger de celles des parents afin de se mesurer et d'être appréciés de ces derniers. Selon Bloss, le jeune exige une meilleure compréhension de sa personne et de son environnement. C'est une bataille constante avec lui-même. La grande difficulté des parents pendant cette période tient plutôt au fait qu'ils se sentent totalement responsables de ces grands enfants et n'arrivent à évaluer ni la perte de contrôle ni la perte de contact avec eux.

Comprendre et dialoguer

Faut-il insister sur l'importance, en cette période, du dialogue tant valorisé par F. Dolto ? Les parents n'ont pas à redevenir adolescents pour être « in », « cool ». Ils ont tout simplement besoin de mieux connaître et de découvrir les intérêts de leurs jeunes à propos de la musique, du cinéma, des copains et des copines, du sport, etc. Doit-on prévoir des activités qui leur fassent plaisir ? Ce qu'il faut éviter, en tout cas, et d'une façon absolue, c'est de les laisser confrontés à eux-mêmes sous prétexte qu'« à l'adolescence il n'y a rien à faire, ils s'en sortent tout seuls ». Il importe aussi de comprendre et de respecter leur intimité tout en restant disponible et ouvert à la discussion, que ce soit à leur demande ou en pleine nuit, inopinément. Éventuellement, pour terminer une discussion, rendez-vous peut être pris. Mais il faudra alors savoir le proposer sans que ce délai apparaisse comme une dérobade.

On doit aussi se rappeler que l'adolescent ne stagne jamais longtemps à un même stade ; il varie, évolue. Souvent il change vite d'humeur, passant soudain de l'état euphorique à l'état dépressif. Ces instabilités ne dépendent en rien de la relation parents-adolescent. Elles sont souvent liées à un ensemble de circonstances (les événements de la vie au quotidien) que l'adolescent doit apprendre à gérer progressivement. Le temps est un facteur important.

Être parent, enfin, signifie aimer suffisamment pour savoir punir correctement. La structure demandée se doit d'être solide sans être rigide, en même temps flexible, riche d'une bonne dose de dialogue, « arrosée » par une présence constante. Les enfants seront heureux lorsque nous, en tant que parents, le serons. Il ne faut pas nourrir ce mythe de la famille traditionnelle unie ! L'enfant désire tout naturellement vivre avec ses parents sans conflit et sans être pris en otage. Nous, les parents, nous avons besoin d'être sécurisés non pas par nos enfants, mais par notre entourage (amis, famille élargie, professeurs, etc.).

Si nous avons accepté d'avoir des enfants, c'est pour les laisser partir à leur tour vers de nouveaux horizons sans qu'ils se sentent obligés et redevables envers nous. Mais en sachant que l'enfant nous aime tout simplement et pour toujours.

Marie-Rose RICHARDSON

Voir aussi

- Devenir père, devenir mère p. 104
- L'enfant en difficulté d'apprentissage p. 218
- L'adolescence p. 140
- Transmettre la culture, une responsabilité éducative p. 168

EN BREF

Un bombardement de questions

Plus que jamais, soumis à un bombardement d'informations et de mises en garde sur les relations avec les enfants, les parents sont en proie à un perpétuel questionnement.

Une relation bâtie par étapes

Du premier stade, fondamental dès la naissance, de la constitution du lien d'attachement, jusqu'à l'adolescence, chaque étape de la vie de l'enfant, correspondant, en gros, aux stades de sa scolarité, correspond à une consolidation ou, au contraire, à une mise à mal de la relation parents-enfant.

Difficile adolescence

Le cap de l'adolescence est celui où la relation court le plus de danger. C'est alors qu'il incombe aux parents d'être solides sans être rigides, en même temps flexibles, attentivement présents sans jamais laisser le dialogue se rompre.

Transmettre la culture, une responsabilité éducative

Les enfants d'aujourd'hui semblent fascinés par la télévision et, alors que nous aimerions tant qu'ils découvrent les œuvres culturelles où nous autres, adultes, avons beaucoup puisé, ils succombent souvent à la facilité. Nos injonctions semblent, à cet égard, sans effet... Pourtant, nous ne pouvons quand même pas abandonner toute ambition éducative pour eux ! Nous nous sentons responsables. À juste raison. Mais la transmission culturelle ne se résout pas à une « transmission mécanique » et elle nous plonge au cœur des contradictions vives de l'acte éducatif : nous ne devons pas renoncer à transmettre, mais il n'est pas possible de le faire au « forceps ».

Il n'est pas d'exemple d'un enfant qui ait pu accéder au monde adulte sans l'aide, précisément, des adultes. Les « enfants sauvages », trouvés ici ou là et élevés par des animaux, ne sont jamais parvenus, malgré l'acharnement de leurs éducateurs, au langage articulé, à la communication avec leurs semblables ni à une vie normale parmi leurs pairs.

C'est qu'un enfant vient au monde infiniment démuni. Riche d'une infinité de potentialités, mais incapable de survivre seul ni même de retrouver les gestes élémentaires de la famille humaine. Un petit chat que l'on sépare de sa mère à sa naissance saura vite faire sa toilette. Un enfant sans environnement éducatif, s'il survit grâce à une aide matérielle, ne saura rien de ce qui fait un homme. Ainsi, si l'homme se caractérise par le fait qu'*il peut apprendre*, le revers de la médaille, c'est qu'*il doit tout apprendre*. Son héritage génétique est fabuleux mais non stabilisé. C'est ce qui lui confère son *éducabilité* : l'enfant n'*est* rien, il est simplement éducable. Seules quelques caractéristiques physiques élémentaires sont fixées à sa naissance ; pour le reste, tout dépendra de l'éducation qu'il va recevoir et, plus tard, des décisions qu'il va prendre librement. Ainsi, personne n'a jamais vu une abeille républicaine : l'abeille est constitutivement royaliste et nul ne peut y faire quoi que ce soit. En revanche, aucun enfant, quand il naît, n'est ni républicain ni royaliste : ce qu'il deviendra dépend de nous, de la manière dont nous l'armerons pour la vie et, finalement, de sa liberté propre.

De cela vient notre double responsabilité : nous devons transmettre à l'enfant les éléments qui pourront lui permettre d'entrer dans « la maison » qui l'accueille et, en même temps, l'aider à trouver la volonté et le courage nécessaires pour réussir à se faire, comme le disait le grand pédagogue suisse J. Pestalozzi, « œuvre de lui-même ». Cette double responsabilité est en soi une contradiction, puisqu'il nous faut tout à la fois inculquer et libérer, domestiquer et affranchir, inscrire dans un contexte social donné et permettre de le subvertir. C'est sans doute la raison pour laquelle Freud disait de l'éducation qu'elle est un « métier impossible ». Il lui faut, en effet, viser en même temps deux objectifs apparemment contradictoires : mais la tâche des hommes, c'est précisément de dépasser par la pratique cette impossibilité théorique et d'« éduquer quand même »... en sachant que ce n'est ni facile ni de tout repos !

Transmettre, un impératif ; ne pas transmettre, une démission

Quand l'enfant arrive, le monde est déjà là et il revient à l'adulte de « faire les présentations », d'accompagner ce nouveau venu dans un univers déjà ancien qui a ses règles, ses coutumes et ses expériences accumulées.

Le contre-exemple de Frankenstein

Éduquer un homme n'est pas fabriquer un objet et le docteur Frankenstein a fait la dure expérience des effets dévastateurs de cette confusion. Confondant le corps humain avec de la viande, il a cru pouvoir « fabriquer un homme » en cousant des morceaux de chair et en envoyant une décharge électrique dans « le paquet » ainsi constitué. Il a ainsi poussé à bout une conception trop répandue de l'éducation : éduquer serait accumuler des savoirs, juxtaposer des connaissances et des habitudes et donner une bonne impulsion (un bon coup de pied au derrière ?) pour que l'autre se mette en route avec tout ça ! Mais, on le voit bien dans l'aventure de Frankenstein : cela ne produit que de la violence et conduit à la mort. Mort réelle ou symbolique de celui qui n'a pas d'autre moyen de prouver son existence que la violence.

Nous avons là une tâche d'intégration dans la *domus* (« maison »), qui est toujours, plus ou moins, une opération de « domestication » : l'enfant devra se soumettre aux règles de ceux qui l'accueillent, respecter les rites et les horaires, acquérir les codes, apprendre la langue. En ce sens, celui qui est éduqué ne peut pas, par définition, choisir ce à quoi il est éduqué... Sinon, c'est que l'éducation serait déjà faite ! Nous commençons toujours à imposer à nos enfants une multitude de choses et nous leur demandons de les accepter ; nous faisons en sorte qu'ils les acceptent en utilisant des méthodes qui vont de la séduction à la contrainte en passant par le conditionnement. Il n'y a pas à en nourrir, d'ailleurs, la moindre culpabilité : c'est notre responsabilité que de faire de notre enfant un « être social » qui ne mangera pas n'importe quand et n'importe comment, qui saura s'exprimer correctement, saluer les autres et les respecter. Certes, tout n'est pas permis dans cette éducation et, en particulier, il convient d'éviter ce qui présenterait des dangers pour l'intégrité physique ou psychologique de la personne en train d'émerger : traumatiser un enfant n'est jamais une bonne chose. Mais on peut, on doit lui apprendre à s'inscrire dans une collectivité en respectant les règles de celle-ci. Il découvrira ainsi progressivement que ce respect est fondateur de réciprocité et qu'il en est, lui aussi, bénéficiaire.

Exemple de production culturelle chargée de sens : le Livre de la jungle. R. Kipling y met en scène, sous l'apparence d'animaux, des modèles humains qui entourent Mowgli et qui lui permettent d'acquérir, à la fois les habitudes nécessaires à sa survie et la volonté grâce à laquelle il va émerger comme personnalité autonome. La panthère, l'ours ou le serpent sont bien plus « humains » et attentionnés que beaucoup d'humains chargés aujourd'hui de l'éducation des enfants... Et Mowgli grandit grâce à ces modèles et à ce qu'ils lui transmettent.

Une histoire où s'enraciner

Mais, au-delà de cette transmission des codes sociaux, il est une seconde transmission tout aussi importante et qui, d'ailleurs, est seule capable de donner sens à la première : c'est la transmission de notre histoire. Pour grandir, il faut pouvoir « prendre racine », savoir d'où l'on vient, qui étaient ceux qui nous ont précédés, comment ils ont vécu, quels ont été leurs problèmes et quelles ont été leurs valeurs. C'est ainsi que nous comprendrons progressivement pourquoi ils ont cru bon de nous imposer telle ou telle manière de nous comporter. En réalité, nous ne pouvons vivre, penser et créer quelque chose de neuf que si nous avons intégré l'histoire de nos parents et de nos ancêtres, si elle nous a fourni les clés nécessaires à la lecture de notre environnement, à la compréhension des comportements de nos proches, à l'interprétation des événements de la société dans laquelle nous vivons. Nous ne pouvons affronter le monde que si nous nous appuyons sur des « productions culturelles » qui nous permettent de rencontrer et d'apprivoiser les espoirs et les peurs, les emballements et les inquiétudes de ceux qui nous ont précédés... toutes ces traces laissées par nos prédécesseurs et grâce auxquelles nous nous sentons un peu moins seuls, un peu mieux armés pour faire face aux angoisses et aux difficultés que nous rencontrons.

Pour grandir, nous avons besoin de « médiations » culturelles, de ces œuvres qui vont au plus profond de nous-mêmes, touchent aux questions qui nous hantent : comment peut-on aimer et haïr quelqu'un en même

temps ? D'où venons-nous ? Si nous allons tout droit, où arriverons-nous ? Pourquoi avons-nous peur de mourir ? Pourquoi voulons-nous laisser des traces sur les murs de nos cavernes, à Lascaux comme sur les blocs de béton des cités de banlieue ? Qu'est-ce qui peut nous enthousiasmer et nous permettre de sortir de la routine quotidienne ? Qu'est-ce qui est interdit et pourquoi ? Quelles sont les grandes transgressions qui nous fascinent et auxquelles, pourtant, nous devons échapper ?

Or, malheureusement, faute d'avoir rencontré ces questions dans des œuvres culturelles de qualité, où la perfection et la force de l'expression permettent de prendre de la distance, nos enfants vont à leur rencontre dans des productions médiocres et purement commerciales qui traitent des questions de la transgression et qui le font avec « obscénité » : tout est montré, dans les moindres détails ; il n'y a plus de place pour l'imagination et la réflexion ; c'est le triomphe de la sidération, c'est-à-dire, au sens littéral, de l'anéantissement, sous le choc, de toute fonction psychique et de tout sens critique.

Notre responsabilité éducative est donc grande en matière de transmission culturelle. D'autant plus grande que notre monde va aujourd'hui très vite et que nos enfants vivent dans un univers très différent du nôtre : entre les générations qui, jadis, se superposaient presque complètement, il y a maintenant une grande distance, et le risque est réel que nos enfants « décrochent » de notre histoire pour errer en apesanteur, victimes potentielles de n'importe quel joueur de flûte qui saura les séduire et les emporter dans son univers de facilité : drogue, sectes, groupes fusionnels où l'on va « s'oublier », se perdre soi-même et engloutir sa liberté.

Ce que dit le Petit Poucet

Regardons ces enfants à qui la maîtresse lit l'histoire du *Petit Poucet* : on pourrait imaginer qu'ils sont blasés et que, après tout ce qu'ils voient à la télévision, ce vieux conte ne peut plus guère les intéresser. C'est tout le contraire : ils sont là, bouche bée, à attendre la suite avec impatience. Pourtant *le Petit Poucet* n'est pas une histoire très gaie : il y est question de parents qui abandonnent un de leurs enfants ; il y est question d'anthropophagie et de bien d'autres choses effrayantes. Mais, précisément, ces choses-là sont familières à l'enfant : tout petit, il craint d'être abandonné de ses parents et il voudrait être absolument certain de leur affection. Mais, tout petit aussi, il sait que l'affection peut devenir oppressante et qu'à force de serrer l'autre sur son cœur on peut l'étouffer, qu'à force de l'aimer on peut finir par le « manger »... En écoutant *le Petit Poucet*, il se retrouve dans l'histoire, il entend des choses qui font écho à ses angoisses les plus profondes et il se dit : « Je ne suis donc pas tout seul à craindre cela. D'autres avant moi ont éprouvé les mêmes inquiétudes. Les autres enfants de la classe les éprouvent aussi. » Il s'inscrit ainsi dans la longue chaîne généalogique des hommes et devient un homme à son tour. C'est là le grand mérite de l'œuvre d'art et de toute production culturelle : elles me parlent, me permettent de me reconnaître, de me comprendre, de me dépasser... mais sans me violer dans mon intimité, sans venir fouiller de manière impudique dans ma vie personnelle.

Au-delà de la simple transmission

Mais doit-on, pour autant, transmettre à n'importe quel prix ? Doit-on transmettre au forceps ? Doit-on imposer, sans aucun respect de l'autre, des savoirs, des convictions et des manières de se conduire ? Évidemment non. Car on aboutirait alors à l'inverse du résultat recherché. Chacun sait que l'on ne peut pas soigner l'anorexie par le gavage : en forçant à manger quelqu'un qui a décidé de ne plus manger, on renforce sa détermination. Il en est de même en matière culturelle et scolaire... Il y a des anorexies scolaires comme il y a des anorexies mentales. Et, face aux unes et aux autres, nous devons faire en sorte que l'autre découvre ou redécouvre lui-même le désir de manger, d'apprendre, de se cultiver. Car c'est ce désir-là qui opère. C'est lui qui fait vraiment grandir en permettant une réelle assimilation.

Proposer sans imposer

Or, trop souvent, devant des difficultés ou des refus en matière de transmission culturelle, nous sommes tenté de « passer en force ». C'est alors le début d'une partie de bras de fer que nous gagnons parfois (il arrive bien que, sur notre conseil, notre fils ou notre fille abandonne un feuilleton télévisé pour se plonger dans J. Verne ou Maupassant), mais qui, le plus souvent, ne produit qu'une soumission de façade : l'enfant ou l'adolescent cède pour nous faire plaisir ou parce qu'il ne peut pas faire autrement, mais « il n'en pense pas moins » et, dès que nous avons le dos tourné, revient à ses attitudes antérieures, retourne à la facilité. Quand

À LIRE

Bettelheim, B., *Psychanalyse des contes de fées*, Folio.

Boimarek, S., *l'Enfant et la peur d'apprendre*, Dunod, Paris, 1999.

Meirieu, P., *Frankenstein pédagogue*, ESF éditeur, Paris, 1996 ; *Des enfants et des hommes*, ESF éditeur, Paris, 1999 ; *l'École et les parents, la grande explication*, Plon, Paris, 2000.

nous pensons avoir gagné, nous avons, en réalité, perdu... perdu notre temps, perdu notre prestige et notre crédit et, finalement, perdu la face.

C'est que l'éducation suppose bien une adhésion progressive de celui qui est éduqué. Une adhésion ou un refus délibéré. Mais, de toute façon, la manifestation d'une liberté. La transmission culturelle suppose donc, pour être authentique, que les savoirs et les œuvres soient, au fur et à mesure que l'enfant grandit, proposées et non imposées. Proposées et inscrites dans son développement : là est le génie du véritable éducateur. Il sait que la culture n'est assimilée que dans l'acte libre de l'éduqué qui reconnaît là une manière de répondre aux questions qu'il se pose. Transmettre, c'est donc être attentif aux questions de l'enfant et de l'adolescent et savoir « faire des ponts » entre ces questions et les œuvres culturelles de notre patrimoine. Ce n'est pas facile car, finalement, c'est l'éduqué qui décide d'accepter ou non de franchir le pont. C'est lui qui prend la décision. Mais cette décision, justement, est le signe de notre réussite éducative.

Philippe MEIRIEU

EN BREF

La responsabilité éducative

Les adultes ont un impérieux devoir de transmission. L'enfant arrive au monde infiniment démuni et il doit être éduqué pour pouvoir vivre et pour se développer.

Ce qu'il faut transmettre

Il convient de transmettre les codes sociaux nécessaires pour s'intégrer dans une société donnée ainsi qu'un patrimoine culturel qui, seul, permet à l'enfant de découvrir sa véritable « vocation humaine ». Nous sommes les médiateurs entre l'enfant et ce patrimoine, et nous devons le lui proposer en étant attentifs aux questions qu'il se pose et nous pose, questions capables de donner du sens aux œuvres de toutes sortes.

La difficulté majeure

Au fur et à mesure qu'il grandit, l'enfant construit sa liberté et, face à cette dernière, l'adulte est parfois désarçonné. Mais l'éducation n'est pas le dressage et, au bout du compte, la réussite de l'éducateur, c'est bien que l'enfant « se fasse œuvre de lui-même ».

Voir aussi

▶ L'enfant en difficulté d'apprentissage p. 218

Grands-parents et petits-enfants

Les relations grands-parents/petits-enfants sont uniques : faites d'amour, de complicité, de souvenirs. Elles sont comme un repère pour l'enfant. Si traditionnellement les grands-parents assument une mission de transmission de l'histoire familiale, ils assurent aujourd'hui une mission de réconfort, de stabilité, dans les familles éprouvées par le divorce, le deuil, le chômage. De nouveaux rôles qui ne sont pas toujours faciles à endosser dans une relation en mutation.

Les grands-parents sont la mémoire de la famille. « Chroniqueurs » de son passé, ils peuvent parler de « comment maman était quand elle était petite » ou, plus intéressant encore, « quelles sont les bêtises que papa a faites » ! Ils racontent les événements heureux, les naissances, les mariages, les anecdotes. Dans leur mémoire, les enfants viennent puiser de l'information. Mais leur rôle de transmission prend toute son importance lorsqu'il s'agit pour eux de relater une histoire familiale plus douloureuse. La transmission prend alors des allures de mission. Ce sont eux qui peuvent parler d'un papa décédé, par exemple. C'est à eux que les petits-enfants pourront poser des questions sur un petit frère ou une petite sœur gravement malade, la douleur des parents étant souvent trop vive pour qu'ils puissent leur en parler. Ils occupent une place essentielle pour « mettre en mot » les événements malheureux afin que le passé familial cesse de dévorer le présent.

Transmettre, c'est recréer

La transmission n'est jamais une simple reproduction, elle est « re-création », où ceux qui écoutent, les petits-enfants, jouent un rôle majeur. En racontant l'histoire de la famille, les grands-parents la recréent, la rendent accessible : ils permettent à leurs petits-enfants de se l'approprier. Par un juste retour des choses, les petits-enfants leur offrent aussi quelque chose d'unique. M. Natanson le dit fort joliment : « La mémoire restituée aux petits-enfants est un don que l'on reçoit d'eux pour la parole permise. »

Grâce à cette transmission se tisse la trame du mythe familial propre à chaque famille. En expliquant l'histoire des pierres qui bâtissent l'édifice familial, les grands-parents autorisent leurs petits-enfants à continuer de le construire.

Outre la transmission de l'histoire familiale, les grands-parents transmettent souvent des valeurs importantes telles que les bonnes manières, le goût de l'effort ou l'honnêteté. Autant de points de repères qui aideront les jeunes à trouver leur identité. Parce que les relations parents-enfants sont complexes, les enfants ne peuvent pas toujours accepter l'enseignement de ces valeurs par leurs parents. Il peut être insupportable pour un jeune de se faire rappeler l'importance de la ponctualité, même gentiment, par des parents, alors que la même remarque sera acceptée si elle vient des grands-parents avec lesquels les relations sont moins vives.

Enfin, les grands-parents assument encore une autre mission, et pas des moindres : ils sont garants des traditions, de ces rituels familiaux propres à chaque famille que sont le déjeuner de Pâques, le restaurant de Noël ou la fête des Mères, qui donnent à chacun l'impression d'appartenir à une famille unique et unie.

Un élément de stabilité

Dans les familles recomposées, faites de demi-frères, de beaux-pères et de sœurs par alliance, etc., les enfants finissent parfois par se perdre. Les grands-parents sont souvent vus comme un élément de stabilité. Ils sont comme « le maillon principal de l'armature familiale, c'est-à-dire celui qui assure la cohésion du système et dont une des missions principales est l'apaisement des tensions et conflits », explique S. Royal dans *le Printemps des grands-parents*.

Si les parents divorcent, les enfants, eux, ne divorcent ni de leurs parents ni de leurs grands-parents ! Dans ces familles décomposées et recomposées, le lien le plus indissoluble est le lien parent-enfant, lien originel qui perdure au-delà des séparations. Le rôle des grands-parents est de rassurer l'enfant, d'écarter de lui des idées de faute et de lui rappeler qu'il restera toujours l'enfant de sa mère et de son père même si ceux-ci se séparent. Pour ce faire, les grands-parents se doivent de reconnaître le couple parental que forment les parents, même si ceux-ci ne forment plus un couple conjugal.

À chaque âge sa vision

Entre 5 et 8 ans, les petits-enfants voient leurs grands-parents comme des superparents. Ils ne grondent pas, sont gentils et font des cadeaux. De 8 à 12 ans c'est le moment où une relation plus personnalisée se met en place. Ils deviennent confidents, grands copains, ou bien ils sont ceux qui savent, qu'il s'agisse de l'histoire familiale ou des choses de la vie. La plupart des adolescents les voient comme des complices. Il est plus facile de parler avec eux qu'avec les parents. Ils peuvent leur assigner un rôle bien particulier : celui de les aider à donner du sens à ce qu'ils vivent, à faire le deuil de leur enfance, etc. Mais ces mêmes grands-parents peuvent aussi être vus comme vieux jeu et ennuyeux.

Les droits des grands-parents

L'article 371-4 du Code civil accorde un droit de visite des petits-enfants aux grands-parents : « Les pères et mères ne peuvent, sauf motifs graves, faire obstacle aux relations personnelles de l'enfant avec ses grands-parents. À défaut d'accord entre les parties, les modalités de ces relations sont réglées par le juge aux affaires familiales. » Il arrive qu'un parent divorcé se brouille avec ses ex-beaux-parents, et refuse que ces derniers voient leurs petits-enfants. Les grands-parents en question peuvent alors avoir recours à la justice. Il convient de bien réfléchir avant de prendre une telle décision qui envenime immédiatement toutes les relations familiales.

Par là même, ils deviennent témoins de la filiation fondatrice.

Les choses se corsent lors des remariages, quand les grands-parents deviennent beaux-grands-parents des enfants de la première union du nouveau gendre ou de la nouvelle bru ! Ils peuvent, là encore, contribuer à faire le lien, à aider, par exemple, une nouvelle belle-fille à devenir une belle-mère pour les enfants du couple divorcé. La plupart des enfants ressentent le remariage d'un de leurs parents comme une intrusion, en particulier s'ils ont entretenu l'espoir, envers et contre tout, que leurs parents se remettraient ensemble. Pas facile pour eux d'aborder ces questions avec leur père ou leur mère. Les grands-parents peuvent devenir des confidents importants. Les petits-enfants ont besoin d'être rassurés sur le fait que le remariage d'un de leurs parents ne constitue ni une trahison envers l'autre ni une menace pour leur propre position dans la famille nouvellement créée. C'est ainsi que, en accueillant la personne nouvelle venue, les grands-parents procurent à leurs petits-enfants un modèle auquel ils pourront se référer à leur tour pour s'inscrire harmonieusement dans leur nouvelle famille.

Dernier rebondissement possible dans les histoires de familles : l'adoption. Par l'adoption, l'enfant reçoit non seulement des parents, mais aussi les parents de ceux-ci. En devenant grands-parents de cet enfant adopté, ils devront soutenir l'entrée en parentalité des parents et une entrée en filiation de l'enfant. Ils seraient ainsi les capitaines qui proposent un ancrage dans une histoire à adopter ensemble, comme un enrichissement à partager.

« Tatie Danièle », l'exécrable et finalement touchante vieille dame de ce qui est devenu un film « culte » peut exister dans la réalité. Tatie Danièle, comme certains grands-pères, dément l'image d'Épinal. Lorsque l'on a affaire à un patriarche enfermé dans ses dogmatismes rigides, rétif à toute marque d'affection, les préalables à une bonne relation ne sont pas là, et ce n'est pas aux petits-enfants d'en faire les frais.

Des débuts parfois difficiles

Si l'on choisit généralement le moment de se marier ou de fondre une famille, on ne choisit pas le moment de devenir grands-parents. Soit les petits-enfants surviennent sans crier gare, soit ils n'arrivent qu'après plusieurs années d'attente déçue ! Il faut laisser du temps aux parents de devenir grands-parents. Les débuts sont parfois difficiles, et cette difficulté parfois demeure, hélas ! Il y a les grands-parents gâteaux, mais il y a aussi les grands-parents pingres, acariâtres, possessifs, culpabilisants, etc. Il y a aussi des « Tatie Danièle » grands-mères ! La vieillesse ne bonifie pas tout le monde ; certains gardent des rancunes, des remords, des déceptions qui les empêchent d'entrer en relation avec leurs petits-enfants. Il est important de ne pas obliger les petits-enfants à aimer leurs grands-parents quand ceux-ci sont insupportables et tyrannisent leur entourage.

Par ailleurs, on ne peut plus aujourd'hui associer systématiquement vieillesse et grands-parents. L'événement qui fait des parents des grands-parents survient généralement autour de la cinquantaine, à un âge où l'on peut imaginer d'autres projets, voire réaliser ceux que l'on a longtemps remis à plus tard. Les petits-enfants peuvent alors apparaître comme des intrus qui viennent brutalement rappeler le vieillissement. On voit alors des grands-parents pris dans une course effrénée contre la montre. Croisière, bridge, marche à pied et cours de yoga ne leur laissent guère le loisir d'être à l'écoute des autres, y compris de leurs petits-enfants...

À LIRE

Natanson, M., *Dans ma famille, je demande les grands-parents*, Fleurus, 1999.

Dodson, F., *Être grands-parents aujourd'hui*, Robert Laffont, 1982.

Westhaimer, R. et Kaplan, S., *Profession : grands-parents*, Éditions OES (Osman Eyrolles Santé et Société), 2000.

Kornhaber, A. et Woodward, K., *Grands-parents/petits-enfants : le lien vital*, Robert Laffont, 1998.

Enfin, tous les parents n'ont pas de relations harmonieuses avec leurs propres parents. Certains parents ont du mal à tout assumer à la fois : être parents de leurs enfants, mais aussi enfants de leurs parents, et parfois même grands-parents de leurs propres petits-enfants !

Dans la plupart des cas, cependant, les grands-parents demeurent le pilier fondamental de la famille, avec un rôle aujourd'hui renouvelé. Ils ont dû s'adapter aux divers événements de la vie de famille afin de devenir un élément de réconfort et de stabilité pour leurs petits-enfants. Nouveaux rôles, nouvelles missions qui ne sont pas faciles à endosser. Le jeu en vaut pourtant la chandelle : si la transmission d'une génération à l'autre a été bonne, elle pourra se perpétuer avec la génération suivante.

Anne-Solenn LE BIHAN

EN BREF

Un pilier fondamental

Si les grands-parents d'aujourd'hui ne sont plus semblables à ceux d'hier, en pleine mutation dans une société qui l'est tout autant, ils continuent de constituer l'un des piliers fondamentaux de la famille.

Une mission de transmission

Les grands-parents transmettent l'histoire, les valeurs et les rites de la famille, mais sont parfois aussi les mieux placés pour évoquer des événements douloureux en empêchant le passé de dévorer le présent.

Un élément de stabilité

Dans les familles décomposées et souvent recomposées, les grands-parents peuvent assurer une certaine stabilité, sécuriser des enfants parfois un peu perdus et les rassurer sur la solidité de leurs liens avec leur père et leur mère.

Voir aussi

- Secrets et non-dits dans une histoire familiale p. 152
- Les deux grands : père et mère p. 158
- Transmettre la culture, une responsabilité éducative p. 168

Entre couple et famille

Deux êtres vont former un coup
Mais chacun apporte dans cette
nouvelle relation le poids de ce
qui l'a façonné : sa famille, avec
sa culture propre, ses valeurs, ses codes
La partie se joue à quatre : un homme,
une femme (en général), les « clans »
de l'un et de l'autre. Il peut y avoir
combat et, derrière cela, des personne
qui tentent de trouver leur voie
pour acquérir une identité,
une personnalité et un destin.

Le couple est l'espace de la fidélité à un engagement, à la croyance en sa relation, à un projet de vie qui n'engage que les deux partenaires. La famille est l'espace de la loyauté, c'est-à-dire du respect, voire de l'obéissance à des règles qui se transmettent de génération en génération. Il peut y avoir incompatibilité entre les deux, la voix du sang contre un choix fondé sur un sentiment partagé. Ce qui est bon pour la famille d'origine serait mauvais pour le couple et, inversement, ce qui serait bon pour le couple serait mauvais pour la famille d'origine ou pour la famille actuelle. Tout cela mérite réflexion.

Entre loyauté et fidélité

La loyauté est l'obéissance aux règles en vigueur dans sa famille d'origine, avec le sentiment d'appartenir à une filiation, d'adhérer aux mythes familiaux transmis de génération en génération. Elle donne le sentiment d'exister dans le cercle de notre famille d'origine. Elle définit l'appartenance et permet les premières étapes de l'individuation et de la différenciation.

La fidélité est simplement la foi dans la relation entre deux personnes qui se sont choisies et qui sont issues de familles différentes. C'est la croyance selon laquelle cette relation va être la plus importante pour elles et qu'elle conditionne leur vie d'adulte dans sa totalité ou en partie.

La loyauté est, dans une certaine mesure, le contraire de la fidélité. Il y aurait donc une incompatibilité fondamentale entre ces deux forces, comme deux ingrédients qui n'iraient pas ensemble : d'une part, une force qui pousse chaque enfant à rester le fils (la fille) de ses parents et, d'autre part, le désir de devenir l'homme (la femme) d'une étrangère (d'un étranger) qu'il a choisie dans le monde extérieur, hors du cercle de famille. Montrer sa capacité à sortir hors des limites de sa famille d'origine et se lier à une personne étrangère au groupe dont on est issu, cela représente un stade supplémentaire des processus d'individuation et de différenciation qui fondent la condition humaine.

Obéir ou choisir

L'alternative qu'impose la création de la relation de couple semble imposer d'obéir aux codes familiaux, ou de choisir de s'en affranchir, pour inventer ses propres lois. Obéir éternellement aux règles qui régissent le fonctionnement de sa famille d'origine serait obligatoirement renoncer à une vie intime, ce serait là un sacrifice effectué sur l'autel de l'unité familiale au détriment d'un développement plus personnel. Certains croient qu'un départ hors de leur famille d'origine déclencherait des catastrophes irrémédiables ; ils craignent, par exemple que cela provoque un conflit majeur. Une colère telle que jamais plus les membres de la famille ne resteraient en contact les uns avec les autres. Obéir devient ainsi une solution pour éviter qu'advienne ce qu'on croit être le pire. Le couple ne demeure alors qu'à l'état d'idée ou de rêve que l'on caresse de temps à autre pour supporter le quotidien de la loyauté comme durant l'enfance et l'adolescence.

S'affranchir des codes familiaux est souvent s'exposer, sinon à la rupture d'avec ses proches, du moins à leur réprobation. Ainsi, les couples qui ont décidé de ne pas procréer pour se consacrer entièrement à leur histoire à deux sont souvent mal compris et plus ou moins critiqués. De la même manière, il existe encore nombre de milieux où les familles combattent de toutes leurs forces les mariages interethniques ou entre deux personnes d'appartenance religieuse différente.

À l'inverse, choisir de vivre sa vie et partir hors du cercle familial, c'est prendre le risque d'être désavoué ou, tout au moins, de ne plus être soutenu par les siens dans tous ses choix personnels. Les orientations sociale et professionnelle, les choix affectifs et plus simplement les choix de vie mesurent l'écart qui sépare la trajectoire réelle empruntée par la personne et la trajectoire « idéale », imaginée pour elle par les siens telle qu'elle s'inscrit dans le cadre de la loyauté. Cette fille ou ce fils prend alors une place d'extériorité, et la vie familiale, d'une certaine manière, se déroule maintenant en dehors d'elle ou de lui. Dans ce contexte, le couple représente parfois une alternative pour supporter la solitude. Les ressources individuelles ne peuvent se trouver que dans les relations exogames (avec des personnes qui ne sont pas du même sang) et en particulier dans la relation au conjoint ; il faut pouvoir vivre sans l'assentiment des siens, et en dehors de toute culpabilité car, bien souvent, un frère ou une sœur qui reste proche des parents comble ainsi l'éloignement ou l'absence de celui ou de celle qui est partie.

Tout se prépare avec l'enfance

Dans leurs propres familles d'origine et dans leur couple, les futurs parents puisent les ingrédients nécessaires à la conception de leurs enfants. Ils y acquièrent tout ce dont ils ont besoin pour vivre. Les enfants, aux différentes étapes de leur développement, élaborent certaines procédures pour tester la perméabilité des frontières familiales qui les séparent du monde extérieur. Sortir, puis revenir, pour sortir et rentrer à nouveau, autant de fois qu'il est nécessaire pour qu'ils surmontent leurs propres craintes de l'extérieur et pour permettre également au système familial de « supporter » ces allées et venues le mettant à chaque fois à l'épreuve. L'enfance puis l'adolescence offrent à l'enfant qui grandit des occasions d'abord rares, et de plus en plus fréquentes, d'expérimenter la « tolérance » du système familial et de préparer ses parents à son départ de la maison. L'enfant partira pour aller à l'extérieur choisir une étrangère (un étranger) avec qui se lier et fonder un couple, puis une famille.

Dans sa famille d'origine, chaque enfant prend très progressivement conscience qu'il est un individu à part entière différent de tous les autres y compris des plus proches : ses parents, ses frères et sœurs. Certes, il leur demeure lié de façon indéfectible et, pourtant, malgré l'appartenance à son groupe familial d'origine, il se sent différent. Ses aspirations font de lui un être unique dont les choix personnels le démarqueront plus ou moins de la loyauté aux siens. Certains préféreront rester indéfiniment des enfants, liés aux membres de leur famille par les liens du sang, plutôt que de vivre l'aventure à l'extérieur de leur milieu d'origine. Ces enfants-là feront alors le sacrifice d'une vie personnelle pour demeurer près des parents et les accompagner durant leur vieillesse.

Vivre l'aventure

de l'autonomie dans le couple, en rompant les liens du sang, a longtemps été une expérience douloureuse. La littérature fourmille d'histoires où le refus familial d'une mésalliance est central. Et, sans même remonter au mythe de Roméo et Juliette, on peut se souvenir, plus près de nous, de l'attitude de la famille Claudel face à la liaison de Camille avec Rodin.

D'autres encore souhaiteront allier la loyauté, c'est-à-dire continuer d'être comme un fils (une fille) et comme un frère (une sœur), tout en vivant quelques expériences dans le monde environnant. Ces enfants-là mèneront leur vie de couple sans se séparer de leur famille d'origine. Tout le monde restera très proche les uns des autres aussi bien géographiquement que psychologiquement. Les espaces conjugaux ne seront alors guère imperméables aux relations intrafamiliales, les parents interférant plus ou moins directement dans la vie du couple et inversement.

D'autres, enfin, voudront se démarquer plus fermement de l'espace familial. Pensant que l'autonomie passe par une telle « rupture » des liens familiaux, ils s'en iront loin, parfois très loin, pour tenter leur chance, ne comptant que sur eux-mêmes, se passant de toute aide et de tout soutien.

Aucune de ces trois situations n'exclut les deux autres. La même personne peut tout à fait vivre ces trois états à des moments différents de son cycle évolutif personnel. Et une même famille peut avoir des enfants qui, chacun à leur manière, empruntent une de ces trois voies. Tout dépend de la structure de la famille à des moments donnés, dans certaines circonstances, souvent les plus dramatiques. Ainsi, à l'occasion d'un décès, d'un accident, de la naissance non prévue d'un enfant, tout le monde va se ressouder autour du noyau familial ou, au contraire, profiter de l'occasion pour partir. Il n'y a pas vraiment de règles, tout peut arriver, et chaque famille emprunte ses voies propres pour permettre l'individuation et l'autonomie de chacun de ses membres. Mais il y a une nécessité fondamentale, à un moment donné de toute existence, de sortir de la famille pour poursuivre ce processus mis en œuvre dès les premiers instants de la vie : au sein de sa famille, on ne peut jamais évoluer au-delà d'une certaine limite, et cela se comprend le mieux au travers des choix amoureux des enfants devenus adultes.

Devenir adulte, un enjeu de couple

Le couple permet une étape supplémentaire ces processus d'individuation et de différenciation, dont on a vu qu'ils étaient déjà initiés dans les familles d'origine. On ne devient jamais adulte tout seul. C'est dans les relations avec des étrangers au cercle de famille, et particulièrement avec un conjoint, que se parachève ce qui avait débuté dès la naissance.

Se forme ainsi un véritable paradoxe culturel lorsque l'éducation des familles vise à rendre libres les enfants qu'elles élèvent, libres de toute entrave, libres de toute dépendance tout en les maintenant sous contrôle au travers de la loyauté. Pourtant, chacun d'eux doit, avec ses moyens et dans son contexte familial propre, être capable de tracer sa route personnelle soit en suivant des chemins préexistants, ceux qui ont été tracés par les ascendants, soit en créant ses propres voies d'accès à la réussite et au bonheur.

Endogame ou exogame

On appelle endogamie l'obligation, pour les membres d'un clan ou d'une tribu, de ne former un couple qu'avec un membre du même clan. L'exogamie impose au contraire, de ne célébrer une union qu'entre membres de tribus différentes. Elle était très courante dans nombre d'ethnies indiennes d'Amérique du Sud. Les sentiments n'entrent pas en jeu dans ces coutumes qui visent, dans le premier cas, à préserver le groupe des influences extérieures et, dans le second, à nouer des alliances qui ont surtout pour but d'éviter les affrontements interethniques.

Exogames par idéalisme

La religion Baha'ie, apparue en Iran à la fin du XIXe siècle, dut vite se dissocier du chiisme, dont elle était issue, à cause de la tolérance et de la modernité de ses adeptes. De fait, ceux-ci prônent le mariage entre gens de peuple et de race différents. Ils voient là une arme particulièrement efficace contre toutes les formes de racisme et de xénophobie. Dans cette même religion, lorsque deux adolescents sont amoureux, on préconise de les marier très tôt, de telle sorte qu'ils deviennent adultes ensemble avec déjà le ciment d'une histoire commune. Mais, dans ce cas, peuvent-ils vraiment trouver leur autonomie par rapport à leurs familles d'origne ? Cela est une autre affaire...

Le couple permet d'envisager cette évolution par le biais de la multi-appartenance. Être adulte, c'est-à-dire accéder à l'autonomie, à l'indépendance et à l'individuation, c'est, d'une certaine façon, accepter tous les liens qui nous relient les uns aux autres. Les liens du sang, indéfectibles, qui nous relient aux membres de notre famille et les relations fondées sur des choix (et, notamment, sur des choix affectifs), qui nous connectent à des étrangers et à des étrangères.

Le mythe fondateur du couple : une croyance en l'autre

Comme toute croyance, le couple se fonde sur une base totalement irrationnelle, et personne ne peut expliquer pour quelle raison cette femme-ci a choisi cet homme-là, personne ne peut expliquer, non plus, comment ils arrivent à s'entendre, etc.

Mais, pour se choisir, il a fallu sortir de sa propre famille d'origine, aller à l'extérieur et faire des rencontres. Certaines aboutissent à des séparations ou à des ruptures. Ce sont des expériences relationnelles qui préfigurent la nature de la relation de couple car chacun a, ancré au plus profond de soi, un rêve de couple idéal qu'il souhaite faire vivre dans la réalité. Cette représentation sert de modèle à toute relation durable future. Elle se forge à partir des relations en vigueur dans les familles d'origine, des images véhiculées par la culture, les fantasmes, les rêves, etc. Pour créer un couple, il faut donc se montrer capable de surmonter ses peurs de l'inconnu (qui ne se révèlent qu'à l'extérieur) et oser confronter son rêve de couple à la réalité des relations.

Pour que le couple se fonde, les deux personnes doivent se mettre tacitement d'accord sur quelques points de leur histoire en commun ; cela va leur permettre d'asseoir leur croyance. C'est en cela que l'histoire de la création du couple forme un mythe qui représente une interface entre le milieu intrafamilial et le monde extérieur. Le mythe n'est donc pas seulement une « invention », une sorte de délire à deux, mais il remplit une fonction très importante pour permettre de se démarquer des familles d'origine. Cette histoire en commun qui se construit, réelle ou non, vraie ou pas, et cela n'a en vérité aucune importance, constitue le ciment des relations futures.

Grâce au mythe, le couple accède à une certaine forme de conscience de la réalité du monde extérieur, et il instaure déjà les premières règles de son fonctionnement relationnel que le premier enfant va bientôt incarner. Lequel enfant devra, à son tour, un jour, choisir entre l'obéissance et la fidélité, ou tenter de les concilier.

Denis VALLÉE

EN BREF

Le poids familial

Chacun des partenaires d'un couple qui se constitue amène avec lui le poids de sa tradition familiale. Vient un moment où il lui faut choisir entre la loyauté envers sa « tribu » d'origine et la fidélité à son projet de vie personnelle avec l'être choisi.

Les expériences de l'enfance

L'éducation généralement donnée par la famille vise, d'expérience en expérience, à rendre les enfants, puis surtout les adolescents, libres tout en les maintenant sous contrôle au travers de la loyauté

L'indispensable autonomie

Il y a une nécessité fondamentale, à un moment donné de son existence, de sortir de sa famille pour poursuivre le processus d'individuation mis en œuvre dès les premiers instants de la vie. Au sein de sa famille, on ne peut jamais évoluer au-delà d'une certaine limite.

Le mythe du couple

Par son histoire commune, le couple élabore un mythe qui lui est propre. Ce mythe remplit une fonction très importante pour permettre de se démarquer des familles d'origine.

Voir aussi

- L'amour, toujours ? p. 80
- Mais qu'est-ce qu'un couple ? p. 88
- Fidélité et infidélité p. 96
- Le couple à l'épreuve p. 280

Le coin des disparus

Dans la vie, il est aussi un temps pour la mort, pour les morts. Dans beaucoup de familles, même si on a perdu l'habitude de se rendre au cimetière, il n'est pas rare que lors des vacances (scolaires) de la Toussaint, on se retrouve autour des tombes de ses « chers disparus ». Un bouquet ou un pot de chrysanthèmes à la main, le 2 novembre, au lendemain de la fête (catholique) de « tous les saints », on rend ainsi hommage aux défunts. Au-delà de ce qui est aujourd'hui plus une tradition qu'un acte de vénération, comment ne pas voir aussi la recherche d'un lien avec les générations précédentes ?

Il est sans doute essentiel pour nous tous de vivre dans le présent. Il paraît tout aussi important d'avoir des liens avec le passé, son passé. Qu'on le veuille ou non, chacun d'entre nous fait partie d'une lignée, et, si l'on voulait une preuve manifeste de ce que cela représente, il suffirait de rappeler le combat – aujourd'hui enfin gagné – des personnes nées sous X pour avoir le droit de rechercher et de rencontrer leur mère naturelle. On comprend dès lors que les générations d'hier pèsent sur le quotidien de nos vies et qu'il n'est pas vain d'essayer, autant que faire se peut, de chercher à savoir ce que nos ancêtres nous ont légué. Un mot, une lettre, une photo, un nom gravé dans la pierre sont souvent les seuls repères qui permettent de remonter le temps et de tisser un lien avec son histoire, l'histoire de sa famille, sa culture originelle. Le « retour aux sources », l'envie d'en savoir plus sur ceux qui nous ont précédé est souvent bien plus qu'une façon de se souvenir.

Mémoire familiale et développement psychique

C'est en ayant conscience de ce que les générations précédentes ont pu être que nous arrivons à nous construire. C'est en leur rendant hommage – ou, plus simplement, en pensant parfois à eux – que nous continuons à participer à la création d'une mémoire familiale collective, indispensable au développement psychique de chacun. C'est ainsi que, dans les familles juives victimes expiatoires de la Shoah, rien n'est plus important que le travail de mémoire, différent au fond de ce que le philosophe P. Ricœur appelle le « devoir de mémoire » et qui revient à la société tout entière.

Rien en ce domaine n'est évident ni facile. Il faut parfois même composer avec son passé. Pourtant, il y a là quelque chose de vital au sens où cela donne à une personnalité les moyens de s'épanouir. La parole se fonde dans cette réalité d'hier pour être plus présente, plus vivante aujourd'hui. En marchant, virtuellement, dans les pas de ceux qui ont disparu, mais qui ont laissé une trace souvent indélébile, il devient possible de progresser, de s'ouvrir à l'autre, aux autres. Dans une société du « chacun pour soi », on peut, au travers des « gens d'hier », recréer du lien social, combattre le développement de l'individualisme. La généalogie, qui consiste à rechercher ses ancêtres, ses racines et à mieux comprendre ainsi ce que nous sommes aujourd'hui, peut y aider. Elle permet en effet de remonter le « temps familial » et d'inscrire l'ancestralité dans les faits. Il peut être intéressant de connaître ses origines même si la réalité de l'histoire familiale est parfois bien différente de celle que l'on entrevoit au travers des confidences échangées de génération en génération.

L'Occident et le culte des ancêtres

Les arrière-grands-parents, les grands-parents et, plus encore, tous ceux qui, aux yeux de leurs descendants directs et indirects, sont des « héros » (pas forcément parce qu'ils ont eu une conduite exemplaire, mais bien plus simplement parce qu'ils ont marqué les esprits par leur gentillesse, leur

Une préoccupation universelle

Les morts ont toujours occupé une place importante dans l'existence des vivants. Que ce soit à des millénaires de notre XXIe siècle, ou à des milliers de kilomètres du lieu où nous vivons, on aurait sans doute bien du mal à trouver une ethnie, une culture « première » ou une civilisation aussi sophistiquée que la nôtre, une religion qui ne fasse pas le plus grand cas de ses disparus. Ce culte des morts semble avoir toujours le même sens : faire des trépassés les médiateurs entre les vivants et les divinités, rapprocher les uns et les autres comme s'il n'y avait entre la vie et la mort aucune rupture, une sorte de continuité que l'on pourrait appeler « humanité ». C'est ainsi qu'un culte très émouvant se perpétue aujourd'hui encore à Madagascar : le retournement des morts. Un peu à l'écart du village, chaque famille a son tombeau.

Les ancêtres y reposent en paix. Pourtant, pour aider les vivants, ils doivent se sentir aimés, être réchauffés. Alors, périodiquement, on leur offre une fête. Tout le village est invité à y participer. On sort les morts des tombes, on les débarrasse de leurs vieux suaires pour les « draper de neuf ». On danse avec eux, on festoie en musique, on chante aussi, on leur fait partager ce bonheur et cette joie d'être bien vivants avant de les remettre respectueusement dans leur tombe. Assurés d'être toujours aimés et respectés, les morts restent ainsi présents et bienveillants car, disent les Malgaches, « les os sont dans le tombeau, mais l'esprit reste vivant ».

De la famille au clan

Paradoxalement, ce sont souvent les « disparus » qui permettent aux vivants de mettre en exergue ces sentiments d'appartenance et de provenance qui donnent à la famille, en partie du moins, sa cohésion. Ce regard sur les anciens prend de plus en plus d'importance dans nos sociétés, qui voient le nombre de familles recomposées augmenter sans cesse. Sur les valeurs (sûres) du passé, il devient possible de reconstruire un clan au sens anthropologique de ce mot que le Petit Larousse définit de la façon suivante : « Unité sociale exogame, de filiation unilinéaire, se reconnaissant en un ancêtre commun. »

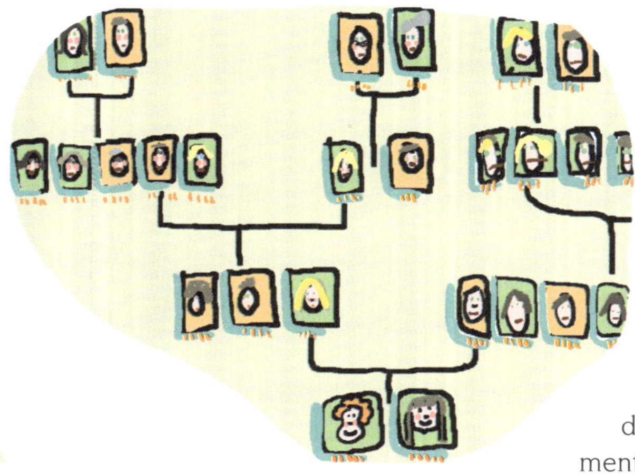

dévouement...) n'incarnent rien d'autre, même morts, que l'idée vivante de famille. Il devient, en conséquence, tout à fait normal de s'y référer, de les donner en exemples pour renforcer, pour mobiliser ses propres capacités à appréhender les relations familiales dans leur verticalité. Dans notre société occidentale, il n'est pas fréquent d'évoquer le « culte des ancêtres », si important dans les sociétés primitives. Pourtant, il recouvre une certaine réalité, et l'on aurait tort de s'en défendre. Les anciens, en effet, régissent une part non négligeable de nos actes. Ils peuvent inspirer certaines de nos décisions et avoir, consciemment ou inconsciemment, une certaine influence sur nos comportements.

Marc HORWITZ

EN BREF

Au-delà des générations

Les histoires familiales se construisent autour de personnalités marquantes. Elles sont l'« âme » des lignées successives et, servant de référents à l'ensemble des générations (vivantes), elles les cimentent.

L'idée vivante de la famille

Le « coin des disparus » est un repère qui permet à chacun de tisser des liens avec les autres membres de la famille, du clan.

Des valeurs indispensables

En se souvenant de ce que furent et firent les ancêtres, peuvent se construire les valeurs sociétales et familiales indispensables à l'épanouissement d'une personnalité ouverte sur les autres.

L'univers social

Relations et amis

Est-ce que l'on peut vivre sans amis ? L'amitié a-t-elle un rôle social ? Pourquoi l'amitié peut-elle mourir ? Qu'est-ce qui fait que je suis l'ami de quelqu'un ?... Telles sont quelques-unes des questions qu'on est en droit de se poser sur cette relation très particulière que nous entretenons avec un nombre restreint de personnes.

Amis ou relations ? D'emblée une distinction s'impose. Les gens qui constituent l'essentiel de nos relations ne nous sont pas indifférents ; nous avons avec eux des points communs, des affinités ; nous apprécions leur compagnie sans la rechercher particulièrement. La teneur de nos échanges avec nos relations va de la simple courtoisie à la camaraderie. C'est le degré de familiarité que nous entretenons avec l'autre qui caractérise la nature du lien qui nous unit à lui et qui détermine ce que nous pouvons en attendre. Dans le langage courant, nous employons le mot « ami » à propos d'un grand nombre de personnes avec qui nous partageons des activités ordinaires et pour qui nous éprouvons, à des degrés divers, de la sympathie. Il ne s'agit, en réalité, que de simples relations. Il est primordial d'éviter l'« erreur de casting », cette méprise qui nous conduit à considérer, souvent de manière hâtive, une personne comme notre amie. Ces personnes ne nous sont pas étrangères, mais nous ne pénétrons guère dans leur intimité. Le « familier », au contraire, est celui qui s'autorise, et que, réciproquement, nous invitons, à partager ponctuellement des moments, sans que cela nécessite de notre part une période d'adaptation ni diverses concessions susceptibles de modifier notre naturel.

Avant tout, un partage

Il est clair que l'amitié joue un rôle dans notre économie affective. Cette transaction, au vrai sens du terme, nous est utile, voire indispensable.

Avec des amis, il nous est facile d'aborder des sujets que nous n'oserions pas évoquer avec qui que ce soit d'autre. On partage, la plupart du temps, le même point de vue sur les choses. On a la même vision d'ensemble, aussi bien en ce qui concerne la société, le travail, l'éducation que les loisirs. On partage les mêmes valeurs. L'amitié, c'est avant tout le partage, le plaisir de vivre ensemble un événement, d échanger des impressions et d'éprouver des émotions. Nous avons tout de suite en tête l'historique du parcours que nous avons réalisé ensemble, et nous avons envie d'enrichir notre expérience commune. Les absences ne coupent pas le fil de cette longue conversation intime qui nous unit. Bien sûr, nous aimons voir nos amis et, si leur absence n'est pas ressentie comme un abandon, une défection de leur part sera éprouvée comme une trahison. Si l'essentiel de notre relation amicale est forgé par les moments passés ensemble dans la complicité du partage, le regret de l'absence de l'ami à différents moments forts nous donne une occasion supplémentaire de penser à lui.

Les amis de toujours

« Parce que c'était lui, parce que c'était moi », écrit Montaigne pour caractériser son amitié avec La Boétie, transcendant par cette formule lapidaire toute description réductrice, voire ordinaire. C'est le principe de préférence individuelle. C'est la rencontre intime de deux singularités. Elle se fait parfois dans l'enfance, au cours de l'exploration du monde, et l'on parle alors d'« amis de toujours ». Partant à l'assaut de la vie et de ses mystères, en quête de sensations d'autant plus exceptionnelles qu'elles sont uniques, les enfants, à terme, tissent entre eux des relations tout à fait privilégiées. C'est pourquoi les amitiés de l'enfance, si elles survivent aux crises de la vie, se révèlent d'une qualité rare. Quoi de plus attrayant et de plus réjouissant que de poursuivre ce voyage initiatique qu'est l'existence, avec quelqu'un pour qui nous avons une profonde affection et avec qui nous partageons des références depuis toujours ?

La plupart du temps, dans les relations amicales, la symétrie est de rigueur. Il s'agit d'échanges égalitaires caractérisés par une absence de préséance. Marx et Engels sont l'exemple d'une grande amitié moderne et spirituelle. Entre eux existait un enrichissement réciproque et complémentaire. C'est dans cette complémentarité que les deux plateaux de la balance trouvent leur point d'équilibre.

L'amitié peut cependant réunir deux êtres dont l'un est, apparemment, « tout le contraire de l'autre ». Des « couples » comme Dom Juan et Sganarelle chez Molière, Maître Puntila et son valet Matti chez Brecht, Don Quichotte et Sancho Pança chez Cervantès, tels que nous les ont dépeints le théâtre, l'opéra et, plus tard, le cinéma, avec des films comme *Julia* de Fred Zinnemann, la littérature en est pleine. Ces amitiés apparemment bancales, au sein desquelles coexistent un soi-disant dominant et un soi-disant dominé, un très beau et un laid, se révèlent, contre toute attente, être faites du bois le plus solide, le plus noble et le plus précieux. Il ne faut pas se fier aux seules apparences. Si on reste ami avec des personnes, alors qu'il semble y avoir un fort déséquilibre, c'est que l'on y trouve son compte. La balance qui régit nos échanges rétablit les choses dans une dimension plus secrète de notre relation.

Dans la littérature récente, les amateurs de romans policiers songeront sûrement, à propos de « couples » asymétriques, au « beau » commissaire San-Antonio et au « repoussant » Bérurier, les héros indissociables de Frédéric Dard.

Au-delà de l'absence et de l'apparence

Si elle naît presque instantanément lors de la rencontre entre deux personnes, l'amitié n'implique ni la régularité ni la fréquence, elle se construit au fur et à mesure et se renforce au fil du temps. Elle est exigeante sur la qualité, pas sur la quantité. Lorsque nous retrouvons un ami après de longs mois de séparation, il nous semble l'avoir quitté quelques minutes auparavant, et nous pouvons entrer dans une conversation de plain-pied, aller à l'essentiel, sans préambules ni préalables superflus. L'expérience d'un ami est la seule que nous puissions partager.

La présence physique, qui n'est pas une composante essentielle dans le bon « entretien » de la relation amicale, ne s'avère pas indispensable non plus, parfois, à la naissance de cette relation. Les « amis spirituels » ne sont-ils pas des étrangers qui de manière épistolaire, au fil des courriers, apprennent à se connaître, à s'apprécier, à s'aimer sans s'être jamais vus. L'amitié ne s'arrête pas non plus aux frontières des apparences. Ainsi, il nous est possible d'être ami(e) avec une personne beaucoup plus âgée, d'une autre culture, d'une autre religion ou d'un autre pays. Cependant, nos itinéraires de vie et nos parcours respectifs comptent pour beaucoup ; c'est pourquoi la majorité d'entre nous portera son attention sur une ou des personnes du même milieu social et des mêmes origines culturelles.

L'amitié, c'est un choix opéré d'avance qui ignore la compétition et nous conduit à soutenir quelqu'un, même dans son erreur, pour l'amener de manière bienveillante à s'en rendre compte. On se doit de prendre la défense d'un ami même s'il a tort, non pas pour se ranger du « mauvais » côté, mais pour ne pas le laisser seul sur l'autre rive afin d'occuper ensuite la meilleure position pour lui faire entendre raison. La déception est également incompatible avec l'idée égalitaire de l'amitié, si nos amis(-es) nous déçoivent, c'est un peu comme si nous nous décevions nous-même. Nous ne pouvons pas le supporter, et nous rompons.

Les « bonnes relations »

Le terme de « relations » est une des définitions données à un type particulier de rapport à autrui, qui consiste à fréquenter une majorité de personnes influentes dans le dessein de bénéficier de leur pouvoir ou bien de divers avantages par leur intermédiaire. Plus souvent, il s'agit de personnes avec qui nous partageons des intérêts et qui sont en mesure de nous rendre des services, tout en sachant qu'en échange elles en attendent autant de nous.

Savoir nourrir l'amitié

Les études portant sur le bien-être nous permettent de dire que nos chances de nous épanouir seront meilleures si nous avons un tissu relationnel riche. Les amis comptent parmi les éléments les plus importants du réseau social de soutien auquel nous avons recours pour conforter et solidifier notre estime de nous-même ou pour trouver les ressources nécessaires à faire baisser l'intensité de notre stress. On pourrait dire que l'amitié est une espèce de protection, un vaccin contre les conséquences trop pénibles du stress. Chacun en a plus ou moins conscience : trouver de nouveaux amis fait partie des souhaits le plus largement exprimés lors des sondages.

À LIRE

Alberoni F., *l'Amitié*, Pocket, Paris.

Mais l'amitié doit être nourrie, enrichie par de nouvelles aventures communes sous peine de tourner en boucle, de se rabâcher pour finir par être inutile. Elle n'est pas immortelle, mais soluble dans l'ennui. En outre, le temps et les vraies attentions contribuent à l'entretenir.

« Comme je suis content de vous voir ; au fait, vous repartez quand ? » J'ai adopté cette formule choquante *a priori* parce qu'elle recèle un des trésors qui font de l'amitié ce qu'elle doit être, c'est-à-dire un espace privilégié d'actes et de paroles gratifiants. En effet, si la spontanéité est une composante majeure de l'amitié, pouvoir protéger les moments que l'on désire vivre ensemble est capital. Se préparer à recevoir un ou des amis, c'est comme offrir un cadeau, il faut se rendre disponible. Avoir le temps est bien le moins que l'on puisse faire pour quelqu'un que l'on aime et qui compte pour soi. Aménager son emploi du temps en fonction de la présence de l'ami constitue une preuve très concrète de l'affection que nous lui portons.

L'amitié est une des valeurs sûres de la vie : la famille proche et les amis sont les êtres avec lesquels nous échangeons le plus et surtout le mieux, c'est avec eux que nous allons partager les grands bonheurs et les peines aussi. Elle peut durer toute une vie et résister aux pires contraintes ; sachons la cajoler, comme elle sait le faire.

Jean-Paul BERTRAND

EN BREF

La confusion des genres

Il est important de ne pas confondre les relations, aussi sympathiques soient-elles, et l'amitié véritable.

Les vrais amis

Amis d'enfance, amis qui nous ressemblent ou, au contraire, semblent nos opposés, les vrais amis sont ceux avec lesquels nous pourrons tout partager, sans que l'absence distende les liens.

Une valeur sûre

L'amitié est l'une des plus précieuses valeurs de notre existence mais, pour durer, elle doit être nourrie et vivifiée.

Voir aussi

► L'homme, un animal qui parle p. 52

Entre copains, entre copines

Nous disons nos copains, nos copines. Copains d'enfance, copains d'école, clans d'adolescents, mais à l'âge adulte, s'ils ne sont pas forcément les mêmes, nous en avons encore et souvent, notre vie durant nous nous en faisons de nouveau. Mais qui sont nos copains ? Où les rencontrons-nous ? À quoi servent-ils ?

« Dis-moi qui tu fréquentes, je te dirai qui tu es. » Nos copains-copines sont issus des différents groupes d'appartenance auxquels nous adhérons par goût ou par nécessité, qu'il s'agisse du travail, du voisinage, du groupe de parents d'élèves, du sport, des loisirs. Mais, si les individus qui composent le maillage d'un groupe de copains peuvent venir d'origines diverses, ils sont généralement de milieux relativement équivalents.

La communauté ainsi constituée est une espèce de microcosme, un lieu d'expérimentation au sein duquel nous allons proposer des projets, des images de nous-même, soumettre des options qui nécessitent d'opérer des choix qu'elle puisse accepter. En effet, lorsque nous sommes en contact direct avec notre expérience subjective, nous ne voyons pas nos comportements comme autrui peut les voir, tandis que, dans cette collectivité, nous allons expérimenter et mettre à l'épreuve nos différences. Voir jusqu'où l'on peut aller vraiment.

Être validé par ses pairs

Cette démarche d'exposition, de reconnaissance, aussi bien dans notre normalité que dans notre originalité, n'est pas innocente : tous les choix, que ce soit au niveau de nos vêtement, de nos goûts musicaux, de nos fréquentations (petite amie ou petit ami) pour être « assumables » publiquement doivent être validés par nos pairs. Ces groupes auxquels nous sommes rattaché ont un effet miroir ; ils nous offrent une confirmation de nos choix à travers le regard de nos semblables.

Parallèlement, la compétence de chaque membre de la bande dans son domaine nous offre du talent par procuration, et ces qualités dont chacun est le dépositaire par personne interposée font la force et la valeur du groupe concerné.

> **Et plus si affinités**
>
> **C'est souvent au sein d'une bande de copains que l'on trouve l'élu(e) de son cœur, pour un moment ou pour longtemps. Il arrive aussi qu'il y ait une sorte de mouvement tournant des partenaires : le plus souvent, la collectivité considère ces péripéties comme une des règles du jeu.**

Espace réservé essentiellement à l'hédonisme, le groupe de copains constitue le lieu idéal pour décompresser et pour exprimer sa fantaisie. On y suggère toute sorte de divertissements et d'activités collectives qui trouvent leur plein épanouissement et leur véritable dimension festive dans la pluralité et dans le nombre important de participants (ski, roller, randonnées, repas, jeux...). La particularité de ces groupes réside en cette capacité à nous faire régresser, nous ramener en arrière, nous permettant ainsi de retrouver les joies des comportements adolescents.

Critique, humour et solidarité

Les rencontres ont lieu parfois par petits groupes ou bien nous voyons un des membres du groupe, pas forcément par préférence mais plutôt par affinités, ce qui engendre des commentaires et des analyses sur certaines individualités. C'est la loi du genre ; la critique teintée d'humour y est systématique, la plupart du temps publique, consentie, voire provoquée pour la plus grande joie de tous. Les codes du savoir-vivre sont omniprésents, quoique bien souvent volontairement mis à mal.

> **À LIRE**
>
> André C. et Lelord F., *l'Estime de soi, s'aimer pour mieux vivre avec les autres*, Odile Jacob, Paris, 1999.
>
> Josien M., *Techniques de communication interpersonnelle*, Éditions d'Organisation, 1995.

Nous avons tous besoin de ces relations parfois éphémères et souvent un peu superficielles, mais c'est bien là que se trouvent les valeurs et les vertus de la camaraderie. Le nombre et la variété des copains fluctuent au gré de notre parcours et de nos choix, il ne tient qu'à nous de tisser de nouveaux liens de cette nature pour assurer, par ces transactions, un bon équilibre relationnel et affectif.

Jean-Paul BERTRAND

EN BREF

Un miroir et une force

L'appartenance à un groupe de copains nous permet à la fois de nous percevoir dans le regard des autres, de tester nos facultés d'intégration, de bénéficier de la synergie du groupe et de retrouver l'esprit ludique de l'adolescence.

Chers collègues...

Le sens de la vie se comprend moins qu'il se vit, et c'est entre nous que nous le trouvons, que nous l'éprouvons. Or, cette dimension de l'« entre-nous » s'exprime autant dans nos relations professionnelles que dans nos relations familiales, amicales ou sentimentales. Notre vie ensemble au travail nous concerne bien au-delà de la compréhension intellectuelle que nous en avons et des heures journalières que nous lui consacrons.

Est-ce bien au travail que nous pensons ou bien à tous nos collègues, collaborateurs, pairs ou supérieurs hiérarchiques réunis, proches ou lointains, aimés, redoutés, estimés ou rejetés, au fil des événements, mais surtout des relations quotidiennes ?

Nous évoquons nos relations de travail le soir à table, pas seulement à la recherche d'un règlement de comptes à faire vivre et approuver par nos proches plongés avec nous dans un bain de chaude colère, mais aussi en quête fébrile d'un éclair de compréhension de ce qui est en train de se passer, d'une solution pour agir ou réagir avec justesse. Et tout le monde sait que la découverte du sens des relations, qui, jusque-là, nous échappait, provoque du plaisir, du réconfort ; enfin, une étincelle d'espoir surgit dans le champ clair-obscur de notre expérience sensible.

Maîtriser ses émotions

De Gaulle disait à Malraux, qui l'interviewait sur la décision : « Lorsqu'on ne sait pas quoi décider, il vaut mieux regarder vers les cimes. »

Nos relations professionnelles bouillonnent dans un creuset profond, où des émotions semblables et dissemblables se mêlent et se démêlent à feu vif, que chacun ne peut éviter de vivre et de canaliser du mieux possible à l'intérieur de circuits de communication dépendant des jeux hiérarchiques établis et des objectifs personnels de réussite.

En situation de responsabilité, maîtriser ses émotions relève de deux arts : l'art des jeux subtils et de la juste alternance entre exercice du pouvoir et comportement d'exécution, entre conflit et coopération, convergence et divergence de points de vue ; l'art de l'identification et du dépassement des désaccords, des antipathies ou des souffrances cachés. Pour que l'organisation tienne et que l'intérêt commun ne cède pas aux intérêts des personnes, entre droits et devoirs, la solution individuelle est d'opter pour l'esthétique des comportements et des décisions.

Pour éradiquer les effets nuisibles de malaise ou de mal-être aggravé que provoqueront un profond désaccord non dit ou un conflit de pouvoir non assumé, il est important d'aller vers l'autre sans crainte et de réagir avec justesse. Ne pas intenter un procès d'intention, mais faire un crédit de confiance dans votre capacité commune à traiter le problème, et opposer ainsi un barrage à la lame de fond de méfiance et de suspicion qui, elle, de toute manière, recouvrirait tout le monde.

À savoir en toutes circonstances

Deux niveaux différents se conjuguent dans la communication :

- **Les informations échangées, ou le contenu de la communication.**
- **La relation dans laquelle les informations circulent ou le contenant de la communication.**

La nature de la relation instaurée détermine la facilité ou la difficulté à échanger efficacement des informations et à faire évoluer des prises de position vis-à-vis d'un problème. La qualité de la relation instaurée détermine la qualité de l'échange et la capacité des uns et des autres à percevoir et à traiter avec pertinence les informations qui circulent.

Pas de responsabilités sans fragilité

Quels que soient les débats d'actualité sur les 35 heures, chacun travaille beaucoup aujourd'hui, car il s'investit en pensée et réflexion au-delà du temps de présence dans l'entreprise. L'implication personnelle est forte. Les responsabilités s'élargissent, se complexifient et les décisions, aux conséquences multiples et hétérogènes, sont souvent prises dans l'incertitude.

Nous assistons, aujourd'hui, à un processus que le philosophe P. Ricœur décrit avec une bienveillante lucidité : « Là où il y a du pouvoir, il y a de la fragilité ; et là où il y a de la fragilité, il y a de la responsabilité. »

Un jour ou l'autre, chacun se retrouve à sentir le poids de sa responsabilité et, aussi, à percevoir mentalement ses limites. Que l'on soit responsable hiérarchique d'une équipe, commercial seul face à son client et mis en situation de prendre une décision contractuelle qui engage ses collègues techniciens absents de la négociation, ou encore collaborateur désireux de faire prendre une décision risquée à son supérieur hiérarchique, chacun prend en charge en permanence des relations sociales complexes.

Ces conflits qui font peur

En dehors de la rémunération et d'un allègement des contraintes, ce qui importe le plus dans la vie professionnelle est que le travail, la relation à la hiérarchie soient de bonne qualité, et que l'on puisse participer aux décisions. Or, quand tout le monde est lié par un objectif commun et par la fierté éprouvée à l'atteindre, par un bulletin de salaire et éventuellement

Exemple de conflit désamorcé : si vous dites calmement à votre interlocuteur : « Ton attitude de l'autre jour – ou bien : ce que tu me racontes – me met en colère, et je vais essayer de comprendre pourquoi, en réfléchissant à haute voix avec toi », vous traitez un conflit sur le contenu de ce qui se dit à l'intérieur d'une relation de coopération.

par de bonnes perspectives pour les actionnaires, les possibilités de se trouver en désaccord sur la conduite à tenir et sur les décisions à prendre sont plus nombreuses et variées que celles d'être en accord. Or, le conflit ne tend pas naturellement vers sa solution, et son issue est incertaine. Comme le remarquent les auteurs E. Marc et D. Picard : « On souligne souvent la dimension positive du conflit, qui permet la négociation, la modification des positions et l'évolution de la relation. Mais il est très rarement ressenti comme tel par les gens. C'est quelque chose qui fait peur et que, spontanément, on cherche à éviter… »

Lors du congrès 2000 de l'Institut psychanalyse et management, deux intervenants, H. Savall et M. Vallée, soulignaient, quant à eux : « Entrer dans le conflit fait peur car cela implique, outre le coût de la confrontation, un investissement dans l'incertitude, le doute sur sa propre capacité à l'assumer … » Ils poursuivaient en démontrant qu'un conflit correctement assumé et traversé devient une force dynamique, la pérennité de la dynamique résultant de l'alternance entre conflit et coopération.

Alors, comment passer du conflit à la coopération, et cela en fonction des règles du jeu hiérarchique ? Comment contrôler l'agressivité, la sienne et celle des autres ? Comment reconnaître que l'on entre dans une escalade symétrique et comment en sortir ? Comment ne pas avoir peur de la différence, et, pour ne pas perdre la face, résister à la faire perdre à l'autre ?

Il ne s'agit pas d'éviter le conflit, mais de le transformer en élément dynamique. Pour cela, il faut savoir se décentrer de soi-même et se mettre à la place de l'autre. Comprendre que toute émotion est à identifier comme une information sur ce qu'il se passe dans la relation, identifier les siennes, mais aussi prendre en charge celles de l'autre. Ne pas les lui renvoyer brutalement lorsqu'elles sont négatives, mais les métaboliser en les faisant siennes. Et se souvenir que même notre pire adversaire a le même besoin viscéral que nous de reconnaissance.

Annie COTTET

À LIRE

Marc, E. et Picard, D., *Communications et relations interpersonnelles*, Dunod, Paris.

Ricœur, P., *l'Unique et le Singulier*, Alice éditions, 1999.

EN BREF

Une préoccupation omniprésente

Dans la part qu'occupe le travail dans notre vie, les relations avec nos collègues tiennent autant de place que la fonction elle-même.

Un paradoxe apparent

Fuir un conflit ne mène à rien. Il vaut mieux l'affronter et en faire un élément dynamique en écoutant les arguments de l'autre et en sachant que, paradoxalement, se mettre d'accord sur la définition du désaccord est la condition de la relation de coopération.

Voir aussi

- Les personnalités difficiles p. 320
- Le harcèlement moral p. 324
- Progresser dans son travail p. 458

Chers collègues...

questions-*réponses*

Comment aborder le conflit de façon pacifique avec un pair ou un subordonné ?

Récapitulez les arguments de votre adversaire et confirmez-lui que vous avez bien compris sa position, puis récapitulez vos arguments et demandez-lui si votre position est claire pour lui. Mettez en évidence ensemble les convergences et les divergences.

Et si l'écart persiste ?

Vous pouvez constater ensemble où se situe le désaccord ou bien vous pouvez décider de le réduire.
Quoi qu'il en soit, vous êtes passés sans le dire d'une relation conflictuelle avec risque de rupture des négociations à une relation potentielle de coopération. Votre interlocuteur et vous-même avez pu vous mettre d'accord sur la nature du désaccord.

Et s'il s'agit d'un supérieur hiérarchique ?

La règle déterminante est de montrer que vous respectez son statut en lui fournissant les éléments de la décision sous forme d'alternative.
N'anticipez pas sur ses éventuelles objections. Soyez crédible en prenant réellement le risque que la solution adoptée ne soit pas celle que vous souhaitiez.

Comment présenter ses arguments ?

Proposez, sur le ton de la neutralité scientifique, au moins deux arguments ou deux hypothèses de résolution du problème en les déroulant jusqu'au bout de leur logique. Soit nous faisons ceci, avec tels avantages et inconvénients qui ne sont pas les mêmes pour vous et pour moi, ce qui nous permet d'aller dans tel sens ; soit nous faisons cela et nous allons dans un autre sens... Une fois votre exposé terminé, marquez un silence. Vous ne pouvez lui donner la parole, seulement la lui laisser ou lui la prendre.

Quel est l'avantage de cette attitude ?

Votre supérieur hiérarchique a le choix de la décision, mais cette ouverture sur l'analyse d'une alternative dirige le dialogue vers l'appréciation fine des deux hypothèses et peut conduire à une décision concertée !

Chers concitoyens...

Comme le montre la psychologie politique, il faut prendre au sérieux les réactions et attentes collectives face à la société et aux pouvoirs en place : chacun d'entre nous est tributaire, dans son vécu personnel, de l'état de santé morale et politique du pays. Or, tout démontre que notre psychologie politique est en pleine mutation.

Dans le vocabulaire de l'air du temps, la « citoyenneté » a remplacé le civisme. Le civisme évoque les devoirs du citoyen, l'instruction civique, la République surannée – et souvent embellie – de Topaze en blouse grise. La citoyenneté est empreinte de modernité démocratique. Elle met le citoyen – non la Cité, non la République – en situation d'acteur principal. Elle rime avec responsabilité. Et cette tendance semble liée à une évolution des attentes en profondeur.

Dans un sondage consacré à la notion de « bon citoyen », il est apparu qu'en majorité les Français ne pensent plus d'abord au caractère sacré du droit de vote, mais classent en tout premier lieu le respect du Code de la route, de l'environnement, des règles de vie de proximité, etc. Un sur cinq seulement cite en tête « ne pas aller voter ». Voilà qui en dit long sur le déclin du politique.

Pour analyser ce déclin, deux séries de raisons se conjuguent. D'abord, un vieux réflexe de défiance où s'additionnent l'antiparlementarisme du Café du commerce, la grogne des moins bien nantis et la méfiance à l'égard des politiques, traditionnels en France. Puis, depuis 1980, de nouvelles raisons sont venues se greffer sur ce vieux fond de dénigrement suspicieux.

Des causes de désaffection

Les Français se sont mis à avoir quelque chose de précis et de grave à reprocher à leurs responsables : leur incapacité à résoudre le problème principal de la période – le chômage. Alors que ce drame devenait la préoccupation centrale des électeurs, ces Français – qui ont tout de même essayé toutes les alternances politiques depuis vingt ans – ont nourri le sentiment que, décidément, les politiques étaient incapables de « nous en sortir ». Dès lors, on a eu tendance à être moins indulgents pour ce folklore de la politique vue comme un « partage du gâteau ». Avec la crise – cette crise qui a fait sombrer tant d'entre nous dans la dépression, qui a introduit les formes de concurrence les plus sauvages pour acquérir ou garder un emploi, qui a défait tant de familles et cassé tant de solidarités –, puisqu'on nous demande sans cesse de nous serrer un peu plus la ceinture, il est devenu inadmissible que les hommes politiques, eux, « s'en mettent plein les poches ». Avec la sortie de la crise, il est tout aussi inadmissible que certains prospèrent de plus belle tandis que d'autres restent en rade.

Le vieux fond de défiance des Français à l'égard de la politique pourrait se résumer en trois clichés : « Ce sont toujours les petits qui trinquent », plainte et grogne des « petits » contre les « gros » ; « tous pourris » : dénonciation qui nous vient de l'extrême droite ; et, enfin, « on ne nous la fait pas », expression typiquement hexagonale.

Or, la période est précisément devenue sous nos yeux celle des « affaires » et des scandales politico-financiers en tous genres, de mieux en mieux connus grâce au rôle renforcé des juges et de la presse. Et ces affaires ont éclaboussé, tour à tour, tous les partis et des personnalités parmi les plus hautes.

Il ne faut donc pas minimiser la désaffection des Français, sous prétexte, comme l'affirment beaucoup d'élus, qu'elle serait traditionnelle. Il y a aussi des raisons « modernes », pour se défier du politique, et elles sont autrement plus sérieuses : les angoisses familiales liées au chômage, la peur de la crise dans un monde mystérieusement dominé par des « marchés financiers » insaisissables, le spectacle des « affaires ». Elles expliquent l'augmentation constante de l'abstention, et aussi la montée un temps de l'extrême droite ou la fuite vers ces votes de protestation.

Du coup, sur ce fond de climat bien maussade, certains mécanismes du fonctionnement habituel de notre démocratie sont apparus comme décidément imparfaits. On peut en distinguer trois, qui constituent les dossiers les plus attendus de la « modernisation de la vie politique ».

D'abord, le cumul des mandats. La situation s'est améliorée depuis que, dans les communes de plus de vingt mille habitants, les mandats ont été réduits à deux, et qu'il a été demandé aux ministres d'abandonner leur fonction de maire. Mais on a vu les résistances – du Sénat, notamment – à inscrire dans la loi l'interdiction de cumuler une fonction parlementaire et une fonction d'exécutif local.

Puis la durée des carrières politiques. L'exercice d'un mandat de représentant du peuple n'est pas un « métier », que l'on exerce à vie. Or, on connaît l'adage : « Un homme politique meurt rarement, il ne démis-

Des pourcentages révélateurs

Priées de dire si telle ou telle action est « très importante » du point de vue du civisme, 72 % des personnes interrogées tiennent pour capital le fait de « respecter scrupuleusement le Code de la route », et 43 % seulement d'« aller voter ». Questionnées sur les comportements les plus critiquables du point de vue du civisme, elles citent à 59 % « se faire passer pour chômeur », à 57 % « jeter des ordures dans la nature », à 48 % « se faire faire de faux arrêts maladie », à 39 % « dissimuler une partie de ses revenus au fisc », à 32 % « tricher aux examens », à 23 % « arroser son jardin en période de sécheresse », et à 20 % seulement « ne pas aller voter ».

Trop peu de femmes

En France, en 2001, 22 % des maires, 13 % des conseillers régionaux, 7,5 % des maires, 5 % des conseillers généraux, 6 % des sénateurs, 11 % des députés sont des femmes, contre, par exemple, 40 % en Suède 33 % aux Pays-Bas, 26 % en Allemagne, 25 % en Espagne...

sionne jamais. » Dans presque toutes les villes concernées, les habitants se désolent, en voyant leur maire faire « un mandat de trop ».

Le troisième volet est celui du fonctionnement des institutions. Les Français sont attachés au droit de désigner eux-mêmes, directement, leur président de la République. Mais en même temps, depuis vingt ans, ils se prononcent continûment pour un renforcement des pouvoirs du Parlement et une augmentation de ceux des maires et des régions.

Sur ces trois thèmes, les citoyens ne se contentent pas d'être critiques. Ils dessinent des demandes, des souhaits, des exigences, concernant une vie publique plus ouverte, moins rigide, moins monopolisée par une élite trop unifiée.

Une soif de participation

La réclamation la plus immédiate s'exprimant dans les enquêtes d'opinion est celle de citoyens qui demandent à être informés et à participer aux décisions les concernant. Ils désirent connaître les tenants et aboutissants des décisions sur leur avenir, être mis en mesure de dire leur mot, et même être associés aux décisions les concernant. Cette soif de participation est parfois mise en doute par les « décideurs » (« C'est bien joli, votre demande citoyenne, mais moi, quand j'essaie d'organiser des réunions publiques, il ne vient presque personne ! »). C'est vrai : on ne s'habitue pas si vite à la réalité d'une vie démocratique participative – il est plus facile de protester que de s'engager. Il s'agit d'un véritable changement des habitudes culturelles, qui prendra du temps.

Surtout, il ne faut pas se méprendre sur les contours de la demande de participation citoyenne. Nous vivons, en politique aussi, une période où la consommation s'est faite reine. Comme citoyens aussi, nous souhaitons pouvoir être des « consommateurs de participation », c'est-à-dire des gens à qui l'on offre la *possibilité* de participer – libres à nous de passer à l'acte ou pas. Souvent, le citoyen ne profite pas de cette possibilité, mais il la lui faut.

Ce mouvement sera-t-il absorbé par la vie politique, au prix de quelques réformes de façade ? Dessine-t-il une nouvelle voie pour le fonctionnement démocratique de notre société ? Ou bien encore – c'est aujourd'hui l'hypothèse la plus probable – ne nous prépare-t-il pas une évolution à l'américaine, vers une société de démocratie participative locale réelle, mais qui cohabite avec une vie nationale et internationale où le citoyen participe de moins en moins ? On voit combien l'intervention citoyenne dans notre système démocratique pourrait, en effet, progressivement, ne concerner que le « local » ou, de manière générale, la démocratie « de proximité » – celle qui est « proche des gens ». Une telle évolution pourrait parfaitement se concilier avec une accentuation du déclin de l'intérêt des citoyens pour les affaires politiques nationales, européennes, internationales.

Eux et nous

Il fut un temps où la collectivité nationale était ou se voulait soudée par des valeurs communes, enseignées par l'école (civisme, patriotisme, etc.) et relayées par l'éducation familiale, un temps aussi où tous ceux qui étaient investis d'une parcelle d'autorité étaient par principe supposés irréprochables et hors d'atteinte de la corruption : il y a toujours eu loin de la coupe aux lèvres – diversement, d'ailleurs, selon les régimes et les époques –, et nul ne mettait en doute l'idée qu'il suffisait de vouloir être un bon père de famille, un honnête citoyen ou un gouvernant intègre pour l'être effectivement.

Dans le monde complexe qui est le nôtre, où le triomphe du libéralisme accentue le jeu des groupes de pression et légitime la concurrence des intérêts les plus divers, et où règne un individualisme décomplexé, les frontières entre le licite et l'illicite, entre le respect d'autrui et la défense de son droit propre sont souvent loin d'être claires. Les politiques eux-mêmes tendent à demander de plus en plus à la justice de mettre en évidence les lignes blanches à ne pas dépasser...

Il est difficile de croire que ce climat soit sans répercussion sur les psychologies et les conduites individuelles : on peut se sentir encouragé à se défausser perpétuellement, à se déresponsabiliser et à tout attendre des autres (je fume, mais c'est l'État dealer de tabac qui est responsable, mes enfants sont mal élevés, c'est la faute de l'Éducation nationale, etc.), comme on peut, sachant le peu de bénéfices à attendre de ce genre d'attitude, se donner pour idéal de vie une recherche personnelle, familiale ou communautaire de valeurs sur lesquelles on ne transigera pas.

Roland CAYROL

EN BREF

Autre mot, autres attentes

Le mot « citoyenneté » a remplacé le mot civisme. Synonyme de modernité démocratique, il traduit de nouvelles conceptions et de nouvelles attentes des Français dans leur rapport au politique.

Un changement de cap

La société de consommation s'est étendue au politique. Les citoyens se veulent « consommateurs » de participation, être informés des projets qui les concernent et pouvoir y participer. Il se pourrait que leur désir de participation se focalise sur le local, la politique de proximité, au détriment des affaires nationales et internationales.

Voir aussi

- Face à la violence et l'insécurité p. 334
- J'ai mal à la planète p. 338
- S'engager dans l'humanitaire p. 480

Chers habitants de mes rêves...

Rêves, fantasmes, idoles, stars, vedettes, hommes ou femmes sur papier glacé, célébrités ou anonymes, les habitants de nos rêves sont une partie de notre idéal, une idée que nous nous faisons de la perfection, un reflet de ce que nous croyons être le bonheur. Les stars ont pris la place des dieux au sein d'un firmament fluctuant et capricieux, mais c'est encore et toujours pour faire rêver au risque de n'être qu'une illusion à leurs propres yeux.

Si les légendes sont toujours d'actualité, les exploits ont changé de nature. Les gladiateurs des temps modernes se donnent en spectacle dans des arènes plus civilisées, mais tout aussi cruelles. Les moyens ont évolué, plus que les mentalités, et les hommes aiment toujours autant les exploits.

Enfant, nous avions notre imaginaire rempli de héros formidables, mais notre envie de leur ressembler s'estompe, en général, avec l'adolescence, époque à laquelle nos préférences changent d'objets. Les personnages de la littérature sont légion, ceux qui deviendront incontournables pour nous ne le seront, la plupart du temps, que parce qu'ils ont été incarnés par tel acteur ou telle célébrité. L'incarnation est nécessaire pour que le mythe sorte de son univers à sang froid afin de rejoindre le nôtre, plus agité. Nous entretenons parfois un intérêt commun pour une vedette avec quelqu'un de notre entourage, mais si nous partageons publiquement l'objet de notre culte, dans notre for intérieur, nous savons détenir certaines informations, des secrets sur la vie intime de celui ou celle pour qui nous brûlons d'un amour ardent, paraissant à nos yeux des gages de légitimité. Nous revendiquons alors, intérieurement, une place de choix auprès de la star qui nous situe, bien évidemment, au cœur de ses préoccupations les plus essentielles...

Les héros ont un sexe

Adolescents et, plus tard, adultes, nous ne rêvons presque plus que de héros humains : ceux des bandes dessinées, tant qu'ils n'ont pas été portés à l'écran, ne nous font plus vraiment fantasmer, sans doute parce que, dans cette forme primaire du héros, l'érotisme est presque totalement absent ou peu perceptible par la grande majorité d'entre nous. Il est vrai que, sous des formes plus élaborées, cette même mythologie de papier trouve précisément dans l'érotisme l'un de ses principaux atouts. N'en déplaise aux esprits chagrins, les preux chevaliers qui parcourent les rêves des jeunes filles ne sont pas asexués, et les fées qui se penchent sur l'oreiller des adolescents ont des charmes d'une nature plus enivrante que ceux qui sont exaltés dans la littérature enfantine. Certains mangas japonais dédiés à l'érotisme offrent aux amateurs des héroïnes de papier, soumises et provocantes, mais la gymnastique intellectuelle ne consiste-t-elle pas à transposer ces mannequins dans leurs poses suggestives ? Et c'est bien en cela que réside l'ambiguïté : les habitants de nos rêves doivent être suffisamment humains pour rester crédibles, mais assez inabordables pour demeurer hors de portée, donc profondément désirables.

À quoi rêvent les jeunes filles ?

Le système est simple. Je lis dans un journal que ma vedette préférée a de la peine, comme moi, pour les mêmes raisons que moi ; elle est donc comme moi ; si elle est comme moi, je suis comme elle ; en faisant tout comme elle, je peux devenir moi aussi une star comme elle. Et la vie sera belle.

Le public a le dernier mot

Sommes-nous libres de nos choix en matière de célébrités et d'amours cathodiques ? Au bout du compte, oui, sans aucun doute ; et ceux qui croient qu'ils ne l'ont pas été prendront, peut-être, fait et cause pour quelque baladin méconnu, mais génial, dont ils seront le porte-étendard auprès des non-initiés. Si nous subissons effectivement les diktats de la mode, les gens qui semblent faire la pluie et le beau temps dans les différents médias ne nous forceront jamais à aimer quelqu'un totalement dépourvu de talent.

La critique qui consiste à dire : « Tous ces gens ne sont que des produits, leur réussite n'est due qu'à un fort battage médiatique », est assez éloignée de la réalité. La part de l'innovation dans la sphère artistique reste très élevée. Elle constitue un facteur de régénération du système et de ses produits. S'il nous apparaît parfois que nous sommes l'objet d'une vaste manipulation, c'est toujours le public qui a le dernier mot.

Miroir, mon beau miroir

La rencontre des vedettes et des mythes, des légendes et des héros entre dans cette alchimie qui garantit le succès. La réussite est totale lorsqu'on est parvenu à opérer le subtil dosage permettant au spectateur de retrouver son univers intact, tel qu'il l'imaginait ou, plutôt, comme il n'arrivait pas à se le représenter, et d'adhérer au choix de l'identité humaine qu'on a réalisé pour lui.

Certains interprètes des héros que nous affectionnons sont prisonniers de leurs personnages, comme la plupart des stars, qui le sont, elles, de leur propre représentation et doivent se comporter à la ville comme à la scène. L'image est verrouillée par les « fans », qui ne veulent voir de leur idole qu'une seule facette, celle par laquelle s'est opéré le coup de foudre, celle à laquelle ils se sont enchaînés et voués, pour certains, corps et âme. Tout renoncement à cette image « fondatrice » peut être considéré comme une trahison, et la fidélité de l'humain de chair à son reflet de papier glacé est souvent gage de longévité pour les célébrités de tous poils.

Une existence en trompe-l'œil

Bien des admirateurs confient qu'ils ne voudraient pas rencontrer leur idole parce que cela mettrait fin à leur admiration. Convaincus d'être déçus le cas échéant, ils déclarent préférer alimenter leur rêverie à la seule lueur des projecteurs de la place publique, sous l'éclairage particulier de la presse spécialisée. Est-ce que la peur d'une éventuelle déception n'est pas largement plus forte que celle d'une satisfaction dont on ignore, finalement, tout ? Et les personnalités murées dans leur tour d'ivoire, de quoi se protègent-elles, sinon de l'image médiatique qu'on leur a collée et du fardeau de leur propre légende ? Les jeunes filles qui disent vouloir être à la place des vedettes qu'elles adulent seraient sûrement très étonnées d'entrer dans leur quotidien, ce quotidien qui n'apparaît jamais nulle part. Le quotidien dont parlent les journaux n'existe pas, c'est une invention qui consiste à zapper tout ce qui peut ressembler un tant soit peu à une espèce de routine. La fiction prend toujours le pas sur la réalité, elle est souvent plus vraisemblable que la réalité. Il est fréquent qu'un événement de la vie courante d'une vedette prenne des allures de tragédie dans une presse qui n'aura de cesse d'exploiter les mêmes vieilles ficelles jouant sur la sensiblerie et le goût du voyeurisme, même si la plupart des gens lisant (toujours chez le coiffeur) ce genre de littérature s'en offusquent.

L'interprète, l'artiste que nous aimons nous sert vraiment d'interprète : il exprime, avec ses gestes et ses mots, ce que nous avons nous-même, du mal à exprimer. Il offre une version des choses à laquelle nous souscrivons totalement.

Nous ne leur souhaitons pas de mal, à nos idoles, nous voulons pouvoir les plaindre, ce qui est différent. Leur proximité avec nous ne se révèle que dans l'adversité ; leur bonheur est hors de portée, pas leurs malheurs. Dans cette histoire, en général, personne n'est dupe ; nous savons que, en

Le sens du courrier du cœur

On retrouve souvent, dans le courrier des fans, des sollicitations de conseils pour vivre mieux ou moins mal. Mais si les gens écrivent, c'est avant tout pour se confier. Trouver un ou une confidente, c'est bien là le vrai but de la manœuvre, le véritable sens de la démarche entreprise. « Lui (ou elle), pensent-ils, pourrait me comprendre... Parce qu'il (ou elle) est comme ceci ou comme cela... » Les admirateurs connaissent leurs idoles par cœur. La relation de chacun avec sa vedette préférée est singulière et unique, elle ne peut ressembler à aucune autre. Cette croyance est partagée par la majorité des fans accros. La relation que nous entretenons avec des stars fétiches au cours de notre adolescence est une drogue dure. La dépendance peut se révéler presque totale et se dissiper tout à coup.

regardant par le prisme déformant d'une certaine presse à sensation, notre appétit de révélations en tous genres sera comblé : un peu de vérité, beaucoup de mystification, c'est la loi du genre. Les adorateurs sont indulgents, ils arrivent même à accepter ce qui peut sembler absurde parfois, ils parviennent à aimer quand même une personne réduite à une caricature d'elle-même. Mais ce que ce public aime à ce moment-là, ce n'est justement pas l'instant présent, mais c'est ce qui fut et qui n'est plus : ils applaudissent un parcours, une carrière, ils remercient l'artiste pour tout ce qu'il leur a offert de beau au fil du temps.

À l'heure de l'Internet et de la mondialisation, les héros sont devenus planétaires, les vedettes, universelles, et les carrières, internationales. Pourtant, si les rêves de masse sans distinction de langue, de pays et de culture obtiennent parfois l'unanimité, les spécificités locales font encore recette. Mis à part les Japonais, capables d'assimiler n'importe quelle culture et de l'adopter après un rapide et succinct remix, tous les autres citoyens du monde conservent leurs gloires nationales et régionales comme autant de figures emblématiques gardiennes et garantes d'une authenticité et d'une identité pérennes.

Finalement, tout cela ne nous amène-t-il pas à penser que nous admirons plus l'idée que nous nous faisons de quelqu'un que la personne elle-même ? Ce que nous aimons à travers elle, c'est notre façon de regarder les choses, regard qu'elle restitue si bien.

Jean-Paul BERTRAND

EN BREF

Les mythes du présent

Les hommes ont toujours eu besoin de prodiges et de héros. Aujourd'hui, les stars ont pris la place des dieux et des personnages mythiques d'antan.

Les lois du succès

Pour qu'il y ait starisation, il faut que les fans puissent reconnaître, dans leur vedette, l'image d'un univers idéal qu'ils imaginent.

Nous d'abord

L'idée que nous nous faisons de la star compte plus que ce qu'elle est réellement, et nous aimons surtout la manière dont elle nous restitue notre propre regard sur les choses.

Voir aussi

- La pente de l'esclavage p. 30
- Savoir se jouer des codes p. 470

Difficultés et souffrances

Qu'est-ce que j'ai ? Qu'est-ce qui me fait mal ?

Au cours de la vie surviennent des situations difficiles ou pénibles, et aussi des moments où l'on se sent mal sans en comprendre la raison. Il arrive parfois des épreuves terribles et, plus souvent, de « petits malheurs ». Certaines de ces difficultés se résolvent grâce à nos ressources personnelles ou à la solidarité de notre entourage, mais d'autres peuvent provoquer une souffrance beaucoup plus grande, parfois interdite de parole, qui risque un jour d'envahir notre corps ou notre esprit sous la forme de maladie ou de symptômes dépressifs, par exemple.

Toute douleur est signe d'un dysfonctionnement ou d'un danger qui menace notre intégrité corporelle ou psychique. Ne pas comprendre ce qui arrive dans notre corps génère inquiétude et appréhension. De même la douleur morale témoigne d'un moment de souffrance psychique dont la cause peut nous échapper. Notre capacité à analyser ce qui nous arrive pour en être soulagé dépend de notre maturité affective, de nos possibilités d'expression et de celles de l'entourage à apporter des informations et un soutien.

Jusqu'à quel point sommes-nous capable d'identifier nos émotions, sans avoir appris à les reconnaître ? Reconnaître l'origine psychique d'une souffrance ne va pas de soi : beaucoup ne sont pas ressenties car niées, cachées ou déplacées. Si l'angoisse constitue le signal d'un conflit intrapsychique, cette perte de la maîtrise émotionnelle n'est pas toujours facile à vivre. Quand l'intensité de la souffrance est trop forte, le refoulement permet de rendre inconsciente la source de conflit ou de déplaisir. Ainsi, par la suite, des situations du présent peuvent venir réactiver les « vieilles blessures » et nous surprendre par l'intensité de la douleur ressentie : les émotions du présent et du passé s'additionnent, et la situation réelle provoque une souffrance plus grande que celle qu'il conviendrait d'éprouver « normalement ».

Différents arrangements permettent de mettre la souffrance à distance, comme le reproche et la plainte, qui ne sont pas toujours compris comme les expressions d'une douleur réelle.

L'entourage joue un rôle dans l'expression de la souffrance. Les codes sociaux et familiaux la permettent ou la limitent. Dans certaines familles, la moindre plainte inquiète excessivement ; dans d'autres, la résistance à la douleur est très valorisée.

Si la recherche du sens de nos souffrances a été modifiée par la vulgarisation de la psychanalyse, mettre du sens systématiquement est plus souvent une manifestation de pouvoir que de réelle compréhension. Écouter et exprimer notre sentiment face à l'autre est un mode de réponse plus constructif.

Enfin, d'autres approches génétiques laissent croire que tout est inscrit par le destin et qu'il y aurait un déterminisme fatal à être dépressif ou violent. Ce qui amène certaines personnes à dire : « J'ai un tempérament anxieux, ça fait partie de moi, je suis comme ça depuis ma naissance » ; ce qui peut être vrai, mais empêche toute évolution.

Les sentiments qui font mal

Aucune souffrance n'est gratuite, elle a toujours une cause logique qu'il s'agit de découvrir, sachant que la logique de l'inconscient n'est pas la logique ordinaire. Identifier cette cause permet d'y faire face et de se protéger de ce qui nous met réellement en danger. Certains sentiments, universellement répandus, dont les contes et les mythes nous donnent mille exemples, sont l'expression d'une souffrance ressentie dans la relation à l'autre, comme l'abandon, la disqualification, la jalousie ou l'envie.

L'abandon surgit face à une séparation provisoire ou définitive, qui confronte à une perte réelle ou imaginée (absence non expliquée, situation d'exclusion, divorce, deuil, anormalité ou exil). Il s'accompagne de sentiments de tristesse, de solitude, d'injustice ou de trahison, d'insécurité, d'impuissance ou de culpabilité. Plus dépendants de l'adulte qui assure protection et sécurité, les petits enfants y sont très sensibles. Ils ont besoin d'explications, de paroles qui les situent dans leur histoire et dans leur relation aux autres. L'incompréhension éprouvée face au sentiment d'abandon peut s'exprimer par la violence – colère ou révolte – ou, au contraire, par le dépit et le repli sur soi. On peut supposer que les comportements déviants ou asociaux de certains jeunes s'expliquent par une difficulté à se construire une identité lorsque la culture, la langue ou les

Quand l'enfant souffre pour un autre

S'ils sont dépendants de leur milieu, les enfants sont aussi solidaires de leurs parents en difficulté. Or, les manifestations de leur souffrance (problèmes alimentaires, de sommeil ou de comportement) doivent être mises en relation avec leur cadre de vie, comme l'expression d'un problème de communication avec leur entourage ou d'une difficulté familiale. À tout âge, l'enfant peut appeler au secours pour un autre membre de la famille empêché de dire sa souffrance. Il souffre « à la place de l'autre ». On peut penser que, s'il prend cette place, il va inquiéter suffisamment son entourage pour l'amener à réfléchir et à trouver des solutions au problème de toute la famille.

Violence, colère et dépression

Certaines offenses sont si graves qu'elles ne permettent l'expression d'aucune parole, ainsi en est-il des violences physiques ou sexuelles pour lesquelles la faute non dénoncée revient alors sur celui qui les a subies. Le reproche non exprimé peut venir au jour plus tard en induisant d'autres maltraitances ou en reproduisant, dans la génération suivante, la même difficulté à en protéger ses enfants. L'expression verbalisée du reproche est donc la seule possibilité de préserver son intégrité psychique. La non-expression liée à des interdits ou à des inhibitions majeures maintient cette violence en nous. On peut imaginer qu'elle finisse par se retourner contre le sujet lui-même, provoquant des troubles physiques ou psychiques.

traditions ne sont pas transmises par les parents, comme dans les familles migrantes ou dans les couples dits « mixtes ».

Par ailleurs, certaines personnes qui se plaignent de ne pouvoir construire une relation durable réalisent, au cours d'une thérapie, qu'elles se protègent de l'engagement, de peur de revivre un abandon vécu dans l'enfance. Ne dépendre affectivement de personne protège du risque d'abandon, mais empêche la relation à l'autre.

La disqualification, avec la dévalorisation qui s'y associe toujours, est vécue avec une grande violence. Cette violence est subie quand le fait de la dénoncer met en péril le lien de dépendance à l'agresseur, ce qui explique la position de « bouc émissaire » tenue par certaines personnes dans leur famille ou un groupe. Le harcèlement moral est une forme de disqualification, actuellement dénoncée dans le monde du travail, mais qui existe depuis toujours dans certaines relations sociales ou familiales avec des conséquences psychiques graves. L'autodisqualification qui en résulte entraîne toute une gamme d'émotions : honte, frustration, humiliation, impuissance et soumission. En sortir nécessite une reconstruction de l'image de soi, dans la relation à un thérapeute par exemple.

La dévalorisation, fréquente dans certaines familles, a valeur de vérité pour l'enfant. Il prend les paroles de ses parents ou de ses professeurs à la lettre. Le fait même qu'il porte ses difficultés inscrites sur un livret scolaire peut induire une attitude suspicieuse chez l'enseignant qui le découvre, et être vécue comme une disqualification anticipée. On pourrait dire que la croyance à l'histoire officielle de notre vie entretenue par ceux à qui nous la racontons, et qui se mettent à y croire avec nous, nous enferme dans une interprétation figée de notre vécu.

La jalousie, si elle commence avec l'amour (La Rochefoucauld), ne concerne pas que lui, bien que de nombreux scénarios la représentent à l'œuvre dans des relations amoureuses. Elle surgit devant la menace que représente la perte supposée ou réelle de son existence pour l'autre et provoque une douleur liée à ce sentiment de disparition. « Je n'existe plus si l'autre dont je dépends me montre qu'il désire ailleurs. » Cette souffrance narcissique est présente dès le plus jeune âge, quand l'enfant voit que sa mère reçoit d'un cadet une satisfaction qu'il ne peut pas ou plus lui donner. Même si, par ailleurs, il pouvait la satisfaire autrement, ce qu'il voit peut l'amener à régresser (on l'observe chez de petits enfants qui perdent subitement la marche ou la parole, font semblant de redevenir aussi petits que le frère ou la sœur qui suscite leur jalousie), jusqu'à ce qu'ils reconstruisent un lien contenant et sécuritaire à la mère. La mère et la relation mère-enfant peuvent en être profondément perturbées, surtout si cette situation renvoie une mère inquiète à un sentiment d'incompétence déjà ressenti dans sa propre histoire.

D'autres modes d'expression de la jalousie sont, bien sûr, possibles, des pleurs à la colère ou au silence lourd de reproches. Seule l'acceptation de la différence ou la reconnaissance de la souffrance par la personne aimée peuvent apaiser. D'un autre côté, la jalousie transformée en rivalité peut être stimulante, permettre de développer de nouvelles compétences pour obtenir l'estime de l'autre et, par conséquent, l'estime de soi.

L'envie est un sentiment de colère éprouvé, si l'on craint qu'un autre possède quelque chose de désirable et nous en frustre. L'impulsion envieuse nous pousse alors à nous emparer de cet objet ou à l'endommager par n'importe quel moyen (la disqualification en est un). Il s'agit donc d'un lien ou d'une personne à détruire. L'envie est meurtrière ! Le roi Salomon ne s'y trompe pas en proposant de tuer l'enfant que deux femmes se disputent ; la mère préfère le donner que de le voir mourir, l'autre femme est prête à tout pour assouvir son envie. L'une reconnaît l'enfant comme une personne, et pas l'autre : l'envie est antérieure à la notion de personne et constitue une défense archaïque pour nier la souffrance liée à un sentiment d'impuissance ou à une frustration insupportable.

L'envie existe en chacun de nous avec une intensité variable et dépend des limites et des interdits reçus et consentis dans l'enfance, face aux désirs de toute-puissance, qui permettent de renoncer à être à toutes les places. Les lois symboliques qui nous construisent nous protègent des pulsions destructrices et de modes relationnels incestueux ou meurtriers.

Meurtrier par envie

De l'*Épopée de Gilgamesh*, premier récit mythique de l'humanité, né à Sumer au IVe millénaire, en passant par la Bible, les grands récits mythiques de la plupart des cultures et le roman contemporain, la jalousie et l'envie constituent, comme l'amour, des thèmes récurrents. Ils opposent les dieux, les hommes, les hommes aux dieux, les fils aux pères, et les frères entre eux. Si, dans la Bible, le jugement de Salomon illustre bien le thème de l'envie, il est encore plus explicitement présent dans l'épisode du meurtre d'Abel par Caïn. Adam et Ève ont deux fils, Caïn et Abel. Ils ont coutume d'offrir à Dieu ce qu'ils ont de meilleur et de plus beau. Caïn et Abel veulent faire à leur tour des offrandes. Abel le berger sacrifie, de grand cœur, son plus bel agneau, et Dieu s'en réjouit. Caïn, l'agriculteur, offre ses légumes. Mais Dieu refuse l'offrande, faite à contrecœur. Caïn le mal-aimé, fou de dépit et de colère, tue son frère. Il portera jusqu'à sa mort le signe de la malédiction divine.

Nouvelle exigence et besoin d'aide

Percevoir les liens entre notre expérience vécue et notre histoire s'avère parfois difficile, c'est pourquoi nous faisons appel à l'écoute attentive ou au conseil pertinent d'un parent ou d'un ami qui peut aider à comprendre la situation ou à atténuer la peine. Le recours à un professionnel de la relation a toujours existé sous des formes diverses : le chaman, l'ancien qui détient sagesse et expérience ou le prêtre. Aujourd'hui, les communautés ont changé, les relations sociales se sont complexifiées ou appauvries, les cultures se mêlent et l'on s'adresse à des experts de la relation pour l'individu, la famille, le couple ou l'entreprise. Un grand nombre de modèles sont à notre disposition pour répondre à notre difficulté à vivre le changement individuel ou collectif (de la psychanalyse aux thérapies systémiques, du groupe de psychodrame au coaching). Jamais, sans doute, la curiosité des hommes n'a été aussi grande pour cette recherche, ni l'exigence et la nécessité de lutter contre toutes les formes de violence et de souffrance que la vie en société produit et cherche, en même temps, à réparer ou à prévenir.

Patrick VINOIS

À LIRE

Andolfi, M., *Temps et mythe en thérapie familiale*, ESF, 1990.

Angel, S., et P., *Comment bien choisir son psy*, Robert Laffont poche, 1999.

Ausloos, G., *la Compétence des familles*, Eres, 1995.

Malarevicz, J.-A., *Repenser le couple*, Robert Laffont, 2001.

EN BREF

Chercher la cause

Toute douleur est un signal d'alarme, le signe d'un dysfonctionnement qui menace notre intégrité. Mais l'analyse des causes de souffrance psychique est d'une grande complexité.

Examiner le passé

Quand l'intensité de la souffrance est trop forte, le refoulement permet d'enfouir dans l'inconscient la source de conflit ou de déplaisir. Mais les situations du présent peuvent réactiver cette souffrance, et les émotions du passé et du présent s'additionnant, provoquer une souffrance plus grande que celle qui devrait « normalement » être éprouvée.

Trouver les remèdes

Découvrir la cause de la souffrance ne la supprime pas forcément, mais rend possible des changements individuels ou des modifications du contexte familial ou social. Un grand nombre de thérapies sont à notre disposition pour répondre à notre difficulté à vivre le changement individuel ou collectif. Il est souvent très utile d'y avoir recours.

Voir aussi

- Stress et anxiété p. 226
- La gamme des sentiments p. 44

Mal de vivre, mal à vivre

Des troubles ancrés dans l'enfance ?

Une découverte majeure de la psychanalyse est la mise en évidence d'un lien possible entre l'existance de certains troubles psychologiques perturbant plus ou moins massivement notre vie d'adulte et des éléments particuliers de notre enfance. Si toutes les pathologies mentales ne sont pas systématiquement concernées, cela couvre cependant tout un éventail de troubles plus ou moins spécifiques. Mais quel est le lien véritable entre l'origine supposée et le trouble observé ? Et, surtout, suffit-il simplement de retisser le fil menant de l'un à l'autre pour aller mieux ?

Il serait difficile de dresser une liste exhaustive des troubles concernés, d'autant qu'ils peuvent être très différents les uns des autres : par leur gravité, qui peut les rendre plus ou moins supportables au quotidien ; par leur spécificité, selon qu'ils perturbent un domaine particulier de notre existence ou, au contraire, l'individu dans sa globalité ; ou encore par leur ancienneté et par leur mode d'installation, progressive ou subite.

Il peut s'agir, par exemple, de troubles de l'estime de soi, affectant dans sa totalité la personnalité d'un individu ou d'une angoisse généralisée, perturbant le quotidien d'un sujet que la moindre chose tourmente. Il peut s'agir de troubles plus spécifiques : attaque de panique survenant dans des conditions particulières (dans des espaces oppressants, clos, comme un ascenseur ou, au contraire, immenses et agités, comme une foule animée ; au cours d'un acte impliquant une responsabilité ou demandant une participation physique importante) avec des manifestations somatiques massives (boule dans la gorge, manque d'air, palpitations, sueurs froides...), voire un sentiment de mort imminente ; troubles obsessionnels, compulsions, phobies. Il en va de même de certains syndromes dépressifs, qu'ils soient chroniques ou réactionnels.

Enfin, les troubles sexuels peuvent aussi avoir un ancrage dans l'enfance, qu'il s'agisse de déviations de l'instinct sexuel, comme dans le cas des perversions où l'érotisation privilégiée d'une fonction (le regard chez le voyeur, par exemple), d'un objet précis ou d'une partie du corps (chez le fétichiste) est l'essentielle source d'excitation et de plaisir, ou qu'il s'agisse de perturbations dans la réalisation de l'acte sexuel.

Une blessure enfouie ne peut cicatriser

L'enfance, que l'on décrit volontiers comme un éden d'insouciance et de félicité, est aussi traversée de périodes plus tourmentées. Il peut s'agir de moments correspondant à des événements bien circonscrits dans l'histoire de l'enfant ou, au contraire, de passages dont les limites temporelles sont plus floues.

On parle de traumatisme lorsqu'un événement douloureux va laisser dans le psychisme de l'individu en devenir une blessure difficilement cicatrisable. Le plus souvent, il relève de circonstances de vie habituelles. Son caractère traumatisant a été perçu, que ce soit sur l'instant ou *a posteriori*, d'une part en raison de sa survenue à un moment où l'on ne s'y était pas préparé (soit que l'on ne s'y attendait pas, soit que nos capacités d'anticipation aient été débordées) et, d'autre part, du fait qu'il a introduit une rupture dans le mode de fonctionnement auquel on était habitué. Le remaniement qu'il génère, tant dans notre quotidien que dans notre vie psychique, a du mal à être intégré. Cela peut être le cas, par exemple, à la mort du grand-père préféré ou concerner le sentiment d'abandon lié à une rupture ou au départ de la nourrice qui nous a élevé.

On appelle souvenirs écrans des souvenirs bien présents à notre esprit mais qui dissimulent, comme un nuage de fumée, le véritable traumatisme à l'origine d'un mal-être.

Parfois il s'agit de circonstances de vie inhabituelles, car particulièrement dramatiques : maltraitance, inceste, viol, accident... Leur caractère traumatisant est alors évident, mais paradoxalement nous ne faisons pas toujours le lien avec les troubles dont nous souffrons une fois adulte : si le souvenir douloureux est bien présent, nous avons parfois l'impression d'en avoir suffisamment conscience et d'en avoir assez fait le tour pour en être libéré.

Cette perception se rapproche de celle que nous pouvons avoir de ces moments difficiles de notre enfance (décès, abandon, ruptures...), dont le

Le refoulé est toujours présent

Pour les psychanalystes, tout sujet va tenter (à son insu, bien sûr) d'occulter de sa conscience les fantasmes, les pulsions ou les souvenirs trop chargés affectivement et les refouler dans cette partie de son esprit dont il n'a pas conscience : l'inconscient. Le problème est que ces éléments refoulés sont cependant toujours présents et se manifestent au mieux sous forme de rêves, de lapsus, d'actes manqués, au pire sous forme de symptômes plus ou moins graves.

caractère traumatisant n'a pas vraiment été perçu, ou a été minoré, et que nous croyons très souvent oubliés. Mais la blessure est bien là, qui, à défaut d'être prise en compte, ne pourra cicatriser.

Ainsi est évoqué parfois le phénomène de refoulement lorsque le traumatisme est littéralement effacé de notre conscience. Mais il peut aussi être simplement masqué par ce qu'on appelle des souvenirs écrans.

Il y a enfin des situations où il n'existe pas à proprement parler de traumatisme, mais des conditions de vie particulières qui peuvent laisser une blessure psychologique. Cela peut être le cas d'un enfant victime d'une éducation abusivement stricte, d'interdits trop pesants autour de la sexualité ou, à l'inverse, d'une ambiance familiale trop incestueuse (sans qu'il y ait nécessairement de véritables actes sexuels). Cela peut contribuer à façonner une personnalité adulte sujette à un tempérament anxieux (en lien, par exemple, avec la peur de ne jamais suffisamment bien faire) ou à une sexualité difficile (rattachée aux sentiments que génèrent les individus du sexe opposé ou à l'acte sexuel en lui-même : dégoût, appréhension, révolte), qui pourra faire le lit de pathologies plus envahissantes : phobies, anxiété généralisée, troubles sexuels, etc.

Comme un corps étranger dans l'esprit

Qu'il s'agisse d'un seul événement très violent ou d'une accumulation d'incidents (dont chacun pris isolément serait tolérable), l'expérience traumatisante est à l'origine d'un afflux d'émotions si important que les capacités de tolérance psychique et d'adaptation de l'enfant sont débordées. L'absence de réaction face à l'événement difficile (absence de réaction affective de la part de la victime, ignorance ou indifférence de l'entourage) contribue aussi à le rendre inassimilable. Les conditions psychologiques particulières dans lesquelles se trouve l'enfant, son âge, une période cruciale de son développement, comme les circonstances spécifiques qui entourent l'événement, jouent aussi un rôle important.

Le traumatisme demeure alors dans l'esprit comme un « corps étranger » qui va favoriser le développement d'une personnalité fragile ou per-

L'hypnose, efficace avec des nuances

Utilisée au début du siècle par Freud, entre autres, pour faire ressurgir des souvenirs refoulés, l'hypnose tient peut-être une place particulière dans le traitement des troubles remontant à l'enfance. Son efficacité est bien reconnue à l'heure actuelle, mais le rôle qu'elle peut jouer dans la révélation de traumatismes refoulés est cependant nuancé par les études menées sur la mémoire. Elles mettent en évidence une grande plasticité de cette dernière qui peut ainsi être influencée par les émotions, les impressions ou les suggestions engendrées par le contexte ou l'entourage : la mémoire n'est pas une plaque photographique à souvenirs dont il suffirait de souffler la poussière pour retrouver les images oubliées.

turbée. Après la puberté, un second événement, souvent d'apparence anodine, peut venir rappeler le premier. Sans que le souvenir de ce dernier soit nécessairement présent à l'esprit du sujet, l'écho de celui-ci déclenche un afflux d'émotions qui perturbe de nouveau son fonctionnement mental et génère des symptômes, souvent sans lien direct (apparemment, en tout cas) avec l'événement initial

Certaines caractéristiques des troubles plaident parfois en faveur de leur origine infantile. C'est le cas, notamment, de troubles à caractère récurrent, comme certaines dépressions, qualifiées de saisonnières, car survenant de façon chronique toujours à la même période de l'année. Elles peuvent être liées à un deuil n'ayant pu se résoudre dans l'enfance et qu'un nouvel événement douloureux va raviver. Le sentiment de vide ou d'absence (*a priori* irréparable, car lié à l'absence d'un objet oublié, parfois bien réel, parfois symbolique) se manifeste alors de façon plus intense à des périodes clés (dates anniversaires de disparition, mais aussi de naissance ou de rencontre).

Dans tous les cas, la mise au jour d'un traumatisme infantile, dans le travail psychothérapique, en permet une meilleure assimilation, comparable à un travail de deuil effectué *a posteriori*.

Gilles-Marie VALET

EN BREF

Remonter à l'enfance

L'origine de certaines difficultés de l'âge adulte se trouve parfois dans un traumatisme remontant aux jeunes années.

Savoir faire le lien

Il ne suffit pas de connaître (ou de supposer) l'existence d'une origine infantile pour pouvoir traiter un trouble. Le lien entre les deux n'est pas forcément linéaire et le traumatisme n'est pas toujours celui que l'on suppose.

Favoriser la réminiscence

L'intérêt du travail psychothérapique est de favoriser la réminiscence des traumatismes infantiles pour en permettre secondairement une meilleure assimilation.

Voir aussi
- Les troubles sexuels p. 260
- T.O.C. et phobies p. 270

L'enfant en difficulté d'apprentissage

Dans une société compétitive où l'exigence de réussite et d'intégration sociale fait régner un climat d'anxiété, la scolarité, passage obligé pour l'acquisition de compéten intellectuelles, culturelles et sociales, occupe une plac primordiale. Très vite considérée comme vecteur principal de succès dans la future vie d'adulte, l'école cristallise donc beaucoup d'inquiétudes.

Pas moins de 70 % des motifs invoqués en consultation de psychologie de l'enfant et de l'adolescent ont trait à la scolarité. L'école est le lieu où l'enfant vit huit heures par jour pendant une moyenne de quinze ans, donc un lieu d'enjeux, et l'on comprend alors que c'est par le biais privilégié des apprentissages que s'exprimeront certaines difficultés, qu'elles soient directement liées au processus même d'apprentissage ou intriquées avec des facteurs émotionnels et motivationnels.

Mais comment faire la part entre une difficulté d'apprentissage et un simple retard d'acquisition ? Comment savoir où se situe le problème et, par conséquent, comment y remédier ?

Analyser sans s'affoler

Face à un enfant en difficulté, il faut d'abord prendre le temps d'analyser la situation.

Qu'il s'agisse d'un simple fléchissement ou d'incapacités avérées, plus ou moins étendues, cela laisse souvent perplexes parents et enseignants : si le constat d'une difficulté est relativement aisé à établir, les causes potentielles sont multiples et peuvent appartenir à des registres variés. Les signaux d'alarme souvent lancés par l'école (mauvaise lecture, orthographe chaotique, blocages dans certaines matières, paresse, passivité ou encore agitation, difficulté à se concentrer, distraction, lenteur...) constituent autant d'indices d'une difficulté face aux apprentissages. Mais ils désemparent et inquiètent plus qu'ils n'aident à réagir et à aider concrètement l'enfant, en trouvant, sans tâtonner longtemps, la solution qui résoudra le problème.

Cours particuliers ? Réajustements éducatifs ? Consultation spécialisée ? Il s'agit, avant tout, de ne pas céder à l'affolement, d'analyser sans précipitation tous les paramètres de la situation. L'école est un vecteur privilégié de réussite pour l'enfant, et il peut éprouver le sentiment de décevoir son entourage si des interventions mal ciblées lui renvoient ses difficultés sans l'aider à les résoudre. Le risque est qu'il s'enferme peu à peu dans cet échec en développant de réels blocages ou en se distanciant d'une scolarité devenue ingrate.

Pour autant, il ne s'agit pas de nier ni de banaliser ses difficultés. Trop de jeunes « traînent » avec eux des difficultés de moins en moins réversibles dès lors qu'elles ont engendré des lacunes. Le piège consiste à tenir ces lacunes pour le problème lui-même, alors qu'elles ne sont que le produit d'un défaut dans les apprentissages.

Instabilité psychomotrice et hyperactivité sont plus répandues chez les garçons (60 % à 80 % des cas) : « Il nous épuise », « Il pourrait bien faire s'il était plus attentif »... L'enfant est aux prises avec une difficulté à rester physiquement en place et à se concentrer. Il a du mal à s'organiser, est très sensible aux distractions et montre une grande impulsivité.

Difficultés spécifiques et facteurs affectifs

On peut isoler schématiquement deux grandes catégories de blocages : les « difficultés spécifiques d'apprentissage » et les facteurs affectifs et émotionnels s'exprimant par ces difficultés. Les difficultés qualifiées de « spécifiques » se localisent sur un type précis d'apprentissage : lecture, écriture, calcul. En théorie délimitées, elles n'empiètent pas sur les autres domaines, mais peuvent retentir sur l'ensemble de la scolarité.

Les plus répandues sont la dyslexie, la dysorthographie, la dysgraphie et la dyscalculie.

Certaines autres difficultés spécifiques peuvent atteindre les facultés de concentration et d'attention : il s'agit principalement de l'instabilité psychomotrice et de l'hyperactivité.

Mais souvent les causes sont d'un tout autre registre : on est face à une incidence de difficultés affectives et émotionnelles.

Des noms sur des maux

- **Dyslexie :** trouble durable de l'apprentissage du langage écrit, au niveau de la lecture, autant que de l'écriture. Elle n'est consécutive ni d'un retard mental ni d'un trouble sensoriel.
- **Dysorthographie :** souvent associé à la dyslexie, ce trouble de l'acquisition de l'orthographe peut aussi se rencontrer de façon isolée.
- **Dysgraphie :** trouble affectant l'écriture au niveau du graphisme au détriment d'une bonne lisibilité.
- **Dyscalculie :** difficulté dans l'acquisition des structures logico-mathématiques, affectant l'assimilation des concepts fondamentaux du calcul, l'acquisition correcte de la numération, l'effectuation des opérations ou la résolution des problèmes et leur mise en forme.

L'interférence de l'affectif

Une notion clé doit demeurer à l'esprit : raisonnement intellectuel et contexte affectif sont étroite-

ment liés. Le réservoir d'énergie dont chacun dispose pour alimenter sa vie intellectuelle, relationnelle, affective est unique. Lorsque tout va au mieux, cette énergie se distribue de façon harmonieuse entre vie intellectuelle et vie affective. Mais lorsqu'une difficulté surgit dans un domaine, les ressources peuvent s'y trouver absorbées de manière prioritaire, au détriment d'autres pôles d'activité psychique.

Dresser un « répertoire » de ces difficultés serait vain car elles varient d'un jeune à l'autre, en fonction de sa sensibilité, de sa personnalité et de son histoire. Toutefois, de grandes constellations peuvent classiquement se démarquer.

D'abord vient l'anxiété. Peur de se tromper, de mal faire : la peur de l'échec poussera l'enfant à éviter les situations face auxquelles il ne se sent pas à la hauteur. Cela peut prendre des allures trompeuses de provocation et d'opposition.

L'incapacité à se concentrer et à raisonner peut aussi trouver sa source dans une dynamique dépressive qui entrave la mobilisation intellectuelle au sens large, et scolaire en particulier. Chez certains adolescents surtout, un brusque désintérêt pour l'école, un manque d'appétit pour les connaissances, une tendance marquée à la passivité doivent alerter.

Les préoccupations affectives de l'adolescence sont d'ailleurs un facteur fréquent de fléchissement scolaire. À cet âge, l'énergie psychique est mobilisée par la recherche d'une nouvelle identité, par de nouveaux rapports à établir avec la famille, par une quête d'indépendance et d'autonomie obscurcie par une peur diffuse de grandir et tout le cortège des modifications physiques et affectives pas toujours faciles à accepter. Cette « crise d'adolescence » désormais admise comme passage quasi obligé peut masquer des difficultés plus profondes et plus durables.

Où trouver des réponses ?

Une difficulté durable, qui perturbe la scolarité de l'enfant, ou entrave son bien-être, doit faire l'objet d'une exploration qui permettra d'en déceler l'origine et donc de cibler les aides à mettre en place.

Mais comment savoir à qui s'adresser, étant donné que la difficulté constatée et son origine peuvent se situer à des niveaux parfois éloignés ?

Une bonne solution, semble-t-il, consiste à se diriger vers une consultation pluridisciplinaire. Des consultations en hôpital, mais aussi dans les centres médico-psychopédagogiques (CMPP), ainsi que dans certains cabinets, mettent à la disposition des familles des équipes de professionnels complémentaires afin d'effectuer dans un même lieu une évaluation des difficultés et leur prise en charge.

L'avantage est d'éviter la multiplication des démarches qui, outre les soucis matériels que cela occasionne, peut cristalliser l'enfant dans ses difficultés. En général, un référent – souvent médecin – fait le point sur la situation, écoute les questions qui se posent, et oriente au sein de son équipe vers le(s) professionnel(s) compétent(s) : psychologue, psychothérapeute, orthophoniste, etc.

L'orthophoniste pourra mesurer d'éventuelles difficultés spécifiques d'apprentissage (dyslexie, etc.) et proposer ensuite des séances de rééducation ; le psychologue pourra procéder à une évaluation des aptitudes intellectuelles et de la dynamique affective. Si le problème réside au niveau affectif, le psychothérapeute aidera à passer à une dynamique émotionnelle plus à même de permettre une mobilisation intellectuelle et scolaire.

Enfin, certains facteurs plus identifiables, comme les difficultés et les événements familiaux (divorce des parents, naissance d'un enfant, décès d'un proche, propres difficultés psychologiques et affectives d'un parent), ainsi que les perturbations dans la stabilité de l'environnement peuvent jouer un rôle déterminant.

Difficultés face à un apprentissage spécifique ou blocages liés à l'affectif, il est essentiel de ne pas laisser s'enkyster des situations qui pourraient amener le jeune à s'installer dans un vécu d'échec et d'incapacité. Si l'origine du problème est bien identifiée, et l'aide mise en place adéquate, l'immense majorité des difficultés de concentration et d'apprentissage est au moins partiellement réversible.

Caroline LOUART-DEVERNAY

À LIRE

Dumont, V., *Ça ne va pas à l'école*, Retz, Paris, 1993.

Antier, E., *J'aide mon enfant à se concentrer*, Robert Laffont, « Réponses », Paris, 1999.

À CONTACTER

École des parents, Île-de-France, 01 44 93 24 14.

EN BREF

L'école révélatrice

Le cadre scolaire, passage obligé pour l'acquisition de compétences intellectuelles, culturelles et sociales est le lieu où se cristallise l'inquiétude et où s'expriment le plus les difficultés d'apprentissage et de concentration.

Les difficultés

Le blocage face à un apprentissage peut être spécifique mais, non décelé et surmonté, avoir ultérieurement une incidence globale. Par ailleurs, les difficultés de concentration et d'apprentissage sont souvent le mode d'expression de problèmes qui se situent au niveau émotionnel et affectif.

Parents et enseignants

Parents et enseignants, confrontant leurs observations, doivent ensemble détecter les difficultés pour y porter remède sans se tromper de cible.

Réflexion et action

Quand la difficulté a été calmement identifiée, il importe d'agir sans tarder pour éviter qu'un blocage non dénoué amène un enfant ou un adolescent à s'installer dans un vécu d'échec et d'incapacité.

Les troubles du sommeil

Le sommeil est un besoin élémentaire, aussi important pour la santé et le bien-être que l'air, l'eau ou la nourriture. Voilà pourquoi ne pas ou mal dormir nous perturbe tellement. Certaines insomnies sont ponctuelles. Mais, lorsque l'insomnie chronique s'installe, elle doit être traitée sérieusement.

La médecine du sommeil, nouvelle spécialité, se situant à un carrefour entre différentes autres spécialités médicales, comme la neurologie, la psychiatrie, la pneumologie, vient au secours des insomniaques.

Parfois, il est facile de cerner les raisons de leurs insomnies : excitation avant un départ en voyage, inquiétude à la veille d'un examen, consommation excessive de café, environnement bruyant, douleurs tenaces, fatigue excessive ou accompagnée de tension musculaire, etc. Ces insomnies sont le plus souvent transitoires. Mais il arrive que les troubles du sommeil soient tenaces, persistants : plus d'une personne sur dix se plaint d'insomnies d'évolution chronique.

La première réponse d'un médecin face à une insomnie est souvent médicamenteuse. Les hypnotiques font effectivement partie des médicaments les plus prescrits. Pourtant, leur efficacité n'est pas constante. Certains de ces médicaments ne sont pas dénués d'effets indésirables. Surtout, leur utilisation sur une durée prolongée est actuellement déconseillée, notamment à cause des risques d'accoutumance ou de dépendance. Et l'on peut penser à d'autres moyens thérapeutiques.

Pourquoi on dort si peu ou si mal

Un des modèles théoriques de l'insomnie chronique identifie trois ensembles de facteurs : les facteurs prédisposants, les facteurs déclenchants et les facteurs d'entretien ou perpétuants.

Les facteurs prédisposants sont ceux qui rendent certaines personnes plus vulnérables que d'autres vis-à-vis de l'insomnie. Ils existeraient avant même que le patient ne commence à avoir des problèmes avec son sommeil. Des traits de personnalité, une tendance à l'anxiété et à l'hypervigilance, un émoussement des processus homéostatiques du sommeil, un dysfonctionnement de l'horloge biologique interne, éventuellement lié à des facteurs génétiques, sont considérés comme des facteurs prédisposants.

Le stress lié à certaines situations, des changements au niveau des rythmes biologiques et/ou de l'environnement, la survenue d'une maladie, l'accentuation de troubles psychiques, ou encore certains médicaments sont considérés comme des facteurs déclenchants.

Parmi les facteurs perpétuants, on trouve la consommation de caféine et d'alcool, les siestes en cours de journée, le conditionnement, l'augmentation du temps passé au lit, l'anxiété de performance et une surestimation des conséquences de l'insomnie. L'ensemble des facteurs qui précèdent peut favoriser l'évolution d'une insomnie aiguë vers une insomnie chronique.

Les thérapies comportementales

Les thérapies comportementales visent essentiellement à corriger les réponses inadaptées développées par l'insomniaque face à ses problèmes de sommeil, ainsi qu'à diminuer son niveau de vigilance. Elles sont actuellement considérées comme les plus efficaces face à l'insomnie chronique.

Le contrôle des *stimuli* est l'une des techniques thérapeutiques. L'hypothèse de base du traitement est que les insomniaques ont développé une association négative entre l'environnement et des situations de sommeil, d'une part, une difficulté à dormir, d'autre part. Dans ces conditions, la chambre à coucher devient un stimulus contribuant à maintenir le sujet éveillé. Le but du traitement est de rétablir le lien habituel et positif entre la chambre à coucher, le coucher et un endormissement rapide. Cette thérapie est plus particulièrement indiquée chez les personnes présentant une insomnie d'endormissement. Certains cliniciens ont affirmé qu'elle est particulièrement efficace pour les sujets dormant mieux quand ils sont loin de chez eux.

Un autre traitement, par restriction de sommeil, repose sur la constatation que, du fait de leur insomnie et pour compenser leur manque de sommeil, certains insomniaques augmentent le temps passé dans leur lit, qui devient ainsi supérieur à leur besoin réel de sommeil. Pour un patient donné, cela se traduit par une incohérence entre le temps que le patient indique passer au lit et la durée du sommeil. On lui donne alors pour consigne de limiter le temps qu'il passe au lit avec deux réserves : d'abord, le temps passé au lit ne doit jamais être inférieur à cinq heures ; ensuite, la

D'autres troubles du sommeil

L'insomnie n'est pas le seul trouble du sommeil. Lorsque il est excessif, parfois accompagné de somnolence dans la journée, on parle d'hypersomnie. Dans d'autres cas, le sommeil est normal, mais dans son cours surviennent des phénomènes inhabituels ou anormaux. On parle de parasomnie. C'est le cas du somnambulisme, des cauchemars ou des terreurs nocturnes.

Le biofeedback est une technique comportementale visant, dans un dessein thérapeutique, à établir un autocontrôle sur certaines fonctions physiologiques. Rendu plus conscient de son fonctionnement biologique, le sujet peut apprendre à exercer un certain contrôle sur lui-même.

diminution de ce temps doit être réalisée en allant se coucher plus tard. Cela fait alors l'objet d'un contrôle par un agenda du sommeil. Dès qu'il commence à dormir plus de 85 % du temps qu'il passe au lit, la durée au lit est augmentée de quinze à trente minutes. Lorsqu'il n'y a plus d'augmentation de l'efficacité du sommeil la durée au lit est figée. L'efficacité maximale de cette thérapie est trouvée chez les patients souffrant d'un sommeil fragmenté.

Les thérapies cognitives

Différent des thérapies comportementales, le traitement cognitif repose sur l'existence, chez l'insomniaque chronique, de croyances inadaptées à propos du sommeil. La restructuration cognitive est une technique dans laquelle il est demandé aux insomniaques d'identifier leurs croyances personnelles au sujet de l'insomnie ; on leur apprend alors à prendre en considération d'autres croyances plus rationnelles. Les thérapies cognitives combattent l'hypervigilance et les facteurs de personnalité qui prédisposent certains sujets à l'insomnie.

Un autre outil, la relaxation

L'objectif des thérapies de relaxation consiste à réduire la tension et l'anxiété liées au sommeil. Sont incluses dans cette catégorie de traitement les techniques de relaxation autant physiques que mentales et la formation au biofeedback. On pense qu'elles sont utiles pour l'endormissement et le maintien du sommeil.

Les bénéfices de ces formes de thérapie exigent du temps avant d'atteindre leur effet maximal. Mais, chez les patients qui présentent une réponse positive, elles apportent un bénéfice de longue durée.

Éric LAINEY

EN BREF

Un chiffre considérable

Dix pour cent de nos contemporains se plaignent d'insomnie chronique et vivent mal. Mais tous ne consultent pas.

Des thérapies plutôt que des médicaments

Dans le traitement des insomnies chroniques véritablement invalidantes, les médicament apportent une aide immédiate, mais qui peut avoir des effets secondaires et, parfois, entraîner une accoutumance. Les thérapies comportementales et cognitives sont plus longues à produire un effet bénéfique, mais peuvent, sur le moyen et le long terme, donner des résultats probants.

Voir aussi

- Les thérapies cognitives et comportementales p. 364
- Le sommeil p. 436

Les troubles du sommeil

questions-*réponses*

L'environnement est-il important ?

L'endroit où vous dormez doit être aussi confortable que possible. Les températures extrêmes, la lumière et le bruit doivent être évités. L'effet négatif du bruit peut être diminué en utilisant un système qui le « masque », comme un ventilateur ou un générateur de bruit blanc.

Peut-on parler véritablement d'une hygiène du sommeil ?

Elle existe effectivement, et ses règles sont censées devoir s'appliquer à tous les individus, qu'ils aient ou non des problèmes de sommeil.

Les horaires sont-ils importants ?

Réveillez-vous tous les jours à la même heure. De la même manière, essayez d'aller au lit à la même heure chaque nuit. Des horaires de sommeil réguliers améliorent l'efficience du sommeil.

La sieste est-elle bonne ou mauvaise ?

Les petits sommes au cours de la journée sont une partie normale et saine des horaires quotidiens de nombreuses personnes. Cependant, pour les sujets qui ont des difficultés à dormir la nuit ils peuvent représenter une compensation du sommeil nocturne ; ces personnes peuvent alors avoir moins envie de dormir la nuit, et leur problème de sommeil peut s'aggraver.

Les substances dites excitantes sont-elles à proscrire ?

Le café, le thé, de nombreuses autres boissons ainsi que certains aliments contiennent des substances excitantes sont à proscrire chez les personnes ayant des problèmes de sommeil.

L'alcool ne favorise-t-il pas le sommeil ?

Il favorise l'endormissement du fait de ses effets sédatifs. Mais il altère la qualité du sommeil. Sa consommation n'est donc pas recommandée.

Le tabac a-t-il un effet négatif ?

Les cigarettes et les autres produits contenant de la nicotine sont des stimulants qu'il faut éviter avant le coucher, ainsi que pendant les éveils nocturnes.

L'exercice physique est-il recommandé ?

Une activité physique régulière en début d'après-midi améliore la profondeur du sommeil. Par contre, l'exercice au cours des trois ou quatre heures précédant le coucher retarde l'heure d'endormissement.

L'alimentation a-t-elle un impact ?

Les repas trop copieux ou pris tard dans la soirée peuvent perturber le sommeil. Mais une légère collation ou une sorte de rite régulièrement réalisé avant le coucher peuvent favoriser l'endormissement.

Stress et anxiété

Êtes-vous stressé ou anxieux ? Selon les épidémiologistes, un tiers de la population présentera au moins une fois dans sa vie un trouble anxieux, tandis que, semblerait-il, 60 % des salariés se considèrent comme stressés. Pour la plupart des gens, d'ailleurs, c'est la même chose ou, du moins, il n'est pas simple de différencier ces deux troubles. Pourtant, bien en comprendre les mécanismes permet souvent d'en atténuer les effets négatifs.

Le concept du stress nous vient de l'expérimentation animale. Un chercheur autrichien, H. Selye, émigré au Canada, s'aperçut que, lorsqu'il mettait ses rats sous contraintes (décharges électriques, douleurs ou, même, simplement, bruits ou brusques changements de température...), ceux-ci avaient toujours la même réaction physiologique, qu'il appela le syndrome général d'adaptation. Lorsqu'il continuait à les stresser, il finissait par les rendre malades, voire à les faire mourir. Très vite, il passa du rat à l'homme : les facteurs de stress étaient certes différents, mais le mécanisme restait le même : une réaction physiologique induite par ces facteurs.

L'important à comprendre, dans le modèle de Selye, est ce lien quasi automatique entre le stress et les symptômes qu'il déclenche. Mais il nous place en position de victime : si les facteurs de stress produisent des symptômes, il ne nous reste plus qu'à tenter de les éviter et à nous en protéger.

Heureusement, les choses ne sont pas si simples. D'ailleurs, dans la vie de chaque jour, nous voyons que cela ne fonctionne pas de cette façon : le même facteur de stress ne produit pas toujours les mêmes effets. Prenons, par exemple, deux secrétaires. Elles reçoivent la même quantité de travail ; eh bien l'une est stimulée, alors que l'autre est, d'emblée, submergée.

Le coping englobe la manière dont nous appréhendons le facteur de stress, l'émotion que cela produit en nous et le plan d'action que nous mettons en place pour nous y adapter.

Face au stress, des marges de manœuvre

Il est donc apparu aux chercheurs ayant travaillé sur le stress après Selye qu'il n'y a pas de lien direct entre les facteurs de stress (stresseurs) et leurs conséquences : les symptômes de stress. C'est ainsi qu'a été introduit le concept de coping.

Comment reconnaître une anxiété pathologique ?

Trois critères sont à prendre en compte :

- La durée : si l'anxiété est présente tous les jours pendant plusieurs semaines (trois ou quatre semaines), c'est un signe d'alarme.
- La souffrance : l'anxiété n'est jamais une émotion agréable, mais lorsqu'elle devient pathologique, elle induit une souffrance importante
- La gêne fonctionnelle : l'anxiété pathologique empêche d'avoir un fonctionnement normal dans la vie quotidienne.

Ces critères peuvent être évalués par chacun pour soi-même. Lorsqu'ils sont réunis, il faut aller consulter.

Pour faire face au stress, chacun d'entre nous développe une stratégie que l'on appelle le coping. Sa mise en évidence a deux conséquences essentielles : elle nous sort d'un positionnement dans lequel nous sommes victime des facteurs de stress que nous ne pouvons que subir et nous fait comprendre que, quel qu'en soit le facteur, nous avons une marge de manœuvre pour nous y adapter.

Dès lors, la question qui se pose est de définir le bon mode de coping, celui qui ne nous coûte pas trop cher en symptômes. Les techniques de gestion du stress visent donc, notamment, à modifier les stratégies de coping de notre vie quotidienne trop coûteuses, en sachant que la quantité de facteurs de stress auxquels nous sommes confronté est un paramètre important à prendre en compte. Lorsqu'ils se multiplient, la perception d'être débordé dans nos capacités d'adaptation est fréquente et la sensation d'être stressé augmente d'autant.

L'anxiété, émotion particulière

L'anxiété est différente du stress. Freud a développé à son propos deux théories successives. Elles sont, *a priori*, très différentes : dans la première, l'anxiété est une tension physique résultant d'une énergie pulsionnelle qui n'a pas trouvé d'issue ; dans la seconde, l'angoisse correspond à une situation de danger réel ou névrotique (inconscient). Mais aucune des deux n'a complètement emporté sa propre conviction au point qu'il abandonne l'une pour l'autre. Il ne les a pas non plus articulées ensemble.

En réalité, ces théories successives portent sur des objets différents : dans le premier cas, cela concerne le mécanisme de production de l'anxiété ; dans le second, le mécanisme d'activation. Or, la seconde théorie peut être rapprochée de la peur et des thèses comportementalistes fondées sur le conditionnement. La situation première d'angoisse pour Freud serait un équivalent des peurs innées ; elle jouerait ensuite un rôle comparable à ces peurs.

Mais Freud a lui-même souligné que les affects constituent un ensemble d'opérations mentales, de processus comportementaux et de

modifications physiologiques. Ces opérations sont faites d'enchaînements séquentiels capables d'être reconstruits. Ainsi, il est possible de proposer un modèle qui prenne en considération les aspects cognitifs et psychodynamiques, tout en étudiant en parallèle les mécanismes neurophysiologiques.

Cela permet de distinguer composante étiologique et facteur déclenchant. Par exemple, l'origine sexuelle de l'anxiété est plutôt à classer dans les facteurs étiologiques. Il en est de même de l'interruption de plan (interruption de l'activité intellectuelle, physique ou sociale dans laquelle est engagé le sujet). En revanche, l'activation liée aux agents chimique, qui s'opère soit par le système nerveux central, soit par le système nerveux autonome, relèverait de la seconde catégorie.

Anxiété normale et anxiété pathologique

Alors que toute réponse émotionnelle comprendrait trois composantes : une inhibition de l'activité en cours, une orientation en direction d'informations à venir susceptibles de réduire le degré d'incertitude et une tentative d'élaboration de réponses nouvelles et spécifiques, l'anxiété est, elle, particulière : elle offre la double singularité, par rapport aux autres émotions, de ne pas pouvoir être traitée sur le plan cognitif de manière pertinente (incongruence cognitive) et de ne pas présenter d'issue pragmatique possible (incongruence pragmatique).

Est-il normal d'être anxieux ? Oui, évidemment. L'anxiété est une émotion normale et indispensable à notre équilibre. Elle nous met en alerte face aux événements que nous rencontrons. Elle peut aussi être pathologique. Mais savoir qu'il s'agit d'une anxiété pathologique ne suffit pas. Encore faut-il identifier son type et le traitement dépend de ce diagnostic différentiel.

La classification des maladies mentales la plus utilisée définit clairement certaines formes cliniques d'anxiété qui sont faciles à identifier,

Les deux incongruences

L'incongruence cognitive est l'impossibilité de trouver un sens à la situation. Ce qui domine est une perception de danger. L'incongruence pragmatique signifie l'incapacité de développer une réponse à la situation. Selon le psychanalyste D. Wildöcher, « ne rien pouvoir faire et ne rien pouvoir faire que ce rien » constitue la spécificité de l'anxiété par rapport aux autres émotions.

voire à traiter. C'est le cas des phobies, de l'anxiété de performance (comme pour les examens), des troubles paniques au cours desquels le sujet présente des crises d'angoisse paroxystiques associées à toute une série de symptômes somatiques (palpitations, tremblements, sueurs...), des troubles obsessionnels et compulsifs, On peut y ajouter l'état de stress post-traumatique faisant suite à un événement de vie particulièrement traumatisant, caractérisé par des symptômes anxiodépressifs, capables de perdurer des années après leur déclenchement.

À LIRE

Albert, E., *l'Anxiété*, Odile Jacob, Paris.

Albert, E., *Comment devenir un bon stressé*, Odile Jacob, Paris.

Dantzer, R., *l'Illusion psychosomatique*, Odile Jacob, Paris.

Wildöcher, D., *les Nouvelles Cartes de la psychanalyse*, Odile Jacob, Paris.

En revanche, l'anxiété généralisée (sorte de trouble anxieux diffus et touchant tous les domaines de vie) reste plus difficile à délimiter. Et le traitement pose plus de difficultés.

Prenons un exemple au travail. Le stress de la surcharge est constitué de l'ensemble des stimuli auxquels sont soumis les individus. Il a pour conséquence d'interrompre les plans d'action. À chaque nouveau stimulus, l'activité du sujet est arrêtée. Il lui faut intégrer la nouvelle information dans son schéma général, dans sa représentation du monde, et qu'il y trouve un sens (congruence cognitive). Puis il doit modifier ses plans d'action en fonction de cette nouvelle information. Il y a une compétition entre les nouvelles actions potentielles, liées à cette dernière information reçue, et l'action en cours. La répétition trop fréquente de cette interruption risque de déborder les capacités du sujet. L'organisation des plans d'action n'est plus en mesure de s'opérer. Cette incongruence pragmatique est alors à l'origine de l'anxiété.

Mais il faut savoir qu'il y a parfois de l'anxiété sans stress, par exemple ces ondes d'angoisse qui gagnent, alors que tout semble aller pour le mieux, et du stress sans anxiété, notamment dans les compétitions sportives. Le stress est un phénomène indispensable de la vie quotidienne, ne le prenons pas systématiquement pour de l'anxiété. De même, ne rendons pas toute anxiété pathologique.

Éric ALBERT

EN BREF

Deux maux très répandus mais différents

Stress et anxiété ont en commun d'être très répandus dans la population générale, mais sont de nature différente.

Une émotion qui se gère

Le stress produit une émotion que nous avons la capacité de gérer en mettant en place des plans d'action efficaces.

Des phénomènes normaux

A priori, l'angoisse est normale, et le stress, ni bon ni mauvais, est indispensable à l'adaptation à un événement.

Voir aussi

▶ T.O.C. et phobies p. 270

▶ Les thérapies cognitives et comportementales p. 364

De la dépression au suicide

Chaque année, 12 000 personnes se donnent la mort. On estime à 150 000 celles qui le tentent, et de 600 000 à 1 million celles qui risquent de le faire. Avec une augmentation très significative en France depuis le milieu des années 1970 et un nombre de décès supérieur à celui des accidents de la route, le suicide, drame humain, est aussi devenu un véritable problème de la société contemporaine.

Autrefois condamnés par la société, par la religion, par la justice, le suicide et la tentative de suicide sont entrés, au XXe siècle, dans l'ère de la médicalisation : ne faut-il pas être malade pour avoir envie de se tuer ? Il existe ainsi un dogme de l'intervention médicale systématique devant tout geste suicidaire. Or, le suicide n'est pas nécessairement synonyme d'état dépressif ou de maladies mentales (schizophrénie, psychopathie, etc.). Il existe des suicides rationnels où l'on ne retrouve aucune cause psychiatrique et que l'on peut comprendre comme la conclusion d'un raisonnement. Cependant, les difficultés psychologiques, les crises graves de l'existence ou des conditions de vie particulièrement douloureuses, chez les gens âgés et solitaires, par exemple, apparaissent le plus souvent comme les éléments qui peuvent pousser un être en détresse à souhaiter mourir et à passer à l'acte.

La conclusion d'un raisonnement *peut motiver un suicide accompli en toute lucidité. Ce fut le cas de l'écrivain et homme politique Roger Quillot et de son épouse, qui, à une séparation rendue prévisible par une grave maladie, souhaitèrent quitter la vie ensemble.*

La dépression, risque majeur

Bien que toute conduite suicidaire ne soit pas symptomatique d'un état dépressif authentique, il s'avère néanmoins que de 60 % à 70 % des sujets qui se sont suicidés souffraient d'une dépression au moment de leur décès

Un état dépressif se caractérise par différents signes, évoluant au moins une quinzaine de jours : sentiment de tristesse, de vide, perte d'intérêt et de plaisir qui se traduisent par un retrait social ou une désaffection pour les distractions agréables, troubles du sommeil avec insomnie ou, plus rarement, hypersomnie, un appétit habituellement diminué, une fatigue, un ralentissement de la pensée et des mouvements (ou, parfois, son contraire, une agitation avec déambulation), des difficultés à se concentrer, à prendre des décisions. La dévalorisation ou la culpabilité peuvent même atteindre une dimension délirante : un individu peut se sentir responsable de la pauvreté dans le monde.

Les instruments du suicide accompli peuvent être la corde de la pendaison, l'arme à feu, la noyade ou le saut dans le vide. Les intoxications médicamenteuses et les coupures de peau s'appliquent majoritairement aux tentatives.

Chez le déprimé, les idées de mort, les pensées suicidaires ou les tentatives de passer à l'acte sont fréquentes. Ces idées vont du sentiment selon lequel les autres seraient mieux si l'on était mort à de véritables plans spécifiques sur la façon de réaliser son suicide. La fréquence, l'intensité, l'issue mortelle potentielle de ces pensées sont très variables. Les sujets moins gravement suicidaires peuvent ressentir des idées transitoires (une à deux minutes) et récurrentes (une ou deux fois par semaine). Les sujets plus gravement décidés peuvent s'être procuré l'instrument de l'acte fatal (une corde ou une arme) et même avoir identifié le lieu et le moment où ils seront isolés des autres afin de passer à l'acte. Néanmoins, il apparaît qu'il n'est pas possible de prédire avec précision si une tentative de suicide risque d'être accomplie par un sujet déprimé ni à quel moment. Les motivations pour se suicider peuvent comprendre le désir de « laisser tomber » devant des obstacles considérés comme insurmontables, ou une envie de mettre fin à un état émotionnel vécu comme trop douloureux.

Plus les suicidés sont âgés, plus la surreprésentation de la dépression est importante. La probabilité suicidaire peut s'évaluer par la sévérité de la dépression et, notamment, par la présence d'idées délirantes de culpabilité, de persécution ou d'indignité, et par le sentiment de désespoir, considéré comme la perspective négative du futur et l'impossibilité de trouver une solution aux problèmes.

D'autres facteurs de risque

Les maladies mentales sont assurément, dans 90 % à 95 % des cas, les principaux états favorisant les suicides. Aux troubles dépressifs, où la première année d'évolution comporte le risque suicidaire maximal, il faut ajouter les

Un appel au secours

La tentative de suicide n'est plus considérée aujourd'hui comme un suicide raté : beaucoup de suicidants sont loin de mettre dans leur geste une intention destructrice réelle, la finalité mortelle de ce type d'acte étant bien souvent loin d'être évidente. Elle a fréquemment le sens d'une demande d'écoute, d'une dimension d'appel auprès de l'entourage. Chez les adolescents, elle correspond le plus souvent à une solution pour accéder à un changement.

La violence du geste suicidaire est un bon indice, souvent le seul phénomène objectif pour distinguer le désir de mort des appels au secours, bien que le risque mortel soit très mal apprécié par les suicidants.

Une croisade exemplaire

En Angleterre s'est créée, dans les années 1950, l'association des Samaritans, engagée dans la prévention du suicide. Actuellement, 22 000 bénévoles répartis dans 200 centres sont à l'écoute de toutes les détresses, sur place, par téléphone ou par Internet. Ils reçoivent, en une année, plus de 4 millions d'appels, avec une hausse de 24 % lors de fêtes comme Noël ou la Saint-Valentin. On considère que, grâce à leur action, le taux de suicides en Angleterre est aujourd'hui l'un des plus bas du monde.

troubles anxieux, la toxicomanie, l'alcoolisme, la schizophrénie, etc.

D'autres facteurs de risque ont pu être identifiés, particulièrement la solitude : en dehors même d'une pathologie psychiatrique avérée, elle apparaît dans les différentes études statistiques comme l'un des plus importants. Les suicides augmenteraient en fonction du relâchement des liens familiaux et de l'isolement social ; ainsi, le divorce ou le veuvage amèneraient un risque accru par rapport au célibat. Plus une société intègre ses membres, moins le suicide se développe. La misère apparaît comme un facteur aggravant, tout comme les antécédents de suicides familiaux. Logiquement, l'existence de soutiens sociaux, la grossesse, le mariage jouent un rôle protecteur.

La vérité des statistiques

Les tentatives de suicide sont très majoritairement le fait des femmes. Mais les hommes y trouvent la mort deux, trois fois plus souvent. Le risque dépend de l'âge. Il augmente chez les adolescents et chez les jeunes adultes. À l'âge de 30 ans, le suicide est la première cause de mortalité, avec 20 % des décès masculins et 15 % des féminins. Il croît également chez les personnes âgées, qui réussissent souvent leur suicide, tandis que les tentatives non abouties sont très fréquentes chez les jeunes.

L'habitat, rural ou urbain, intervient dans les facteurs de risque : le suicide abouti est moins fréquent en zone urbaine, comme l'Ile-de-France, comparé aux contrées rurales, mais les tentatives sont plus courantes. Enfin, il est intéressant de noter que, si la France connaît, parmi les pays développés, l'un des taux de mortalité par suicide les plus élevés, le taux maximal est atteint par la Hongrie, tandis que les chiffres des pays latins, comme l'Espagne ou la Grèce, restent très faibles.

Ainsi, les données sociodémographiques font apparaître des différences significatives entre ceux qui tentent de se suicider et ceux qui réussissent leur suicide : ces derniers sont, en règle générale, des hommes, plus âgés, célibataires, sans travail, habitant en milieu rural.

Parler pour prévenir

La grande majorité des suicidés auraient fait part de leur projet, à un moment ou à un autre de l'évolution de la dépression. Parler de suicide n'a jamais incité personne à se suicider ; au contraire, la verbalisation confirme au sujet qu'il peut être entendu. Ainsi, au moindre doute, les médecins doivent parler de l'éventualité du suicide avec leur patient.

Tout mouvement suicidaire, exprimé en parole ou mis en acte, doit être considéré, évidemment par les thérapeutes éventuels, mais aussi et surtout par le sujet et son entourage qui ont tendance, trop souvent, à le banaliser après coup. La famille ne saurait s'exonérer d'une implication active quand l'un de ses membres évoque le suicide. Une orientation vers le médecin de famille ou vers un réseau d'écoute téléphonique est utile avant que les choses s'aggravent. La solidité de la relation thérapeutique avec le médecin, le diagnostic précoce et le traitement adapté de la dépression sont les éléments principaux de la prévention du suicide.

La restriction de l'accès aux moyens de suicide (armes à feu, médicaments toxiques) apparaît également comme une méthode de prévention : la dimension d'impulsivité étant très fréquente dans les suicides, la facilité d'accès à un moyen suicidogène grave a des conséquences importantes. Il apparaît qu'une récidive suicidaire utilise souvent des méthodes plus dangereuses que dans la tentative précédente : plus de 10 % des sujets ayant tenté de se suicider accompliront effectivement leur suicide plus tard.

Il ne faut jamais banaliser l'allégation d'idées suicidaires. Toute idée ou tentative de suicide est un appel à l'aide authentique, qui doit être reconnu comme tel.

Florent FARGES

À LIRE

Caroli, F., et Guedj, M.-J., *le Suicide*, Flammarion, Paris, 1999.

Hartman, F. « Dépression et suicide », in *les Maladies dépressives*, Flammarion, Paris 1995.

Lemperiere, T., *Dépression et suicide*, Masson, Paris, 2000.

Porot, A., *Manuel alphabétique de psychiatrie*, PUF, Paris, 1984.

À CONTACTER

Suicide écoute : 01 45 39 40 00.

Fil Santé Jeune : 0 800235 236.

EN BREF

Une priorité de santé publique

En France, avec 12 000 décès annuels, le suicide fait plus de victimes que les accidents de la route. Sa prévention est aujourd'hui une priorité.

Des populations à risque

Les adolescents, les jeunes adultes et les personnes âgées constituent l'essentiel des populations à risque.

Une prise en charge nécessaire

La vigilance s'impose aux proches. Il faut inciter les patients à consulter un médecin : la grande majorité des suicidés ne sont pas traités ou le sont mal. La dépression constituant le facteur le plus souvent en cause, une tentative de suicide est un événement permettant la mise en route d'une prise en charge et de soins.

Voir aussi

- Stress et anxiété p. 226
- Les conduites à risque des adolescents p. 244
- Le deuil p. 296

Trop moche, trop belle, trop gros, trop...

Nous sommes comme des automates tentant de vivre un idéal de bonheur, et nous allons de petites en grandes joies, de malheurs en drames, de épendances en compulsions. Ainsi, nous avons un corps bafoué par notre recherche de l'amour, de la reconnaissance, du pouvoir, du succès à tout prix, par notre quête d'illusions, de sécurité et de paradis perdus.

Le corps bafoué est ce corps ballotté par notre dépendance à l'amour, à l'autre, au travail et à toutes les formes de drogues socialement acceptées. Ce corps perdu dans la recherche des « paradis existentiels » tente de suivre ce que notre personnalité lui impose comme fausses identités et « sur-adaptations ». Le manque d'amour envers soi et envers les autres, le manque de reconnaissance qui nous rend esclave d'un rythme de travail effréné, du besoin que nous avons de prouver constamment aux autres que nous sommes à la hauteur, etc. Tous ces conditionnements qui nous essoufflent et qui épuisent notre relation à nous-même et à autrui fatiguent aussi le corps physique, qui devient un corps « battu » par notre frénésie de survivre à nos fausses identités. Ce corps maltraité n'est que le reflet d'un mal-être qui nous habite et que nous rencontrons en ce moment dans notre

Les maladies du système immunitaire

Il a été prouvé que notre système immunitaire est directement relié à notre psyché et à nos états intérieurs. Ses maladies sont produites par un mécanisme inconscient d'autodestruction. Dans ce type de maladies, le système immunitaire se bat contre lui-même. Il ne reconnaît plus ses propres cellules et il s'auto-attaque, démontrant ainsi le processus d'autodestruction de la psyché.

société. Il révèle des symptômes, des douleurs chroniques, voire des maladies, qui ne sont que l'expression de cette séparation d'avec nous-même, où s'oublient notre force vitale et notre créativité.

Le propriétaire du corps bafoué

Le propriétaire d'un corps bafoué n'aime pas son corps, car ce dernier ne lui rend pas l'image qu'il attend de lui-même. Cette image, bâtie sur des compulsions et de fausses identités, est souvent à l'opposé de la nature profonde de l'être qui habite ce corps, et de la réserve d'énergie vitale présente dans ce corps. Ainsi, la relation que le propriétaire d'un corps maltraité établira avec son corps sera la même relation que cet homme ou cette femme entretiendra avec son environnement. S'il est dur et exigeant avec les autres, il le sera aussi avec son corps. Il tentera de bâtir un corps dur, de le malmener par des heures effrénées de sport ou de conditionnement. Il en exigera ce qu'il exigera de l'autre et, surtout, ce qu'il exige de lui-même. S'il est dépendant ou compulsif dans sa relation affective avec l'autre, il sera corporellement dépendant de nourriture ou de drogues de toutes sortes. Cette même compulsion qu'il vit en amour, dans la sexualité ou au travail sera, par une directive de compulsion, renvoyée au corps qui ira, tel un yo-yo, de prises en pertes de kilos avec régime à l'appui, d'états de fatigue chronique à des états d'euphorie due à la caféine ou à l'alcool. Que le corps soit beau ou laid, le propriétaire d'un corps bafoué n'est jamais satisfait, car il se trouve pris dans une relation de non-amour avec soi-même qu'il projette sur son corps. Un tel corps, à la longue, s'épuise et accumule non seulement la tension quotidienne due aux compulsions multiples vécues par son propriétaire, mais aussi la tension inconsciente transmise aux cellules : « Tu n'es pas assez beau (belle), pas assez mince, pas assez grand(e)... » Le corps de ce propriétaire est trop laid, trop gros ou trop beau. Ce non-amour du corps est sans fin car résultant d'une réelle séparation de soi avec soi. Le propriétaire du corps bafoué se montre inconsciemment violent avec son corps et tente de le dompter et de le conformer à l'image de ses compulsions.

Le travail effréné, traduisant un besoin de réussite et de reconnaissance par les autres, est sûrement, à l'heure actuelle, la démonstration d'une épuisante suradaptation.

Le message inconscient du corps bafoué

Notre corps est le siège de notre inconscient, il connaît notre histoire, il a enregistré nos peines, nos frustrations et nos douleurs souvent cachées dans les replis des muscles trop contractés, ou dans les dépôts de graisse qu'aucun régime n'arrive à éliminer. Il ne ment pas, il nous renvoie par des signaux de détresse les « mal-aises », le mal-être et les déséquilibres internes que portent notre personnalité et notre éloignement de nous-même à nous-même. Il est aussi le reflet de nos complexes, de nos enfermements et de nos suradaptations. L'image que nous nous faisons de notre corps et de nous-même se fonde sur une perception intérieure, influencée par des systèmes de croyances que nous avons bâtis ou pris chez les autres. Imaginez qu'on vous répète pendant des années, verbalement ou par télépathie, que « vous n'êtes pas assez ». Il y a de fortes chances pour que vous finissiez par le croire. De plus, vous allez le vivre et le « créer » autour de vous : nos croyances sur nous-même sont souvent répétées et transportées par notre environnement. Si nous croyons « n'être pas assez », les autres auront deux comportements possibles : ils le croient et nous le renvoient tel un miroir ; ou bien ils tentent de nous ôter cette croyance en nous répétant que nous sommes parfait, mais il nous est impossible de les croire tellement c'est ancré en nous. Ainsi, nous nous prouvons constamment que nous avons raison.

Le regard de nos croyances

Les croyances sont des pensées conscientes chargées d'une émotion ou d'un souvenir, des pensées qui ont été conscientes, mais se sont rapidement logées dans notre inconscient. De notre regard, de nos jugements sur une expérience, nous tirons des conclusions qui nous enferment dans une vision altérée de la réalité. Nous avons le regard de nos croyances.

À la source du conditionnement extérieur

Les conditionnements extérieurs ne viennent pas que des médias. Ce sont d'abord ces croyances qui ont été projetées sur nous par les parents, les éducateurs ou par toute autorité ayant influencé notre vie. Prenons l'exemple de l'enfant qui se fait répéter qu'il n'est « pas assez » ou « trop », peu importe les raisons qui alimentent les projections nommées. Le tout petit qui reçoit ces conditionnements répétitifs peut, à la longue, le croire et enregistrer dans sa psyché qu'il est effectivement « trop » ou « pas assez ».

L'image de nous-même est soutenue par des perceptions intérieures et extérieures : image projetée par la société ou image bâtie par nos propres croyances sur nous-même. Ces images ne sont pas innocentes. Si elles viennent de l'extérieur et nous influencent, c'est qu'elles correspondent à une référence dans notre inconscient et notre psyché, et nous nous en nourrissons. Si elles viennent de l'intérieur, c'est qu'elles sont fondées sur une forme d'édification ou de cuirasse que nous nous sommes appropriée, et dans laquelle nous nous réfugions. Le corps ainsi bafoué par son propriétaire envoie des signaux de détresse, démontrant qu'il est maltraité et non écouté. Ces signaux sont des douleurs qui, au début, apparaissent puis disparaissent, et semblent aller d'une région à l'autre du corps sans s'y attarder, et qui, par la suite, s'installent chroniquement. Ce peut être aussi l'apparition soudaine d'une maladie du système immunitaire qui prend assise dans le corps. Ces images, ces croyances, ces conclusions que nous avons bâties sur nous-même ont pour effet d'envoyer un message de désespoir et d'autodestruction au corps et aux cellules. À la longue, elles influencent, via le système nerveux central, tous les systèmes du corps, et, entre autres, notre système immunitaire, qui répond à ces attaques intérieures de la psyché par un réflexe de défense et qui s'épuise à se battre contre lui-même.

Développer l'hygiène mentale et physique

L'hygiène mentale et physique consiste à reconnaître de quelles pensées nous nous nourrissons. Quelles sont les images constamment présentes en nous ? Quelles sont les tensions physiques qui nous habitent ? Sommes-nous à l'écoute de nous-même ou tentons-nous constamment de nous habiter par l'extérieur, plutôt que de nous habiter de l'intérieur ? Un exercice de remue-méninges peut faciliter la prise de conscience de nos pensées et des émotions qui y sont liées. Tous les matins en nous levant, prenons quelques minutes pour écrire sur une feuille de papier ou dans un cahier toutes les pensées qui nous habitent. Notons tout et, par la suite, contemplons : quelles sont les pensées qui nous habitent ce matin ? Ne jugeons pas et continuons notre journée. Reprise de l'exercice le lendemain

Le danger de la suradaptation

La suradaptation est un phénomène psychique, tel un réflexe, que l'individu développe inconsciemment et qui se traduit par une tentative effrénée de s'adapter à tout prix à une expérience, à un événement ou à un environnement.

et les jours suivants. Le but de ce processus est de rendre conscient ce qui nous habite, et les charges mentales que nous portons. Observons notre corps pendant cet exercice : y a-t-il un dialogue entre ces pensées et notre corps ? Qu'en est-il ? De la même façon, nous pouvons aussi nous étendre sur le sol en fin de journée et nous détendre grâce à une musique douce ou une méthode de relaxation de notre choix. Entrons à l'écoute de notre corps et des régions qui attirent notre attention, laissons-le se détendre et écoutons ses messages. Dialoguons avec la douleur et la tension ; relâchons, comprenons ce qui se cache sous cette tension physique ; entendons la réponse émotive ou psychique. Laissons les images circuler, puis écrivons sur une feuille de papier toutes les pensées qui nous viennent. Rapidement, nous établirons le lien entre notre corps et les pensées, et vice-versa. Ces exercices ont pour but de vivre une hygiène du corps et de l'esprit pour ne plus nous laisser ballotter par des pensées non constructives habitant notre inconscient et qui nous gouvernent. Devenons à la fois disciple et souverain de nous-même, disciple en entrant à l'écoute de nous, et souverain en maîtrisant nos états psychiques et physiques.

Marie-Lise LABONTÉ

À LIRE

Simonton, C., *Guérir envers et contre tout*, Desclée de Brouwer, 1982.

EN BREF

Du psychique au physique

Notre corps porte la marque des souffrances ressenties par notre psychisme lorsque nous nous imposons de donner une fausse image de nous-même, et courons sans fin derrière des illusions d'amour, de pouvoir ou de réussite.

Une image faussée

Le jugement défavorable que nous portons sur nous-même est répercuté par les autres. Soit ils y adhèrent et nous le renvoient en miroir, soit ils tentent de nous convaincre du contraire, mais nous ne les croyons pas.

Une nécessaire prise de conscience

Analyser les images et les tensions qui nous habitent, et écouter notre corps nous met sur la voie de l'accord avec nous-même.

Voir aussi

► Folle, fou de soi p. 240
► La pente de l'esclavage p. 30

Trop moche, trop belle, trop gros, trop...

questions-*réponses*

D'où vient l'image que nous avons de nous-même ?

Notre perception de nous-même nous vient souvent d'un conditionnement intérieur que nous projetons sur nous, ou de conditionnements extérieurs. Les conditionnements extérieurs sont ces croyances projetées sur nous par les parents, les éducateurs ou toute représentation d'autorité qui a influencé notre vie. Les conditionnements intérieurs proviennent aussi de croyances, mais qui se sont bâties de l'intérieur, se sont dirigées vers soi et quelquefois projetées aussi sur les autres. Ces croyances internes sont telles des conclusions tirées d'expérience jugées traumatisantes par notre psyché. Elles sont, au début, conscientes, puis, au fur et à mesure qu'elles s'ancrent en nous, elles deviennent inconscientes, mais elles continuent d'influencer constamment l'image que nous avons de nous-même.

Pourquoi les femmes ont-elles tant de difficultés à aimer leur corps ?

Notre société porte un culte à la beauté et à la « forme », bâti sur l'image narcissique du corps et du visage, sur la beauté plastique, extérieure. Il est difficile pour une femme de se retrouver dans ce dédale d'images publicitaires qui la conditionnent à ne s'aimer que si elle correspond à des critères de beauté, pour la plupart des femmes, inaccessibles. Ces images publicitaires nourrissent le cerveau et la psyché féminine de paramètres qui éloignent la femme de son intériorité et de sa réelle beauté, celle qui est la sienne tout simplement.

Comment trouver ou retrouver l'amour de soi ?

Plus nous allons vers l'accueil de ce que nous sommes, plus il est possible de nous retrouver et de nous aimer. L'amour de soi ne vient pas de l'extérieur, mais de notre profondeur, c'est un reflet. Mais l'individu qui entretient une image négative de lui-même, peut questionner ce qui en lui influence cette autodestruction ou autonégation de lui-même.

Est-il possible d'aimer son corps tel qu'il est ?

Il est possible d'aimer son corps tel qu'il est, tout comme il est possible de s'accepter avec ses zones d'ombre et de lumière. Notre corps est parfait dans son imperfection. Cet amour du corps est, avant tout, intérieur. Ainsi en entrant à son écoute, en lui permettant de nous guider vers qui nous sommes et non pas vers qui nous voulons devenir, il peut nous amener sur la voie du bien-être et des retrouvailles avec nous-même. Notre corps sait, il est porteur de la vie qui nous habite. Si nous lui envoyons des messages de non-amour, il se tend, se crispe et se ferme.

Folle, fou de soi

À travers la publicité et la presse, féminine surtout, notre société nous ressasse l'exigence d'être beau, de posséder un corps irréprochable et de paraître bien. La quête de la beauté et de la belle apparence a pris des proportions énormes au cours de ces dernières années, jusqu'à devenir un esclavage pour beaucoup d'entre nous.

« Soyez beau, soyez belle, peu importe le prix », tel est le message qui nous est transmis. Il n'est, pour nous en convaincre, que d'essayer à dresser la liste interminable des produits, de l'automobile au yaourt, sans parler, bien sûr, des parfums ou des cosmétiques, « vendus » à travers l'image de personnages séduisants. Conséquence : beaucoup d'entre nous se sentent obligés de sacrifier à cette exigence de beauté, et sont prêts à payer cher, dans leur corps et dans leur être, pour être « beaux », « belles », et satisfaire extérieurement à ces critères sociaux au détriment de leur bien-être.

Corps et esprit sont étroitement reliés. Il est prouvé que nous sommes constamment influencés à la fois par les images extérieures et nos images intérieures. Une image violente ou à tendance érotique suscite une réaction hormonale dans le sang. Que le stimulus soit conscient ou inconscient, il se vit dans le corps. Cela nous démontre que les images et les pensées, si subtiles qu'elles soient, peuvent, par le biais de la psyché, entraîner directement une réaction de notre corps. Les panneaux publicitaires de visages et de corps supposés parfaits qui encombrent les rues nous suggèrent que la beauté est un critère important de reconnaissance sociale, de succès et de pouvoir. Ces images influencent beaucoup plus qu'on ne le pense notre cerveau et entraînent l'individu dans une quête narcissique sans fin.

La recherche d'identité

Ne vous est-il jamais arrivé de voir, dans la rue, des hommes et des femmes habillés de façon identique parce que pliés aux critères absolus de la mode, et de vous demander : qui sont ces gens ? Sont-ils des automates ? Ont-ils une identité ? Dans le développement de l'enfant, il est tout à fait normal, pour le petit, de vouloir s'identifier aux parents jusqu'à en imiter le corps, la posture, la tenue vestimentaire, la façon de regarder, de manger, de sourire et même de penser. C. G. Jung appelait cette recherche d'identité le développement du processus d'individuation, où l'enfant cherche son identité par l'imitation des êtres qui l'entourent : parents, grande sœur, grand frère… ou toute personne représentant l'autorité. Ce processus exprime un besoin d'aimer et de se sentir aimé par l'autre, en tentant inconsciemment de l'imiter, de lui ressembler.

Prenons l'exemple d'une petite fille dont la maman est constamment à la recherche de son image dans le miroir, dans le regard de l'autre ou dans les magazines féminins. Il sera tout à fait normal que cette petite fille, imitant sa maman par amour, en conclut que la beauté est quelque chose d'extérieur, qui correspond à passer des heures devant le miroir pour se contempler. Elle pourra en venir rapidement à la certitude que, pour être belle, il faut avoir un miroir et jouer à paraître. Elle reproduira sur elle-même et sur sa poupée ce conditionnement maternel à la beauté. Elle se regardera dans le miroir et le questionnera : « Oh, miroir, dis-moi qui est la plus belle ? » Les efforts des enfants pour ressembler à… ou ne pas ressembler à… font partie de leur développement et du phénomène d'individuation dans lequel ils sont engagés. Ce besoin d'être comme… ou, au contraire, son refus devient leur identité. Cette recherche d'identité effectuée dans un sens ou dans l'autre est un phénomène qui se vit dans les attitudes mentales, affectives et psychiques dont le corps physique porte l'empreinte. Ce processus est inconscient et conduit à imiter pour être aimé et pour aimer. Si les codes d'amour et d'échange entre les parents sont fondés sur la recherche de la beauté extérieure et du paraître à tout prix, l'enfant pourra fixer des attitudes mentales, émotives et physiques qui jetteront les bases du développement d'une identité narcissique.

Le développement narcissique

Pendant l'adolescence, l'enfant ressent le besoin de quitter les critères d'individuation parentale pour aller à la recherche d'une autre famille : le clan, le gang, la famille de la mode ou des chanteurs du *top ten* du

Narcisse et son mythe

Narcisse est le fils de Céphise, le dieu des Fleuves. Il est le plus beau des enfants que la terre ait portés. Magnifique et choyé, il est coupé des autres par sa beauté ; il étouffe parce qu'il est trop adulé. Un jour, il voit son reflet dans l'eau d'une fontaine sans se reconnaître, car il ne se connaît pas. Il s'éprend follement de cette image que l'eau lui renvoie et tente de la capturer. Mais, dès qu'il essaie, l'image se trouble par sa main qui touche l'eau, mais aussi par ses pleurs qui tombent dans la fontaine. Il cesse de manger, de boire et passe des heures à contempler, fasciné, la belle image dont il ne sait rien et qui lui sourit lorsqu'il sourit. Une version du mythe dit qu'il meurt ainsi de désespoir face au reflet qu'il ne peut ni éteindre ni atteindre ; et une autre version raconte qu'à force de se pencher il s'est noyé.

Plus le rejet de sa famille d'origine est fort chez l'adolescent, plus le besoin d'appartenance à une autre famille est grand ; ce qui peut entraîner un important déplacement des valeurs et un grand désir de ressembler à... au détriment de son corps, de son bien-être et, surtout, de son authenticité.

moment. Il y a rejet des valeurs familiales et traditionnelles pouvant aller jusqu'au rejet du corps des parents, de leurs attitudes mentales et affectives, pour trouver de nouveaux points de repère à l'extérieur de la famille. La transition est très délicate, l'enfant passant d'une famille et de parents auxquels ils pouvaient s'identifier, aux codes d'identité de la « jungle » de la mode ou du vedettariat. Ces codes étant établis sur des valeurs moins spécifiques, plus vastes et constamment en fluctuation, il s'y perd.

Des jeunes filles et des jeunes garçons vont tout faire pour être à la mode et répondre aux critères du clan. Cela va du vol à l'étalage pour avoir les « fringues branchées », jusqu'à la privation de nourriture afin d'exhiber la minceur si valorisée par les magazines ou dans les images de la publicité. La quête du regard de l'autre, pour se prouver qu'on est beau ou belle, présage de la mise en place d'une armure, d'une cuirasse narcissique, d'une fixation qui prendra son assise dans le corps et dans la psyché de l'adolescent. Adulte, il sera alors un automate de la mode, de l'image et de la beauté à tout prix, n'existant que par l'extérieur, ne vivant que par le regard de l'autre. Si ce regard ne lui confirme pas sa beauté, il se trouve en plein désarroi et remet en question son image et, partant, son bien-être. Ce type de personne ne se sent bien que si on rend hommage à sa beauté. La conversation ne prend d'intérêt à ses yeux que centrée sur cette reconnaissance. Les esclaves de la cuirasse narcissique en vous regardant vous demandent constamment d'exprimer votre reconnaissance par votre sourire, votre posture ou votre geste. Vous devenez pour eux un miroir qu'ils vont tenter de manipuler en le plaçant sous différents angles pour s'assurer de leur perfection. Du même coup, les gestes spontanés du corps sont bannis du quotidien et font place à des tics nerveux associés à l'image ou au maintien de l'image.

À LIRE

Labonté, M.-L., *Au cœur de notre corps, se libérer de nos cuirasses*, Éditions de l'homme, 2000.

Alignant constamment leur image sur les critères sociaux de la beauté ou de la mode, ils présentent souvent une peau atone, même si elle est entretenue par des soins spécifiques assidus, un corps vide, figé, sans respiration, dont la plastique est belle mais froide : l'armure narcissique a pris toute la place, il n'en reste plus pour la chaleur. Le besoin de paraître et de contempler l'image extérieure entraîne ces individus dans une vie de surface fondée sur des critères de non-authenticité. Voués à leur image, ils

Ce que cache la cuirasse

La cuirasse est un mécanisme de défense qui s'installe dans la psyché et dans le corps en passant par la voie de l'émotion. Cette défense instinctive se bâtit inconsciemment face à une agression extérieure ou intérieure que l'on peut vivre. C'est une tension profonde, à la fois physique, émotionnelle et psychique, qui a pour but de protéger. Mais plus l'individu évolue en âge, plus elle perd de sa nécessité et risque de devenir une prison où est retenue l'énergie de vie en soi et autour de soi. L'individu cuirassé peut se sentir coupé de l'amour des autres et de sa propre source d'amour intérieur.

sont ballottés dans cette recherche de n'exister qu'à travers les surfaces réfléchissantes – miroirs, vitrines de boutique, rétroviseur – ou de nouveau dans le regard de l'autre. Cela a pour effet de les éloigner d'eux-mêmes, réduits qu'ils sont à une recherche superficielle sans fin.

Transformer le rapport à soi-même et aux autres

Pour la personne aux prises avec ce rapport vide à soi et aux autres, l'ennui s'installe et la dépression suit. Le rapport à autrui ne se fondant pas sur l'échange réel reste vide, même le corps est incapable d'échanger puisqu'il demande constamment à être reconnu. Il en est de même dans le rapport à soi. L'identité se perd au fur et à mesure que grandit le vide intérieur alors que les années passent. De plus, la course folle au changement de peau pour satisfaire aux derniers critères de la beauté socialement reconnus va si vite que ces êtres ne peuvent constamment en soutenir le rythme. Ils s'essoufflent, et la crise aiguë s'installe, signe précurseur d'un éveil, d'une décontraction et d'une guérison. Le processus d'individuation entamé à l'enfance se poursuit et, à un moment précis, l'individu est amené à se retrouver soit par un réveil brutal, telle la maladie, soit par la conscience d'un certain mal-être, comme un sentiment de vide et de dépression. Il est important de ne pas avoir peur de ces symptômes. Ils sont des signaux précurseurs d'un éveil et d'une prise en charge de soi-même. Cela aura pour effet de remettre en question toutes les fausses identités, dont l'identité narcissique, pour revenir à l'authenticité.

Marie-Lise LABONTÉ

Voir aussi

- Anorexie et boulimie p. 248
- La pente de l'esclavage p. 30
- Chers habitants de mes rêves... p. 202

EN BREF

Une pression dangereuse

Au cours de ces dernières années, les médias multiplient les images qui imposent des critères de beauté et de paraître au détriment de l'authenticité.

La tentation du narcissisme

Soucieuses de donner une « belle image » d'elles-mêmes, les personnes n'existant que par leur reflet finissent par s'enfermer dans une cuirasse narcissique qui les isole autant des autres que de leur être intérieur.

Les conduites à risque des adolescents

Entre 10 % et 20 % des jeunes ont recours à des conduites à risque pour exprimer leur souffrance. Celles-ci sont de plusieurs ordres : de la prise inconsidérée de risques physiques à la toxicomanie ou aux tentatives de suicide, en passant par les fréquentations douteuses, les fugues, etc. Mais elles ont un point commun : généralement autodestructrices, elles altèrent les potentialités évolutives.

Les limites de l'adolescence et de la postadolescence sont floues et varient selon les sociétés. Le début de l'adolescence est caractérisé par la transformation pubertaire, qui entraîne de multiples modifications à la fois physiologiques, psychologiques et sociales. Avec le prolongement de la scolarité, des difficultés accrues pour entrer dans la vie professionnelle, mais aussi une tendance à retarder l'établissement d'un lien conjugal, l'évolution sociale actuelle conduit à différer la fin de l'adolescence. Certains appellent postadolescence cette période marquée par une définition progressive des caractéristiques qui constitueront l'adulte.

Lors de l'adolescence, on constate que l'« agir » est une façon privilégiée de témoigner, d'exprimer ses angoisses et ses conflits internes. Lorsque l'on évoque les conduites à risque, qui ne concernent pourtant qu'un petit pourcentage de cette catégorie d'âge, on désigne également une tendance au passage à l'acte, celui-ci étant le plus souvent violent, impulsif et parfois délictueux : vol, agression, abus d'alcool ou de drogue, fugue, acte impulsif automutilateur.

Approchées sous cet angle, les conduites à risque se déclinent sur le mode de l'affrontement, qu'il soit intime, familial, ou même qu'il engage l'individu dans un rapport déviant vis-à-vis de la société.

L'affrontement intime

L'adolescent en situation de crise intime et donc de souffrance morale retourne souvent d'abord contre lui-même sa détresse, au cours d'un processus pour partie inconscient, que l'on peut rapprocher de l'ordalie. Cette mise en danger volontaire de soi-même doit être comprise comme un « affrontement symbolique à la mort ».

C'est ainsi sur le mode de l'ordalie individuelle que l'on peut donner un sens à la prise de risques. Nombre d'exemples, dans les conduites

Quand l'adolescent s'attaque à lui-même

Certains adolescents s'attaquent à leur propre corps de façon apparemment absurde, mais c'est une manière de s'attaquer, et en même temps de se confronter, au sentiment de rester vivant, c'est-à-dire de voir si on est encore vivant. Ces attaques peuvent aussi être exprimées sous la forme de troubles alimentaires graves ; ainsi, actuellement, on voit dans les consultations une augmentation importante d'anorexie mentale ou de boulimie dans des modalités addictives assez comparables à celles qu'on rencontre dans d'autres types d'addiction, en particulier la toxicomanie, jusqu'aux comportements toxicomaniaques graves.

possibles des adolescents, illustrent ce propos. Ici on lancera son automobile à une allure suffisamment vive pour qu'un réel danger de mort apparaisse ; là on poussera le voyage de la drogue plus loin qu'auparavant, dans ces contrées où on ne sait pas « exactement » si l'organisme survivra ou non à ce nouveau trajet. Réponse individuelle à une souffrance individuelle, l'ordalie intervient, chez l'adolescent, quand aucune autre issue ne semble se profiler à l'horizon.

L'affrontement avec la famille et l'entourage

Certains contextes favorisent les conduites à risque. Un environnement trop brutalement permissif accordant une indépendance, une autonomie sans contrôle, sans accompagnement, favorise les passages à l'acte. Un des modes d'expression de la rupture chez l'adolescent, au-delà des traditionnels conflits parents-enfants, est la fugue. Il s'agit d'un départ impulsif, le plus souvent isolé, sans but précis. Il survient en point d'orgue d'une crise sévère entre le sujet et son entourage familial.

Toute démarche, plus ou moins consciente, visant à s'écarter de ses repères, est une manière de fugue. Il en va ainsi de l'école, dans la mesure où elle représente pour l'adolescent une microsociété. Le désinvestissement scolaire revêt indéniablement une dimension ordalique, par conséquent psychologique, ce qui rend si difficilement applicables les solutions collectives mises en œuvre par les éducateurs et les pédagogues. De l'école buissonnière au passage à l'acte violent contre un professeur se décline pour l'élève une gamme de risques calculés qui le placent à un point d'équilibre dangereux : d'un côté, le possible retour en arrière, vers l'univers propre à l'adolescent constituant la normalité ; de l'autre, l'exclusion.

L'ordalie désigne le jugement de Dieu. Face à un supposé coupable, on laisse aux éléments surnaturels le soin d'indiquer sa culpabilité ou son innocence. En Europe occidentale, elle se faisait généralement par le feu ou l'eau : si la personne jugée échappait à la mort par brûlure ou par noyade, elle était déclarée innocente.

L'affrontement avec la société

Une composante anxieuse forte, un décalage entre les transformations corporelles et les acquisitions langagières poussent parfois l'adolescent à exprimer par le geste ce qu'il ne peut pas dire par les mots. La fréquentation de certains jeunes marginaux ou de groupes de jeunes délinquants peut amplifier les risques de déviance. Dans la visée autodestructrice qui nous intéresse, c'est la prise de marques par rapport à la loi qui permet de forger une part de l'identité de l'adolescent. Il s'agit d'un simple test : d'après D. Le Breton, « après un premier contact avec la police, l'immense majorité des jeunes n'a plus affaire à la justice ».

Recherche de limite, de plaisir, de dépassement personnel, recherche qui, en apparence, n'a d'autre visée qu'elle-même, élément indissociable de l'adolescence, rite initiatique... les conduites à risque sont tout cela à la fois. Il apparaît cependant une césure significative entre garçons et filles pour ce qui touche à la manifestation du mal-être comme au passage à l'acte. Ainsi, si la délinquance est majoritairement un mode d'expression masculin, l'anorexie mentale demeure une pathologie presque exclusivement féminine.

Dans une perspective de prévention, il convient d'attirer l'attention sur le fait que des conduites à risque se banalisant, elles appellent des réponses (psycho-)thérapeutiques appropriées, telles qu'elles se conçoivent facilement aujourd'hui pour les comportements addictifs. Mais il importe aussi de souligner que c'est la répétition qui inquiète le soignant. Nombre de ces conduites, lorsqu'elles ne sont pas répétitives, lorsque leur potentiel destructeur est atténué, peuvent éclairer le développement de l'adolescent et représenter l'induction d'un changement.

Pierre ANGEL

Voir aussi

- L'adolescence p. 140
- Anorexie et boulimie p. 248
- Les addictions p. 268

À LIRE

Le Breton, D., *Passions du risque*, Métailié, Paris, 1991.

Marcelli, D., et Braconnier, A., *Adolescence et psychopathologie*, Masson, Paris, 1995.

Braconnier, A., Chiland C., Choquet, M., *Adolescentes, adolescents : psychopathologie différentielle*, 1995.

EN BREF

Des chiffres à relativiser

La conduite à risque des adolescents n'est pas la règle : 10 % à 20 % d'entre eux seulement sont susceptibles de les mettre en œuvre.

Différents types d'affrontement

Une conduite à risque s'exprime toujours par un affrontement soit avec soi-même, soit avec la famille, ou encore avec la société. Mais ils ne sont pas exclusifs les uns des autres.

Un aspect positif

Les conduites à risque, lorsqu'elles ne sont pas devenues en quelque sorte « chroniques », peuvent être le moteur d'une évolution vers l'âge adulte.

questions-*réponses*

Où se situe la banalisation des conduites à risque ? Quels sont les dangers ?

Ce sont les conduites accidentelles répétées, les accidents de deux-roues à moteur qui se succèdent, les fugues ou les conduites violentes qui suscitent angoisse ou rejet de la part de l'entourage. La banalisation conduit la famille et les intervenants sociaux à réduire leur vigilance souvent par lassitude ou par exaspération, parfois par déni : ils ne mesurent pas l'ampleur des risques pris par l'adolescent, qui met sa vie en jeu sans en être le plus souvent pleinement conscient. Banaliser une conduite à risque, c'est renoncer à décrypter le message codé que nous adresse le jeune.

Les thérapies préconisées doivent-elles inclure les parents ?

Les parents doivent, presque dans tous les cas, être associés au processus thérapeutique. Même si des tensions sévères existent avec l'adolescent, ils restent des « personnes ressource » qui doivent être soutenues. Il arrive parfois que l'adolescent ne souhaite pas que le thérapeute rencontre ses parents. L'expérience nous montre qu'une rencontre même ponctuelle est précieuse pour appréhender la complexité de la dynamique familiale. Il convient de convaincre l'adolescent en l'assurant que le thérapeute respectera de façon absolue le secret professionnel. Dans certaines situations, l'indication d'une thérapie familiale est posée.

Que faire si l'adolescent refuse toute démarche auprès d'un thérapeute ?

C'est une situation fréquente. Des entretiens des parents avec un thérapeute finissent presque constamment par vaincre les résistances de l'adolescent, qui ne souhaite pas rester trop longtemps éloigné d'un lieu où il pourra s'exprimer sans contrainte, et éprouver le sentiment rare d'être compris.

La sanction des parents ou des éducateurs a-t-elle une quelconque utilité ?

Pour se construire, l'adolescent a besoin de références solides. L'autorité parentale fait l'objet depuis une quinzaine d'années d'une réévaluation après les excès des années 1970, où elle a fait l'objet d'une contestation radicale. Les sanctions sont parfois inévitables et utiles lorsque l'adolescent a pris des risques sur le plan de sa sécurité affective ou physique, a transgressé des interdits majeurs. Elles n'ont de sens que si les parents respectent eux-mêmes les règles fixées et que ces sanctions tiennent compte du respect que nous devons comme parents à nos enfants. Elles sont utiles si elles sont expliquées, comprises, et donnent l'occasion d'une pédagogie du civisme.

Anorexie et boulimie

L'une ne mange rien. On la dit anorexique. L'autre ne cesse de se nourrir. On parle de boulimie. Anorexie et boulimie, parfois conjuguées, sont les deux faces d'un même mal-être psychique se traduisant par des troubles physiques qu'il ne faut, en aucun cas, minimiser. Ils peuvent, l'anorexie surtout, être très graves et détériorer sérieusement la santé.

L'anorexie et la boulimie sont des troubles du comportement alimentaire qui ont des effets désastreux sur la santé et mettent en danger la vie des personnes qui en souffrent. La médiatisation de ces affections, depuis quelques années, fait que la plupart d'entre nous en connaissent l'existence, mais elles sont souvent banalisées par la société, mal comprises par l'entourage, déniées ou justifiées par celles, et plus rarement par ceux, qui en souffrent. Leur distribution est très majoritairement féminine, même si l'on signale aujourd'hui une fréquence croissante d'anorexie chez les garçons (1 cas sur 10).

Ces troubles sont-ils dus à une mauvaise éducation alimentaire ? À un mode de repas différent, tel que le grignotage permanent, ou *junk food*, à la mode des jeunes Américains, et de plus en plus répandu ? À une absence de diététique ? À un mal-être physique et psychologique ?

Actuellement, tout semble démontrer que l'anorexie est un « trouble psychique » et n'a aucune origine organique, métabolique ou génétique. On la rapproche généralement de la boulimie, car elles sont de plus en plus souvent associées. Certains médecins pensent d'ailleurs qu'il s'agit des deux extrêmes d'un même mal, exprimant une perturbation de la personnalité. De plus, un consensus semble s'être établi pour reconnaître que ces troubles ont un lien à la fois avec le passé de l'individu, son contexte familial, mais également avec les nombreuses pressions culturelles et sociales pesant sur les femmes des pays occidentalisés.

L'anorexie des adolescentes

L'un des cas les plus fréquents de refus de la nourriture est baptisé « anorexie mentale » et concerne essentiellement les jeunes filles. Il se repère lorsque l'on constate un amaigrissement supérieur à 10 % du poids et une absence de règles remontant à plus de six mois.

À ce tableau, il faut ajouter le contexte psychologique bien spécifique de ces jeunes filles. Il peut exister une situation de conflit relationnel avec l'entourage et, notamment, avec les parents, mouvement très ambivalent, à la fois recherche d'affection et combat pour une identité autonome. On peut également relever un désintérêt pour toute forme de sexualité génitale ; des troubles de l'image du corps et de ses besoins ; une hyperactivité intellectuelle et motrice ; des difficultés du registre affectif et de l'identité ; les sentiments de vide, d'impuissance des doutes innombrables conduisant, dans les formes les plus évoluées, à un repli progressif. Enfin, une attitude distordue vis-à-vis de la nourriture.

Le contexte familial est sans doute à prendre en compte pour Sylvia, 15 ans, qui souffre d'une anorexie entrecoupée de crises de boulimie avec vomissements provoqués. Elle pratique la danse depuis l'âge de 5 ans et veut en faire son métier. D'une rigueur sans faille depuis des années, elle conjugue études et entraînements. D'éducation particulièrement rigide, elle n'a droit « à l'erreur » ni sur le plan scolaire ni sur le plan sportif. Elle ressent de très fortes pressions, et son mal-être est accentué par les remaniements psychiques et physiques de l'adolescence.

Le tableau de la boulimie

En quelque sorte symétrique de l'anorexie, la boulimie, caractérisée par une consommation irrépressible de nourritures, intervient par épisodes assez stéréotypés, qui se différencient de l'hyperphagie, où l'on mange simplement... trop, et du grignotage fréquent chez les obèses. Parfois planifiée à l'avance, ailleurs submergeant brusquement la personne, la crise se déroule le plus souvent en cachette, le soir.

On entend souvent des femmes se définir comme boulimiques, alors qu'elles ont un ou deux kilos en trop, ou bien qu'elles ont mangé un peu trop de chocolat. Cela n'a rien à voir avec la véritable boulimie. Cette dernière démarre en général vers 17-20 ans et se rencontre ensuite plus souvent que l'anorexie. On peut la retrouver chez des femmes adultes. Elles ont parfois recours à ces conduites lorsque l'angoisse ou le stress s'avèrent trop importants à gérer. Chez les hommes, la boulimie existe, mais elle est encore plus rare que l'anorexie.

Les « trois A » du diagnostic

Le diagnostic d'anorexie s'établit sur la présence de trois symptômes dits « des trois A » :

- **Anorexie, ou conduite de restriction volontaire de nourriture. Fréquemment, les débuts de l'anorexie coïncident avec le commencement d'un régime alimentaire, qui devient de plus en plus restrictif, et aura rapidement recours aux vomissements si l'anorexique pense avoir trop mangé, ou bien si elle y a été obligée.**
- **Amaigrissement, conséquence directe de la conduite de restriction volontaire de nourriture, avec une perte de poids d'au moins 10 % par rapport au poids antérieur, en référence à la croissance normale (on ajoute une phobie du grossissement et une déformation de l'image corporelle).**
- **Aménorrhée (primaire ou secondaire), témoignage d'un syndrome endocrinien complexe imputable à une sorte de mise en repos de l'hypophyse, qui peut précéder l'amaigrissement et ne saurait par conséquent être considérée comme sa conséquence directe, même s'il en est le facteur.**

La culpabilité pèse sur Véronique, 30 ans, qui décrit sa vie depuis une dizaine d'années comme un cycle infernal. Elle alterne crises de boulimie, puis de vomissements et diurétiques. Sa capacité à engloutir de la nourriture l'horrifie et la plonge dans une culpabilité intense. Elle a fini par chercher de l'aide lorsqu'elle a pris conscience que ses symptômes correspondaient à une rupture dans sa vie familiale, dont le deuil ne pouvait s'effectuer.

Un diagnostic d'authentique boulimie s'appuie sur l'existence d'épisodes répétés d'absorption rapide et incontrôlée de grandes quantités de nourriture (plusieurs milliers de calories), sous l'effet d'une contrainte ressentie comme plus ou moins irrépressible, avec une fréquence de deux accès boulimiques en moyenne par semaine, sur une période de trois mois. Signent encore ce tableau une sensation de perte de contrôle du comportement alimentaire durant les crises ; un recours à des conduites de vomissements, avec prise de laxatifs ou de diurétiques, exercices physiques et restriction alimentaire ; enfin, une préoccupation excessive du poids et des formes corporelles.

Afin de mieux discerner encore la « véritable crise de boulimie » d'un autre comportement qui serait moins perturbant et surtout moins grave, on peut également souligner le trajet de la crise : la précrise, marquée par un état de tension, d'angoisse et de manque induisant une envie irrésistible de trouver et d'absorber de la nourriture. La crise, avec une perte totale de contrôle sur la nourriture. La fin de la crise qui survient tantôt faute de nourriture, tantôt lorsqu'un sentiment de plénitude est obtenu. Celui-ci est toujours mêlé d'une sensation de malaise corporel, souvent de conduites d'annulation et, dans de nombreux cas, d'un endormissement. Enfin, la postcrise, où émergent des sentiments de regret, de honte et de culpabilité, de dégoût et d'affects dépressifs qui n'empêchent pourtant pas les rechutes.

Les sources du mal

Comment expliquer qu'on en arrive à ces conduites extrêmes ? Cela implique de réfléchir sur les liens de la personne avec son passé, son contexte familial et socioculturel.

L'influence du passé peut être éclairée par les explications qu'en donnent les psychanalystes. Les troubles apparaîtraient à la puberté, lorsque l'enfant devient jeune fille et doit assumer les attributs et le rôle de femme. S'en révélant incapable, elle se tourne alors vers l'érotisme des stades de développement précédents : ceux des stades oral et anal. Les jeunes filles boulimiques succombent à leurs pulsions orales (stade du nourrisson) dévoratrices, alors que l'anorexique s'oppose à leur émergence.

Le contexte familial, selon certains auteurs qui se sont penchés sur les modèles familiaux, l'entourage pourrait générer de tels troubles. L'explication serait que, lorsqu'ils étaient enfants, ces patients avaient des désirs peu reconnus, peu entendus et peu pris en considération, la mère ne répondant aux appels et aux pleurs de l'enfant que sous forme de nourriture. Le sujet mangerait au lieu de ressentir et d'exprimer des sentiments, qu'ils soient négatifs ou positifs. Il y aurait donc

questions-*réponses*

Les hommes en sont-ils préservés ?

On note que 9 anorexiques sur 10 sont des filles. Diverses explications psychosociologiques ont été proposées, insistant sur les différences au moment de la puberté, la particularité des deux sexes, la différence des rôles dans la famille et la société, mais aucune de ces hypothèses n'a réellement trouvé de preuve tangible. Par contre, il est intéressant de constater que souvent la toxicomanie est plus marquée chez le garçon. Certains auteurs expliquent que la démarche des troubles alimentaires serait équivalente à celle du toxicomane ou de l'alcoolique, et qu'il s'agirait d'une « toxicomanie sans drogue ». Est-ce que la toxicomanie serait le mode d'expression privilégiée chez le garçon, et les troubles alimentaires, chez la fille ? Le débat reste ouvert.

Que faire si je crains que ma fille soit boulimique ou anorexique ?

Il faut consulter rapidement des spécialistes afin d'explorer et de discuter quelles sont les conceptions de votre fille et de la famille sur le poids et la nourriture, et envisager une prise en charge médicale et psychologique. Ne tardez pas.

À partir de quand dois-je m'inquiéter ?

Si c'est pour vous, il faut vous inquiéter lorsque vous sentez que le poids, l'alimentation et certaines compulsions commencent à occuper le centre de votre vie. Si c'est pour votre enfant, lorsque les repas deviennent source de tension, que vous notez une baisse ou un refus alimentaire sous prétexte d'un kilo en trop, accompagnés d'un isolement progressif.

Est-t-il possible d'être anorexique et boulimique en même temps ?

Oui, et c'est probablement le plus dangereux des troubles alimentaires, celui qui menace le plus la vie des personnes qui en souffrent. En effet, elle va faire face aux effets de la sous-alimentation (anorexie), mais elle fait aussi subir à son organisme une suralimentation, puis l'évacuation par des vomissements ou des laxatifs.

Le contexte social a pu jouer dans le cas de Sophie, 24 ans. Célibataire, elle travaille dans la mode, métier qu'elle a choisi en s'opposant violemment à ses parents, et qui impose une image particulière. Pour garder son emploi et montrer qu'elle est « capable de réussir » dans cette voie, elle est obligée de faire des efforts considérables et de supporter un stress trop important. Lorsqu'elle rentre le soir chez elle, elle se jette sur la nourriture et se fait vomir instantanément.

chez les boulimiques, mais aussi chez les obèses, des confusions entre la faim et d'autres émotions et sensations. Dans la même perspective, l'anorexie mentale constituerait une tentative d'autonomisation et de contrôle d'un corps qui échappe. La maîtrise du corps et de ses besoins permet ainsi à l'anorexique d'affirmer son existence aux yeux des autres ainsi qu'à ses propres yeux.

Le contexte social, enfin, peut jouer un rôle non négligeable. Le surpoids dans le monde occidental est synonyme de « laideur ». Tous les jours, nous sommes inondés d'images de corps féminins élancés, à l'exclusion de tout autre. Parmi toute la gamme des tailles et des silhouettes féminines possibles, celle de la femme jeune et svelte est la seule associée aux modes de vie valorisants. Il semble bel et bien que la beauté et la minceur sont les aspects incontournables de la féminité. Les chiffres parlent d'eux-mêmes puisque plus de 5 % des mannequins souffrent de troubles du comportement alimentaire, et pourtant avec les mannequins, des anorexiques sont proposées à des millions d'adolescentes comme la référence idéale à atteindre. Par conséquent, la recherche de la minceur apparaît alors pour une femme comme un moyen de s'affirmer, de développer son identité. Ces pressions sont donc à prendre réellement au sérieux.

À LIRE

De Castilla D. et Bastin, C., *la Boulimie*, Robert Laffont, Paris, 1988.

Apfeldorfer, G., *Anorexie, boulimie, obésité*, Flammarion, Paris, 1995.

Buckroyd, J., *Anorexie et boulimie*, J'ai lu, Paris, 1996.

À CONTACTER

Association boulimiques anonymes : 01. 30. 62. 85. 83

Les voies de la guérison

La prise en charge traditionnelle de l'anorexie mentale est l'hospitalisation avec isolement de la famille et réalimentation forcée. Cependant, cette dernière est fortement contestée aujourd'hui. Le mal étant d'origine psychique, les psychothérapies psychanalytiques individuelles, le psychodrame psychanalytique, ainsi que la prise en charge familiale, fortement développée depuis quelques années, jouent un rôle considérable. Pour la boulimie, l'hospitalisation n'est pas indiquée. En revanche, un bilan médical est obligatoire ainsi qu'une prise en charge psychologique qui pourra être individuelle (psychothérapie, thérapies comportementales et cognitives) ou bien en groupe (groupes de parole, réunions en association).

Un mal galopant

On compte aujourd'hui 1 % à 2 % de la population féminine, âgée de 15 à 30 ans, souffrant d'anorexie, et 1 % à 2 % de la population générale, âgée de 15 à 45 ans, souffrant de boulimie. Ces chiffres étaient quatre fois moindres, il y a vingt ans.

Une amélioration lente

L'évolution de l'anorexie mentale sous traitement est souvent longue et émaillée de rechutes. Des études soulignent qu'environ un tiers des anorexiques peut être considéré comme totalement guéri, qu'un autre tiers connaît une évolution intermédiaire, marquée par la persistance de difficultés sur les plans existentiel et alimentaire (boulimie et restriction). Pour le dernier tiers, l'évolution est franchement défavorable et se fait vers la chronicisation à l'âge adulte.

De plus en plus fréquents, les troubles du comportement alimentaire, et surtout l'anorexie, aux sources psychiques complexes, peuvent mener à un grave délabrement de la santé. Ils doivent impérativement être soignés. S'ils ont, à l'évidence, un rapport avec la personnalité et le contexte familial, on note aussi qu'essentiellement féminins ils ne sont observables que dans les pays occidentalisés. Leur fréquence d'apparition chez les adolescentes contemporaines est alarmante au point qu'il peut y avoir là un problème de santé publique appelant, avec une réflexion sur les critères de beauté véhiculés par les médias, des mesures de prévention, de dépistage et de traitement.

Corinne ANTOINE

EN BREF

Des troubles du comportement alimentaire

L'anorexie, ou refus de la nourriture, et la boulimie, son contraire, constituent les deux pôles symétriques d'un trouble majeur du comportement alimentaire.

Un risque grave

L'anorexie, en particulier chez les adolescentes, peut conduire à un délabrement grave de la santé.

Des thérapies appropriées

Anorexie et boulimie, dont les causes sont essentiellement psychiques, relèvent à la fois d'une prise en charge médicale et d'une pychothérapie.

Un problème de santé publique

La multiplication des cas d'anorexie parmi la jeune population féminine des pays développés devrait conduire à une politique sérieuse de prévention et de dépistage

Voir aussi

- Les relations parents-enfants p. 162
- L'adolescence p. 140
- L'enfant en difficulté d'aprentissage p. 218

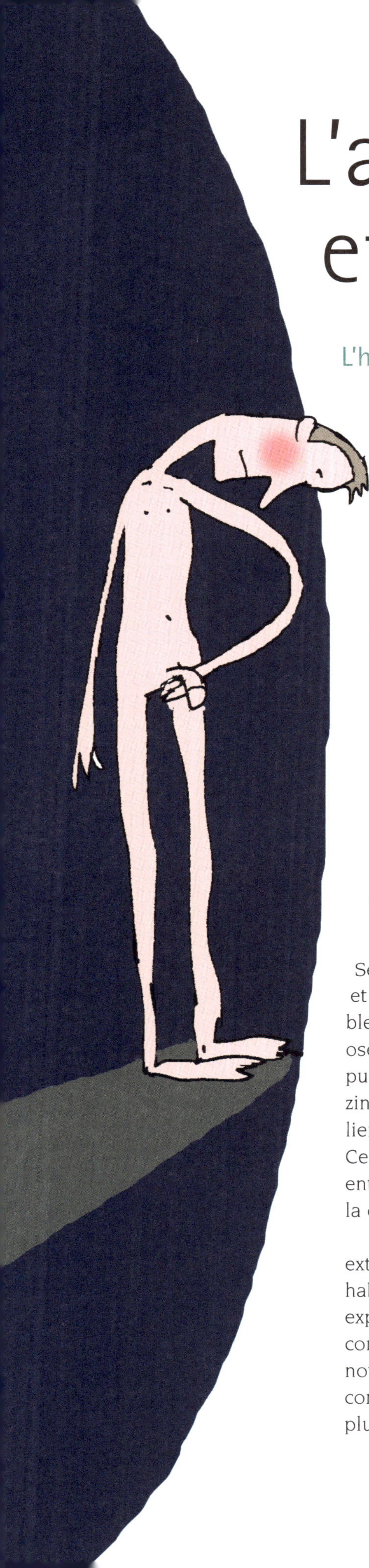

L'absence de plaisir et de désir sexuel

L'homme est le seul animal capable de transformer sa sexualité, de la détourner de son but procréatif originel pour en tirer du plaisir. La sexualité est l'un des fondements de la nature humaine, elle structure la personnalité. Depuis les années 1970, elle a beaucoup changé, notamment pour les femmes, qui, libérées des contingences procréatrices, ont revendiqué le plaisir sexuel qui leur avait été de tout temps interdit. Chacun d'entre nous est conscient que la sexualité ne se vit plus comme au temps de nos parents. Mais si elle est aujourd'hui mise en avant, de nombreuses souffrances s'articulent toujours autour d'elle. Comment réagir quand on ne sent pas de désir et que l'on n'éprouve pas de plaisir ?

Sexualité ne rime pas avec simplicité. La sexualité fut naguère occultée et chargée de tabous. Paradoxalement, si les difficultés sexuelles semblent si importantes de nos jours, c'est que le tabou est tombé, que l'on ose en parler mais également que l'on impose comme référence toute-puissante le mythe d'une sexualité idéale. En effet, la publicité, les magazines mettent en valeur des impératifs de performance sexuelle et font un lien direct entre la beauté, la forme, la santé et la sexualité épanouie. Cette omniprésence du sexuel dans l'univers de la consommation entraîne, de près ou de loin, de massives inhibitions ainsi qu'un biais dans la construction d'un rapport authentique à sa sexualité.

Les dysfonctions sexuelles sont liées à diverses tensions internes et externes, peut-être, d'ailleurs, tout autant que les névroses infantiles qui habitent au plus profond de nous-mêmes. Nous avons certainement tous expérimenté, un jour ou l'autre, une difficulté sexuelle, et nous savons combien l'équilibre sexuel peut s'avérer fragile à certaines périodes de notre vie. Mais alors qu'est-ce que ce désir sexuel, qui semble se poser comme l'une de nos plus grandes forces motrices, un des marqueurs les plus authentiques de notre personnalité ?

Ne pas confondre désir et plaisir

Nous pouvons considérer le désir sexuel comme une pulsion qui s'alimente principalement par le fantasme, mais également par la personne susceptible d'éveiller en nous des stimulations sensorielles. Pour qu'il y ait désir, il faut qu'il y ait quelque chose à désirer !

La définition du désir se retrouve à travers un certain nombre de synonymes, comme excitation, pulsion, intérêt, libido, appétit. Il existe également des synonymes pour exprimer le non-désir, comme indifférence, dégoût, aversion. Dans le langage courant, le désir érotique est souvent appréhendé comme une pulsion plus ou moins urgente visant à décharger une tension sexuelle. Le désir de l'homme est souvent bien plus marqué que celui de la femme, tout simplement parce que son taux hormonal (testostérone) est bien plus important chez lui que chez elle. Alors que l'homme pense au « sexe », la femme rêve d'amour.

Quant au plaisir sexuel, c'est une expérience personnelle ayant comme caractéristiques une montée, une phase paroxystique, une phase de résolution et une phase de détente. Il crée un état de tension engendrant une envie de faire l'amour dont la réalisation procurera du plaisir. Lors du rapport, les caresses et les baisers des préliminaires procurent du plaisir et amène à ce que nous appelons l'« orgasme » (ou l'extase ou le coït), qui représente la phase paroxystique dans l'acte sexuel. Il s'agit d'une expérience avant tout psychique et involontaire : vouloir le provoquer entraîne l'échec.

L'inhibition du désir sexuel est une absence, une perte d'envie de rapports sexuels, ne s'accompagnant pas toujours d'anorgasmie (absence d'orgasme). Il existe des inhibitions sévères, permanentes, source de détresse, et d'autres moins importantes, passagères.

Il ne faut pas confondre absence totale de plaisir tout au long du rapport sexuel et absence d'orgasme, c'est-à-dire anorgasmie de la femme (l'homme est très peu touché par cette difficulté à l'orgasme, l'éjaculation lui permettant, en effet, de se soulager de ses tensions). Si l'individu

Une souffrance très répandue

Attachement oedipien non résolu, phobie sexuelle, inceste, angoisse de performance, tensions professionnelles importantes, stress divers, mésentente conjugale, inexpérimentation, routine, rancunes, douleurs, dépression, adultère. On note que plus de 45 % des consultations concernent la prise en charge d'une baisse, voire d'une absence totale d'envie sexuelle (les femmes sont plus touchées par ce phénomène que les hommes, environ 50 %). Ces échecs répétés deviennent vite insupportables et entraînent une souffrance intense chez l'individu ainsi que dans le couple.

n'arrive pas à l'orgasme, l'état de tension va persister, devenir pénible, il va se sentir frustré et « mal dans sa peau ». Mais 60 % à 70 % des femmes qui sont satisfaites de leurs relations sexuelles n'atteignent pas l'orgasme au cours de la pénétration. Cela ne signifie donc pas l'absence de plaisir lors des rapports sexuels, mais l'incapacité à atteindre l'orgasme. L'homme est souvent responsable de l'anorgasmie de sa partenaire, soit par manque de communication, soit parce qu'il ne sait pas s'y prendre.

Des symptômes et des causes

La perturbation du désir se manifeste par des symptômes sexuels : impuissance érectile, impossibilité d'éjaculation, impossibilité d'atteindre l'orgasme, vaginisme (contraction douloureuse du vagin), dyspareunie (douleurs de la femme pendant le rapport). Cependant, des symptômes

Le point de vue du psychanalyste

Les psychanalystes parlent de l'anticipation dans l'imaginaire d'un plaisir que nous escomptons dans la réalité. L'histoire du nourrisson qui hallucine son prochain biberon avant l'heure du repas est connue. Mais cette définition est réductrice lorsqu'on parle de la sexualité, dans la mesure où elle tend à confondre désir et fantasme. Le désir sexuel est certes une force propulsive, une énergie, une pulsion qui incite à la recherche du plaisir, mais cette pulsion s'alimente à deux sources : une source interne, le fantasme, comme l'assurent les psychanalystes – et la perception hallucinée du biberon chez le nourrisson en est une bonne illustration ; mais également une source extérieure, représentée par un objet réel susceptible de stimulations sensorielles – la vision, la voix, le contact, le parfum, tous les facteurs capables d'éveiller en nous des réactions génitales périphériques.

L'absence de désir sexuel

questions-*réponses*

Existe-t-il des **traitements** pour le manque de désir et de plaisir sexuel ?

Oui, il existe des prises en charge médicales et psychologiques. Parmi ces dernières, le choix est vaste : l'analyse permettra de trouver le pourquoi de ces difficultés et leurs racines inconscientes. Les approches comportementales s'intéresseront davantage à comment les phénomènes se présentent et comment les modifier. La relaxation et l'hypnose permettent de soulager rapidement le vecteur angoissant de la sexualité et favorisent également l'émergence du système parasympathique qui active la fonction sexuelle. L'hypnose évitera, entre autres, le vagabondage de l'esprit et la peur de l'intimité présents dans l'absence de désir sexuel.

Peut-on contrôler son **désir** ou son **manque** de désir ?

Oui, effectivement. Notons que la phase de désir diffère fondamentalement des autres phases de la trajectoire érotique. Tandis que les phases d'excitation et d'orgasme ne sont pas sous la dépendance de l'individu, l'inhibition du désir sexuel résulte d'une suppression active, bien qu'involontaire et inconsciente, du désir.

À partir de quels **critères** peut-on parler d'absence de désir ?

On donne principalement trois critères pour définir l'absence de désir sexuel : un désir insuffisant, avec moins d'un rapport sexuel par quinzaine ; un manque d'élan personnel pour toute activité sexuelle ; une absence de tout sentiment de frustration du fait de cette privation d'activité sexuelle.

Le **désir sexuel** peut-il être excessif ?

Le désir sexuel peut être également excessif. Souvent le désir de l'homme s'avère trop envahissant, ses demandes quotidiennes entraînent rapidement des problèmes dans le couple. Lorsque le désir devient quasi permanent et que le rapport sexuel ne suffit plus à calmer normalement l'individu, nous pourrions dire que l'acte sexuel est la partie cachée de l'iceberg !

plus généraux peuvent en cacher l'inhibition, tels que fatigue, migraine, maux divers, douleurs lombaires. La cause est souvent psychologique, mais cependant 20 % des dysfonctions sexuelles sont dues à des causes organiques.

Le stress professionnel est à la source des difficultés d'Éric, âgé de 40 ans. À cause de ce stress, il a perdu tout désir sexuel. Sa prise en charge a révélé une grande difficulté à se positionner dans son milieu professionnel, mais également familial. Son changement de situation a provoqué un choc émotionnel mettant en lumière toutes ses difficultés personnelles et relationnelles dans sa famille. « Je me suis toujours senti inférieur à ma femme, mais j'arrivais à ne pas le montrer, à le gérer assez bien. Le problème professionnel m'a complètement remis en question, et je me sentais moins que rien devant ma femme, j'avais peur qu'elle me quitte. »

Parmi les causes de l'absence de désir et de plaisir sexuel, on note que certaines personnalités développent, à partir de leur vécu infantile et de leurs aménagements éducatifs, un blocage de l'imaginaire érotique ou une non-acceptation de leur image corporelle. Un fort sentiment de culpabilité peut être présent lorsque le contexte familial d'origine prohibait la sexualité, le plaisir et le désir. Le dégoût remonte également souvent à l'enfance, et ses causes sont liées à des éléments tels qu'une éducation trop stricte, trop rigide, véhiculant trop d'interdits : la sexualité est assimilée à la dépravation, la pornographie, la vulgarité. Mais il y a également des causes plus importantes telles qu'une tentative de viol, d'inceste, d'attouchements, de séduction. Il faut savoir, en reprenant les chiffres d'une étude menée par les médecins sexologues E. Dietrich et P. Cudicio, qu'une patiente sur trois venant consulter pour troubles sexuels a été abusée sexuellement.

En excluant les maladies chroniques ou gynécologiques, qui entraînent *de facto* une absence de désir sexuel, on recense, dans les causes récentes les plus fréquentes : les premières expériences sexuelles non satisfaisantes ; une répétition d'échecs dans le couple, qui crée un climat d'insatisfaction et de frustration permanentes où le rapport sexuel n'apporte plus rien ; des peurs, comme la peur de la pénétration occasionnant des douleurs à la suite d'une infection gynécologique, d'un accouchement ; une mésentente conjugale qui entraîne une dysharmonie sexuelle avec baisse, voire absence de désir. À l'inverse, un désir trop envahissant d'un des partenaires (l'homme particulièrement), des demandes trop fréquentes provoquent chez le partenaire, principalement la femme, le sentiment d'être submergé et de ne plus jamais pouvoir exprimer son envie. Enfin, le stress professionnel, la dépression, un climat manquant de tendresse et de sécurité, une routine, un manque d'imaginaire érotique et de fantaisie jouent en défaveur de l'épanouissement et entraînent un désinvestissement massif de la sexualité.

Le point « g »

Le point « g » n'est pas un point mais une zone qui se situe dans le premier tiers du vagin, à sa partie antérieure. Sous l'effet d'une stimulation, elle augmente de volume et se congestionne par afflux de sang. Toutes les femmes ont cette zone, mais parfois sous l'influence de différents facteurs (éducation, tabous), certaines d'entre elles développeront une peur et bloqueront leur accession au plaisir dans la mesure où l'orgasme entraîne pour quelques instants une perte de la réalité.

À LIRE

Dietrich, E. et Cudicio, P., *Harmonie et sexualité du couple*, J'ai lu, Paris, 1992.

Tordjman, G., *la Sexualité au fil de la vie*, Hachette, Paris, 1990.

Képes, S. et Brenot, P., *Relaxation et Sexualité*, Odile Jacob, Paris, 1998.

Araoz, D., *Hypnose et Sexologie*, Albin Michel, 1994.

[P]asini, W., *l'Imaginaire en sexologie clinique*, [P]UF nodules, Paris, 1987.

Réagir sans tarder

Il est important de consulter dès que les premiers symptômes apparaissent plutôt que de laisser les difficultés envahir progressivement votre vie. Des médecins, sexologues et psychologues sont là pour vous éclairer et pour vous orienter vers le traitement adéquat. Il en existe de plusieurs sortes. Ce sont, sauf cas particulier, des thérapies brèves qui s'adressent à l'individu ou au couple, et donnent de bons résultats.

L'enjeu est important : une sexualité heureuse est à la fois un facteur d'épanouissement personnel et une composante importante de la vie à deux. Souvent l'équilibre du couple, sinon sa durée, en dépend pour une bonne part.

Corinne ANTOINE

À CONTACTER

Syndicat national des médecins sexologues : 01 47 66 61 92.

Minitel : 3617 code SNMS.

EN BREF

Une force motrice

La sexualité est l'un des fondements de la nature humaine et structure la personnalité.

Une distinction nécessaire

Le désir et le plaisir sexuel doivent être différenciés. Ils ne sont pas provoqués de la même façon chez l'individu. On peut avoir du plaisir sans avoir de désir sexuel, mais, inversement, le désir n'est pas forcément synonyme de plaisir.

Une multiplicité de causes

À l'origine de l'absence de désir ou de plaisir, on connaît des causes très diverses, liées à la personne ou à un contexte particulier. Il peut s'agir de traumatismes très anciens, des conséquences d'une éducation trop rigide, d'un état de crise passager ou d'ennui.

Des remèdes

En cas de problèmes, psychologues et sexologues peuvent orienter vers le traitement adéquat. À consulter sans laisser les difficultés s'installer et envahir la vie.

Voir aussi

- Émotions féminines, émotions masculines p. 40
- Fidélité et infidélité p. 96
- Avoir une sexualité heureuse p. 446

Les troubles sexuels

Les « troubles sexuels » désignent un ensemble de symptômes, individuels ou de couple, qui se manifestent par une difficulté de réalisation de l'acte sexuel. Ces difficultés existent depuis toujours, mais, depuis quelques décennies, elles posent un problème plus aigu : avec l'évolution de la société, l'épanouissement personnel est devenu épanouissement affectif et sexuel, et réussir sa vie, c'est aussi réussir sa vie sexuelle et de couple.

Les causes des troubles sexuels sont complexes, parfois seulement psychologiques et relationnelles, parfois expression d'un trouble organique et, le plus souvent, mixte, c'est-à-dire les deux à la fois.

Cette première réflexion introduit la vraie dimension de la sexologie : le couple, car en général la sexualité, ça se passe à deux, deux personnes adultes consentantes et de sexe différent. Cette définition qui recentre la sexualité sur le couple hétérosexuel adulte a été récemment élargie au couple homosexuel avec la meilleure acceptation de l'homosexualité par les sociétés occidentales.

Entre deux adultes consentants

Nous séparons très nettement le cadre des abus sexuels et de la sexualité dite « normale », qui se réalise entre deux individus adultes consentants. Avec le paradoxe, cette sexualité dite « normale » ne connaît pas de normes : tout peut y être librement vécu qui ne gêne pas l'autre. Dans ce contexte apparaissent fréquemment des troubles fonctionnels. Ils traduisent alors le déséquilibre de la relation à deux, que ces troubles soient primaires (depuis le début de la sexualité) ou secondaires (apparus depuis quelque temps).

Troubles psychiques et troubles fonctionnels

Les troubles du désir sexuel sont, en général, d'origine psychique. Ils mettent en jeu les représentations personnelles de l'amour, de l'objet du désir et de l'érotisme. Il s'agit, pour une part, d'un trouble de la fonction érotique qui se développe chez un individu, homme ou femme, au cours de la maturation sexuelle et en relation avec les valeurs de la société dans laquelle il vit. Le désir sexuel est, pour Freud et la psychanalyse, l'expression de la libido, pulsion de vie s'exprimant notamment dans la sexualité. Il est, aussi, le reflet du niveau de l'humeur, qui conditionne les variations de cette pulsion de vie. Les troubles du désir peuvent, enfin, confiner à une réelle aversion sexuelle lorsque le désamour, le désintérêt et même le dégoût ont pris la place du désir.

Les troubles de l'excitation sexuelle sont des difficultés fonctionnelles de la réalité amoureuse. Ils traduisent l'insuffisance du niveau d'excitation nécessaire à la réalisation sexuelle, dans des conditions qui ne préparent pas à l'acte d'amour. En effet, la sexualité n'est pas en permanence réalisable, que ce soit pour l'homme ou la femme. Et le désir de l'un l'emporte souvent sur le désir de l'autre, qui, ne voulant pas décevoir un être aimé, accepte une relation sexuelle qu'il ne désire pas réellement. Les signes de l'excitation sexuelle nécessaires à la poursuite de l'acte ne sont pas en place, et le rapport pourra être douloureux, voire impossible. Ces troubles de l'excitation sexuelle sont essentiellement représentés chez la femme par l'absence de lubrification et d'assouplissement vaginal capable d'occasionner des douleurs lors du rapport et, chez l'homme, par l'insuffisance érectile.

L'érotisme peut être défini comme la dimension humaine de la sexualité. Il consiste, en définitive, à susciter et à maintenir le désir du partenaire.

Les troubles de l'orgasme vont également gêner la réalisation amoureuse en ne permettant pas la libération de la phase excitatoire par l'abandon orgasmique. Ce sera une anorgasmie (difficulté ou impossibilité à atteindre l'orgasme) chez la femme, traduisant en général un état de grande tension, souvent une méconnaissance de ses propres réactions ou une problématique psychologique ne permettant pas de s'abandonner au

La sexualité n'englobe pas tout

On ne peut parler de sexualité lorsqu'il s'agit de deux enfants entre eux. Ce n'est pas de la sexualité, mais l'apprentissage de l'érotisme et des réactions de l'autre avec un autre soi-même (homo- ou hétéro-érotisme).

Il en est moins question encore dans le cas d'un adulte et d'un enfant, quel que soit le sexe, qui constitue un abus de pouvoir, du fait de l'ascendant que possèdent les adultes sur les enfants. Ces abus sexuels (pédophilie, inceste), faits d'adultes immatures ou pervers, parfois eux-mêmes abusés dans leur enfance, ne peuvent en rien être justifiés ni excusés. Enfin en sont exclus les rapports violents imposés (viols, rapports forcés), expression d'un mépris du partenaire, par un individu, en général masculin, cherchant à réaliser de force sa sexualité et relevant souvent d'une psychopathologie.

plaisir. L'inhibition de l'orgasme, plus rare chez l'homme, traduit aussi un état de tension et souvent une fixation obsessionnelle sur la réalisation orgasmique. Mais, chez lui, c'est surtout la difficulté à contrôler la survenue de l'orgasme, dite éjaculation précoce. Je préfère appeler ce symptôme éjaculation rapide ou, mieux encore, parler d'un acte bref du couple, car il traduit la difficulté à la réalisation sexuelle du fait de la brièveté du rapport. Cela peut être en relation avec un symptôme féminin d'anorgasmie mais, dans la plupart des cas, relève d'une absence de maturité à l'érotisme des deux partenaires.

Les troubles sexuels douloureux ne sont pas rares. Parfois présents lors du manque d'excitation sexuelle chez la femme, ils recouvrent également la catégorie plus large du vaginisme, réaction de contraction vaginale inconsciente à l'approche du rapport sexuel. Les tentatives de rapports sont alors nécessairement « forcées », c'est pour cela qu'elles sont douloureuses. Ces rapports douloureux signent donc toujours une difficulté relationnelle qui n'est pas comprise.

Les troubles sexuels traduisant généralement une difficulté relationnelle sont très souvent aussi l'expression d'un trouble organique qui ne ferait pas symptôme seul, mais prend toute sa valeur dans le contexte d'une difficulté à deux. C'est pour cette raison que les symptômes sexuels ne peuvent pas être présupposés psychologiques et relationnels, mais doivent faire l'objet d'une évaluation et d'un diagnostic sexologiques par un praticien qui en a l'habitude. Un bilan biologique pourra s'avérer, par exemple, nécessaire. Mais quelques conseils relationnels suffiront parfois pour permettre à l'individu ou au couple d'évoluer dans sa sexualité. Il existe toujours une solution pour permettre à chacun de la vivre au mieux avec le partenaire de son choix.

Philippe BRENOT

À LIRE

Brenot, P., *Inventer le couple*, Odile Jacob, Paris, 2001.

Zwang, G., *Sexologie*, Masson, Paris, 1990.

EN BREF

Une affaire de couple

La sexualité étant le fait de deux adultes consentants, c'est le couple qui est l'objet de la sexologie.

Un diagnostic à deux dimensions

Les troubles sexuels, s'ils sont assez généralement d'origine psychique, peuvent aussi révéler un symptôme physiologique jusque-là ignoré. Ils doivent donc faire l'objet d'un bilan complet et d'un diagnostic sexologique.

Voir aussi

► Avoir une sexualité heureuse p. 446

Les troubles sexuels

questions-*réponses*

Peut-on, en cas de troubles sexuels, consulter son médecin généraliste ?

Bien entendu. Les médecins généralistes sont aujourd'hui mieux formés pour écouter la plainte sexuelle et ils adressent leurs patients à un sexologue si cela est nécessaire.

Comment trouver un sexologue compétent, surtout si l'on habite loin des grandes villes bien médicalisées ?

Le médecin généraliste est souvent le meilleur conseiller. Sinon, l'Association interhospitalo-universitaire de sexologie (AIHUS, 21, place Alexandre-Labadie, 13001 Marseille. Tél. : 04 91 95 76 96) peut vous renseigner.

La consultation est-elle remboursée par la Sécurité sociale ?

Oui, si le sexologue est médecin.
Non, s'il ne l'est pas.

Quelle est la première cause de modification du désir ?

La dépression est la première cause de modification du désir et, par conséquent, du comportement sexuel. Dans la plupart des cas, elle le réduit. Plus rarement, elle l'exacerbe.

L'éjaculation rapide peut-elle avoir un lien avec la personnalité des partenaires ?

Dans de nombreux cas, l'éjaculation rapide est le reflet des difficultés masculines à affronter la personnalité de la partenaire. Elle est l'état naturel des hommes, mais certains dépassent plus facilement que d'autres ce trouble émotionnel.

La dépendance aux « drogues »

Le phénomène de la toxicomanie s'inscrit dans un ensemble de consommation excessive d'alcool, de tabac, de médicaments, en particulier de psychotropes (hypnotiques, anxiolytiques) aux effets plus ou moins pathologiques. Les facteurs intervenant dans la genèse de ces conduites sont multiples, et la dépendance est davantage liée au fonctionnement du sujet qu'au produit en lui-même.

La majorité des chercheurs s'accorde pour reconnaître aux conduites de dépendance une triple origine : biologique, psychologique et sociale. Ainsi, plutôt que de rester limité aux drogues illicites, le concept de pharmacodépendance intègre toute substance dont le sujet ne peut se passer. Il permet de désigner le noyau commun aux différents produits, interdits ou autorisés : héroïne, cannabis, mais aussi alcool, tabac, médicaments...

Dans cette perspective, le potentiel pharmacologique d'une substance ne suffit pas à expliquer la dépendance : la dépendance physique, bien qu'au premier plan, ne constitue pas le problème principal et se traite assez facilement. En revanche, la dépendance psychologique est si forte qu'un traitement limité au sevrage est souvent voué à l'échec.

Drogues : un danger à relativiser

L'usage de drogue est par nature difficilement repérable : il est légalement répréhensible et, par là même, caché. Le premier contact avec la drogue est-il cette première marche qui mène tout droit à la toxicomanie ? Sans doute pas. La première prise est parfois suivie d'une deuxième, et de quantités d'autres. Cette « escalade » n'est cependant que le fait d'une minorité, comme en attestent de nombreuses études. La plupart des jeunes, une fois leur curiosité satisfaite, renoncent à la drogue. Certains resteront des usagers épisodiques. Du phénomène de mode, de l'épidémie d'ecstasy par exemple, à la dépendance, il y a un fossé que peu d'entre eux franchissent. Certains vont contrôler leur consommation de drogues pendant des années, puis l'interrompre subitement, ou au contraire entrer dans la dépendance. L'évolution est alors, en général, chronique, avec des périodes d'exacerbation et de rémission partielle ou complète. Des périodes de prise massive avec des problèmes graves alternent avec des périodes d'abstinence totale

Une double dépendance

La dépendance psychique est l'état mental caractérisé par une impulsion qui requiert l'usage périodique ou continu d'une drogue dans le dessein de créer un plaisir ou d'annuler une tension.

La dépendance physique correspond à une exigence de l'organisme nécessitant, pour conserver son équilibre, l'apport régulier d'une substance chimique exogène.

et des périodes d'usage sans problème. La dépendance n'est pas seulement physique ; elle peut être aussi sociale, synonyme parfois de délinquance. Les modifications psychologiques observées chez les usagers dépendent largement du produit, de la personnalité, et des conditions de consommation.

Contrairement à une opinion répandue, on « sort » de cette dépendance. Les connaissances épidémiologiques sur l'incidence de l'héroïnomanie, par exemple, montrent que, au-delà de 25 ans, il est rare qu'un sujet devienne toxicomane et que ceux qui l'ont été à l'adolescence ou au début de l'âge adulte ne le restent que très rarement au-delà de 35-40 ans. La mortalité (surdose, maladie infectieuse, suicide), même si elle est élevée, ne peut, à elle seule, rendre compte de cette évolution. Il existe donc un important mouvement de sortie de la toxicomanie.

Le cannabis (marijuana, haschich, huile) pose un problème particulier. Ses effets psychotropes sont fonction de la teneur en principe actif qui varie considérablement et a augmenté significativement depuis une vingtaine d'années, accroissant son action psychoactive et favorisant les complications psychiatriques. Mais le sevrage se fait sans difficulté. L'immense majorité des adolescents en font un usage récréatif, et non pas toxicomanogène : au-delà de la simple curiosité ou du désir de transgression, cela témoigne fréquemment de difficultés d'insertion dans le milieu familial ou scolaire. Les cas de dépendance correspondent aux sujets qui l'utilisent quotidiennement et passent plusieurs heures par jour à se le procurer et à le consommer au détriment de leurs autres activités.

Médicaments : une dépendance très française

Les benzodiazépines (BZD), qui ont vu le jour il y a une quarantaine d'années, sont les psychotropes les plus prescrits, en raison de leurs effets tranquillisants (anxiolytiques) et hypnotiques (somnifères).

La France bat le record du monde de consommation de BZD. Une des raisons de leur vaste succès est probablement le flou entourant leurs indications thérapeutiques, l'anxiété et l'angoisse étant des concepts particulièrement extensibles. Il faut souligner que, lorsqu'ils sont administrés à long terme, les études ne relèvent dans les troubles anxieux aucune preuve décisive de leur efficacité. Pour les troubles du sommeil, on mentionne l'épuisement de l'effet objectif de ces produits en quelques semaines. La dépendance se manifeste par l'impossibilité d'arrêter le traitement, par la tendance à augmenter les posologies – la tolérance – et par un comportement d'automédication. Ce risque a conduit à recommander aux médecins de limiter la durée des traitements.

Cette dépendance peut aussi bien être psychique que physique. L'intensité varie d'un sujet à l'autre, allant de signes peu marqués à des crises convulsives ou à un syndrome confusionnel lors d'usage massif durant des années. Le sevrage médicalisé se fait par réduction progressive des doses.

Alcool : des débuts insidieux

La dépendance à l'alcool, selon la définition la plus habituelle, est la perte de la liberté de s'abstenir de l'alcool. Les travaux sur la trajectoire de l'alcoolique ont permis de distinguer trois phases successives.

– Une phase asymptomatique de plusieurs années, marquée par un début insidieux. Certains sujets entrent dans l'alcoolisme par des expériences récurrentes d'ivresse, alors que d'autres augmentent progressivement leur consommation d'alcool dans un contexte où l'ivresse demeure rare ou absente. Les activités professionnelles, sociales et familiales sont conservées, et les troubles du caractère sont généralement absents.

– Puis survient une phase relativement brève où se développe la perte du contrôle de l'ingestion d'alcool. Le sujet en abuse régulièrement, mais n'en est pas encore dépendant.

– Enfin arrive la phase d'alcoolisme au sens strict, où apparaissent les signes de l'alcoolisation chronique (tremblements des mains, crampes, perte d'appétit, etc.), ainsi que les troubles du comportement et du caractère (agressivité, jalousie, troubles sexuels, anxiété, dépression, etc.). Les troubles intellectuels s'aggravent avec une marginalisation professionnelle et affective. Les complications deviennent fréquentes (cirrhose, polynévrite, cancer, etc.).

Le sevrage physique peut se réaliser en milieu hospitalier ou à domicile. Il est rapide (une semaine), mais en raison des risques de convulsion et de confusion, il est préférable de le réaliser à l'hôpital. Il constitue un moyen, celui de l'abstinence conquise. Le travail qui suit se prolonge souvent pendant plusieurs années.

L'évolution au long cours est émaillée d'incidents ou d'accidents imprévisibles et qui échappent à toute description. La ou les rechutes ne sont qu'un des éléments de la trajectoire. L'apparition d'éléments dépressifs avec risque suicidaire mérite d'être mentionnée en raison de sa relative fréquence. L'évolution de l'alcoolisme est souvent imprévisible ; des rémissions sont possibles, même dans le cas les plus défavorables. Comme dans toutes les autres formes de pharmacodépendances, imprévisibilités et incertitudes ne doivent conduire les équipes thérapeutiques ni au découragement ni à l'abandon.

À CONTACTER

Drogues Alcool Tabac Info Service : 0 800 23 13 13.

Tabac Info Service : 0 803 30 93 10.

À CONSULTER

MILDT : www. mildt.com

À LIRE

Farges, F., *Approche communautaire des toxicomanies*, PUF, Paris, 1998.

Richard, D. et Senon, J.-L., *Dictionnaire des drogues, des toxicomanies et des dépendances*, Larousse, Paris, 1999.

Postel, J., *Dictionnaire de psychiatrie et de psychopathologie*, Larousse, Paris.

École des parents et des éducateurs - Ile de France - 5, impasse Bon Secours, 75011 Paris

Le tabac, des pathologies lourdes

Soixante mille décès par an sont imputés au tabagisme, ce qui constitue la première cause de décès prématurés. Bien que les quantités de tabac consommées aient diminué de façon notable depuis le début des années

1990, la part de fumeurs, notamment de cigarettes légères, chez les adolescents et les femmes ne cesse d'augmenter.

Le tabac contient une substance, la nicotine, qui, bien que faiblement psychoactive, procure des effets agréables, diminue temporairement l'anxiété et sert de coupe-faim. Mais la nicotine est la responsable de la dépendance, dont on distingue trois caractéristiques. L'une est comportementale, résultant de la pression sociale. La deuxième, psychique, liée aux effets positifs de la nicotine. La troisième, physique, se traduisant par la nécessité de quantités croissantes pour obtenir le même effet et par le syndrome de manque lors du sevrage.

Les maladies provoquées par le tabagisme sont aujourd'hui bien répertoriées : il est à lui seul responsable de 30 % de l'ensemble des cancers, de nombreuses pathologies cardio-vasculaires (infarctus, artérite, etc.), respiratoires (bronchite chronique) et digestives. Les effets nocifs pendant la grossesse sont nombreux.

Comment arrêter ? Un préalable indispensable : la motivation. Sans une réelle volonté, il n'y a pas d'arrêt possible. Parvenir à s'arrêter dès la première tentative est une belle performance. Souvent le fumeur doit s'y reprendre à plusieurs reprises. Mais tout arrêt, même transitoire, est un pas vers le succès final. On peut être aidé par un médecin de ville, ou bénéficier d'une consultation spécialisée de tabacologie pour les cas plus complexes. Les stratégies proposées sont très diverses. Les substituts nicotiniques permettent un sevrage progressif et réduisent les effets du manque L'hypnose, l'acupuncture, l'homéopathie peuvent apporter une aide efficace pour certains fumeurs. Il n'est jamais trop tard pour arrêter de fumer. Les risques sont partiellement réversibles, quelles que soient la durée et l'intensité de la consommation.

Les cigarettes légères ont un rendement moindre en nicotine et en cancérogènes, mais contrairement à ce qu'on espérait, elles sont tout aussi toxiques car les fumeurs compensent par une inhalation plus profonde de la fumée.

Florent FARGES

EN BREF

Un concept : la pharmacodépendance

On peut parler de pharmacodépendance à propos de toute substance modifiant le psychisme dont une personne ne peut se passer. La nocivité est fonction de l'intensité, de la fréquence et de la durée de son usage.

Une nécessité : le double traitement

La dépendance physique se traite médicalement, assez facilement. La dépendance psychologique est plus problématique. Le sevrage physique est presque toujours voué à l'échec si cette dépendance n'est pas prise en compte.

Voir aussi

► Les addictions p. 268
► Les conduites à risque des adolescents p. 244

Les addictions

D'un joueur invétéré, d'un fumeur incorrigible, d'une dépensière incontrôlable, d'un buveur impénitent, on disait autrefois qu'ils avaient un « vice ». On parle désormais de conduite d'addiction. Excluant toute notion de morale, ce concept replace ces troubles dans leur juste cadre : celui d'une pathologie psychique.

L'addiction peut se définir comme une relation plus ou moins aliénante d'un individu envers une substance (drogue, tabac, alcool, médicaments), une pratique (jeu, achat) ou une situation (relation amoureuse, secte). Elle permet de regrouper des troubles pathologiques isolés antérieurement et parfois très différents entre eux : alcoolisme, toxicomanie, dépendance médicamenteuse, anorexie mentale, boulimie, achats compulsifs, dépendance sexuelle, jeu pathologique, tabagisme, dépendance au travail, à une secte, au sport (jogging), kleptomanie, pyromanie, cyberaddiction, etc.

Toxicomane ou joueur, même aliénation

Le concept d'addiction a le mérite de centrer la problématique non sur le produit ou sur l'acte, mais sur la psychologie du sujet. Il souligne ainsi l'analogie entre le fonctionnement psychique d'un individu dépendant d'un toxique, et d'un autre dépendant d'un comportement. Il permet de relier les différentes conduites pathologiques de dépendance et invite à dégager les bases d'une compréhension commune de ce qui peut conduire une personne à s'adonner à des pratiques qui aliènent sa liberté d'être et de vivre.

Le regroupement de différents troubles au sein des conduites addictives traduit des parentés similaires : ainsi, on retrouve chez le toxicomane, comme chez le joueur pathologique, le même besoin irrépressible et sa poursuite malgré des conséquences négatives de plus en plus sévères.

La cyberaddiction commence à faire des ravages. Elle s'applique aux « accros » de l'Internet qui finissent par ne plus pouvoir décoller de leur écran.

En excluant les addictions aux drogues et l'anorexie-boulimie, traitées dans d'autres chapitres de cet ouvrage, différents exemples d'addiction peuvent être ici évoqués.

La kleptomanie correspond à l'impossibilité répétée de résister à l'impulsion de voler des objets qui ne sont dérobés ni pour un usage personnel ni pour leur valeur commerciale. Souvent, le larcin accompli, le kleptomane les donne, les abandonne ou même les rend à leur propriétaire. De la même manière, dans les conduites addictives d'achat, les objets achetés sont généralement négligés sitôt l'achat effectué.

La littérature a donné bien des exemples de joueur pathologique, notamment avec *le Joueur* de Dostoïevski, et l'on sait que quelques personnalités en vue du monde du show-biz ou de la littérature se sont de leur plein gré fait interdire la porte des casinos. Le sujet a l'esprit accaparé par le jeu. La plupart des joueurs disent qu'ils recherchent un état d'excitation euphorique plus que l'argent. Malgré leurs efforts répétés, ils ne peuvent arrêter leur conduite, au point de mettre en danger leur situation familiale, professionnelle et, bien sûr, financière.

À LIRE

Pedinielli, J.-L., Rouan, G. et Bertagné, P., *Psychopathologie des addictions*, PUF, Paris, 1997.

Richard, D. et Senon, J.-L., *Dictionnaire des drogues, des toxicomanies et des dépendances*, Larousse, Paris, 1999.

Le jogging, enfin, peut entrer dans la catégorie des conduites addictives : le goût de la course de fond devient besoin, prenant une telle importance chez certains qu'ils vont faire passer leur passion avant toute chose et, en cas d'interruption forcée, souffrent véritablement.

Entre ces différentes conduites et la toxicomanie ou la boulimie, par exemple, certaines analogies sont frappantes : impossibilité de résister aux impulsions à accomplir l'acte, sensation croissante de tension le précédant immédiatement, plaisir ou soulagement d'un malaise intérieur pendant son accomplissement, persistance en dépit des conséquences négatives.

Il est difficile de choisir un traitement adapté dans la mesure où rien n'est encore codifié dans ce domaine. La prise en charge d'un alcoolique ne saurait être identique à celle d'un kleptomane. La nature de la réponse thérapeutique est commandée par l'organisation psychique du sujet.

Florent FARGES

EN BREF

Un champ très vaste

On classe désormais sous le terme générique d'addiction aussi bien les toxicomanies que les conduites de soumission aliénante à une pratique, la dépendance au sport, sectaire, etc.

Des conduites similaires

Les toxicomanies et les conduites d'addiction ont en commun l'impossibilité de résister aux impulsions à accomplir l'acte, la sensation croissante de tension le précédant immédiatement, le plaisir ou le soulagement d'un malaise intérieur pendant sa réalisation, la persistance en dépit des conséquences négatives.

Voir aussi

- Les conduites à risque p. 244 des adolescents
- La dépendance aux « drogues » p. 264

T.O.C. et phobies

Chacun de nous a ses petites manies, ses rituels secrets, ses craintes plus ou moins superstitieuses. Il n'y a pas là de quoi s'inquiéter. Mais il arrive que ces détails prennent une telle importance qu'ils échappent à notre contrôle et peuvent transformer notre vie en calvaire. Heureusement, ils se soignent.

Un grand nombre des habitants de notre pays ont la vie empoisonnée par des troubles obsessifs compulsifs (T.O.C.) ou souffrent de phobies. Longtemps, ils ont dû vivre avec, en proie aux moqueries de leur entourage et honteux de ne pouvoir se contrôler. Aujourd'hui, les thérapies cognitives et comportementales ont vraiment pris ces handicaps en compte. Elles ont changé la donne à un moment où, simultanément, peut-être sous l'effet du stress engendré par la société actuelle, on voyait augmenter en nombre ces comportements perturbés, notamment la phobie sociale, tandis que la revendication légitime de bien-être personnel amenait de nombreuses personnes à ne plus vouloir subir ce qu'elles avaient si douloureusement supporté.

Derrière le T.O.C., le doute et la culpabilité

Les troubles obsessifs compulsifs et les phobies sont classés, en psychiatrie, dans la catégorie des troubles anxieux. Mais tous les anxieux ne sont pas phobiques et ne présentent pas de T.O.C. Par ailleurs, ces deux catégories de troubles génèrent des comportements différents.

Vérifier en restant immobile pendant dix minutes que la lumière de la salle de bains est éteinte ; remonter trois fois l'escalier pour s'assurer que la porte est bien fermée en tapant dessus ; se laver les mains chaque fois que l'on met un vêtement ; taper trois fois contre un mur pour annuler une pensée négative dans un mouvement conjuratoire, cela paraît « fou », mais le patient ne peut s'empêcher d'accomplir ces actes de la vie quotidienne sans un rituel d'accompagnement. L'habitude devient une obligation, et on peut parler de trouble obsessif compulsif.

Les deux types de symptômes, obsessions et compulsions, peuvent coexister chez un même sujet. Il existe des obsessions pures et des obsessions qui appellent un rituel observable. Les schémas chez les anxieux qui souffrent de T.O.C. sont sous-tendus par des pensées de danger se présentant sous une forme impérative : « Si je ne vérifie pas trois fois la fermeture du robinet d'eau et le bouchon d'obstruction, alors l'eau va s'écouler, déborder du lavabo et inonder les voisins. » Le thème central tourne autour de la peur d'un désastre, qui conduit à être hypervigilant sur les événements qu'il peut provoquer.

L'agoraphobie se définit comme une crainte de se retrouver dans des endroits ou des situations d'où il est difficile ou gênant de s'échapper, ou dans lesquelles on ne peut pas trouver de secours en cas d'attaque de panique. Cette crainte limite les déplacements ou impose le besoin d'être accompagné hors du domicile. Elle resurgit dans une foule, dans une file d'attente, sur un pont, dans un bus.

Derrière la phobie, la peur

Impossibilité de prendre l'avion, puis peur de prendre le métro, le RER, le train, la voiture sur l'autoroute, la voiture même en temps que passager... Dans les phobies, les situations que le sujet évite deviennent de plus en plus étendues. Peu à peu il a « appris » à redouter des situations similaires, qui l'éloignent progressivement de la situation initiale. Moins il se confronte à la situation anxiogène, moins il le peut. Il apprend à « avoir peur d'avoir peur ».

Le trouble de panique avec ou sans agoraphobie correspond à des crises d'anxiété paroxystique de survenue brutale et d'évolution brève. S'y associent de façon variable des manifestations psychiques – sentiment de peur, d'irréalité ou de dépersonnalisation ; des manifestations comportementales – agitation, sidération c'est-à-dire « paralysie » des réactions ; et des manifestations somatiques – symptômes respiratoires, tachycardie, palpitations, bouffées de chaleur ou de froid, etc. À quoi s'ajoutent encore les symptômes neurologiques (vertiges, étourdissements, fourmillement des extrémités), et les symptômes musculaires ou urinaires. Leur durée est variable, de quelques minutes à quelques heures. La crise peut être d'intensité réduite et se résumer à quelques symptômes, voire à un seul. Elle se répète à un rythme variable.

Les anxieux possèdent trois caractéristiques : une vision menaçante du monde extérieur ; une vision défaillante de leur monde intérieur ; une

Quelques précisions sur la terminologie

Les obsessions sont des idées, pensées ou représentations persistantes, récurrentes, qui envahissent la conscience du sujet. Elles sont vécues comme intrusives, absurdes et ressenties comme étrangères à la volonté du sujet.

Les compulsions sont des comportements prémédités qui perdent leur pertinence d'adaptation par de nombreuses répétitions. Le sujet les exécute selon des règles strictes qu'il s'est données tout en sachant leur incongruité. Le comportement n'a pas de but en soi, il est destiné à produire ou à empêcher un événement, un désagrément ou une situation imaginée épouvantable. Les actes sont accomplis avec un sentiment de contrainte subjective allant de pair avec le désir de leur résister sans réussir à le faire.

La phobie est une crainte angoissante déclenchée par la présence d'un objet ou d'une situation déterminée, n'ayant pas en soi de caractère objectivement dangereux. Le phobique reconnaît le caractère absurde de la crainte qu'il ne peut contenir. Elle apparaît uniquement lorsqu'il se trouve confronté à l'objet ou à la situation qui le perturbe (ce qui différencie de l'obsession). En son absence, l'angoisse disparaît ; c'est pourquoi il adopte des conduites d'évitement.

Les peurs cachées sous quelques T.O.C.

Un trouble obsessif compulsif correspond toujours à une peur pour soi-même ou pour les autres. Par exemple : les laveurs (peur de contamination), les vérificateurs (peur d'avoir mal fait), les ruminateurs (peur d'oublier, regret d'avoir fait ceci plutôt que cela), les obsessifs de la procrastination (le doute), les collectionneurs (peur de perdre), les obsessifs du cancer, du sida (peur de contaminer ou d'être contaminé), les onomatomanes (peur d'écrire certains mots à caractère obscène ou sacrilège), les ritualistes de l'habillement et de la toilette (souvent en lien avec la peur de la contamination).

La phobie sociale doit être distinguée de la timidité, conduite non pathologique, particulièrement fréquente lors de l'adolescence.

vision péjorative du futur. Ils éprouvent des images et des pensées menaçantes, qui précèdent l'apparition des phénomènes d'anxiété. Ils possèdent, dans leurs schémas centraux, un catalogue de règles inflexibles. Leur schéma équivaut à une nécessité absolue et permanente de contrôle.

On peut citer dans les phobies simples : celle des animaux, la zoophobie ; la nosophobie, crainte d'être atteint d'une maladie ; la dysmorphophobie, préoccupation anormale concernant l'aspect du corps ; la phobie d'impulsion, caractérisée par la peur irrationnelle de se défenestrer, de se jeter d'une hauteur, d'utiliser des objets contondants pour accomplir un acte criminel. La crainte disparaît lorsque l'objet n'est plus visible. La phobie du sang et des blessures s'accompagne d'une symptomatologie spécifique associant une tachycardie et une augmentation de la pression artérielle suivie, quelques secondes plus tard, d'une chute brutale de la pression artérielle entraînant un malaise.

À LIRE

Ladouceur, R., Marchand, A. et Boisvert J.-M., *les Troubles anxieux*, Masson, Paris, 1999.

Sauteraud, A., *Je ne peux pas m'arrêter de laver, vérifier, compter*, O. Jacob, Paris, 2000.

À CONTACTER

Association française de thérapie comportementale et cognitive (AFTCC), 100, rue de la Santé, 75014 Paris. Tél. : 01 45 88 78 60.

Savoir que tel comportement n'a aucune raison d'être et ne pas pouvoir y échapper peut apparaître comme dépourvu de sens. Sûrement, pourtant, il y a un sens, enfoui au fond de la mémoire. Il ne peut émerger pour quantité de raisons et il empêche la personne de vivre sa vie ordinaire. Elle n'en parle pas, se sent honteuse, et le trouble s'amplifie. Les causes du trouble sont plurielles, neurologiques, comportementales, cognitives, environnementales, issues d'un conflit psychique, etc. Mais il s'autorenforce, car c'est un trouble anxieux. Accomplir le rituel, la compulsion soulage brièvement le patient. Pourtant, sitôt le rituel accompli, il faut le recommencer. L'objet ritualisé focalise l'angoisse, puis, au fil du temps, l'angoisse n'y paraît plus, masquée par l'habitude. « Mais si on ne l'accomplit pas, elle pourrait revenir ! » disent les patients.

Des stratégies d'amélioration

Quelles que soient les causes, il reste les effets et les voies de la guérison. Si chaque catégorie de T.O.C. ou de phobie a ses thérapies plus ou moins spécifiques, ce sont, pour l'essentiel, les thérapies cognitives et comporte-

T.O.C. et phobies

questions-*réponses*

À quel stade une phobie doit-elle être considérée comme une pathologie ?

Les réactions de peur à des stimuli précis sont considérées comme phobiques, si elles sont excessives, persistantes, contraignent le sujet à éviter le stimulus anxiogène, perturbent le comportement « normal » (privé, professionnel, social) et favorisent une anticipation anxieuse.

Y a-t-il des risques de rechute ?

Rarement. Des événements particuliers dans la vie du patient, amenant une recrudescence d'anxiété, peuvent parfois amener un retour du trouble, mais deux ou trois séances de thérapie suffisent alors à réactiver les stratégies de défense.

Peut-on guérir seul ?

Oui, mais c'est difficile et peut être plus long.

Combien de temps peut durer une thérapie ? Est-elle prise en charge par la Sécurité sociale ?

Le nombre de séances est proportionnel à l'ancienneté du trouble. Il faut compter de 12 à 20 séances pour un trouble ressenti depuis moins d'un an.

Ces thérapies sont prises en charge en milieu hospitalier – mais l'attente de rendez-vous peut être assez longue – et par certaines mutuelles.

Y a-t-il des prédispositions familiales ?

Des études américaines ont démontré que l'anxiété s'apprend. Des parents anxieux favorisent l'installation d'un climat d'anxiété qui peut éventuellement se communiquer à leurs enfants, parfois à un seul d'entre eux.

Qu'appelle-t-on phobie sociale ?

Quant à la phobie sociale, c'est une peur irrationnelle et persistante des situations exposant le sujet à l'éventuelle observation et au jugement des autres : la crainte de parler en public, la crainte de rougir, etc. L'idée d'être confronté à ces situations favorise une importante anxiété anticipatoire.
Il ne faut pas la confondre avec la timidité.

Au palmarès des phobies

Il existe des centaines de phobies. Parmi les plus répandues, celles des animaux, des hauteurs, du sang, des piqûres, de l'avion, de l'eau, des orages, des lieux clos. La phobie sociale est en augmentation, de même que celle des voitures, des encombrements et du métro, notamment dans les mégapoles, en particulier à Paris.

mentales, avec désensibilisation systématique par l'exposition en imagination ou *in vivo*, restructuration cognitive, apprentissage de la relaxation, hypnose. Parfois, un traitement médicamenteux pourra être associé. Dans le cas des phobies sociales, on visera à l'apprentissage aux habiletés sociales, à l'affirmation de soi par la pratique de jeux de rôle.

L'approche cognitive des troubles anxieux vise les points suivants : identification des émotions et liaison avec des pensées anticipatoires anxieuses systématiques pour appréhender le futur ; analyse des signaux physiologiques d'angoisse et réattribution.

La souffrance ressentie par les personnes atteintes de T.O.C. ou de phobies ne se voit pas, mais n'en est pas moins réelle et intense. Un épisode dépressif peut être consécutif à ce type de troubles qui doivent être pris en charge rapidement afin de disparaître.

Maryvonne LECLÈRE

EN BREF

Des troubles très répandus

On considère généralement que les troubles obsessifs compulsifs (T.O.C.) affectent 3 % de la population occidentale. Les phobies, probablement encore plus répandues, ne semblent encore avoir fait l'objet d'aucune statistique fiable. Ce sont des handicaps sérieux qui causent une souffrance invisible mais très réelle.

L'angoisse à la clé

Quelle que soit leur forme, ces troubles expriment toujours une angoisse, une peur. Les phobies s'accompagnent souvent de symptômes physiologiques désagréables.

Soigner sans attendre

Lorsque ces troubles prennent un aspect pathologique, et se manifestent plus d'une heure par jour, ils doivent être pris en compte sans attendre, notamment par le recours aux thérapies cognitives et comportementales.

Voir aussi

- Les thérapies cognitives et comportementales p. 364
- L'hypnose p. 370
- Les thérapies brèves p. 378

Souffrances liées aux proches

Quand on fait du mal aux siens

C'est un fait inexorable, nous sommes condamnés à aimer... Enfants, parents, frères, sœurs, conjoints... Et, parfois, à haïr : il n'est guère possible de faire l'économie de l'intensité du sentiment qui nous lie à nos proches.

Depuis le premier sourire du bébé à sa mère, les injonctions faites au nom de l'amour ne manquent pas ; manger pour grandir, bien se couvrir, faire attention, puis poursuivre les études qui conviennent ; plus tard, choisir le conjoint satisfaisant, tout se dire, être proches. Au nom de l'amour, pour le bien de l'autre, nous sommes parfois amené à le blesser, à le contraindre, à l'empêcher, à lui faire du mal, sans intention de nuire.

C'est souvent après coup que l'on peut se rendre compte que l'on a fait souffrir un proche en croyant bien faire. Le rôle de parents nécessite de prendre souvent des décisions qui ne plaisent pas aux enfants et dont certaines s'avèrent, par la suite, dommageables. Certains parents n'arrivent pas à évoluer avec leur enfant et continuent à le juger immature et irresponsable. À qui incombe le choix des habits, des activités, des amis ?...

Il est important de pouvoir évaluer une situation et d'anticiper les soucis afin d'essayer d'éviter les catastrophes. Mais il convient de ne pas penser à la place de l'autre, de ne pas croire qu'on sait mieux que lui ce qu'il a dans la tête. L'emprise psychologique empêche de penser, de prendre ses responsabilités et maintient dans une dépendance affective parfois terrorisante. C'est l'une des principales causes de violence morale envers les siens. Elle emprisonne les partenaires, elle est difficile à repérer car elle s'installe insidieusement et peut persister longtemps, que ce soit entre parents et enfants ou entre conjoints.

La haine dans la famille

Il arrive aussi que la haine s'empare des cœurs et prenne place dans les relations. La haine dans la famille constitue une arme redoutable, et, là, l'intention de nuire à l'autre est patente.

Si, parmi les six passions recensées par Descartes au XVIIe siècle, on trouve côte à côte l'amour et la haine, il serait inexact de se contenter d'affirmer que l'une est l'envers de l'autre. Certes, ces deux sentiments sont liés, et l'on trouve souvent de l'un dans l'autre, dans des proportions variables. Mais la haine, passion obscure, a sa propre dynamique, absolue et souvent tyrannique.

La psychanalyste J. Rivière remarque que, d'une façon générale, la haine est une force de destruction, de désintégration qui va dans le sens de la privation et de la mort, alors que l'amour est une force d'harmonisation, d'unification, qui tend vers la vie et le plaisir. Pourtant, l'agressivité associée à la haine n'est pas seulement destructrice ou douloureuse, mais peut être source d'énergie, tout comme l'amour peut devenir ravageur et source de souffrance. Liée à l'amour, la haine n'est pas son contraire. Elle est une passion différente de l'état d'esprit qui accompagne le fait de détester quelqu'un. Car il y a quelque chose d'implacable, d'irrévocable dans la haine, quelque chose qui se situe au-delà des mots. Il est souvent impossible d'expliquer la haine, de la comprendre pour quelqu'un d'extérieur. Et, bien sûr, pour les protagonistes, aucune négociation n'est possible, parfois même aucune médiation. La haine est une passion dans la mesure où elle se renforce, s'autoentretient et devient une préoccupation unique et permanente. Tout peut alors être interprété, et chaque élément de la vie quotidienne devient un signe indiquant dans quel camp on se situe. Toute tentative de rapprochement est vécue comme une manœuvre, et il est donc impossible de parler des origines de la haine ou des moyens d'y mettre un terme.

Elle naît le plus souvent du sentiment d'injustice, lié à l'amour indéfectible qui est porté à la personne estimée injuste. Caïn tue son frère, Abel, car il est jaloux de la préférence que Dieu montre à l égard de ce dernier. Et personne n'a pu, ou su, s'interposer et leur permettre de s'expliquer.

La haine dans le couple

Empédocle, un philosophe grec, disait déjà que « tantôt l'amour réunit tout en un, tantôt la haine divise tout en deux ». À l'intérieur du couple, la haine, lorsqu'elle survient, apparaît soit sous sa forme violente, soit sous

Depuis l'Antiquité, un thème inépuisable

La description de la haine qui s'exerce à l'intérieur d'une famille et de son évolution constitue le sujet préféré des dramaturges depuis les tragédies grecques ; les personnages, mus par leur passion, par leur destin et par les dieux sont devenus nos mythes. Œdipe, Médée, les Atrides continuent de représenter des références.

Par la suite Shakespeare, Verdi, Mauriac ou Kazan, par exemple, et chacun dans son domaine, développèrent ces sources d'inspiration.

La haine liée à des « mésalliances » est attisée par les belles-familles : le suicide du père et du fils dans *le Sagouin*, de F. Mauriac (1951), est un exemple typique : le père n'a pu protéger son fils de la haine maternelle et grand-maternelle. Tous deux, insultés, humiliés et rejetés n'ont qu'une issue pour ne plus souffrir.

C'est dans ce livre que la mère prononce cette fameuse formule : « Comme on dit faire l'amour, il faudrait pouvoir dire faire la haine. C'est bon de faire la haine, ça soulage, ça repose. »

Les théâtres où se joue la haine

Pour se développer, pour prospérer, la haine a besoin de décors, de rites. Elle s'épanouit lors des réunions de famille, les mariages, les enterrements et les repas de fête. Le bureau du notaire, au moment de la lecture du testament, est un lieu fréquent de déchaînement haineux, car chacun peut croire que l'amour se mesure en termes de petites cuillères ; les rancœurs et les déceptions de ne pas être le préféré peuvent s'exprimer. Les protagonistes sont alors réunis dans un huis clos qui favorise un climat de clan où les liens affectifs sont amplifiés.

sa forme froide. La première suppose une symétrie : les deux protagonistes se haïssent, se le disent et se l'envoient à la figure. Les scènes violentes se multiplient sans qu'il y ait jamais de vainqueur. Si aucun ne cède, si aucune médiation n'est efficace et si aucune séparation n'arrive, la haine devient une sorte de jeu pervers. Elle est alors la seule source de vitalité dans une relation sans plaisir. C'est la passion de détruire l'autre et la relation qui prend le pas sur toute motivation.

La seconde se construit jour après jour, autour de rancunes, de rancœurs, de renoncements non digérés. Chacun se sent victime des choix du couple, lésé par la vie, le destin. Plus rien de chaleureux, de vivant n'est partagé, mais chacun veut prendre l'autre à témoin de sa souffrance comme s'il était le seul interlocuteur possible. Le couple de G. Simenon dans *le Chat*, incarné au cinéma par S. Signoret et J. Gabin, en fournit un terrible exemple. Comme il est difficile de parler de leur vie brisée en raison de l'absence d'enfant et de la perte du désir, tout devient prétexte à escarmouches, en particulier l'argent, l'isolement progressif et, bien sûr, le fameux chat. Et, quand l'homme jette à la face de la femme avec qui il vient de partager quarante ans : « Ton ventre est un cimetière », la haine atteint son comble, et il n'y a plus guère de réparation possible.

Pour exprimer un sentiment d'injustice, les adolescents et les jeunes adultes d'aujourd'hui disent : « J'ai la haine », chaque fois qu'ils ont le sentiment d'en subir une, venant de la famille, de l'école, de la police ou de la société. Et beaucoup ont fait de la Haine, *de M. Kassovitz, un film culte. Mais dans ce « j'ai la haine »-là, peut-être faut-il entendre : « J'ai la haine de n'être ni entendu ni compris. »*

La haine en héritage

Ici jouent la transmission et la loyauté. La haine naît de l'injustice et prolifère dans un contexte de crise. À l'intérieur d'une famille, elle naît à certains moments du cycle de vie où l'existence de cette famille, la pérennité de ses règles se trouvent mises en cause. Il est difficile de modéliser la naissance d'une haine qui va croître et embellir, puis se transmettre sur plusieurs générations. Plusieurs éléments doivent être associés pour qu'une dispute, une rancœur, une jalousie prenne une ampleur telle que la vengeance ou le silence s'impose à tous.

Les haines ne se transmettent pas toujours d'une génération à une autre. Mais lorsqu'elles sont transmises se pose alors la question de la loyauté : dois-je haïr une partie de ma famille car elle est haïssable, ou

parce que je suis fidèle à une mission que mes parents m'ont confiée ? Plus tard, cette haine devient « essentielle » car son objet est difficile à percevoir ; elle n'est plus rattachée à quoi que ce soit, si ce n'est à l'obligation de haïr. Il est donc dur d'en discuter avec les protagonistes, car rien ne la justifie, sinon qu'elle s'impose.

Dans tous les cas, force est cependant de remarquer que la véritable haine n'est pas seulement destructrice. Nous ne voulons pas perdre l'objet de notre haine : elle a un effet réunificateur, puisque la ou les personnes haïes sont en permanence présentes dans l'esprit de celui qui hait. Il n'y a pas de deuil possible tant que la passion persiste.

Bernard GEBEROWICZ

EN BREF

Une constante des humains

La haine, comme l'amour, est inscrite au registre des passions humaines, et nous pouvons en être les porteurs comme les victimes.

Avec ou sans intention de nuire

Croyant bien faire, nous pouvons faire du mal à nos proches en leur imposant notre volonté. Cette violence psychologique s'exerce au nom de l'amour, tandis que la haine est toujours sous-tendue par le désir de nuire.

Pourquoi tant de haine ?

Dans la famille et le groupe, la haine peut naître d'un sentiment d'injustice, de jalousie... et l'amour y est souvent imbriqué. Dans le couple, elle se bâtit sur les rancunes et les rancœurs accumulées. Il arrive aussi qu'une haine particulière soit transmise par une génération à la suivante et qu'elle perdure sans raison.

Voir aussi

- Les addictions p. 268
- Les conduites à risque des adolescents p. 244

Le couple à l'épreuve

Chacun de nous garde à l'esprit un rêve de couple qu'il s'est forgé durant l'enfance et l'adolescence au spectacle des relations entre adultes, agrémenté de toutes ces histoires que l'éducation, la littérature, le cinéma, la peinture, le théâtre ont véhiculées. Dans la réalité, ce couple est souvent malmené. Ses difficultés sont multiples ; il y en a autant qu'il existe de femmes et d'hommes capables de créer ensemble les relations si particulières qui font leur union : une infinité de problèmes qu'eux-mêmes, avec leurs parents, leurs proches et parfois leurs thérapeutes tentent quotidiennement de résoudre.

Prison pour les uns, espace de liberté pour les autres, le couple est l'élément social, relationnel et psychoaffectif fondamental de la structure familiale. Cependant, ces relations, à la fois si banales et pourtant si complexes, représentent, à y regarder d'un peu plus près, une organisation mystérieuse qui échappe souvent à l'entendement. Pourquoi celui-ci et celle-là sont-ils ensemble ? Que se trouvent-ils l'un et l'autre ? Pourquoi se disputent-ils ? Comment font-ils pour rester ensemble ? Allez y comprendre quelque chose !

Parmi toutes les relations possibles qui unissent les humains entre eux, il est d'abord utile de reconnaître toutes celles qui entrent dans la catégorie des relations de couple.

La recette du couple

Qu'est-ce qui fait un couple? Cela se présente un peu entre loyauté et fidélité, comme une recette relationnelle avec ses ingrédients caractéristiques et toutes les variantes possibles. Comme pour la mousse au chocolat, chacun sait mieux que les autres la meilleure des recettes, comment faire, ou comment il faudrait faire, ou encore comment ses propres parents s'y sont pris. Trois ingrédients principaux y sont indispensables.

D'abord, au moins deux personnes qui entretiennent entre elles des relations. Ces personnes sont de sexe différent ou de même sexe, peu importe. La présence d'un tiers, réel ou imaginaire, absent ou présent, au beau milieu des relations de couple est une façon courante d'échapper à la pression que représente cette dyade conjugale qui en rappelle une autre : la relation mère-enfant, dont on a tant de mal à sortir.

Ensuite des sentiments, idéalement de l'amour, forment la trame de cette relation. L'amour (c'est-à-dire ce que les gens ressentent comme tel sans que nous ayons à en donner une définition précise) est, actuellement, le sentiment qui permet la relation de couple la plus stable. Tout autre sentiment peut aussi être un liant entre les personnes, mais il créera une instabilité qui se révélera tôt ou tard. Cet amour n'a pas toujours été le sentiment déterminant dans la constitution des couples. Il y a à peine quelques décennies, la rencontre entre jeunes épousés était plutôt le résultat du choix de leurs parents. La fonction de ces unions arrangées avaient pour but le renforcement de la structure du groupe social auquel appartenaient les familles. Les relations gouvernées par l'amour sont une valeur culturelle actuelle où s'expriment le désir et le choix d'un individu plutôt que les exigences sociales d'un groupe ou d'une famille soucieuse de son rang, voire de son patrimoine.

Enfin, un projet relationnel qui dure tout le temps de la relation.

Faire un enfant ensemble reste, encore aujourd'hui, le plus sûr moyen de réaliser un tel projet. Il incarne la relation entre ses parents et la rend le plus durable possible. L'enfant peut alors devenir l'un de ces tiers dans la relation de ses parents afin de les aider à échapper à cette intimité conjugale qui peut apparaître avec le temps trop lourde à vivre.

Loyauté et fidélité sont les deux attitudes entre lesquelles un couple doit trouver son équilibre. La loyauté concerne les rapports de chacun des partenaires avec sa propre famille et ses valeurs. C'est l'obéissance aux règles en vigueur dans sa famille d'origine, le sentiment d'appartenir à une filiation, d'adhérer aux grands mythes familiaux transmis de génération en génération. La fidélité ne concerne que les deux personnes formant le couple par rapport à elles-mêmes et à leur projet relationnel.

L'importance de la rencontre

La détermination de la nature de la relation que nous établissons les uns avec les autres est un phénomène sûrement très précoce. Dans les tout premiers instants de la première rencontre (et cela est vrai pour n'importe quel type de relations), une multitude d'informations est échangée. Tout d'abord, des informations concernant les personnes (informations individuelles, familiales, sociales, hiérarchiques, affectives, sexuelles, etc.), mais aussi des informations relatives à la relation elle-même (l'environnement dans lequel elle se développe, sa durée, son type, le degré d'intimité qui y règne, les procédures possibles de fin – absence, départ, rupture, séparation, divorce, mort –, le niveau d'agressivité interpersonnelle, la distribution des pouvoirs, la répartition des rôles et des fonctions, etc.). Et l'on sait que bien d'autres informations encore sont échangées dans ces tout premiers instants qui président à l'établissement d'une relation.

Le mariage, une journée particulière

L'amour ne suffit pas. Il existe bon nombre de relations amoureuses qui ne deviendront jamais des relations de couple. Comment faire la différence entre les relations d'amour qui ne dureront pas et celles qui dureront ou, en tout cas, dont on peut penser qu'elles vont durer ? À chaque nouvelle rencontre, comment sait-on qu'il s'agit bien de la bonne ? Par cette question, on sous-entend qu'il s'agit bien de LA rencontre, celle qui va déboucher sur l'établissement d'un véritable lien durable, et non, comme pour les rencontres précédentes, se terminer par une rupture.

Ici décrié, là sacralisé, le mariage (et maintenant le Pacs) demeure une cérémonie qui permet à la relation de couple de devenir à la fois un engagement individuel, un contrat relationnel, un événement familial et un fait social. Il est l'occasion de légitimer le choix amoureux entre deux personnes, quelle que soit la manière dont on le célèbre.

Nous vivons une époque où chacun gère ses relations amoureuses à sa convenance. Nous formons une société évoluée et tolérante qui admet toutes sortes de relations sans imposer aux individus qui la constituent un formalisme contraignant en matière de relations privées. À peu près tout est possible dans le respect de la loi, qui s'est enrichie par la création du pacte civil de solidarité (Pacs), du moment que les personnes sont majeures et consentantes. Le mariage est la promesse que se font deux personnes de rester ensemble et de ne jamais se quitter. Idéalement, et dans la majorité des cas, elles établissent entre elles une sorte de contrat à durée indéterminée. C'est une des façons possibles qu'un couple d'humains a trouvées afin d'apaiser leur peur de se perdre l'un l'autre. Cette fonction de réassurance leur évite d'être confrontés à l'absence, puis au manque qui en découle, et qui survient forcément un jour ou l'autre.

Chaque relation se fonde sur un mythe, cela est évidemment vrai pour les relations conjugales et matrimoniales. C'est un ensemble d'histoires concernant la relation elle-même que se racontent les différentes personnes ayant participé à sa constitution. Chacun en a donc une version très personnelle qu'il considère comme la vérité (« C'est comme cela que nous nous sommes rencontrés, c'est vrai puisque j'y étais ! »). Bien des personnes qui vivent en couple et sont mariées n'ont pas réussi à trouver entre elles un accord minimal commun pour l'histoire de leur propre relation. Il ne s'agit pas de défendre ici l'idée selon laquelle on devrait être totalement d'accord, en adhésion totale sur une version du mythe, mais il y a nécessité d'avoir ce minimum en commun auquel se raccrocher en cas de conflit. L'accord minimal commun est un ancrage qui étaye la relation, qui la rend plus solide et auquel on peut se référer pour trouver avec plus de souplesse des solutions communes aux problèmes. Si cet accord initial n'était pas possible, l'avenir de la relation serait compromis car elle se fonderait alors sur le désaccord et sur l'incapacité de trouver ensemble un accord à quelque niveau que ce soit.

Le mariage, au-delà de tous les rituels culturels, offre l'opportunité aux futurs mariés de trouver ensemble cet accord minimal commun. C'est une journée particulière qui est un condensé de tous les enjeux individuels, relationnels, familiaux et sociaux auxquels les époux seront confrontés toute leur vie commune durant. Ce jour-là, les jeux de la loyauté et de la fidélité se mettent en place. Les rapports entre loyauté et fidélité s'expriment dans les diverses manières que trouve le jeune couple pour sauvegarder son intimité malgré la présence des deux familles. Il y a autant de mariages qu'il y a de couples qui se marient. Cela représente une diversité extraordinaire de cérémonies que les marchands ne peuvent, malgré leurs promotions, uniformiser et standardiser. Même dans les cérémonies les plus conventionnelles, les plus organisées, il restera toujours une part d'imprévu qui transformera tous les mariages en *happening*. Elle correspond à l'imprévisible de la rencontre elle-même entre cette femme-là et cet homme-là, et la rend unique, spécifique, originale, durablement imprimée dans la mémoire.

La question de la durée

Combien de temps cela va-t-il durer entre nous ? Durée déterminée ou durée indéterminée, quel type de contrat relationnel établit-on plus ou moins consciemment dans le premier quart d'heure de la première rencontre ? Quelle femme, quel homme échappe à cette interrogation ?

Une relation qui se fonde uniquement sur le désir ne durera pas, et ce quoi qu'on fasse. C'est inéluctable, une fois le désir épuisé, et s'il ne se transforme pas en un sentiment, la relation court directement à sa fin : une heure, une nuit, une semaine, un mois, le temps y est compté. En revanche, une relation qui se fonde sur la peur de perdre l'autre peut durer. Bien sûr, le désir lié à une attirance mutuelle est là, mais, d'emblée, la relation de couple, celle qui durera ou celle dont on peut penser qu'elle durera, se fonde précocement sur la peur de la rupture et de la séparation. La peur de perdre celui (ou celle) qu'on aime est certes l'une des sources d'un désir sans cesse renouvelé, mais elle constitue également la certitude de la pérennité de ce lien qui, par essence, contient pourtant sa propre fin, puisque c'est une relation exogame, c'est-à-dire entre des personnes étrangères l'une à l'autre.

La peur de perdre l'autre assure une forme de continuité de la relation, elle est une souffrance à laquelle on ne s'attend guère lorsque ce type de lien s'instaure. Ce

La sexualité en cause

Une relation qui se fonde uniquement sur le désir ne dure pas. Néanmoins, un sondage du magazine *Psychologies* fait apparaître que 86 personnes sur 100 estiment que la sexualité est indispensable à la réussite de leur vie de couple. Mais 54 % des personnes sondées se disent attirées d'abord par la tendresse, et 35 % par la fidélité. La sensualité ne vient qu'en cinquième position, avec 18 %. Le cœur l'emporte largement sur le corps.

décalage entre l'idée de la relation amoureuse durable et la réalité de cette même relation provoque parfois déception et désillusion, sources de bien des conflits de couple. Chacun peut en vouloir à l'autre de cette souffrance du manque qu'il ressent à chaque absence. Il regrette alors son idéal relationnel et le met à l'épreuve de la comparaison avec la relation réelle.

Par temps de crise

Union ou désunion ? Ils ont tout pour être heureux, alors pourquoi se disputent-ils ? Surtout si elle est durable ou bien si elle est particulièrement intense, la moindre tension qui se manifeste dans le couple peut déboucher sur une séparation, voire sur un divorce. On ne sait pas si tous les problèmes qui se posent aux personnes qui forment un couple trouveront une solution dans le cadre de leur union.

Au cours de chaque crise, les forces de l'union entrent en compétition avec celles de la désunion. Et de ce combat, nous ne savons jamais quel sera le vainqueur. Rien n'est jamais acquis, c'est là le propre des relations entre personnes qui ne sont pas de la même famille d'origine. Ces relations exogames sont fondées sur des choix, et non sur la pérennité des liens de sang.

La crise est également l'occasion pour tout le monde de savoir si son conjoint est la bonne personne : l'homme ou la femme de sa vie. A-t-on fait le bon choix ? Tel est, en substance, le dilemme qui se pose au cours de toute crise conjugale. Pour échapper à ce doute, une solution : il faut y croire. Le couple se bâtit essentiellement sur une croyance, la foi plus ou moins profonde en ce lien particulier. C'est le sens premier de la fidélité en tant que croyance. Si le doute fait partie intégrante de toute croyance, il est l'élément qui nous fait éprouver la fragilité du lien conjugal et combien il pourrait être facile de le détruire. De la même manière, il ne faut pas grand-chose, non plus, pour que l'union se maintienne. Union, désunion ? Oscillations constantes d'une arithmétique relationnelle subtile de la crise conjugale.

On se demande ce qui fait pencher la balance d'un côté plutôt que de l'autre. Union ou désunion ? Croyance en cette relation avec cet étranger (cette étrangère) avec lequel (laquelle) on s'est lié, ou bien obéissance aux règles de la famille dont on est issu ? D'un côté, la fidélité et, de l'autre, la loyauté. Difficile de savoir ce qui pèse le plus !

La quête du bonheur, un droit ?

Aujourd'hui, et contrairement à nos parents ou à nos grands-parents, nous revendiquons une espèce de droit au bonheur conjugal. Eux considéraient souvent leurs relations de couple comme un ensemble de devoirs et,

questions-*réponses*

Le couple est-il un être à part entière, différent des membres qui le composent ?

Il existe une dynamique particulière à la relation de couple qui échappe bien souvent à la volonté des personnes qui le constituent.
On peut vouloir toujours être d'accord et éviter tous les sujets qui fâchent, et pourtant, cela n'empêche nullement les conflits interpersonnels. La volonté que tout se passe bien ne suffit certainement pas à ce que l'harmonie soit de mise tous les jours. Les relations de couple contiennent tous les germes de la désunion : les conflits, les crises, les tensions, les désaccords sont quelques-unes des expressions de cette force qui sépare et qui s'exprime quotidiennement plus ou moins violemment. Elles contiennent aussi la capacité des individus à trouver des solutions aux problèmes relationnels qui se posent à eux.

Pourquoi la première crise d'un couple survient-elle souvent immédiatement après le mariage ?

En toute innocence, dès le retour du voyage de noces, la première chose que font les nouveaux mariés est de se séparer pour aller travailler chacun de son côté ; cela peut être vécu comme un équivalent de rupture ou de séparation.
Les germes du premier conflit sont déjà en place, bien ma gré eux.
La partie consciente du fonctionnement cérébral admet tout à fait qu'ils ne restent pas collés l'un à l'autre, mais si le fait d'aller dans deux endroits différents apparaît comme une chose normale, la partie affective vit cette séparation comme un début de trahison. Les reproches ne sont alors pas très loin et ils surgiront à la moindre occasion, en général à propos d'un fait extrêmement banal de la vie quotidienne.

Pourquoi y a-t-il tant de couples qui divorcent de nos jours ?

Le grand nombre de divorces effraie parfois. Cela ne signifie pourtant pas que l'institution du mariage soit devenue obsolète, bien au contraire. Le nombre de mariages reste toujours élevé mais avec une autre valeur qu'autrefois. Nos ascendants se mariaient pour la vie, ils étaient l'homme ou la femme d'un seul partenaire. Toutes les relations amoureuses étaient organisées essentiellement autour du choix social et de la virginité de la femme.
Aujourd'hui, la maîtrise de la fécondité, la revendication du droit au bonheur, le changement du statut social des femmes, notamment par le travail, ainsi que beaucoup d'autres éléments, ont rendu la cérémonie du mariage moins rigide et moins unique.
Elle a perdu, pour nombre de personnes, son caractère sacré. Il est admis maintenant que nous puissions avoir au cours de notre existence plusieurs relations conjugales, la notion de famille a évolué avec celle du couple.

parfois, de contraintes. Nous, nous ne le voulons pas. Hédonistes, riches (généralement plus riches que ceux des générations précédentes), la nécessité du bonheur liée à la jouissance orgastique nous apparaît comme une valeur culturelle à laquelle il nous semble difficile d'échapper.

Bien des couples revendiquent ce droit au bonheur. Mais de quel bonheur parle-t-on ? De la capacité de jouir ou bien de vivre ensemble et de résoudre des problèmes relationnels, c'est-à-dire de permettre à la relation de s'adapter à des conditions sans cesse nouvelles ? Pendant des mois ou des années, on peut se jouer la comédie de l'amour éternel que rien n'altérera jamais. On souhaiterait garder la relation en l'état comme au premier jour et qu'elle demeure imperméable au temps qui passe.

Chaque rencontre est, à son début, une illusion ; chacun fantasme l'autre, l'imagine tel qu'il lui apparaît, et non comme il est véritablement. C'est le temps où les rêves de couple constitués durant l'enfance et l'adolescence semblent devenir une réalité. Après cette phase initiale d'illusion survient, plus ou moins rapidement, une phase de désillusion au cours de laquelle la réalité reprend peu à peu le dessus. Avec le temps vient le sentiment que le couple se dénature comme si chacun se rendait compte que l'autre n'est pas (n'est plus) celui (celle) qu'elle (il) avait imaginé(e).

Un jour ou l'autre, il faut bien se rendre à l'évidence, la relation n'est plus ce qu'elle était. Cela peut se produire très tôt après la rencontre, parfois dès le lendemain matin du premier jour, d'autres fois, plusieurs années après. Réveil douloureux lorsque celle (celui) à côté de qui nous nous réveillons apparaît telle (tel) qu'elle (il) est. En tous cas différent(e) de ce que nous avions cru jusque-là.

À LIRE

Gulotta, G., *Comédies et drames du mariage*, ESF éd., Issy-les-Moulineaux, 3e édition, 1999.

Lemaire, J.-G., *le Couple : sa vie, sa mort*, Payot, Paris, 1990.

Malarewicz, J.-A., *le Couple : quatorze définitions décourageantes, donc très utiles*, Robert Laffont, Paris, 1999.

Neuburger, R., *Nouveaux couples*, Odile Jacob, Paris, 1997.

À l'épreuve de l'enfant

L'arrivée du premier enfant, et, plus sûrement, celle du second, sonne le glas de l'illusion. Être les parents du (des) même(s) enfant(s) semble avoir profondément bouleversé les relations entre elle et lui. Ils ne sont plus sur la même longueur d'onde. Lui, pourtant, voudrait croire qu'il n'y a rien de changé entre eux. Il s'accroche à une représentation de leur couple devenue obsolète. Elle, de son côté, trouve qu'il ne la soutient pas assez. Ils ne se parlent pas des vraies difficultés. Ils vivent cette incompréhension comme un manque d'amour, ils ne voient pas ce qui se passe de différent et il leur semble que leur couple est passé tout à coup au second plan. Ils éprouvent doulou-

Le temps et le plaisir

La longévité d'un couple n'est apparemment pas un obstacle à son harmonie ; 77 % disent que la durée non seulement n'a pas émoussé leur plaisir, mais l'a accru, et seulement 9 % le contraire. Apparemment, le temps renforce les liens quand la tendresse et la complicité ont pris la relève des passions débutantes.

reusement cette distance relationnelle qui se creuse et qui peut déboucher sur une rupture ou sur une séparation. Le couple n'a pas survécu alors à la parentalité. Il faut beaucoup d'amour mais aussi beaucoup de foi en cette relation pour la sauvegarder coûte que coûte. Souvent, à ce stade, les conflits se multiplient et des symptômes physiques ou psychologiques apparaissent, traduisant, chez l'un ou chez l'autre, une souffrance qui s'exprime avec d'autant plus d'acuité qu'il leur est difficile de se parler et de se comprendre. Et c'est souvent dans ces moments-là, au cours desquels les forces de l'union sont malmenées, que se pose la question du divorce ou bien celle de trouver à deux l'énergie et les ressources nécessaires pour surmonter la crise ou pour entreprendre ensemble une thérapie.

Les liens conjugaux sont fragiles, parfois ténus, plus ou moins stables, et ils nécessitent soin, entretien, attention, précaution et beaucoup plus de choses encore.

Denis VALLÉE

Voir aussi

- L'Amour, toujours ? p. 80
- Émotions féminines, émotions masculines p. 40
- Fidélité et infidélité p. 96
- Mais qu'est-ce qu'un couple ? p. 88
- Entre couple et famille p. 178
- L'arrivée du premier enfant p. 116

EN BREF

Un élément fondamental

Le couple demeure l'élément fondamental, social, relationnel et psychoaffectif de la structure familiale.

Des bases durables

Deux éléments forment la trame du couple : les sentiments, idéalement l'amour, et un projet relationnel durable.

Les crises

De la première séparation au premier enfant, de l'infidélité à l'assoupissement du désir, du passage de l'idéal à la réalité vécue, les crises guettant un couple sont innombrables. Elles peuvent amener la question de la séparation, ou permettre de trouver à deux l'énergie nécessaire pour surmonter ces crises ou pour entreprendre ensemble une thérapie.

Face à la maladie psychique d'un proche

Quand un proche devient malade psychiquement, toute sa famille – enfant, conjoint, frère, sœur ou parent – s'interroge, souffre avec et voit sa vie changer. Celle-ci passe alors par des moments clés, d étapes qui sont autant de jalons sur la route douloureuse, mais inévitable, de l'adaptation à une nouvelle réalité.

« Rien ne prépare une famille à la maladie mentale. » Cette constatation de la journaliste C. Tobin, auteur d'un livre clair, juste et sensible sur la schizophrénie, est constamment vérifiée. Certes, chaque histoire est singulière, chaque affection a son déroulement particulier. Pourtant, au-delà des différences, on retrouve les mêmes thèmes, interrogations ou affirmations douloureuses qui semblent être le lot commun de tous ceux dont un proche a, un jour, été atteint par la maladie mentale.

Les débuts : tolérance ou aveuglement ?

L'histoire commence souvent ainsi : pendant des mois, voire des années, une personne vit repliée sur elle-même, cessant progressivement toute activité et tout contact avec l'extérieur, ou, au contraire, s'ancre dans un mode d'existence qui lui est propre, imposant à son entourage un véritable régime de terreur avec horaires impossibles, tapage nocturne, repas décalés, etc. Plus tard, quand le diagnostic sera posé, les proches se remémoreront ces années où la vie quotidienne semblait baigner dans une atmosphère étrange de tristesse, de colère et de peur.

Le plus souvent, la personne en question est un(e) jeune – adolescent ou adulte – dont les parents et la fratrie subissent, impuissants, les changements. Ce premier cas de figure décrit, dans ses grandes lignes, l'entrée dans la schizophrénie sous sa forme progressive et insidieuse. Chez un sujet jeune, elle peut se confondre à ses débuts avec la crise d'adolescence. Mais elle surgit parfois aussi de façon plus brutale. C'est alors la bouffée délirante, ce « coup de

La schizophrénie et ses symptômes

La schizophrénie doit son nom au terme grec *schize*, « coupure », qui décrit ainsi le symptôme majeur de cette maladie, la dissociation. Il y a plusieurs formes de schizophrénie, mais elle apparaît en général chez des sujets jeunes (15-35 ans), et touche à la fois la sphère intellectuelle, affective et relationnelle.

Le schizophrène exprime souvent des idées bizarres dans une langue pleine de néologismes et apparaît à la fois détaché, impénétrable ou incohérent. Dans son univers, la réalité interne a pris le pas sur la réalité externe. Il risque de s'enfermer dans un monde devenu inaccessible, dont seule l'attention affectueuse et constante des proches le sort un peu, en dépit des difficultés.

Plus que toute autre, cette maladie nécessite le recours à plusieurs types de thérapies associant médicaments (neuroleptiques), traitement psychothérapeutique individuel, psychothérapies diverses – notamment, la thérapie de groupe, utile pour maintenir du lien social, et la thérapie familiale.

tonnerre dans un ciel serein », selon l'expression du grand aliéniste J. Magnan (1866).

Deux issues sont possibles. Soit les symptômes disparaissent, demeurant une énigme, soit le sujet bascule progressivement vers la forme chronique de la maladie.

Autre scénario : un proche – enfant, conjoint, parent vieillissant – semble triste ou irritable, se plaint d'être constamment fatigué et souffre souvent d'une douleur physique chronique qui résiste aux antalgiques. En outre, il n'est pas rare de l'entendre évoquer des troubles du sommeil et de l'appétit. Surtout, la fréquence des idées autour de la mort inquiète : idées précises de suicide ou, plus vagues, d'en finir avec une vie qui semble devenue un fardeau. Souvent, en dépit d'un ralentissement général et d'une baisse de l'énergie vitale, cette personne continue encore à « fonctionner » pendant un certain temps. On reconnaîtra aisément à ces signes le tableau initial d'une dépression.

D'autres troubles psychiques

Aux plus connus des troubles psychiques, schizophrénie et dépression, il faut ajouter les troubles de l'humeur, ou psychose maniaco-dépressive, et les névroses obsessionnelles.

La psychose maniaco-dépressive se caractérise par une alternance régulière d'états opposés d'excitation (manie) et de dépression. Il en existe deux formes distinctes : la forme bipolaire, qui combine les aspects maniaques et dépressifs ; et la forme unipolaire, qui ne présente qu'un seul aspect de la maladie, généralement le versant dépressif.

Les psychoses, ensemble d'affections mentales d'intensité différente, se caractérisent, pour la plupart, par une transformation profonde de la personnalité et du rapport à la réalité. Elles nécessitent généralement une prise en charge intensive et, souvent, l'hospitalisation.

Dans la psychose maniaco-dépressive, le sujet soudain surexcité a « mille idées à la seconde », cesse souvent de dormir ou de s'alimenter. Il est euphorique, tout lui semble possible. Certains font des achats extravagants, d'autres tiennent des propos extrêmes ou ont un comportement grossier, voire obscène, inhabituel. Vient ensuite la dépression, plus progressive.

La psychose maniaco-dépressive est considérée comme la moins grave des psychoses, car, malgré son côté spectaculaire et la souffrance morale qui l'accompagne, elle ne crée pas de déficits. Son traitement associe avec efficacité médicaments et psychothérapie. Davantage encore que dans d'autres cas, l'élément le plus important est la participation du patient à son propre traitement, et le fait que avec le temps et les accès renouvelés, il apprend à les prévoir et à chercher de l'aide dès l'apparition des signes avant-coureurs.

Parmi les névroses, la plus spectaculaire et la plus aisément décelable pour l'entourage est la névrose obsessionnelle, désormais appelée T.O.C., c'est-à-dire trouble obsessionnel compulsif. Ses symptômes touchent trois domaines essentiels : la pensée, les actes et la pensée magique ou les rituels. Le sujet se sent contraint à penser à certaines idées ou images, ou à accomplir certains actes dont l'aspect parfois absurde ne lui échappe pas, mais auquel il ne peut se soustraire. Les symptômes obsessionnels ne sont pas tous pathologiques : c'est leur fréquence et leur intensité qui en déterminent la gravité. Sous sa forme aiguë, la névrose obsessionnelle s'apparente à la psychose par la tyrannie qu'elle exerce sur tous les domaines de la vie du sujet et de son entourage.

Pour cette pathologie, la cure analytique est souvent décevante. Dans certains cas aux indications très précises, on aura recours avec succès aux thérapies comportementales. En raison de leur aptitude à faire parfois disparaître des symptômes invalidants, elles risquent d'apparaître comme la panacée. Pour les formes graves, le recours à une thérapeutique médicamenteuse s'impose.

Quoi qu'il en soit, dans tous les cas de maladie mentale, changement progressif ou irruption brutale du trouble, la famille et l'entourage vont mettre en place des stratégies de défense et d'adaptation à cette nouvelle réalité qui amène une perturbation lourde et durable.

Reconnaître la dépression

On distingue deux formes principales : l'accès franc et aigu et les formes plus chroniques et rampantes.

Deux symptômes principaux caractérisent la maladie : la tristesse pathologique et le ralentissement psychomoteur.

Le déprimé a des pensées pessimistes, souffre de sentiments de culpabilité, d'une baisse de l'estime de soi et éprouve des difficultés à penser et à se concentrer. Il se plaint d'être constamment fatigué, ce qui va souvent de pair avec des troubles du sommeil, et se montre généralement irritable et anxieux. Le danger majeur est le risque suicidaire, ce qui fait qu'aucune dépression ne doit être banalisée.

Là aussi, on associera avantageusement traitement médicamenteux et psychothérapie.

La confusion des sentiments

Face à la maladie mentale d'un proche, chacun réagit selon son tempérament, son histoire personnelle et son degré de proximité à la personne atteinte : ce n'est pas la même chose que d'avoir affaire à un parent âgé, à son enfant adolescent ou à un conjoint, pour ne citer que ces trois cas de figure.

Dans tous les cas, la position vis-à-vis du malade peut faciliter ou, au contraire, compliquer le repérage de la maladie, puis l'adaptation et la recherche de solutions. Ainsi, le conjoint d'une personne en dépression peut être à la fois le mieux placé pour repérer les premiers signes de la maladie et pour faire le lien entre le patient, le monde extérieur et celui des soignants, mais il peut s'avérer, dans le même temps, celui qui, à force de tout prendre sur lui, bloque – parfois à son insu – toute solution nouvelle qui pourrait se faire jour.

La dépression, maladie de l'époque moderne. En France, près d'un Français sur cinq a fait ou fera une dépression. Trop souvent, elle n'est pas considérée comme un vrai trouble, tant elle se manifeste sous des formes diverses, parfois difficiles à diagnostiquer.

De même, les parents d'un jeune montrant les premiers signes de ce qui n'est pas encore repéré comme une schizophrénie, peuvent attendre longtemps avant de consulter, refusant ce diagnostic qui résonne trop souvent comme une condamnation à mort psychique, en dépit de l'arsenal thérapeutique dont on dispose actuellement.

Dans quelque cas que ce soit, l'entourage du malade passe par des sentiments extrêmes et souvent contradictoires qui peuvent se résumer à une trilogie : colère, culpabilité, tristesse.

C'est la colère des proches devant les ravages de la maladie, à la vue de l'être cher qui semble se désagréger. C'est aussi la colère contre les pouvoirs publics – institutions soignantes ou sociales – souvent incapables de soulager la peur, l'isolement et les situations sans issue auxquelles le patient et son entourage sont souvent confrontés. C'est parfois également la colère contre le patient lui-même, celui qui fait de la vie de ses proches un enfer quotidien où chacun à son tour se sent exploité et poussé à bout jusque dans ses derniers retranchements.

L'envers de la colère est, sans nul doute, la culpabilité. Elle ronge le cœur des proches – parents, conjoints – et amène, avec elle, l'inévitable cortège des questions, lancinantes à force de rester sans réponse : pourquoi lui, que s'est-il passé, quelle a été l'erreur, à qui la faute ? Et comme en écho retentissent souvent les propos du malade lui-même, « C'est à cause de toi que j'en suis là ! », qui hanteront longtemps encore l'esprit de la personne ainsi accusée. On ressasse jusqu'à n'en plus pouvoir les événements du passé proche ou lointain pour chercher une explication, un début de sens à toute cette souffrance, et souvent on se déchire entre parents ou entre conjoints, en s'accusant mutuellement d'une responsabilité que personne ne peut vraiment situer.

La psychiatrie et, particulièrement, l'antipsychiatrie ont largement contribué à cette culpabilisation, avec des termes comme « mère surprotectrice » ou « mère schizophrénogène » et des traitements tels que la

parentectomie, lequel consiste à séparer le malade de son milieu familial, désigné comme responsable de tous les maux qui l'accablent.

Depuis, ces désignations culpabilisatrices ont fait place à des théories moins manichéistes, grâce notamment au développement des thérapies familiales nées précisément de ce manque éprouvé à la fois par les familles en souffrance et par les soignants. Ces derniers, en effet, ont dû se rendre à l'évidence que la famille constitue un élément incontournable dans le déroulement et dans le pronostic de toute affection mentale.

Enfin, et ce n'est pas le moindre, la tristesse s'installe dans le cœur de toutes les familles dont l'un des membres est malade. Elle pourra être réversible ou marquera de son sceau définitif la vie du groupe familial. Dans le cas d'une affection chronique, comme la schizophrénie, cette tristesse cède la place, au fil du temps, à la résignation, dans un mouvement de cassure entre un « avant » et un « après », dominés désormais par les péripéties d'une maladie tyrannique et totalitaire.

Maladie chronique et guérison

Comme pour toute maladie, le malade et ses proches veulent légitimement connaître les chances de guérison. Mais, en psychiatrie, la guérison n'est pas un concept simple à définir : s'agit-il de la disparition des symptômes, ou plutôt de l'intégration de la maladie au cours habituel de la vie, quand le patient et son entourage ont appris à en gérer les manifestations ?

Face à la maladie psychique d'un proche

questions-*réponses*

La schizophrénie est-elle **incurable** ?

Comme les autres maladies, elle présente des pourcentages de guérison, de rémission et d'évolution favorable. Un tiers des malades ne présente plus de symptômes ; ils peuvent être considérés comme guéris. Un tiers ne présente plus que des symptômes de type névrotique. Un tiers reste atteint et continue d'évoluer dans le circuit médical-hospitalier ou ambulatoire. Ce sont les schizophrènes chroniques. Plus les soins sont précoces et associent les diverses thérapeutiques, plus grandes sont les chances d'évolution favorable vers les deux premières catégories.

Un schizophrène ressent-il la douleur **physique** ou **morale** ?

Les schizophrènes éprouvent douleur physique et morale, mais leurs manifestations affectives sont énigmatiques et souvent indéchiffrables pour les non-familiers.

Pour aider un déprimé, doit-on le « **secouer** » ?

L' idée selon laquelle un déprimé manque de volonté (aboulie) est trop répandue.
Il s'agit bien là d'un symptôme majeur de la maladie, mais le malade n'est pas en mesure d'y remédier seul. Le secouer, lui reprocher de « ne pas se bouger », contribue seulement à renforcer sa culpabilité et la mauvaise image qu'il a de lui.

L'**environnement** joue-t-il un rôle sur le déprimé ?

Il peut influer de façon décisive sur le pronostic et sur l'évolution de la dépression, à condition toutefois de savoir se faire conseiller et d'avoir recours à tout l'arsenal thérapeutique moderne chimique et psychothérapeutique.

C'est là que réside la grande interrogation, à la fois pour le patient et ses proches, mais aussi, dans un premier temps, pour les soignants : qu'il s'agisse d'un premier accès dépressif ou maniaque, d'une bouffée délirante ou d'un changement plus progressif dans l'humeur et les habitudes, il est, en effet, souvent difficile, au début, de poser un diagnostic et plus encore, un pronostic.

Tout le monde veut croire à l'accès unique, qui restera comme un mauvais souvenir que l'on s'efforcera d'oublier. Mais, après plusieurs rechutes, quand s'impose l'évidence d'une affection plus chronique, les questions se font pressantes. Quelle va être l'évolution de la maladie ? Le patient va-t-il inexorablement se dégrader, comme on le croit encore trop souvent, notamment en ce qui concerne la schizophrénie ? A-t-il des chances d'aller mieux, et même de redevenir comme avant ? Comment s'organiser pour anticiper les rechutes, en limiter la portée, profiter efficacement des rémissions ? En un mot, comment s'habituer à vivre avec une maladie dont souvent on ne connaît pas le nom ?

Il serait injuste de taire ici les efforts croissants des soignants pour associer les patients et leurs proches à la gestion de la maladie, que ce soit en partageant avec eux le diagnostic, les doutes ou les avancées thérapeutiques.

Vivre avec la maladie

L'expression « vivre avec la maladie » a de quoi heurter. Mais, de fait, cette dernière s'impose en tiers omniprésent dans la vie relationnelle et affective du malade et de son entourage. Désormais, il va falloir compter avec elle, l'accepter et l'intégrer dans la vie quotidienne, sans pour autant tomber dans le renoncement et le sacrifice total. Lassitude et usure aidant, la tentation est grande pour la famille d'abdiquer devant cette maladie, après en avoir combattu jusqu'à l'idée. Au fil des années, on voit ainsi des parents et des conjoints, passés du déni à la résignation, ne vivre plus désormais qu'au rythme de cette pathologie, après avoir renoncé peu à peu à toute vie personnelle : vacances, loisirs et, parfois même, travail, tout est bloqué. Une pesanteur morne s'installe avec son corollaire, la fuite des relations sociales, qui ne concerne pas seulement les parents ou le conjoint mais tous les proches. Or, ce sacrifice consenti par amour est souvent extrêmement nocif pour l'intéressé lui-même. En effet, en le désignant comme l'éternel malade et l'éternel assisté, on risque de diminuer considérablement ses chances de s'assumer davantage avec sa maladie, et de supprimer alors toute possibilité de changement dans le système familial.

À LIRE

Ménéchal, J., *Introduction à la psychopathologie*, Dunod, Paris, 1997. Un livre spécialisé mais toujours accessible.

Tobin, C., *la Schizophrénie*, Odile Jacob, Paris, 1998. Un excellent ouvrage pour en savoir plus sur la maladie et ses implications.

Vanelle, J.-M., *Comment vivre avec un déprimé*, éd. J. Lyon, Paris, 2000. Un guide précieux, rédigé par un expert.

Styron, W., *Face aux ténèbres*, Gallimard, Paris, 1990. Un célèbre écrivain américain raconte sa descente aux enfers et comment il s'en est sorti.

À CONSULTER

UNAFAM (Union des amis et familles de malades mentaux et de leurs associations), 12, villa Compoint, 75017 Paris. Tél. : 01 42 63 03 03 (service d'écoute téléphonique). Une adresse où l'on peut trouver des informations et des groupes d'autosupport pour les proches

POUR LES SOINS

On s'adressera à son médecin traitant afin d'obtenir les coordonnées du CMP (centre médicopsychologique), du service de psychiatrie de l'hôpital général ou, s'il en existe un, de l'hôpital psychiatrique du secteur.

POUR PARIS, ON PEUT S'ADRESSER À

SOS-Psychiatrie (24 heures sur 24), 87, boulevard de Port-Royal, 75013 Paris. Tél. : 01 47 07 24 24.

L'infirmerie psychiatrique de la préfecture de police de Paris, hôpital Sainte-Anne, 1, rue Cabanis, 75014 Paris. Tél. : 01 45 65 80 00.

CPOA (Centre psychiatrique d'orientation et d'accueil), hôpital Sainte-Anne, 1, rue Cabanis, 75014 Paris. Tél. : 01 45 65 81 09.

Les thérapies familiales s'efforcent de prévenir ou d'atténuer cette dérive et d'autres, inévitables, en réunissant dans une même séance les divers protagonistes du drame familial et relationnel qui se joue autour de la maladie. Que l'on ne s'y trompe pas : il s'agit là d'une découverte majeure en matière de thérapeutique pour la maladie mentale (et physique), qui consiste à revivifier un système mortifié par la souffrance, les espoirs déçus et les erreurs, en faisant retrouver à chacune des personnes concernées le chemin de ressources dont elle avait oublié jusqu'à l'existence.

Régine WAINTRATER

EN BREF

Le processus d'adaptation

La maladie psychique d'un proche implique tout son entourage et réclame de lui de nombreux ajustements matériels et affectifs. Il s'agit d'un processus dont les étapes se succèdent suivant un ordre prévisible : aveuglement, déni, choc, révolte, acceptation et adaptation.

La bonne distance

Il s'agit de développer un mode d'implication qui permette d'entourer le malade sans l'accompagner de trop près. Il faut lutter contre la tentation naturelle de renoncer à tout pour s'occuper de lui, en mettant des limites claires qui préservent un espace privé ; sinon, l'épuisement guette et, avec lui, souvent le désespoir ou la fuite, quand plus rien d'extérieur ne vient « recharger les batteries ».

Les thérapies familiales

Découverte majeure en matière de thérapeutique, les thérapies familiales aident à revivifier le système familial et relationnel mis à mal par la maladie mentale.

Voir aussi

- Le courant psychanalytique p. 356
- Le courant systémique p. 360
- Les thérapies cognitives et comportementales p. 364

Le deuil

L'allongement de la durée de vie fait souvent coïncider la confrontation à la mort et la période du grand âge. Aujourd'hui, en Occident, une personne, en moyenne, ne perd ses deux parents que lorsqu'elle parvient à la retraite. Il est fréquent de n'avoir jamais rencontré un mort avant la quarantaine, et la réalité de la mort effraie, voire panique.

Le deuil est un phénomène essentiellement humain. Seule l'espèce humaine a développé des rites funéraires témoignant d'une croyance symbolique en un au-delà de la mort. Des vestiges de « traitement des morts » datant de cent mille ans environ expriment déjà l'idée de manifester la puissance du mort, de lui donner les moyens de « survivre » ailleurs. Jusqu'à notre époque, des rituels précis ont eu pour fonction principale de canaliser le chagrin des survivants et, surtout, de compenser la rupture du groupe (familial et social) par une reconnaissance commune de la perte.

Des rituels pour transcender la mort

Dans la plupart des cultures, le mourant était souvent honoré jusqu'au bout, et son corps faisait l'objet d'un préparation qui permettait la visite de tous ses proches. Puis venait la séparation. La dernière image du défunt disparaissait définitivement à l'intérieur du cercueil, une seconde séparation était symboliquement accompagnée lors de la mise en terre. Face à la difficulté de ces deux séparations, les gestuelles et les mots consacrés traduisaient une forme de transcendance de la situation. Plus petit dénominateur commun de toute l'humanité, la mort s'avérait la conclusion de toute chose, dans l'espoir d'un renouveau ailleurs (en fonction des religions). La commémoration, en rappelant la douleur passée de la séparation, en constituait souvent le terme et admettait le retour des activités, voire de nouveaux attachements. Ainsi codifié, le déroulement du deuil tombait sous le sens social.

Un survol des différentes pratiques funéraires planétaires permet de reconnaître de nombreux invariants qui justifient l'interprétation du deuil suivante : si le groupe familial est démuni à la suite de la perte d'un de ses membres, un temps de reconstitution est admis et une limite est fixée dans le temps. Cette vision anthropologique recoupe, en fait, une interprétation psychologique développée sous l'égide de K. Abraham puis de S. Freud : le « travail de deuil », indispensable à l'acceptation de la perte,

Parfois, le cœur se brise

Le psychiatre anglais C. Murray Parkes a mis en évidence le « syndrome du cœur brisé », qui, métaphoriquement et concrètement, se traduit par une élévation de la mortalité cardio-vasculaire chez les veufs et les veuves. Les veufs présentent une augmentation particulière des risques pour des raisons biologiques certes (hormones différentes de celles des femmes), mais aussi multiculturelles : ils présentent difficilement une image affaiblie, s'expriment beaucoup moins auprès de leurs proches que les femmes et vont moins consulter un médecin ou une association.

à la diminution de la souffrance, puis au réinvestissement de la vie, s'insère finalement au sein même de cette codification sociale marquée par les rites funéraires et les codifications du temps de deuil.

Du social au psychologique

Freud n'aurait sans doute pas imaginé le délitement des rites funéraires au XXIe siècle. Effacement des coutumes ancestrales, perte du sens des anciennes contraintes ont conduit, surtout en zone urbaine, à un désinvestissement de l'accompagnement du défunt et de celui des endeuillés. La « psychologisation » de la mort est, en fait, l'aboutissement d'une désocialisation qui laisse ces endeuillés sans explications, sans limites, sans aide face à la perte.

Le XXe siècle est à l'origine de ce changement. Période de guerres mondiales, de génocides, mais aussi prise de conscience de l'humanité et montée de l'individualisation, il s'est terminé sur un désinvestissement des idéologies et des grandes religions. Du terrain social, le deuil passe dans le domaine du psychologique. Le travail de deuil consiste en un lent rappel de tous les souvenirs liés au défunt, souvenirs, mais aussi émotions inconscientes, projets, fantasmes.

La période du deuil aboutit, dans le meilleur des cas, à l'intériorisation de la personne perdue. Le travail de deuil est donc une série d'oscillations entre un accrochage au passé et une timide constitution de projets autour de l'absence, acceptée comme un renoncement définitif à l'être chéri. Il est aussi caractérisé par la tristesse, l'angoisse de la solitude, la perte des plaisirs d'antan.

Sur le plan comportemental, les signes de la dépression, comme le ralentissement de la parole et des gestes, la fatigue alternant avec des moments d'intense agitation sont fréquents. L'absence de communauté sociale ou religieuse renforce les sentiments d'incompréhension, de folie et la tendance suicidaire. Les plaintes physiques des endeuillés les conduisent plutôt chez le médecin, qui traduit en arrêt de travail un phénomène normal consécutif à un événement de vie majeur. Ces manifestations révèlent l'absence de place pour les endeuillés et l'inadéquation de réponses normées à cette période difficile.

Des lieux inadaptés

L'hôpital et les institutions sanitaires qui recueillent le dernier souffle de 70 % de la population française constituent un lieu du mourir souvent inadapté. En revanche, le développement des soins palliatifs a renouvelé l'intérêt pour la fin de vie avec la préoccupation principale d'améliorer le confort du mourant, facilitant ainsi le deuil des familles.

L'inadéquation de l'accompagnement trouve son palliatif dans le développement d'associations avec des groupes de paroles d'endeuillés qui permettent le rétablissement des liens sociaux et l'accompagnement.

À LIRE

Bacqué, M.-F., Hanus, M., *le Deuil*, Que sais-je ?, PUF, Paris, 2000.

Bacqué, M.-F., *Mourir aujourd'hui. Les nouveaux rites funéraires*, Odile Jacob, Paris, 1997.

Bacqué, M.-F., *le Deuil à vivre*, Odile Jacob, Paris, 2000.

Les complications du deuil

Ainsi, l'absence d'accompagnement du deuil, mais aussi des difficultés précoces à se séparer des premiers objets d'amour se traduisent par des complications au niveau du temps, de la personnalité, du groupe. Le chagrin peut être refusé pendant longtemps : absence d'acceptation de la perte, déni des émotions et sentiments qui en découlent. Le deuil peut, au contraire, être prolongé très longtemps, voire toute la vie. Enfin, des personnes qui, au cours de leur enfance, n'ont pas intégré les séparations successives de la vie éprouvent souvent d'importantes difficultés à supporter les ruptures et les pertes courantes.

Les circonstances du deuil sont aussi à l'origine de grands troubles : perte catastrophique, anormale (jeune âge, femme enceinte), situation de guerre ou de mort collective. Aujourd'hui, une certaine reconnaissance de ces facteurs conduit à anticiper les effets de ces pertes majeures. Le soutien psychologique apporté dans l'urgence et dans les grands bouleversements environnementaux ou humains témoigne de cette prise de conscience.

Marie-Frédérique BACQUÉ

EN BREF

Une familiarité oubliée

Avec l'allongement du temps de vie qui nous la fait rencontrer tard dans nos existences et la généralisation des décès en milieu hospitalier, la mort nous est de moins en moins familière et nous effraie.

Une nouvelle solitude

Lié à l'effritement des religions et des idéologies, le délitement des rituels de deuil renvoie l'endeuillé à sa solitude. La psychologie individuelle se substitue à l'ancienne transcendance portée par le groupe.

Voir aussi
▶ Le coin des disparus p. 184

Souffrances de la différence

L'injustice génétique

Plus de 2 000 maladies génétiques identifiées : 50 % des affections de l'enfant, 20 % de celles de l'adulte considérées comme telles. Ni venue de l'extérieur d'un germe malencontreux ni acquise d'un comportement particulier, la maladie génétique naît avec nous-même, s'impose à nous comme le fait aussi notre propre existence. Avec ses inconnues, ses craintes, ses secrets et ses douleurs.

L'être humain a toujours dû, face à la maladie, faire place à celle-ci dans l'image qu'il a de lui-même, dans le fil de sa destinée, dans l'idée de sa fin. La connaissance si rigoureusement scientifique des maladies génétiques, pour ce que l'on en sait, n'élude ni n'épuise ce questionnement. Liées à la vie elle-même, à son origine, à cette mémoire – inaccessible ? – du corps, reçue et transmise de génération en génération, ces maladies bouleversent plus que les autres, parce qu'inscrites dans une langue à peine déchiffrée – dont on ne connaît pas le sens, s'il en est un. Parce qu'elles appartiennent, transmises ou non, à notre patrimoine génétique. Parce qu'elles nous obligent bien souvent à nous tourner vers notre famille, à soulever des questions douloureuses, à affronter parfois des secrets.

Elles peuvent être bénignes, mais souvent graves ou porteuses d'un sombre avenir. Et ailleurs, « là sans y être », épées de Damoclès suspendues sur une descendance à venir, bombes à retardement transmissibles désormais en connaissance de cause.

À CONTACTER

Allo-Gènes : Tél. : 0 801 63 19 20.

Centre d'information sur les maladies génétiques pour les professionnels de santé et les malades – Hôpital Necker Enfants Malades, 149, rue de Sèvres 75743 Paris Cedex 15

Alliance Maladies Rares. Tél. : 01 44 16 22 79. Fax : 01 44 16 27 28

Association nationale regroupant de nombreuses associations de familles de patients atteints de maladies génétiques 13, place de Rungis, 75013 Paris.

Une angoisse pour le futur

Suspectées ou découvertes au cours d'une grossesse, les maladies génétiques exigent une réflexion, une décision, dans un laps de temps par nature limité au terme de celle-ci. Réflexion en elle-même difficile, touchant inévitablement aussi les rêveries et les transformations psychiques qui, en neuf mois, font d'une femme une mère.

Lutter contre l'injustice de ces naissances, c'est encore anticiper sur celles-ci. La technique le permet, avec des résultats moindres et beaucoup plus aléatoires que leur vulgarisation le dit. Les multiples processus de procréation médicalement assistée restent extrêmement lourds, psychiquement éprouvants. Bien souvent, un conseil génétique éclairé, un diagnostic prénatal très précoce, une surveillance particulièrement vigilante de la grossesse par des équipes spécialisées peuvent s'y substituer très avantageusement. Rares sont les généticiens qui ne prennent pas le temps de ces dialogues nécessaires. Les enjeux de leur métier leur en créent l'obligation.

Le conseil génétique permet d'aborder les conséquences pratiques d'un diagnostic de maladie génétique pour les futures procréations de la personne et parfois des membres de sa famille. Il appelle bien souvent des consultations répétées en fonction de la maturation de la réflexion qu'il suscite.

La Consultation de génétique

Selon la loi, « aucune exploration génétique ne peut être entreprise sans le consentement écrit du patient ou de celui qui en fait l'objet ».

La consultation de génétique est généralement possible dans les centres hospitalo-universitaires (CHU) des grandes villes. Mis à part les délais d'attente des rendez-vous, elle demeure accessible et simple. Elle consiste en un examen médical classique, mais très soigneux, et en un relevé de l'arbre généalogique familial aussi poussé et documenté que possible.

L'investigation proprement dite ne demande habituellement qu'un seul examen complémentaire : une prise de sang, parfois également requise des parents quand elle est possible et acceptée. En fonction de la maladie recherchée, d'autres examens peuvent être prescrits.

« Maladies génétiques », cela ne signifie pas nécessairement qu'elles aient été transmises ou soient toujours transmissibles : on distingue, parmi elles, les maladies familiales, reçues de l'un des parents ou des deux qui l'ont « exprimée » ou non, et celles, sporadiques, qui surviennent en l'absence de toute atteinte des chromosomes de ceux-ci. Situations entièrement nouvelles dans une lignée, ces dernières manifestent la survenue d'un accident dans la constitution des chromosomes de l'individu atteint. Elles pourront éventuellement se transmettre à sa descendance. Ces mécanismes repoussent, pour partie, l'idée d'eugénisme : à chaque génération peuvent survenir des maladies génétiques imprévisibles.

Jacques LÉNA

À CONTACTER

Munnich, A., *la Génétique au quotidien*, Plon, Paris, 1999.

A.P./H.P. Espace Éthique, *les Tests génétiques : grandeur et servitude*, CHU Saint-Louis, Paris, 2000

École des parents et des éducateurs – 5, impasse du Bon-Secours, 75011 Paris.

EN BREF

Une conception nouvelle

Les progrès constants dans la connaissance des maladies génétiques amènent à une nouvelle approche qui impose un rapport original entre destin individuel, maladie-culpabilité, maladie « pas de chance » et destin familial.

Des choix redoutables

Un diagnostic de maladie génétique met ceux qui envisagent une naissance face à des décisions difficiles : une aide en génétique comme auprès d'un psychothérapeute peut s'imposer.

Gérer son handicap

Vingt-cinq ans de politique volontariste de la part des pouvoirs publics, de la loi de 1975 à sa révision en 2001, ont profondément modifié la condition des personnes souffrant de handicaps. Cela concerne – le sait-on ? – 5,5 millions de Français, dont 2,4 millions ont un taux d'invalidité supérieur à 80 %. Si l'autonomie doit être un aboutissement, elle ne peut ni ne doit plus signifier isolement ou solitude.

Né inachevé par nature, l'homme se construit à partir de cette incomplétude. Moteur d'idéal et d'évolution, elle le motive autant qu'elle l'horrifie. Qu'un drame survienne, qu'elle se fige dans le corps ou dans l'esprit, de naissance ou d'accident, le temps de l'accomplissement paraît devoir s'arrêter. Pour soi, pour les autres qui s'effraient de ce rappel à leur propre condition, rien n'est simple.

Rejetées ou sanctifiées, les personnes handicapées souhaitent vivre dans la cité. Non pas reconnues comme telles, mais comme personnes simplement. Et que leurs différences, leurs restrictions le soient également, mais autrement : juste comme des nécessités particulières.

Progrès dans tous les domaines

La médecine a réalisé d'immenses progrès. Du côté des déterminismes individuels et familiaux, avec la génétique et son cortège de conséquences. Mais aussi du côté des déterminismes sociaux, avec la compréhension nouvelle des conditions de travail, du « harcèlement moral » à la psychopathologie du travail : l'accident du travail, physique ou moral, reste un facteur majeur de handicap. Vécu comme un drame individuel, il

La reconnaissance du handicap

Elle nécessite une demande de la personne ou de ses parents. Elle est confiée aux équipes techniques de commissions départementales : CDES pour les enfants, Cotorep pour les adultes de plus de 20 ans. Elle ouvre droit à des prestations spécifiques : allocation d'éducation spéciale (AES), allocation aux adultes handicapés (AAH) et allocation compensatrice pour l'aide d'une tierce personne (ACTP).

Ces commissions, aisément saisissables et accessibles, indiquent et orientent vers les modes d'aides appropriés

l'est en fait bien rarement. Comprendre sa dimension collective permet d'accepter la solidarité pour ce qu'elle vaut : non pas une charité peut-être humiliante, mais le temps particulier d'une histoire collective.

Et, enfin, du côté des soins, avec les méthodes éducatives et rééducatives élaborées pour les déficients sensoriels : à chaque handicap sa langue pour parler de son monde et parler au monde. Et il faut encore noter les améliorations étonnantes de la rééducation fonctionnelle, de l'assistance informatisée ; de l'accompagnement, quand médecins, chercheurs et associations travaillent ensemble. Il s'agit de répondre aux nécessités d'un accès possible au travail, au logement, à la mobilité et à leurs préalables : l'éducation, la formation, la participation à la vie commune. Celles de la réparation aussi quand les responsabilités sont là, individuelles, professionnelles ou sociales.

Issues de familles comme tout un chacun, les personnes handicapées font très tôt et naturellement l'expérience de la solidarité ou celle de son défaut. Plus ou moins heureuse, parfois douloureuse. Individuelle, familiale, associative, publique, cette solidarité doit perdurer. De son intelligence et de son tact dépend son efficacité.

Il n'y a pas de mode d'emploi de la vie avec un handicap. Il n'y a que des modes d'emploi particuliers des choses, des fonctions. Mais entre repli, protestation d'amour-propre blessé, dépendance tyrannique ou revendicative et accomplissement de soi, le chemin passe, à un moment ou à un autre, par l'acceptation de la solidarité active.

Jacques LÉNA

À LIRE

Ministère de l'emploi et de la solidarité, *la Politique française en direction des personnes handicapées*, DGAS, sous-direction des personnes handicapées, 11, place des Cinq-Martyrs, 75696 Paris Cedex 14.

Stiker, H. J., *Corps infirmes et sociétés*, Dunod, Paris, 1997.

Dejours, C., *Travail, usure mentale*, Bayard, Paris, 2000.

À CONTACTER

Comité national français de liaison pour la réadaptation des handicapés (CNRH), *Répertoire des associations et organismes au service des personnes en situation de handicap*, 236 *bis*, rue de Tolbiac, 75013 Paris.

Union nationale des associations de parents d'enfants handicapés (Unapei), 15, rue Coysevox, 75876 Paris Cedex 18.

À CONSULTER

http://www.sante.gouv.fr, rubrique « handicap ».

http://www.admifrance.gouv.fr, rubrique « Vos droits ».

www.ac-versailles.fr/cnefei, Intégration scolaire.

http://www.handiweb.com, Insertion professionnelle.

EN BREF

Une condition qui s'améliore

Entre politique volontariste des pouvoirs publics et progrès considérables de la médecine, la condition des 5,5 millions de Français atteints d'un handicap s'est notablement améliorée.

Entre droit et devoir

Entre le droit légitime de la personne handicapée et le devoir d'une communauté, la solidarité active est cela et rien que cela : un passage.

Voir aussi

- L'estime de soi p. 424
- T.O.C. et phobies p. 270

Avoir un enfant différent

La découverte de la « différence » d'un enfant : maladie, retard, handicap, étrangeté, est le début d'un parcours difficile et bouleversant. L'enfant, maillon de la chaîne des générations, porteur de notre espoir de nous survivre dans le meilleur de nous-même se nourrit de nos rêves. Qu'une alarme soit tirée, que le rêve tourne au cauchemar, et la famille en un instant se découvre blessée, désemparée, parfois isolée. L'enfant est d'abord différent de ses parents : comment s'y reconnaître ? Au-delà de sa filiation, de son acceptation, il appelle un diagnostic, une compréhension et des aides.

Autrefois rejeté jusqu'au sacrifice, l'enfant différent, « bouche inutile » ou « instrument du mal », le plus souvent marginalisé, parfois sanctifié, a vu sa condition grandement évoluer. Jamais la société n'a autant fait pour lui, aussi imparfait que soit cet effort. Compréhension nouvelle des liens précoces, institutionnalisation de sa prise en charge, technicité éducative et pédagogique, tout va de l'avant. Et, dans le même temps, c'est son existence elle-même qui se trouve questionnée par les avancées médicales.

Là où la question de l'avenir dominait par l'anticipation d'une perpétuelle dépendance, la mise en place de dispositifs sociaux de soins, d'assistance et de solidarité, en particulier financiers et institutionnels, a profondément modifié la représentation de sa place dans la famille et de son devenir avec les projets éducatifs dont il peut faire l'objet. À ce titre, il constitue un moindre souci pour ses parents et la charge d'inquiétude, de responsabilité, de culpabilité parfois pour sa fratrie, s'en trouve allégée

La terrible ambivalence qui, des pratiques d'infanticide et du questionnement eugénique au sacrifice idéalisé de l'entourage familial, pesait si lourd se transforme : confronté à celle-ci dans des termes moins abrupts, l'enfant trouve des possibilités nouvelles de représentation de lui-même. Il y gagne une liberté de penser, de se penser, qui n'en finit pas de surprendre et de justifier ceux qui l'aident.

Sécuriser sans surprotéger

Il y a dans le fait d'être parents d'un enfant différent quelque chose de particulier, nul ne le conteste, ne fût-ce que par le regard que le monde porte sur eux. Responsabilité précieuse et culpabilité non fondée mais réelle vont le plus souvent de pair. L'entourage le laisse rarement oublier, les parents le vivent intimement et douloureusement. Il leur faut rester sereins, aider l'enfant à se percevoir comme le plus normal possible à travers ses richesses et ses possibilités, tout en l'aidant à prendre la juste mesure de ses limitations. Ne pas trop faire peser sur lui le poids de l'inquiétude et des « a priori », le protéger sans l'enfermer dans la sollicitude abusive et la surprotection.

Les avancées médicales : diagnostic prénatal, lois de bioéthique et techniques génétiques ont ouvert à la réflexion publique la question de l'enfant différent dans des termes entièrement nouveaux.

Savoir parler d'amour

L'une des questions les plus complexes est certainement celle du droit de l'enfant à l'amour : si celui de ses parents lui est acquis, s'il s'en nourrit comme tout un chacun, il n'en reste pas moins que le fait d'être aimé de ses parents est une composante essentielle de cet amour. Discrètement, dès l'âge le plus tendre, l'enfant a affaire avec l'existence de la sexualité de ceux dont il est issu, et à leur attente, formulée ou non, quant à la nécessité pour lui d'être aimé par d'autres, d'accéder à une vie amoureuse, de procréer. Il le vit souvent secrètement, mais bien réellement : c'est là, pour les psychologues, un des éléments majeurs de la constitution de sa personnalité. La question va être brutalement soulevée lors de la puberté et de l'émergence de la sexualité. L'anticipation apparaît alors essentielle : quelle réflexion a pu être menée ? Quelles informations lui ont été

L'intégration scolaire, positive ou problématique

La loi de 1975 en faveur des personnes handicapées institue l'obligation éducative pour les enfants et adolescents handicapés, avec, pour objectif prioritaire, leur intégration en milieu scolaire ordinaire. Si le principe et l'intention sont excellents, leur application et leur systématisation restent parfois problématiques : certains enfants présentent des difficultés justifiant temporairement soit une abstention scolaire, soit une forme de technique ou de cadre pédagogique beaucoup plus spécifique que dans l'institution scolaire même spécialisée. La gratification pour les familles de savoir l'enfant en « milieu ordinaire » ne doit en aucun cas faire oublier à celles-ci que l'enfant peut y souffrir parfois au-delà du bénéfice par ailleurs attendu. L'intégration scolaire doit être constituée autour d'un projet individuel, élaboré en commun par la famille, les enseignants et les autres intervenants concernés.

Autisme : la fin des conflits

Après des années de guerre idéologique, des positions plus pragmatiques et respectueuses de l'enfant autiste (ou présentant des troubles du développement de la personnalité) et de sa famille se développent. Son corps est mieux pris en compte, mieux soigné. La reconnaissance de sa vie psychique, si originale et déroutante, est aussi mieux acceptée ; sa capacité à penser, magnifiquement mise en lumière par les traitements psychanalytiques, doit être partout reconnue. L'intervention d'interlocuteurs qualifiés permet des soins qui doivent être le plus précoces possible.

données ? Que savent ses parents de leurs propres choix, ceux qu'ils pourraient imposer, ceux qu'ils voudraient suggérer, ceux qu'ils peuvent accepter ? Se poser la question est souvent déjà y répondre, encore faut-il accepter de le faire. Tâche difficile : le rôle des médecins et des psy est essentiel. L'avancée scientifique apporte ici une base de réflexion et d'information importante : nous ne sommes plus au temps où une conception sommaire de l'hérédité faisait apparaître une différence, un handicap, comme nécessairement incurable et fatalement retransmis. La possibilité d'une prise de responsabilité en face de choix éclairés a transformé radicalement cette question. À partir de celle-ci, bien d'autres difficultés sont mises au jour : comment gérer sa socialité, comment lui montrer et lui faire partager la beauté de ce qu'il vit, de ce qu'il éprouve, la validité de son monde intérieur ?

Cet « être à part » peut tenir dans la vie familiale, modèle d'une future vie sociale, une place considérable. Les réactions des frères et sœurs, ici tenus à l'écart, ailleurs excessivement responsabilisés, parfois abusivement valorisés, sont essentielles. Comme celles des grands-parents, pas toujours bien informés. La différence ne peut rester le douloureux secret partagé, même avec les mots qui vont avec, des parents et de l'enfant. Celui-ci appartient à un groupe humain.

Jacques LÉNA

À LIRE

Ringler, M., *l'Enfant différent : accepter un enfant handicapé*, Dunod, Paris, 1998

Mises, R., *l'Enfant déficient mental*, PUF, Paris, 1975.

Dolto, F., *la Cause des enfants*, Robert Laffont, Paris, 1985.

Philippe, F., et J., *Enfants handicapés et intégration scolaire*, Armand Colin, Paris, 1996.

EN BREF

Une évolution considérable

Entre d'importantes avancées médicales, une nouvelle compréhension et une institutionnalisation des prises en charge, la condition de l'enfant différent se pose désormais dans de nouveaux termes.

Une anticipation nécessaire

Si la question de l'avenir n'est plus dominée par la perspective d'une perpétuelle dépendance, d'autres questions doivent être précocement posées, comme celles de l'amour, de la socialité, de la valorisation de ce qui est vécu et éprouvé par l'enfant.

Quand la vie nous est volée

Quand vient le grand âg

Meilleure hygiène de vie, meilleure alimentation, meilleure prévention, meille suivi médical : l'espérance de vie dans les sociétés développées ne cesse de s'optimiser. L'âge des patriarches nous est promis, et déjà, nombreux sont ceux qui l'ont atteint. Comment négocier ce quatrième temps de la vie et faire pour qu'il se déroule dans les meilleures conditions possibles, physiques et, plus encore, psychiques ? Voilà qui nous concerne tous nos aînés, ou nous demain. Et il existe déjà des réponses.

Le vieillissement est un phénomène inéluctable, et c'est tout au long de sa vie que l'on doit se préparer une « belle vieillesse ». Quelques règles de vie sont, toutes les recherches le prouvent, susceptibles de le ralentir : surveiller son alimentation, maintenir une activité physique, ne pas se laisser déborder par le stress, corriger les déficits hormonaux (on connaît les « miracles » de la déhydroépiandrostérone, ou DHEA). Cela, sans doute, permet d'affronter le grand âge dans les meilleures conditions. Au-delà, cependant, de cette conduite personnelle, il est des facteurs sur lesquels nul ne peut agir : le raccourcissement du temps et l'angoisse qu'il engendre, la perte des êtres aimés, la maladie qui peut survenir et, du même coup, faire prendre conscience de la réalité des atteintes du temps et, souvent, d'un certain isolement.

Nous ne sommes pas tous égaux devant la vieillesse : beaucoup conservent, fort longtemps, bon pied bon œil. D'autres non. Mais rares sont les septuagénaires, octogénaires ou nonagénaires qui échappent à l'image de la mort installée en toile de fond de leur vie et au sentiment désespérant qu'ils n'ont plus aucun avenir à bâtir. Les remèdes à cette angoisse existentielle, plus lourde peut-être à subir que les maux du corps, sont essentiellement psychologiques. L'important est de préserver des liens étroits avec l'extérieur, d'aménager le temps et l'espace, de les inventer – ou de les réinventer – avec les moyens encore disponibles. Et de donner encore un sens à la vie, puisque, s'il n'y a plus d'avenir à bâtir, il y en a un à assurer pour les générations suivantes.

D'où l'importance de la parole, celle qui transmet et qui renvoie à la personne très âgée une image positive d'elle-même.

Célébrer la force de la parole

Il n'est pas possible de « positiver » sans avoir pris conscience de sa propre finitude. Le temps n'est pas illimité et, quand le futur se rétrécit, on s'en détourne. Il est plus facile de vivre dans le présent et de réinvestir le passé.

C'est là aussi une façon de ne pas se laisser submerger par la douleur des deuils quand disparaissent les proches : conjoint ou compagnon, frères et sœurs, amis et même parfois enfants laissent derrière eux des failles béantes. Cette « désertification » est douloureuse et provoque un sentiment d'isolement contre lequel il faut lutter.

En fait, le manque de perspectives à terme est souvent paralysant et il est fondamental de créer des ouvertures sur l'« après ». La spiritualité – peut-être même plus que la religion – peut apporter une aide, un soutien. Les proches auraient tort de négliger l'impact d'un sourire, d'une caresse, de ces échanges qui ne passent pas par les mots, mais qui, manifestations d'une certaine tendresse, d'une simple « humanité », prennent de l'importance.

Il y a aussi une force insoupçonnée dans le dialogue intergénérationnel. À condition qu'elle soit accueillie pour ce qu'elle est, un don, la transmission aux enfants – et de plus en plus souvent aux petits-enfants, voire aux arrière-petits-enfants – peut être vécue comme un véritable projet. Il s'agit bien de laisser une trace de soi par un acte qui symbolise la continuité. Tout le monde y trouve son compte : la personne âgée, qui, au travers de ses souvenirs, de ses discours, même répétitifs ou décousus, se raconte et peut ainsi « ré-élaborer » sa vie, un auditoire qui, se nourrissant de cette histoire unique, peut faire le lien avec le passé afin de mieux construire l'avenir…

La parole, celle qui va évoquer, celle qui va rassembler, celle qui va être – enfin, pour la première fois peut-être – partagée, prend une autre dimension. Mettre des mots sur ce qui était jusque-là non dit, voire « indicible », crée de nouveaux liens et permet à la personne très âgée de vaincre ses peurs, de ne pas tomber dans une dépression inextricable. Encore faut-il qu'elle soit accompagnée dans cet échange et que l'autre lui renvoie une image positive d'elle-même. Cela va lui permettre de pallier – en partie du moins – les « maux » les plus douloureux de la vieillesse.

La perception de la vieillesse étant bien subjective, il est impossible de savoir à quel moment on entre dans le « grand âge », mais arbitrairement, on peut décider que c'est lorsqu'on relève de l'institution gériatrique, c'est-à-dire pour la France en moyenne vers 85 ans. C'est en effet l'âge où les « ennuis de santé », même s'ils sont dus au vieillissement, un processus naturel fort complexe et multifactoriel, sont les plus lourds de conséquences.

Par spiritualité, il faut entendre ce chemin essentiel sur lequel chaque homme doit s'engager pour satisfaire ses « besoins d'âme » (pour reprendre l'expression de la philosophe S. Weil) et vivre pleinement son moi identitaire dans « une relation à l'autre égalitaire, responsable, éthique » (E. Lévinas).

Face à des pertes multiples

Perdre son intégrité corporelle, perdre la tête, perdre la santé, perdre son autonomie, la dernière partie de la vie s'accompagne d'une succession de pertes, de séparations. L'apparence physique se transforme. Le corps, qui a pu être lieu de plaisir et d'échange, s'avère fragile, douloureux. Il devient l'objet de toutes les préoccupations : cet « investissement » masque mal la difficulté ressentie devant une dégradation corporelle qui progresse avec l'avancée en âge. Il faut alors tout faire pour que la personne très âgée ne se « referme » pas sur elle-même, ne s'isole pas. Le « relationnel », l'« affectif » sont les premiers moteurs d'un bon fonctionnement cérébral.

Ils sont essentiels à la qualité de vie et représentent sans doute la meilleure prévention contre les démences, dont la fréquence et l'incidence sont de plus en plus importantes avec l'allongement de la durée de vie. Ces dernières ayant des conséquences directes sur la perception du monde environnant nécessitent toujours une prise en charge médicale, psychologique et sociale du malade et, parfois, un accompagnement des proches.

Donner du sens au présent

Le grand âge, c'est aussi l'apparition de handicaps sensoriels, une mobilité qui se réduit jusqu'à la perte complète d'autonomie. Au fil du temps, cette dépendance s'accentue jusqu'à ne plus permettre à l'entourage familial de l'assumer. La personne très âgée est dans l'incapacité de se lever seule, de faire sa toilette, de se nourrir. Elle est souvent incontinente et a, à tout instant, besoin d'aide pour accomplir chacun des « petits » et « grands » gestes de la vie quotidienne. De cette dépendance concrète peut naître – ou parfois se nourrir – une dépendance affective à l'égard de l'un ou l'autre des membres de l'équipe soignante. Des relations d'échange, de plaisir, de frustration et d'insatisfaction, de positionnement et de sujétion, selon la personnalité de chaque protagoniste, vont se mettre en place. Faire entrer un autre dans une si contraignante intimité n'est sans doute pas chose facile. Et pourtant, à condition que chacun trouve la bonne distance dans cette relation, les barrières de la pudeur tombant, cette aide – qui n'est pas sans rappeler les soins maternels – va prolonger la vie sociale et sensorielle de la personne très âgée et donner du sens à son présent.

Prévoir en toute sérénité. Le grand âge est aussi le moment des décisions difficiles. C'est dans l'intimité des relations familiales que l'on peut préparer les funérailles, choisir le cimetière où l'on reposera, etc.

Matériellement, il existe bon nombre de contrats « décès en prévision des obsèques », et certaines assurances vie proposent une prise en charge

Des chiffres qui réconfortent

En vingt ans, l'espérance de vie s'est accrue de plus de trois ans. À partir de 2020, les effets du baby-boom — l'accroissement sensible des naissances après la guerre de 1939-1945 — vont se faire sentir : les plus de 75 ans devraient représenter 10 % de la population, les plus de 85 ans un peu plus de 3 %.

Contrairement à une idée répandue, 87 % des personnes de 75 ans et 73 % de celles de 85 ans vivent chez elles ou dans leur famille, même si elles font, de temps à autre, des séjours à l'hôpital. Six mille personnes âgées sont hébergées dans une famille d'accueil. Neuf pour cent des 75 ans et plus et 19 % des 85 ans et plus résident en maison de retraite, tandis que les services de soins de longue durée des établissement hospitaliers accueillent 3 % environ des plus de 85 ans.

Ce sont les femmes qui, vivant plus longtemps que leur compagnon, sont les plus nombreuses à vivre en institution à partir de 75 ans (chiffres de 1998).

totale ou partielle des frais d'obsèques et de marbrerie funéraire. Le mieux cependant est encore d'approvisionner un livret d'épargne spécialement à cet effet.

Certains aînés voient loin avec le sourire. Ainsi cet homme qui a laissé à ses enfants un compte en banque spécial où il les a engagés à puiser, après son décès, pour se réunir et faire des fêtes à sa mémoire.

Faire son testament. L'entrée dans le grand âge est sans doute le moment ultime pour rédiger, si on le souhaite, un testament. La formule la plus simple consiste à écrire ses dernières volontés de sa main, sans rature ni collage ou surcharge. Ce testament, dit olographe, doit être daté avec exactitude (lieu, jour, mois, année) et signé par le testamentaire. Il peut être remis aux légataires universels, aux héritiers ou à un notaire pour une inscription au fichier central des testaments. Il peut aussi… dormir dans un tiroir.

Dans un testament, il est possible, dans les limites de ce qu'autorise la loi, de faire un legs universel entre époux, de transmettre une partie de ses biens à une personne nommément désignée, à une association ou à une fondation, de désigner un exécuteur testamentaire. On peut également indiquer – ce que l'on ne manquera pas de réaffirmer oralement – son opposition à tout acharnement thérapeutique, son désir d'être aidé médicalement à mourir si la souffrance est trop grande ou la déchéance trop importante.

À LIRE

Sebag-Lanoé, R., *Soigner le grand âge*, Desclée de Brouwer, 1992.

Bourdelais, P., *l'Âge de la vieillesse*, Odile Jacob, Paris, 1993.

Teulade, P. et Sarrazin, J. –C., *Bonjour Madame la Mort*, L'École des loisirs, 1997. (Lauréat du Prix Chronos 1998.)

À CONSULTER

Un site Internet : affif.asso.fr

Marc HORWITZ
Emmanuel GUILIANO

EN BREF

Distinguer le vieillissement et la maladie

Le vieillissement, lent et progressif, est l'ensemble des processus physiologiques et psychologiques qui modifient la structure et les fonctions de l'organisme. Il dépend tout autant de facteurs génétiques que de facteurs environnementaux, et doit être distingué de la maladie.

Préserver la vie sociale

Pour que la dernière étape de la vie ne soit pas synonyme de dépendance, de maladie ou d'isolement, il faut à tout prix préserver les relations sociales des personnes âgées avec leurs proches et les soignants. Elles sont essentielles à leur bon fonctionnement cérébral et constituent le meilleur rempart contre les démences.

Voir aussi

- Grands-parents et petits-enfants p. 174
- Le coin des disparus p. 184
- Accompagnement et soins palliatifs p. 400

Face à la maladie grave

De quoi meurt-on aujourd'hui ? Principalement de maladie, généralement à un âge avancé et plutôt de polypathologies. Les maladies ont évolué, certaines ont été quasiment éradiquées, d'autres sont apparues. Cependant, nos représentations de la maladie potentiellement mortelle ont peu changé. Dans leur subjectivité, elles nous permettent d'interpréter ce que nous ressentons. Et, aujourd'hui, le vécu de la maladie est, enfin, considéré comme aussi important que son approche scientifique.

La maladie était jadis redoutée comme l'un des grands fléaux devant lesquels l'homme était impuissant. Les épidémies restaient dans les mémoires, mais faisaient l'objet de nombreuses erreurs d'interprétation. Les dieux, les planètes, l'éther et leurs influences sur les humeurs internes étaient souvent rendus responsables de tragédies familiales, des catastrophes collectives comme celle de la peste noire. Avec Pasteur, un changement radical s'amorce : les microbes donnent enfin une réponse tangible aux interrogations des populations. La microbiologie prouve que des agents particuliers, internes ou externes à l'individu, sont la cause de ses maux. L'ère de la médecine scientifique débute enfin. Pour autant, le vécu subjectif et la façon de ressentir une atteinte physique ou mentale n'en sont pas modifiés globalement. L'attribution causale magique ou fantasmatique existe toujours. La maladie est donc plus qu'un agent pathogène sur un terrain, c'est aussi une série de représentations chez une personne dotée d'une histoire et d'une expérience.

Nos sociétés occidentales ont engendré toute une série de représentations de la maladie. Ces représentations collectives croisent les représentations individuelles de chacun, ce qui permet aux anthropologues, aux sociologues et aux psychologues de la santé d'interpréter des processus aussi variés que la prévention, l'équilibre psychosomatique, l'effet placebo et l'adhésion aux traitements et aux comportements prescrits. Les maladies peuvent donc être considérées comme des « objets culturels » que l'on redoute, vénère et s'approprie.

La peste noire, *ayant pris naissance en Asie vers 1337, gagna la Chine, l'Inde, puis l'Europe en 1347 et ne s'éteignit que près d'un demi-siècle plus tard. Elle fit 25 millions de morts en Asie et autant sur notre continent.*

La dialectique santé-maladie

La perception d'une maladie grave découle aujourd'hui de la personnalité du malade, de son histoire ; de la prévention, grâce à l'information du grand public, qui permet à tous de connaître globalement les causes (objectives) et les traitements d'une maladie ; de l'amélioration des soins (qualité de vie), de leur démocratisation.

La vision économique de la santé interfère également avec les images de la tradition judéo-chrétienne : aujourd'hui, le corps se gère comme un capital. La bonne santé se conjugue avec responsabilité et respectabilité : celui qui veut garder son potentiel doit être bien informé, sa volonté le conduit à se surveiller, à opter pour un comportement sain (pas d'excès), sa capacité d'anticipation lui fait mettre en place des attitudes dont les effets seront apparents beaucoup plus tard. En Occident, l'angoisse de mort s'est déplacée sur l'angoisse du vieillissement et rejoint ainsi la peur de sortir de la norme par son apparence ou par son poids.

Les deux risques majeurs

Deux pathologies mortelles sont au premier rang en France.

En tête viennent les maladies cardio-vasculaires, favorisées couramment par une affection chronique, l'hypertension artérielle (aggravée par la consommation de graisse, de tabac et d'alcool). Elles se présentent aussi sous forme de manifestations aiguës (infarctus du myocarde, accident vasculaire cérébral). Souvent vécu comme un traumatisme, le premier infarctus laisse le sujet anxieux, restreignant ses activités. Chez le sujet plus âgé, l'accident vasculaire cérébral handicape parfois très lourdement.

En termes de fréquence viennent ensuite les cancers. Encore mal connus, ils représentent l'angoisse de mort par excellence (contrairement à l'infarctus, qui constitue parfois une forme de déni de la mort : mourir en une

Le sida et ses représentations particulières

Le sida, maladie nouvelle exemplaire, illustre le registre des représentations particulières. La mondialisation a permis une multiplication planétaire du virus avec ses deux versants : en Occident, cette maladie marginale a d'abord touché des populations minoritaires dont le comportement « déviant » les a souvent désignées comme coupables (homosexuels et toxicomanes). La généralisation du virus en fait maintenant une pathologie de la sexualité du jeune adulte qui doit systématiquement anticiper une transmission *(safe sex)*. Dans les pays en voie de développement, le sida reste tabou et concerne les femmes et leurs enfants, principales victimes, sans moyen de traitement abordable pour leur faible niveau de vie. Nous sommes face à une épidémie géopolitique qui renforce le clivage Nord-Sud. Le sida a cependant permis une évolution de taille : le renforcement de la philosophie des soins palliatifs et, pour la première fois, la participation volontaire des malades, qui, par leurs interventions auprès des savants et des gouvernements, ont accéléré la recherche. Jamais un virus n'avait fait l'objet d'une telle rapidité d'identification !

Des conceptions magico-religieuses

Dans la plupart des civilisations, on retrouve des invariants comme les conceptions magico-religieuses des maladies. Les sociétés traditionnelles interprètent principalement la maladie comme le résultat soit de la possession de l'âme du patient, soit de sa dépossession. Ces idées, rarement révélées par des patients occidentaux, sont, en revanche, observées dans le cas d'atteinte par une maladie grave, le cancer notamment. Son origine est fréquemment interprétée comme interne, voire psychique : culpabilité due à une faute, mesure de rétorsion due à un comportement négligent. L'aptitude à accepter les traitements découlera de cette perception.

seconde, sans s'en rendre compte). Le « crabe », le « chancre » (« cancer », étymologiquement) s'intrique étroitement dans les tissus sains, essaime et se multiplie grâce à ses nombreuses métastases, provoque des douleurs et transforme l'individu en l'ombre de lui-même. Les traitements anticancéreux ne sont pas moins effrayants ; enfin, si des rémissions sont obtenues, comme dans la majorité des cas, les anciens malades ne se sentent pas à l'abri d'une rechute. L'importance du nombre de ces patients se trouve, d'ailleurs, à l'origine de revendications (états généraux du cancer) qui soulignent le manque d'aide psychologique. On allie donc la maladie événement de vie (avoir un cancer peut donner du sens à une vie banale) à la maladie identité : les patients atteints de cancer se reconnaissent et s'entraident, ils veulent influencer les pouvoirs publics.

À LIRE

Debray, R., *Épître à ceux qui somatisent*, PUF, Paris, 2001.

Fauré, C., *Vivre auprès d'un proche très malade*, Albin Michel, Paris, 1998.

Laplantine, F., *Anthropologie de la maladie*, Payot, Paris, 1986.

La mise en place de processus défensifs

Créant un véritable état de choc psychologique, la révélation d'une maladie grave peut donner lieu à une réaction post-traumatique si le diagnostic a été brutal, inattendu, donné dans de mauvaises conditions d'écoute, laissant le sujet impuissant et sans espoir. Angoisse majeure capable de mener au suicide. Ce choc conduit généralement à une dépression grave empêchant le patient d'entreprendre immédiatement ses traitements. La seule issue reste le déni (ne pas avoir « entendu » ou « compris » le diagnostic) ; le clivage (sur certains points, le patient semble au courant, mais pas globalement) ; parfois même le délire (le sujet émet des idées qui le coupent de la réalité). Ainsi, dès la prise de connaissance de la maladie, un patient peut rester bloqué, alors qu'il pourrait débuter un véritable « travail de la maladie » qui s'apparente au travail de deuil parce qu'il concerne un changement majeur, irréversible du sujet (« plus rien ne sera comme avant »). Ce que le sujet « perd » lors de la révélation d'un diagnostic mortel, c'est la naïveté de celui qui n'a jamais été en danger dans son corps. Le fantasme d'immortalité perdure très longtemps, et même un vieillissement bien accepté n'élimine pas tout à fait l'impression de toute-puissance du vivant.

Au fil de la maladie, avec les modifications de l'état physique, une adaptation des mécanismes de défense va assouplir la position de refus et mieux protéger le moi contre l'angoisse de mort. Le refoulement des conflits, l'accrochage à certains détails de la vie permettent de supporter les contraintes et parfois de développer d'autres pôles de sa personnalité. Certains peuvent ainsi reconstruire leur histoire et bâtir des projets différents, y compris lorsque la durée de vie se réduit.

Des améliorations considérables de la qualité de vie des patients découlent à la fois de leur mobilisation et de celle des équipes soignantes. L'adjonction de psychologues, la présence de personnels qualifiés, l'enseignement de la prise en charge de la douleur ont transformé les services hospitaliers (les services de cancérologie adultes et enfants sont radicalement transformés). Le développement des courtes hospitalisations et des aides à domicile rend plus humains les traitements ; les médecins généralistes et le réseau soignant de secteur communiquent mieux avec les hôpitaux. Enfin, les aspects psychologiques et sociaux, mieux connus, favorisent des aménagements psychiques aussi bien que physiques des patients. Soutien psychologique, groupes de parole et groupes thérapeutiques font partie de ces possibilités, elles sont bien considérées par le corps médical : des études comparatives démontrent leur efficacité et, au minimum, l'amélioration du vécu subjectif de la maladie.

Marie-Frédérique BACQUÉ

EN BREF

L'importance du vécu

La manière dont est ressentie et vécue une maladie grave est aussi importante que son approche médicale

Un état de choc qui se surmonte

Un diagnostic sévère provoque un état de choc et d'angoisse, voire un déni et un refus qui peuvent empêcher le patient d'entreprendre immédiatement ses traitements.
Puis les mécanismes de défense du « moi » s'adaptent et le comportement devient plus positif.

Des améliorations considérables

Mobilisation d'équipes soignantes pluridisciplinaires, prise en compte de la douleur, aspects psychologiques et sociaux mieux connus, meilleure information des patients ont considérablement amélioré leurs conditions physique et psychique.

Voir aussi

▶ Accompagnement et soins palliatifs p. 400

La mort annoncée

Tous les hommes sont mortels... et le savent, ce qui est d'ailleurs le propre de l'humain. Pourtant, la mort, ultime étape de la vie, par essence « annoncée », n'est fort heureusement pour la plupart d'entre nous qu'une préoccupation lointaine. Dans notre civilisation occidentale, notre culture judéo-chrétienne, le déni est le plus fort. Aussi, généralement, nous ne sommes préparés « naturellement » ni à notre propre mort ni à la mort de ceux qui nous sont proches. Il existe, bien sûr, des exceptions : riches d'enseignements, elles nous apprennent qu'il est possible de regarder les choses en face. Se préoccuper de la mort, c'est l'intégrer en quelque sorte à la vie.

L'homme naît pour... mourir, mais lorsqu'il en a – ou en prend – conscience, l'idée est bien difficile à admettre. Pour Freud, chacun, dans l'inconscient, est persuadé de son immortalité. Quoi de plus normal par conséquent que le déni de mort soit le plus fort ? Reconnaître la mort comme inéluctable, vivre avec cette idée de mort n'est sûrement pas l'accepter. Même si Freud encore a écrit : « Si tu veux supporter la vie, organise-toi pour la mort », l'annonce, le plus souvent « masquée », d'une mort imminente est ressentie d'abord comme une agression. La mort reste avant tout une perte – la perte de la vie ! – et l'on comprend que « faire le deuil de sa vie » ait tout d'inhumain.

Le déni de la mort est infiniment humain. Ce mécanisme de défense permet à la personne qui va mourir ou à ses proches de « reprendre leur souffle », de se ressourcer. S'il n'est pas aveuglément maintenu, c'est une étape essentielle sur le chemin qui mène de la mort annoncée à la mort tout simplement.

Un sentiment de vulnérabilité

La psychiatre E. Kübler-Ross, à la fin des années 1960, a défini les cinq étapes du mourir : le refus (« ce n'est pas vrai »), la colère (« pourquoi moi ? »), le marchandage (« je vais me battre »), la dépression (« je n'en peux plus, je suis fatigué ») et l'acceptation (« oui, je m'en vais »). Tout un chacun ne passe pas forcément par toutes ces étapes, mais il est intéressant de constater qu'elles sont aussi traversées, souvent à un autre rythme et différemment, par les proches. Quoi de plus normal puisque, dès lors que la mort est annoncée, ces derniers ne sont pas seulement confrontés aux interrogations, aux réactions, à la souffrance de l'autre, mais aussi, dans le même temps, à leur propre mort. C'est ce sentiment de vulnérabilité, cette prise de conscience soudaine que la santé n'existe que par défaut – elle ne semble être le bien le plus précieux que lorsqu'on la perd – qui sont insupportables.

Appréhender la vérité

L'annonce d'une mort inéluctable à court terme incombe en général aux médecins. Ces derniers sont en première ligne quand il faut expliquer à un patient et à sa famille qu'« il n'y a, hélas, plus rien à faire », et que toutes les stratégies thérapeutiques sont épuisées. Ce constat d'échec est toujours pour un praticien quelque chose de pénible à admettre. Formé pour soigner avec l'objectif de guérir, il ne peut s'y résoudre. « Submergé » par sa propre vision de la mort et par les angoisses que sa seule évocation engendre, il doit cependant, dans le colloque singulier soignant-soigné, gérer ces situations en restant à l'écoute de ses interlocuteurs – le malade et ses proches – pour essayer d'« amortir le choc ». Sa priorité : être clair pour être compris. Aussi ne doit-il pas hésiter à se répéter : les informations qui sont délivrées dans ces moments de forte tension ne sont que rarement assimilées d'emblée tant est incommensurable le refus de comprendre ce qui se passe, d'appréhender la vérité de la situation.

Redonner confiance

Ce qui compte, avant tout, est que la révélation d'une issue fatale ne soit vécue ni comme un compte à rebours ni comme un abandon. C'est une banalité de l'écrire, mais il faut souvent l'énoncer pour que la fin de vie – le terme n'est pas fixé, il peut s'agir de plusieurs semaines, voire de plusieurs mois – soit espérance et non désespoir. Il convient, par conséquent, de tout faire pour que l'annonce soit synonyme d'accompagnement. Il ne faut pas laisser s'installer

À LIRE

Bacqué, M.-F. (dir.), *Mourir aujourd'hui : les nouveaux rites funéraires*, Odile Jacob, Paris, 1997. Et plus particulièrement « La mort est notre métier », par C. de Cacqueray.

Kübler-Ross, E., *les Derniers Instants de la vie*, Labor et Fides, 1996.

Une femme d'exception

Née en Suisse en 1926, E. Kübler-Ross s'est engagée à la fin de la Seconde Guerre mondiale dans les Volontaires de la paix. Ce groupe de jeunes gens a participé à la reconstruction d'écoles en France, en Belgique et en Pologne. C'est dans ce dernier pays, dans l'un des baraquements du camp de concentration de Majdanek, près de Lublin, que E. Kübler-Ross a remarqué des papillons gravés sur les murs par les enfants qui allaient mourir dans les conditions que l'on sait. Pour elle, aucun doute, c'était là leur dernier message. Cette découverte ne fut pas pour rien dans le choix qu'elle fit plus tard lorsque, ayant émigré aux États-Unis, elle est devenue psychiatre et a décidé de travailler sur l'approche de la mort.

Préparer sa mort

Dans les pays du nord de l'Europe, préparer sa mort est relativement courant. Les « futurs » morts déposent, auprès d'une entreprise de pompes funèbres ou chez un notaire, leurs dernières volontés. Ils ne se contentent pas de régler le partage de leurs biens, mais organisent aussi leurs funérailles et en règlent la facture. Cet usage a tendance à devenir de plus en plus fréquent en France. Prendre de telles dispositions permet d'avoir l'illusion de maîtriser sa vie jusqu'au dernier instant... et même un peu au-delà. C'est aussi délivrer ceux qui restent des contingences matérielles et leur permettre d'entrer de plain-pied dans le spirituel, de pouvoir commencer leur deuil, et sans doute leur prouver une dernière fois qu'on les aime – ou que l'on ne veut pas les importuner. Il y a là une façon de se réapproprier la mort et de la « resocialiser » puisqu'elle s'intègre dans la vie sans pour autant envahir le quotidien.

un quelconque « vide » alors même que, dans notre société actuelle, le spirituel – et plus encore peut-être la foi – ont perdu de leur prééminence. Il était sans doute plus facile d'envisager le futur quand on croyait à l'au-delà ! Aujourd'hui, il faut savoir donner ou redonner confiance : les soignants, les proches doivent (essayer de) reprendre à leur compte ce qui revenait hier à la religion pour que l'entrée dans l'ère de l'acceptation se fasse avec le plus de sérénité possible.

Marc HORWITZ

EN BREF

Une perspective « inhumaine »

L'homme est biologiquement programmé pour mourir. Pourtant, l'idée de la mort lui est généralement insupportable et, quand une issue fatale lui est annoncée, il se sent agressé et la refuse.

Le rôle du médecin

Le médecin qui doit annoncer un « mauvais » diagnostic, une issue fatale à un terme qui, s'il reste indéterminé, n'en semble pas moins proche, doit accepter les réactions premières – et primaires – de son patient, être clair avec lui, ses proches, et l'amener à passer à petits mesurés au-delà du déni, du sentiment d'agression, jusqu'à l'acceptation.

La nécessité de l'accompagnement

Dans une société qui ne laisse pas toujours sa place au spirituel, même aux moments ultimes de la vie, il faut que les soignants et les proches prennent en quelque sorte le relais de la religion. C'est cet accompagnement qui devient essentiel parce qu'il est l'expression de la vie et que la mort fait partie de la vie.

Souffrances sociales

Les personnalités difficiles

Pourquoi gérer et accepter les personnalités difficiles, alors qu'on peut tout simplement les rejeter ? Tout d'abord, parce qu'elles ont toujours existé et existeront toujours, sans que nous puissions indéfiniment les éviter. Et aussi parce que, en général, une personne ayant une personnalité difficile ne se comporte pas de façon problématique par plaisir, mais par appréhension ou par peur. Cependant, accepter ne veut pas dire subir.

On parle de personnalité difficile ou pathologique quand certains traits de caractère trop marqués, trop figés, inadaptés aux situations, entraînent une souffrance pour la personne « difficile » et pour son entourage. Les accepter suppose de mieux les prévoir et de faire face aux problèmes qu'elles vous posent. Encore faut-il de prime abord les identifier. Nous présentons ici huit des types auxquels nous sommes le plus souvent confrontés dans notre vie quotidienne, en les complétant notamment par des conseils que donnent un psychiatre et un psychothérapeute, C. André et F. Lelord. Il est cependant évident que nous rencontrons le plus souvent des formes intermédiaires montrant quelques traits d'une personnalité sans afficher totalement le profil type. Il n'est pas rare non plus de rencontrer des personnalités qui présentent des traits « mixtes ».

Les anxieux et les paranoïaques

Les personnalités anxieuses croient que le monde est plein de dangers et qu'on n'est jamais assez inquiet ou prévoyant. Elles ont tendance à anticiper tous les risques pour pouvoir mieux les contrôler, ce qui les met dans un état de tension permanent. Dans le monde du travail, ce sont des collaborateurs très consciencieux, mais qui peuvent parfois stresser leur collègues. Dans la vie familiale, leurs inquiétudes peuvent être pesantes, ce sont souvent des mamans et des papas « poules ». Collaborateur d'une personnalité anxieuse, montrez-lui que vous êtes fiable : arrivez à l'heure, préparez les réunions, répondez à son courrier sans délais. Elle apprendra à vous faire confiance et vous harcèlera moins avec ses inquiétudes. Aidez-la aussi à relativiser, pratiquez l'humour pour l'inciter à prendre du recul, voire pour rire de ses inquiétudes. Essayez de ne pas la surprendre en lui annonçant des nouvelles trop brusquement, ne partagez pas avec elle vos propres inquiétudes et évitez d'aborder les sujets pénibles.

Les personnalités paranoïaques souffrent d'une trop grande méfiance. Elles restent toujours sur leurs gardes, suspectant les autres de mauvaises intentions à leur égard. Souvent jalouses, susceptibles et préoccupées par leurs « droits », elles sont, par ailleurs, d'une grande rigidité. Elles ont aussi du mal à montrer de la tendresse ou des émotions positives et ont un sens de l'humour peu développé. Avec un paranoïaque, communiquez le plus clairement possible, respectez les formes (ne l'appelez pas par son prénom si c'est un supérieur hiérarchique, ne le faites pas attendre). Essayez de maintenir un contact régulier avec lui : moins il vous voit, plus il risque de vous soupçonner. Ne renoncez jamais à éclaircir les malentendus, même si cela vous paraît vain et n'attaquez pas l'image qu'il se fait de lui-même, car en l'humiliant vous risquez de devenir l'objet de sa haine. Un dernier conseil : évitez de discuter politique avec lui , il a souvent des convictions extrêmes.

Certaines personnalités sont ingérables : personnalités « antisociales » qui ne respectent pas les lois et les règles de la vie en société ; personnalités dites « états limites » très impulsives, instables et autodestructrices ; personnalités sadiques recherchant la souffrance et la soumission de l'autre... À éviter dans la mesure du possible.

Les histrioniques et les obsessionnels

Les personnalités histrioniques cherchent en permanence à attirer l'attention sur elles. Tous les moyens sont bons : jouer sur l'attirance sexuelle, parler de ses problèmes de santé, se plaindre de ses proches. Ces personnes séductrices sont souvent théâtrales dans l'expression de leurs sentiments et changent d'attitude très souvent, passant du « rire aux larmes ». Sachez-le et prenez du recul. Laissez une scène de temps en temps à cette personne. Renforcez son comportement normal en montrant de l'intérêt, et ignorez, dans la mesure du possible, le comportement inadapté. Mais ne vous moquez pas d'elle : sa sensibilité exacerbée peut la conduire à faire une scène, au pire une tentative de suicide. Ne vous laissez pas séduire ni manipuler. N'oubliez pas que vous êtes son public, et un public acquis perd vite son intérêt.

Les classifications et leur utilité

Hippocrate (IVe siècle avant J.-C.) fut le premier à tenter de classer ses semblables par leurs traits de caractère. Il distingua ces personnalités : les sanguines, vives et émotives ; les lymphatiques, lentes et froides ; les bilieuses, coléreuses et amères ; et les mélancoliques, sombres et pessimistes. Depuis, de nombreuses classifications par catégories (par types) ou par dimensions (selon certains traits ou caractéristiques), se sont succédé. Le but de ces classifications en psychiatrie et en psychologie a toujours consisté à mieux comprendre les réactions des personnes dans différentes situations, et donc à mieux les aider.

Les personnalités obsessionnelles sont perfectionnistes, obstinées, consciencieuses et scrupuleuses, souvent froides. Doutant beaucoup, elles ont du mal à prendre des décisions. Manifestez à l'« obsessionnel » que vous appréciez son sens de l'ordre et de la rigueur, respectez son besoin de prévoir et d'organiser, mais faites-lui aussi découvrir la joie de la détente. Si c'est votre supérieur, montrez que vous êtes fiable et prévisible ; si c'est un collaborateur, donnez-lui des tâches à sa mesure, où sa méticulosité et son besoin de planifier se révéleront des qualités.

Les narcissiques et les passifs-agressifs

La personnalité narcissique, comme son nom l'indique, a une haute opinion d'elle-même et pense qu'elle mérite un traitement exceptionnel. Elle est très ambitieuse. Manipulatrice, la personne narcissique a peu d'égards pour les autres qu'elle utilise pour atteindre ses buts. Pour maintenir de bonnes relations avec une personne narcissique, n'hésitez pas à la complimenter quand vous pouvez le faire sincèrement. Si vous arrivez à gagner une part de sa confiance, elle vous fera part souvent de sa colère contre les personnes qui ne lui auront pas accordé les égards qu'elle juge mériter. Vous pourrez l'aider en lui expliquant le point de vue des autres tels que vous les percevez. Ne vous mettez pas trop en avant pour ne pas susciter sa jalousie, et limitez-vous aux critiques indispensables. Les narcissiques étant de grands séducteurs et manipulateurs, méfiez-vous de leur flatterie ou de leurs tentatives pour vous culpabiliser.

Les personnalités passives-agressives peuvent être hautement exaspérantes ; elles s'opposent à tout, soit d'une manière active en contestant toute décision venant des autres, soit d'une manière passive en faisant, par exemple, traîner délibérément leur travail. Un bon nombre d'adolescents passent par cette phase. Il existe cependant des personnes qui n'en sortent jamais. Avec elles, soyez aimable : plus on est autoritaire ou sec, plus elles vont se « braquer ». Montrez-leur de l'empathie, demandez

Peut-on changer sa personnalité ?

Changer volontairement sa manière d'être est très difficile, et cela même une fois que nous avons pris conscience de notre problème. À ce propos, Freud a décrit la compulsion de répétition, la tendance qui nous conduit à répéter systématiquement d'une manière irrépressible les mêmes erreurs, les mêmes comportements inadaptés. Malgré toutes nos bonnes résolutions, nos traits de caractère ont une grande tendance à persévérer. D'ailleurs, un proverbe le dit : « Chassez le naturel, il revient au galop. » Le recours à une psychothérapie peut alors être une solution.

leur avis. Sachant que le comportement passif-agressif est une manière indirecte d'exprimer de l'agressivité, invitez la personne à s'exprimer directement : cela permettrait de résoudre le conflit. Dans tous les cas, ne critiquez pas, n'ayez pas recours aux représailles, car cela envenimera encore plus la situation, mais ne faites pas non plus semblant de ne pas remarquer l'opposition.

À LIRE

Lelord, F. et André, C., *Comment gérer les personnalités difficiles*, Odile Jacob, Paris, 1996.

Morin, P. et Bouchard, S., *Introduction aux théories de la personnalité*, Gaëtan Morin éd., Québec, 1992.

Roustang, F., *Comment faire rire un paranoïaque*, Odile Jacob, Paris, 1996.

Les dépendants et les évitants

La personnalité dépendante a un besoin excessif d'être rassurée et soutenue par les autres. Elle a du mal a prendre des décisions toute seule, à initier des projets ; elle suit. Ayant très peur des ruptures, elle va tenter de garder l'affection des autres en acceptant tout, y compris les tâches peu gratifiantes. Avec elle, soyez encourageant, renforcez ses réussites et banalisez ses échecs. Avant de lui donner un conseil, demandez-lui toujours son point de vue. Sollicitez également ses avis. Ne la critiquez pas. Ne cherchez pas de méthodes radicales telles que l'abandonner à son sort dans une ville inconnue : apprenez-lui à devenir autonome.

Les personnalités évitantes craignent, avant tout, d'être critiquées ou moquées ; elles sont « timides », se dévalorisent et sont souvent handicapées par la peur de l'échec. Si c'est votre collaborateur ou votre enfant, proposez-lui toujours des objectifs de difficulté progressive, donnez de l'importance à ses opinions, ne vous moquez surtout pas, même gentiment, de ses défauts.

Pour gérer des personnalités difficiles, essayez de changer les comportements plutôt que la vision du monde. Comprenez les craintes derrière les attitudes et acceptez un changement progressif et incomplet.

Catherine MUSA

EN BREF

Une typologie relative

Anxieux chroniques, paranoïaques, narcissiques, dépendants : il existe de multiples types de personnalités difficiles aux traits plus ou moins affirmés.

Accepter et gérer sans subir

S'il est illusoire de vouloir changer radicalement une personnalité difficile, et tout autant de n'y être jamais confronté, il existe des méthodes pour vivre avec elles et pour désamorcer leurs tendances stressantes.

Voir aussi

- T.O.C. et phobies p. 270
- L'estime de soi p. 424

Le harcèlement mora

Le harcèlement moral, qui existe depuis longtemps, voire depuis toujours, est l'une des causes de souffrance au travail. Un livre publié en 1999 a permis à un très grand nombre de personnes de prendre conscience de l'ampleur du phénomène. Depuis, une loi le réprimant a été adoptée. Ce n'est pas encore suffisant.

Le harcèlement moral consiste à imposer à l'autre de façon consciente ou inconsciente une violence insidieuse, froide, sournoise, d'autant plus dévastatrice qu'elle est souvent invisible. Elle se nourrit de petites attaques répétées, souvent faites sans témoin, parfois non verbales ou ambiguës, car sujettes à double interprétation. Chaque attaque prise séparément n'apparaît pas comme vraiment nocive. C'est l'effet répétitif de ces microtraumatismes, constitués d'injures verbales quotidiennes ou de refus de communiquer pendant des mois, qui constitue le harcèlement. Cependant, une agression unique mais vécue comme particulièrement humiliante peut dans certains cas être considérée comme du harcèlement. Dans tous les cas, il s'agit d'un processus pervers, car il est caractérisé par le déni : refus de la part de l'agresseur de reconnaître l'agression, refus même de considérer l'autre comme un interlocuteur. La personne ciblée est soit un objet utile et donc utilisable, soit inutile et donc jetable sans aucun égard.

Pour rentabiliser ou pour niveler

Les nouveaux modes de management ont favorisé une « barbarie douce », dont parle le sociologue J.-P. Le Goff, et ont permis le développement de ce phénomène non seulement à tous les niveaux hiérarchiques, mais aussi dans l'ensemble du monde du travail quel que soit le pays. Les harceleurs utilisent les mêmes procédés d'un pays à l'autre. Augmenter la rentabilité, sous toutes ses formes, est à l'origine des nouvelles méthodes de management, qui peuvent faire le lit du harcèlement.

Il existe également des contextes de travail où les agressions sont très sophistiquées et difficiles à repérer, comme c'est le cas dans certaines administrations, associations, universités, etc. Éliminer une personne est l'objectif plus ou moins conscient du harcèlement moral. On détourne les méthodes de management de leur but initial (par exemple, augmenter la productivité) pour mieux détruire quelqu'un. Le travail devient le prétexte pour se débarrasser d'une personne, en la détruisant psychologiquement ou physiquement. Le harcèlement moral est souvent utilisé pour niveler

Définition d'une conduite abusive

On définira le harcèlement moral au travail comme « toute conduite abusive (geste, parole, comportement, attitude, etc.) pouvant porter atteinte par sa répétition ou par sa systématisation à la dignité ou à l'intégrité psychique ou physique de la personne, mettre en péril l'emploi de celle-ci ou dégrader le climat de travail ».

les individus. Comme le dit un dicton japonais : « Le clou qui dépasse rencontrera le marteau » ! Le point de départ du harcèlement moral est rarement un conflit ou un différend professionnel, qui aurait alors l'avantage d'être nommé et visible, mais beaucoup plus souvent un sentiment inavouable tel que l'envie ou la jalousie. Effectivement, on ne peut pas dire aux autres et encore moins à soi-même : « Je ne supporte pas Untel parce que je le trouve plus intelligent, plus beau ou généreux que moi ! », alors on met en place un système pour que l'autre paraisse idiot, laid, égoïste… Cela permet de se rehausser.

L'environnement actuel est un terreau favorable à l'épanouissement de tels individus, comme le suggère D. Sibony, en posant la question d'un nouveau malaise dans la civilisation, du registre de la perversité, touchant les relations interpersonnelles. Il arrive aussi que la perversité ne vienne pas d'un individu pervers ou fragilisé, mais de l'entreprise elle-même ou de ses méthodes de management. Cela est souvent difficile à repérer, car il faudrait connaître la structure organisationnelle et savoir discerner les différents enjeux de pouvoir. Mais, au bout du compte, éliminer une personne est l'objectif plus ou moins conscient du harcèlement moral. Se débarrasser de quelqu'un en le rendant malade, l'obligeant à des arrêts maladie pouvant l'amener à l'inaptitude, au licenciement, à la démission, voire au suicide.

Sans la tolérance de l'entreprise, ces comportements ne seraient pas possibles. Parfois, cela l'arrange, et elle ferme les yeux ; elle laisse faire parce que l'humain ne l'intéresse pas ou la dérange, ne sachant pas comment l'aborder. Elle considère que les relations interpersonnelles sont du domaine du privé, et elle ne comprend pas qu'en cas de harcèlement c'est l'entreprise tout entière qui est touchée. Il peut se faire que cette guerre entre deux individus arrange les dirigeants – elle peut même être organisée par eux – en leur permettant de déstabiliser, d'éliminer, au moindre coût, des salariés gênants ou ayant cessé de plaire. Des comportements pervers peuvent être aussi induits de façon subtile par mimétisme avec un chef ou avec un collègue admiré ou craint, ou bien pour suivre les « normes » d'un groupe. Les individus pervers savent entraîner avec eux d'autres personnes plus dociles, qu'ils séduisent par un discours de dérision et de mépris des valeurs morales. Même ceux qui ne se laissent pas convaincre craignent d'être rejetés du groupe et finissent par suivre par lâcheté.

Les entreprises, pour soigner leur image de marque, affichent un discours officiel très souvent en décalage avec les réalités du terrain. Cela provoque des distorsions finissant par engendrer des malaises diffus qui font beaucoup de dégâts.

Les harceleurs et leurs victimes

Certaines personnalités perverses narcissiques, lorsqu'elles sont soumises à des situations qui nécessiteraient un « processus de deuil », projettent leur angoisse ou la dépression qu'elles n'arrivent pas à éprouver sur une personne. Cette personne devient le « mauvais objet », le bouc émissaire qu'il faut éliminer. Les individus pervers narcissiques, d'un égocentrisme extrême, ont une absence totale d'empathie pour les autres et un grand désir de pouvoir. Envieux des autres, ils ont besoin, pour exister, de les écraser et de se remplir de leur substance. Incapables de se remettre en question, ils font porter à autrui la responsabilité de leurs difficultés et de leurs échecs.

Un pervers dans une entreprise ne se fait pas repérer facilement : les agressions sont subtiles. C'est souvent quelqu'un de malin faisant croire qu'il a été commandité pour agir ainsi pour le bon fonctionnement de l'entreprise. D'autres individus, particulièrement fragiles et sensibles à l'environnement, sont amenés à avoir des comportements pervers défensifs, alors qu'ils n'ont pas une structure perverse. Ils ne sont pas sûrs de leurs compétences et de leur pouvoir. Ils se sentent dans l'obligation de faire illusion, même si c'est au détriment d'un autre qu'il faut « casser ». À une époque du chacun-pour-soi et de l'individualisme forcené, il est à craindre que ce type de comportement ne devienne une règle tacite de survie de l'entreprise.

Les procédés pervers engendrent du stress et de l'angoisse, puisque rien n'est nommé, les victimes tentant de répondre en vain par des comportements inadaptés, qui accentuent la violence des agresseurs. Ce qui entraîne chez la victime une usure, puis un dysfonctionnement neurovégétatif. Étant donné que ces pressions subsistent et se répètent sur des longues périodes, on ne peut éviter l'émergence d'une anxiété chronique avec un état d'appréhension et d'anticipation permanent, des ruminations anxieuses. Les victimes sont totalement inhibées et incapables de réagir, se sentant responsables de ce qui leur arrive. L'agression leur a fait perdre les limites de

Les moyens de la prévention

- **Développer les contacts directs avec les salariés sur le terrain des conditions de travail.**
- **Clarifier les contradictions soulevées par l'écoute, les enquêtes, l'analyse des attitudes des directeurs des relations humaines, des cadres, de la pratique syndicale.**
- **Parler du conflit autrement que dans la dénonciation.**
- **Valoriser en interne et en externe les différentes stratégies : juridiques, actions collectives, pratiques syndicales de terrain.**
- **Renforcer les missions des comités d'hygiène de sécurité et des conditions de travail (CHSCT).**
- **Créer des cellules de vigilance interne ou un groupement d'entreprises pour une nouvelle forme de dialogue social.**
- **Reconstruire les collectifs.**

Le harcèlement moral

questions-*réponses*

Est-il lié aux excès de l'individualisme et ne risque-t-il pas de conduire à des recours systématiques ?

La tradition politico-culturelle et le système judiciaire français sont très différents du système américain, où gagner un procès peut faire toucher le jackpot. En France, les indemnités pour préjudice moral ont été jusqu'alors des sommes dérisoires. Pourtant, la portée symbolique du jugement reste déterminante : à défaut d'argent, on peut retrouver son honneur.

Est-ce un problème de santé publique ?

Oui, les statistiques montrent que 8 % à 10 % de la population en seraient victimes.

Y a-t-il un lien entre le harcèlement moral et le harcèlement sexuel ?

Le harcèlement sexuel peut être le point de départ d'un harcèlement moral. Souvent ceux qui n'ont pu obtenir ce qu'ils souhaitaient utilisent les armes du harcèlement moral par vengeance. Par ailleurs, parfois, certains n'ont pas conscience du désir qu'ils éprouvent, cette pulsion refoulée se manifeste par du harcèlement moral, sans en être passée par le harcèlement sexuel.

Le harcèlement moral peut-il prendre plusieurs formes ?

Il peut provenir des conditions de travail, d'un refus de communication, d'une atteinte à la dignité, de violences verbales ou sexuelles.

Pourquoi les femmes sont-elles plus concernées que les hommes ?

Elles livrent plus facilement que les hommes leurs souffrances morales. Par ailleurs, sur le plan économique, elles sont dans une position de fragilité et font souvent partie des effectifs dont il faut se débarrasser.

Pourquoi les syndicats ne jouent-ils pas leur rôle de régulateurs sociaux ?

D'une part, le fait syndical n'est pas toujours reconnu en France ; d'autre part, les syndicalistes sont désarmés devant ce type de souffrance au travail.
Ils savent prendre en charge le salarié sur le versant professionnel, mais le versant personnel reste en dehors de leur champ de compétence et d'investigation.

leur espace psychique ; elles deviennent confuses. Elles ne savent plus ce qui est normal et ce qui ne l'est pas, ce qui vient de leur fragilité et ce qui vient de la destructivité de l'agresseur. Devenues incapables de faire la part des choses, elles finissent par craquer.

Cette décompensation se réalise très souvent sur un mode psychosomatique : ce qui ne peut s'exprimer verbalement est parlé, dit par le corps. Ensuite apparaissent des états dépressifs majeurs pouvant conduire au suicide. Ce n'est pas parce que la victime était préalablement malade qu'elle se déprime, mais c'est parce qu'on lui a retiré toute estime de soi, qu'on l'amène à penser qu'elle ne vaut rien, qu'elle n'est rien. Ce qui distingue la souffrance liée au harcèlement moral de celle des conditions de travail difficiles, voire très difficiles ou même violentes, c'est le sentiment d'humiliation et d'atteinte à la dignité. Les victimes ont honte et, en même temps, se sentent coupables.

L'information, une nécessité

La prévention du harcèlement moral doit s'articuler sur plusieurs axes. D'abord, informer. Pour que les personnes touchées par cette violence puissent réagir, il faut déjà leur donner les moyens d'en prendre conscience, qu'elles comprennent clairement ce qu'elles n'avaient fait que deviner ou entrevoir. Des collègues, des amis, des parents, peuvent faciliter cette prise de conscience. Les médias ont également un rôle à jouer en faisant savoir que ce phénomène existe et que les conséquences peuvent être dramatiques pour la santé des personnes concernées directement par ce phénomène. Il est important que tous les acteurs sociaux internes à l'entreprise, ainsi que les acteurs externes – médecins généralistes, psychiatres, inspecteurs du travail, magistrats, membres des associations spécifiques, etc. – soient formés à repérer le harcèlement moral.

Un mal à soigner, un préjudice à réparer

Une personne qui se déprime n'avoue pas spontanément (par honte et culpabilité) qu'on la harcèle au travail. Or, les victimes doivent être aidées afin de maintenir en elles des postures de vie par rapport aux postures mortifères qui les envahissent. Les généralistes sont souvent les premiers à constater les symptômes : stress, dépression, troubles psychosomatiques. C'est donc aux médecins traitants, mais aussi aux psychiatres, médecins du travail, inspecteurs du travail, syndicalistes, associations spécifiques, etc., d'établir des liens qui n'existent pas encore.

Se pose aussi le problème de la réparation juridique et symbolique. Elle est le plus souvent fondée sur la mauvaise exécution du contrat de travail, voire sur la rupture de ce contrat, mais elle peut aussi invoquer les dispositions du Code du travail tenant à l'obligation générale de sécurité des salariés, ainsi que l'article 1134 du Code civil sur le défaut de loyauté dans l'exécution des conventions. Plusieurs jurisprudences ont statué en ce sens.

Avant le vote d'une loi, il était malaisé de faire référence à des articles du Code pénal pour apporter la preuve de violences physiques ou psychiques. Il est donc important que de nouvelles législations spécifiques aient été introduites. Mais la loi ne saurait, à elle seule, endiguer le mal. Les fausses allégations de harcèlement moral, qui ne manqueront pas d'apparaître, ne doivent pas faire oublier les vraies victimes. Dans le doute, un avis doit être demandé à un expert psychiatre pour permettre de définir un diagnostic pertinent.

La médiatisation du phénomène harcèlement moral a permis la prise de conscience d'une problématique qui touche un phénomène plus global dépassant l'entreprise et ses pratiques paradoxales de management.

Marie-France HIRIGOYEN

Marie-France FLORENT

À LIRE

Hirigoyen, M.-F., *le Harcèlement moral. La violence perverse au quotidien*, Syros, Paris, 1998 ; *Malaise dans le travail. Harcèlement moral. Démêler le vrai du faux*, Syros, Paris, 2001.

Sibony, D., *Perversions, dialogue sur les folies actuelles*, Seuil, Paris.

Dejours, C., *Souffrance en France*, Seuil, Paris.

Le Goff, J.-P., *la Barbarie douce*, la Découverte, Paris.

Sainsaulieu, R., *l'Entreprise, une affaire de société*, Presses de Sciences-Po, Paris, 1990.

EN BREF

Un mal endémique

Le harcèlement moral a toujours existé, même s'il n'était pas médiatisé, mais les facteurs de son développement ont évolué dans le temps.

Une souffrance particulière

La singularité du harcèlement moral par rapport aux diverses souffrances au travail tient à la perversité présente dans les conflits interpersonnels et institutionnels.

Des possibilités de prévention

Le harcèlement moral n'est pas une fatalité. Si l'on ne peut faire en sorte qu'il n'y ait pas de pervers narcissique, il est possible de prévenir leurs agissements et de mettre un terme à leur destructivité par des mesures de prévention devant favoriser des changements de comportement, des mesures de réparation et l'établissement de règles.

Voir aussi

- Stress et anxiété p. 226
- Gérer les personnalités difficiles p. 320
- L'estime de soi p. 424

L'exclusion

Décrire l'exclusion, c'est s'attacher avant tout à comprendre les processus par lesquels des personnes glissent progressivement en dehors des modes dominants des échanges économiques et des relations sociales. Son approche soulève de plus en plus de débats tant les frontières délimitant les « inclus » des « exclus » ne sont pas aussi tranchées qu'elles le paraissent.

Pour certains d'entre nous, l'exclusion est une réalité familière de longue date ou découverte à la suite d'accidents de la vie (perte de l'emploi, divorce, troubles psychiques, etc.). Pour beaucoup, sinon tous, c'est une crainte diffuse.

L'exclusion résulte de processus de déstabilisation et aboutit à des déficits d'intégration multiples dans les domaines du travail, du logement, du savoir... Cette notion d'exclusion tend souvent dans le langage courant à remplacer celle de pauvreté ; pourtant, il y a des situations d'exclusion sans pauvreté : les chômeurs, les personnes âgées par exemple. Il s'agit en fait d'un processus où se cumulent dans le temps les ruptures avec des formes essentielles du lien social : travail, habitat, famille-couple, participation au mode de vie culturel.

Violence institutionnelle et violence morale

De redoutables « violences sociales » donnent naissance chez les victimes à des sentiments d'abandon, d'inutilité. Ces violences sont de nature et de gravité différentes. Elles sont d'abord institutionnelles. Violence de la famille qui éclate, maltraite, ne distribue plus l'amour attendu. Violence de l'école, quand elle exclut les uns, et presse les autres par des rythmes élevés. Violence parfois des institutions culturelles et sportives, lorsqu'elles sont plus préoccupées de recruter des élites que de former des esprits. Violence du monde du travail avec sa compétition, ses bouleversements et ses licenciements. Mais s'ajoutent au tableau les violences

Comment on devient exclu

Selon le sociologue O. Mazel, cinq étapes mènent à l'exclusion et concernent toutes les couches de la population :

- **Le risque caractérisé par un ou plusieurs handicaps personnels qui peuvent être de l'ordre de difficultés dans l'enfance ou familiale, placement social, illettrisme, échec scolaire, habitat défavorisé, etc.**
- **La menace se traduit par des situations diverses : main-d'œuvre faiblement qualifiée ou âgée qui subit le chômage, situation familiale monoparentale, cadres « maison» difficilement recasables. La menace peut évoluer vers la déstabilisation.**
- **La déstabilisation résulte de la manière dont les personnes réagissent et assument les chocs d'un licenciement, d'une expulsion, d'un surendettement, d'un divorce, d'un problème de santé, d'une condamnation pénale, etc. Elle dépend du degré des liens de solidarité familiale, des liens sociaux.**
- **L'enlisement résulte du non-rétablissement du lien social. Un chômage dont on ne sort pas, une réinsertion professionnelle qui tarde, ou une insuffisance de ressources que les minima sociaux ne compensent pas.**
- **La grande exclusion cumule la rupture des trois liens sociaux que sont l'emploi, le logement et la famille.**

morales produites par une société qui ne fournit plus de valeurs collectives, de repères stables à ses membres, qui n'indique plus la voie à suivre et qui s'agite souvent de manière confuse.

La violence peut s'exprimer à travers le mépris ou l'indifférence : ceux qui la subissent sont désignés par des « étiquettes » collées sur leurs points faibles : chômeurs, RMistes, SDF, handicapés, etc. Les règles de vie en société, faites pour protéger et relier, finissent par séparer et humilier.

Les exclus, un monde hétérogène

Un individu peut craindre de se faire rejeter de la communauté (famille, école, institution) du fait de sa supériorité intellectuelle, physique ou financière. Plus souvent, l'exclusion s'exprime en sens contraire, et c'est alors la honte de se faire rejeter de la communauté parce que trop laid, trop pauvre, etc. Elle concerne d'abord le sentiment d'appartenance du sujet à une communauté, elle a toujours pour conséquence une réalité d'exclusion sociale. Tout comme la colère, l'injustice, l'humiliation, la honte doit être introduite dans la relation thérapeutique : c'est en mettant des mots sur une souffrance trop longtemps subie qu'il devient possible de la comprendre et, peu à peu, de s'en libérer.

Une supériorité peut être cause de rejet. Le fait que la crainte d'exclusion puisse être rapportée à des qualités vécues comme positives montre que la honte n'est pas fondamentalement liée à une image négative de soi.

La compréhension des phénomènes d'exclusion ne peut être cohérente que si elle prend simultanément en compte, d'un côté, une étude des caractéristiques de l'individu (constantes dans les trajectoires, dans les comportements, dans les difficultés rencontrées, dans les

modalités d'insertion) et, de l'autre côté, une approche globale et empirique : quelles sont les situations types, comment définir des axes pour apporter des remèdes au cumul de handicaps ? Toute approche doit nécessairement combiner ces deux exigences. Le rapport sur la grande exclusion sociale établi en 1993 faisait ressortir : « La réalité du cumul des handicaps et la multiplicité de leur combinaison, les trajectoires de vie qui semblent inexorablement tirer ces individus vers le bas, une forme de marquage social qui confine au bannissement, des sentiments personnels dominés par l'échec et le manque de confiance, la difficulté d'inscrire des actions et des projets dans la durée, l'installation dans des processus dits de " déviance sociale " (drogue, prostitution, alcoolisme, délinquance) et l'éloignement vis-à-vis des valeurs du monde du travail. »

Il s'agit ici de combattre l'idée reçue selon laquelle, les exclus forment un monde unique et indivisible. Au contraire, ils sont pour l'essentiel composés de trois groupes cibles : chômeurs de longue durée, individus en situation de forte désocialisation, personnes issues de milieux sociaux, psychiatriques et pénitentiaires.

Les attitudes face à l'exclusion

Nos comportements face à l'exclusion posent un véritable dilemme. Soit nous privilégions nos liens relationnels avec un sujet honteux et cela représente pour nous un risque d'exclusion de la communauté. Soit, au contraire, nous préservons notre insertion dans la communauté, et pour cela nous participons à l'action excluante. En d'autres termes, le spectateur de la honte n'a pas d'autre choix que de s'identifier au tiers honnis-

Un tremplin : la vie associative

Le lieu par excellence où chaque être humain peut exercer une responsabilité est la famille. Si celle-ci est menacée, dispersée, si les enfants sont placés, la violence et l'humiliation ressenties restent souvent « en travers de la gorge ». Mais le fait de comprendre sa propre histoire, et de pouvoir la partager, rend l'exclusion moins humiliante, l'intégration à la communauté (second espace de responsabilité) cesse d'être hors d'atteinte. Pour peu que les très démunis puissent réellement y trouver leur place, la vie associative offre l'occasion d'un rassemblement, réunissant pauvres et moins pauvres. De ce fait, même des familles étiquetées « irrécupérables » peuvent contribuer à un combat commun, retrouver courage et fierté. Parler et être écouté, savoir qu'on a de l'importance aux yeux des autres sont des premiers pas pour rester debout.

seur, qui peut être un individu ou un groupe, ou bien de se laisser gagner par la honte de l'autre.

« La misère n'est pas fatale. Elle est l'œuvre des hommes ; seuls les hommes peuvent la détruire. » Ces mots de J. Wresinski, fondateur du mouvement ATD-Quart-Monde, nous poussent à revenir sur nos démissions. Mais comment relever ce défi ? Des citoyens ordinaires peuvent-ils créer ou recréer des liens sociaux ? Oui, à condition de savoir que cela n'est possible qu'avec le concours actif de ceux qui étaient abandonnés hors cité, en reconnaissant leurs efforts quotidiens pour garder la tête haute et en nouant avec eux des liens durables de confiance. L'aumône individuelle, le don, l'aide sociale ou institutionnelle, actions légitimes et nécessaires, mais non suffisantes, procèdent d'un même fonctionnement vertical : se pencher sur les plus faibles, dans le dessein de les aider à résoudre leurs difficultés, mais sans les consulter. En réduisant leur autonomie et leur capacité d'agir, cette forme de solidarité enferme les bénéficiaires dans un statut de personnes à charge, et c'est une violence de plus.

La misère n'est pas fatale. Si nous luttons contre les préjugés, si nous acceptons de rejoindre les plus pauvres dans leur refus de la fatalité, si nous faisons exister leur combat dans notre propre vie, elle peut être vaincue. Chacun de nous peut, modestement, faire bouger les choses.

Dominique GARGUILO

À CONTACTER

Mouvement International ATD-Quart-Monde 107, avenue du Général Leclerc, 95480 Pierrelaye. Tél. : 01 30 36 22 20 Site web : www.atd-quartmonde.org

Mouvement Jeunesse Quart-Monde 29, rue du Stade, 77720 Champeaux. Tél. : 01 60 66 91 28. Site web : www.jqm.cie.fr

Alerte : Collectif d'une trentaine d'associations constitué en 1994 pour mettre en place un meilleur partenariat avec les pouvoirs publics. La majorité de ces associations sont membres de l'UNIOPSS (Union nationale interfédérale des œuvres et organismes privés sanitaires et sociaux).

À LIRE

Mazel, O., *l'Exclusion, le social à la dérive*, Marabout, Paris, 1996.

Audollent, D.-G., et Fayard, D, *Combattre l'exclusion*, Les essentiels, Milan, 1999.

Henry, P., Bordes, M.-P., *la Vie pour rien*, Robert Laffont, Paris, 1997.

Loumani, Z., Rossi, A., et Héra, *Pensées de la cité*, Le Reflet, 1998.

Dib, M., *Au Café*, Actes Sud, 1996.

Doff, N., *Jours de famine et de détresse*, Labor, 1998.

EN BREF

La notion d'exclusion

À ne pas confondre avec la pauvreté, l'exclusion se caractérise par un processus où se cumulent dans le temps les ruptures avec des formes essentielles du lien social : travail, habitat, famille-couple, participation au mode de vie culturel.

Un enchaînement de violences

Les exclus sont les victimes souvent honteuses, soit de violences institutionnelles de la famille, de l'école, du monde du travail ; soit de violences morales de la société dans laquelle ils vivent.

Une réflexion indispensable

L'assistance est nécessaire mais ne peut suffire à la réintégration des exclus si elle les enferme dans un statut de « personnes à charge » sans participation active de leur part.

Voir aussi

- Les conduites à risque des adolescents p. 244
- L'estime de soi p. 424

Face à la violence et à l'insécurité

La violence sociale est là et, avec elle, le sentiment d'insécurité. Pour la comprendre, il convient avant tout de se défier des slogans, des clichés trop confortables, tels ceux qui associent les jeunes et la violence, ainsi que des préjugés idéologiques. Mieux vaut procéder à l'examen des faits, au risque d'aboutir à des conclusions inattendues.

Les incivilités qui témoignent, le cas échéant, d'un mouvement de révolte de la part de leurs auteurs provoquent toujours une souffrance vive chez les victimes : elles se sentent atteintes à la fois comme membres d'une société qui ne veut, ou ne peut, plus les défendre, et comme individus bafoués et privés du respect qu'on leur doit. On ne comprend donc rien à l'insécurité si l'on n'aborde pas ce qui se joue dans la relation fauteur d'insécurité-victime d'insécurité, en sachant que ceux qui la provoquent souhaitent plus ou moins consciemment « agir » sur ceux qui la subissent.

Du côté des agresseurs

À la source des conduites d'incivilité, on trouve des bases structurelles liées au développement de l'individu. Les chapardages et autres incivilités sont « ludiques » chez les moins de 13 ans : il s'agit de quelque chose de transitoire, qui revêt un caractère exploratoire et initiatique au sein du groupe de pairs. Elles reflètent une recherche de contrôle sur le monde environnant et sur soi-même : ces jeunes ne peuvent se reconnaître eux-mêmes qu'en provoquant une réaction sociale, en côtoyant le risque. C'est là une manière d'éprouver leurs peurs et de mesurer leurs forces. Ils cherchent à voir s'ils peuvent aller trop loin. Sans réponse adaptée ou sans réponse du tout, ils seront amenés à cogner ou à crier plus fort, à faire plus mal et à s'épargner moins encore.

À l'adolescence, il ne s'agit plus tellement d'un jeu, mais d'une interrogation sur les règles sociales du jeu. À ce moment de la vie, les réponses apportées sont particulièrement importantes, et cela en raison des incertitudes identitaires des adolescents et des questions existentielles qu'ils se posent. Si les modèles leur font défaut ou s'ils sont d'une complexité trop grande, ils ont l'impression d'être dans un monde sans règle sociale.

Cependant, une conduite au départ structurelle peut prendre un caractère pathologique, annoncé par des signes avant-coureurs : la plupart du temps, on trouve des antécédents pour ce qui concerne les troubles de la conduite apparus avant l'âge de 15 ans, et qui se manifestent par des fugues, des vols, des mensonges répétitifs, etc. Si un grand nombre de conduites de ce type persistent au-delà de la majorité, l'individu est susceptible de présenter un profil de personnalité antisociale.

L'incivilité est le nouveau mot apparu pour désigner des conduites agressives, mais pas obligatoirement délinquantes. Ce pourrait être le contraire d'un autre mot également à la mode : citoyenneté.

Du côté des agressés

Pour la plupart des gens qui en sont les victimes, l'agression est un choc. Elle génère une forte émotion pendant un laps de temps significatif, de l'ordre de quelques mois, la durée variant selon la gravité de l'événement.

L'événement traumatisant peut être revécu de diverses manières : certains sujets font état d'une irritabilité, d'accès de colère ou d'une certaine difficulté à se concentrer ou à mener à bien des tâches.

Habituellement, cela se traduit par des rêves répétitifs de l'événement provoquant un sentiment de souffrance. On remarque aussi, souvent, une souffrance psychologique ou une réactivité physiologique quand la personne se retrouve dans des situations rappelant ou symbolisant un aspect de l'événement traumatique.

S'engager contre l'insécurité

La pensée le plus largement partagée est la suivante : si les incivilités sont omniprésentes et qu'elles se répandent si facilement, c'est qu'au fond on n'y peut rien ! Le meilleur moyen, dans un premier temps, de s'opposer à

Sous les désordres, les attentes

Le vandalisme et l'agressivité verbale procurent un sentiment de pouvoir :

– en permettant d'attirer l'attention, de faire quelque chose et de faire réagir ; bref, de manifester son existence en provoquant la peur ;

– en traduisant un phénomène grégaire de réassurance mutuelle et une affirmation de puissance.

L'insulte est une manière de frapper, qui vient souvent à la place de l'attaque physique. L'injure est l'expression d'une volonté de puissance, mais qui n'est qu'un désir de puissance frustré.

Le tag, ce tatouage temporaire de la ville, est décrit comme un cri qui n'a rien à dire, une stratégie de reconnaissance sociale, et même de reconnaissance vitale. Pour certains, il délivre de la haine. Pour d'autres, il traduit un besoin de communication qui se nie lui-même en étant illisible, si ce n'est pour quelques pairs. Il est identifié aussi comme un élément de la reconquête d'identité dans l'uniformité sociale.

À LIRE

Roché, S., *la Société incivile, qu'est-ce que l'insécurité ?*, Seuil, Paris, 1996.

Szlakmann, Ch., *la Violence urbaine : à contre-courant des idées reçues*, Robert Laffont, « Réponses », Paris, 1992.

Dumay, J.-M., *l'École agressé : réponses à la violence*, Belfond, Paris, 1994.

À CONSULTER

Inavem : Institut national d'aide aux victimes, Paris XIVe.

Centre de psychothérapie de l'Institut de victimologie, 131, rue de Saussure, Paris XVIIe.

la dégradation consiste à recourir à la prise de parole et à qualifier ouvertement les troubles. Mais aussi, cela suppose que l'on s'interpose parfois physiquement entre l'auteur et la victime ou entre l'auteur et l'acte réprouvé. Cela nécessite du courage et une prise de risque physique. À l'opposé, il y a l'individu qui suit ses pulsions d'autoconservation. On en vient, à bout d'arguments, à qualifier ce qui se passe d'« anodin ».

Les conséquences de ces ruptures des codes de sociabilité sont importantes ; il ne peut pas y avoir d'action collective quand les individus sont démoralisés. Dans tous les cas, dans le milieu familial, l'école, la rue, une réaction immédiate doit rappeler la règle qui vient d'être violée.

La vie urbaine nous place dans une situation de vulnérabilité particulière. Toute inconduite ou toute incivilité, qu'elle soit humaine ou matérielle, est un signal d'alarme. La plupart du temps, les ruptures de civilité ne provoquent aucun autre effet immédiat que le malaise ou l'inquiétude. Mais, d'autres fois, en s'accumulant, elles déterminent un contexte qui entraîne une dégradation de la situation. Il y a désormais nécessité de se saisir des indices de cette tendance, de manière à ce que chacun trouve des réponses à ces désordres, avant la propagation d'une violence plus dure.

Dominique GARGUILO

EN BREF

Des causes structurelles

La violence chez les enfants et les jeunes adolescents est liée au développement de l'individu et à l'insuffisance de réponses adaptées à leur besoin d'être reconnus.

Des victimes traumatisées

Les victimes d'agression subissent un choc qui nécessite parfois le recours à une aide psychologique.

Des réponses à inventer

Lorsque la cohabitation entre citoyens se dégrade, la violence travaille la société en profondeur. Il est important de repérer les indices de cette dégradation et d'y inventer des réponses.

questions-*réponses*

Que faire en cas de stress après une **agression** ?

Lorsqu'un individu a vécu un état de stress aigu, les symptômes surviennent dans les quatre premières semaines après l'événement et doivent disparaître dans cette même période de temps. S'ils persistent plus d'un mois, il est nécessaire de consulter un psychologue ou un psychiatre formé à l'approche spécifique des personnes victimes d'un traumatisme. Le risque est que la victime évolue vers un trouble de l'adaptation, un trouble dépressif majeur ou un état de stress post-traumatique. Dans tous les cas, ces troubles nécessitent un suivi spécialisé.

Les médias ont-ils une influence sur l'**accroissement** de la **violence** ?

Les programmes télévisuels comportent un nombre de plus en plus important de violences, mais plaider en faveur d'une diminution de la violence à la télévision semble aujourd'hui utopique.
La recherche a montré que les enfants déjà enclins à l'agressivité sont généralement les plus sensibles à la violence filmée, mais la violence réelle, même filmée, entraîne plus d'agressivité que la violence fictive, Les parents doivent préparer les jeunes à voir des spectacles violents auxquels, de toute manière, ils n'échapperont pas.

Y a-t-il un **rapport** entre violence et **immigration** ?

On ne peut pas établir de lien très clair entre violence urbaine et forte présence étrangère. La violence immigrée n'est que le cas particulier du phénomène global de la violence urbaine. Le facteur essentiel de la violence dans les sociétés occidentales est, avant le chômage ou la précarité sociale, l'effritement des valeurs morales et civiques. Les communautés maghrébine, africaines ou autres ne font pas exception à la règle.

J'ai mal à la planète

Les rapports des experts, les informations souvent dramatisées diffusées par les médias ne nous en laissent rien ignorer : notre planète, attaquée de toute part par les industries humaines, va plutôt mal. Nous nous sentons à la fois victimes et coupables de cette dégradation. Mais que cachent nos peurs diffuses ? Et l'action ne serait-elle pas plus sécurisante que la résignation à une fatalité supposée ?

Bien souvent, l'horizon de nos arrière-grands-parents se limitait, ou presque, au clocher de leur village. Que le désert progresse en Mauritanie ou que l'on déboise sauvagement la forêt amazonienne, ils n'en savaient rien, et, l'auraient-ils su, que la plupart d'entre eux ne se seraient guère sentis concernés : c'était si loin… Nous n'avons plus droit à cette candide indifférence. La planète Terre s'est réduite aux dimensions du « village global », et notre inquiétude s'en accroît.

La conjugaison des inquiétudes

Dans les récentes réunions au sommet où était mondialement posée la question des dangers planant au-dessus de nos têtes, il est apparu que le plus grand concernait le changement climatique. D'abord, on ne voulait pas trop y croire, mais il a bien fallu admettre que le réchauffement allait plus vite que prévu et que l'activité humaine y était largement pour quelque chose. On ne parla alors plus que de l'effet de serre, produit par le déversement démesuré de gaz carbonique dans l'atmosphère.
Le risque écologique majeur du réchauffement ne peut, en outre, en faire oublier quelques autres, comme la pollution des eaux ou le déboisement des grandes forêts primaires.

Nous sommes aussi confrontés, dans nos vies quotidiennes, à des risques souvent réels et parfois supposés. Les épizooties nous font suspecter toute viande animale, les OGM nous tracassent, etc.

Progrès pour les usines. Au cours des cinquante dernières années, les rejets nocifs dans les zones industrielles ont été divisés par 50.

Pourtant, si l'on y réfléchit bien, la peur qui nous taraude n'a-t-elle pas quelque chose d'irrationnel ? Faudrait-il la rapprocher des grandes angoisses millénaristes avec leurs prophéties d'apocalypse ? N'exagérons-nous pas le sentiment d'un désastre annoncé parce qu'il a l'image de la destruction et rejoint notre peur de la mort ? Ou parce qu'il réveille, dans l'inconscient collectif, la vieille mémoire des fléaux que nos lointains ancêtres attribuèrent à des puissances surnaturelles inexorables ?

Réfléchir, raisonner et agir

Objectivement, aujourd'hui, la technologie peut, avec l'aide d'un peu de bon sens, remettre en état ce qu'elle a perturbé. Si l'on ne parle plus beaucoup des trous dans la couche d'ozone, c'est que la communauté internationale, en quelques années, a réduit de 80 % les rejets qui la détérioraient. Si les villes n'empestent plus, c'est que les usines ont considérablement réduit leurs émissions de mauvaises fumées. Si les actions des États souvent déçoivent, celles des citoyens sont loin d'être inefficaces, comme en témoignent la multiplication des associations de défense ou de sauvegarde, et les victoires qu'elles remportent çà ou là.

À CONTACTER

WWF, 188, rue de la Roquette, 75011 Paris.
Site Web : wwf.com

On nous annonce, dans un futur très éloigné, le dangereux rapprochement d'une météorite qui pourrait bien renvoyer l'humanité à l'état de poussière. Mais tant que le ciel ne nous tombe pas sur la tête, gardons les pieds sur terre.

Patrice KERVINIO

Économie contre écologie

Pour juguler l'effet de serre, la production de CO_2 devrait diminuer de 70 % dans les quinze ans à venir. Les négociations butent pour des raisons économiques, en particulier du fait des États-Unis, les plus grands pollueurs.

EN BREF

Une grande peur sur la planète

Entre l'effet de serre qui réchauffe l'atmosphère, le déboisement, et les pollutions de toute sorte, la planète et notre quotidien semblent menacés. Mais, presque tous les problèmes de pollution ont leur solution.

Une réflexion qui s'impose

Ne faudrait-il pas réfléchir à la part de l'irrationnel, et à ce que nous projetons de contenus inconscients dans nos inquiétudes ?

L'aide thérapeutique

Et si je prenais un « psy » ?

Les psychothérapies occupent assurément une position paradoxale : on n'a jamais autant entendu parler d'elles dans les médias et, pourtant, l'image distillée auprès du grand public demeure souvent inexacte et trompeuse. Pourquoi, comment, dans quelle attente consulte-t-on un psy ? Autant de questions dont on ne connaît pas forcément les réponses de manière claire.

Nombreuses sont les publicités qui caricaturent le dispositif thérapeutique où le psy, sorte de « doux dingue », s'endort derrière un patient, alors décrit comme la victime passive d'un supposé charlatanisme des temps modernes. Au-delà du comique de situation, c'est aussi toute une palette de vieux stéréotypes que l'on exhibe de la sorte : comme si ce patient était pris en faute, qu'il était coupable et ridicule d'aller confier ses secrets les plus intimes à quelqu'un qui, de surcroît, ne l'écoute pas ! En exploitant de manière triviale les craintes ressenties envers le psy, ces parodies publicitaires n'aident en rien les personnes qui s'interrogent sur elles-mêmes et se sentent parfois coupables de ne pas aller bien dans un monde où règnent compétitivité et performance. En revanche, si l'on souhaite aborder sérieusement ce domaine, une multitude de questions et de réponses surgit.

Pourquoi consulter ?

Comme en publicité, les déboires de l'existence dans la vie réelle font souvent rire de la personne qui dégringole ou qui chute. Cette malveillance à l'égard de quelqu'un qui ose se livrer contribue à maintenir les résistances de certains pour qui consulter un psy, c'est être faible, fou… ou le devenir. Ceux qui fréquentent les cabinets de psy savent pourtant quel courage et quelle ténacité il faut pour affronter et pour épier les moindres mouvements de l'« âme ».

Les réticences à consulter un psy se révèlent donc multiples. Parmi les plus courantes, on peut relever des motifs tels que l'image erronée de ce qui s'y joue ; l'appréhension face au type de relation que cela engage ; la réaction négative face à un ordre intimé par un proche – le fameux « va te faire soigner » qui a de quoi agacer… Et aussi la crainte de s'éterniser dans un processus thérapeutique sans fin, le souci du coût financier, etc.

Les raisons de consulter.

Nous connaissons tous, avec des degrés d'intensité variable, des événements de vie qui nous affligent et devant lesquels nous n'avons pas toujours les ressources physiques, psychologiques et morales permettant de faire face : divorce des parents, difficultés relationnelles à l'école, avec des membres de la famille et, plus tard, dans le milieu professionnel, déracinement géographique, perte d'emploi, rupture amoureuse, deuil, etc. À la suite de ce type d'événements ou longtemps après peuvent apparaître des symptômes divers et variés.

Les difficultés psychologiques qui mènent à une thérapie ne sont pas forcément liées à des perturbations lourdes. Certains en attendent l'occasion d'augmenter leur efficacité personnelle dans différents domaines, une meilleure maîtrise de leur existence ou la recherche d'un autre mode de vie...

Ces symptômes pouvant amener à consulter sont les suivants : agitation interne, comportement de dépendance, humeur dépressive, sentiment de fatigue et d'épuisement, anxiété, maux de tête et migraine, troubles de la concentration et de la performance, pensées fixes (obsessionnelles), troubles du sommeil. Nous mettons de côté ici des propos incohérents ou des hallucinations qui nécessitent, quant à eux, une intervention d'urgence.

Une démarche comme une autre.

Pour des problèmes d'ordre physique, on consulte un médecin qu'on écoute sans peine. Dès lors que l'on parle des nombreuses difficultés psychologiques qui jalonnent la vie de tout homme, il semble que les choses soient très différentes. Dans ce domaine, chacun semble avoir son mot à dire. Alors que nul ne songerait à se substituer à l'architecte ou au chirurgien dans leur champ de spécialité, on se réserve fréquemment le droit de réfuter les propositions du psychothérapeute, qu'elles soient d'ordre théorique ou pratique. Tout le monde se croit ainsi psychologue, et l'est d'une certaine manière en ce qu'il pratique au quotidien une certaine forme d'écoute, d'aide ou de conseil à autrui. Si les proches et les amis offrent un soutien moral et psychologique souvent efficace, il arrive pourtant que la personne soit débordée par l'ampleur des problèmes auxquels elle est confrontée. Ces difficultés peuvent être passagères et ne nécessitent pas toujours une consultation. Nous surmontons, pour la plupart, les crises de l'existence sans avoir besoin d'une aide extérieure. Il arrive toutefois que ces symp-

Des difficultés supplémentaires

Aux troubles le plus fréquemment évoqués par les personnes qui consultent s'ajoutent souvent d'autres difficultés. Ce sont, par exemple :

- **La perte de l'estime de soi et une impression de dévalorisation.**
- **Un sentiment d'échec et d'atermoiement dans les prises de décision.**
- **Des états d'angoisse et des insomnies tenaces.**
- **Une perte de vitalité et des idées noires pouvant aller jusqu'à des envies de suicide.**

Pourquoi sont-ils en psy ?

Parmi les multiples motivations des personnes entamant une thérapie, on trouve notamment :

- **L'attente d'être aidée par un professionnel compatissant.**
- **La recherche d'un soutien permettant de traverser une situation de crise.**
- **La possibilité d'affronter des émotions jusqu'alors inavouées.**
- **La libération cathartique (du grec *catharsis*, « purification de l'âme ») à mesure que l'on discute de son problème dans l'atmosphère rassurante de la thérapie.**
- **L'acquisition d'une explication à l'égard de ses difficultés.**
- **La confirmation qu'on n'est pas fou.**
- **La découverte des ressources pour affronter des situations problématiques.**

tômes persistent et que l'entourage s'en alarme et le signale au psy. En face, la personne souffre d'autant plus qu'elle comprend elle-même très mal les raisons de ses peurs, de ses angoisses et de sa souffrance.

À partir de là, pourquoi avoir recours à un psychothérapeute dont la démarche pourrait sembler *a priori* très proche d'une relation de type amical ? Parce que le thérapeute, formé à l'écoute, est une personne extérieure au problème et qui n'est pas affectivement engagé comme peut l'être un ami. Expert de la relation, il possède les moyens de déchiffrer avec vous le fondement de vos interrogations et peut vous proposer des solutions nouvelles et différentes de celles que vous avez l'habitude d'entendre.

Trouver le bon psy

Une fois prise la décision de consulter, il reste à trouver un professionnel compétent. Comment se repérer dans une jungle d'appellations « psy » renvoyant à des trajectoires professionnelles différentes et rendant parfois leur identification professionnelle difficile ?

Des psychologues, des psychanalystes, des psychiatres, des psychothérapeutes, des psychiatres-psychanalystes, des psychologues pratiquant l'hypnose ou la relaxation, etc. : la liste des « psy » est longue et peut laisser perplexe.

Dans l'idéal, un thérapeute devra à la fois posséder une formation de base en psychologie et avoir effectué une démarche complémentaire dans l'un des établissements formant aux différentes formes de thérapie : psychanalyse, thérapie familiale, thérapie cognitivo-comportementale, etc.

Que disent les diplômes ? Pour la formation de base et les diplômes reconnus par l'État qui garantissent, en partie au moins, le sérieux de la démarche effectuée par le psy, trois profils peuvent se présenter.

Il (ou elle) possède un diplôme de psychiatrie : il est médecin et a effectué une spécialité de quatre ans en psychiatrie, comportant notamment un enseignement poussé en psychopharmacologie. Les psychiatres peuvent donc prescrire des traitements médicamenteux.

Il a obtenu un diplôme de psychologie clinique (DESS : diplôme d'études supérieures spécialisées) consacrant une formation en cinq ans composée d'un enseignement théorique et de nombreux stages sur le terrain.

Enfin, il peut se définir comme psychothérapeute, titre non reconnu par l'État.

L'obtention d'un diplôme universitaire de psychologue ou de psychiatre ne fait pas un thérapeute pour autant. Les enseignements dispensés offrent des connaissances théoriques indispensables à la compréhension du fonctionnement psychique humain, mais le cursus s'accompagne, dans les deux cas, d'une pratique dans des centres hospitaliers ou dans des établissements de soin.

La formation de psychothérapeute est proposée par un ensemble d'écoles ou d'instituts privés à des personnes souhaitant acquérir un bagage spécialisé dans le domaine de la relation d'aide et thérapeutique. Des formations universitaires du troisième cycle accueillent également des personnes possédant un niveau de maîtrise (quatrième année d'études).

Le troisième cas de figure est représenté par un ensemble de professions paramédicales, voire par des métiers qui possèdent un lien plus ténu avec l'enseignement de la psychologie : la personne possédera alors un diplôme plus indirectement relié au domaine psychologique et pourra être philosophe, éducateur, orthophoniste, infirmier, kinésithérapeute, etc.

Quelles trajectoires professionnelles ? Il ne faut pas hésiter à poser des questions sur la formation du psy que vous rencontrez, d'autant plus qu'en l'état actuel des choses n'importe qui peut poser

Comment trouver un psy ?

Lorsqu'est prise la décision d'entreprendre une thérapie, il reste encore à trouver le thérapeute. À quelle porte frapper ?

Après s'être bien informé sur les tenants et les aboutissants des différentes formes de théapie, on peut consulter les associations professionnelles et les instituts : ils disposent d'annuaires de leurs membres et titulaires affiliés, ce qui constitue *a priori* une garantie de compétence.

Interroger son médecin généraliste demeure un excellent moyen.

Le bouche-à-oreille peut fonctionner, à condition que les liens avec la personne qui vous recommande son psy ne soient pas trop proches. Par souci de professionnalisme, le psy ne reçoit pas des personnes qui se connaissent très bien. La recommandation par un ami de confiance est également possible.

La pioche au hasard dans un annuaire ou par Minitel n'est sans doute pas le meilleur moyen, et encore moins les annonces parues dans les journaux.

Si vous vous sentez suffisamment en confiance lors des premiers entretiens, il n'est pas utile de vérifier que vous tenez « le bon psy » en allant en voir un autre... Si tel n'est pas le cas, en règle générale, le recueil de deux ou trois adresses peut paraître suffisant. Au-delà, c'est votre propre désir qu'il faut interroger. S'il vous semble plus facile de parler à un homme ou à une femme, vous devez vous écouter, mais cela a moins d'importance que vous l'imaginez.

Séances manquées, séances payées ?

Les séances manquées ne sont pas dues si l'on a prévenu suffisamment à l'avance et en cas de force majeure. Par contre, si l'on manque un rendez-vous sans raison valable, il faudra régler le coût de la séance, et s'interroger sur la raison de ce comportement.

sur sa porte la plaque de « psychothérapeute » ou de « psychanalyste », alors qu'il n'aura effectué aucune des démarches de formation indispensables.

Outre des cours et des séminaires réguliers pendant plusieurs années, les formations dispensées par les différentes écoles de thérapie exigent souvent que le candidat effectue une démarche personnelle approfondie, c'est-à-dire qu'il ait entrepris lui-même une thérapie. À l'issue de cette expérience personnelle, il prend en charge un ou plusieurs patients, mais sous le contrôle étroit d'un collègue expérimenté. C'est seulement après une formation théorique et clinique de plusieurs années que ses pairs le reconnaissent apte à l'exercice de la psychothérapie.

Les qualités du « bon » psy. Les diplômes et une solide expérience sont des données fondamentales, mais ne suffisent pas. Il faut encore que le psychothérapeute digne de ce nom possède des qualités humaines et d'écoute particulières. Le long apprentissage du savoir-faire thérapeutique acquis au fils du temps consiste, par exemple, à être capable de contrôler ses émotions et ses réactions, de gérer ses émois personnels pour qu'ils interfèrent le moins possible avec ceux du patient, de créer un climat de confiance et d'épanouissement, de tenir la bonne distance face aux problèmes des autres, de ne pas utiliser sa position de pouvoir pour manipuler la personne en face de soi et, enfin, de démêler avec patience et pertinence le fil de l'histoire personnelle du patient.

Cette description des aptitudes thérapeutiques pourrait laisser entendre qu'il s'agit d'un être exceptionnel. Il n'en est pourtant rien : le psy est un « M. Tout-le-Monde », traverse les mêmes crises et les mêmes difficultés que les patients qu'il rencontre. Il a, en revanche, acquis les outils psychologiques nécessaires pour gérer ce type de difficultés grâce à la psychothérapie qu'il a effectuée.

La personnalité et la disponibilité du praticien sont des facteurs importants dans le choix à opérer. Le psychothérapeute efficace, quelle que soit son approche, est avant tout capable de communiquer à son patient le respect qu'il lui porte, son désir de l'aider et, finalement, sa capacité de le comprendre.

La première séance

Le psy est trouvé. Le processus se met en marche. Mais, entre le premier contact par téléphone et le premier rendez-vous, des inquiétudes tout à fait normales peuvent surgir : « Que va-t-il penser de moi ? Vais-je pouvoir lui parler ? Que vais-je lui dire ?, etc. » Il est inutile d'établir à l'avance le « récit de sa vie », cela ne se déroule jamais comme on l'a prévu. Ce manque de spontanéité serait d'ailleurs perçu par votre interlocuteur, qui n'attend pas de vous un exposé construit et littéraire des événements importants de votre existence. Si de réelles raisons vous motivent, vous n'aurez aucun mal à expliquer pourquoi vous êtes venu. Votre demande pourra, d'ailleurs, évoluer au fil des séances, ce qui fait tout l'intérêt de ce dispositif ouvert et souple. Le principal consiste à vouloir changer quelque chose à sa vie, c'est-à-dire à accepter aussi de se remettre en question, opération éminemment difficile.

Le premier contact. Lors du premier contact, la voix du psy au téléphone a pu vous paraître un peu sèche ou l'échange téléphonique trop court : c'est tout simplement que beaucoup de psy gèrent eux-mêmes leurs rendez-vous et qu'étant en consultation ils ne peuvent se permettre de vous garder trop longtemps au téléphone. Même les modalités pratiques de la thérapie envisagée pourront être discutées lors de la première rencontre. Il vaut donc mieux être concis et vous limiter à détailler clairement vos disponibilités de rendez-vous. Vous aurez tout le temps d'être écouté pendant les séances à venir. Si vous travaillez, certains psy peuvent d'ailleurs vous proposer des créneaux horaires très tôt le matin (vers 6 ou 7 heures) ou très tard le soir (21 heures ou plus). Vous pourrez également essuyer un refus, non parce que vous n'êtes pas digne d'intérêt, mais certains psy ayant déjà une clientèle fournie se doivent de décliner votre demande pour pouvoir assurer un travail sérieux avec leurs patients. En général, le psy en question ou parfois sa secrétaire vous indiquent alors le nom d'un confrère. Vous pouvez encore tomber sur un répondeur qui vous indique des horaires ou vous demande de laisser vos coordonnées téléphoniques.

Les premiers échanges. Vous voilà chez le psy. À la différence d'autres rencontres, par exemple amicales, l'entretien thérapeutique s'écarte de la scène de conversation ordinaire. Si vos amis parlent autant que vous dans un échange, le psy, lui, est là pour vous écouter et pour prendre la mesure de vos difficultés. Lors des premières séances, il se peut qu'il ne parle pas beaucoup, ce qui ne doit pas vous inquiéter : il ne

Sages précautions

Avant de partir pour votre rendez-vous, surtout si vous vous sentez quelque peu troublé, vérifiez bien l'heure, l'adresse et ayez le numéro de téléphone sur vous pour pouvoir joindre le psy en cas de problème. La plupart du temps, il n'existe pas de plaque à l'entrée, hormis pour certains psychiatres regroupés en cabinet. Cette absence de visibilité tient du respect de confidentialité et d'anonymat des patients : certaines personnes ne souhaitent pas que l'on sache qu'elles vont consulter un psy. En dehors des salles d'attente communes à plusieurs thérapeutes, vous patienterez généralement seul, puisque les patients ne sont pas censés se croiser. Certains psy n'ayant pas de salle d'attente peuvent même vous donner rendez-vous au coin de la rue, dans un café où ils viennent vous chercher.

Les modalités pratiques

Les premiers entretiens sont souvent l'occasion de négocier les modalités pratiques : la fréquence et le coût des séances. Ces aspects matériels de la thérapie requièrent une attention particulière : ils constituent la base du travail à venir.

va pas vous donner en cinq minutes les solutions à des « dysfonctionnements » dont vous souffrez depuis de nombreuses années.

Cependant, pénétrant pour la première fois dans le cabinet d'un psychothérapeute et avant même qu'une parole n'ait été échangée, le sujet sent bien qu'il s'engage dans un processus très particulier, dont l'objet est sa propre personne, et où il ne sera question que de lui. Avant même que s'instaure la relation thérapeutique, puis tout au long de son déroulement, thérapeute et patient entretiennent ainsi un certain nombre de croyances et de sentiments réciproques qui jouent un rôle essentiel à l'établissement, au développement et à l'évolution de cette relation. Les premières impressions représentent donc le socle de la relation, et vous devez privilégier votre ressenti, qu'il soit positif ou négatif. Les questions à se poser sont du type : « Ai-je le sentiment d'être bien entendu et bien compris ? », « Me renvoie-t-il des interprétations pertinentes au regard de mes difficultés ? »

Une ou deux rencontres se révèlent parfois insuffisantes pour se faire une idée. Il peut être important de persévérer pendant plusieurs séances, dans la mesure où, comme dans toute relation, l'intérêt mutuel n'est pas systématiquement immédiat. En revanche, si les sentiments négatifs persistent après de nombreuses rencontres, il est inutile de continuer. Dans le cas où ces sentiments ne disparaîtraient pas avec tous les psy rencontrés, il vous faudrait alors vous interroger sur votre désir de suivre une psychothérapie ou une psychanalyse. Il est également possible d'en parler avec eux, qui sont les mieux placés pour comprendre vos réticences et examiner ce qui se joue là pour vous.

La tentation d'abandonner. Le tout-début du traitement est plus particulièrement marqué chez le patient par l'espoir d'être aidé. La mobilisation des attentes et l'établissement de la relation thérapeutique rendent possible un effet de soulagement émotionnel visible dès les premiers contacts avec le thérapeute. Cette fonction préalablement « suggestive » de la relation thérapeutique peut être trompeuse, au point que certains patients abandonnent le processus thérapeutique plus tôt qu'il le faudrait. La fin d'une thérapie, comme pour le reste, est une affaire à régler à deux et dont il convient de discuter ensemble.

L'évaluation des bénéfices

Face à la diversité des méthodes thérapeutiques, on est en droit de se demander, d'une part, si ces techniques et ces méthodes s'équivalent en termes d'efficacité et, d'autre part, si les effets obtenus sont les mêmes, compte tenu de la personnalité et des besoins spécifiques de chaque patient. Autrement dit, pour un trouble donné, certaines thérapies seraient-elles plus recommandables que d'autres ?

On se pose souvent la question de savoir si la trajectoire thérapeutique d'un patient présentant un type particulier de difficultés s'est révélé efficace et, en cas d'échec, s'il n'en aurait pas été différemment avec une autre thérapie.

Malgré une apparente simplicité, la comparaison de l'efficacité des différentes thérapies pose en réalité de nombreux problèmes parmi lesquels on compte : la multiplicité des modèles thérapeutiques qui n'ont pas la même façon d'envisager les problèmes et, donc, ne recourent pas aux mêmes techniques pour traiter ces problèmes ; les temps d'intervention, qui sont variables – certaines thérapies durant, en effet, plus longtemps que d'autres ; la diversité des troubles et pathologies qui rendent les comparaisons entre thérapies difficilement maîtrisables ; la subjectivité de la notion de « réussite » psychothérapeutique. Et, enfin, les problèmes éthiques liés aux dispositifs d'observation des thérapies et qui ne doivent en rien perturber leur cours habituel.

Des méthodes d'analyse. Malgré les difficultés, des méthodes dites « méta-analytiques » ont cherché à évaluer l'efficacité des différents traitements grâce à un large ensemble de critères permettant de les différencier : durée de la psychothérapie, années d'expérience des thérapeutes, données socio-économiques sur les thérapeutes et les patients, diagnostic des patients, pronostic établi, techniques utilisées, types de troubles présentés par les sujets, conditions spatio-temporelles des séances, évaluation des séances par les thérapeutes et par les patients… Par compilation d'un vaste ensemble de recherches, les méta-analyses cherchent ainsi à examiner l'effet des traitements en relation avec les caractéristiques du patient, du thérapeute ainsi que des méthodes et des techniques employées.

Un constat d'équivalence. Les résultats des méta-analyses mènent à un constat d'équivalence entre les principales méthodes psychothérapeutiques. Dans leur ensemble, les recherches montrent que la psychothérapie s'avère plus efficace qu'un traitement placebo médicamenteux ou qu'une absence de traitement. On a donc plus de chance de « se sortir » de ses difficultés en suivant une thérapie qu'en prenant seulement des médicaments ou en ne faisant rien du tout.

Si un consensus est loin d'être atteint en ce qui concerne l'efficacité de thérapies marginales, le constat tend vers l'équivalence des principales méthodes thérapeutiques. Tout porte ainsi à croire qu'aucune psychothérapie n'est supérieure à une autre si on compare des thérapies comportementales à des thérapies de soutien ou à des thérapies cognitives, des thérapies psychodynamiques à des thérapies comportementales chez les enfants, des psychanalyses (cure type) à des psychothérapies d'inspiration psychanalytique.

L'importance du thérapeute. Le niveau de compétence des thérapeutes apparaît comme un facteur non négligeable de l'efficacité thérapeutique. Il a été montré qu'un degré d'expertise important permet une amélioration notable de patients aux pronostics défavorables. Avec des novices, les patients tirent un meilleur bénéfice du traitement lorsqu'il est

À LIRE

Angel, P., et S., *Comment choisir son psy*, Robert Laffont, Paris.

Marc, E., *Guide des psychothérapies*, Retz, Paris.

mené par un candidat à l'analyse encore sous le contrôle d'un confrère expérimenté. Ce dernier point montre l'importance des procédures de contrôle garantissant la maîtrise et la qualité des techniques relationnelles mises en œuvre par les débutants pendant leur temps de formation.

Une efficacité démontrée. Les études évaluatives en psychothérapie montrent l'efficacité des thérapies et l'équivalence des principaux courants de psychothérapie. Cet étonnant constat a conduit certains chercheurs à penser qu'il pouvait exister des « facteurs communs » partagés par les différentes psychothérapies. Deux types d'explication non exclusifs l'un de l'autre peuvent être évoqués pour expliquer ces phénomènes d'équivalence entre thérapies. D'une part, les attitudes réelles et les réactions concrètes des thérapeutes ne seraient pas toujours conformes au rôle prescrit par leur école d'appartenance : les thérapeutes utiliseraient ainsi des techniques au moins partiellement communes. D'autre part, l'« alliance thérapeutique » (ou les aspects relationnels) tissée entre le patient et son thérapeute serait plus déterminante que les techniques mises en œuvre.

Pierre ANGEL
Laurence MASSE

EN BREF

Le besoin d'une aide extérieure

Nous rencontrons tous, dans notre existence, des événements qui nous affligent et devant lesquels nous n'avons pas toujours les ressources physiques, psychologiques et morales permettant de faire face. Le recours à une aide extérieure peut alors se révéler bénéfique.

Un choix difficile

De psychiatre à psychothérapeute en passant par psychanalyste, de multiples appellations désignent l'ensemble des « psy ».

Des formations fiables

Les diplômes d'État de psychiatrie et de psychologie clinique attestent d'une formation universitaire complétée d'une pratique dans des établissements.

Un constat d'équivalence

Hormis des techniques échappant à une évaluation sérieuse, toutes les méthodes sembleraient présenter un même degré d'efficacité, si la compétence du thérapeute, qui peut d'ailleurs pratiquer plusieurs méthodes, ne faisait, elle, la différence.

Les principaux courants

Naissance et développement de la psychologie

Ancrée, comme toutes les sciences, dans la philosophie, la psychologie, au cours des siècles, n'a cessé de se développer autour de débats sur des concepts opposés : nature et culture, inné et acquis, normal et pathologique, intériorité et comportement, conscient et inconscient, biologique et psychique. Elle s'intéresse à un vaste champ qui va de l'individu à ses représentations, à ses émotions, à son comportement, à ses activités et à ses relations sociales : c'est dire à quel point elle concerne le déroulement de notre existence.

De façon arbitraire, on attribue aux Grecs et, particulièrement, au philosophe Aristote les commencements de la psychologie. Plus de trois cents ans avant notre ère, dans son effort de classification du monde, celui-ci distingue trois types d'âmes : végétative (le corps sans vie), sensible (la vie dans le corps) et raisonnable (la pensée dans le corps vivant). Presque vingt siècles plus tard, apparaît avec Descartes la réflexion sur la conscience ; le fameux *cogito*, « Je pense donc je suis », lui permet de fonder son existence. Mais Descartes ne s'intéresse pas encore aux faits de conscience si ce n'est dans le cadre de son système.

Un siècle plus tard, pour Hume, Locke, etc., que l'on nommera les « empiristes », les idées ne sont pas innées, mais dérivent de l'expérience et de la perception. Bien que l'observation reste interne, l'empirisme introduit la notion d'une science comme la physique, mais mentale.

C'est encore à un philosophe, Kant, que revient, à la fin du XVIIIe siècle, le mérite de synthétiser le débat entre intériorité et comportement : le sujet ne peut s'observer qu'à travers des catégories pré-établies, telles que le temps, l'espace et la causalité. Le « je » ne peut s'atteindre directement par l'observation, mais seulement par la réflexion.

Des outils et des méthodes

Les premiers efforts scientifiques en psychologie, à partir de 1880, se concentrent sur l'étude des capacités mentales et de la perception. Les psychologues développent des méthodes et des outils de mesure qui leur sont propres. Ainsi naissent les premières échelles de mesure de l'intelligence, mises au point par A. Binet.

A. Binet et T. Simon mirent ensemble au point, entre 1905 et 1911, une échelle de développement de l'intelligence constituée par une série de petites épreuves concrètes faisant appel à la compréhension, au raisonnement et au jugement. Conçue à l'origine pour évaluer le retard de développement d'enfants, elle connut une renommée mondiale et fit l'objet de nombreuses adaptations.

Cette approche à visée objective s'oppose à la méthode introspective (de soi par soi) des faits de conscience, comme à l'intuition de Bergson, qui analyse le courant de la conscience.

Dans l'entre-deux-guerres, les psychologues traitent le cerveau comme une boîte noire : ils ne s'intéressent pas à ce qu'il s'y passe, mais à ce qu'il produit. Dans la lignée des expériences du conditionnement sur les animaux de Pavlov, les psychologues béhavioristes (en anglais, *behavior* signifie « comportement »), J. B. Watson et B. F. Skinner développent une théorie de l'apprentissage humain. Ils s'attachent à analyser en laboratoire les réponses à un stimulus donné. La psychologie se donne comme objectif l'étude des comportements, dont elle cherche à découvrir les lois, et dont l'activité type est le réflexe. Par le mécanisme de réponse à des stimuli, elle étudie l'adaptation d'un sujet qui n'est pas forcément humain aux changements du milieu. Ce courant, fondé sur le concept d'apprentissage et d'approche analytique, sera nommé « comportementaliste ».

Cependant, à la même époque, les psychologues gestaltistes (en allemand, *Gestalt* signifie « forme »), comme W. Köhler, rejettent cette approche analytique : pour eux, le tout n'est pas la somme des parties. Il existe une organisation qui appréhende de façon globale les perceptions aussi bien que les problèmes. Les gestaltistes insistent sur la notion

Pour s'y reconnaître

- **La psychologie générale traite de l'homme adulte dans son fonctionnement normal et en situation individuelle.**
- **La psychologie du développement concerne l'enfant, et la psychologie scolaire ses problèmes d'apprentissage ou d'orientation.**
- **La psychologie clinique s'applique aux situations pathologiques.**
- **La psychologie sociale s'intéresse aux groupes.**
- **La psychologie différentielle étudie ce qui distingue ou ce qui rapproche les individus et vise à développer des typologies.**
- **La psychologie du travail s'applique à l'homme sur ses lieux de travail.**

d'*insight*, terme difficile à traduire en français, qui correspond à une restructuration à caractère brusque du champ de la situation et de la perception. Cette notion d'*insight*, qui s'oppose totalement au concept d'apprentissage par renforcement des béhavioristes, joue un rôle très important dans l'apprentissage de nouveaux concepts et la résolution des problèmes. Ils différencient ainsi la pensée reproductive, qui fait appel à des solutions connues, et la pensée créative, qui nécessite une réorganisation des éléments de la situation.

Après la Seconde Guerre mondiale vient la psychologie cognitive. Les psychologues, avec J. Piaget, pensent la vie mentale comme un système. Cette évolution s'effectue en parallèle avec les progrès de l'informatique. Le cerveau est alors envisagé comme un ordinateur qui traite l'information. Le psychologue cognitiviste (du latin *cognitio*, « connaissance » ou « jugement ») étudie comment l'information est stockée et récupérée dans le cerveau et vise à modéliser les représentations mentales et les processus de traitement de l'information.

De nouveaux développements

La psychologie de l'an 2000 s'est enrichie de nombreuses branches, dont certaines ont une importance considérable.

La psychologie du développement, qui concerne l'enfant, a connu une évolution importante. À côté de Binet, cité plus haut, ses figures les plus marquantes en France sont J. Piaget et H. Wallon. Binet avait posé le concept d'un développement gradué et monotone qu'il mesurait par ses échelles. Wallon introduit une discontinuité dans le processus de développement de l'enfant avec le concept de stades de la personnalité : muni des moyens mis à sa disposition par sa maturation physiologique, l'enfant confronte ses besoins nouveaux au manque de plasticité du milieu social. En traversant des crises, il développe ainsi de nouveaux modes de fonctionnement psychique. Piaget propose une vision moins homogène et moins linéaire : il part des possibilités nouvelles de l'intelligence à utiliser des opérations mentales ou réelles qui s'intègrent entre elles et qui génèrent le développement.

De multiples spécialisations

Outre les grandes branches de la psychologie, on assiste à une multiplication de spécialisations. Il y a ainsi, entre autres, une psychologie de l'art, une psychologie de la culture, une psychologie de la consommation, une psychologie du sport, une psychologie de l'environnement, etc.

La psychologie clinique, qui s'attache à la psychopathologie, est très marquée par les travaux et les recherches de la psychiatrie et de la psychanalyse. À partir d'une étude poussée de deux ou trois patients, les psychologues peuvent construire des théories explicatives du fonctionnement psychique de ces derniers. La spécificité de la psychologie clinique tient à son approche de l'être humain comme un sujet total et unique.

Une approche intégrative fait encore défaut. Certains prônent une approche biologique des problèmes. Les cognitivistes envisagent la maladie comme une construction que le patient se fait à lui-même. L'approche systémique se penche sur l'environnement du patient et sur la situation qu'il vit.

Enfin est apparue la psychologie sociale, fondée au tournant du XXe siècle. Elle va évoluer ensuite vers l'étude du fonctionnement des groupes restreints avec une fameuse étude de Hawthorne, dans les années 1930, mettant en évidence les structures que se donne un petit groupe pour fonctionner et pour garder son identité à l'intérieur d'un vaste ensemble. Elle se concentre ensuite sur l'étude des attitudes et sur les théories de la communication persuasive.

De nouveaux développements viendront encore. La psychologie est une science jeune, toujours en devenir.

Jacques TENCÉ

À LIRE

Anzieu, J., *le Groupe et l'inconscient. L'imaginaire groupal*, Dunod, Paris, 1975.

Bergeret, J., *la Personnalité normale et pathologique*, Dunod, « Psychismes », Paris, 1996.

Freud, S., *Cinq Psychanalyses*, PUF, Paris, 1954.

Köhler, W., *Psychologie de la forme*, Gallimard, « Folio Essais », Paris, 2000.

Piaget, J., *Psychologie de l'intelligence*, A. Colin, 1943.

Wallon, H., *l'Évolution psychologique chez l'enfant*, A. Colin, Paris, 1941.

EN BREF

Une fille de la philosophie

La psychologie, restée très longtemps ancrée dans la philosophie, n'en a émergé qu'au tournant du XXe siècle, où elle a commencé à développer ses propres outils et à se poser comme une science.

Un champ très vaste

Cette jeune science concerne l'individu, enfant ou adulte, ses représentations, ses émotions, son comportement, ses activités, ses relations sociales, et s'applique également à l'étude des collectivités.

Le courant psychanalytique

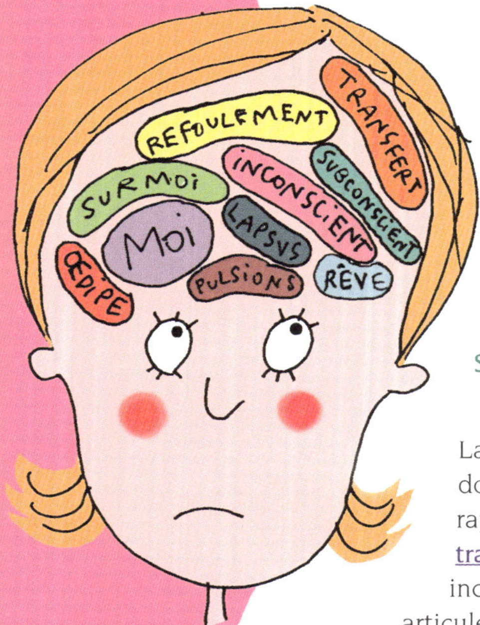

Inconscient, refoulement, transfert, moi, surmoi, etc. : des mots entrés dans le vocabulaire courant. Avec quelques autres, ils sont issus de la psycho-analyse, devenue psychanalyse, dont on parle beaucoup, parfois sans trop savoir précisément ce qu'elle recouvre.

La psychanalyse est une discipline comprenant plusieurs niveaux et dont les principes s'organisent à la fois autour d'une technique thérapeutique fondée sur l'interprétation contrôlée de la résistance, du transfert et du désir, d'une méthode d'investigation des processus inconscients par libre association et d'une théorie de la vie psychique articulée autour d'un ensemble d'hypothèses énoncées par Sigmund Freud entre 1882 et 1935.

La résistance concerne tous les processus qui font obstacle à la découverte de soi au cours de la cure. Le transfert désigne un ensemble de sentiments que le patient a éprouvés autrefois pour des membres de sa famille et qu'il réactualise, dans la cure, en les projetant sur la personne de son psychanalyste. La libre association est une méthode par laquelle le patient est incité à dire tout ce qui lui vient à l'esprit, sans discrimination aucune.

Freud et la vie psychique

Parmi les concepts fondamentaux de la vie psychique élaborés par Freud, certains ont une importance considérable. On peut tout particulièrement citer :

– L'existence de processus psychiques inconscients : l'application de la méthode psychanalytique aux rêves, aux actes manqués et aux symptômes révèle un sens caché et des motifs inconnus dont le sujet n'a pas conscience lorsqu'il les vit.

– La théorie du refoulement, concernant tous les processus qui permettent d'écarter des pulsions provenant de diverses sources de satisfaction ou de jouissance que le sujet a dû sacrifier aux impératifs moraux et normatifs de son histoire et de son développement psychosexuel. Des pulsions condamnables se voient refuser l'accès à la conscience et sont donc refoulées.

Le transfert peut s'illustrer par la formulation suivante adressée au psy : « Vous êtes bien comme mon père, vous ne dites rien quand je pleure », manifestation explicite d'un contenu dit « transférentiel ».

– L'importance du rôle de la sexualité et du complexe d'Œdipe : la description des différents stades de la sexualité infantile permet de révéler son rôle dans la formation des névroses, avec la notion d'organisation progressive de la libido (désirs, aspirations amoureuses) qui lui est associée. Par complexe d'Œdipe, on entend généralement l'investissement à la fois amoureux et hostile des enfants sur le parent de sexe opposé, lors du stade phallique.

Le stade phallique est celui qui succède au stade oral dans le développement de la sexualité infantile, et concerne la période où l'intérêt du petit garçon se concentre sur son pénis.

– La théorie des pulsions, c'est-à-dire la manière dont tout individu se situe par rapport aux objets en général, et amoureux en particulier, pour obtenir satisfaction. Parmi ces pulsions, l'opposition classique réunit des instincts de vie érotiques et sexuels contre des instincts de mort ou de destruction (pulsion de mort).

Les instincts de vie érotiques et sexuels opposés aux instincts de mort ou de destruction sont souvent évoqués sous les noms de deux dieux grecs, Éros, celui de l'amour, et Thanatos, celui de la mort.

– Le narcissisme, investissement et relation d'amour entre un individu et sa propre image, pouvant aller jusqu'à une captation de soi par cette image.

– L'existence, enfin, d'un appareil psychique qui relève d'une topique, c'est-à-dire qu'il s'organise dans des « lieux » métaphoriques : sa localisation, tout d'abord, en un système conscient, préconscient et inconscient devient, par la suite, un jeu de forces conflictuelles émanant du « moi », du « ça » et du « surmoi ». La personnalité, soit la structure psychique, se divise donc en trois instances aux visées antagonistes : le « moi » est tiraillé entre les impératifs moraux et culturels du « surmoi » et des pulsions « débridées » relevant du principe de plaisir défendu par le « ça ».

Parallèlement, Freud a fait évoluer sa méthode d'investigation en passant de l'hypnose à la suggestion et à l'état de veille. Par psychanalyse, on entend donc aussi une technique d'investigation originale des processus mentaux et de leur traitement. En généralisant, cette méthode consiste à rendre l'inconscient accessible à la conscience.

Des principes et des règles

Non content d'avoir élaboré ses théories de l'inconscient, Freud a également édicté un ensemble de principes et de règles qui sont encore les fondements de la cure analytique pratiquée de nos jours.

Pourquoi le divan ?

La cure type, c'est-à-dire la prise en charge psychanalytique classique telle qu'elle est pratiquée par Freud, impose un arrangement spatial particulier : le patient est allongé sur un divan alors que son thérapeute se tient derrière lui, assis sur un fauteuil. Ce choix du cadre spatial n'est pas le fruit du hasard car il permet un relâchement physique du patient, et en même temps un apaisement psychologique : n'étant pas regardé par son psy, il se sent potentiellement moins jugé et moins envahi par lui. Le psy, est également libre de réagir aux propos tenus, sans que ses éventuelles mimiques ou réactions n'interfèrent et n'influencent le patient.

Disciples et dissidents

Du côté des disciples de Freud, on trouve K. Abraham, E. Jones, S. Ferenczi (dont la technique sera reprise en gestalt-thérapie) qui, malgré quelques légers désaccords, prolongent son œuvre. Parmi ses détracteurs, Rank remet en question le rôle du complexe d'Œdipe dans la formation des névroses et, avec la notion d'angoisse primitive, la lie au traumatisme de la naissance (naîtra ainsi la psychothérapie du cri primal développée par A. Janov). A. Adler insiste, quant à lui, sur le rôle des relations interpersonnelles et est à l'origine de la psychosociologie du caractère. C. Jung développe la notion d'archétypes, qui désignent des images présentes dans l'inconscient collectif.

Après Freud, M. Klein va s'intéresser aux relations précoces de l'enfant avec sa mère et, plus particulièrement, aux premières perceptions du bébé. Elle ajoute un ensemble de concepts comme ceux de « bon et mauvais objet », de « projection » ou d'« introjection », qui aideront à la compréhension des psychoses. Elle met également au point un ensemble de techniques thérapeutiques, fondées sur le dessin et sur le jeu afin que les jeunes enfants puissent s'exprimer en séance. A. Freud, fille de son père, étendra son œuvre en s'intéressant aux enfants et en s'opposant farouchement aux thèses de Klein. D. Winnicott, médecin britannique, va aussi s'intéresser aux thérapies d'enfant en forgeant la notion d'« objet transitionnel » (un nounours, un vieux chiffon) qu'il décrit comme capable de combler le vide ressenti par l'enfant pendant l'absence de ses parents. J. Lacan marquera considérablement le mouvement psychanalytique français en proposant une refonte de la théorie freudienne par le biais de différentes disciplines, comme la linguistique, la phénoménologie et l'anthropologie. On lui doit les concepts connus de stade du miroir, de forclusion du nom du père. F. Dolto, enfin, a beaucoup fait pour la vulgarisation des concepts psychanalytiques dans le domaine des relations parentales et de la thérapie pour enfant.

Ainsi s'imposent au thérapeute le renoncement à la réserve restrictive de la communication des pensées (règle fondamentale) liée à la méthode dite de libre association ; l'absence de réponse aux sollicitations dont il est l'objet (règle d'abstinence) ; le type d'écoute, la « neutralité bienveillante », la réponse interprétative.

La personne en analyse doit, de son côté, se plier aux règles édictées par Freud : la limitation de la durée des séances ; le respect des horaires et du nombre de séances (trois ou quatre par semaine chez les psy orthodoxes et un rythme un peu moins soutenu chez les disciples de Lacan). Enfin, dans le cas de la cure type, le paiement des séances en liquide, même si elles ont été manquées.

Du côté du patient

Selon la « règle fondamentale », le psychanalyste demande à son patient de lui faire part de tout ce qui lui vient à l'esprit, d'exprimer verbalement ce qu'il pense et ce qu'il ressent, même si certaines de ses pensées ou émotions lui paraissent triviales, impertinentes, incohérentes, impudiques ou dépourvues d'intérêt. Par ce biais, le thérapeute tente de lui faire produire un discours autorisant une connaissance le plus exhaustive possible de l'ensemble de ses représentations, croyances, désirs, etc.

La règle d'abstinence prévoit, quant à elle, de frustrer le patient, c'est-à-dire de ne pas lui offrir de gratifications verbales ou gestuelles (mimiques, approbations, sourires) susceptibles de répondre aux sentiments du patient envers son psy (transfert) : cela a pour but d'éviter toute dérive de séduction, voire des rapprochements sexuels interdits, car ils grèveraient totalement les chances de succès de la thérapie.

À LIRE

Chemama, R. et Vandermesch, B. (dir.), *Dictionnaire de psychanalyse*, Larousse, « Les référents », Paris, 1998.

Du côté du psychanalyste

Le psychanalyste suit l'expression des pensées et sentiments du sujet par une attitude dite « neutre » et d'« attention flottante » sans qu'interfèrent de jugements, d'interventions intrusives ou de remarques personnelles. Dans les premières sessions, les relances consisteront en des questions exploratoires ou des demandes de clarification. Plus tard, les interprétations des motivations, des défenses ou de la résistance pourront être plus fréquentes et plus importantes afin d'aboutir à une reconstruction. Il revient, en effet, à Freud d'avoir montré que les patients, tout en cherchant les clés de leurs problèmes, peuvent aussi tenter de résister aux propositions de changement. De là, l'insistance particulière à mettre au jour de nombreux mécanismes de défense capables d'éclairer cette mise en abyme des représentations signifiantes.

Pierre ANGEL
Laurence MASSE

EN BREF

Une discipline à trois dimensions

La psychanalyse comporte à la fois une technique thérapeutique fondée sur l'interprétation contrôlée de la résistance, du transfert et du désir, une méthode d'investigation des processus inconscients et une théorie de la vie psychique.

L'apport de Freud

L'exploration de la vie psychique est essentiellement fondée sur une série d'hypothèses élaborées par Freud. Elle doit aboutir à faire passer les contenus de l'inconscient au conscient.

Des principes inamovibles

Les dogmes énoncés par Freud concernant aussi bien les modalités pratiques de la cure psychanalytique que le comportement du psychanalyste face au patient ont fait l'objet de nombreuses controverses, mais sont pratiquement encore observés de manière scrupuleuse par les freudiens inconditionnels.

Le courant systémique

Si, dans le cadre d'une cure psychanalytique, il est toujours question de Freud, de Jung, son disciple, bientôt dissident, ou de Lacan, d'autres voies de psychothérapies se sont ouvertes. Ainsi l'important courant systémique, qui met en avant la thérapie familiale.

La thérapie familiale systémique est née de la confluence d'un ensemble de disciplines, comme l'anthropologie, la psychanalyse, la sociologie, la biologie et, plus particulièrement, de la rencontre avec les théories permettant de rendre compte des systèmes de commande, de régulation, d'interaction et de communication dans les machines et chez les êtres vivants. Les pères fondateurs de ce courant comprennent un ensemble de membres regroupés dans la célèbre école de Palo Alto, en Californie : G. Bateson, D. Jackson, J. Weakland, V. Satir, P. Watzlawick, J. Beavin, R. Fisch. Sur le terrain, de nombreux psychothérapeutes, comme N. Ackerman, puis I. Boszormenyi-Nagy, Whitaker, etc., vont reprendre et modifier les concepts de la psychanalyse en prenant davantage en compte l'homme « dans son milieu » et, plus particulièrement, en interaction avec les membres de sa famille. Ils exercent donc un déplacement de l'intérêt pour l'individu et son psychisme vers celui, plus large, de l'individu pris dans un système, c'est-à-dire son contexte familial.

De nouveaux concepts

Parmi les concepts fondamentaux défendus par cette approche, on trouve :

– L'importance du contexte en général et du système familial en particulier, dans la mesure où un problème ne peut être compris qu'en référence au milieu ambiant dans lequel il émerge et se développe. La famille est conçue comme un système « autorégulé », qui définit des règles de fonctionnement et où chacun s'attribue, autant qu'on lui attribue, une place et un rôle à jouer. Il arrive ainsi qu'une personne trouve une place et joue le rôle de « patient désigné », c'est-à-dire qu'il porte des symptômes traduisant la souffrance du groupe familial.

Les théories qui ont largement contribué à l'élaboration du courant systémique sont essentiellement les théories de l'information, la théorie des systèmes et la cybernétique.

– La prise en compte des notions de hasard, d'imprévisibilité, d'aléatoire et de fortuit permet de mieux rendre compte du fonctionnement humain et de sa complexité. À partir de là, la notion de déterminisme historique (un événement A est la cause de B, parce que A précède B), régnant dans bon nombre de thérapies, doit être questionnée. Ainsi, P. Watzlawick, l'un des « pères fondateurs » critique l' « historicisme psychanalytique ambiant » qui permet d'affirmer que le passé en général dispose d'un « degré de réalité » supérieur à celui du futur. En effet, si le passé détermine le présent, il nous faut alors accepter ce dernier, en renonçant à tout espoir de changement. L'historicisme naïf conduit, de ce point de vue, à la négation de toute idée de psychothérapie.

– L'importance de la communication et le fait qu'on ne puisse pas ne pas communiquer : un comportement silencieux ou un refus de contact possèdent donc une valeur communicante. De là, l'intérêt de ce courant pour les manifestations verbales et non verbales (gestes, postures, intonations de la voix, mimiques, etc.) ; par exemple, dans les échanges mère-enfant, qui peuvent être symétriques ou, au contraire, discordants.

– La notion de « double contrainte » ou de « double lien », qui tire son origine d'une communication paradoxale. Des personnes engagées dans une relation affective, comme c'est le cas dans la famille, peuvent être amenées à livrer un message double ou ambigu, comprenant deux ordres contradictoires en même temps : c'est le fameux « soyez spontané ! » qui intime l'ordre d'adopter un état qu'on ne peut précisément pas ressentir au moment où ce comportement est dicté. La personne à qui s'adresse ce message est donc prisonnière de l'« illusion du choix » qu'on lui impose. Elle n'a aucun moyen de réagir, sinon parfois, lorsque ce type de message perdure, de devenir folle. La double contrainte ne provoque pas la schizophrénie, mais les troubles schizophréniques apparaissent souvent dans les familles où règne ce type de communication.

Le cadre et les règles

Le dispositif systémique est particulièrement attentif aux manifestations verbales et non verbales des participants, c'est-à-dire les membres de la famille qui viennent consulter. Pour améliorer la qualité de l'observation et le travail thérapeutique, les séances sont souvent filmées en vidéo et la salle dispose habituellement d'une glace sans tain. En fonction des difficultés familiales en présence, les thérapeutes proposent généralement un

Travail en duo

Les thérapeutes familiaux travaillent généralement en cothérapie. Deux thérapeutes participent à la séance, l'un dans la salle et l'autre derrière un miroir sans tain. Ce dispositif permet d'élaborer à deux l'histoire de la famille : alors que l'un peut être pris à témoin dans les mouvements émotionnels de la famille, l'autre peut conserver ses distances et demeurer plus « objectif ».

contrat à durée déterminée (10 séances, par exemple) ou indéterminée. Les séances ont lieu, en général, toutes les trois ou quatre semaines pour une durée d'une heure à une heure trente. La thérapie est achevée lorsqu'un nouvel équilibre entre les différents membres de la famille est restauré et que chacun a pu retrouver son potentiel personnel (affectif, cognitif, professionnel, etc.).

Des techniques spécifiques

Les thérapeutes utilisent, pour dynamiser l'issue thérapeutique, diverses techniques dont les noms nous sont encore peu familiers.

Le *génogramme* représente l'arbre généalogique de la famille actuelle et permet d'interroger l'histoire des générations précédentes : le rappel des événements familiaux significatifs déclenche parfois de vives prises de conscience du caractère répétitif de l'histoire familiale.

La *sculpturation* est une mise en scène non verbale (par des sculptures) des liens existant au sein de la famille : distances, relations de pouvoir, conflits et coalitions entre les membres sont ainsi décrits.

Les *tâches thérapeutiques* sont des consignes proposées par les thérapeutes et exécutées soit en dehors, soit pendant les séances. Le thérapeute

Quelques autres méthodes

Les avancées freudiennes, mettant en avant l'importance de la vie affective, le rôle de la sexualité dans la genèse de certains troubles névrotiques et l'existence de processus psychiques inconscients, ont généré de nombreuses controverses. Débats d'idées et polémiques battaient déjà leur plein du vivant de Freud, avec un ensemble de dissidents comme Rank, Adler, Jung, qui remettent en cause aussi bien les concepts clés de la théorie freudienne que les modalités de sa technique thérapeutique. L'intérêt porté aux enfants (avec Klein, A. Freud, Winnicott, Dolto), aux groupes et à la famille ou encore à des populations psychotiques ou en états limites, a ainsi conduit certains psy à revoir leurs méthodes thérapeutiques et à prendre des distances avec les aménagements rigoristes du cadre psychanalytique orthodoxe.

Des pratiques dérivées de la psychanalyse sont donc nées, avec des appellations qui varient de « psychothérapie de soutien » (PS) à « psychothérapie d'inspiration psychanalytique » (PIP) en passant par des « thérapies brèves d'inspiration psychanalytique » initiées par Sifneos puis Gillieron, dont la « thérapie focale » de Malan est une variante. On trouve encore le « rêve éveillé dirigé » (RED) créé par Desoille ou encore des « psychothérapies d'orientation psychanalytique de soutien et d'expression », avec Wallerstein ou Kernberg. Le « psychodrame » créé par Moreno, la « psychanalyse de groupe » défendue par Bion, Anzieu et Kaes, les groupes Balint destinés aux médecins, les « thérapies familiales psychanalytiques » sont autant de formes évolutives de l'application des concepts psychanalytiques à la famille ou aux groupes.

Ces thérapies se définissent, en général, par un dispositif en face-à-face et une durée de prise en charge plus réduite, de deux à trois ans en moyenne dans les consultations privées pour la PIP. Ces ingrédients traduisent plus largement une remise en question de la « neutralité » du psychanalyste classique. La pratique du face-à-face s'accompagne souvent d'une perception plus symétrique des relations, des modes d'intervention plus nombreux, plus transparents, voire parfois plus directifs de la part du psy. La souplesse de ces psychothérapies d'orientation psychanalytique rend *a priori* possible l'expression de sentiments de sympathie ou d'attitudes de soutien et au psychothérapeute le choix de donner des instructions, d'indiquer les efforts à poursuivre et dans quelles directions, afin d'aboutir au changement désiré.

peut alors effectuer des propositions visant à faire émerger des solutions nouvelles fondées sur les principes suivants :

– le patient est l'expert de sa thérapie : le thérapeute s'interdit de formuler des objectifs à la place de son patient ;

– le thérapeute s'abstient de changer quoi que ce soit dans ce qui convient au patient ou à entourage ;

– le thérapeute favorise tout ce qui marche et il intervient pour aider le patient à accomplir ce qui a déjà bien fonctionné pour lui. Il ne modifie donc que ce qui ne permet pas d'accéder au but visé.

En conséquence, la thérapie systémique est principalement axée sur la recherche de choix et de solutions auxquels le patient n'avait pas pensé jusqu'alors.

Pierre ANGEL
Laurence MASSE

EN BREF

De multiples dérivés

Déjà à l'époque de Freud, puis dans les décennies suivantes et jusqu'à nos jours, des psy échappant à la stricte orthodoxie édictée par le psychiatre viennois ont poussé leurs recherches sur des voies nouvelles qui, tout en intégrant les bases de la psychanalyse, les ont conduits vers d'autres pratiques.

La famille au premier plan

Parmi tous ceux qui se sont mis en place, le courant systémique est l'un des plus importants. Il a pour spécificité, avec des techniques novatrices, de ne pas se préoccuper seulement de l'individu, mais de tout le système dans lequel il est inséré, c'est-à-dire son milieu familial.

Un certain pragmatisme

Le projet de la plupart des nouvelles thérapeutiques est essentiellement de lever les obstacles qui empêchent une personne de parvenir à ses buts et de lui proposer des choix et des solutions.

Les thérapies cognitives et comportementales

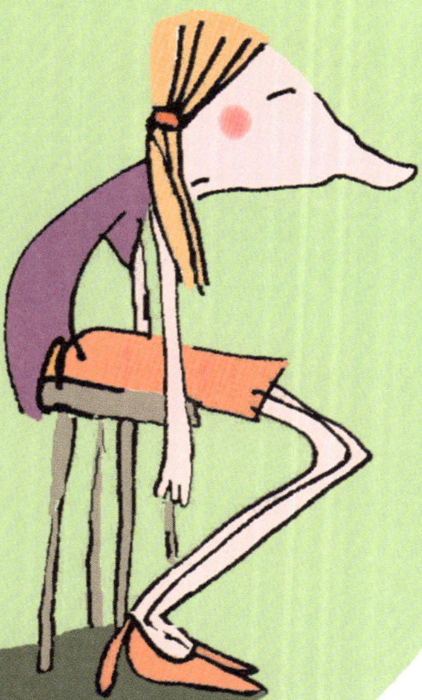

Anxiété et dépression sont devenues monnaie courante dans les sociétés développées. Elles naissent souvent d'un mode de pensée inadapté à la situation réellement vécue par une personne en souffrance. Un travail sur son psychisme, modifiant ce mode de pensée, amène à une bonne adéquation et peut amender ses troubles. Tel est l'objet de ce que l'on nomme les thérapies cognitives et comportementales, qui connaissent depuis une quinzaine d'années un essor important.

Vivre, c'est changer en permanence. Pour réagir avec pertinence à chaque situation nouvelle de l'existence, nous devons acquérir un nouveau savoir, un nouveau comportement, de nouvelles pensées. Nous apprenons en continu par observation, imitation, acquisition, volontaire ou sous la contrainte, d'un savoir. Cet apprentissage suppose une capacité d'adaptation dont les normes répondent à celles de la société ou de la culture. Elle dépend à la fois des processus de maturation organique et psychique, et des opportunités offertes par le milieu. L'inadéquation entre le système de pensées, les émotions qui en découlent, le comportement d'un individu et une situation qu'il est amené à vivre entraîne des troubles tels que l'anxiété, le stress, la dépression, parfois des tics ou des phobies. Les thérapies cognitives et comportementales, qui analysent cette interaction et cette inadéquation, permettent de rétablir ou de mettre en place une bonne adéquation, donc un nouvel équilibre.

L'apprentissage et la répétition

Les théories de l'apprentissage servent de cadre de référence à l'approche thérapeutique qui utilise les principes de la psychologie scientifique pour résoudre des problèmes cliniques. Les actes d'apprentissage, en effet, modifient la connaissance que l'on a du monde par un nouvel apport d'informations. La mémoire s'applique alors à la conservation et au rappel de cette information. En dépit de sa complexité, le comportement d'un organisme vis-à-vis d'une situation particulière revêt cependant un caractère répétitif évident, dans les limites de certaines conditions physiologiques. Cette répétition, constatée empiriquement, entre le stimulus et sa réponse, est ce que nous appelons une habitude. Par ailleurs, tous les comportements, même les plus complexes, peuvent s'expliquer par la combinaison de réponses élémentaires apprises par simple conditionnement sans même que l'on en ait conscience.

Les travaux du physiologiste russe I. Pavlov décrivent la « réaction conditionnelle de salivation » chez un chien. Cette expérimentation met en évidence les processus de « conditionnement opérant » et d'« extinction de la réponse », mais elle prouve également que la réaction conditionnelle acquise est temporaire : l'individu reste capable d'adaptation face à son environnement.

Cependant, le comportement conditionné appris peut se figer malgré les changements importants du milieu et risque de devenir inadapté, voire franchement pathologique, comme c'est le cas dans les phobies.

Parfois encore, les liaisons entre stimuli et réponses persistent et apparaissent aussi dans de nouvelles conditions plus ou moins similaires à la situation d'origine. C'est le phénomène de généralisation.

I. Pavlov, *le savant russe, a pu faire la démonstration suivante : un chien affamé salive lorsqu'on lui présente de la nourriture. C'est une réaction physiologique innée. Si on fait précéder l'apport de nourriture du son d'une cloche, au bout d'un certain temps le chien associera le son à la nourriture et salivera dès qu'il entendra la cloche. On dit alors que la salivation est devenue une réaction conditionnelle. Si l'on continue de faire entendre la cloche mais sans donner de nourriture, au bout d'un certain temps la salivation disparaît à l'émission du son. C'est l'extinction de la réponse.*

D'abord comprendre

Tiré du latin *cognitio*, qui signifie « juger » ou « comprendre », le cognitif met l'accent sur les systèmes de traitement de l'information et sur leurs produits dans la mesure où ils génèrent des comportements.

Dans cette conception, la pensée est un fonctionnement intégrant des messages, des commandes, des transmissions au travers de filtres qui organisent les attitudes du sujet et qui s'appuient sur la base physico-chimique constituée par les neurones.

Les thérapies cognitives se fondent donc sur la notion de schémas, de structures imprimés par l'expérience sur l'organisme et stockés dans la mémoire, lesquels traitent l'information de manière inconsciente, c'est-à-dire automatique. Ils rendent compte du vécu personnel de la personne concernée, de ses croyances, de la théma-

Indications

Selon de nombreuses recherches, les thérapies cognitives et comportementales sont indiquées pour les dépressions d'intensité légère ou modérée, les syndromes post-traumatiques, les états anxieux (phobies, attaques de panique, troubles obsessionnels compulsifs, anxiété généralisée), la gestion du stress, les difficultés sexuelles, certains problèmes psychosomatiques, les conduites addictives, c'est-à-dire de dépendance, comme l'alcoolisme, la toxicomanie.

Un exemple de thérapie cognitive

Une patiente de 38 ans vient consulter pour un épisode dépressif qui dure depuis un an. Elle est mère de deux filles, de 2 ans et de 1 an. Son mari, avec lequel elle a dû s'installer à Paris pour des raisons professionnelles, alors que leurs deux familles vivent en province, est souvent en déplacement. Elle-même travaille à La Poste avec des horaires décalés. Sous traitement antidépresseur depuis six mois, elle avait des idées suicidaires qui l'inquiétaient terriblement.

PREMIÈRE ET DEUXIÈME SÉANCES : recueil de données sur l'histoire de la patiente, son comportement, ses pensées, ses émotions, la qualité de son réseau de soutien, son traitement (analyse fonctionnelle) ; définition des objectifs de la thérapie ; proposition et présentation des techniques thérapeutiques.

SÉANCES SUIVANTES : repérage des situations qui provoquent des émotions pénibles.

■ La patiente : « Je me dis que je suis une mauvaise mère et que je n'aime pas mes enfants. »

Examen de l'évidence et procédure de résolution du problème de la situation.

■ La patiente : « Je suis fatiguée, je suis debout toute la journée. Mon mari n'est pas souvent là. Quand les filles prennent leur bain, la plus grande met de l'eau partout. Je suis pressée d'en finir avec cette journée, surtout que, lorsque j'ai ces horaires de travail, il y a une collègue avec laquelle je ne m'entends pas du tout. »

■ Le thérapeute : « C'est dans cette situation, le soir, en rentrant, alors que vous devez donner le bain aux deux enfants que vous vous dites que vous êtes une mauvaise mère ? »

■ La patiente : « Oui et je culpabilise de ne pas vouloir m'en occuper, alors que je ne les ai pas vues de la journée. »

■ Le thérapeute, insistant par réitération : « Comment pouvez-vous encore percevoir cette situation-là ? »

■ La patiente « Eh bien, je suis fatiguée ! Et les deux en même temps, ce n'est pas facile parce que je suis toute seule tous les soirs et je suis inquiète car je dois laisser la plus grande dans le bain pour habiller la petite dans la chambre à côté, même si je fais vite. J'aimerais pouvoir me mettre dans un fauteuil à ce moment-là. Alors je pense que je ne les aime pas, que je suis égoïste, mais peut-être que je ne supporte pas cette situation et ça n'a rien à voir avec l'amour que je porte à mes filles... » **Examen de l'évidence.**

« ... Je pourrais peut-être demander à la nourrice de le faire ? Je pourrais peut-être donner le bain de l'une après l'autre, mais je trouve que cela va plus vite les deux ensemble. Je pourrais peut-être leur donner le matin, quand je suis plus tranquille et moins fatiguée ? » **La procédure de résolution du problème se met en place.**

Cet exemple peut paraître naïf, cependant il démontre que, lorsqu'une émotion devient trop envahissante, la personne est bloquée dans son raisonnement. Ici la technique cognitive et comportementale permet de favoriser la récupération de la capacité de discernement par la mise en évidence de certains paramètres indépendants de l'amour maternel.

Vingt-deux séances à raison d'une par semaine, puis une séance par mois pendant six mois furent nécessaires pour que cette femme ne soit plus envahie par un sentiment de culpabilité, reprenne confiance dans ses sentiments maternels et dans sa capacité à organiser sa vie. Le traitement pharmacologique a été réduit progressivement avec l'avis de son psychiatre, pour disparaître totalement six mois après la première séance.

tique régulière de ses pensées, de sa logique, de ses interprétations, du contenu de son imagerie mentale. Les schémas représentent ainsi des interprétations personnelles de la réalité qui influencent les stratégies individuelles d'adaptation, dans la mesure où ils traduisent une attention sélective à des événements.

La pathologie est alors perçue comme une conséquence d'erreurs dans la logique formelle des traitements de l'information à différents niveaux.

Une cure brève par étapes successives

Les thérapies cognitives sont brèves : une vingtaine de séances, de trente à quarante-cinq minutes chacune, à raison d'une fois par semaine pour un symptôme unique. Il peut être nécessaire d'augmenter le nombre de séance dans certains cas. Elles s'effectuent selon une succession d'étapes dont l'analyse fonctionnelle, le questionnement, constitue les prémices. Elles ont pour but de recueillir des informations mettant en relation des comportements inadaptés, des pensées, des émotions, avec un environnement social, et de repérer les conditions d'apparition et de maintien des dysfonctionnements. Elles visent à identifier les demandes précises du patient et à définir avec lui les objectifs de la thérapie.

Le thérapeute expose au patient les principes qui fondent les thérapies cognitives et comportementales. Il explique les techniques utilisées : ce rôle pédagogique important permet de réduire l'anxiété face à des troubles qui angoissent. Il amène à développer les capacités à gérer son trouble dans le cadre d'une « collaboration thérapeutique ». Il est directif, didactique, et son rôle facilite la définition et la résolution des problèmes par des questions inductives. Il aide le patient à raisonner d'une manière empirique et logique et ainsi à résoudre les difficultés dues à de mauvaises évaluations des situations, à des raisonnements fondés sur de fausses prémisses et à des conclusions erronées et/ou irrationnelles.

La thérapie est centrée sur « ici et maintenant » : le travail s'effectue sur les problèmes actuels, mais le passé peut évidemment être pris en compte pour mieux comprendre l'évolution d'une attitude ou pour illustrer le comportement habituel du patient devant tel ou tel type de situation.

Le premier objectif de la thérapie consistera à aider à repérer, puis à modifier les pensées irrationnelles négatives qui entraînent des émotions pénibles : on est souvent plus ému par la façon dont on interprète les situations que par les situations elles-mêmes.

Le patient exprime la première pensée qui lui vient à l'esprit lorsqu'il vit une émotion pénible, puis il apprend à examiner la situation sous des angles différents : c'est la recherche de pensées alternatives. Il se décentre de son idée première, et l'émotion pénible baisse ainsi d'intensité.

Le second objectif de la thérapie cognitive est de mettre en évidence un schéma élaboré à partir de croyances dysfonctionnelles construites au travers d'expériences personnelles qui, lorsqu'elles sont réactivées, engendrent des représentations sources d'émotions désagréables.

Les techniques comportementales

Les techniques comportementales visent la désensibilisation à un stimulus répétitif qui perturbe ou qui stresse.

En 1958, le psychologue J. Wolpe met en évidence le modèle de l'« inhibition réciproque » : un conditionnement peut en neutraliser un autre. Il s'appuie sur une idée apparemment simple : les symptômes névrotiques sont des réponses apprises qui peuvent être désapprises. Cette orientation de recherches a abouti à la technique de la « désensibilisation systématique » dans les thérapies comportementales.

De la relaxation à l'immersion

La relaxation est l'un des principaux outils de la désensibilisation. Elle permet à la personne en difficulté de réduire ses réponses neurovégétatives et constitue ainsi une réaction antagoniste à l'état de panique et/ou d'angoisse. Différentes méthodes de relaxation sont proposées selon le patient.

La désensibilisation systématique en imagination fait également appel à la relaxation, mais selon un processus très construit. Le thérapeute établit avec le patient une « liste hiérarchique » des situations anxiogènes et des facteurs qui diminuent ou qui augmentent l'anxiété devant une situation précise. Ce patient apprend une des techniques de relaxation. Lorsqu'il est relaxé, on lui demande de se représenter en imagination dans une des situations anxiogènes de la liste préalablement établie. Si cette évocation s'effectue sans anxiété, on lui demande de vivre réellement cette situation dans l'intervalle des séances. Le but est de réduire l'angoisse d'anticipation et de permettre ensuite de mieux affronter les situations redoutées.

La désensibilisation systématique *in vivo*, c'est-à-dire dans des situations réelles, s'applique à une personne qui, pour des raisons particulières, n'a pas accès à l'apprentissage de la relaxation.

Deux processus rendent alors possible la confrontation aux situations anxiogènes.

Soit on procède graduellement : après la constitution d'une liste hiérarchique, on accompagne pas à pas le patient dans une situation anxiogène réelle pour lui, en l'obligeant à formuler son émotion et ses pensées afin de trouver une stratégie comportementale et cognitive pour affronter son problème.

Soit on opte pour l'immersion : on accompagne toujours le patient, mais on aborde d'emblée la situation la plus anxiogène pour lui. L'épreuve sera suffisamment longue pour permettre à l'angoisse de décroître spontanément afin d'obtenir l'extinction de cette émotion.

Selon les troubles dont le patient souhaite s'amender, une ou plusieurs de ces techniques lui seront proposées et expliquées, successivement ou simultanément par le thérapeute.

Associées ou non à un traitement médicamenteux ou à d'autres modes de thérapie, les techniques cognitives et comportementales apportent, en un temps relativement bref, une aide considérable aux troubles engendrés par le mal-être.

Maryvonne LECLÈRE

À LIRE

Mouren-Siméoni, M. C., Vila, G. et Vera, L., *Troubles anxieux de l'enfant et de l'adolescent*, éd. Maloine, Paris, 1993.

Steiner, C., *l'ABC des émotions*, InterÉditions, Paris, 1998.

EN BREF

Le but

L'utilisation des techniques cognitives et comportementales vise à modifier des pensées et des comportements inadéquats dans certaines situations qui font souffrir le patient, par la prise de conscience de ces attitudes répétitives.

Les techniques

Le thérapeute, grâce à l'utilisation de techniques validées, apprend au patient à identifier la pertinence de ses émotions, de ses pensées vis-à-vis d'une situation qu'il vit dans l'« ici et maintenant » et lui permet ainsi une meilleure adaptation dans le présent.

La compatibilité

Ces techniques ne sont pas incompatibles avec d'autres approches thérapeutiques. La pluralité d'une prise en charge peut être préconisée, mais une coopération entre les thérapeutes est indispensable afin que le patient sache « qui fait quoi ».

L'hypnose médicale

Une aura de mystère, de sorcellerie même. De l'inquiétude et de la fascination. Phénomène à la fois psychique et physique, l'hypnose trouble d'autant que, la plupart du temps, on ne sait clairement ni comment elle est provoquée ni où elle mène. Pourtant, on peut en appréhender le fonctionnement. Alors compréhensible, médicalement mise en œuvre, elle peut contribuer au mieux-être et à la guérison.

« Dormez, je le veux. » Voilà la vieille injonction qui vient à l'esprit, avec un sourire cependant aux lèvres, lorsqu'on évoque l'hypnose. Et, avec elle, un cortège de clichés attachés à l'image du magnétiseur de foire ou de music-hall. Tout cela n'a aucune espèce de rapport avec l'outil véritablement thérapeutique que peut être l'hypnose, lorsqu'elle est entre de bonnes mains. Mais qu'est-ce véritablement que l'hypnose ? On peine encore à caractériser clairement ce phénomène qui touche à la fois le psychisme et le corps. On s'accorde, cependant, généralement à le définir comme un état passager de conscience modifiée. Et c'est cette modification de l'attention qui se révèle bénéfique. Qu'elle soit spontanée ou, en thérapie, obtenue par un sujet, elle utilise cette capacité que possède chacun d'entre nous de se détacher du milieu qui l'environne et de fonctionner à un autre niveau. Consciemment nous sommes toujours là, inconsciemment nous sommes « ailleurs », dans cet état particulier où tout est différent car des « filtres » apparaissent. En fait, nous nous dissocions de tous les phénomènes conscients qui nous environnent pour fonctionner à un niveau inconscient : celui de l'état hypnotique.

Les décrochages spontanés

Si l'on vous dit que, chaque jour, vous décrochez plusieurs fois de l'instant présent pour entrer dans un état hypnotique, vous aurez du mal à le croire. Et pourtant, c'est un phénomène banal et ordinaire que nous utilisons spontanément et inconsciemment. Vous souvenez-vous de ce trajet fait en voiture à la sortie du travail et de cette impression d'avoir conduit comme un automate sans y penser un seul instant ? « Tiens, je suis déjà arrivé, cela m'a paru court aujourd'hui ! » Vous avez conduit dans un état hypnotique qui vous a permis de vous régénérer en énergie.

La distorsion du temps occasionnée par l'hypnose vous a donné cette impression étrange et agréable à la fois d'un trajet écourté. Nous entrons ainsi plusieurs fois par jour en hypnose dans des circonstances diverses : en classe, les enfants s'évadent de l'ennui en bayant aux corneilles ; ils entendent ce que dit le maître sans écouter vraiment ; ils sont dans la lune et se reposent juste un instant. Tout comme les adultes qui, dans des réunions un peu longues, décrochent. L'esprit est ailleurs : hypnose naturelle et spontanée !

L'hypnose traditionnelle

Aux côtés de l'état hypnotique spontané, l'hypnose peut être volontairement déclenchée. Il faut alors qu'il y ait, en quelque sorte, partenariat entre l'hypnotiseur, qui, s'aidant de la voix, du regard ou simplement des mots, parfois d'un objet, conduit un (ou des) sujet(s) consentant(s) à entrer dans un état hypnotique et procède par suggestion. Tous les travaux prouvent que 50 % des personnes, parfois plus dans certaines circonstances graves, sont suggestibles et répondent donc à une suggestion donnée. L'hypnose traditionnelle, utilisée depuis plusieurs siècles, est fondée sur ce phénomène de suggestion et de suggestibilité humaine. Socialement, elle a pu être utilisée par des systèmes de pouvoir politiques ou religieux ; de nos jours, la publicité l'utilise à des niveaux global et individuel, les sectes aussi. Sur le plan individuel, pratiquée par des personnes non formées à la médecine, elle est dangereuse, car s'appuyant sur l'hypothèse que l'effet de la suggestion « écrasera » le symptôme ou la maladie. C'est un leurre : le symptôme réapparaîtra dans les semaines qui suivront. Cependant, pratiquée depuis l'aube des temps par des chamans,

Les psychiatres et l'hypnose

À la fin du XIXe siècle et surtout au début du XXe siècle, Bernheim à la faculté de médecine de Nancy, puis Charcot et Janet à Paris, Freud et ses congénères à Vienne, utilisaient l'hypnose pour traiter des cas dits d'hystérie. Il faut cependant savoir que cette « hystérie » concernant aussi bien les hommes que les femmes, désignait, assez sommairement, nombre de troubles physiques ou psychiques dont l'origine ne pouvait être imputée à une pathologie physiologique. De son côté, un chirurgien anglais, Braid, pratiquait des amputations sur les champs de bataille en utilisant l'hypnose comme analgésie opératoire. Après la découverte de l'inconscient par Freud, le développement de la psychanalyse, l'apparition de médicaments antidépresseurs, anxiolytiques, et des neuroleptiques, l'hypnose traditionnelle, qui était alors la seule psychothérapie existante, subit un certain recul. M. Erickson, en développant le concept de nouvelle hypnose, sut la moderniser et lui redonner ses lettres de noblesse. De nos jours, des milliers de médecins l'utilisent en Europe, en Amérique du Nord et du Sud, en Australie, et l'Asie s'y intéresse désormais.

des prêtres, des médecins, et jusqu'au début du XXe siècle, ce fut aussi bien souvent la seule façon de venir en aide à des êtres souffrant sans cause apparente de maladie, au point que l'on peut y voir le début empirique de la psychothérapie.

Les troubles psychiques entraînant une somatisation ont marqué les grands débuts de Freud. C'est notamment en étudiant le cas d'une jeune femme diagnostiquée « hystérique » et traitée sous hypnose par son maître, le psychiatre viennois J. Breuer, qu'il jeta les fondements du rapport entre les contenus inconscients et la maladie, donnant ainsi naissance à la médecine psychosomatique.

La nouvelle hypnose et l'inconscient

Quels que soient ses risques et son empirisme, l'hypnose traditionnelle pouvait avoir des effets bénéfiques. On le savait sans bien comprendre les mécanismes en jeu. À la fin du XIXe siècle et au début du XXe siècle, quelques psychiatres commencèrent à lier son action aux contenus de l'inconscient en observant des cas de pathologies dues à des troubles psychiques. Mais elle tomba en désuétude jusqu'à ce qu'un psychiatre américain, M. Erickson, amène le concept de nouvelle hypnose. Constatant que l'état d'hypnose naturelle apparaît spontanément et permet au sujet d'accéder inconsciemment à des ressources personnelles, il développe la notion d'inconscient, « réservoir à ressources » dans lequel chaque sujet va en permanence trouver une solution. Quand nous utilisons nos ressources, l'inconscient nous envoie les réponses.

Le symptôme et la maladie apparaissent quand nous n'avons plus accès à ces ressources inconscientes. Si une maladie survient, elle constitue, en quelque sorte, le signal indiquant que quelque chose ne peut être résolu : il faut donc agir et demander de l'aide. L'état hypnotique, en ouvrant l'accès à l'inconscient, permettra ce travail de restauration. Sur cette base, l'hypnose moderne a fait sa renaissance.

Faux et vrai pouvoir

L'hypnotiseur (de spectacle, le plus souvent, ou celui qui utilise l'hypnose sans être médecin ou psychologue) adopte un langage fortement suggestif, une voix et un débit particuliers pour saturer l'esprit du sujet à qui il

Ailleurs toutes les 90 minutes

Des travaux réalisés dans les laboratoires de psychologie aux États-Unis ont montré que nous entrons dans un état hypnotique toutes les quatre-vingt-dix minutes, le temps de régénérer notre énergie et d'être plus performant après. Tout notre cycle de vie est basé sur cette heure et demie : l'école commence à 8 h 30, la récréation à 10 heures, la sortie à 11 h 30, reprise à 13h30 et ainsi de suite. Ce cycle ultradien décrit en 1991 par E. Rossi caractérise le processus d'hypnose naturelle et spontanée que nous utilisons inconsciemment.

est suggéré de façon autoritaire de fermer les paupières qui sont lourdes, très lourdes ! Devant un tel bombardement de suggestions, le sujet ne peut que fermer les yeux pour s'isoler. En fait, il a laissé passer la suggestion : l'hypnotiseur va désormais enchaîner suggestion sur suggestion pour obtenir le résultat souhaité. Faux pouvoir : en réalité, le sujet n'accomplit que ce qu'il veut bien ! Il est prouvé qu'un sujet en hypnose ne perd jamais le contrôle de la situation, n'obéit à aucune injonction qui ne respecte pas ses valeurs propres, ses convictions et ses croyances personnelles. Démystifiée, la toute-puissance de l'hypnotiseur, et c'est tant mieux !

Le vrai pouvoir, en revanche, le patient le détient. Et plus encore dans l'hypnose moderne. L'état hypnotique apparaît au cours d'une conversation banale entre lui et son médecin. Il peut accéder par un travail simple à des réponses inconscientes : elles lui permettent de résoudre le problème ou le symptôme qui le fait souffrir. Il choisit la façon dont il entrera en hypnose, le niveau de profondeur qui lui suffit pour ce travail thérapeutique, la solution personnelle qui lui convient le mieux. Il concentre en lui, pendant l'état hypnotique, tout son pouvoir de guérison. C'est en cela qu'il est libre, libre de guérir à son rythme, par lui-même, quand il est prêt à utiliser ses propres ressources. En hypnose éricksonienne, le médecin ne fait que stimuler la capacité du patient à répondre et à guérir, jamais il ne suggère une guérison ou l'abandon du symptôme. La guérison, n'est-ce pas la liberté du corps et de l'esprit ?

Un champ très vaste d'indications

À quoi sert l'hypnose ? À être mieux dans sa tête, voire dans son corps, à guérir de bon nombre de troubles, à juguler la douleur. L'état hypnotique entraîne toute un gamme de réponses : régulation, cicatrisation, guérison biologique et physique. De nombreux travaux scientifiques publiés dans des revues médicales internationales le prouvent régulièrement.

L'action la plus spectaculaire s'exerce sur la douleur : les centres de brûlés utilisent l'hypnose dans les soins quotidiens. Douleur aiguë, douleur chronique, douleur cancéreuse, le patient apprend l'hypnose, l'auto-hypnose, et maîtrise ses souffrances.

Les interventions dentaires ou stomatologiques, la petite chirurgie dermatologique ou gynécologique, la chirurgie digestive ou thyroïdienne peuvent être effectuées en hypnose. Le problème est de convaincre l'anesthésiste et le chirurgien : il en existe quelques-uns !

Toutes les maladies psychosomatiques sont sensibles à l'hypnose : asthme, eczéma, psoriasis, verrues, lichen cutané, intestin irritable, ulcères gastro-duodénaux, hypertension artérielle, et bien d'autres encore dont l'énumération deviendrait fastidieuse. On peut y ajouter la spasmophilie, la tétanie, la fibromyalgie, les douleurs ostéo-articulaires, l'algodystrophie, dont la composante mixte est établie, et qui répondent à cette approche.

Les vertiges acouphènes (bourdonnements chroniques de l'oreille), les névralgies cervico-faciales, les migraines et céphalées de tension psychique également.

Les troubles du comportement : scolaire, personnel, alimentaire (anorexie, boulimie), les dépendances (alcoolisme, tabagisme, toxicomanie), manque de confiance, la préparation aux épreuves sportives ou artistiques figurent également au tableau.

En gynécologie et en sexologie, l'hypnose, puis l'auto-hypnose permettent une rapide résolution des symptômes.

La régression en âge

La régression en âge est une technique avancée de l'hypnose éricksonienne. Elle permet de retrouver, à des périodes de la vie où un sujet avait un problème ou une situation à résoudre, les ressources personnelles qu'il a pu ou su utiliser inconsciemment. Il retrouve alors une foule de détails, de comportements adaptés qui sont réactualisés et qu'il peut alors utiliser au présent. Cette approche thérapeutique doit être conduite avec beaucoup d'attention car elle peut, menée de façon sauvage et inconsidérée, générer de faux souvenirs. Elle se différencie, en outre, des régressions dans des « vies antérieures » qui n'ont rien de médical ou de thérapeutique et sont davantage une approche mystique et délirante incompatibles avec une éthique médicale.

L'hypnose médicale

questions-*réponses*

Peut-on opter pour une thérapie par l'hypnose sans examens préalables ?

Non. Il est essentiel d'établir auparavant un diagnostic s'appuyant sur toutes les techniques de la science médicale actuelle.

Comment choisir un thérapeute ?

Ce traitement doit être effectué par un médecin ou par un professionnel de santé agréé, formé dans le cadre d'un enseignement où interviennent des médecins de différentes spécialités. Il y va de la sécurité physique et mentale de chacun.

Y a-t-il des contre-indications ?

Tous les états délirants, les états maniaques, les états de dissociation psychique non maîtrisés par le traitement médicamenteux : le patient est alors incapable de suivre une discussion simple et banale, « il est ailleurs, dans son monde ». Non seulement il n'arrive pas à suivre ce qui se dit et se fait, mais cela pourrait aggraver son appareil psychique instable.

Comment l'hypnose peut-elle juguler la douleur ?

L'analgésie par hypnose provient d'une sécrétion d'endomorphine (sécrétion d'une morphine interne chez le sujet), apparaissant pendant l'état hypnotique. On observe, en outre, une modification de la perception centrale de la douleur. Le patient reste conscient de ce qui se passe, ressent la manipulation chirurgicale, mais en est détaché et indifférent.

Sous hypnose, peut-il y avoir modification de la personnalité ?

Encore un mythe ! La construction de la réalité et de notre monde intérieur se réalise au sein de notre famille, puis dans notre expérience quotidienne. Il arrive que nous répétions des comportements familiaux qui s'intègrent dans notre manière d'être et peuvent nous faire souffrir : il s'agit d'une véritable auto-hypnose négative ! L'art du thérapeute consistera à identifier ce comportement pour que le patient le transforme et reconstruise lui-même une réalité qui le libère de cette souffrance. La personnalité reste identique mais les comportements et la vision globale sont plus adaptés au monde environnant.

À LIRE

Rossi, E. L., *Psychobiologie de la guérison*, éd. Hommes et Perspectives, 1994.

Roustang, F., *la Fin de la plainte*, Odile Jacob, Paris, 2000.

Simon, V., *Du bon usage de l'hypnose*, Robert Laffont, Paris, 2000.

En pathologie psychique, stress, anxiété, certaines dépressions, les troubles obsessionnels compulsifs, les peurs, les paniques, les phobies répondent également à l'hypnose.

Les techniques de l'hypnose médicale

Les techniques de l'hypnose médicale utilisent toutes les capacités disponibles en permanence chez chaque sujet. La simple évocation d'un souvenir agréable permet à celui-ci de revivre intensément, pendant l'état hypnotique, toute une série de sensations, de perceptions et d'émotions. L'hypnose déclenche souvent une hypermnésie (augmentation de la capacité de se souvenir de détails oubliés d'une situation), mais aussi une amnésie (oubli) qui est utile quand on travaille sur un traumatisme grave. L'analgésie ou l'anesthésie provoquées, la dissociation (sensation qu'une partie de soi est présente, l'autre absente ou fonctionnant indépendamment du conscient) sont utiles chez le patient qui doit être opéré, qui ressent des douleurs chroniques ou des souffrances morales intenses. La régression en âge, enfin, permet de retrouver toutes les ressources qu'un sujet a su utiliser à un moment, même très lointain, de sa vie.

Dans une anesthésie sous hypnose, l'anesthésiste permet au patient d'éviter l'anesthésie générale en faisant une induction très simple. Le sujet participe à cette anesthésie en évoquant des lieux agréables. Il collabore activement avec son chirurgien, qui peut alors intervenir dans des conditions de confort et de sécurité maximales.

L'hypnose par le corps, approche personnelle développée dans le livre *Du bon usage de l'hypnose*, permet dans le même temps d'accéder au traumatisme initial et d'effectuer un travail de résolution. La base thérapeutique consiste à rechercher les émotions et les sentiments liés à des événements de la vie et à en défaire le lien, s'il engendre une souffrance. Les ordinateurs ont de la chance, ils n'ont que de la mémoire ; nous autres, humains, avons des souvenirs. Ce qui nous fait vivre dans la joie, mais dans la souffrance aussi quelquefois !

Pour les médecins, l'hypnose est un excellent moyen d'être rapidement utile au patient. Elle apprend cette prise en charge personnelle qui conduira vers le mieux-être et vers la guérison. Elle permet d'accéder à la prise de pouvoir sur le symptôme et la maladie, de découvrir l'autonomie et la liberté des sens, et d'accéder à une meilleure conscience de soi.

Victor SIMON

CONSULTER

…ERNET

…ance
…stitut de médecine psychosomatique, …'hypnose clinique et de thérapie brève et …de formation de praticiens à l'hypnose.
http ://www.hypnose.org

Suisse
Fondation Ling : www.ling.ch

États-Unis
Base de données de l'International Society of Clinical and Experimental Hypnosis sur
http ://www.hypnosis-research.org

À CONTACTER

Pluralis, 29, rue François-Ier 75008 Paris. Tél. : 01 47 20 60 99.

Institut de médecine psychosomatique et d'hypnose clinique. 26, parvis Saint-Michel, 59000 Lille. Tél. : 03 20 57 40 07. Mail : vsimon@hypnose.org

Systhèmes humains. 352, cours Émile-Zola, 69100 Villeurbanne. Tél. : 04 72 65 62 46.

Fondation Ling. 16, chemin de Lucinge. Case postale 12. CH-1000 Lausanne 19. Tél. : 004121-310. 48. 31.

EN BREF

Une définition sommaire

L'état hypnotique est un état passager, spontané ou induit, de conscience modifiée.

Un long passé

On pratiquait l'hypnose dans les sociétés les plus archaïques. Sur le plan collectif, on peut y voir un outil du pouvoir. Sur le plan individuel, elle a sans doute jeté les bases des premières psychothérapies.

L'ancienne et la nouvelle

L'hypnose traditionnelle procédait par suggestions qui devenaient parfois injonctions. La nouvelle hypnose utilise les facultés naturelles à l'état hypnotique pour permettre à un sujet de trouver dans son inconscient les solutions à ses problèmes physiques ou psychiques.

Un vaste champ d'application

Seule ou en association avec d'autres thérapies, l'hypnose trouve ses indications essentielles dans la lutte contre la douleur, les maladies psychosomatiques et de nombreux troubles du comportement.

Les thérapies brèves

Accepter qu'une souffrance ou qu'une maladie, quelle qu'en soit l'origine, soit explorée par une démarche psychanalytique qui peut durer au mieux cinq ans, sinon dix ou quinze ans, voire plus, tout en sachant que la guérison n'est pas forcément au bout du chemin, ne va pas de soi. Les thérapies brèves, approche révolutionnaire des conceptions de la thérapie, offrent une solution alternative.

Étrange et surprenant qualificatif que cet adjectif de « brève » pour une thérapie ! Brève et fière de l'être, pourrait-on ajouter. Presque insolente face à cette vieille dame centenaire qu'est l'analyse freudienne. Étonnante démarche aussi que celle du sujet qui consulte un thérapeute « bref » et lui demande de trouver une solution rapide et une guérison définitive de son symptôme ou de son problème. Défi à l'entendement ? Non, simplement une autre approche où il ne s'agit plus de remonter à l'origine d'un symptôme perturbant, mais de travailler au présent en s'attachant à le neutraliser.

La communication et ses interactions

Qui dit communication dit interaction. L'interaction peut être explorée de façon linéaire ou circulaire. Dans la linéarité, on explore la cause des interactions. A entraîne B qui entraîne C de façon inéluctable, etc., ce qui explique de façon définitive la souffrance du présent. Rechercher la cause d'un problème est long, souvent douloureux et ne donne pas la solution. Combien de nos patients passés par l'analyse nous le confirment : « Je sais pourquoi je souffre, mais je souffre toujours. » G. Bateson, D. Jackson, D. Fish, à Palo Alto, en Californie, et P. Watzlawick, figure de proue par son approche stratégique et constructiviste, furent les initiateurs de l'école de pensée fondée sur l'étude de la communication dans l'approche psychothérapique moderne et, partant, de la circularité. Dans l'« exploration circulaire », quand A envoie un message à B, celui-ci lui répond et lui renvoie un message qui a un effet sur A. A réagit et entretient l'interaction par un nouveau message. Cette communication verbale à la base de la relation humaine se complique d'une communication non verbale : la mimique, la gestuelle, la position du corps, l'intonation et d'autres signes qui sont autant d'informations que le receveur doit prendre en compte, car ces messages non verbaux peuvent quelquefois exprimer le contraire de ce qui est dit à voix haute. « Mais oui, ce que tu dis m'intéresse au plus haut point ! » est la phrase même qui peut déclencher la plus grande joie mais aussi la plus grande exaspération selon l'intonation et la mimique qui seront exprimées en même temps. En ce sens, on peut considérer que tout est communication, même le silence !

C'est cela le principe de circularité de la communication et de ses effets sur l'écosystème du sujet.

Le silence est une communication qui va parfois au-delà de la violence. Gardez le silence pendant que votre conjoint vous demande si la journée a été fructueuse, si tout s'est bien passé, si vous n'êtes pas trop fatigué, etc. Il est à parier qu'à la sixième question restée sans réponse un orage éclatera.

Les constructions de la réalité

Au cours de notre vie, nous prenons contact avec le monde qui nous entoure, par le biais de nos parents, de notre famille, de l'environnement proche. Les différentes expériences et découvertes que nous faisons, auxquelles s'ajoutent les valeurs et les croyances qui nous sont transmises par nos parents et notre famille, nous aident à construire notre monde intérieur. Nous bâtissons de la sorte notre réalité. Si nous avons bien interprété nos expériences et nos apprentissages, nous tirons des conclusions qui nous permettent de nous adapter au monde en utilisant notre savoir et notre savoir-faire. Si les apprentissages et les conclusions que nous en avons tirés sont différents, ils entraînent une désadaptation au système environnant, génèrent une souffrance et entraînent des comportements sinon destructeurs au moins répétitifs pour le sujet et sa famille. Le principe premier de système familial étant d'être uni et heureux, à n'importe quel prix quelquefois, tout sera fait pour que le système n'explose pas : on se comporte comme si tout va bien, comme si tout le monde s'aime, comme si papa ne boit pas, comme si le fils ne fume pas de pétards, etc. Cela s'appelle l'homéostasie : principe d'équilibre d'un système pour qu'il survive, quelquefois au prix de symptômes graves, de maladies, de comportement dangereux aussi.

Des mots rayés du vocabulaire

Symptômes graves, maladie ? Avec la révolution thérapeutique issue de l'école de Palo Alto, ces mots n'ont plus cours : pas de pathologie, pas de diagnostic. On définit le problème du sujet, mais parler d'obsession, d'hystérie de conversion, de personnalité schizoïde est

Peu de séances mais des expériences

En général, dans une thérapie brève, le sujet et le thérapeute établissent un contrat de 10 séances espacées de une ou deux semaines. Il est parfois demandé au patient de réaliser des expériences nouvelles afin de rapporter au thérapeute ce qu'il a fait, ressenti, découvert, exploré, et ce que ces expériences au contact des autres ont généré dans sa compréhension du monde environnant.

Prophétie autoréalisante : la phrase assassine « tu es nul en maths, tu ne feras jamais d'études ». L'enfant va le croire, surtout si ses professeurs lui tiennent le même langage. Conséquence : « Comme je suis déclaré nul, pourquoi me torturer les méninges sur ce problème de maths ? De toute façon je n'y arriverai pas, je laisse tomber ! » La prophétie est réalisée. On a appris à l'enfant quelque chose de primordial pour sa vie future : comment réussir à échouer.

inutile. Si l'on peut se référer à ces diagnostics, on ne s'y laisse plus enfermer. En effet, poser une étiquette précise entraînera chez le thérapeute un comportement qui cherchera en permanence à valider le diagnostic initialement posé. Et se réalisera cette « prophétie autoréalisante » : à force de considérer quelqu'un comme un nul, un incapable, un pervers, etc., et de lui envoyer ce type de messages verbaux et non verbaux, celui-ci réalise ce qu'on lui demande inconsciemment d'être.

Mettre le contexte en évidence

Tout symptôme apparaît dans un contexte particulier. Il est la réponse à un environnement que le sujet peut percevoir comme menaçant alors qu'il ne l'est pas réellement. Il faut donc s'attacher à mettre en évidence dans quel contexte le symptôme apparaît, ce qui l'aggrave, le perpétue, le diminue aussi. Une attitude peut être inacceptable dans une culture, alors qu'elle fait partie intégrante d'une autre. L'exemple des hommes qui se tiennent par la main en se promenant soit dans les pays du Bassin méditerranéen, soit en Occident, ne peut être interprété que dans un contexte culturel où l'homosexualité est déterminée selon des critères particuliers à chaque culture. Symptôme ou comportement normal ? Il n'y a pas que la normalité ou l'anormalité : on définit le problème, en quoi est-ce un problème, pour qui est-ce un problème ?

L'angoisse et le désir de changer

Nous vivons aujourd'hui sous cet impératif : changez ! Tout nous dit de changer : le monde, la vie, les relations, le travail, la communication, le langage, l'entreprise qui nous impose l'excellence. Quelle différence existe-t-il entre un très bon et un excellent employé ? Aucune. En revanche, ce qualificatif en fera souffrir plus d'un, qui se sentira déclassé par cette excellence mythique imposée. Il devra changer...

Drame de l'homme : je souffre, il faut que ça change, je veux que ça change et, par la volonté, j'y arriverai. Hélas, on ne change pas par volonté ; on ne change heureusement que par désir. La volonté nécessite une telle énergie disponible à chaque instant que bien souvent le sujet s'épuise et revient à ses comportements habituels. Le désir de changer est plus facile à vivre, il est du domaine des choix inconscients, ceux qui ne font pas intervenir la volonté. Le désir conduit plus agréablement au plaisir du changement, plus facilement aussi. Il faut donc étudier la réelle motivation au changement et les choix les plus faciles, les plus simples qui permettront au sujet de s'engager sur cette voie.

Le paradoxe, outil thérapeutique

Une des caractéristiques des comportements humains, par l'intelligence innée et acquise dont nous disposons, devrait être celle d'être adaptables et mobiles dans toutes les situations de la vie. L'expérience est différente : nous nous figeons dans une réalité et avons du mal à voir autrement ces situations difficiles auxquelles nous restons « collés ». Et que faisons-nous alors ? De façon étonnante, nous en faisons deux ou trois fois plus, toujours la même chose, même si cela ne marche pas : mettons un peu plus d'énergie, un peu plus de pression, cela finira bien par marcher !

En fait, le changement n'apparaît jamais dans ces conditions, il contraint l'autre et fait souffrir celui qui exerce cette tentative. Il est plus utile – et plus malin – de changer un des éléments de ce système qui bloque et fait souffrir. Exemple : « Tu ne veux pas dîner, tu as parfaitement raison. Les portions de la tarte aux fraises prévue au dessert n'en seront que plus généreuses. Quel régal pour nous. Merci de ta générosité ! » Donner deux gifles et priver de télévision un enfant qui ne veut pas dîner (dans quel contexte ?) n'a jamais permis de prendre un repas dans des conditions d'harmonie pour tous. Si le repas devient un pugilat, que restera-t-il comme lieu d'échanges et de parole ? Féliciter et encourager le symptôme est destructeur et induit un changement puisqu'un élément nouveau est apparu : le symptôme est respecté, validé, connoté positivement de façon stratégique. En lui donnant un éclairage différent, le système en éprouve du plaisir. Connaissez-vous un symptôme qui engendre du plaisir chez un sujet ou au sein de sa famille ? Il ne peut perdurer et disparaît.

La thérapie brève utilise ainsi toutes les gammes de comportements humains allant jusqu'au paradoxe. Encourager un symptôme, le prescrire

Les dangers de la double contrainte

À partir des travaux de G. Bateson, anthroplogue britannique qui a étudié les modes de communication dans les tribus isolées du monde, s'élabore une théorie de la communication qui étudie les réactions des individus face aux autres et comment les réactions de l'un affectent le comportement de l'autre. Elle met en évidence la « double contrainte », processus de communication entraînant chez le receveur un comportement schizophrénique. Le message exprimé contient en même temps une information et son contraire : celui qui le reçoit ne peut le comprendre et, quelle que soit sa réponse, elle n'est pas celui que l'autre attend.

L'histoire la plus connue est celle de la mère qui offre deux cravates – une bleue et une rouge – à son fils. Il arbore la rouge : « Ah, je vois que la bleue ne te plaît pas »... Le lendemain, il met la bleue : « Oui, bien sûr, c'est parce que je t'ai fait la remarque hier. » Il met les deux cravates : « Mais tu es complètement fou, on ne met pas deux cravates ! » La double contrainte, c'est quand on a toujours faux, quoi qu'on fasse. Faute de messages clairs débouchant sur une solution possible pour le sujet qui les reçoit, la « folie » est la seule issue !

de façon précise à des heures ou à des moments inhabituels, dans des contextes dérangeants quelquefois, le rendent insupportable dans la façon dont il sera vécu. Rendre conscients des comportements inadaptés effectués inconsciemment les déstructure. Le contexte est modifié, le comportement est validé et encouragé, prescrit parfois plusieurs fois par jour, compliqué de tâches contraignantes à la demande du thérapeute. En fait, cela rend insupportable ce comportement que le sujet supporte plus ou moins bien.

À LIRE

Bateson, G., *Vers une écologie de l'esprit*, tomes I et II, Seuil, Paris, 1977.

Salem, G., *l'Approche thérapeutique de la famille*, Masson, Paris, 1996.

Watzlawick, P., *le Langage du changement*, Seuil, Paris, 1980.

À CONTACTER

Institut de médecine psychosomatique d'hypnose clinique et de thérapie brève Thérapie et formation de praticiens – 26, parvis Saint-Michel, 59000 Lille.
Tél. : 03 20 57 40 07 – Fax : 03 20 57 99 00
Site : www.hypnose.org
Mail : vsimon@hypnose.org

Centre Pluralis, 29, rue François-1er, 75008 Paris.
Tél. : 01 47 20 60 99.

Systhèmes humains : Centre d'études et d'aide au changement, 352, cours Émile-Zola, 69100 Villeurbanne.
Tél. : 04 72 65 62 46.

Fondation Ling 16, ch. de Lucinge. Case postale 12, CH-1000 Lausanne 19. Suisse.
Tél. et fax : 004121-310. 48. 31 -
www.ling.ch

Une relation chaleureuse

Dans une thérapie brève, on est loin de l'insoutenable froideur du psy classique. Bien au contraire, tout se fait dans la bienveillance, dans la relation proche et respectueuse, le sourire intérieur et, parfois, le rire à deux ! Le thérapeute entre dans le monde intérieur du sujet pour comprendre toutes ses croyances et les valeurs sur lesquelles il s'est construit. Il détecte et perçoit les zones de rigidité qui le font souffrir et l'empêchent de vivre comme il le souhaite.

Le travail thérapeutique consiste alors à introduire plus de souplesse là où c'est rigide, à donner un autre sens ou du sens à certaines situations traversées dans la vie, parfois au prix de la douleur ; à laisser le patient trouver les solutions qui lui conviennent le mieux pour sortir de cette prison qu'est le symptôme, dont il possède la clé, mais il est dur de changer l'idée que l'on peut ouvrir une porte de prison tout seul !

Victor SIMON

EN BREF

Une conception révolutionnaire

À la différence des thérapies classiques, la thérapie brève ne s'attache pas à rechercher la cause d'un symptôme mais à le faire disparaître en le rendant inadéquat. On n'y parle plus de pathologie, mais de problème.

Un aspect essentiel

L'exploration des interactions qui s'établissent par toutes les formes de communication verbale, gestuelle, etc., entre un patient et son environnement est au centre de la démarche.

Des techniques paradoxales

Pour faire disparaître le symptôme, on commence par l'encourager, mais en l'éclairant davantage.

Autres approches

Les médecines douce

Alors que la démarche scientifique a permis tant d'avancées, la médecine se trouve aujourd'hui devant un paradoxe singulier : face au côté souvent brutal et trop ouvertement chimique de certains traitements, le public se tourne, à la place ou en complément, vers l'univers des médecines douces. Celles-ci sont dans l'air du temps, mais les options sont si nombreuses et paraissent, parfois, si fantaisistes, que l'on hésite. Comment choisir, et qu'est-on en droit d'attendre de telles thérapies ?

Hippocrate, dès le Ve siècle avant J.-C., dans la Grèce de Périclès et de la splendeur d'Athènes, avait énoncé les deux grandes lois de la médecine : les semblables guérissent les semblables ; et les contraires guérissent les contraires. Pendant toute la première moitié du XXe siècle, la médecine des contraires a régné sans partage, laissant les autres disciplines dans une semi-clandestinité où la méfiance le disputait à la dérision, voire à l'anathème.

C'est en fait la pression du public qui a permis à des médecines différentes, dites alternatives, naturelles ou douces, de s'exprimer pleinement. Cette reconnaissance tardive tient sans doute à plusieurs raisons. Les unes sont liées au développement d'une « sensibilité écologique », en réaction à tous les excès de la modernité.

Les autres semblent dues aux insuffisances de l'allopathie : d'une part, de nombreuses maladies, malgré les fantastiques avancées accomplies, restent sans solution thérapeutique ; d'autre part, l'efficacité de certains traitements a pour conséquence des effets secondaires souvent dramatisés par les patients. Enfin et surtout, l'allopathie est inadaptée à la prise en charge des pathologies dites fonctionnelles, qui sont par excellence le domaine des médecines douces.

Des questions en suspens

Malgré leur vogue, les médecines douces posent un certain nombre de questions qui doivent être prises en compte. D'une part, de nombreuses techniques n'ont jamais pu faire la preuve scientifique de leur validité. Elles restent des pratiques empiriques fondées sur la seule expérience individuelle du patient et du thérapeute. Par ailleurs, il continue d'exister une distorsion très frappante entre la réalité de la demande du public et la très petite place qu'elles occupent dans la sphère universitaire et scientifique, ce qui met souvent un patient dans une position ambiguë entre le médecin allopathe, dont il craint la réaction incrédule ou agacée, et le praticien d'une médecine alternative. Il faut ajouter encore que sous le vocable de « médecine douce » sont regroupées des approches thérapeutiques très différentes, certaines présentant une véritable originalité, d'autres n'étant qu'une utilisation différente du concept allopathique. Il y a donc là, aujourd'hui encore, un véritable maquis dans lequel il vaut mieux ne s'engager que sur des chemins déjà défrichés et reconnus comme fiables.

On entend par troubles fonctionnels tous les troubles qui résultent du mauvais fonctionnement d'un organe sain, par opposition aux perturbations engendrées ou provoquées par un organe malade : les troubles organiques. Mais, par exemple, l'arthrose – trouble organique – est la cause de manifestations fonctionnelles, les douleurs et, à ce titre, elle peut bénéficier de l'action des médecines douces, en particulier de l'acupuncture.

En tête, l'homéopathie

De toutes les médecines alternatives, l'homéopathie et l'acupuncture sont sûrement les plus familières au grand public.

On doit l'homéopathie à un médecin allemand, S. Hanneman (1755-1843). Elle repose sur un principe fondamental, en latin : *Similia similibus curantur*, qui peut se traduire par « les semblables pour soigner les semblables » et, plus simplement, se résumer par « la loi de similitude ». Ce qui signifie qu'une substance médicamenteuse capable de déterminer des troubles dans un organisme en bonne santé peut guérir des troubles analogues chez un individu malade. L'application de la similitude exige une grande précision dans l'interrogatoire et l'examen clinique, c'est pourquoi une consultation homéopathique doit être suffisamment longue.

Cette similitude confère un caractère strictement individuel à tout acte d'homéopathie qui s'intéresse au mode réactionnel de chaque patient. Par exemple, dans le cas d'une fièvre, en allopathie, on propose classiquement du paracétamol, quels que soient l'intensité de la fièvre et ses signes d'accompagnement. En homéopathie, selon qu'il s'agit d'une fièvre élevée s'accompagnant d'agitation, de soif intense et d'une peau sèche ou, au contraire, d'une fièvre moins forte avec abattement, absence de soif et de sueur, on choisira deux remèdes différents.

La loi de similitude a son corollaire : la loi des dilutions infinitésimales. En effet, en expérimentant les remèdes sur l'homme sain, Hanneman a été naturellement amené à réduire les doses administrées en les diluant. Il a alors constaté que plus la dose était faible, plus les signes développés étaient nombreux et significatifs. On considère qu'il convient de prescrire des dilutions d'autant plus élevées selon que la similitude est plus grande, l'action souhaitée plus profonde ou la dimension psychologique du trouble plus évidente.

Première ex-æquo, l'acupuncture

Le succès et la longévité de l'acupuncture sont sans doute dus en partie à la solidité et à la cohérence du système de pensée d'où elle est issue : le taoïsme. Elle raisonne en termes d'énergie, et l'on ne peut que s'étonner devant la modernité du concept, vingt-cinq siècles avant Einstein.

Pour l'acupuncture, l'homme se trouve au centre du cosmos, avec lequel il entretient des échanges énergétiques permanents. La prise des pouls chinois permet d'évaluer le niveau énergétique dans chacun des méridiens principaux (12 pouls : 6 à droite, 6 à gauche ; 3 en superficie, 3 en profondeur, à chaque poignet). La stimulation des points d'acupuncture par l'implantation d'aiguilles permet d'harmoniser les niveaux énergétiques.

La séance d'acupuncture doit évidemment être précédée d'un interrogatoire minutieux, puis de la prise des pouls chinois, fondamentale dans la consultation. C'est cela qui décidera des points à « puncturer », du rythme des séances, de la durée d'implantation des aiguilles, tout en tenant compte, bien sûr, des données des examens biologiques et radiologiques, les deux approches – moderne et traditionnelle – venant se compléter. D'ordinaire, une séance d'acupuncture dure une vingtaine de minutes, à la fréquence d'une par semaine en moyenne – en tout cas en début de traitement.

L'amélioration doit se produire dans les trois à cinq premières séances, une aggravation lors de la première séance ne constituant pas forcément un signe négatif, mais témoignant souvent d'une bonne réactivité de l'organisme.

L'apport des plantes

La phytothérapie, qui soigne par les plantes, est pratiquée depuis la nuit des temps, mais l'engouement extraordinaire qu'elle connaît aujourd'hui à travers le monde s'explique avant tout par le niveau de maîtrise technique et scientifique que l'on atteint dans ce domaine.

L'agronomie, la chimie, la pharmacologie ont, en effet, permis, en progressant, de mettre au point des formes thérapeutiques plus sûres, plus adaptées et plus efficaces. Comme l'allopathie, la phytothérapie obéit à la

L'oreille en vedette

L'auriculothérapie dérive de l'acupuncture. La théorie de l'auriculothérapie est la suivante : sur le pavillon de l'oreille se projettent les différents organes et viscères. La puncture, à ce niveau, des points correspondants aux zones de projection permet d'avoir un effet thérapeutique sur l'organe à traiter. Certains acupuncteurs utilisent exclusivement les points du pavillon de l'oreille pour traiter l'ensemble de l'organisme.

Les médecines douces

questions-*réponses*

Quelles sont les indications de l'homéopathie ?

L'homéopathie est indiquée dans toutes les pathologies fonctionnelles, avec un domaine de prédilection : l'enfant. En effet, ces dilutions faibles sont particulièrement efficaces sur des organismes vierges de toute agression polymédicamenteuse.

On l'utilisera dans les rhino-pharyngites, angines, otites, sinusites, les allergies (asthme, eczéma, rhume des foins), les troubles digestifs, les troubles circulatoires, les céphalées et les migraines, les troubles anxio-dépressifs, les troubles uro-génitaux (puberté, cycles menstruels, ménopause, andropause, infections urinaires) et les traumatismes rhumatismaux.

Et, d'une manière générale, chaque fois que peut être appliquée la loi de similitude.

À partir de quelles substances sont fabriqués les remèdes homéopathiques ?

L'origine des remèdes homéopathiques est variable. Elle peut être soit une substance naturelle d'origine minérale *(sulfur)*, végétale *(pulsatilla)*, ou animale *(vipera)*. Soit une substance de synthèse *(folliculinum)*. Soit ce que l'on appelle un isopathique, c'est-à-dire un agent microbien, une sécrétion pathologique, un vaccin *(colibacillinum, tuberculinum)*.

Que signifient les chiffres et les lettres écrits à la suite du nom des remèdes sur les tubes d'homéopathie ?

Ils indiquent la dilution du remède : DH signifie « décimale hannemanienne » ; CH, « centésimale hannemanienne ».

Peut-on mélanger remèdes homéopathique et allopathique ?

Oui, bien sûr. De nombreux patients doivent suivre un traitement allopathique (hypertension, hyperthyroïdie, diabète...) et peuvent tout à fait bénéficier des bienfaits de l'homéopathie pour d'autres problèmes de santé. Il convient juste de ne pas mélanger remèdes homéopathique et allopathique en une même prise. Le remède homéopathique, par définition très dilué, doit être pris à jeun ou, en tout cas, un certain temps avant un repas, de préférence à distance du remède allopathique, qui peut, lui, être pris en plein repas.

La consultation est-elle prise en charge par la Sécurité sociale ?

Il s'agit d'un acte coté par la Sécurité sociale, et qui donne donc lieu à remboursement si le praticien est conventionné.

loi des contraires, mais par son action en douceur et en profondeur, elle apparaît comme la réponse idéale aux « maladies du siècle », telles que le stress, la perte de sommeil ou la prise de poids. Les plantes utilisées se présentent sous une grande variété de formes : poudre, gélules, intraits, etc.

L'aromathérapie peut être considérée comme une branche de la phytothérapie. Elle utilise des huiles essentielles, c'est-à-dire des produits volatils et odorants retirés des végétaux soit par distillation à la vapeur, soit par expression, rarement par incision du végétal, comme le camphre liquide de Bornéo. À côté des utilisations odoriférantes ou antiseptiques (eucalyptus), l'usage systématique des essences à titre bactéricide a connu un grand essor.

Minéraux, vitamines et compléments divers

L'oligothérapie est souvent associée à l'homéopathie. Les oligoéléments sont des minéraux présents dans les organismes vivants, où, bien qu'existant seulement en quantité infinitésimale, ils jouent un rôle biologique essentiel. Ils agissent par une action catalytique, c'est-à-dire qu'ils facilitent certaines réactions biologiques indispensables au fonctionnement des systèmes enzymatiques et des voies métaboliques.

L'oligoélément le plus anciennement employé est l'argent colloïdal (collargol). Mais on sait aussi depuis longtemps que le fer joue un rôle de premier plan dans la respiration cellulaire, son absorption étant elle-même conditionnée par la présence de l'oligoélément cuivre, etc.

À ce vaste éventail, on peut encore ajouter des pratiques relativement récentes qui connaissent un grand développement. Ainsi en est-il de la vitaminothérapie, de la nutrithérapie, de l'hormonothérapie végétale ou de la luminothérapie. L'idée est, dans ces cas, de supplémenter l'organisme en nutriments, vitamines, hormones, voire en lumière solaire, dont la vie moderne entraîne des carences qui peuvent prédisposer l'organisme à des pathologies graves.

Devant la large palette d'alternatives thérapeutiques qu'offrent les médecines douces, quelques principes peuvent orienter le choix des

Entre allopathie et médecine alternative

La mésothérapie se situe à la limite des médecines douces. Elle utilise en fait des médicaments allopathiques (anti-inflammatoires, phlébotoniques, etc.) mais à des doses relativement faibles. Son nom dérive du fait que les produits injectés restent localisés superficiellement sur la peau (mésoderme), par l'adjonction d'une substance qui empêche leur diffusion (procaïne). Elle fait merveille chez le sportif, sujet pressé par excellence, dont les traumatismes articulaires, musculaires ou tendineux sont soulagés en quelques minutes. Mais elle connaît bien d'autres indications, en particulier pour les insuffisances circulatoires et le traitement de la cellulite.

patients. Leur utilisation doit être bien indiquée, c'est-à-dire qu'il importe de les réserver aux pathologies fonctionnelles et ne pas les concevoir comme un évitement de solutions thérapeutiques allopathiques incontournables. Il faut, au contraire, les utiliser en complémentarité avec elles, une bonne collaboration entre le médecin généraliste et le « naturopathe » devant pouvoir être la règle dans l'intérêt des patients.

En consultation, l'écoute du praticien se doit d'être attentive, bienveillante, empathique et suffisamment prolongée. Le patient doit pouvoir aller au bout de sa plainte. L'« abattage » ici n'a évidemment pas sa place. Ensuite, le thérapeute emploiera un langage clair, une pratique transparente et adoptera un recul suffisant vis-à-vis des « emballages » philosophiques ou mystiques qui ont pu égarer jadis quelques gourous du New Age. Enfin, les solutions qu'envisagent les médecines douces doivent rester des solutions médicales proposées par des professionnels de santé. Ces réserves faites, ces médecines ont véritablement leur place dans l'arsenal thérapeutique contemporain.

Tarik AISSANI

Le danger de la fuite

Il existe un danger que chaque praticien a heureusement à l'esprit et qui, pour le patient, consiste en une sorte de fuite vers les médecines douces. Comment, en effet, alors qu'un diagnostic effrayant vient d'être assené, même avec le plus grand tact, ne pas être tenté de chercher ailleurs une autre vérité, d'autres perspectives thérapeutiques, un autre espoir ? Un entretien souvent difficile peut s'avérer alors nécessaire pour recadrer l'éventail des choix.

EN BREF

Une irrésistible ascension

Depuis quelques années, les préoccupations écologiques et une certaine réticence face à la médecine allopathique, jugée trop chimique ou trop parcellisée, se sont conjuguées pour ouvrir la voie aux médecines alternatives.

Des approches multiples

On regroupe sous le terme de « médecines douces » de nombreuses pratiques très différentes, dont les plus connues et les plus mises en œuvre sont l'homéopathie et l'acupuncture.

Des indications formelles

Les médecines douces sont indiquées dans les cas de troubles fonctionnels. Elles ne doivent en aucun cas éviter le recours aux examens et traitements de la médecine allopathique : les deux peuvent au contraire se conjuguer utilement.

Je m'automédique...

Plusieurs enquêtes récentes le soulignent : environ 30 % des Français, dans des circonstances variées, recourent régulièrement à des médicaments hors avis médical. Mais ils ne le font pas toujours à bon escient ni en toute connaissance de cause.

On appelle automédication le fait d'utiliser sans prescription un médicament. Dans tous les cas, ce médicament d'automédication est destiné à traiter les symptômes de maladies bénignes, sur une courte durée. Cependant, si l'on entend par santé un état de complet bien-être physique, moral et social, l'automédication devrait englober, outre l'utilisation hors avis médical de médicaments, le recours aux produits de diététique et aux « alicaments », la pratique d'activités physiques, la mise en œuvre de certaines précautions de vie, le recours à nombre de traitements non médicamenteux... Impliquant, dans tous les cas, l'autonomie du consommateur et sa responsabilisation face à la maladie, elle pourrait, dès lors, être définie comme toute démarche initiée par un sujet dans la perspective de gérer lui-même son capital santé.

Quoi qu'il en soit, l'automédication donne lieu aujourd'hui à un débat de société confrontant deux impératifs dont la conciliation est délicate. D'une part, le développement de la recherche rend disponibles dans l'armoire à pharmacie des produits plus actifs que les préparations d'antan mais souvent plus dangereux. D'autre part, l'accroissement des dépenses de santé tend à supprimer le remboursement des « petits risques » et favorise donc l'accès, plus ou moins libre, à de nombreux médicaments des pathologies bénignes.

Entre la pratique et la méfiance

Qui a recours le plus souvent à l'automédication ? Une personne entre 40 et 55 ans, d'un niveau socioculturel élevé (d'où une aisance financière et culturelle facilitant l'accès au médicament), demeurant en zone urbaine, plutôt dépendante du tabac ou de l'alcool. Si la population féminine domine (65 % à 70 % des sollicitations auprès des pharmaciens), l'enfant constitue un autre type d'usager fréquent, objet d'une automédication « passive » lorsque ses parents lui administrent des médicaments sans l'avis du médecin.

Des chiffres et des faits

Il existe près de 4 500 médicaments en vente libre en France : 60 % des spécialités peuvent être obtenues sans ordonnance.

L'automédication représente un chiffre d'affaire de 14 milliards, dont 10 milliards d'automédication pure sur un marché de plus de 125 milliards de francs. C'est une dépense moyenne de 4 francs par mois et par assuré social en France. Elle représente aujourd'hui seulement 10 % des médicaments vendus contre 50 % en 1960. Durant ces quarante années, l'extension de l'assurance maladie a eu pour effet de doubler le recours au médecin, mais différents facteurs pourraient inverser rapidement cette tendance.

Les demandes en officine de médicaments sans ordonnance sont motivées par le souhait de poursuivre un traitement alors qu'on a oublié de faire renouveler une ordonnance, mais, surtout, par la volonté de traiter de son propre chef une pathologie estimée bénigne (migraine, petite bronchite ou toux, état grippal, trouble digestif, douleurs diverses, fièvre, plaie ou brûlure), pouvant effectivement être prise en charge individuellement ou familialement sans recourir au médecin, pourvu que soient respectées les conditions d'emploi du médicament réputé alors « de confort ».

De plus, l'automédication ne se limite pas à la consommation de médicaments en vente libre. La pharmacie de chaque foyer contient en moyenne 23 spécialités qui ont pu être prescrites. Dans presque la moitié des cas, les candidats à l'automédication puisent dans cette armoire, tandis que 25 % demandent ou reçoivent des produits de leur entourage, ou combinent toutes les modalités. Les médicaments ainsi utilisés sont souvent potentiellement dangereux et rarement adaptés. Combien parmi nous connaissent le danger de médicaments en apparence anodins ? Pour 60 % de la population, l'aspirine donne l'image d'un produit de grande consommation utilisable à discrétion ! Paradoxalement, d'ailleurs, presque toutes les personnes reconnaissant s'automédiquer jugent cette pratique dangereuse, et, si 70 % des consommateurs déclarent prendre la peine de lire la notice explicative, 10 % reconnaissent ne pas la comprendre. Cela explique peut-être que la majorité juge risquée la généralisation de la vente libre des médicaments et se fasse conseiller par le pharmacien, un médecin de connaissance – hors consultation – l'entourage familial, etc.

On entend par médicament, selon le Code de la santé publique, « toute substance ou composition présentée comme possédant des propriétés curatives ou préventives à l'égard des maladies humaines ou animales, ainsi que tout produit pouvant être administré à l'homme ou à l'animal en vue d'établir un diagnostic médical ou de restaurer, de corriger ou de modifier leurs fonctions organiques ».

Faut-il médicaliser l'existence ?

Jadis, le médecin de famille connaissait toute la famille, ses joies et ses peines. Il lui appartenait de distinguer ce qui relevait d'un comportement normal de ce qui relevait d'une véritable maladie, de traiter celle-ci par des médicaments et de gérer le mal-être, la tristesse, le deuil, par l'écoute et

À LIRE

Le Vidal du particulier
Zarifian, E., *Des paradis plein la tête*, Odile Jacob, Paris.

À CONSULTER

http://www.forum-des sciences.tm.fr/lieu/expos/gelulesbiblio.htm

l'empathie. Face à la déshumanisation de la médecine, au manque de disponibilité de la plupart des médecins, beaucoup de gens cherchent maintenant à se soigner par le conseil d'amis ou de proches, ou, d'une façon plus avisée, en allant chercher conseils et produits auprès du pharmacien du quartier. Surtout, nombre de personnes imaginent que le médicament peut constituer une solution pertinente à des maux qui, pour être bien réels, ne relèvent pas du pathologique, mais du registre de la souffrance ou de la détresse psychologique. On peut ainsi s'inquiéter de voir s'étendre une véritable médicalisation pharmacologique de l'existence, dont témoigne, par exemple, la commercialisation de médicaments modifiant les comportements indiqués dans le domaine de l'agressivité et de la violence !

Le domaine de la psychologie, où les frontières demeurent floues entre ce qui est normal et ce qui est pathologique, représente désormais, pour l'industrie pharmaceutique, un marché attrayant qu'elle désire étendre. De plus en plus souvent, elle commercialise des médicaments médiatisés comme capables de faire accéder à un bien-être total. Comprenons-nous : le marché de la pathologie est économiquement plus restreint que celui du mal-être. Qui ne souhaiterait réduire sa calvitie, perdre des kilos superflus, assurer une sexualité sans faille ? Le début du catalogue de ces *lifestyle drugs* est la gélule blanche et verte du Prozac, actif contre la dépression nerveuse, qui a donné lieu à une médiatisation sans précédent lors de sa commercialisation. Mais, depuis, d'autres ont suivi, parmi lesquels le Viagra ou le Xénical, destiné au traitement de l'obésité. À quand le Soma, remède miracle imaginé par le romancier A. Huxley ?

De fait, la prescription et la consommation de médicaments ne cessent d'augmenter face aux plaintes de plus en plus nombreuses d'une société en souffrance, auxquelles les médias répondent en présentant les médicaments comme de véritables « pilules du bonheur ». Mais pourquoi rechercher systématiquement le bien-être dans l'utilisation des médicaments, alors même que, dans des pays voisins, on cherche avant tout chez le médecin un conseil et que l'effort personnel s'y trouve davantage sollicité ?

Un marché sans garanties

L'automédication est désormais attisée par des moyens de promotion sophistiqués. Ainsi, un marché considérable s'est ouvert grâce au Web. La vente des produits y échappe aux règles élémentaires du monopole pharmaceutique, et tout un chacun peut à son aise se procurer les médicaments souhaités. La DHEA, la pilule de l'éternelle jeunesse, vendue comme complément nutritif aux États-Unis, n'est actuellement pas disponible en France. Pourtant, elle peut être achetée sans difficultés en ligne, sans garantie sur la qualité du produit livré.

Il semble que les progrès technologiques de notre société, le pouvoir donné à l'homme par les sciences, la possibilité d'avoir plus de confort, plus de facilité de déplacement, plus d'informations, plus de loisirs, plus de choix, bref que la satisfaction de désirs plus nombreux, n'apportent ni bien-être ni bonheur. Pourquoi ? Probablement parce que l'ennui, la peur de la maladie et la mort constituent inéluctablement la toile de fond de notre existence. En fait, les conséquences de la conquête du « toujours plus » sont probablement à l'origine du désarroi des sociétés occidentalisées, où tout finit par sembler potentiellement inépuisable pour l'homme.

Tristesse, solitude, angoisse envahissent le village planétaire que l'on croyait voué à une jouissance sans entrave, car le bien-être n'est pas une donnée corrélée au niveau de vie. L'espoir placé dans un médicament miraculeux capable de guérir des maux de l'existence constitue l'une des utopies flagrantes du siècle nouveau.

Denis RICHARD

EN BREF

Une pléthore de risques

Trente pour cent des Français ont recours à l'automédication. La pharmacie familiale dispose en moyenne de 23 médicaments qui n'ont pas toujours été prescrits par le médecin, et on les utilise souvent sans en connaître bien la composition, les effets et les contre-indications.

Des marchés porteurs

Le marché de la pathologie étant plus restreint que celui du mal-être, aux médicaments proprement dits s'ajoutent désormais, largement promus par l'industrie pharmaceutique, des produits médiatisés comme susceptibles d'améliorer la forme, l'apparence et, d'une façon générale, le bien-être.

Les limites de la médicalisation

Entre une vraie pathologie et le mal-être, les limites sont souvent floues et rendent parfois la médicalisation abusive, autant qu'est illusoire une pilule du bonheur.

Voir aussi
► Les addictions p. 268

La médecine chinoise

Des adresses qui se communiquent de bouche à oreille. Un article ici ou là dans la presse. Des recours de plus en plus fréquents à l'une de ses branches maîtresses : l'acupuncture. Dans notre société occidentale, où, quelles que soient les performances de la médecine contemporaine on souffre de son hyperspécialisation, la médecine chinoise, qui soigne l'homme dans sa totalité, réalise une remarquable percée. Encore faut-il connaître le sens, la philosophie et les pratiques de cette approche thérapeutique plus que deux fois millénaire.

Fondée sur une conception philosophique très ancienne du monde, la médecine chinoise se répartit en plusieurs domaines : la base théorique, le diagnostic, les traitements, la médecine préventive et la préservation de la santé. Alors que la médecine occidentale se spécialise et compartimente le corps et la pensée, les médecines chinoises, holistes (du grec *holos*, « entier »), se refusent à de telles distinctions et posent l'unité de l'origine ; le phénomène de la vie ne prend tout son sens que dans la mesure où l'être et la nature sont mis en rapport.

Unitaire au départ, la médecine chinoise a commencé, à partir du IXe siècle, de se différencier pour, aujourd'hui, se fractionner en trois branches principales : la phytothérapie, qui soigne par les plantes ; l'acupuncture (et la moxibustion) ; et les massages. Le *Qi Gong*, considéré comme ésotérique, reste à part.

Une vision du monde

Fondée sur les notions d'identité et d'unité du tout, la médecine chinoise perçoit l'homme comme une sorte de réfraction du ciel et se fonde sur le concept de trois unités cohérentes :

Unité du ciel et de l'homme : celui-ci, image miniaturisée de l'Univers, par sa structure corporelle et ses activités physiologiques, s'accorde à la loi du ciel et de la terre.

Unité de l'esprit et du corps : au même titre que le cerveau, les organes *(zang fu)* sont le siège des émotions. Réactions subjectives ordinaires des circonstances normales, les émotions, par leur soudaineté, leur intensité ou leur persistance, peuvent se transformer en agents pathogènes et rompre les équilibres harmonieux du *yin* et du *yang*, du *qi* (l'énergie qui se traduit aussi par souffle) et du sang.

Unité du temps et de l'espace : la mise en relation avec la temporalité, les principes *yin* et *yang* et les cinq éléments permet de repérer les symptômes révélateurs des modifications de l'état fonctionnel de l'organisme.

« Acupuncture » est un néologisme inventé par les missionnaires qui s'efforçaient, au XVIIe siècle, de christianiser la Chine. On compte autant de points d'acupuncture que de jours dans l'année.

Le Qi Gong est une technique d'activation des énergies et d'équilibrage du corps et du souffle par un travail où s'enchaînent très lentement des postures et des gestes précis.

Un soubassement philosophique

La pensée médicale et la pratique clinique chinoises ne dissocient jamais les aspects proprement opératoires et techniques ces pensées philosophiques et cosmologiques qui leur servent de soubassement.

Les praticiens interprètent le sens profond des signes et des indices cliniques immédiatement perceptibles sur l'arrière-plan de la mise en œuvre des théories de la médecine chinoise – tels le *yin* et le *yang*, les cinq

Yin et yang

Fondamentales dans la pensée chinoise et utilisées depuis les temps les plus anciens comme un regard sur le monde, les notions de *yin* et *yang* sont comprises comme les deux principes opposés, mais solidaires, de toute « chose » qui, pris dans une sorte d'unité des contraires, rendent compte de la dynamique du monde. Dans cette vision, tout est interprétable en termes de *yin* et de *yang*. Les lois gouvernant leurs rapports s'opèrent en quatre points :

- **Opposition. Tous les phénomènes du monde se trouvent dans une relation : la stabilité et le mouvement, le froid et le chaud, la totalité et la partie, les actions de descendre et de monter, etc.**
- **Interdépendance. Tout en s'opposant, les principes s'impliquent mutuellement, dans le sens où chacun est la condition d'existence des autres.**
- **Croissance et décroissance. L'interdépendance dynamique dans laquelle ils se trouvent pris explique que, dès lors que l'état d'équilibre est rompu, ils tendent par une sorte d'effet de pendule à s'inverser.**
- **Transformation. En conformité avec l'idée que, après avoir atteint leur niveau maximal, les choses et les phénomènes ne peuvent que s'inverser, les principes du *yin* et du *yang* peuvent se convertir en leur contraire.**

Le code des cinq éléments

Cinq éléments *(wu xing)* : le bois, le feu, la terre, le métal et l'eau, constituent un outil de codage des « choses » du monde, d'abord par catégories d'affinité, puis sur la base des propriétés et des caractéristiques communes qui leur sont attribuées. Leurs quatre modes de relations et d'actions réciproques s'expriment toujours sous une forme verbale : engendrer, maîtriser, subjuguer et restreindre. La théorie des cinq éléments est utilisée pour comprendre la physiologie et la pathologie du corps humain et pour guider la pratique clinique.

éléments, etc. – qui ne restent que des structures cognitives permettant d'ordonner les données de l'expérience sensible.

Passant de l'observation clinique à l'interprétation des indices et des manifestations observées, les médecins expliquent les anomalies physiologiques et la pathologie constatées à partir du paradigme philosophique du *tai ji*, principe suprême de la complémentarité et du mouvement du *yin* et du *yang*. Aussi longtemps qu'il est maintenu, l'équilibre entre ces deux principes protège l'intégrité de l'organisme et garantit la santé. À l'inverse, toute rupture d'équilibre au profit de l'un ou de l'autre affaiblit et rend vulnérable à des agressions extérieures. Cette intelligence de la maladie explique l'orientation vers la prévention et, dès lors que les premiers signes pathologiques sont apparus, le recours systématique aux soins visant à rétablir l'équilibre initial.

L'organisme forme, sur tous les plans (anatomique, physiologique, pathologique, etc.), un tout indissociable dont les parties interagissent les unes sur les autres. Ainsi, les cinq *zang* pleins (foie, cœur, rate, poumons, reins) relevant du principe *yin*, et les cinq *fu* creux (vésicule biliaire, intestin grêle, estomac, gros intestin, vessie) relevant du principe *yang*, sont les parties absolument vitales dont les insuffisances ou les désordres peuvent être constatés.

Six éléments pour un diagnostic

L'apparition d'une maladie s'accompagne le plus souvent de manifestations anormales visibles qui, soumises à une observation adéquate, doivent permettre d'identifier l'affection. Agissant comme une sorte de révélateur, le diagnostic s'appuie sur six éléments :

L'examen, première interprétation des signes immédiatement visibles, procède par l'observation des changements susceptibles d'affecter aussi bien l'apparence générale, la physionomie du patient que son état mental *(shen)*, sa complexion, sa forme physique…

L'auscultation et l'olfaction, observation de tous les changements anormaux susceptibles d'affecter les couleurs, odeurs et sons que produisent les organes ou le corps du patient.

Le questionnement, recherche étiologique des causes profondes qui, par un examen fouillé et par un échange avec le patient ou des personnes de son entourage, fait intervenir de très nombreuses distinctions relatives à la nature durable ou saisonnière de l'affection.

La palpation : le médecin tâte les différentes parties du corps, mais, surtout, prend le pouls du patient pour déterminer la nature et la localisation des affections.

L'efficacité du diagnostic dépend du talent, de l'acuité des observations et de la capacité du médecin, à partir des informations recueillies et des connaissances théoriques, à filtrer les apparences pour atteindre leurs essences. Après avoir conduit ses observations, il précise son diagnostic en recourant à la méthode dite de « distinction (ou différenciation) des syndromes », ce qui lui permet de localiser plus précisément la maladie, de déterminer ses mécanismes pathologiques et d'établir sa prescription.

Un système de circulation

Douze paires de méridiens normaux, huit méridiens extraordinaires et différents collatéraux *(jing luo)* constituent un réseau dense par lequel circulent le *qi* et le sang. Ils relient la profondeur et la surface du corps, tous les éléments qui le constituent, tous ses orifices, et permettent de réguler le *yin* et le *yang*.

Mettant l'organisme en continuité avec l'extérieur, les méridiens vulnérabilisent les organes ainsi exposés aux affections et aux maladies d'origine externe ; mais, en enregistrant et en localisant les symptômes des affections de ces organes, ils permettent aux médecins d'identifier et de différencier les affections et d'établir leur diagnostic.

Une diététique bien tempérée

Les céréales nourrissent, les fruits supplémentent, les viandes renforcent et les légumes favorisent la récupération. Les aliments sont répartis en cinq classes correspondant à leurs saveurs (les cinq éléments), à leurs natures (*yin, yang* ou neutre), à leurs attributions aux méridiens, à leurs quatre mouvements (ascendant, descendant, sortant ou entrant), à leurs compatibilités ou incompatibilités.

La stricte adaptation aux besoins réels de l'organisme, la variété et la régularité sont recommandées ; les repas doivent se conformer au précepte « déjeuner bien, manger pleinement et dîner peu ».

Trois modes de traitement

L'identification de la nature de l'affection par le diagnostic détermine les principes et les modes de traitement, qui peuvent, d'ailleurs, être conjugués.

L'acupuncture est sûrement le plus connu : partant de la même notion de l'unicité de l'univers, les acupuncteurs posent que le tout se reflète dans chacune de ses parties et que chacune de celles-ci est une image, ou projection, réduite du tout. Les méridiens et les collatéraux forment un réseau de *qi* connectant et unissant les différentes parties du corps dans une sorte de maillage. La thérapie d'acupuncture se fonde sur les procédures qui permettent de prévenir ou de soigner des maladies en poncturant sur un ou des points (d'acupuncture) relevant d'un ou plusieurs méridiens spécifiés pour réguler les fonctions du *qi* et des *zang fu*.

La moxibustion est proche de l'acupuncture, mais elle agit par la chaleur. En opérant sur les points d'acupuncture et en chauffant les méridiens, elle permet d'expulser le froid, de stimuler et d'activer un flux constant de *qi* et de sang, qui disperse l'accumulation des éléments pathogènes. En tonifiant et en fortifiant le *yang*, elle prévient et traite les prolapsus des *zang fu*. Elle utilise, pour cela, la chaleur du moxa (principalement des feuilles d'armoise) confectionné en cônes, en bâtonnets ou fixé à l'extrémité des aiguilles d'acupuncture.

La phytothérapie s'appuie sur une impressionnante pharmacopée. Les différents ingrédients, associant une dizaine de substances, sont répartis en deux classes distinguant les substances à effets principaux des substances à effets secondaires ; cette démarche permet de décider de leurs dosages respectifs.

La massothérapie, enfin, qui nécessite une technicité parfaite, reste d'une importance cruciale dans le traitement des affections. Cette thérapie visant à obtenir des effets positifs en normalisant et en contrôlant les fonctions physiologiques de l'organisme comprend tout un ensemble d'actions appliquées en dermatologie, neurologie, rhumatologie, traumatologie, etc. Suivant les affections à traiter, les médecins procèdent par des gestes précis (pétrissages superficiels ou profonds, pressions glissées, statiques, frictions localisées, percussions, vibrations manuelles, etc.). Ces actions permettent la régulation du *yin* et du *yang*, des méridiens, des collatéraux, du *qi*, du sang et des *zang fu*, le rétablissement des fonctions des tendons, des os et des articulations.

Une médecine d'abord préventive

La prévention donne sa ligne directrice à la médecine chinoise. Elle consiste à prévenir la maladie avant qu'elle se soit déclarée ou, si elle est amorcée, à la faire avorter en limitant, par des mesures anticipées, les dommages qu'elle ne manquerait pas d'occasionner. Un adage rappelle que « les grands praticiens préviennent l'occurrence des maladies, alors que les praticiens moyens ne peuvent que les traiter ».

Cette prévention de la santé, affaire personnelle, consiste à « prendre soin de soi-même » dans le simple dessein de conserver la vie le plus longtemps possible. La théorie de la préservation de la santé présente l'intérêt de replacer le sujet dans son environnement ou son milieu ambiant aussi bien physique que social. Les textes classiques dégagent une série de six principes fondamentaux permettant de prévenir les affections et de retarder la sénilité : l'adaptation aux lois de la nature ; l'attention accordée aux facteurs psychologiques (au mode et au style de vie, à la recherche de l'harmonie et de la perfection des mouvements, à l'alternance judicieuse du travail et du repos ainsi qu'à l'équilibre psychologique) ; la nécessité de la sexualité pratiquée avec tempérance ; l'exercice physique ; la diététique ; et la distanciation d'avec les facteurs pathogéniques.

La médecine chinoise est tout à fait étrangère à cette vision commune et tenace d'une médecine douce ou seulement « préventive » qui ne saurait prétendre aux rigueurs de la modernité. Elle permet de recueillir de nombreuses informations cliniques que les médecins doivent ensuite savoir filtrer pour passer de la « technique médicale » à l'« art médical ». D'après les appréciations chinoises, la médecine occidentale soigne les maladies, la médecine chinoise soigne les malades. Si, en Occident, la coexistence des deux dans les mêmes hôpitaux ou dans les mêmes institutions médicales paraît, pour l'instant, difficilement pensable, elle est, à l'inverse, pleinement adoptée en Asie.

Hiria OTTINO

EN BREF

Une philosophie de base

Une conception philosophique de l'unité de l'homme et du ciel, de l'esprit et du corps, du temps et de l'espace, est à la base de la démarche de cette médecine.

Une différence majeure

Alors que la médecine occidentale n'intervient qu'en cas de maladie et ne se préoccupe que de la pathologie détectée, la médecine chinoise prend en charge l'individu dans sa totalité et se soucie plus encore de prévenir que de guérir.

Accompagnement et soins palliatifs

Nos aïeux vivaient dans la familiarité constante de la mort. Ils y songeaient bien avant l'échéance et, pour le grand voyage, partaient de chez eux entourés des leurs. Ce n'est plus le cas aujourd'hui, en ville surtout, où l'on a désappris à regarder la fin en face. Ceux qui s'en approchent n'y sont généralement pas préparés. Leurs proches ne savent pas toujours commen les aider. Dans ces moments ultimes, les uns et les autres ont souvent besoin d'être accompagnés. C'est là une démarche nouvelle qui mérite d'être encouragée pour que chacun puisse mourir dans la dignité.

Dans un monde médicalisé à l'extrême, la limite entre soins palliatifs et acharnement thérapeutique est parfois ténue. Pour bien comprendre ce que sont les soins palliatifs, mieux vaut sans doute aujourd'hui donner du sens au concept d'« accompagnement et soins continus ». Il ne s'agit pas de préparer la mort, mais bien d'accompagner, dans une démarche tout autant technique qu'éthique, la personne humaine jusqu'au bout de la vie. Il faut lui assurer un confort et, pour cela, traiter, en priorité et sans « a priori », la douleur qui, à cet instant, est tout autant physique que psychologique. À domicile comme à l'hôpital en unité de soins palliatifs, une continuité de la prise en charge reste essentielle pour maintenir la qualité des soins et pour répondre aux besoins du malade si nécessaire.

Il n'y a pas de véritable frontière entre les soins curatifs et les soins palliatifs. Ils s'interpénètrent et se complètent. En réalité, il s'agit bien d'accompagner le malade en fin de vie et, quels que soient le diagnostic et le pronostic, de lui assurer une qualité de vie – ou de survie. Les équipes soignantes aiment parler en ces circonstances de « confort » du malade et agissent pour qu'il se sente le mieux possible. Elles le prennent en charge dans sa globalité : on sait que, dans ces moments où, sans aucun doute, on ne peut arrêter la maladie, la douleur n'est plus seulement physique, mais aussi psychologique ou psychique, tant cette avancée inéluctable est source d'interrogation, d'angoisse, de peur, de dépression parfois morale, voire spirituelle. La démarche de soins qui doit avoir pour premier objectif de maîtriser la douleur ne suffit pas. Il faut, dans ce contexte si particulier aider la personne concerrée à surmonter l'insurmontable. Il ne s'agit ni de repousser cette mort ni même de la préparer, mais de la prendre en compte dans toute sa dimension et d'apporter un « soin différent ».

Des millions de personnes concernées

Le « soin différent » au malade en fin de vie implique trois compétences complémentaires.

C'est un soin technique : traiter la douleur physique exige un véritable savoir-faire. Il est, de plus, fondamental de bien connaître la maladie et ses symptômes pour tenter d'en juguler les effets.

C'est également un soin psychosocial, c'est-à-dire qu'il s'adresse à l'entourage : le plus souvent, la personne en fin de vie n'est pas seule et il importe d'être également attentif au vécu de ses proches et aux problèmes de tous ordres qu'ils peuvent rencontrer.

C'est, enfin, un soin relationnel impliquant de savoir informer, écouter, négocier, bref de se rendre disponible à l'autre, de s'engager à ses côtés dans une relation de confiance pour que le patient et ceux qui l'entourent bénéficient de cette chaleur humaine qui fait la différence.

C'est en ce sens que les soins palliatifs sont, avant tout, des soins d'accompagnement. En tant que tels, ils concernent, en France, plusieurs millions de personnes, notamment des personnes âgées, invalides, handicapées, mais surtout isolées, se sentant exclues, abandonnées, et aussi les malades atteints d'un cancer, d'affections neurologiques ou neuromusculaires évolutives (sclérose en plaques, sclérose latérale

Être bénévole

Pour être bénévole, il faut d'abord se poser quelques questions simples : quelles sont mes disponibilités ? Quelles sont les motivations qui sous-tendent ma démarche ? Il faut ensuite prendre contact avec l'une des associations intervenant dans le domaine des soins palliatifs pour un premier entretien. La décision d'accepter ou de refuser un postulant appartient en dernier ressort aux responsables de l'association.

Le bénévolat est un engagement mutuel. Il est concrétisé par la signature d'un « contrat moral » qui précise le cadre de l'activité du bénévole et les exigences de l'association. Quelles que soient les circonstances, le bénévole ne sera jamais « lâché » sans un minimum de formation. Écouter, accompagner, ce n'est pas seulement être en relation avec l'autre, c'est aussi être « soi » dans cette relation. Autrement dit, c'est se connaître soi-même pour pouvoir mieux aider l'autre.

Le bénévole est appelé à participer régulièrement à des groupes de parole pour, tout à la fois, surmonter les difficultés auxquelles il a pu être confronté, et s'enrichir de la pratique des autres bénévoles. En réalité, il n'y a de « bon » bénévole que celui qui tire de son expérience un profit pour lui-même.

Pour pallier l'insuffisance du nombre d'unités de soins palliatifs, la formation d'équipes pluridisciplinaires représente une solution possible pour que se développent les soins d'accompagnement à domicile dans le cadre de réseaux ville-hôpital.

amyotrophique...). Ces soins peuvent être mis en œuvre à domicile, dans tous services hospitaliers ou encore dans un service spécialisé, une USP, ou unité de soins palliatifs.

À domicile, cette mise en place rencontre souvent des obstacles qu'il est bien difficile de surmonter. Ils tiennent notamment à l'épuisement des familles, au manque de disponibilité du médecin référent, qu'il soit généraliste ou spécialiste, et enfin aux difficultés de coordonner les actions des divers intervenants : médecin, infirmière, masseur-kinésithérapeute, garde-malade, aide ménagère, etc.

Des équipes interdisciplinaires

Dans les services hospitaliers, les équipes de soins peuvent demander l'intervention de l'unité mobile de soins palliatifs ou de l'« unité mobile d'accompagnement et de soins continus » à condition qu'il en existe une dans l'établissement. Une équipe interdisciplinaire est composée, par exemple, d'un médecin spécialiste de la douleur, d'un psychiatre et/ou d'un psychologue, d'infirmières qui ont une compétence reconnue dans ce domaine. Elle a pour mission de donner un avis thérapeutique, d'aider à la gestion d'une crise douloureuse et d'aider l'équipe en place à accompagner le malade et sa famille. Elle travaille aussi en liaison étroite avec le service social de l'hôpital. L'unité mobile peut, pour les malades maintenus à domicile, assurer les « relations extérieures » avec le médecin référent, l'hospitalisation à domicile, les services d'infirmières. Elle est souvent le pivot des réseaux hôpital-hôpital ou ville-hôpital. Il s'agit d'éviter toute rupture de prise en charge du patient.

Dans les USP, priorité est donnée aux malades en phase terminale. La durée moyenne de séjour est de moins d'un mois. La notion d'équipe interprofessionnelle – elle se réunit souvent plusieurs fois par jour – est très importante, car elle permet une homogénéité de la prise en charge médicale, psychologique, sociale du patient et de son entourage. L'architecture et le mode de fonctionnement des USP sont conçus (droit de visite permanent, possibilité de passer la nuit, de cuisiner...) pour que les familles aient la possibilité de ne pas quitter celui ou celle qui va partir. Elles peuvent, du même coup, être accompagnées dans les premiers pas de leur travail de deuil. USP et équipes mobiles jouent un rôle essentiel dans nos sociétés. Mais la France souffre d'un grave sous-équipement : ils se sont vraiment développés

À LIRE

Verspieren, P., *Face à celui qui meurt*, Desclée de Brouwer, 1999 (nouv. éd.).

Hennezel, M. (de), *la Mort intime*, Robert Laffont, 1995.

Tavernier, M., *les Soins palliatifs*, PUF, « Que sais-je ? », 2000.

depuis le début des années 1990, et pourtant on comptait à la fin de l'année 2000 moins de 200 équipes mobiles de soins palliatifs, et une centaine d'USP, soit 800 lits environ.

Le rôle essentiel des bénévoles

L'accompagnement et les soins palliatifs réhumanisent la fin de vie. Cela ne serait sans doute pas possible si les soignants – ou plus généralement ceux qu'on appelle les acteurs de santé – étaient seuls pour accomplir cette tâche immense et tellement nécessaire. Le recours aux bénévoles, courant dans les pays anglo-saxons et au Québec par exemple, ne fait pas partie de la culture hospitalière française. Et pourtant... Les équipes de bénévoles, à condition qu'elles soient bien encadrées, bien formées et très organisées, jouent un rôle essentiel auprès des malades en phase terminale. Ces femmes et ces hommes qui se mobilisent pour apporter bien plus que du réconfort, une présence, sont un complément indispensable à la démarche de soins d'accompagnement. Ni soignants, ni parents, ni amis, ils sont la « vie extérieure », une fenêtre ouverte sur une société devenue inaccessible. Ils sont là, et l'on a envie d'écrire : un point, c'est tout. Mais, en fait, c'est beaucoup car au bénévole, on peut tout confier, ses interrogations, ses angoisses. Il n'y a pas ici de complicité mais bel et bien une écoute.

Les soins palliatifs sont des soins actifs. Ils ont pour premier objectif d'assurer aux personnes proches de leur fin un confort, une qualité de vie. Ils visent d'abord à soulager les douleurs physiques et la souffrance psychologique, morale ou spirituelle qui accompagnent, généralement, les derniers temps de la vie. Il y a dans les soins palliatifs une dimension éthique unique. Leur mise en œuvre relève de la solidarité entre les hommes, que l'action des bénévoles met parfaitement en exergue.

Marc HORWITZ

À consulter

JALMALV (Jusqu'à la mort, accompagner la vie), 132, rue du Faubourg-Saint-Denis. 75010 Paris. Tél. 01 40 35 17 42. E-mail : revue.jalmalv@free.fr

Société française d'accompagnement et des soins palliatifs, 106, avenue Émile-Zola. 75015 Paris. Tél. 01 45 75 43 86. E-mail : sfap@wanadoo.fr

Union nationale des associations pour le développement des soins palliatifs. 44, rue Blanche. 75009 Paris. Tél. 01 45 26 58 58.

Voir aussi

- Le coin des disparus p. 184
- Le deuil p. 296
- Quand vient le grand âge p. 308
- Face à la maladie grave p. 312
- La mort annoncée p. 316

EN BREF

Le corps et l'âme

Les soins palliatifs sont des soins actifs dans une approche de la personne en phase évolutive ou terminale d'une maladie potentiellement mortelle. Ils visent à soulager les douleurs physiques, ainsi que la souffrance psychologique, morale et spirituelle.

Les bénévoles

Les bénévoles peuvent jouer un rôle essentiel dans l'accompagnement, mais ne sont pas assez nombreux en France.

Les voies de l'épanouissement

L'aptitude au bonheur

D'eux, on dit, en langage familier, « il (ou elle) s'en est bien sorti(e) ». Et nous avons tous des exemples autour de nous de ces enfants nés sous la pire des étoiles, de ces hommes, de ces femmes, de ces communautés aussi qui, après avoir connu une terrible adversité, ont retrouvé une plénitude de vie. Un nouveau mot désigne aujourd'hui leur capacité à surmonter le malheur : la résilience. C'est un bon mot pour dire : « Il n'y a pas de fatalité. »

Pendant longtemps, on a pensé que les premières années de vie instauraient définitivement le devenir des individus. « Tout se joue avant 6, voire avant 3 ans » était la phrase clé, figeant les comportements et les attitudes dans ces premières années de vie. Aujourd'hui, on peut dire que « tout ne se joue pas avant 6 ans », et les perspectives développées par le nouveau concept de résilience ouvrent des portes très intéressantes.

Ce terme de résilience, emprunté à la physique, définit la capacité d'un matériau à résister aux chocs. La résilience est utilisée en psychologie sous forme de métaphore, pour expliquer à quel point les enfants qui ont vécu des traumatismes majeurs peuvent néanmoins devenir des adultes à part entière, se développer et construire, à partir de leurs expériences traumatiques, une vie pleine de sens, riche et positive.

Beaucoup d'enfants ont pu ainsi rebondir, malgré une enfance difficile, et se bagarrent dans leur parcours existentiel. À côté de cette résilience aux souffrances d'origine familiale ou privée, on a décrit celle qui est liée aux traumatismes et aux situations extrêmes, de nature historique comme les guerres, les déportations, les exodes, les génocides ou comme les grands cataclysmes naturels, tremblements de terre, inondations, etc. La résilience a notamment été décrite chez des enfants des rues, dans des situations de maltraitance, de violence, d'alcoolisme, de toxicomanie, de pauvreté, de deuil, de séparation, de handicap ou de maladie grave... Les uns directement affectés, les autres malmenés du fait de la pathologie, des difficultés sociales, mentales dont souffrent leurs parents.

Ce terme de résilience a été utilisé, pour la première fois par une psychologue américaine, E. Werner (1984), et s'est développé progressivement grâce à de nombreux auteurs. D'autres psychiatres avaient pressenti cela, en particulier Anthony (*Anthony and All*, 1982), qui a décrit, avec C. Koupernic, *l'Enfant vulnérable* (PUF, 1980), qu'il compare à une poupée d'acier qui ne se casse pas, même si elle tombe de très haut et sur un terrain dur. Un autre auteur, S. Vanistendael, précise encore : « La résilience, c'est à la fois la résistance à la destruction et la capacité à se construire une vie en dépit des circonstances difficiles, d'un environnement défavorable, voire hostile. C'est la capacité d'une personne, qu'elle soit enfant, parent, ou même vieillard, ou d'un système social, famille, communauté, à se développer bien, malgré les conditions difficiles. »

Les critères de la résilience

Tous les cliniciens qui ont tenté de réfléchir sur cette notion de développement personnel et d'aptitude au bonheur, malgré des traumatismes majeurs, sont d'accord pour étudier des facteurs qui permettent de mieux cerner le devenir d'un sujet. Qu'est-ce qui permet à un enfant ayant vécu une très grande difficulté de s'en sortir ? L'observation fait émerger quatre éléments qui paraissent fondamentaux.

Premièrement, plus un enfant est sympathique, ou attire la sympathie des adultes, plus il aura une chance d'être repéré et de sortir du groupe.

Deuxièmement, l'humour est fondamental : on s'occupe beaucoup plus facilement d'un enfant qui sourit, fait le clown, que d'un enfant triste, grognon, et qui reste dans son coin.

Troisièmement, c'est la possibilité de construire un projet de vie : avoir défini très tôt une vocation, avoir des perspectives. Cela permet d'instaurer un fil directeur dans sa vie.

Autre point fondamental : ne pas se considérer comme victime Plus on se considère soi-même comme victime, moins on devient résistant aux traumatismes et aux vicissitudes de la vie ; cette complaisance d'une certaine façon, empêche de progresser.

Analyser comment et pourquoi on possède ou non ces qualités qui permettront la résilience est un peu plus ardu. Il est très difficile de définir la capacité de gérer les traumatismes et, là encore, il faut faire acte

Quand la psychanalyse emprunte à la physique

Le concept de résilience est emprunté à la physique : il est défini par le *Petit Larousse* comme « caractéristique mécanique qui définit la résistance aux chocs d'un matériau ». Est considéré comme résilient ce qui présente une résistance aux chocs. Nombreux sont les objets actuels dits résilients (comme les matelas, les barres d'appui). Cette métaphore s'applique parfaitement aux situations extrêmes vécues par les individus ayant traversé des épreuves dramatiques de la vie.

On doit son introduction en France à S. Vanistendael, B. Cyrulnik et S. Tomkiewicz.

d'humilité et aborder ce problème d'une manière pluridimensionnelle, à partir de facteurs intriqués : génétiques, psychologiques et sociaux. Il est évident que l'enfant est fonction de son bagage génétique et de son environnement. Cette double origine doit être toujours présente à l'esprit.

On pourrait de la même manière diviser les facteurs favorisant ou entravant la résilience en trois catégories. On aurait ainsi le vécu intra-utérin et les facteurs innés comprenant l'évolution. Puis les facteurs relationnels, par exemple l'ambiance familiale, la place dans la fratrie, les relations privilégiées liées avec une personne adulte, intra- ou extrafamiliale, telles que les définit B. Cyrulnik, par la notion de tuteur. Enfin, les facteurs sociaux avant, pendant et après le traumatisme, par exemple le niveau de déstructuration ou du maintien de la communauté ; l'état économique du pays et l'ambiance psychosociale ou la place du sujet dans sa société.

On sait également que cette capacité à supporter l'adversité est variable : on peut s'avérer très résilient à une certaine époque de sa vie et plus fragile à un autre moment, à une autre époque. On peut être résilient à certains stress (par exemple, abus sexuels), et s'effondrer à la suite d'autres (comme un deuil brutal) ou l'inverse.

L'individu et l'environnement

Ainsi le philosophe P. Levi, ancien déporté, le psychanalyste B. Bettelheim et J. Renard, l'auteur de la fameuse phrase : « Tout le monde n'a pas la chance d'être orphelin », sont souvent cités comme des

Dix caractéristiques favorables à la résilience

Les auteurs anglo-saxons décrivent, parmi les caractéristiques des individus résilients :

- **la bonne santé et le tempérament facile ;**
- **l'attachement solide et la sécurité de base créés par une relation positive instaurée très précocement dans la vie ;**
- **la compétence relationnelle, c'est-à-dire la capacité de nouer des relations avec les autres ;**
- **les compétences cognitives, par exemple l'acquisition précoce du langage, l'appréciation correcte de ses propres compétences et de ses difficultés, qui rejoint la notion d'*insight* ;**
- **la compétence émotionnelle avec la régulation émotionnelle ;**
- **la capacité à différer la satisfaction ;**
- **l'estime de soi ;**
- **la créativité et le sens de l'humour ;**
- **l'engagement et la capacité d'aider les autres, qu'on retrouve chez beaucoup de thérapeutes.**

Nous sommes tous concernés

À la question posée par le magazine *Psychologies* (mars 2001) : « Il semblerait que le terme de résilience ne s'applique qu'aux traumatisés profonds, mais ne concerne-t-il pas chacun d'entre nous ? », B. Cyrulnik répondait : « Je pense que l'on ne peut parler de traumatisme – et d'évolution résiliente – que si l'on a côtoyé la mort, si l'on a été agressé par la vie ou par les autres [...]. Mais les processus qui permettent de reprendre son développement après un coup du sort nous concernent tous car ils obligent à penser la vie en termes de devenir, d'évolution. D'ailleurs, une personne sur deux subit un traumatisme au cours de son existence, qu'il s'agisse d'un inceste, d'un viol, d'une maladie grave, d'une guerre ou de la perte d'un être cher. »

exemples phares de la résilience à la maltraitance familiale ou « historique » et se sont suicidés de longues années après avoir « surmonté » les adversités dont ils ont été victimes. L'aptitude à forger un devenir positif ne recouvre pas toujours tous les domaines de la vie : on peut être résilient à l'école et vulnérable à la maison, ou dans la rue, ou l'inverse.

D'autres facteurs sont importants pour comprendre cette résilience, et font appel à la capacité de l'individu à élaborer, à penser, à verbaliser son histoire : en psychanalyse, cette capacité à mentaliser est définie par la notion d'*insight*, qu'on pourrait traduire par la « profonde connaissance de soi-même ».

Tous ces traits apparemment intrinsèques à l'individu ne doivent pas cacher l'importance extrême des facteurs environnementaux, qu'ils soient permanents ou ponctuels et dus aux hasards de la vie. La résilience ne résulte pas d'une somm(ation)e mécanique ou arithmétique de ces facteurs ; elle se construit progressivement, elle se « tricote », comme le dit B. Cyrulnik, par leur intrication tout au long de la vie.

Il est abusif de parler de la résilience avant la survenue du traumatisme (qu'il soit chronique ou brutal) et vain de vouloir la prévoir chez un individu donné.

Le concept de résilience s'est développé en France grâce à

À LIRE

Cyrulnik, B. (dir.), *Ces enfants qui tiennent le coup*, Hommes et perspectives, 1999 ; *Un merveilleux malheur*, Odile Jacob, Paris, 1999 ; *les Vilains Petits Canards*, Odile Jacob, Paris, 2000.

Gabel, M., Jésu, F., et Manciaux, M. (dir.), *Bientraitances*, Fleurus, Paris, 2000.

Guénard, T., *Plus fort que la haine*, J'ai lu, 2000.

Manciaux, M. (dir.), *l'Enfant maltraité*, Fleurus, Paris, 1993.

Manciaux, M., et Tomkiewicz, S., « La résilience aujourd'hui », *in* Gabel, M. (dir.), *Bientraitances*, *op. cit.*, pp. 313-340.

Tomkiewicz, S., *l'Adolescence volée*, Hachette 2001.

Vanistendael, S., et Lecomte, J., *Le bonheur est toujours possible*, Bayard, Paris, 2000.

Le changement épistémologique induit par le concept de résilience a permis, dans la pratique psychothérapique et, plus encore, médico-sociale, de changer le regard des professionnels sur les usagers, qui trop souvent confond vulnérabilité et fatalité d'une évolution pathologique négative. Cependant, l'abus et le mésusage de ce concept risquent (A. Miller) d'« endormir travailleurs sociaux, décideurs et bailleurs de fonds » et de justifier à tort le démantèlement des politiques de solidarité et de bien-être social.

B. Cyrulnik dans ses ouvrages, *Un merveilleux malheur* et *les Vilains Petits Canards*, et à S. Tomkiewicz, dans *l'Adolescence volée*. C'est un changement épistémologique considérable qui permet à la fois de mieux comprendre que, malgré les traumatismes majeurs, chacun de nous a des chances de les surmonter et d'arriver à des perspectives d'intégration et de développement psychoaffectif. Travailler sur les aspects positifs des individus est une nouvelle façon de rendre compte de la clinique, et nous savions depuis fort longtemps, par des exemples de devenir de nombreux patients, que, malgré les histoires tragiques et douloureuses, ils pouvaient tout à fait devenir des adultes à part entière, heureux, et capables d'investir dans les domaines cognitifs, affectifs et relationnels.

Sylvie ANGEL et Stanislaw TOMKIEWICZ

EN BREF

Un concept qui change tout

Contrairement à ce qui fut longtemps admis, les premières années de la vie, même très difficiles, ne scellent pas le devenir d'un enfant, et certains individus sont capables, après les pires traumatismes, de se révéler aptes au bonheur. C'est ce qu'on appelle la résilience.

Une prédiction impossible

Autant il est abusif de parler de résilience avant un traumatisme, autant il serait vain de vouloir la prévoir chez un individu donné.

Une construction progressive

La capacité de réparation psychique de l'individu est dépendante de certains facteurs innés, relationnels ou sociaux. Elle est aussi variable selon les personnes et les périodes de la vie. Dans tous les cas, elle ne résulte pas d'une somme de tous ces facteurs, mais se tisse progressivement. Souvent avec succès.

Épanouissement personnel

Comment faire du temps notre ami

La plupart d'entre nous ont mal à leur temps et ne savent pas que ça se soigne. Courir après les minutes, sentir le stress nous gagner au fil de la journée est devenu si banal que nous finissons pas le croire normal. Il n'est pas si difficile que ça de réagir. Il suffit de nous observer nous-même et de comprendre que chaque heure est un morceau unique de notre vie. Le temps peut ainsi devenir notre ami le plus précieux.

Vous connaissez le pouvoir des mots. Ils nous rapprochent de la connaissance, nous projettent dans l'imaginaire, colorent à volonté la réalité. Ils nous font aussi prendre des vessies pour des lanternes. Faisons ensemble l'expérience d'un petit décalage.

Dans quelques expressions courantes qui parlent du « temps », remplaçons-le par le mot « vie ». Ainsi, au lieu de : « Cela prend du temps » disons : « Cela prend de la vie. » Transposons ainsi à chaque phrase et écoutons ce qui se passe dans notre tête : est-il besoin d'insister ? Mettre « vie » à la place de « temps », c'est comprendre qu'en pratique, pour un individu, c'est bel et bien la même chose. Voilà qui confère à la recherche d'une relation amicale avec le temps toute l'importance qu'elle doit revêtir : vitale.

Le malheur d'être autodidacte

Vie plus longue, heures plus courtes, ainsi se présente le temps du nouveau siècle, pour nous qui allons y vivre.

Un bébé fille qui vient de naître a une chance sur deux de voir l'année 2100. Et tous les enfants du millénaire travailleront encore moins que leurs parents. Lesquels avaient pourtant vu fondre, au siècle dernier, la durée de leur journée de travail, comme la longueur de leur vie active.

De plus en plus de loisirs et de temps pour soi, donc ? Comment se fait-il, alors, que l'on se plaigne plus que jamais du stress et du manque de temps, bien plus que du manque d'argent, de verdure ou de liberté ? Peut-être parce que, comme toutes les choses importantes de la vie, bien utiliser son temps n'est pas enseigné à l'école. Pas plus, d'ailleurs, que réfléchir, aimer, se connaître et se changer, bien se nourrir, élever ses enfants, faire un bon usage de l'argent, écouter les autres...

Petit exercice donnant à réfléchir

Dans les expressions suivantes, remplacer « temps » par « vie » :

- **Je manque de temps.**
- **Bien utiliser mon temps.**
- **Perdre mon temps.**
- **Je vais y consacrer du temps.**
- **J'ai besoin de plus de temps.**
- **Maîtriser mon temps.**

Et vous en trouverez sûrement d'autres...

Nous sommes donc tous, en la matière, des autodidactes. Dès l'école, on nous affuble d'une montre et on nous distribue des horaires de cours. Initiation éclair. Peu après commencent à s'empiler dans notre petit panier (qui ne contient, après tout, que vingt-quatre heures) : métro, réunions, boulot, rendez-vous, dodo, coups de téléphone, repas, sports, shopping, ébats amoureux, journaux à lire, biberons à donner, notes à rédiger, courses à faire – et... zut !... c'est encore Noël et je n'ai toujours pas acheté les cadeaux ! Certains craquent, d'autres s'organisent. La plupart ont mal à leur temps et ne savent pas que ça se soigne.

On nous fait croire que le temps, c'est de l'argent. Mais, dès que l'on comprend que c'est la vie, la nôtre, on ne peut pas se résigner à un malaise qui mine à la fois notre efficacité et notre plaisir à goûter les jours.

Dans les pays en voie de développement, quand la suffisance alimentaire succède à l'immémoriale privation, les humains ne résistent pas. Beaucoup commencent à s'empiffrer et à grossir, et plus ils sont riches, plus ils sont gras. Certains en meurent. Quelques générations plus tard, ils se trouvent laids, mal dans leur peau. Une réaction se produit alors sous forme d'articles, de livres, d'émissions, voire de simples conversations, jusqu'à devenir une préoccupation dominante. Des progrès deviennent visibles, car de nouvelles valeurs de santé et d'esthétique s'installent. C'est ainsi que nos corps ne ressemblent plus guère à ceux de nos grands-parents. La diététique de la nourriture a touché l'ensemble de la population.

Malheureusement, un mauvais usage du temps ne fait pas grossir, et donc se voit moins. Peut-être est-ce pour cela que le problème ne passe pas encore comme une priorité nationale. On en tombe, pourtant, tout aussi malade que de suralimentation. Ulcères, crises cardiaques ou cancers naissent dans le sillage du stress, qui est au temps ce que l'obésité est à la nourriture. Il n'existe pas de diététique du temps et, pourtant, le besoin est urgent : son absence menace notre bien-être, souvent notre bonheur, vraisemblablement le sens même de notre vie.

Faire son examen de temps

Commençons par essayer de comprendre comment, personnellement, nous en sommes arrivé là. Examinons quelques-unes de nos nombreuses manières de gâcher notre temps. Que ce soit au travail ou à la maison, nous avons des tâches à accomplir. Petites ou grandes, ce sont elles qui ponctuent nos journées. Mais c'est nous qui, en principe, choisissons dans quel ordre les effectuer et qui décidons des priorités.

En fait, voici comment les choses se passent le plus souvent. Nous faisons d'habitude :

– Ce qui nous plaît avant ce qui nous déplaît.
– Ce qui va vite avant ce qui prend plus de temps.
– Ce qui est facile avant ce qui est difficile.
– Ce que nous savons faire avant ce qui est nouveau pour nous.
– Ce qui est urgent avant ce qui est important.
– Ce que d'autres nous demandent avant ce que nous avons choisi.

Ce n'est pas tout. Ce qui est noté à une heure donnée sur notre agenda prendra le pas sur des travaux auxquels nous n'avons pas affecté d'horaire. Nous sommes souvent plus disponible pour les interrupteurs que pour nos propres priorités. De même, nous traitons plutôt les problèmes dans l'ordre où ils se présentent, ce qui n'a pas forcément de rapport avec leur ordre d'importance.

Inutile de souligner que cette liste d'attitudes, dans lesquelles chacun se reconnaîtra, au moins partiellement, égrène tout ce qu'il conviendrait d'éviter pour renouer une amitié avec son temps. Mais c'est ainsi que nous agissons, depuis l'école, et nous n'avons guère eu l'occasion de changer, sauf parfois en pire, sous l'accumulation des charges de notre métier.

Pour avancer, notre première étape consistera à identifier, puis à surmonter quatre obstacles préalables :

– Nous ne nous connaissons pas assez nous-même.
– Nous ne connaissons pas assez bien le temps.
– Nous nous laissons trop encombrer par nous-même et par les autres.
– Nous ne réfléchissons pas assez sur l'emploi de notre temps.

Nul ne peut savoir mieux que nous-même les limites de la confiance que nous pouvons nous faire. Personne n'a plus pâti de nos insuffisances, n'est plus souvent tombé dans des pièges tendus par nous, n'a été plus déçu par nous que nous-même.

À LIRE

Chesnaux, J., *Habiter le temps*, Bayard, Paris, 1996.

Comte-Sponville, A., *l'Être temps*, Albin Michel, Paris, 1999.

Comte-Sponville, A., *Pensées sur le temps*, PUF, Paris, 1999.

Sansot, P., *Du bon usage de la lenteur*, Payot, Paris, 1998.

Servan-Schreiber, J.-L., *le Nouvel Art du temps*, Albin Michel, Paris, 2000.

Décider de ce que l'on veut

Nous ne pouvons prendre en main notre temps que si nous savons ce que nous souhaitons en faire : en gros et en détail, en fin de compte ou par étapes. Ce qui implique de prendre conscience de nos véritables objectifs de vie qui conditionnent la manière dont nous allons leur attribuer du temps.

Petit exercice facile et concret : examinons nos horaires, notre mode habituel de fonctionnement, afin d'y distinguer entre les activités librement choisies par nous et celles qui ne font que répondre aux nécessités et aux demandes de notre entourage, professionnel ou familial. Il est ainsi très instructif de redécouvrir notre emploi du temps en répondant, à chaque étape, à cette question piège : « Est-ce bien moi qui l'ai voulu ? »

Établir une amitié permanente avec notre temps revient ainsi à nous le réapproprier, de deux manières : en vérifiant, chaque matin, que nous allons l'utiliser au mieux et en nous assurant que cet usage est au bénéfice de nos propres objectifs de vie.

Jean-Louis SERVAN-SCHREIBER

EN BREF

Une porte ouverte sur le stress

Paradoxalement, l'impression de manquer de temps semble croître alors même que nous disposons de plus en plus de temps « libre ». L'explication est que, par désir ou par manque d'organisation, nous voulons faire tenir un nombre d'actions croissantes dans vingt-quatre heures incompressibles. Le plus souvent, nous nous stressons nous-même.

Une prise de conscience personnelle

L'essentiel des améliorations possibles dans notre rapport au temps est déjà à notre disposition. En faisant un examen précis et lucide de nos comportements quotidiens et de nos vraies priorités, des pistes concrètes s'ouvrent vite.

Un progrès existentiel

Nos vingt-quatre heures quotidiennes sont incompressibles, mais nous pouvons en faire un meilleur emploi, pour disposer de plus de vie, d'autonomie, de liberté de choix.

Voir aussi
▶ Stress et anxiété p. 226

La mesure des obstacles

Changer ? C'est simple et compliqué à la fois ! Qui n'a pas formulé ses bonnes résolutions au soir du 31 décembre pour l'année suivante ? Qui n'a jamais conçu un programme sur mesure pour parvenir à ses fins ? Toutes ces situations révèlent souvent plus un idéal qu'une réalité à partir de laquelle se construit le scénario du succès. Malheureusement, après l'exaltation surviennent la peine, la déception, puis le manque de confiance en soi. Pourquoi ? Parce qu'on n'est pas à la hauteur ? Non ! Cela est tout simplement dû au fait qu'on n'a pas mesuré les obstacles.

Dès l'instant où l'on choisit de s'engager sur la voie du changement personnel, il importe de bien connaître, et surtout de reconnaître les divers obstacles relatifs à toute évolution. Il existe, d'une part, des obstacles « intérieurs », qui dépendent de nous-même, de notre personnalité. Le désir de changer peut cacher une conduite de mise en échec permanente. D'autre part, on observe des obstacles « extérieurs », qui tiennent aux réactions de notre entourage : notre désir de changer provoque une menace sur celui-ci, puisque nous sortons du rôle qu'il s'était habitué à nous voir jouer. Ce sont ces obstacles, intérieurs et extérieurs, qu'il va falloir identifier et surmonter, une étape après l'autre, pour que le désir de changement trouve sa réalisation.

Les obstacles « intérieurs »

Les obstacles intérieurs dépendent de nous, aussi bien au niveau de nos pensées (cognitions) que de nos comportements. Et le premier à vaincre est l'anxiété. Une cohorte de pensées négatives du type « Je n'y arriverai jamais » ou bien « On me jugera mal » viendront faire obstacle à toute tentative de changement. Il faut savoir que le fait de vouloir, sans cesse, se jeter des défis masque parfois, en réalité, un phénomène d'angoisse structurelle. On espère changer alors définitivement pour être un ou une autre. Mais le problème reste entier puisqu'il faut être déjà devenu un ou une autre pour changer... Que d'angoisses ! Il s'impose donc de savoir se distancier mentalement de soi-même de façon projective, sinon rien ne pourra introduire cette prise de distance indispensable à toute évolution.

Le deuxième obstacle intérieur se situe au niveau d'apprentissages que l'on juge incomplets. On se figure que l'on ne saura pas faire ce que l'on n'a jamais appris. Ce mécanisme suscite un faible niveau de confiance en soi. Il semble alors important de se faire aider par une thérapie cognitive.

Ce qui freine notre confiance en nous-même, ce sont nos peurs non maîtrisées, nos failles, nos faiblesses, nos appréhensions ou notre fragilité.

Le principal de ces freins s'articule autour du complexe d'infériorité. Il n'engendre que des sentiments négatifs vouant toute action à l'échec. La personne pense qu'elle est nulle ou qu'elle n'y arrivera jamais, ou encore que les autres feront toujours mieux. Ce sentiment d'infériorité se nourrit de situations dans lesquelles on s'imagine systématiquement à son désavantage, « Puisque les autres ne peuvent être que mieux que moi... », pense-t-on. Il s'ensuit une survalorisation d'autrui, d'où une autocritique permanente.

La notion de complexe d'infériorité a été élaborée par le psychiatre A. Adler. Il l'a caractérisée par un phénomène de compensation de ses sentiments d'infériorité. Pour parvenir à la réalisation de soi, on doit tenter de surmonter, puis de dépasser ses sentiments négatifs pour essayer de se convaincre de sa valeur propre.

Un autre de ces freins qui perturbe la confiance en soi est la honte. Elle résulte d'un sentiment de dépréciation reposant sur un degré d'exigence extrême dans les rapports à autrui. Dans ces conditions, on n'aime pas son corps ni ses idées, encore moins sa voix ou ses défauts. Bref, rien ne trouve grâce à ses propres yeux. Éprouvant la honte d'elle-même, la personne s'est persuadée de ne jamais pouvoir être telle qu'elle aurait toujours souhaité. Elle ressent aussi l'impression de constamment mal faire les choses et de ne pas savoir s'adapter aux changements. Cette attitude négative engendre de la culpabilité dans la relation aux autres : « Je ne pourrai jamais faire une rencontre » ou « Je ne suis vraiment bonne à rien ». Le repli par rapport aux autres va créer, à la longue, une forme d'exclusion. On en arrive à se persuader que l'on n'est pas digne d'être aimé tel que l'on se présente. En conséquence, on préfère éviter les relations. Ou encore, lorsqu'il y a relation, on vit mal les échanges en ne conservant que les aspects négatifs de ce qui a pu être dit. On ne retient que les mauvaises choses pour recevoir chaque argument

Qu'est-ce que l'anxiété ?

On définit généralement l'anxiété comme un « état de désarroi psychique ressenti en face d'un danger indéterminé et imminent, s'accompagnant d'un sentiment d'insécurité ». Il s'agit d'un trouble intellectualisé, à la différence de l'angoisse, qui se caractérise par des crises paroxystiques et des équivalents somatiques (respiratoire, cardiaque ou abdominal). En fait, on peut dire que l'anxiété est au psychisme ce que l'angoisse est au physique, pour ce qui concerne les répercussions somatiques liées à l'anxiété.

comme des critiques potentielles. Cela renforce l'hypersensibilité et donc la mauvaise opinion que l'on avait déjà de soi : « À quoi bon donner mon avis puisque ce que je vais dire n'intéressera personne ? » Finalement, cette forme d'exclusion se traduira aussi par l'acceptation permanente des idées d'autrui par peur de déplaire un peu plus. On s'enferme alors dans un personnage sans âme, à l'affût de tout ce qui peut être dit de dérangeant.

Après le complexe d'infériorité, la honte et l'exclusion, on remarque un autre obstacle à la confiance en soi : le pessimisme. Ce comportement fait de résignation et de découragement se manifeste au quotidien dans tous les secteurs. On se juge incapable de quoi que ce soit, avec une impression de défaitisme immense. La fuite des responsabilités ou des changements caractérise cet état.

Le frein ultime à la confiance en soi sera celui de l'anxiété résultant de tous ces comportements et pensées négatifs. L'anxiété généralisée provoque une peur face à une situation donnée en induisant une incapacité à la maîtriser. Des pensées automatiques du genre « Je n'y arriverai jamais » ou « Mais qu'est-ce que je peux faire ? » s'imposent. À la longue, cette anxiété pourra avoir des répercussions somatiques sous la forme d'angoisses (sueurs, palpitations, vertiges, oppression thoracique…). La boucle sera bouclée lorsqu'on aura dit que le manque de confiance en soi augmente la sensation d'anxiété, puis d'angoisse. De plus, la réaction anxieuse provoque une forte déstabilisation ainsi qu'une désorganisation. Le coût en énergie devenant trop important pour assumer une situation potentiellement génératrice de phobie, on choisit progressivement la fuite ou l'évitement, et plus rien de bon ne peut advenir.

À lire

Szerman, S., *le Guide du bien-être*, Robert Laffont, 2001.

André, C., *les Thérapies cognitives*, Bernet-Danilo, 1999.

Cottraux, J., *les Thérapies comportementales et cognitives*, Éditions Masson, 1998.

Steiner, C., *L'ABC des émotions*, InterÉditions, 1998.

À contacter

Association française des thérapies comportementales et cognitives,
100, rue de la Santé, 75014 Paris.
Tél. : 01 45 88 35 28.

Les obstacles « extérieurs »

Les obstacles extérieurs viennent généralement des personnes de l'entourage pour lesquelles un changement personnel représente une menace sur l'équilibre relationnel présent. Il va s'ensuivre toute une cohorte de

Les thérapies cognitives

Les thérapies cognitives s'appliquent aux phénomènes de distorsion de la pensée avec lesquels une personne appréhende les événements. Lorsqu'elles s'appliquent à la mesure des obstacles, le thérapeute cherchera à identifier les phénomènes internes inhibant l'élaboration positive de sa pensée. En prenant conscience de ses pensées irrationnelles induisant des comportements inadaptés, la personne apprendra à substituer à son système de pensées invalidantes des pensées reposant sur une vision et sur des jugements réalistes grâce aux principes de l'apprentissage.

manœuvres destinées à faire changer d'avis pour préserver une situation au sein de laquelle les « autres » trouveraient leur compte.

Tout d'abord, celui ou celle qui veut changer peut faire l'objet de jugements de valeur extrêmement négatifs : « Tu es devenue complètement folle maintenant » ; « On n'arrive plus à te comprendre. » On arrive aussi à des tentatives de culpabilisation : « Qu'est-ce qu'on va devenir ? » ou « Tu ne te rends pas compte ».

D'autres obstacles extérieurs se développent aussi face à une volonté de changement personnel comme des menaces ou des violences verbales : « Si jamais tu fais ça », ou des phénomènes de rejet : « Tu n'es plus comme nous, tu es trop différent… »

Enfin, il arrive parfois que la personne en quête d'épanouissement soit confrontée à la difficulté d'assumer sa volonté de changement en devenant perméable aux sentiments négatifs de son entourage. Elle arrive à épouser la vision protectionniste des autres sans mesurer les causes exactes de leurs désapprobations.

Les sentiments négatifs de l'entourage ont longtemps pesé sur Estelle, 23 ans. Elle n'osait pas exprimer ses idées en famille : « Il y avait toujours quelqu'un pour se moquer de moi ou me critiquer. » Un travail sur la confiance en soi lui a permis de devenir assertive en visualisant les situations reconnues comme problématiques. La gestion de ses émotions, associée à des techniques de relaxation et de visualisation, lui a permis de se désensibiliser.

Changer est plus facile à souhaiter qu'à concrétiser. Mais en identifiant une étape après l'autre les différents obstacles intérieurs et extérieurs, on retrouve le chemin de la confiance en soi. Cela repose sur l'acceptation de ce que l'on est avec ses qualités et ses défauts.

Stéphane SZERMAN

EN BREF

Vouloir changer

Il est rare qu'au cours d'une existence l'on n'éprouve pas le désir d'un changement personnel de mode de vie, de situation, d'apparence même. Mais bien des obstacles s'opposent à ce désir. Il importe de les identifier et de les mesurer.

Les forces d'opposition

Une personne qui veut changer doit affronter les obstacles qui sont à l'intérieur d'elle-même, mais aussi parfois surmonter ceux que son entourage dresse devant elle pour la détourner de sa décision.

L'identification des obstacles

C'est en identifiant les obstacles étape par étape que l'on parvient à se connaître, à s'accepter tel que l'on est, et à prendre confiance en soi.

La fixation d'objectifs

Quoi de plus excitant que de se fixer des objectifs ? Il s'agit là d'une des caractéristiques proprement humaine ! Mais si chacun peut rêver sa vie, tout le monde ne réussit pas à vivre son rêve ! Comment y parvenir ? En développant une démarche de connaissance de soi pour répondre correctement à ses aspirations profondes. Et par l'atteinte de ses objectifs fixés en connaissance de cause, la dynamique du succès ouvrira le chemin de la confiance en soi.

Objectifs et confiance en soi sont indissolublement liés. Le manque de confiance en soi a pour effet de réduire, voire d'anéantir toute volonté de fixation d'objectifs. De notre capacité à fixer des objectifs dépend notre niveau de confiance en soi. Et sans confiance en soi, impossible de s'épanouir. Comment sortir de cet enchaînement de causes et d'effets ? Par une démarche intérieure de qualité préservant le principe de réalité à partir duquel doivent se construire nos désirs et nos exigences.

Dans toute démarche d'évolution personnelle, la réalisation de soi tient dans la capacité de définir correctement les objectifs, ainsi que dans la faculté de pouvoir mesurer ses progrès : mieux se connaître pour mieux conduire sa vie. C'est aussi une communication intérieure à mener avec son inconscient pour comprendre pourquoi et comment se fixer des objectifs. Il y a, pour y parvenir, des méthodes et des aides.

Pourquoi se fixer des objectifs ?

Rien de plus triste dans la vie que de n'avoir aucun objectif. Brider son imagination se révèle à la longue une pratique désastreuse au regard des pensées négatives développées. De là naissent des sentiments de dévalorisation, de défaitisme, d'anxiété, d'exclusion ou d'infériorité. La confiance en soi facilite, à l'évidence, le pouvoir de se fixer des objectifs. Elle nous donne l'accès direct à nos rêves ; « Je veux, donc je peux ». Or, il faut que ces désirs soient compatibles avec notre réalité. Comment vivre son rêve quand on rêve trop sa vie ? Un objectif doit répondre à une envie, à un souci, etc., dont on aura déterminé auparavant les causes et les conséquences – c'est simple ! Sinon, il est voué à l'échec. Voilà la raison pour laquelle la fixation d'un objectif doit découler de tout un ensemble de paramètres respectant certaines règles précises. La finalité d'une telle démarche vise à éviter l'apparition d'un écart trop significatif entre rêve et réalité.

De la dévalorisation, corollaire de la perte de confiance en soi : Éric est un exemple typique. Restructuration d'entreprise, changement de service... Il se plaisait dans son travail, où ses compétences étaient reconnues, et voilà que tout change. À 35 ans, il ne se sent plus « à la hauteur ». Il doit entreprendre une nouvelle formation. Il n'ose pas parler à ses nouveaux collègues. Il lui faudra trois mois de démarche en PNL et un travail sur sa communication pour retrouver sa confiance en lui.

Comment se fixer un objectif ?

Il existe certaines règles simples et efficaces inspirées de la programmation neurolinguistique (PNL), une technique récente qui prend beaucoup plus en compte les actions que les comportements.

Première règle : l'affirmation positive. Votre objectif, avant toute mise en scénario, doit être formulé d'une manière affirmée (assertive) et positive. En effet, pour atteindre votre objectif, vous avez besoin que l'inconscient accepte le message fixé par le conscient. Or, on sait que l'inconscient ne comprend pas les formulations négatives (exemple : « Ne pensez pas à un éléphant rose »). Donc, si vous désirez mettre à profit une élaboration verbale de votre objectif, il importe d'éviter les phrases du type : « Je ne veux plus être... » ou « Je ne souhaite pas... ». Cette première règle se révèle incontournable si l'on souhaite qu'inconsciemment des processus de mise en scénario et de résolution par des stratégies adaptées soient compatibles. Valable pour une personne qui souhaite modofier son mode de vie ou améliorer sa situation professionnelle, elle s'applique tout autant au cas, de plus en plus fréquent, d'hommes et de femmes, souvent âgés de 45 ans ou plus, qu'un licenciement économique ou une restructuration de leur entreprise ont

Avec la PNL, les réactions d'abord

Technique de thérapie brève, la programmation neurolinguistique (PNL) été mise au point en 1972 par deux Américains, J. Grinder, professeur de linguistique, et R. Bandler, mathématicien. En dirigeant leurs recherches sur les travaux de deux spécialistes en psychothérapie et en communication, F. Perls et M. Erickson, ils élaborèrent une méthode réunissant ces deux domaines. De leur réflexion commune est née la programmation neurolinguistique, nom très savant pour définir une démarche finalement très pragmatique, qui repose sur des procédés de communication et de transformation de soi en s'intéressant plus au « comment » qu'au « pourquoi ». Elle s'applique à nos réactions plutôt qu'aux raisons profondes de nos comportements.

Où puise-t-on la confiance en soi ?

Trois composantes pourraient définir la confiance en soi.

Innée, elle s'identifierait à un trait de personnalité, à une prédisposition naturelle ou à un don.

Acquise, elle dépendrait du mode d'éducation reçu. Les expériences générées au sein des sphères familiales, scolaires ou sociales auront facilité en soi des comportements-réponses adaptés et satisfaisants.

Enfin, elle serait tel un marqueur de la force du moi de l'individu. La confiance en soi découlerait d'un narcissisme positif reposant sur une juste et parfaite connaissance de soi.

mis en situation de grande fragilité et, souvent, de dévalorisation d'eux-mêmes. Dans le premier cas, même si l'on a aucune raison de douter de ses capacités, le simple fait de porter l'étiquette « chômeur », d'être hors jeu dans la vie professionnelle, que l'on soit ouvrier ou cadre, d'être contraint à dresser son propre bilan pour chercher comment et où retrouver sa place, est extrêmement perturbant. Dans le second, il peut y avoir changement d'affectation, obligation de recevoir une nouvelle formation dans un domaine peu ou pas familier, alors qu'on était parfaitement compétent dans la fonction précédente, nécéssité de s'adapter à une équipe différente, à de nouveaux codes d'entreprise, parfois accepter une délocalisation : là encore se crée une situation où l'on perd ses repères, et qui ne peut être affrontée et surmontée qu'avec lucidité et volonté. Se fixer un objectif et savoir positiver devient impératif.

Deuxième règle : la clarté. On sait aujourd'hui que la réussite d'un objectif tient pour beaucoup à un processus d'élaboration précis. Cela signifie que votre objectif, pour augmenter vos chances de réussite, devra se décomposer en diverses phases en validant chacune d'entre elles. En pratique, pour un objectif donné, comme celui-ci : « Je veux obtenir une augmentation de salaire », vous aurez à définir certains paramètres de temps (quand ?), de quantité (combien ?), de personnes-cibles (à qui ?), et de contextes humains ou autres (vers qui m'adresser pour un rendez-vous ? Jusqu'à quand attendre ?, etc.).

À LIRE

Szerman, S., *Guide du bien-être*, Robert Laffont, 2001.

André, C. et Lelord, F., *l'Estime de soi*, Odile Jacob, Paris, 1999.

Bandler, R. et Grindler, J., *les Secrets de la communication*, Éditions Le Jour, 1982.

Mirabel-Farron, C. et Rivière, B., *Précis de thérapie cognitive*, Dunod, Paris, 1993.

Haddou, M., *Avoir confiance en soi*, Flammarion, Paris, 2000.

Troisième règle : cohérence et précision. Vous devez être à même, à partir de l'objectif envisagé, d'en extraire tous les paramètres dits « opérants ». En pratique, ces paramètres peuvent se résumer aux personnes impliquées, au contexte environnemental, au moment choisi, etc. Précisément, vous aurez à rassembler tous les ingrédients participant de près ou de loin à la situation donnée. Soyez précis sur votre objectif en tenant compte particulièrement de votre potentiel. Par exemple, si votre objectif est : « Je veux obtenir une augmentation de salaire », on remarque que cet objectif est clair, affirmé et formulé d'une façon positive. Pour le rendre cohérent, il va falloir le contextualiser : « Je veux obtenir une augmentation de salaire auprès de mon patron. Je prendrai rendez-vous demain avec sa secrétaire pour lundi matin, dans son bureau parce qu'il sera plus disponible. Je demanderai une augmentation de salaire de tant en arguant de ceci, etc. »

Quatrième règle : le réalisme.

En plus d'être clair, affirmé, cohérent, précis et exprimé positivement, votre objectif aura à répondre précisément à un souci d'objectivité, à un moment précis de votre existence. Il ne devra jamais être surdimensionné au regard de vos possibilités, et donc être réaliste. Pour ce faire, il faudra bien évaluer les risques inhérents à cet objectif afin d'accepter le principe d'une réussite ou d'un échec potentiels. Mettez toutes les chances de votre côté. Un bon objectif, lorsqu'il est réaliste, doit l'être en tous points et, si possible, reproductible dans le temps puisqu'il relève exclusivement de votre libre arbitre.

La fixation d'objectifs est une démarche qui ne se prend pas à la légère. Elle implique tout un travail sur soi. À quoi reconnaître, finalement, un bon objectif ? Bien défini, c'est celui qui génère de la joie et de l'excitation à l'idée de l'atteindre.

Stéphane SZERMAN

À CONSULTER

Association française de programmation neurolinguistique (AFRNL), 2, square Vermenouze, 75005 Paris. Tél. : 01 47 07 64 56.

Association française de thérapie comportementale et cognitive (AFTCC), 100, rue de la Santé, 75014 Paris. Tél. : 01 45 88 35 28.

EN BREF

Se fixer des objectifs

Se fixer des objectifs est une caractéristique du comportement humain. Leur absence génère des sentiments de dévalorisation, d'angoisse, de frustration et même de culpabilité.

La confiance en soi

La confiance en soi est indispensable à la réalisation des objectifs. Sa présence les stimule. Leur réussite la renforce et contribue à un meilleur épanouissement.

Des règles simples et efficaces

Des règles simples et efficaces conduisent au succès. Elles impliquent, dans la poursuite de l'objectif, la clarté, la cohérence, la précision, le réalisme et une formulation positive.

Voir aussi

- Progresser dans son travail p. 458
- S'accomplir avec ou sans travail p. 462

L'estime de soi

Chacun de nous sait combien il est important d'avoir confiance en soi. Mais ce n'est pas si facile. Nous faisons bien souvent le grand écart entre les doutes persistants que nous avons sur nous-même et l'obligation d'afficher, face aux autres, une façade lisse et plus ou moins triomphante. En fait, rien ne va de soi, et nous devons apprendre à construire ou à reconstruire une image à la fois positive et authentique, qui nous permette de progresser.

L'attitude plus ou moins favorable envers soi-même, la manière dont on se considère, le respect que l'on se porte, l'appréciation de sa propre valeur dans tel ou tel domaine : voilà ce que désigne l'estime de soi. Croire en sa réussite personnelle, se mobiliser en fonction d'un but à atteindre, ressentir plus ou moins profondément un échec, améliorer ses performances en mettant à profit les expériences en dépendent directement. Le besoin de préserver ou de rehausser le sentiment de sa propre valeur se construit tout au long de l'enfance et de l'adolescence. Il paraît être fondamental chez l'homme auquel il assure un équilibre psychique.

Notre compréhension de l'estime de soi et de ses mécanismes doit beaucoup aux travaux d'un des fondateurs de la psychologie scientifique moderne, W. James. Selon lui, l'estime de soi d'une personne dépend, d'une part, de ses échecs et de ses réussites et, d'autre part, de ses aspirations. Un individu aura une haute estime de lui-même dans la mesure où ses succès seront égaux ou même supérieurs à ses aspirations dans le domaine qui le concerne : par exemple, de faibles compétences sportives n'affecteront pas l'estime de soi d'une personne ayant des aspirations essentiellement intellectuelles. Si, à l'inverse, les aspirations dépassent les réussites effectives, l'estime de soi sera faible.

Un autre psychologue, C. H. Cooley, propose une théorie différente et cependant complémentaire. L'estime de soi, selon lui, est une construction sociale. L'évaluation que l'on fait de soi-même est déterminée par les autres. Ils constitueraient des « miroirs sociaux » dans lesquels l'individu se regarderait pour se faire une idée de l'opinion qu'ils ont de lui. Ainsi, un compliment aurait tendance à renforcer notre estime de nous-même, alors qu'une critique l'abaisserait. Ce modèle insiste sur l'importance d'un regard positif des parents à l'égard de leur enfant : le lien parental va intégrer au cours de son développement leur opinion positive et développera une estime de soi stable, moins dépendante des critiques et des approbations des autres.

Le lien parental est essentiel dans la construction de l'estime de soi. Le psychanalyste D. Winnicott insiste sur l'importance des interactions mère-enfant. Une « mère suffisamment bonne » pourrait favoriser un développement de soi positif. En répondant rapidement et de façon appropriée aux demandes de l'enfant, elle encouragerait chez lui des sentiments de toute-puissance qui semblent favoriser une haute estime de soi.

De l'enfance à l'âge adulte

L'estime de soi se construit sur deux grands besoins : le sentiment d'être aimé et celui d'être compétent. À la lumière de nombreuses études en psychologie développementale, il est possible d'affirmer qu'un enfant de parents disponibles, aimants et qui encouragent ses efforts de maîtrise, va construire un bon modèle interne de soi, c'est-à-dire une bonne estime de soi. Un lien fort a été démontré entre le soutien parental tel qu'il est perçu par un jeune et l'estime qu'il a pour lui-même : le désintérêt perçu des parents est significativement associé à la faible estime de soi de l'enfant. Par ailleurs, des études montrent également qu'un soutien parental inconditionnel – « quoi que tu fasses, nous t'aimons » –, s'il permet une estime de soi solide, ne prépare pas l'enfant à savoir susciter l'amour des autres. L'éducation doit alors le préparer à la vie en société afin qu'il se sente à l'aise dans les groupes, y trouve sa place sans agressivité, en sachant susciter l'affection des autres.

Une étude a montré qu'il existe cinq domaines essentiels pour la constitution de l'estime de soi des enfants et des adolescents : l'aspect physique, les compétences sportives, la popularité auprès des pairs, la réussite scolaire et un comportement correspondant aux normes de son

Quand l'estime de soi est trop haute

Il existe aussi des pathologies liées à une trop haute estime de soi. Il s'agit des états dits « maniaques » et des personnalités narcissiques. Les états maniaques sont rencontrés dans les dépressions dites bipolaires, où les personnes souffrant de ce trouble passent d'un pôle à l'autre, d'un état dépressif de tristesse, de basse estime de soi et de fatigue à un état maniaque caractérisé par une très haute estime de soi, voire par des idées de grandeur accompagnées d'une grande énergie et d'une hyperactivité ayant souvent des conséquences dommageables (achats inconsidérés, aventures sexuelles inconséquentes, etc.). De leur côté, des personnes narcissiques ont souvent un sens grandiose de leur propre importance : elles surestiment leurs réalisations et leurs capacités, ont des fantasmes de pouvoir et de splendeur ainsi que des comportements arrogants et hautains.

Quand l'estime de soi est basse

La basse estime de soi est à la fois un facteur de risque de dépression et, pour un déprimé, un critère de gravité et de mauvais pronostic. Plus l'estime de soi est basse, plus les dangers de développer une dépression existent. Parallèlement, des personnes ayant une basse estime de soi après un premier épisode dépressif auront une plus grande tendance à rechuter.

Par ailleurs, plusieurs études montrent un lien entre l'alcoolisme et une basse estime de soi qui en est souvent la conséquence. Cette maladie est vécue dans la honte. Et c'est en buvant que le malade va tenter d'y échapper, se trouvant alors dans un cercle vicieux.

Enfin, les personnes souffrant de timidité excessive ou de phobie sociale, celles qui présentent des conduites de boulimie ou ont une personnalité très fragile ressentent une basse estime de soi. Ces dernières sont hypersensibles à toute critique ou désapprobation, vécue à chaque fois comme un rejet, et se précipitent alors dans des comportements impulsifs souvent dirigés contre elles-mêmes (tentatives de suicide, automutilations).

groupe. L'importance que l'enfant accorde à la réussite dans tel ou tel domaine aura une influence sur sa propre estime. Tout comme le jugement des personnes importantes à ses yeux : ses parents, ses enseignants, ses pairs et ses amis proches. L'influence respective de ces différentes sources de renforcement de l'estime de soi varie avec l'âge. Chez les très jeunes enfants, le jugement des parents est celui qui exerce le plus d'influence mais, à partir de l'âge de 3 ans, il en perd au profit du jugement des pairs.

Bien que les bases d'estime de soi soient construites pendant l'enfance, l'évolution se poursuit pendant l'adolescence et à l'âge adulte. Ainsi, la vie sentimentale, ponctuée de réussites et d'échecs est directement liée à l'estime de soi ; Freud disait : « Dans la vie amoureuse, ne pas être aimé rabaisse le sentiment d'estime de soi, être aimé l'élève. » Réussir sa vie de couple ou avoir un enfant peut l'améliorer ; d'ailleurs, selon plusieurs études, la majorité des parents s'attendent que l'enfant réussisse là où ils ont eux-mêmes échoué, afin qu'il répare leur propre estime de soi.

La haute estime de soi est valorisée par notre société : il faut avoir une ambition élevée, être obstiné malgré les obstacles, savoir prendre des risques, avoir un pouvoir de persuasion. Les sujets ayant une haute estime d'eux-mêmes répondent à ces critères. Cependant il ne suffit pas d'avoir une haute estime de soi pour se sentir bien avec soi-même. Il faudrait également qu'elle soit stable et ne fluctue pas en fonction des événements.

L'estime de soi dépend également de l'image que l'on a de son corps. La pression sociale sur l'apparence physique est devenue très grande. La beauté, la minceur et la jeunesse sont de plus en plus ouvertement valorisées au détriment d'autres qualités personnelles. Sur les panneaux d'affichage, dans les magazines, les publicités télévisées, nous sommes assaillis plusieurs fois par jour par des images de personnes « parfaites ». Le décalage entre ces images idéales et nous, c'est-à-dire entre ce que nous pensons devoir être et ce que nous pensons être, s'avère trop important et affaiblit notre estime de nous-même. Cela est surtout vrai pour les femmes sur lesquelles la pression des médias est très forte. Cependant, de plus en plus, les hommes, tout en refusant de le reconnaître, commencent également à subir ces diktats de l'apparence physique.

Des conseils pour progresser

Il n'existe pas, bien évidemment, de recette miracle pour modifier rapidement son estime de soi. Cependant, quelques conseils de C. André et F. Lelord, psychiatres et psychothérapeutes, peuvent trouver ici une application. Ils proposent de fournir des efforts dans trois domaines : le rapport à soi-même, le rapport à l'action et le rapport aux autres.

Dans le premier cas, il faudrait d'abord se connaître, prendre conscience de ses capacités, de ses limites et accepter celles-ci. Selon les auteurs, il existe deux réactions typiques de déni à l'égard des événements qui menacent notre estime de soi : l'autodéfense – « mais pas du tout » – et la soumission aux événements – « c'est comme ça ». Par l'autodéfense, la personne a tendance à nier systématiquement ses émotions, car cela révélerait son engagement dans des objectifs, mettrait au jour certains « défauts » ou certaines exigences qu'elle pourrait avoir à l'égard des autres. S'avouer une phobie, reconnaître que l'on est déçu d'avoir raté un entretien d'embauche, que l'on est en colère, voilà qui pourrait fragiliser notre estime de soi. On préfère alors nier tout cela et se le cacher. Se soumettre aux événements est une autre façon de se ménager en cas d'un échec : je ne m'implique pas car « de toute façon c'est impossible » ou « de toute façon cela n'a pas d'importance ».

La basse estime de soi affecte des sujets qui ont souvent le sentiment de mal se connaître, parlent d'eux-mêmes d'une façon très neutre et peinent à prendre des décisions. Motivés par la peur de l'échec, très exigeants à l'égard d'eux-mêmes, perfectionnistes, ils font souvent des collaborateurs précieux et recherchés. En cas de réussite, ils développent fréquemment le « syndrome de l'imposteur » : avec l'impression de ne pas avoir mérité leur succès, d'avoir dupé les autres, ils vivent dans la crainte d'être démasqués.

L'action est une autre manière d'augmenter son estime de soi, et mener à bien de petits projets peut y contribuer. Parvenir à mettre à jour sa comptabilité, à faire du ménage, appeler des administrations, tout cela peut donner une satisfaction et ainsi exercer une influence bénéfique sur

Des différences selon le sexe

Toutes les études montrent que les filles ont une plus basse estime de soi que les garçons. L'environnement social y joue certainement un rôle important : notre société a tendance à valoriser des traits et des comportements typiquement masculins et à encourager plus les garçons que les filles à s'affirmer et à agir. Ces dernières sont trop souvent valorisées à travers leur apparence physique, ce qui les pousse à lui accorder une importance excessive : 60 % des adolescentes se trouvent trop grosses, et seules 20 % d'entre elles se disent satisfaites de leur corps.

À LIRE

André, C. et Lelord, F., *l'Estime de soi*, Odile Jacob, Paris, 1999.

Bolognini, M. et Prêteur, Y., *Estime de soi : perspectives développementales*, éd. Delachaux et Niestlé, 1998.

Cyrulnik, B., *les Nourritures affectives*, Odile Jacob, Paris, 1993.

Winicott, W., *l'Enfant et le monde extérieur*, Payot, Paris, 1987.

notre autojugement. Devenir expert dans un domaine pointu améliorera également à la fois le sentiment de compétence personnelle et la reconnaissance des autres, rehaussant du même coup l'estime de soi. Mais, pour pouvoir agir et tirer des bénéfices de notre action, il faut pouvoir aussi faire taire le « critique intérieur », cette voix en nous qui trouve des défauts dans toute action et dans tout projet d'action : en fait, il s'agit souvent d'un discours parental intériorisé. Pour pouvoir agir, il faut surtout accepter l'idée d'échouer. Se rappeler que cela peut arriver à tout le monde, que des enseignements se tirent des insuccès, et ne pas voir les choses en noir ou en blanc : ce qui n'est pas une réussite éclatante ne constitue pas forcément un échec.

Le dernier domaine dans lequel on peut tenter d'améliorer l'estime de soi s'applique dans les rapports aux autres : savoir d'abord s'affirmer, c'est-à-dire exprimer ce que l'on pense et ce que l'on ressent, chercher à se mettre à la place des autres et, enfin, s'appuyer sur le soutien social des amis ; comme le rappellent C. André et F. Lelord, le sentiment d'être aimé, d'être aidé, la nourrit directement.

Enfin, changer, améliorer son estime de soi passe parfois par une psychothérapie. Il ne faut pas hésiter à consulter un spécialiste, psychiatre ou psychologue, lorsqu'on a l'impression de ne pas pouvoir s'en sortir tout seul : l'équilibre psychique en dépend.

Catherine MUSA

EN BREF

Voir aussi

► Le courant psychanalytique p. 356

► Le courant systémique p. 360

► Les thérapies cognitives et comportementales p. 366

L'attitude envers soi-même

L'estime de soi désigne l'attitude plus ou moins favorable de chaque individu envers lui-même. Elle se construit sur deux grands besoins : le sentiment d'être aimé et le sentiment d'être compétent.

Une évolution constante

Bien que l'amour parental soit indispensable pour construire les fondements d'une bonne estime de soi, celle-ci continue à évoluer tout au long de la vie en fonction à la fois du jugement des autres, des aspirations et des événements.

Des moyens d'amélioration

Pour améliorer son estime de soi, il faudrait d'abord se connaître et accepter ses limites. Ensuite, agir, tout en acceptant l'idée d'échouer. Puis s'affirmer, exprimer ce que l'on pense et ce que l'on ressent, chercher à se mettre à la place des autres et, enfin, s'appuyer sur le soutien social de ses amis.

Épanouissement corporel

L'alimentation

L'aliment est l'ami de l'homme. Plus encore, il est au cœur de la vie, puisqu'il apporte à la fois l'énergie nécessaire à sa survie, le plaisir de l'alimentation et contribue largement à la symbolique du lien social et relationnel. Pourtant, en quelques décennies, l'homme occidental a perdu ses repères dans ce domaine. En raison de l'effritement des traditions sociales et religieuses, il doit trouver ses propres règles dans une jungle de tables de composition et de labels où le marketing et le packaging l'emportent sur la lisibilité et la traçabilité. Nous voilà en mal de racines, en quête de l'« aliment-terre ».

L'aliment est comme la langue d'Ésope, la meilleure et la pire des choses. Du côté de l'excès, troubles du comportement alimentaire et obésité pénalisent l'individu autant dans sa qualité que dans sa quantité de vie. Consommé en quantité insuffisante, il conduit à la maigreur, tant prônée par la médiatisation des mannequins faméliques, figures de proue du modèle féminin actuel. Harmonieusement consommé, sans excès ni ritualisation obsédante, il participe à l'épanouissement individuel et social de la personne.

En quelques dizaines d'années, nos modes alimentaires ont profondément changé : les consommations de pain et de vin ont considérablement chuté, alors que celles des aliments gras augmentaient, mais le phénomène essentiel réside sans doute dans la désocialisation de nos comportements. La table, traditionnellement au cœur du foyer, a quasi disparu. Ce symbole de la famille voit défiler, tout au long de la journée, différentes générations qui ne se rencontrent plus guère. Pourtant, la table possède une triple fonction de communication, d'intégration et de régulation. À table ont lieu les premiers échanges, se nouent les relations, les histoires avec ou sans paroles : c'est volontiers là qu'on évoque sa journée, ses projets ou qu'on concrétise un contrat ; mais c'est aussi à table qu'on se tait, et qu'enfant on apprend à écouter les grands. La table possède aussi une

> **La densité nutritionnelle**
>
> **Les aliments à forte densité nutritionnelle présentent l'intérêt d'une richesse importante en éléments essentiels, comme les vitamines B et C, ou encore le magnésium, pour un apport calorique relativement faible. On connaît la fréquence des carences de ces apports, alors que les individus carencés en sucreries ou matières grasses apparaissent infiniment peu nombreux. Il est vrai que ces deux dernières catégories d'aliments sont dits de forte densité énergétique. Il s'agit donc d'éviter les « calories vides », comme les sodas sucrés ou les matières grasses en quantités inutiles.**

valeur intégrative entre les générations et, au-delà, avec le monde social. Enfin, elle régule la prise alimentaire qui se réalise sous le regard de l'autre, témoin et garant d'un comportement normal. Être normal, c'est en effet aussi être comme l'autre, et les empreintes familiales précoces jouent un rôle déterminant dans les comportements normaux ou dévoyés des futurs adultes.

L'aliment, la meilleure et la pire des choses

L'aliment est au cœur de notre vie car il répond à une triple fonction.

Fonction énergétique : les aliments nous fournissent les substrats dont notre corps a besoin. En dessous de 1200-1300 kilocalories, la vie peut être sauvegardée, mais la santé est menacée – plus, d'ailleurs, par les carences en micronutriments (fer, magnésium, vitamines B et C notamment) que par le déficit énergétique lui-même. Au-delà de 2 500-3 000 kilocalories pour un individu sédentaire, la mise en réserve sous forme de graisse excessive est inéluctable pour une majorité d'entre nous. Ces limites restent à moduler selon les différences individuelles considérables de nos capacités de « gaspillage » de l'énergie en excès. Mais nous ne sommes pas que des machines thermodynamiques, nous sommes aussi des machines désirantes.

Fonction hédonique : désir et plaisir font partie de notre univers alimentaire. L'acte de manger un aliment « palatable » (agréable par son aspect, son odeur, son goût) procure une sensation de plaisir qui accompagne le rassasiement, suivi de la satiété. Si nous consommons des aliments au-delà de ces repères psychosensoriels, l'agréable cesse d'être au service de l'utile, et nous sommes en danger. C'est ce qu'il se produit dans les troubles du comportement alimentaire, si fréquents aujourd'hui et dont les causes paraissent complexes et intriquées : ce sont les sujets les plus prédisposés à prendre du poids qui se soumettent le plus volontiers aux régimes restrictifs. Cette restriction, constante ou intermittente, apparaît

La nutraceutique et l'alicament

La nutraceutique recouvre aujourd'hui la notion d'aliment-santé. Elle s'est développée à partir de l'idée que les aliments peuvent être considérés comme des médicaments, d'où la notion d'alicaments : le lait, riche en calcium, est bon pour la croissance ; les féculents, dont l'énergie se délite lentement dans l'organisme, sont adaptés à la performance sportive, etc.

comme une des causes majeures des troubles du comportement alimentaire dans nos pays occidentaux et, en particulier, chez l'adolescente éprise de minceur.

Fonction symbolique : manger est bien plus que manger. Les aliments sont eux-mêmes fortement connotés selon l'environnement socioculturel. Le lait reste symbole de pureté ; la viande rouge, de désir et d'agressivité ; le sucre fait référence à l'enfant ou au grand âge, signant une forme de régression souvent refusée par le monde adulte. Au cours de la dernière décennie, la montée du végétarisme ne s'explique pas seulement par le récent effet « vache folle », mais par des raisons éthiques : le respect de l'autre comme de soi-même nous interdit de consommer un animal perçu comme un frère. Pourtant, pendant des millénaires, les lois religieuses nous avaient protégés, à travers leurs interdits, de cet amalgame sous-tendu par l'interdit du cannibalisme.

Ces différents registres, énergétique, hédonique et symbolique nous ont longtemps reliés à un univers familier, aux traditions sécurisantes. Quand un bouleversement survient dans la chaîne alimentaire, comme c'est le cas aujourd'hui (« vache folle », listeria, dioxine, etc.), même si ces phénomènes ne remettent pas en cause une sécurité alimentaire jamais atteinte auparavant, ils plongent le mangeur moderne en plein désarroi et le révoltent, car ce risque, il ne l'a pas choisi.

À partir de banalités nutritionnelles sont nées les allégations nutritionnelles qui s'éloignent souvent de la réalité : le beurre sans cholestérol, censé protéger les artères, ne présente aucun intérêt dans la mesure où le corps a besoin de cholestérol et le fabrique d'ailleurs lui-même. De surcroît, ces allégations comportent souvent une promesse de beauté et de minceur qui n'a rien à voir avec la nature du produit. La mode du « bio » peut en fournir maintes illustrations.

Une question d'équilibre

Tout au long de la seconde moitié du XXe siècle, nos modes alimentaires ont suivi celles de l'environnement.

Dans les années 1950, l'alimentation rationnelle était fondée sur la calorie. Les années 1960 subirent le règne de l'alimentation rapide, avec la naissance des supermarchés et de la « nourriture minceur ». Les années 1970 et 1980 virent l'essor de la nouvelle cuisine et du « manger léger », parallèlement au développement d'une société « lipophobe ». Dans les années 1980, l'alimentation s'est liée au culte du corps. Les allégés et les suppléments vitaminiques ont commencé à faire recette. Depuis les années 1990 sont apparus les alicaments, allégations nutritionnelles, et l'on a vu naître la nutraceutique.

questions-*réponses*

Quels risques y a-t-il à ce que les adolescents et les jeunes ne connaissent plus ni table ni heures de repas familiaux ?

Le risque est de les voir tomber dans une alimentation déstructurée, autant du fait de l'absence de rythmes (alimentation continue ou discontinue) que sur le plan qualitatif : la *junk food* à l'américaine, trop riche en calories, trop pauvre en nutriments, comporte un risque de future obésité.

Que peut-on citer comme bons exemples d'aliments à forte densité nutritionnelle ?

Les légumes et les fruits, plus intéressants encore lorsqu'ils sont cuits, puisqu'ils apportent une bonne quantité de nutriments sous un volume modéré, les produits laitiers pas trop gras, et les eaux minérales riches en oligoéléments, notamment en magnésium, comme Vittel, Hépar, pour zéro calorie.

Peut-on ne prendre que deux repas, en sautant par exemple le petit déjeuner ou le déjeuner ?

Il n'y a pas d'inconvénient en soi, c'est une question individuelle et le débat n'est pas clos. Cependant, le repas sauté est souvent compensé par un repas trop important. Beaucoup de femmes qui travaillent sautent le déjeuner, mais, quand elles rentrent chez elles, grignotent ; elles absorbent sans même s'en rendre compte des quantités importantes de nourriture avant d'enchaîner sur un repas du soir abondant. Cela peut déboucher sur des troubles du comportement alimentaire : la surcompensation comporte un risque d'obésité.

Comment résumer en quelques préceptes simples les recommandations des diététiciens ?

1. L'augmentation de la consommation d'aliments de forte densité nutritionnelle (riches en nutriments et relativement pauvres en calories, voir encadré). L'accent est mis sur les fruits et légumes ainsi que sur les produits laitiers et les glucides ou sucres lents.

2. La diminution modérée des aliments gras ou lipides ainsi que de la consommation de sel (pour l'hypertension) et d'alcool.

3. L'augmentation de l'activité physique en endurance, c'est-à-dire d'une activité d'intensité modérée sur un temps quotidien d'au moins trente minutes.

À chaque étape s'exprime le souci d'une alimentation idéale, capable de préserver le capital santé, d'augmenter l'espérance de vie et de permettre l'épanouissement corporel. Pourtant, devant la multiplication des messages, les individus se sentent livrés à eux-mêmes et en retirent un sentiment de malaise et d'insécurité. Dans ces conditions, l'équilibre, tant prôné par les nutritionnistes, apparaît comme la manière de désigner le bien-manger, en accord avec une morale alimentaire. L'équilibre, c'est la diversité, manger de tout ou, pour reprendre la célèbre formule du nutritionniste A. F. Creff, « de tout un peu, de peu assez ». De fait, l'équilibre recouvre à la fois une bonne répartition entre les macronutriments (glucides, protides, lipides) et les micronutriments (fer, magnésium, vitamines et oligoéléments, comme le chrome, le cobalt et le sélénium). En somme, la notion d'équilibre ne va pas de soi. Le grand public y reconnaît une exigence de morale, de maîtrise ou de restriction, là où les nutritionnistes proposent la diversification à travers une juste répartition des différents nutriments. Il reste difficile de démontrer à long terme les bienfaits d'une alimentation équilibrée, sauf peut-être dans le domaine sportif où, *a contrario*, c'est l'alimentation déséquilibrée qui risque d'entraîner la contre-performance.

Les voies de l'épanouissement corporel

À une époque marquée par le culte de la minceur, il n'est pas facile de manger de tout trois fois par jour sans risque de prise de poids. Cette répartition, souvent proposée, n'est d'ailleurs guère compatible avec l'alimentation déstructurée d'aujourd'hui. En revanche, se restreindre en limitant sévèrement le nombre de portions journalières expose aux troubles du comportement alimentaire qui, une fois amorcés, évoluent souvent vers l'auto-entretien et l'auto-aggravation. Il faut donc là encore trouver l'équilibre.

On peut, bien sûr, se reporter aux apports nutritionnels conseillés pour la population française :

– En matière de macronutriments, on retrouve des notions classiques : 10 % à 15 % de l'apport énergétique journalier est apporté par les protéines, 30 % à 35 % par les corps gras ou lipides, 50 % à 55 % par les féculents ou glucides ; chiffres qui recoupent les recommandations classiques, autant pour le sujet en bonne santé que pour le diabétique qui doit bénéficier du même régime normal.

– En matière de micronutriments, signalons qu'il n'est pas facile de satisfaire les besoins en magnésium (contenus principalement dans les fruits secs, chocolat, légumes secs, pain complet) et parfois en fer, surtout chez la femme, l'adolescente et les sportives de haut niveau. La tendance végétarienne actuellement observée prive les individus du fer animal, le plus assimilable par l'organisme. Les apports en vitamines A, D, E et certains acides gras, indispensables au bon fonctionnement de notre cerveau, acide linoléique et linolénique surtout, sont indissociables des huiles animales, en particulier végétales (olive, maïs, soja, tournesol, pépins de raisin, etc.).

Mais, en pratique, de telles recommandations ne parlent guère au consommateur. En revanche, le rapport « Programme national nutrition santé », rendu public en janvier 2001, définit neuf objectifs prioritaires : augmenter la consommation de fruits et légumes ainsi que de calcium (produits laitiers) ; réduire la moyenne des apports lipidiques à moins de 35 % des apports caloriques journalier ; augmenter l'apport de glucides à plus de 50 % des apports journaliers ; réduire la consommation d'alcool à moins de 20 grammes par jour (un ou deux verres de vin) ; réduire de 5 % le taux de cholestérol moyen des adultes ; réduire de 10 mm de mercure la pression systolique des adultes ; réduire de 20 % la prévalence du surpoids et de l'obésité ; et enfin augmenter l'activité physique dans la vie quotidienne (au moins trente minutes de marche rapide par jour).

Comme on peut le constater à travers ces neuf points, les voies de l'épanouissement corporel passent par quelques règles simples. Elles permettent le plus souvent d'acquérir de nouveaux conditionnements auxquels on s'attachera d'autant plus qu'on en ressentira un bien-être précoce et durable.

Bernard WAYSFELD

À LIRE

Waysfeld, B., « L'univers de l'aliment », in *Science et Vie*, hors-série septembre 1999, 6-13.

Fischler, C., « Le Corps ingouvernable, ou le complexe alimentaire moderne », in *Communications*, 1993, n° 56, p. 207-227.

« Apports nutritionnels conseillés pour la population française », 3e édition ; coordinateur : Ambroise Martin, éd. TEC et Doc.

Rapport du HCSP : « Pour une politique nutritionnelle de santé publique : enjeux et propositions », éd. ENSP, septembre 2000.

EN BREF

Une triple fonction

L'aliment nourrit le corps, mais aussi l'esprit : il est source de plaisir et porteur de puissants symboles.

Un certain désarroi

Entre les craintes de nourritures « polluées », les modes et les conseils des nutritionnistes, l'homme occidental moderne peine à trouver le bon comportement alimentaire.

Les clés de l'équilibre

Une bonne hygiène alimentaire pourrait se résumer en quatre mots : variété, modération, exercice et retour à la convivialité des repas familiaux pris à table.

Voir aussi

► Anorexie et boulimie p. 248

Le sommeil

La question fait bien souvent partie des rites de salutation matinale : « Bonjour, as-tu bien dormi ? » Si la réponse est « oui », le partenaire affiche une mine intensément satisfaite. Si c'est « non », il y a de fortes chances pour qu'il soit grognon ou apathique. Le sommeil joue un rôle fondamental dans notre équilibre et notre santé. Mais c'est seulement depuis les années 1950 qu'on a commencé à élucider peu à peu les mécanismes d'un phénomène qui occupe un tiers de notre vie.

Comment définir le sommeil ? Réponse proposée : un état physiologique périodique, caractérisé par la suppression de toute relation volontaire et consciente avec l'environnement. Voilà qui décrit bien la situation de l'être qui dort, mais ne précise ni où se trouve le centre de ce phénomène, ni la manière dont il se déroule, ni les agents qui le régulent ou le troublent.

Très schématiquement, on peut dire que le « centre » du sommeil se localise dans le cerveau. Des chercheurs ont montré que le tronc cérébral contenait une structure responsable de l'éveil, c'est-à-dire, en quelque sorte, de l'envers du sommeil. Cette structure, nommée système réticulaire ascendant (SRA), stimule en permanence le cortex, et est elle-même influencée par les *stimuli* venus du monde extérieur. Cependant des éléments également présents dans le cerveau inhibent cette activité ; le sommeil succède donc à l'éveil, tandis que des agents neurotransmetteurs, comme la sérotonine ou la noradréline, influent sur sa qualité.

Le déroulement du sommeil est aujourd'hui mieux connu, grâce à un système d'investigation très pointu, nommé enregistrement polygraphique du sommeil. Il permet d'enregistrer simultanément plusieurs paramètres physiologiques qui se modifient pendant le sommeil. Il s'agit notamment de l'électro-encéphalogramme, qui mesure l'activité électrique du cerveau, de l'électromyogramme, qui mesure le tonus musculaire, de l'électro-oculogramme, qui détecte la survenue des mouvements oculaires, et de l'électrodermogramme, qui concerne l'activité électrique à la surface de la peau. Ces paramètres physiologiques permettent d'identifier différents stades de sommeil au cours de la nuit, et leurs données objectives ont permis une avancée considérable.

Le grand calme du sommeil lent

Tous les êtres vivants dorment : les reptiles, les poissons, les oiseaux, les batraciens, les serpents et les mammifères. Mais, comme ils n'ont pas tous le même système nerveux, ils ne dorment pas toutes de la même manière. Cependant les mammifères, humains compris, ont en commun un sommeil se déroulant en deux phases alternatives, l'une dite de sommeil lent, et l'autre de sommeil paradoxal, qui se succèdent par cycles de quatre-vingt-dix à cent vingt minutes, quatre ou cinq fois pendant la nuit.

La plongée espérée dans l'oubli momentané démarre par une phase de sommeil lent. Elle est caractérisée par un ralentissement de l'activité électrique cérébrale, par l'absence de mouvements oculaires rapides, et se subdivise en quatre stades selon le degré de ralentissement, entre le sommeil lent léger (stades 1 et 2) et le sommeil lent profond (stades 3 et 4), qui vont de l'endormissement au sommeil profond. Le stade 1 (l'endormissement) correspond, en fait, à une période de transition extrêmement courte entre l'éveil et le sommeil proprement dit, au cours de laquelle on peut observer de lents mouvements des yeux (des hallucinations peuvent se produire). Les stades suivants mènent vers un sommeil plus profond. L'activité mentale est alors diminuée. Le dormeur est calme, sa tension artérielle s'abaisse et sa fréquence cardiaque diminue. Lorsqu'on le réveille au cours de cette phase, il a besoin d'un certain temps de latence pour retrouver la réalité, et, interrogé sur les pensées qui ont précédé ce réveil, il ne rapporte que des éléments vagues, peu chargés d'affects.

Bien que le sommeil paradoxal ne soit le propre que des mammifères, certaines espèces animales, les oiseaux par exemple, ont des fonctionnements proches. Cependant, chez les animaux soumis aux prédateurs, le sommeil paradoxal serait moins abondant ou fragmenté, comme si la nature minimisait les risques liés au seuil de réveil qui, au cours de cette phase, est élevé.

Cette phase de sommeil lent (qui prédomine en début de nuit) représente les trois quarts du temps de sommeil. Elle jouerait un rôle dans le

De l'importance de la chronobiologie

Le rythme du sommeil est habituellement circadien, c'est-à-dire qu'il s'intègre dans un cycle de vingt-quatre heures incluant de nombreux synchroniseurs physiologiques – comme le jour et la nuit, les variations de température – ou bien sociaux – comme l'alternance travail-repos. Une horloge biologique, structure anatomique située au niveau du noyau cérébral suprachiasmatique, semble responsable de l'alternance veille-repos. Lors d'expériences d'isolement temporel, par exemple dans une grotte, dans le noir et sans repères de temps, on observe très souvent une modification du rythme veille-sommeil qui dépasse vingt-quatre heures, tandis que la phase d'éveil s'allonge. Les chronobiologistes, qui étudient le rythme des grandes fonctions de l'organisme, s'intéressent de très près à ces expériences.

maintien de l'intégrité physique de l'organisme. Ce sommeil lent est augmenté par l'activité physique. C'est pourquoi on recommande aux personnes qui souffrent d'insomnie de faire régulièrement de l'exercice physique : une dépense d'énergie supplémentaire en accroît le besoin. Ce sommeil lent joue un rôle anabolisant, c'est-à-dire qu'il favorise l'ensemble des phénomènes d'assimilation. Par exemple, il survient au moment du pic d'hormone de croissance.

L'activité du sommeil paradoxal

La phase de sommeil lent est indispensable à la survenue de celle qui lui succède : le sommeil paradoxal n'occupe que vingt pour cent du temps de sommeil en fin de nuit. On pourrait même dire qu'elle prépare l'organisme à son intense activité.

Chez l'adulte, le sommeil paradoxal représente un quart du temps de sommeil. Il se caractérise par activité électrique cérébrale intense, y compris des neurones qui commandent la motricité, alors que le corps reste totalement immobile, comme paralysé, d'où ce terme de « paradoxal » proposé en 1952 par Michel Jouvet, un chercheur français qui a été le premier à décrire cet état chez l'animal. En effet, il a, par la suite, été également décrit chez l'homme par des chercheurs américains qui, depuis, parlent plus volontiers de *REM sleep* (« sommeil à mouvements oculaires rapides »), parce qu'ils ont observé, pendant cette phase, la survenue de mouvements des yeux, de la face et des extrémités et, souvent, pour les hommes, d'une érection. C'est celle du rêve et, souvent, lorsqu'il est réveillé, le dormeur peut en décrire un.

Cette phase de sommeil paradoxal est très importante chez le nouveau-né, chez qui le sommeil paradoxal représente la moitié du temps de sommeil, soit environ huit heures par jour, puisque le nouveau-né dort presque seize heures par jour, et elle occupe à la naissance la moitié du sommeil total. Cette relation entre l'âge et la quantité de sommeil paradoxal permet de bâtir l'hypothèse que ce dernier est lié à la maturation

Des malheurs de petits chats

Un chercheur, M. Ohayon, a démontré, en 1989, que des chatons nouveau-nés auxquels on avait administré des antidépresseurs supprimant le sommeil paradoxal manifestaient, par rapport à un groupe témoin indemne de ces antidépresseurs, des troubles de la stratégie d'apprentissage, une exploration stérile de l'environnement et un éloignement important par rapport à la mère, alors même que le lien d'attachement à cette dernière, toutes les études éthologiques le démontrent, joue un rôle essentiel dans cette période fondamentale du développement.

postnatale du système nerveux central ainsi qu'à la nécessité de mémoriser les acquisitions nouvelles.

D'une façon générale, la privation de sommeil paradoxal entraîne, au bout de quelques jours, l'apparition d'anxiété, d'irritabilité, de troubles de l'attention et de la coordination motrice. Dans le développement des espèces, son apparition correspond à un certain niveau de complexité du système nerveux central. Enfin, il pourrait jouer un rôle dans les processus d'apprentissage par son rôle dans la mémorisation.

Les hypothèses sur les fonctions du sommeil paradoxal sont donc nombreuses. Elles portent essentiellement sur sa fonction réparatrice de la machine neuronale ; sur son rôle dans la maturation du système nerveux et la mise en place, puis l'activation régulière des programmes de comportement propres à une espèce ; sur son rôle privilégié dans le traitement des informations acquises à l'état de veille. Et, enfin, dans le déchargement des pulsions, l'inhibition des souvenirs gênants et la production des rêves dont on sait quelle place ils occupent, depuis Freud, dans l'exploration de l'inconscient.

À chacun ses propres besoins

Les uns dorment peu, les autres beaucoup ; cela varie selon des caractéristiques génétiques, le mode de vie et l'âge, alors que la géographie, le climat, les heures choisies pour le repos semblent sans influence. L'adulte jeune dort de sept à huit heures par nuit. Mais un « petit » dormeur peut se contenter de six heures, alors qu'un « grand » dormeur devra passer plus de neuf heures aux abonnés absents pour se sentir bien le lendemain. Il n'y a nulle conclusion à en tirer sur les capacités intellectuelles des uns ou des autres.

Les capacités intellectuelles ne semblent nullement liées aux besoins de sommeil des uns et des autres. La preuve : Pline le Jeune, Napoléon, Victor Hugo ne dormaient que de trois à cinq heures par nuit. Mais il fallait dix heures ou plus à Einstein !

À LIRE

Jouvet M. « Le sommeil et les rêves ». Éd. Odile Jacob.

Alors que l'importance du sommeil paradoxal du début de la vie correspond à la maturation du système nerveux central du nouveau-né, l'organisation ultérieure du sommeil subit l'influence des rythmes sociaux, de la nuit et du jour, des heures de travail et des heures de repos. Avec le vieillissement s'observe une diminution du sommeil lent profond. La capacité à rester endormi diminue, les éveils en cours de nuit sont plus fréquents, et, si on passe autant de temps au lit, on y dort moins, et l'efficacité du sommeil semble diminuer. Cependant, les différences entre individus persistent. Des mesures effectuées chez des volontaires âgés en moyenne de 60 ans montrent que, si le temps moyen de sommeil est de huit heures, il varie de cinq heures quinze pour les uns à neuf heures pour les autres. L'endormissement est plus rapide que chez les sujets jeunes (dix minutes pour 50 % des 60-80 ans, contre 25 % pour des gens de 20 ans). En même temps, l'organisation du cycle veille-sommeil se modifie : les couchers sont plus précoces et les réveils plus matinaux. Enfin, la sieste augmente en fréquence, chez les hommes surtout. Une étude a montré que 33 % des hommes (mais seulement 5 % des femmes) font au moins sept siestes en quinze jours. On peut l'expliquer par une plus grande facilité à s'endormir le jour. Ou bien par la plus grande facilité à le faire en toute bonne conscience, lorsque on est dégagé des obligations professionnelles ou familiales, alors que bien des adultes dans la force de l'âge en rêveraient, mais ne le peuvent pas.

Éric LAINEY

EN BREF

Un tiers de notre vie

Nous passons un tiers de notre vie à dormir, mais le sommeil n'est réellement étudié de manière scientifique que depuis environ un demi-siècle.

Voir aussi

► Les troubles du sommeil p. 222

Deux phases alternatives

Deux types de sommeil alternent dans nos nuits. L'une de sommeil lent, calme et réparateur, essentiel à notre équilibre, qui occupe 80 % du temps de repos, l'autre de sommeil dit « paradoxal », qui se réduit à 20 % de ce temps, mais est un temps d'activité cérébrale intense liée à la survenue des rêves.

Épanouissement affectif

Exprimer ses émotions

« Exprimer ses émotions », mot d'ordre à la mode, sollicitant la communication, la libre expression ! Ou nous y inciterait – et les thérapeutes de tous bords n'y sont pas étrangers comme on nous encourage à exprimer nos revendications syndicales. Il serait question de livrer à la demande ce qui, par essence, ne peut se commander car, en ce cas il ne s'agit pas de réflexions, de pensées, ni même d'opinions, mais bien de quelque chose de plus intime, de plus secret, aussi de plus mystérieux : ce que chacun de nous abrite à l'intérieur de soi, parfois même à son insu, mais ce qui régit aussi notre rapport aux autres.

L'amour et la haine, la joie et la tristesse, l'admiration et, enfin, le désir, telles sont, pour Descartes, les six passions primitives, auxquelles il ajoute l'espérance et le désespoir, l'indignation et l'envie, la pitié et le remords, etc. Cette liste, non exhaustive, assemblant les passions avec les humeurs, les sentiments avec les tempéraments, reflète bien l'extrême difficulté à préciser ce qu'est une émotion, à la définir en dehors de critères moraux, sociaux et culturels.

À l'origine, l'étymologie nous renvoie au latin *motio* (« motion »), signifiant « mouvement ». Ainsi, l'émotion constituerait un mouvement, une action, en opposition à ce qui serait figé, statique, immobile. Quelques siècles plus tard, la psychanalyse reprendra à son compte cette dimension de l'émotion au travers du concept de « motion pulsionnelle » signifiant la pulsion, en tant que modification psychique, de ce qui aurait à voir avec l'instinctuel chez l'être humain, habituellement inconscient, et qui dirigerait en partie ce que nous faisons et ce que nous sommes.

Ainsi, s'intéresser aux émotions revient à se pencher sur ce qui est en mouvement en nous. L'émotion serait ce qui survient à l'intérieur de nous, ce qui nous anime, et son expression, ce qu'il en transparaît à l'extérieur de nous et, parfois, nous échappe, nous submerge. À l'image d'une eau qui coule, elle peut être rivière douce et paisible, fleuve puissant qui ravaude les berges, ou encore torrent impétueux. S'il y a des émotions que l'on peut qualifier intuitivement de violentes, c'est surtout l'intensité de ce qui est ressenti qui en fait la différence. « Mouvement extraordinaire qui agite le corps », l'émotion procède du corps, en ceci qu'elle s'enracine fondamentalement

« Émotion : mouvement extraordinaire qui agite le corps ou l'esprit, et qui en trouble le tempérament ou l'assiette » (abbé Furetière, fin du XVIIe siècle).

dans le ressenti de nos sensations, tout au moins celles dont le simple énoncé ne suffirait pas à contenir ce qui est en jeu. La différence réside dans l'éprouvé tel que : « J'ai froid – Je tremble – J'ai froid », *versus* : « J'ai froid – Je tremble – J'ai peur. » C'est cet éprouvé de la peur qui différencie la sensation d'un corps qu'il suffirait de réchauffer, d'une personne qui exprime là un besoin, précisément émotionnel, de sécurité.

Le langage est parfois maladroit, souvent réducteur, pour rendre compte de ce qui s'énonce au-delà de la dichotomie cartésienne corps/esprit. L'émotion serait l'expression de ce qui relie le corps à l'esprit, soit le langage de l'unité, le révélateur tout autant que l'authentique témoignage de la présence à soi-même ! Dis-moi, mais aussi montre-moi tes émotions, je te dirai qui tu es !

Les émotions et la famille

Qui nous a appris à identifier, puis à nommer, ce qui vient de l'intérieur de nous ? Comment avons-nous appris à situer nos sensations sur le gradient universel allant du plaisir au déplaisir, en passant par toutes les variations possibles ? Souvenons-nous de ce dont nous ne pouvons pas nous souvenir, mais dont nous gardons l'empreinte au plus profond de notre être !

C'est bien évidemment la mère (ou la personne qui en assume la fonction), plus exactement la dyade fusionnelle mère-enfant, qui sert d'écrin à l'exploration des sensations (en toute sécurité), à leur décodage, les reliant à autant d'interprétations émotionnelles, leur donnant progressivement un sens et un contenant. L'enfant est d'abord parlé par sa mère, et ce bien avant sa naissance. S'il boit les paroles de sa mère (parfois c'est sucré, parfois ce peut être amer), il en boit également les sons, la musique ainsi que celle de son père. Plus encore, nous savons aujourd'hui qu'il est sensible aux harmoniques de la relation de ses parents tout en y mêlant le son de sa propre voix.

Entre maman et papa

Les recherches expérimentales sur le développement du nourrisson tendent à démontrer que l'apprentissage émotionnel, s'il s'établit dans la dyade mère-enfant, s'inscrit également très tôt au sein du triangle père-mère-enfant. Le nourrisson développerait une capacité d'adopter un comportement significativement différent (mimiques, gestes, attitudes, etc.) suivant qu'il est en interaction avec sa mère, son père ou que ses parents sont en interaction face à lui. De plus, cela confirme l'intuition clinique des psychologues d'enfant qui considèrent que l'enfant est sensible, réactif et concerné par ce qu'il voit, entend et sent (et non pas comprend) de la relation de ses parents.

Le danger des tabous

« Il existe deux grandes raisons pour lesquelles nous ne réussissons pas à apprendre à vivre une émotion et sommes forcé de la refouler derrière l'écran. La première, c'est lorsque nous sommes victime d'un traumatisme brutal, événement unique, dramatique et très douloureux. La seconde, la plus commune, c'est quand nous apprenons progressivement à mettre l'émotion derrière l'écran parce qu'elle est tabou dans notre famille » (R. Skinner et J. Cleese, dans *la Famille, comment en réchapper*).

C'est bien au sein de notre famille que nous apprenons à identifier, à reconnaître nos émotions, puis à les exprimer (ou non) tout en les nommant. Progressivement, l'enfant développe la capacité de les signifier parallèlement à la capacité de les vivre et de les contenir, en toute sécurité. C'est précisément cette sécurité affective qui lui permet de s'approcher au plus près, au plus juste de ce qui apparaît, de prime abord, comme des animaux internes surprenants parce qu'émergents, potentiellement inquiétants parce qu'inconnus, et fondamentalement sauvages parce que non domestiqués. Il est question pour l'enfant de se familiariser avec ses propres émotions, soit littéralement de s'en faire des amis. De ces amis les plus solides, ceux qui ne nous mentent jamais sur nous-même.

Les « bonnes » et les « mauvaises » émotions

Chaque famille joue sa propre musique, plus exactement ses propres arrangements musicaux. La partition familiale est toujours singulière, indiquant le plus souvent implicitement comment elle doit être jouée, c'est-à-dire sur quelles tonalités émotionnelles. Si chacun de nous préfère, *a priori*, être gai et joyeux, plutôt que triste ou en colère, nous n'en sommes pas moins amené, en fonction des circonstances de la vie, à nous exprimer sur la totalité du clavier émotionnel.

Ainsi, selon le spécialiste américain R. Skinner, chaque famille décrète certaines émotions comme « bonnes » et d'autres comme « mauvaises ». Les « bonnes » émotions seront largement sollicitées, les exprimer sera valorisé, procurant gratification, reconnaissance, sentiment d'appartenance. Elles constituent ce qui est attendu, souhaité, concourant ainsi au renforcement de la sécurité affective. Les « mauvaises » s'enracinant dans la gêne et le malaise qu'elles induisent seront, à l'inverse, masquées, camouflées, parfois combattues, ou encore niées. Elles constituent ce qui doit être évité, l'indésirable, parfois même un véritable tabou. Indésirable, l'enfant ne peut se permettre de l'être, ou alors à quel prix ! Si l'on s'accorde sur le besoin fondamental de l'enfant (ainsi que de tout être humain, d'ailleurs) d'être aimé, et reconnu par ses parents, il ne peut se permettre d'être celui qui jouerait un air émotionnel interdit. S'il s'agit, par exemple, de la colère, il sera amené à la masquer ! En effet, exprimer cette « mauvaise » émotion reviendrait, pour lui, à se confronter au malaise, au désarroi ou à la réprobation qu'elle suscite dans sa famille. Il éprouverait ainsi en retour, au minimum, le même malaise et, au maximum, la douleur de ne se sentir ni accepté ni aimé tel qu'il ressent ce qui lui arrive, tel qu'il se ressent, tel qu'il est ! À l'instar de sa famille, il va « apprendre » à occulter cette émotion qui pourrait faire advenir la pire menace pour un enfant, celle du rejet parental. Il aura tendance à l'éluder, à l'éviter, de la méconnaissance du ressenti jusqu'au refoulement le plus total. Il développera progressivement une véritable maladresse vis-à-vis de sa propre colère, tout autant que face à celle des autres. Pour lui, point de colère salutaire ou de « sainte » colère : se protégeant de la menace de l'expression de la colère, il en paiera le prix fort en se sentant faible, ou hypocrite, coupable, voire parfois lâche ou honteux ! C'est paradoxalement la porte ouverte, entre autres figures, à la violence.

Nos vies rencontrent l'injustice, le mépris ou, tout simplement, l'agressivité d'un autre, autant de situations où la colère peut nous être utile, nous protéger, nous permettre de résister, de nous opposer, d'affronter ce qui nous paraît insupportable et qui nous fait du mal ! Elle témoigne de notre capacité à réagir, de notre vitalité. Qui n'aurait jamais appris à s'en approcher, à l'exprimer, s'avérera incapable d'en contrôler le processus, de l'utiliser tout en le maîtrisant d'une façon constructive. Soumis à une pression interne trop forte, il ne pourra qu'exploser sous une forme violente, vers lui-même ou vers autrui. De plus, cela risque fort de se transmettre de génération en génération. L'enfant qui n'aurait pas appris à vivre une émotion se retrouvera en difficulté en tant que parent pour aider, accompagner ses propres enfants à le faire.

Jean François MANGIN

À LIRE

Skinner, R., et Cleese, J., *la Famille, comment en réchapper*, éd. Eshel, Paris, 1987.

EN BREF

Un mouvement psychique et physique

Étymologiquement, mouvoir et émouvoir ont la même racine.
La psychanalyse, s'inspirant de cette étymologie commune, définit l'émotion comme un mouvement pulsionnel qui survient à l'intérieur de nous, qui nous anime, et son expression ce qu'il en transparaît à l'extérieur de nous, et parfois nous échappe.

Des codes familiaux

Selon les familles, certaines émotions vécues comme « bonnes » seront encouragées et valorisées ; d'autres, ressenties comme « mauvaises », seront évitées, camouflées, voire proscrites.
Si la colère et son expression font l'objet d'un interdit du code familial, l'occulter, la nier plutôt qu'apprendre à la maîtriser et à l'utiliser peut conduire à la violence et à son explosion.

Voir aussi

► Émotions féminines, émotions masculines p. 40

Avoir une sexualité heureuse

Plus qu'autrefois, la sexualité est vécue comme une voie possible pour se trouver soi-même, mieux explorer les arcanes de la relation aux autres et développer le sens de la personne humaine. Il ne suffit pas d'avoir une sexualité, encore faut-il qu'elle nous apporte un vrai bonheur ou, du moins, d'authentiques satisfactions. Alors que faut-il faire, ou ne pas faire, pour qu'elle soit source de mieux-être et d'accomplissement ?

Notre vie sexuelle suit certaines étapes qui sont inscrites dans notre patrimoine génétique. Ainsi, nos réponses sexuelles primordiales commencent à fonctionner dès la période fœtale, et toutes les variances de comportements sexuels reposent sur cette structure primaire. Elle est un des fondements de la nature humaine, elle structure la personnalité, elle est le garant de l'épanouissement individuel et à deux.

La sexualité ne s'éveille pas brutalement à partir de rien, comme le pensait Rousseau, entre la 13e et 15e année. Présente déjà chez l'embryon, puis chez l'enfant, elle implique toute une série d'excitations et d'activités, procurant un plaisir de nature sexuelle à partir de zones érogènes non génitales. Avant de se conjuguer au pluriel, c'est-à-dire avec l'autre « objet » de notre amour, elle se conjugue donc au singulier depuis la petite enfance, et passe par diverses étapes de développement.

De l'enfance à l'adolescence

Le développement libidinal de l'enfant connaît différents stades tels que le stade oral, le stade anal, le stade phallique, où la source de la pulsion se déplace de la bouche vers les organes génitaux, et la satisfaction provient alors de la masturbation. Tous ces stades vont déjà constituer des éléments dans la sexualité de l'individu. L'accession à la sexualité génitale se réalise lorsque les pulsions sexuelles investissent les organes génitaux. Elle exige le dépassement du complexe d'Œdipe, dont Freud s'est servi pour expliquer les comportements et les désirs des enfants pour le parent opposé.

L'adolescent expérimente un nouveau corps et ses nouvelles possibilités sexuelles C'est également à cette période que, curieux par nature, il tentera les premières expériences avec le même sexe ou le sexe opposé : il faut un certain nombre d'expériences sexuelles afin d'arriver à la maturation sexuelle et d'accéder au plaisir. Quand ce développement psychosexuel s'est bien passé, l'adulte a une sexualité génitale satisfaisante.

Les premières expériences ont généralement lieu au début ou à la fin de l'adolescence. Le premier rapport est vécu aujourd'hui vers l'âge de 17 ans et, dans 30 % des cas, avant 15 ans.

Quand vient l'âge adulte

L'adulte à son tour connaît différentes transitions, des crises, des changements dus à son vieillissement. À travers tous ces éléments, comment avoir une sexualité heureuse, s'épanouir personnellement et en couple ? Comment parvenir à garder un équilibre au fil du temps ? La question se pose généralement pour un couple hétérosexuel, mais aujourd'hui nous devrions élargir le champ et inclure les couples homosexuels ou bisexuels

La relation sexuelle implique un climat de confiance et de sécurité que seule une connaissance de soi-même et de l'autre peut apporter. L'accomplissement sexuel tend à représenter, pour la femme comme pour l'homme, un facteur décisif dans l'élaboration de l'identité personnelle. La

Un climat de confiance et de sécurité est important pour les femmes. Leur satisfaction sexuelle est en relation, bien sûr, avec le savoir-faire sexuel du mari, mais surtout avec le bonheur et l'équilibre conjugal. Selon une enquête récente, plus de 60 % des femmes ont des orgasmes fréquents, si le mariage est heureux, et moins de 35 % dans des mariages malheureux.

Sept conseils pour mieux s'aimer

Apprendre à communiquer et à écouter son partenaire. Plus le dialogue est facile dans un couple, moins il aura de difficultés à résoudre ses problèmes passagers.

- **Éviter les habitudes et routines : elles « tuent » l'amour. Lorsqu'il n'y a plus de place pour l'imprévu, que tout est balisé, on s'ennuie. Un couple qui s'ennuie abaisse considérablement sa capacité d'épanouissement sexuel.**
- **Garder un sentiment amoureux, en faisant attention au partenaire mais également en le surprenant. La surprise est l'un des meilleurs aphrodisiaques.**
- **Conserver un jardin secret.**
- **Rester tendre et cultiver la séduction. Penser que rien n'est acquis ni pour vous ni pour l'autre.**
- **Développer ses capacités psychocorporelles et émotionnelles.**
- **Ne pas hésiter à consulter un professionnel en cas de difficulté.**

sexualité n'est plus le fruit défendu que l'on devait sauvegarder pour le mariage, mais de plus en plus un comportement privilégié qu'il convient de célébrer comme le signe d'entrée dans l'âge adulte et dans la vie pleine et active. Elle connaît un perpétuel remaniement à travers le cycle de notre vie et de notre couple.

Les grandes étapes du couple

Après la période d'intimité fusionnelle de la rencontre, les premières années de vie commune sont souvent l'occasion du développement de l'intimité, mais également de luttes de pouvoir dans le couple où l'on voit alterner des périodes d'intimité et de retrait. La grossesse et la naissance d'un enfant mettent souvent à rude épreuve le concept d'intimité : la femme, tout à son dialogue avec son futur enfant, peut vivre les demandes émotionnelles de son époux comme une véritable effraction. L'introduction de ce tiers risque également d'être à l'origine d'insatisfaction et de frustration. On parle ensuite de la fameuse crise des sept ans, où les partenaires sont pris d'un doute concernant le choix de leur conjoint et peuvent, à ce moment-là, se retirer en eux-mêmes pour mieux le réévaluer. Des difficultés sexuelles risquent de surgir alors. Enfin, à l'âge de la retraite et de la ménopause, l'intimité conjugale est essentiellement menacée par l'ennui et la monotonie. Cependant nombre de couples, après le départ des enfants, retrouvent une véritable intimité et le plaisir de se redécouvrir. Aujourd'hui, le troisième âge n'est pas une limite à la sexualité : l'allongement de la durée moyenne de vie, les meilleures conditions permettent de prolonger l'activité sexuelle à un âge de plus en plus avancé. Cependant, les modifications hormonales entraîneront plus de difficulté dans la réalisation de l'acte.

Suivre sa personnalité

En aucun cas l'épanouissement sexuel ne peut suivre une recette miracle qui serait « fléchée » par certains points incontournables. La sexualité est tout à fait personnelle et doit suivre sa vraie nature en équilibre avec ses croyances et son vécu.

Le chemin sexuel est ainsi parsemé d'obstacles, et protéger l'amour nécessite une compréhension et un apprentissage. C'est pourquoi l'épanouissement sexuel se mesure souvent en années. Il est difficile de déterminer les caractéristiques qui permettent à certains couples une expérience positive, quand d'autres sont confrontés à un processus de stagnation conjugale. Un tel processus résulte le plus souvent de l'usure du quotidien et d'une insuffisance de créativité de l'imaginaire. Il faut accepter que la sexualité ne soit pas un long fleuve tranquille, qu'elle intègre une part d'angoisse et de trouble, qu'elle joue avec les interdits, tout en étant conscient des limites à ne pas franchir.

À LIRE

Dietrich, E. et Cudicio, P., *Harmonie et sexualité du couple*, J'ai lu, 1992.

Les conditions de l'épanouissement

Il convient d'être vigilant sur les éléments qui figent les couples dans un réseau de malentendus, de déceptions, de menues rancunes, où l'élan sexuel s'étiole et ne suffit plus à combler les vides, tant l'ennui est incompatible avec l'érotisme ! Mais il importe aussi de préserver son intimité, et donc d'éviter les écueils que l'on peut observer aujourd'hui, comme parler de sa sexualité sans retenue, parfois même l'étaler au grand jour. La sexualité est une affaire privée, et le but n'est pas qu'autrui vous pense accompli mais que vous soyez bel et bien authentique avec vous-même.

Vivre heureux à deux est une des aventures les plus importantes de notre existence. L'aspiration légitime de chacun à l'épanouissement affectif et sexuel doit trouver sa réalisation au plus proche de l'idéal, mais dans la réalité de la vie quotidienne.

Corinne ANTOINE

EN BREF

Une voie d'épanouissement

La sexualité n'a plus rien d'un fruit défendu, mais elle est désormais considérée comme une voie de connaissance de soi et d'épanouissement.

Des étapes successives

Présente dès le plus jeune âge, cette sexualité connaît des étapes qui suivent, jusqu'à l'adolescence, les périodes de transformation du corps et du psychisme, puis qui, à l'âge adulte, sont liées aux circonstances de la vie et au vieillissement.

Une nécessité de vigilance

Protéger l'amour implique à la fois de lutter contre l'ennui et de sauvegarder son intimité.

Voir aussi

- Fidélité et infidélité p. 96
- L'arrivée du premier enfant p. 116
- L'absence de désir et de plaisir sexuel p. 254
- Le couple à l'épreuve p. 280

La place des animaux familiers

Chats, chiens, canaris, poissons, reptiles. . . On dénombre près de 42 millions d'animaux dans les foyers français. C'est dire que l'animal a pris une place spécifique au sein de nos familles, en particulier en milieu urbain. Auxquels de nos besoins ces animaux répondent-ils ? Serait-ce la traduction de notre moindre capacité à supporter l'ambivalence des relations entre humains ? Ou bien une nécessité de rester relié à un bout de nature ? Un tel développement interroge.

Différentes relations peuvent être recherchées auprès des animaux. De normales à pathologiques, elles remplissent des fonctions repérables que l'on peut schématiquement décrire. On distingue l'animal utilitaire, l'animal de compagnie et l'animal familier. Les deux premiers expriment, en lien avec l'homme, des comportements prévisibles dans un registre limité. Avec ces animaux, les échanges entre humain et animal sont tout à fait indiqués dans le cas de personnes en difficulté dans le relationnel, en raison, par exemple, de certaines maladies mentales ou de handicaps, où ils peuvent apporter une aide thérapeutique. En effet, les rapports avec eux sont fixes, les repères stables, la relation très simplifiée. Ces éléments améliorent ou amorcent la confiance en soi et l'estime de soi indispensables pour s'engager dans l'échange relationnel.

L'animal familier est celui qui entre dans notre foyer, dans nos familles. On lui donne une place particulière, celle d'un ami ou d'un proche. On lui attribue des compétences qui dépassent souvent ses capacités réelles. Il peut aussi développer certaines de ses propres capacités non contrôlées ou prévues par l'homme, en partie grâce à des rencontres avec ses propres congénères. La relation avec lui devient ainsi plus complexe et plus riche. L'homme trouve dans cet animal un moyen de projeter nombre de ses propres manques ou un désir d'être qu'il ne peut vivre autrement. L'animal familier est tout à fait propice au développement harmonieux d'un enfant ne souffrant pas de troubles majeurs du développement ou du comportement. Dans de nombreux contextes, la relation avec l'animal est synonyme de plaisir partagé et de mieux-être quotidien.

L'animal familier, un être humanisé

Quand l'homme parle de l'animal, il parle toujours de lui-même. L'animal sert à extérioriser ce qui est intime, subjectif. L'homme interprète ce que l'animal lui inspire, alors que le monde de l'animal est radicalement différent de celui de l'humain. Pourtant, si l'homme et l'animal ne vivent pas dans le même monde, ils peuvent le partager de manière plus intime. Les animaux familiers, en particulier le chien, grâce à leur grande capacité d'adaptation à notre monde, nous apportent facilement aide et réconfort. Le chat est un cas particulier. Proche de l'homme, il semble avoir une disposition spéciale pour susciter ou repérer les émotions et soutenir affectivement la personne à laquelle il s'attache.

L'animal familier est placé dans un contexte construit et prévu par l'homme. Les relations qui vont se développer sont en conséquence, limitées par la surveillance de l'homme et répondent à ses besoins exclusifs puisque le monde perçu par l'animal ne compte plus. Il est confiné dans l'espace-temps de l'humain. Même s'il rencontre parfois des membres de sa propre espèce ou d'autres espèces avec lesquels il peut exprimer « librement » une part de ses comportements instinctifs, il ne développe près de l'homme que certaines de ses particularités en échange de nourriture et d'un certain confort.

Cette relation apportera à l'homme de multiples bénéfices. Ceux-ci s'évaluent au cas par cas, en fonction du vécu des personnes. On trouve toujours un lien entre le type de relation mise en place par la personne et les failles ou les souffrances de sa vie personnelle, en particulier affective. Cependant, des raisons communes motivent le choix d'un animal : une présence qui rassure, qui limite l'anxiété ou l'angoisse, qui remplit un vide ou un manque, qui trompe la solitude. L'animal familier peut aussi assurer une fonction utilitaire s'il comble un déficit ou un handicap, comme le chien d'aveugle.

L'animal « appartient à son maître », il ne se prête ni ne se partage. Cette appartenance subjective traduit un aspect de projection dans lequel l'animal devient une fraction visible de ce que l'homme contient mais ne peut exprimer. Elle concerne autant les affects et les fantasmes que les pressions extérieures liées aux modes sociaux. L'animal « est » une partie de son maître.

À chacun son monde

Le monde de l'animal est contextualisé : il agit et réagit en fonction de ses besoins immédiats, de ses capacités sensorielles spécifiques, liées à son mode de vie sauvage ou initial et en relation avec l'environnement perçu. L'homme décode la réalité avec des capacités sensorielles différentes et vit en même temps dans un monde absent de la réalité, mais présent dans sa pensée.

Le fantasme d'une relation idéale

On observe régulièrement des liens entre humain et animal où l'on prête à la bête des sentiments, des intentions, des processus cognitifs, c'est-à-dire des capacités de réflexion. En bref, on entend qu'« il ne lui manque plus que la parole ».

L'ambivalence s'exprime au travers de sentiments opposés, amour-haine, que l'on ne s'attend pas logiquement à éprouver dans une même situation. Intégrer ces éléments en soi et dans la relation à l'autre fait partie du développement affectif de chacun.

Dans des cas extrêmes, ce type de rapport se révèle suffisant puisque certaines personnes se coupent de tout lien affectif intime autre que celui-là. Les relations avec d'autres personnes leur semblent impossibles : idéalisées, décevantes ou effrayantes, alors que l'animal, lui, est toujours gentil, doux, câlin. « Il ne vous demande rien, il vous donne tout. Il ne vous déçoit jamais. » Ce type d'énoncé trouve souvent son origine dans une histoire individuelle alimentée de souffrances, où les conflits relationnels n'ont pu être élaborés. On observe alors un retrait du monde relationnel intime, un repli sur soi. La relation exclusive à l'animal (ou à plusieurs animaux) semble compenser ce vide social et satisfaire totalement la personne. Cette relation est vécue comme rassurante, non dangereuse. Le lien avec l'animal devient le lieu de projection de fantasmes de relation idéale. Les relations avec les animaux sont simples, comparées à celles des humains entre eux. Leur spécificité est de ne pas être ambivalente. Or, beaucoup de personnes, enfants, adolescents ou adultes, ont peur de cette confrontation à l'ambivalence de l'autre, faute d'avoir intégré la leur.

Le chien, agressif par procuration

Au travers des médias, chacun d'entre nous a entendu parler des chiens dressés pour agresser ou pour se défendre. On peut utiliser chaque animal en développant une seule de ses potentialités d'origine. Dans ce cas, le chien n'est plus un animal familier. C'est un animal utilitaire élevé et dressé pour ne développer que certaines de ses caractéristiques initiales et pour inhiber les autres. Il devient alors un instrument, représentatif des pulsions agressives de son maître que celui-ci ne parvient pas à exprimer dans la parole ou dans le comportement. L'homme, favorisant et encourageant l'aspect agressif, voire dangereux pour les autres, du chien, extériorise de cette manière un aspect de sa propre personnalité.

Le meilleur ami de l'enfant

Dans une situation banale, l'animal familier assure une fonction de médiation relationnelle très intéressante. La promenade du chien, par exemple, offrira l'occasion de rencontrer d'autres personnes ayant un animal et

d'entamer avec elles une discussion. Un enfant un peu timide n'osera pas parler tout de suite de lui, mais acceptera de parler de son animal.

Nous vivons dans un monde de plus en plus artificiel, où la mort, la naissance et la maladie se cachent, et, si elles se parlent, ce n'est qu'à demi-mot. Nos animaux familiers ont un temps de vie et un rythme différent du nôtre. S'ils repèrent nos rythmes, ils nous imposent aussi les leurs. Les nourrir, les promener, les soigner sont des actes de vie certainement difficiles à assumer pour un enfant, mais aussi très enrichissants. Assumer les besoins de son animal permet de développer le sens des responsabilités et le respect de la vie grâce au lien affectif qui se tisse au travers des soins à l'animal.

L'enfant joue et, simultanément, il apprend avec son animal, qui répond à ses sollicitations. De véritables interactions font découvrir à l'enfant que l'on ne peut pas tout faire avec un être vivant comme avec un jouet inanimé. Pour un petit, les échanges se matérialisent dans un corps à corps particulier qui lui permet d'exprimer et d'expérimenter toutes sortes de sentiments et de ressentis. L'animal sert souvent de refuge lorsque l'enfant apprend la frustration liée aux interdits. Il stimule l'enfant

Dans les mythologies

Le chien, d'Anubis à Cerbère, est pratiquement présent dans toutes les mythologies, avec des rôles très complexes. On lui attribue généralement le rôle de guide dans l'au-delà, ou d'intercesseur entre ce monde et l'autre. Dans l'Égypte ancienne, les cynocéphales gardaient les temples et avaient pour mission de détruire les ennemis de la lumière. Le chat, surtout évoqué dans les civilisations d'Orient et d'Extrême-Orient, y est tantôt maléfique, tantôt bénéfique. L'Égypte vénérait, sous les traits d'une chatte, la déesse Bastet, bienfaitrice des hommes.

À LIRE

Cyrulnik, B. (dir.), *Si les lions pouvaient parler*, Gallimard, Paris, 1998.

Soule, M., *l'Animal dans la vie de l'enfant*, éd. ESF, Paris, 1980.

Montagner, H., *l'Enfant, l'Animal et l'École*, Bayard, Paris, 1994.

Rousselet-Blanc, V., et Mangez, C., *Des animaux guérisseurs*, J.-C. Lattès, 1992.

dès son plus jeune âge du point de vue de son développement sensoriel et moteur. Les travaux de H. Montagner ont démontré le rôle facilitant dans la socialisation de l'enfant lorsqu'il a pu précocement « exercer » ses compétences relationnelles avec un animal. En s'identifiant à son animal, il s'en approprie certaines de ses forces ou de ses qualités qui lui font envie, et renforce ainsi son moi.

Pour finir sereinement, sachons enfin que des études ont montré qu'un chien bien élevé contribue à la bonne santé de ses maîtres. Il les calme, les détend, ralentit le rythme cardiaque et communique un sentiment de bien-être. De plus, les heureux propriétaires de chien attrapent moins de rhumes, souffrent moins du dos et de dépression et sont moins souvent absents de leur travail. Alors, qu'attendons-nous pour nous faire plaisir ?

Véronique COHIER-RAHBAN

EN BREF

Des animaux et des hommes

Dans les foyers français vivent 42 millions d'animaux. L'homme établit avec ces compagnons des relations généralement bénéfiques et parfois pathologiques.

L'aspect positif

D'une façon générale, l'animal familier, essentiellement le chien ou le chat, procure plaisir et réconfort. Il est particulièrement bénéfique auprès de personnes qui éprouvent des difficultés à entrer en relation avec autrui, et contribue de façon très positive à l'épanouissement des enfants.

L'aspect révélateur

L'animal de compagnie peut exprimer dans sa propre conduite des tendances pathologiques de son proriétaire. Les pulsions agressives du maître se transfèrent aisément sur le chien dit « dangereux ». Quant au lien affectif trop fort et idéalisé avec l'animal, il témoigne souvent d'une histoire individuelle alimentée de souffrances où les conflits relationnels n'ont pu être élaborés.

Épanouissement professionnel

Mieux s'exprimer en public

Pour la plupart d'entre nous, s'exprimer en public n'est pas un exercice facile et provoque souvent une anxiété capable de nous faire perdre nos moyens. Comment être sûr de soi ? Pourquoi certaines personnes semblent-elles plus douées que d'autres ? Est-ce une qualité innée ? Peut-on s'améliorer ?

Pour être bon orateur, il ne suffit pas d'avoir une diction irréprochable et de bien maîtriser son sujet. S'exprimer en public, c'est s'exposer au regard et au jugement d'autrui. Certaines personnes – sans doute les plus nombreuses – en perdent leurs moyens : elles ont le trac ou ce que les psychiatres nomment l'anxiété de performance.

En situation d'« exposition », la hantise n'est pas tant de ne pas « être bon », mais, bien souvent, d'imaginer ce que les autres vont penser de la performance si elle s'avérait mauvaise. Cela concerne l'image que nous allons donner de nous et les conséquences qui vont en découler. Peuvent ainsi s'échafauder toutes sortes de scénarios catastrophes, avec, au bout du compte, le rejet par les autres. Posons-nous trois questions pour ne pas être entraîné dans ces scénarios : est-ce que ma performance va remettre en cause la relation que j'ai établie avec les autres ? Est-ce que ma performance va changer ce que les autres pensent de moi ? Jusqu'à quel point cela sera grave si je ne me montre pas performant ?

La dimension physiologique

La mise en situation entraîne une activation biologique, notamment chez les sujets vulnérables, et déclenche une fausse alarme. Il s'agit d'une réaction de stress, c'est-à-dire qu'il y a, pour l'individu, la nécessité de s'adapter. L'organisme réagit alors à cette situation et tente une adaptation qui prépare à l'action : le rythme cardiaque s'accélère, donc la tension artérielle augmente et, par là, l'afflux de sang vers le cerveau, ce qui va augmenter la vigilance et les capacités de concentration. Ces modifications physiologiques dépendent de systèmes neurologiques et hormonaux assez complexes. L'activation du système sympathique entraîne, en outre, une augmentation du rythme respiratoire et de la transpiration, et une sensation de bouche sèche. Le problème survient quand ces réactions prennent le dessus et empêchent d'utiliser pleinement ses capacités.

Comment s'améliorer

Il n'y a pas de méthode miracle. Savoir parler en public est inné chez certains, mais, pour la majorité des gens, cette faculté peut s'acquérir. D'abord, il existe un savoir-faire pouvant s'apprendre. Il repose sur des techniques, comme ouvrir la présentation par une touche d'humour, savoir poser sa voix, avoir les attitudes adéquates (langage non verbal), synthétiser régulièrement son propos. La vidéo constitue un apport non négligeable pour s'entraîner et se corriger.

Pour gérer la dimension psychologique, il faut savoir tolérer un minimum de sensations désagréables. Interrompre le cercle vicieux de la réaction de stress repose sur plusieurs points : reconnaître son émotion et l'accepter ; identifier les cognitions anxieuses et les modifier ; sortir de l'émotion en envisageant des plans d'action ; ne pas se focaliser sur les réactions physiologiques, mais se concentrer sur ce que l'on veut dire et l'information que l'on veut faire passer en est déjà un ; pratiquer la relaxation qui va permettre de contrôler les réactions physiologiques apparaissant sous l'effet du trac, et, en induisant un état de détente incompatible avec l'anxiété, apaiser les tensions comme l'aspirine les maux de tête.

Il faut enfin savoir s'exposer à ce que l'on redoute. Si l'on est terrorisé à l'idée de prendre la parole, il est important de procéder par étapes, de s'exposer aux émotions désagréables devant une personne, puis plusieurs. Il serait illusoire de vouloir d'emblée être performant devant une assemblée de 500 personnes.

Même les gens qui ont l'habitude de parler en public vous le diront : il n'est pas anormal d'être tendu et anxieux. Ces réactions permettent d'être plus vigilant et d'avoir une meilleure concentration. Alors, cessez de dramatiser ! Il suffit de se lancer, après tout, il n'y a aucun danger !

Christian ZACZYK

EN BREF

Un comportement banal

La plupart des gens, même les professionnels, comme les comédiens ou les hommes politiques, ont du mal à s'exprimer en public. Cette difficulté ne tient pas à leurs compétences, mais au trac, à la peur du jugement d'autrui et à la réaction physiologique de stress.

Des remèdes efficaces

La dédramatisation de la situation, l'entraînement progressif, la pratique de la relaxation et l'évaluation raisonnée après l'événement sont autant de moyens de s'améliorer.

Voir aussi

- T.O.C. et phobies p. 270
- Les thérapies cognitives et comportementales p. 364

Progresser dans son travail

Effort pour réaliser quelque chose ou occupation rétribuée, le travail absorbe une grande partie de notre temps et de notre énergie. Tout au long des années que nous passons à travailler, nous évoluons avec les tâches qui nous sont données. Cette progression longtemps linéaire, avec un emploi à vie au sein d'un même organisme, tend à se morceler et à subir des bifurcations qui remettent en cause l'idée de progression dans le travail.

À côté de la fonction évidente d'assurer à nous et à nos familles un bien-être matériel, le travail remplit bien d'autres fonctions : il est une occasion d'échanges et favorise le brassage social en nous mettant en contact avec des gens d'origines variées. En même temps, il nous permet de nous identifier à un groupe social, à une profession ou à une entreprise dont nous épousons les intérêts. Par le travail, nous avons accès à un champ d'expérimentation où nous pouvons tester nos capacités au niveau de l'intellect, de la personnalité, et épanouir notre créativité.

Théoriquement, le choix professionnel contribue au choix d'études dont il est la résultante. Cependant, l'exercice d'un métier diverge souvent profondément des études qui y ont mené. L'entrée dans le monde du travail est un processus délicat : une période d'adaptation s'avère parfois nécessaire avant qu'un jugement sur l'adéquation d'une personne à sa tâche puisse être porté. Par ailleurs, le sentiment chez cette personne qu'elle a opéré le bon choix professionnel influe favorablement sur son succès et sur son acceptation par son nouvel environnement.

Mais le travail n'est plus aujourd'hui une évidence. Il devient incertain et évolue. Les postes changent et, avec eux, les compétences demandées. La mondialisation et le transfert de branches complètes de notre industrie vers des pays du tiers-monde ont forcé à des reconversions douloureuses. L'automatisation des tâches répétitives a supprimé des fonctions à basse valeur ajoutée, alors que les récents moyens de communication créent de nouveaux emplois très qualifiés.

Du concept d'une formation scolaire durant l'enfance et l'adolescence qui nous mènera à une catégorie professionnelle à vie, nous passons de

plus en plus à la notion de formation permanente et de gestion des compétences à travers plusieurs métiers.
Par ailleurs, le travail n'est pas exempt de tout danger : fatigue excessive, tensions, etc., peuvent générer un stress parfois difficile à gérer. Il se situe donc entre les écueils de l'ennui et de la surcharge. C'est par une meilleure gestion de ses connaissances et par une juste évaluation de ses compétences que le salarié peut progresser sans dépasser ses propres limites.

Danger réel, le stress au travail peut entraîner une dérégulation personnelle ou même des accidents et amener à un syndrome d'épuisement ou de burn out. On sait aussi désormais, ces problèmes venant au jour, à quel point sont fréquents les cas de harcèlement gravement déstabilisants.

L'évaluation par l'entreprise

En vue d'une meilleure gestion des ressources humaines, les employeurs s'orientent vers une méthode de plus en plus formalisée de l'évaluation des performances et des besoins en formation continue de leurs salariés. Le processus commence par mettre au point des fiches de poste qui incluent le titre de la fonction, ses rapports hiérarchiques, la description du contenu de la fonction et des moyens mis à la disposition de l'employé. Une deuxième étape consiste à fixer des objectifs annuels quantifiables. Lors d'entretiens annuels, et même trimestriels si le type de fonction l'exige, le supérieur examine les résultats du subordonné par rapport aux objectifs chiffrés, et en donne un commentaire écrit que le subordonné signera tout en y ajoutant ses commentaires. Une autre partie de l'entretien est consacrée à l'évaluation des connaissances et des capacités de l'employé, des attentes et des besoins en formation pour améliorer sa performance dans sa fonction actuelle. Enfin, l'entretien explore les attentes de développement professionnel de l'employé et les possibilités offertes par l'employeur. Un plan de formation orienté vers les connaissances nécessaires pour les fonctions envisagées peut alors être détaillé.

Ce processus qui prend une à deux heures, et qui est formalisé par écrit, permet à l'employeur et au salarié de faire le point et d'objectiver la position et le fonctionnement présent et futur.

Le développement des compétences

R. Wittorski s'est attaché à l'étude du développement des compétences et y distingue cinq voies au sein d'un groupe de travail :

– La première correspond au modèle de la formation sur le tas : c'est la situation professionnelle qui permet à l'individu de développer un savoir-faire.

Le grand débat

L'un des grands débats au sein de l'Éducation nationale porte sur les visées de l'enseignement : former des citoyens, donner une culture générale ou préparer à un métier ? Quelle qu'en soit l'issue, une grande partie de l'éducation scolaire a pour objectif de nous préparer à la vie professionnelle. La période de l'adolescence est confrontée à la décision critique de la filière à choisir et du temps à passer à un apprentissage ou à une formation universitaire.

L'aide du psychologue

Le psychologue d'orientation permet d'assister l'adolescent dans le choix professionnel : au moyen de tests d'intérêt, de personnalité et de capacités se dégagent des directions privilégiées où il aura le plus de chance d'exercer une activité qui le motive et qui l'épanouisse.

– La deuxième est celle du schéma de la formation alternée : un aller-retour entre les connaissances théoriques et la pratique du métier permet à l'individu de faire le lien entre réflexion et action.

– La troisième s'applique aux situations d'analyse de pratiques soit au sein de l'entreprise, soit facilitées par un organisme de formation. Les compétences implicites mises en œuvre dans l'action sont mises en mots et formalisées.

– La quatrième concerne les groupes de travail orientés vers la résolution de problèmes en équipe.

– La cinquième élargit le champ en permettant aux salariés d'étendre les capacités identifiées dans la quatrième voie, vers de nouvelles situations ou vers des compétences différentes.

Le concept classique du poste de travail se trouve donc en pleine mutation. Les nouvelles approches qui se mettent peu à peu en place permettent une révision complète du concept de développement des compétences. L'accent se porte de plus en plus d'une conception individuelle à une vision plus groupale de la performance.

Un nouveau mot, le « coaching »

Le *coaching* représente une démarche d'accompagnement et de soutien et peut porter à la fois sur la vie privée et sur la vie professionnelle de la personne qui vient consulter. Il vise à améliorer les performances d'un individu ou d'une équipe, à l'aider à accomplir un projet professionnel ou personnel. Il se centre sur les objectifs mesurables donnés par la personne.

Les objectifs sont formalisés par un contrat qui précède la démarche : ce contrat comprend le cadre, les objectifs, un calendrier précis et un nombre de séances limité pour atteindre cet objectif. Un premier type de diagnostic porte sur la faisabilité. Par la suite, une série de tests peut être engagée pour définir plus finement le problème. Ainsi, le contrat porte sur la faisabilité d'objectifs donnés et quantifiables.

Les outils de diagnostic de *coaching* ont été en grande partie élaborés à partir de la psychologie différentielle : ils s'inspirent très souvent de la typologie de C. J. Jung. Ils forment une psychologie différentielle qui vise à créer des regroupements d'individus dont les traits de caractère permettent un pronostic de comportement et de positionnement dans la vie. Ces outils sont étayés par une approche systémique dite « 360° » : elle complète l'auto-perception de l'individu avec les perceptions de son entourage familial et professionnel.

Le coach vient souvent des milieux de la formation ou de l'entreprise, parfois de la thérapie. Il a suivi une formation spécifique de coaching et en maîtrise les outils. Il a expérimenté le coaching sur lui-même, mais beaucoup de coachs sont loin d'avoir fait une démarche thérapeutique personnelle.

Les outils de soutien sont assez variés et essentiellement fonction des connaissances et de l'expérience du coach : le *coaching* utilise les théories du changement et de la communication de l'école de Palo Alto, la programmation neurolinguistique (PNL), la modélisation de l'analyse transactionnelle. Le point essentiel du *coaching* est la qualité de l'écoute du *coach*, qui se situe dans l'« ici et maintenant » et travaille essentiellement sur les attitudes, les croyances et les comportements.

À LIRE

Bernard. J.-L., et Lemoine, C., *Traité de psychologie du travail et des organisations*, Dunod, Paris, 2000.

Clot, Y., *le Travail sans l'homme ?*, La Découverte, Paris, 1998.

Lenhardt, V., *les Responsables porteurs de sens : culture et pratique du coaching et du team-building*, Insep Consulting, 1992.

Wittorski, R., *Analyse du travail et production de compétences collectives*, L'Harmattan, Paris, 1997.

Un seul métier, voire un seul employeur pour toute une vie sont aujourd'hui des notions obsolètes. Mais peut-être les possibilités de changements positifs n'ont-elles jamais été aussi ouvertes, tandis que l'idée de performance se déplace de l'individu vers un groupe de pairs.

Jacques TENCÉ

EN BREF

Une profonde mutation

Le monde du travail vit un changement très profond.
L'idée que la formation se limite à l'adolescence et au jeune âge adulte est dépassée, et les chemins de carrière connaissent des bifurcations et des réorientations au cours de l'existence.

Les outils du changement

Les employeurs ont mis au point des entretiens d'évaluation plus formalisés pour permettre une meilleure gestion des ressources humaines. Pour une plus grande liberté vis-à-vis de son employeur, le salarié peut faire appel à des conseillers indépendants, les *coachs*, qui, à partir d'objectifs clairs et d'un calendrier précis, l'accompagnent dans sa démarche de développement.

Voir aussi

- La mesure des obstacles p. 416
- La fixation d'objectifs p. 420

S'épanouir avec ou sans travail

S'épanouir, c'est s'ouvrir : s'ouvrir à ce qu'on a en soi, s'ouvrir à ce qu'on est, s'ouvrir à l'autre, s'ouvrir à la joie, s'ouvrir à la vie. Les approches sont multiples pour atteindre cet épanouissement : démarche matérielle, intellectuelle, spirituelle, émotionnelle, relationnelle. Quel rôle le travail joue-t-il dans ce cheminement ?

Y a-t-il un lien entre travail et identité ? Cela reste une évidence. Le lien, pourtant, se distend. Son rôle est remis en question avec la critique de la société de consommation, du pouvoir politique, de l'éthique matérialiste dominante et, plus concrètement peut-être en France, par le chômage qui n'a pas cessé de sévir, la retraite à 60 ans, et l'allongement des temps de loisirs.

Les besoins fondamentaux

Dans les années 1950, un psychologue américain, Maslow, s'est attaché à établir une hiérarchie des besoins fondamentaux de l'homme. Il les a situés sur cinq niveaux. D'abord, le plus fondamental, le besoin physiologique d'assurer sa survie, en se procurant nourriture et chaleur. Puis le besoin de sécurité : protection contre les dangers et les privations. Ensuite, le besoin d'amour et de reconnaissance sociale. Et, enfin, le besoin de système de valeurs, d'autonomie et d'indépendance ; et le besoin de réalisation de soi : réussite, savoir, spiritualité. Si les trois premiers niveaux sont généralement assurés dans le monde occidental, les deux derniers ne restent que trop souvent à l'état d'aspiration.

Sous cet angle d'analyse, le travail rémunéré est essentiel aux trois premiers niveaux : il apporte la sécurité financière par les revenus

Au foyer, mais pas sans travail…

Un mouvement de fond a depuis le début du XXe siècle progressivement substitué au modèle ancien de la femme maîtresse de maison (modèle qui valait de toute façon pour les foyers suffisamment aisés pour que le travail féminin ne soit pas économiquement nécessaire !) celui de la femme exerçant une activité professionnelle. Autant il est évident que ce bouleversement social fait corps avec la (hélas résistible et bien loin encore d'être accomplie) conquête de liberté et d'indépendance des femmes dans une société qui reste parfois outrageusement pénétrée de valeurs machistes, autant il est discutable et profondément injuste de jeter une espèce d'opprobre social sur la situation de celles (et de ceux…) qui assument au foyer des responsabilités dont l'importance mériterait d'être pleinement reconnue et valorisée comme un travail en soi. Le tout est que cela puisse relever d'un choix, qui devrait pouvoir avoir les limites de temps qu'on lui fixe, et non d'un sort souvent psychologiquement dur à assumer imposé à un sexe plutôt qu'à l'autre…

d'argent qu'il génère. Il assure également une partie de la socialisation de l'individu, le travail associatif non rémunéré participant aussi de ce troisième niveau. Mais si le travail reste ainsi nécessaire suffit-il aujourd'hui à la réalisation globale de l'individu ?

Va-t-il garder cette place centrale autour de laquelle toutes les autres sphères de la vie ne sont que des satellites ? Sera-t-il plutôt regardé comme un moyen d'assurer un minimum vital dans un temps limité, laissant la possibilité de développer d'autres activités de loisir qui prendront alors un rôle central dans la vie de l'individu ? Le travail et les loisirs seront-ils réinventés ?

La famille, un autre épanouissement

En réalité, bien avant le travail, la famille est le point de référence principal de l'individu. Et si la vie de famille n'est pas décrite comme une profession, il faut parfois une vocation pour en assurer les différentes étapes qui représentent un réel cheminement de carrière.

Deux Américains, Duvall et Miller, ont décrit les différents stades de développement de la famille, les tâches et le travail d'adaptation auxquels elle est confrontée tout au long des cycles de la vie. Ces cycles de vie absorbent une part très importante de l'attention et de l'énergie : les satisfactions ou les échecs qu'ils apportent ont un retentissement souvent plus important sur la satisfaction d'une personne que ses succès ou ses revers professionnels.

Face à soi-même

L'individuation, selon C. G. Jung, est cette étape où l'individu ayant dépassé toutes les contradictions entre conscient et inconscient doit authentiquement « être ce qu'il peut être ».

Au-delà des besoins remplis et des énergies dépensées par et pour le travail et la famille, l'individu reste confronté à lui-même, à sa solitude et aux problèmes métaphysiques qu'il se pose. Le psychanalyste C. G. Jung est celui qui a le plus formalisé la problématique d'individuation de l'être humain dans une tentative d'intégration des questionnements occidentaux et des autres cultures. Au-delà du travail et de la famille, l'épanouissement humain renvoie à la confrontation à soi-même, au développement de soi, au travail sur soi et à la question de vivre ses capacités, au plaisir de vivre.

Jacques TENCÉ

Des loisirs pour quoi faire ?

La mise en place de la semaine de 35 heures et l'allongement des périodes de congés commencent à occasionner des études sur l'utilisation des loisirs. Pour l'instant, du côté des femmes, viennent en tête : « s'occuper de sa maison » et « donner plus de temps à sa famille ». Les hommes évoquent bricolage et jardinage. L'intérêt pour la vie associative se fait jour. Se cultiver ou s'occuper de soi ne sont pas encore têtes de liste.

À LIRE

Dolan, S., Lamoureux, G. et Gosselin, E., *Psychologie du travail et des organisations*, Gaëtan Morin, 1996.

Jung, C.G., *l'Âme et la Vie*, LGF, 1995.

Rifkin, J., *la Fin du travail*, La Découverte, Paris, 1997.

Sainsaulieu, R., *l'Identité au travail*, Presses de Sciences-Po., 1996.

EN BREF

Le travail ne suffit plus

Le travail ne représente plus le pôle d'identité qu'il a pu représenter dans les siècles précédents. Il participe de l'assouvissement des besoins fondamentaux de l'individu, mais ne peut suffire à combler toutes ses aspirations.

La famille joue son rôle

La famille impose, tout au long des différents cycles de la vie, des tâches et des responsabilités comparables à celles de l'accomplissement d'une carrière, mais elle apporte une satisfaction supérieure à celle que peut procurer le travail.

Le véritable épanouissement

Au-delà du travail et de la famille, l'épanouissement de chaque individu passe par les ressources qu'il découvre en lui-même.

Épanouissement culturel et humain

L'épanouissement à travers la culture

La culture implique un engagement personnel, une authenticité impossible à remettre en question. Elle représente un accomplissement dans le temps. Aujourd'hui, cette culture, dans bien des cas, est tombée dans la facilité de l'apparence. Afin d'éviter cela, il nous incombe de mettre en exergue la curiosité qu'elle suscite. Par ce biais, c'est l'expérience intérieure que chacun tente de communiquer à sa façon (à travers la peinture, la musique...). Cela revient à emprunter le pont entre l'être et le monde qui l'entoure.

Atteindre l'épanouissement par la culture n'est pas une façon de réjouir nos sens, il s'agit d'exprimer ce qui est en soi ; W. Kandinsky n'hésite pas à le souligner dans son essai *Du spirituel dans l'art et dans la peinture en particulier* : « L'art, dans son ensemble, n'est pas une création sans but de choses qui se dissolvent dans le vide, mais une force qui tend vers un but et doit servir à développer et affiner l'âme humaine. » Il s'agit de retrouver son âme d'enfant en faisant courir son imagination et en renonçant au « beau » conventionnel ; rester attaché à l'extérieur rend sourd et aveugle, alors que travailler sur soi facilite la capacité à l'émerveillement !

Aujourd'hui la santé et l'harmonie de l'homme sont en jeu ; ce dernier est pris dans un tourbillon, il court après le temps, ressent le besoin de s'inscrire dans des groupes afin de se sentir exister... Mais il ne fait que s'effacer en refusant son individualité. C'est par la pratique d'une activité artistique, culturelle, qu'il retrouvera son intériorité, qu'il l'exprimera et surtout qu'il s'acceptera en tant qu'individu dans la société.

Trouver sa place et déjouer les pièges

La peinture, l'écriture, les voyages revêtent en quelque sorte un aspect thérapeutique. Il n'est pas nécessaire de se rendre dans un désert pour trouver sa voie. Il s'agit de se réaliser en choisissant la voie médiane entre l'état contemplatif et une existence totalement tournée vers le matérialisme, sans pour autant chercher à imiter ou à suivre telle ou telle méthode. Ce travail n'apporte rien, sinon une « petite reconnaissance » de l'entourage. Il n'est en rien une affirmation de soi ; bien au contraire, il nous incite à nous noyer dans la masse.

La culture reste un moyen de traduire l'harmonie intérieure tout en étant l'élément qui conduit à cette même harmonie. Quand elle naît d'un désir profond, ni vide ni superficiel, elle se fait l'écho de la vie de chacun, des souffrances, des doutes, des joies... Elle touche les domaines les plus sensibles, qui permettent de ramener les regards sur soi, elle joue un rôle essentiel dans la perception du monde et dans l'expression des sensations et des émotions.

W. Kandinsky, *d'origine russe, naturalisé allemand puis français, mort en 1944, fut à la fois un très grand théoricien et un immense peintre. Il a joué un rôle essentiel dans la naissance de l'art abstrait et peut être, à ce titre, considéré comme l'un des pères fondateurs de la peinture contemporaine.*

Chacun peut trouver sa voie

La liberté, la sensibilité s'extériorisent différemment selon l'activité que l'on choisit. Pour certains, la forme la plus accessible sera la musique ; pour d'autres, l'écriture : il s'agit d'adapter la forme au but recherché.

Parmi les innombrables activités culturelles qui s'offrent à nous, l'écriture est loin d'être une activité aisée, et ce malgré le nombre de publications qui ne cesse d'augmenter. Pour ceux qui entreprennent d'écrire une autobiographie, il faut savoir que c'est le genre qui éloigne certainement le plus de soi : c'est en se cachant derrière des personnages que le véritable soi se révèle.

Les art plastiques, quant à eux, permettent d'objectiver ce qu'il y a au fond de soi. La pratique n'est pas nécessaire, la contemplation d'œuvres d'art permet, elle aussi, l'association d'idées. Il n'y a plus qu'à se laisser aller, se perdre...

Pour la photographie, on peut parler de révélation : à travers elle, on met en scène sa propre imagerie.

L'illusion du « clé en main »

La politique des 35 heures, qui tente tant bien que mal de se mettre en place peu à peu, ouvre une brèche à cette culture que l'on pourrait qualifier de « culture clé en main ». Notre société de consommation pousse à cela. On n'hésite pas à nous offrir des plaisirs et, par là même, à nous donner l'illusion de nous approprier l'art, d'être un consommateur à part et de nous gratifier. Mais c'est à chacun d'élever ses propres fondations.

En ce qui concerne le théâtre, ce dernier représente une réalisation de soi dans l'action, il facilite l'appréhension de l'espace, des relations humaines. Il a un effet cathartique. Que ce soit en tant que comédien ou en tant que spectateur, on prend la place du personnage dont on partage la vision, et ainsi on peut s'exprimer sans crainte !

La danse et l'expression corporelle favorisent la décharge émotive et mettent en évidence l'importance du groupe, la relation à la terre, alors que la musique harmonieuse, relaxante, à la fois, entoure et pénètre l'être.

Chacune de ces activités a une résonance qui lui est propre et qui s'extériorise différemment selon les aspirations des uns et des autres.

Conscience de soi, des autres

Les arts, consciemment ou non, obéissent au mot de Socrate : « Connais-toi toi-même », cette invitation est limpide. Après avoir atteint cette transparence et l'effacement des « moi » superficiels au profit du « moi » profond, les liens avec les autres sont enfin authentiques.

L'épanouissement par la culture met un terme à l'incompréhension et ainsi participe à la promotion de l'homme. Il ne se réalise pas à travers un métier ; il ne s'agit pas de posséder une grande expérience ni un savoir-faire. Il faut juste mettre au jour des moyens d'expression et se servir de la pulsion créatrice qui réside en chacun de nous.

Nous libérer des préjugés et des conventions, atteindre la satisfaction en écrivant, en voyageant, c'est déjà nous transformer, c'est-à-dire être et nous accepter en tant que tel ; cette transformation positive de nous-même constitue une participation à l'évolution de la société.

Une démocratisation trompeuse

Toute approche artistique, qu'elle soit créatrice ou non, est là pour bousculer les choses. Il faut cependant tout mettre en œuvre pour ne pas tomber dans l'excès inverse, c'est-à-dire la culture à tout prix et, surtout, pour ne pas adhérer trop vite à ces associations qui nous présentent sur un plateau un éventail, assez alléchant, d'activités artistiques, de voyages culturels... Cela n'est que de la poudre aux yeux ; tout est servi sans aucune participation de notre part, si ce n'est un effort financier.

Le voyage et la culture

Voyager : une activité culturelle – par définition, une ouverture sur l'extérieur – accélère la valorisation de l'homme et accentue le désir de tisser des liens avec les autres. À condition évidemment de ne pas voyager passivement, de garder les yeux et l'esprit ouverts et de préférer la qualité du voyage à la quantité de kilomètres parcourus ou de lieux visités.

C'est tout juste un moyen, détourné, d'écarter toute réflexion personnelle tout en prétextant démocratiser cet accès au « savoir », ce qui est loin d'être le cas ; ce n'est ni plus ni moins qu'une culture de supermarché, qu'une banalisation de l'art et qu'une standardisation des connaissances acquises qui nous est là proposée.

Seule la diversité permet de triompher de l'indifférence. L'art ne doit pas connaître de frontières, il est partout et multiplie les moyens d'expression ; il explore et annexe chaque jour de nouvelles terres. La culture est, avant tout, là pour accroître la curiosité.

À chacun s'offre la possibilité d'emprunter une autoroute monotone mais qui garantit d'arriver plus vite, ou de prendre des chemins de traverse qui permettent d'aller à son rythme et d'avancer selon ses désirs.

Cette société de consommation transforme l'homme en un spectateur passif. Il est impératif de dépasser cela en immergeant l'acteur social que représente chaque individu dans des domaines artistiques, culturels qui sollicitent sa participation active. Il peut ainsi mettre ses conflits intérieurs, ses paradoxes, au profit d'une imagerie personnelle qui ne sera pas polluée par la société dans laquelle il évolue.

L'art, plus précisément la création artistico-culturelle, n'est et ne doit pas être une extension de l'industrie des loisirs. En ce sens, la médiatisation à outrance a joué un rôle capital, elle continue d'entretenir cette pratique à travers les nombreuses émissions et publications. Là réside le véritable danger, tout est dicté, il faut avoir lu tel livre, vu tel film et visité telle exposition, voyagé dans tel pays...

Le mot d'ordre est donc de ne pas sacrifier à cette mode, mais d'ébranler une culture trop unanimement partagée et de répondre à la frivolité des autres en affichant avec jubilation sa liberté.

Carole ANDRÉ

À LIRE

Kandinsky, W., *Du spirituel dans l'art*, « Folio Essais », Paris.

EN BREF

Un chemin d'accomplissement

Toutes les activités culturelles vont dans le même sens : parvenir à une maîtrise et à une connaissance de soi et de la vie.

Le recentrage et l'ouverture

Trouver son propre moyen d'expression, se recentrer, ce sont les conditions préalables à une ouverture sur les autres.

Un moyen d'être authentique

La culture permet d'échapper à la planification d'une société de masse où l'anonymat rassure, à condition de ne céder ni aux débordements culturels ou financiers ni aux modes.

Voir aussi

- Transmettre la culture, une responsabilité éducative p. 168
- L'air du temps : savoir (se) jouer des codes p. 470

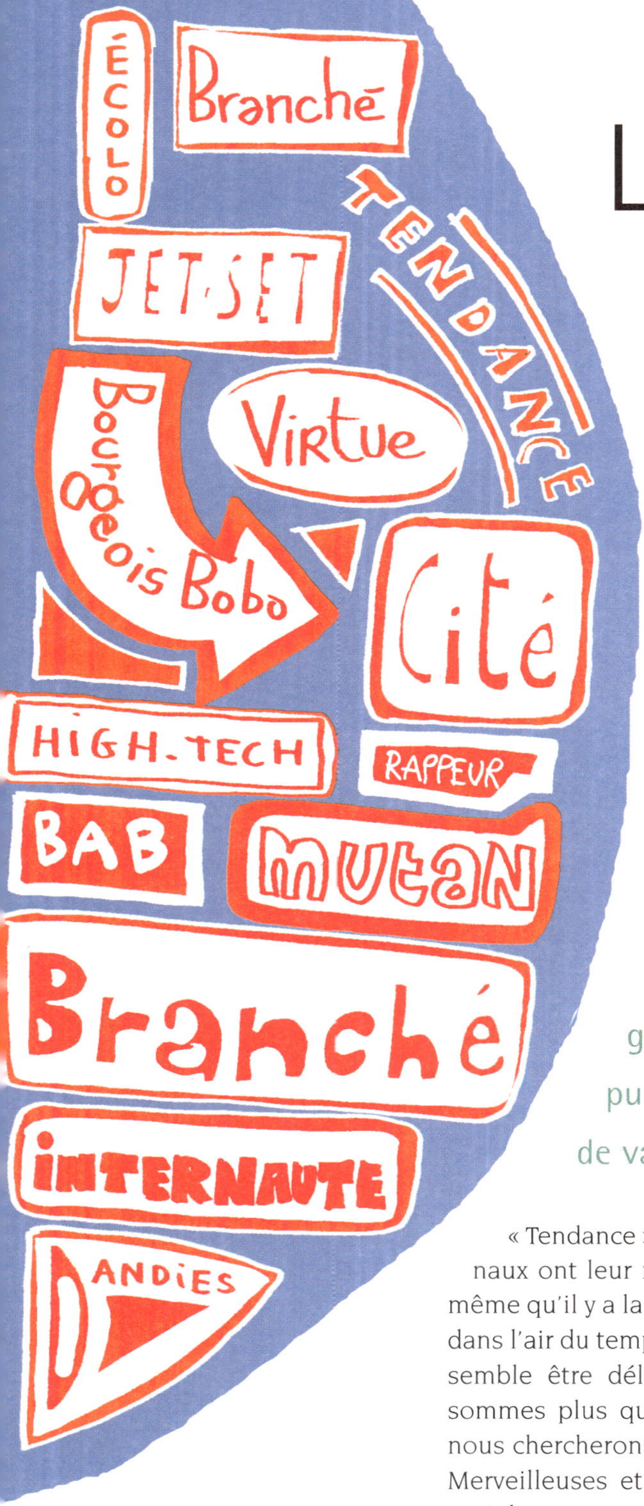

L'air du temps : savoir (se) jouer des codes

Codes écolo, bobo, jet-set, provoc, contestataire, expérimental ou nouvelles technologies : nous vivons dans un monde d'initiés, dont il faut détenir les clés et maîtriser les codes pour prétendre... y jouer ! Comprendre ce qui va prendre, pressentir l'air du temps relève de cette intuition qui donne les grands coups de génie médiatiques. Mais c'est à nous, public, qu'il revient, en dernier ressort de valider ou non.

« Tendance », « branché », « trendy », « air du temps », tous les journaux ont leur rubrique : *on en parle*, sous peine de ne plus être *in*. De même qu'il y a la dictature des minces, il y a aujourd'hui l'obligation d'être dans l'air du temps. Il envahit, malgré nous, l'air ambiant. Et quand il nous semble être délicieusement suranné, ne nous y trompons pas, nous sommes plus que jamais, furieusement, dans l'air du temps... Et plus nous chercherons la différence, plus nous ferons corps avec l'époque : les Merveilleuses et les Incroyables, les Dandys se retranchaient du corps social pour marquer leur altérité. Mais l'air du temps présent fait aussitôt rentrer tous les excentrismes, ne leur en déplaise, dans un académisme bienveillant, même lorsqu'ils s'efforcent à tout prix de nous faire frissonner. Nous usons de la rébellion, nous piaffons contre l'*establishment*, nous revendiquons la différence (piercing, tatouages), mais nous adorons, avouons-le, nous rassembler, nous rassurer – la reconnaissance de soi n'est-elle pas l'un de nos cinq besoins vitaux – sous l'égide de codes. Le troupeau n'est pas loin. Panurge revient au galop.

L'air du temps est léger, éminemment perméable, susceptible de happer tout ce qui passe, et pas seulement la nouveauté. Si la mode est un diktat, l'air du temps se trame de propositions, de tendances à saisir ! Nouvellement parée de lumière, la tour Eiffel fait un retour tendance ! Simple réajustement à l'époque, un peu de technologie, et la vieille dame, sous les feux de la rampe, s'affiche sur les robes du couturier J.-P. Gaultier.

Un jeu de différences

L'air du temps inclut et exclut à la fois. À chacun ses codes, mais cherchons le voisin pour la crédibilité, les repères : c'est l'interpénétration des codes, l'effet d'imitation bien connu en sociologie. Peur de la solitude : l'un s'approprie les objets culte de la contemporanéité, jean, baskets, Coca (génération bobo) ; l'autre élit des symboles de la culture bourgeoise : joueur de polo, crocodile Lacoste. Signifier au plus large public possible, en même temps qu'inventer à tout prix de nouveaux codes, donc de nouvelles différences, semble relever de la contradiction, et c'est pourtant dans cet espace-là que s'inscrit, en toute ambiguïté, l'air du temps.

Les baskets Nike, avec leur sigle qui semble établir le lien universel, prétendent gommer la différence, en créant une nouvelle communauté au signifiant jeune et décontracté, alors qu'il s'agit d'une appropriation à vases communicants : l'un s'appropriant la culture populaire pour s'en faire un nouveau code interne ; et l'autre, comme par hasard, désignant sienne l'élite de la basket (très chère). Il s'agit de dédramatiser le luxe, de

Humer l'air du temps en 10 leçons

1. La mode n'est plus, vive l'air du temps.

2. S'approprier au minimum un code, en appréhender un maximum.

3. L'air du temps est au métissage (*world kitchen*, chic décontracté, zen et baroque, rugueux et raffiné...).

4. Se tenir régulièrement informé des signatures tendance, des objets classés *hype*, grâce aux rubriques « Air du temps » des magazines.

5. Retrouver nos sources (cultures régionales, rupestres si possible, ethniques de préférence), mais savoir maîtriser les nouvelles technologies (Internet, Palm Pilot, UMTS...).

6. Se nourrir bio (Coca sans produit chimique), mais sucrer *light* (Coca à l'aspartame).

7. Rêver en noir *(gore)*, cauchemarder en rose *(Coup de foudre à Notting Hill)* : décaler.

8. Acheter *Voyageur du monde*, et décorer sa maison comme soi-même, selon les critères de la globalisation (kilims et boiseries Louis XVI, ou design pur et dur avec objets de récup et tissus africains, vanneries ethniques obligatoires). Collectionner l'art primitif. Opter pour le sari indien sous la veste saharienne.

9. Ne plus acheter un meuble sans évoquer l'arbre abattu, être écologiquement correct (piles sans mercure, ampoules à économie d'énergie, lessive sans phosphates). Mais craquer (mentalement) pour la Lamborghini orange.

10. Rester coiffé dans les circonstances les plus « décoiffantes », autrement dit « *keep the cool attitude* ». On vous en saura gré.

le « démocratiser » par des symboles décrétés populaires. Les couturiers l'ont bien compris, qui signent chacun le jean de leur nom prestigieux ; et Warhol et le pop art, avant eux, qui recensaient dans la culture populaire les éléments tels quels en guise d'inspiration (les boîtes de Campbell's Soup et, bien sûr, les bouteilles de Coca-Cola, sans oublier le dollar). Cerise sur le gâteau du jour, le jean *vintage* (de seconde main), ou bien encore le vieux T-shirt Coca-Cola en coton sali, froissé et vieilli, tous deux objets de luxe tendance « hippie chic »...

Ainsi, la signature a acquis statut de code, et il importe de connaître son lexique pour jouir de la différence, toutes les signatures n'étant pas valides au royaume de l'air du temps, et encore ne le sont-elles, snobisme oblige, que sur certains objets.

Peurs et attractions

Puisque, comme on l'a vu, l'air du temps se situe dans l'ordre de l'embrasement, il en recèle naturellement les composantes, peurs et attractions, à commencer par la vitesse : il faut « s'accrocher » pour suivre la tendance, les lieux de la « branchitude » naissant aussi vite qu'ils disparaissent, tandis que les personnes (stars télévisuelles) subissent la même pression. L'air du temps se situe dans sa vitesse et trouve une légitimation dans son éphémère.

Attrait de la nouveauté et peur de la mort sont ici intimement liés, l'air du temps les portant en germe toutes deux : se privant ainsi de sérénité, mais y gagnant en plaisir et en désir, l'air du temps, tissé d'étoiles filantes, se pose sur le firmament de la permanence, où choses et idées, traversant l'époque, laissent leur empreinte. Et la peur fait renouer avec la tradition antique de l'oracle ; l'avenir est incertain, le millénarisme fascine. La notion de fin du monde se présente comme un exutoire temporaire, tant la tension est forte (prédictions de Paco Rabanne), et l'air du temps autorise le lieu où exprimer nos fantasmes morbides.

Angélique, marquise des Anges, est l'héroïne d'une saga de A. Golon, amour, aventures et sexe (bien innocent), 24 tomes vendus à des millions d'exemplaires. Elle fut portée au cinéma avec R. Hossein et l'inoubliable M. Mercier. Délaissée par les jeunes générations, un souvenir pourtant mythique pour leurs parents et grands-parents.

Version niaiseuse, la peur se camoufle et suscite l'incroyable attraction pour un Harry Potter, nouveau Merlin, enfant sorcier sauce Halloween, quatre tomes d'une collection junior, traduits en 30 langues, plus de 20 millions d'exemplaires, véritable phénomène de société. Imaginez des fêtes « pottériennes », et notre monde d'adultes transformé en un peuple de grands enfants en quête de monstres, vous aurez gagné !

Version nouvelle ère zen, on se laisserait facilement tenter par des relents de New Age, *peace and love* issus des années 1970, officiellement branchés plus écolo que *rave party* (au très chic Espace Cardin s'est tenue une exposition intitulée « Le nouveau message du Yin et du Yang »). Tandis que la « génération nomade » juchée sur ses *rollers*, branchée sur son baladeur MP3, met au rancart la modernité de papa et, pactisant avec son temps, s'invente tranquillement sur une autre vitesse une nouvelle conscience.

Inscrire sa différence relève alors de l'ordre du jubilatoire : comme le *smiley* du langage Internet, les Texto, ces courts messages délivrés sur nos téléphones mobiles ont inauguré un nouveau langage : « pourkoi tan 2 n ? », affichent sans honte les Abribus. Tenez, la haine, justement… Un nouveau code, qui, comme le verlan enferme dans une « branchitude » bienheureuse, mais auquel on ne peut déroger, sous peine (de haine ?) d'exclusion.

Étoiles sans icônes

L'air du temps présent bruisse d'étoiles filantes, mais celles des jeunes filles en fleurs se sont singulièrement affublées, et les Gremlins ont expédié Angélique au grenier, que l'on croyait pourtant une valeur sûre : où l'air du temps fait échec à la permanence…

Alors ? Sommes-nous dans l'ordre de la fugacité ou, plus gravement, en perte d'idéal ? Où les nouvelles icônes se situeraient-elles officiellement… dans la laideur ou, pis, dans la haine ? *Jurassic Park*, *Starwars*, sont de justes révélateurs… *Exit* donc Marilyn et les talons aiguilles, *enter* Goldorak, et les baskets à l'allure de monstres, avec le confort et le pratique comme tristes alibis.

C'est que l'air du temps propose aussi la fin de l'icône et le règne du *trash*, c'est-à-dire de la poubelle. Toute une culture très peu construite, qui se veut témoin de la réalité dans ce qu'elle a de plus cru, de plus direct, de plus sordide.

Le film *Crash*, de D. Cronenberg, sorti en 1996, est une étrange et percutante variation sur le sexe, le danger et la mort, dont on ne sort pas indemne.

Le livre de M. Houellebecq, *les Particules élémentaires*, foudroyant succès de librairie, présenté comme la chronique du déclin d'une génération, mène de front une pseudo-information scientifique à visée prophétique (l'avènement d'une nouvelle espèce et la fin de l'humanité), en même temps qu'un état des mœurs suicidaire, prétexte à une prose racoleuse pseudo-pornographique… On tiendra compte tout de même de la vogue, jamais démentie des *love stories*, plaisirs sucrés type *Pretty woman*, dont les Américains détiennent, sans conteste, le secret. Toujours en oubli d'icône, les mannequins, nouvelles Ophélies à la dérive, défilent échevelées et livides, mais au milieu de quelle tempête ? Tandis que, autre décalage, dans la famille Hollywood, les stars arborent dans les soirées leur marmot campé sur une hanche.

Dans le suspens et l'épouvante

Toute une littérature *best-seller* est née dans le suspense et l'épouvante (S. King, R. Cook, chirurgien recyclé dans la littérature *gore*), tout un cinéma fantastico-morbide s'est développé, qui joue sur l'insécurité et le surnaturel (*Seven*, de D. Fincher [1995], du sang partout, *The Blair Witch Project*, de D. Myrich [1999], glauque et morbide, la mythique série « X-Files »). Soixante-dix ans après, *M le Maudit* fait encore frissonner nos grand-mères tandis que *Hannibal*, cannibale distingué et grand amateur d'art, criminel diabolique du *Silence des agneaux*, décrit par S. King comme « le plus grand monstre de fiction de notre époque », est coopté par le public adolescent comme héros *cool* : de quoi inquiéter.

Le virtuel, ou la transgression du réel, semble alors l'évident palliatif à l'icône absentée : ainsi les cyberstars sont-elles nées, filles virtuelles en images de synthèse, à l'aberrant succès. Eve Solal, petite sœur de Lara Croft, vedette de la création cybernétique, a comme toute jeune fille, une famille, une maison, des diplômes, un âge – 22 ans –, un passé et peut-être même un avenir.

Étoiles en quête d'icônes

Lorsque le virtuel s'avère insuffisant, le monde de l'image, ou pseudo-réel, prend aussitôt le relais, fournissant à nos imaginaires assoiffés la rafraîchissante vision d'une Claudia – en chair et en os, ou presque – au volant de notre (future) voiture, ou d'une Cindy, notre montre au poignet.

En manque d'icônes, l'air du temps, tête chercheuse, happe au passage toutes éventualités : expérimental, *borderline*, alternatif, musique, médecines, art, cinéma, nouvelle création… Toutes les inspirations sont éprouvées, du rêve au cauchemar.

L'immense adhésion à la musique expérimentale et avant-gardiste de Björk, pourtant d'accès difficile, avec ses rythmes électroacoustiques qui confèrent une matérialité et un animisme aux sons, révèle une étonnante mais profonde cohésion du public d'essence purement émotionnelle.

Font recette, dans tous les domaines, toutes traces à connotation plus ou moins sulfureuse. La transgression sort des chuchotements des cabinets des analystes pour s'afficher nouvelle icône de liberté, et les artistes, trop heureux, se font les apôtres d'un genre nouveau, où le voyeurisme et la violence dessinent, à grand renfort de technologies, une forme inédite d'humanité. Le scandale en guise d'icône est médiatique. Devons-nous, pour autant, le valider ?

Sur un mode plus léger, le genre décoiffé, décalé, délivre le même message : millénaire en quête d'icônes. Une exposition présentée par un grand magasin parisien en 2000, « Excentriques, un manifeste de l'apparence », recensait, toutes époques confondues, œuvres d'art, installations, photographies, archives, vidéos et créations de mode contemporaines, sur le thème du refus des conformismes. L'invitation au bal qui suivait indiquait : « Dress code : métamorphosé, extravagant, grinçant, grotesque, excessif, shocking... » Tout un programme ou une profession de foi ? Les œuvres de Cindy Sherman, qui atteignent des prix records en photographie contemporaine, explosent les tabous, recensant toutes les misères humaines jusqu'à l'extrême limite de l'inhumain, avec des poupées-mannequins photographiées dans des mises en scène *gore*, série justement intitulée « Disasters ».

Aurions-nous donc élu l'enfer pour rêver ? Nous fallait-il ce lieu où fantasmer *eyes wide shut*, comme l'avait senti Kubrick dans un ultime message ?

Transversalité et mondialisation

Transgresser, transposer, transfigurer, l'air du temps est à la transversalité, à la mixité, aux « yeux grand fermés » : au mélange des genres, à l'abolition des frontières.

Avec la mondialisation, un nouveau concept est né, celui de l'univers. Comme on raffole de *world kitchen*, on adore le *concept store*, qui réunit design, mode, beauté, art, nouvelles technologies : de nouvelles boutiques sont nées, qui ne vivent que de l'air du temps, sélectionnant toutes sortes de produits, en très petites séries pour *happy few*, de la mode au design, et à la beauté, de la basket au cashmere, de la robe cocktail au blouson électronique. Avec pour seul et unique outil les codes, et pour seule et unique caution toujours nous, libres d'accorder ou non notre crédit tendance.

Car humer l'air du temps nous confère un double rôle, celui d'acteur et de spectateur, un double choix, celui d'être dedans et dehors à la fois ; celui d'être et de bien-être.

Martine DASSAULT

EN BREF

Histoire de codes

L'air du temps présent est un tissu de codes qui s'interpénètrent, parfois choquent ou font rire, un mode d'emploi social qu'il importe d'avoir parcouru pour en comprendre le fonctionnement, mais qu'il faut visiter avec toute la distance nécessaire pour bien vivre sans être dupe.

Histoire de choix

À la fois acteurs et spectateurs, nous sommes face au double choix d'être dedans et dehors à la fois. Et pour affirmer nos choix, il faut encore user de codes...

Voir aussi
► La pente de l'esclavage p. 30

Le Feng Shui

Regardé comme un « savoir de l'espace », conçu comme un champs de forces libres ou contrariées par les dispositions naturelles ou humaines, le Feng Shui, conformément à la pensée chinoise, pose que le monde des êtres vivants est en continuité directe avec son environnement. Les forces à l'œuvre dans ce milieu ambiant influencent profondément, favorablement ou défavorablement, le cours de l'existence des êtres qui y vivent.

Le Feng Shui, par la recherche d'invariants dont les données sont reprises dans des calculs spécifiques, amène à percer la vérité des apparences qui, en fonction du temps et du lieu, gouvernent et influencent la vie. Il traite des grands espaces ouverts (pays, villes, lotissements...) et des espaces circonscrits (constructions et immeubles d'habitation ou à usage public, commercial ou industriel, avec leurs pièces), et prévient aussi bien contre leurs potentialités négatives que des risques naturels (cataclysmes, épidémies, incendies...) ou humains (troubles sociaux, insurrections, maladies...), auxquels ils sont exposés. Il procède, à partir des éléments directement observables (ou déductibles de ces observations), à des arithmétiques spécifiques, lesquelles, au terme d'une seconde opération, intègrent dans un seul et même paradigme « le Tao de la terre, le Tao de l'homme et le Tao du ciel ». Pour les calculs topographiques, ces opérations nécessitent l'utilisation du *luopan* et, pour ceux qui portent sur la temporalité, celle du calendrier lunaire.

Une conception taoïste

Depuis les temps les plus anciens, la pensée et la philosophie chinoise partent de l'idée que le monde existe par lui-même, et que le bonheur des hommes est garanti par l'harmonie du ciel et de la terre. À l'inverse, tout désordre venant perturber cette harmonie les atteint irrémédiablement. Dans cette conception qui trouve sa justification et son sens ultimes dans l'ordre du Tao, seuls les hommes (parmi tous les êtres vivants) par l'intelligence dont ils sont dotés peuvent, à la condition de le vouloir et d'être suffisamment motivés, saisir la nécessité de cette harmonie, la maintenir et, éventuellement, si elle est rompue, la rétablir. Par là, ils sont à même,

Le luopan, outil indispensable

Le luopan, ou la boussole géomantique, demeure pour le praticien l'instrument indispensable. Utilisé pour rendre manifestes les caractères, les propriétés, les possibilités ou les virtualités d'un lieu, il est traditionnellement constitué de deux parties : un disque en bois tournant librement sur un socle carré, avec, en son centre, une boussole. L'aiguille aimantée, qui dépasse rarement 2 centimètres, pointe vers le sud.

Le disque est divisé en cercles concentriques, appelés « niveaux » (au nombre de 1 à plus de 50 suivant les écoles), qui permettent une lecture topographique. La répartition des points sur le luopan s'effectue non par une division en degrés, mais selon une succession de partitions qui, partant des 8 directions (des 8 trigrammes ; nord, nord-est, est, sud-est, sud, sud-ouest, ouest, nord-ouest), les subdivisent en 24 faîtes, eux-mêmes subdivisés en 72 cimes, qui sont elles-mêmes subdivisées en 120 graduations. L'exactitude et la justesse des calculs et des déductions du Feng Shui dépendent d'une détermination rigoureusement exacte des orientations et des implantations des lieux et des structures étudiés.

au moins dans une certaine limite, d'influencer le monde et le cours des événements dans lesquels ils se trouvent projetés.

Rien n'étant laissé au hasard, les praticiens mettent en œuvre des savoirs et des techniques fondés sur un nombre réduit de principes (*yin* et *yang*, cinq éléments, trigrammes, etc.) qui, pris ensemble, constituent un vaste système cognitif : ainsi les Feng Shui de l'homme et du ciel visent à atteindre, par-delà la réalité sensible de notre monde, du temps et de l'espace, l'essence des choses.

La terre, l'homme, le ciel

Le Feng Shui de la terre analyse, à l'aide du luopan, l'espace visible entourant un site afin d'évaluer ses potentialités neutres, favorables ou défavorables. Cette détermination suppose l'application d'une suite de règles statiques englobant la situation du lieu, les axes et la forme des bâtiments, les dimensions, les arrivées d'eau – aujourd'hui de gaz et d'électricité – la disposition des murs et des meubles, etc., ce qui, dans un second temps, permet au spécialiste, par un filtrage plus élaboré des apparences, de dépasser les aspects extérieurs des choses pour atteindre à leur vérité.

Le Feng Shui de l'homme regarde l'être comme soumis à des forces qu'il ne parvient pas à dominer, mais qu'il lui faut toutefois appréhender. En partant de la situation personnelle et individuelle, ce Feng Shui se propose de resituer l'homme dans son milieu physique, intellectuel et social, et de lui donner les moyens de comprendre les contraintes susceptibles de le stimuler ou de le contrôler. Il est souvent utilisé dans le suivi médical et dans les aménagements d'espaces.

Le Feng Shui du ciel, comme les Feng Shui des hommes et de la terre, fournit des informations sur un lieu topographique, mais ce lieu étant par définition localisé, les données obtenues demeurent relativement statiques et sont, en quelque sorte, figées, alors qu'elles sont en réalité prises dans un univers en perpétuelle mutation, qui, en conséquence, les modifie. L'étude du ciel pallie cet inconvénient en

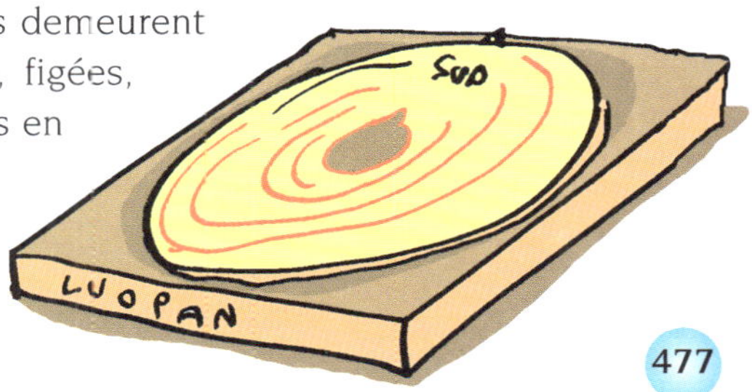

Les réponses du Yi Jing (ou I King)

Par la traduction ou transposition d'une question posée en une sorte de théorème nommé « hexagramme » et par l'introduction indispensable de facteurs de précisions complémentaires (telle la mise en œuvre des cycles du calendrier, des cinq éléments, etc.), le Yi Jing permet de dévoiler le non-immédiatement perceptible et d'en donner l'intelligence, dans l'intention, si nécessaire, d'en modifier le cours. Cela implique que les « choses » doivent être saisies, diachroniquement, dans le déroulement de leur propre évolution et, synchroniquement, à un moment donné de leur propre devenir. Il suffit de faire varier un seul paramètre d'une situation, circonstance ou contexte existentiel donné, pour que le déterminisme menaçant lié à l'ancienne situation et à l'ancien enchaînement devienne prévisible et que le sujet se trouve libéré du ou des dangers qui l'inquiétaient. Avertis, les hommes ont ainsi la possibilité, en prévenant les incidents et les dangers pouvant être évités, d'atteindre les limites « naturelles » de leur vie et de réaliser pleinement leur existence, au mieux des possibilités qui s'ouvrent à eux.

incorporant aux informations statiques obtenues la dimension temporelle des changements.

Dans tous les cas où cela est possible, les praticiens de Feng Shui s'efforcent, au besoin par des modifications mineures d'harmoniser au maximum l'ajustement des hommes à leurs habitats et leurs environnements en éliminant des configurations malheureuses susceptibles d'engendrer des obstacles à une libre circulation des flux.

Le Feng Shui comme le Yi Jing relèvent d'un savoir ressortissant, pour partie, d'un domaine inaccessible à l'expérience sensorielle directe, et dont la rationalité ne trouve sa justification et sa légitimation que dans la justesse des diagnostics et pronostics, et/ou dans l'efficacité des traitements que ce savoir autorise et des résultats qu'il permet d'obtenir.

Hiria OTTINO

À LIRE

Zu-Hui, Y. et Ottino, H., *la Vérité des apparences : Feng Shui taoïste*, Guy Trédaniel, Paris, 2001 ; *le Livre de la simplicité : Yi Jing taoïste*, Guy Trédaniel, Paris, 1998.

EN BREF

Une conception cosmique

Le Feng Shui est un « savoir de l'espace » qui s'intègre dans la conception cosmique de la pensée chinoise taoïste.

Des techniques particulières

Des techniques spécifiques de topographie et d'arithmétique permettent aux praticiens d'intégrer apparence et essence des choses en tenant compte de leur temporalité.

Un but fonctionnel

Le Feng Shui intervient dans le domaine de l'architecture, de l'aménagement et de la disposition des habitats, dans le dessein d'harmoniser au maximum l'ajustement des hommes à leur environnement.

Voir aussi

► La médecine chinoise p. 394

questions-*réponses*

Dans l'agencement d'un espace, à quels **symboles** l'orientation renvoie-t-elle ?

Lorsque vous êtes placé au centre d'un espace (terrain, maison, bureau, chambre), le dos ou le nord représentent la stabilité et la sécurité. Idéalement, le secteur arrière d'un espace doit s'adosser à une masse suffisamment solide pour le protéger.
L'avant ou le sud symbolise, avec l'acuité visuelle, l'aptitude intellectuelle à appréhender l'intelligence des situations. Le secteur avant doit être libre de toute obstruction.
La gauche ou l'est correspond à la faculté de vision augmentée d'une qualité spirituelle.
La droite ou l'ouest évoque la force : les volumes (bâtiments, meubles...) situés sur la droite doivent être moins élevés que ceux de gauche.

Les **dimensions** sont-elles importantes ?

Oui. Il existe des dimensions *yin* et *yang*. Les dimensions *yang*, ou dimensions extérieures, considérées comme favorables, sont comprises entre 0 et 5,37 centimètres ; 16,125 à 26,87 centimètres ; 37,625 et 43 centimètres et, à leur suite, toutes les dimensions qui sont des multiples de 43 centimètres.

Quelles sont les **règles statiques** ?

Elles ne constituent qu'une infime partie de la pratique du Feng Shui de la terre. Quelques exemples : une allée étroite restreindrait les perspectives des résidents : sa largeur ne doit en aucun cas être inférieure à celle de la porte. Résider dans un bâtiment dominant des constructions plus basses génère des sentiments de solitude et, en entraînant une diminution de la résistance aux affections, s'avère physiquement dommageable.

Certains **secteurs** correspondent-ils à des attributs particuliers ?

Oui, à condition que ces secteurs soient mis en relation avec les Feng Shui des hommes et du ciel. D'une manière générale, les secteurs se trouvent être des « générateurs » de significations : le nord représente la carrière ; le nord-est, les études et connaissances ; l'est, la famille ; le sud-est, la richesse ; le sud, la renommée ; le sud-ouest, le mariage ; l'ouest, les enfants ; le nord-ouest, les « gens qui aident ».

S'engager dans l'humanitaire ?

Aller vers l'autre pour le secourir et l'aider fonde le principe même de l'action humanitaire. Depuis une trentaine d'années, des ONG médicales agissent en réponse à l'urgence mais aussi pour le développement et ont inventé le concept du devoir d'ingérence.

Sous sa forme moderne, l'action humanitaire a vu le jour dans les conflits armés et les catastrophes naturelles. Ainsi se sont multipliées les organisations non gouvernementales (ONG), prenant la suite de la Croix-Rouge internationale. Elles ont créé le modèle humanitaire, théorisé en 1985 avec le philosophe M. Foucault. En France, parmi elles, on peut citer Médecins sans frontières (fondée en 1971), Aide médicale internationale (1979), Médecins du monde (1981), Action contre la faim (1982), et Handicap international (1985). Leurs missions historiques les ont notamment menées du Biafra, en 1968, à l'Europe de l'Est lors de ces dernières années, en passant par les *boat people*, l'Afghanistan, le Salvador ou encore la lutte contre la pandémie du sida.

Soigner, prévenir, témoigner, agir

Huit principes fondent le modèle humanitaire. Parmi ceux-ci : intervenir en dépit de l'obstruction ou de la mauvaise volonté des États. Partager la vie de la population. Aider les victimes en s'appuyant, si possible, sur leur propre savoir. Refuser que la médecine soit utilisée contre les droits de l'homme. Créer un cadre légal pour essayer de prévenir ces situations et imposer une prise en charge adaptée.

Les guerres modernes sont de plus en plus fréquentes, rapides, et multiplient le nombre de victimes civiles, surtout les enfants. À la guerre et aux blessures s'ajoutent famines et déplacements massifs de populations, des complications qu'il faut traiter, mais surtout prévenir.

Dans le domaine des blessures de guerre, les mines antipersonnel font des ravages. Demeurées sur place après les conflits, elles blessent chaque jour à travers le monde et, le plus souvent, des enfants : une victime toutes les vingt minutes selon Handicap international. La campagne menée par les ONG a permis de faire pression sur les États pour qu'ils arrêtent de produire ce type d'arme et révisent le protocole II de la Convention des Nations unies (Convention d'Ottawa, 1997), sur l'interdiction et sur la limitation de l'emploi de certaines armes. Mais tous ne l'ont pas signé.

Les déplacements de populations se sont multipliés tout au long du XXe siècle et, récemment, en Afghanistan, en Afrique, en ex-Yougoslavie ou en Tchétchénie. Plus de 15 millions de réfugiés sont actuellement recensés dans le monde.

Les famines programmées sont, elles aussi, depuis toujours, une arme de guerre et un instrument de domination sur les minorités : Biafra en 1968, Éthiopie en 1985, Sud-Soudan aujourd'hui. Le 17 juillet 1998, à Rome, le Tribunal pénal international définissait l'empêchement à l'accès à la nourriture ou aux médicaments comme un crime contre l'humanité.

Un point commun à toutes ces situations : la présence auprès des victimes de volontaires des ONG. Aux professionnels de la médecine se sont ajoutés des logisticiens, des travailleurs sociaux, des juristes, des architectes, des spécialistes des microcrédits, des journalistes... Bénévoles ou salariés, ils sont aujourd'hui près de 30 millions dans le monde, ne se contentant pas de guérir, mais s'efforçant aussi de prévenir et de témoigner. Et puis les associations, de plus en plus nombreuses au Nord, apparaissent maintenant dans le Sud.

Mais, au seuil du IIIe millénaire, à l'heure de la mondialisation, nous sommes loin d'avoir obtenu le bien-être pour tous ! Il reste à mettre en place des systèmes plus réalistes, en ayant à l'esprit l'article 25 de la Déclaration universelle des droits de l'homme : « Toute personne a le droit à un niveau de vie suffisant pour assurer sa santé, son bien-être et ceux de sa famille [...] », et nous, nous avons le devoir de les y aider.

Le dénuement et l'exclusion existent aussi dans les pays développés. Dès 1986, en France, à Paris, Médecins du monde créait un dispensaire ouvert à tous. Très rapidement, des milliers de patients qui, pour des raisons économiques – le chômage de longue durée en particulier – ne bénéficiaient plus de protection sociale y ont accouru. Un nouveau groupe de patients, les habitants du quart-monde, les sans-abri, les nouveaux pauvres, a été mis en évidence. Peu à peu, grâce aux associations humanitaires, d'autres dispensaires du même type ont ouvert dans les grandes villes françaises. L'État s'est servi de ces modèles pour créer des structures hospitalières spécialisées. Les ONG continuent leur action vers les plus démunis : toxicomanes, prostitués, étrangers – malgré la mise en place de la couverture médicale universelle (CMU), il en reste.

Patrick AEBERHARD

À LIRE

Bettati, M., et Kouchner, B., *le Devoir d'ingérence*, Denoël, Paris, 1987.

Vichniac, I., Croix-Rouge, *les Stratégies de la bonne conscience*, Alain Moreau, Paris, 1988.

Lebas, J., Veber, F., et Brucker, G., *Médecine humanitaire*, Flammarion, Paris, 1994.

Weber, O., *French Doctors*, Robert Laffont, Paris, rééd. 2000.

EN BREF

Au secours des autres

Regroupées dans les ONG, près de 30 millions de personnes, à travers le monde, salariées ou bénévoles, multiplient les programmes de prise en charge sanitaire et d'aide au développement en direction des défavorisés.

Une action à deux niveaux

Efficace sur le terrain, l'action des ONG a eu également des effets sur la politique de l'ONU et, parfois, des États.

Tenir son journal...

Les journaux intimes, contrairement à ce que l'on pourrait croire, sont toujours d'actualité. Les jeunes filles sont loin d'être les seules à les tenir, et l'ordinateur, voire Internet, leur donnent un élan différent. Mais pourquoi s'écrit-on à soi-même ?

En principe, le journal intime, sauf s'il s'agit d'un écrivain, n'est pas destiné au regard des autres. Le bouleversant *Journal* d'Anne Frank, qui fit pas mal d'émules, n'aurait jamais été publié sans les circonstances tragiques de sa rédaction et de sa découverte. La plupart gisent, donc, de par leur nature même, dans des grottes secrètes dont l'exploration est infiniment délicate. Mais des spéléologues, depuis plus d'une dizaine d'années, s'y sont aventurés. Leurs recherches ont montré la constance de cette activité, son ampleur et sa diversité.

À la recherche des cahiers cachés

En 1989 sortait *Cher Cahier*, témoignages sur le journal personnel réunis par un agrégé de lettres, P. Lejeune, passionné depuis des années par ce que l'on pourrait appeler l'écriture au naturel. En 1996, une enquête du ministère de la Culture établissait que 10 % des Français étaient des diaristes. La même année, dans le magazine Télérama, un article signé de A. Bozon-Verduraz entrait dans le vif du sujet : que cachent les cahiers cachés d'aujourd'hui, qui sont leurs auteurs, pourquoi les écrivent-ils ?

Qui s'écrit ? Les adolescents (sur quatre, trois filles et un garçon), population « à risque », comme le souligne plaisamment l'enquête, mais aussi des femmes et des hommes adultes plus nombreux qu'on l'imagine.

Comment vient le déclic ? On prend plume et cahier souvent après un choc, un deuil, une séparation, un accès de déprime, ou lorsqu'on est en quête identitaire.

Comment écrit-on ? Généralement sur des cahiers, au fil de la plume, sans ratures ni recherche de style. Et sans connaître l'angoisse de la page blanche : lorsqu'on n'a rien à dire, on le mentionne, et on reprend quand le besoin s'en fait sentir. Pour les uns, c'est tous les jours, et cela devient une sorte de drogue ou de béquille pour l'existence. Pour d'autres, c'est de temps en temps, parfois avec de longues périodes d'interruption.

Diariste : *personne qui tient un journal. Du latin* dies, *« jour », à rapprocher de l'italien* diaro, *« journal ».*

Que s'écrit-on ? Là, tout dépend de l'âge, du sexe et des circonstances et des personnalités. Pour les adolescentes, la distance n'est pas très grande entre ce que disent les filles d'aujourd'hui et ce qu'écrivaient les demoiselles d'hier : leurs espoirs, leurs conflits, leurs colères, leurs incertitudes, leurs amours balbutiantes.

Curieusement, pourtant, certaines personnes qui vivent dans une grande souffrance particulière n'y font pas allusion. Elles parlent du temps, de la nature, d'un quotidien banal. Françoise, qui subit l'inceste, constate : « Je n'écrivais que du ressenti, jamais du vécu. Contrairement à ce que croient ceux qui ne s'écrivent pas, on ne confie pas ses secrets brûlants à son journal, on les transpose. » Tout se passe comme si, en énonçant les faits, on avait peur de les rendre encore plus lourds. À moins que survienne l'explosion intérieure et que l'abcès crève en un torrent de mots.

Pour les adultes, et surtout les hommes, la démarche est souvent plus tardive, différente. Ce n'est plus avec l'« ami imaginaire » de l'enfance que l'on dialogue, mais vraiment avec soi-même, histoire souvent de se mettre au clair ou d'empêcher le moi social d'écraser le moi intime dans un langage que l'on « retaille » à sa mesure. Par exemple, Jacques, fils de paysans prolétarisés, a entamé un journal lorsqu'il était en faculté, pour faire le point sur un décalage social qu'il avait refusé de prendre en compte au lycée. Bernard, tout l'inverse, de milieu favorisé et conventionnel, cherche sa place parmi les « autres ». Et Jacques, encore, a cette phrase qui résume assez bien le journal intime de l'adulte : « Dans la vie, on essaie de donner une image présentable. Quand on sort, on se coiffe, on s'habille. Quand on écrit à quelqu'un, aussi. Dans le journal intime, on peut se laisser aller, se laisser parler. »

Et enfin vint Internet

Dans les années 1990, l'ordinateur est entré dans les mœurs. Selon une enquête réalisée en 1999-2000, toujours par P. Lejeune, il semblerait que cet emploi ait changé la nature même du journal. Oubliée la spontanéité,

Un quêteur infatigable

Voilà plus de trente ans que P. Lejeune se passionne pour les récits de vie. Il a commencé par les autobiographies et les journaux d'écrivains. Puis il est passé à ceux que le sociologue P. Sansot appelle les « gens de peu ». Et il a trouvé des trésors. Enfin il a lancé une vaste enquête sur les journaux intimes classiques, sur papier, puis sur ordinateur et sur Internet. Et il a ainsi véritablement constitué une somme de témoignages sur ce que l'on se dit à soi-même et la manière de le dire.

Un véritable conservatoire

Que faire de son journal intime ou de celui d'un proche, si l'on souhaite qu'il ne finisse pas en cendres ? La solution est à Ambérieu-en-Bugey, au sein de l'Association pour l'autobiographie et le patrimoine autobiographique (APA). Elle recueille tous ces écrits de gens ordinaires qui n'auront jamais leur place à la Bibliothèque François-Mitterrand. Créée en 1991 sous l'impulsion de C. Chaveyriat-Dumoulin et P. Lejeune, elle voit croître sans cesse le nombre de ses adhérents et publie une revue trimestrielle passionnante : ***la Faute à Rousseau.***

À LIRE

Lejeune, P., *Cher Cahier*, Gallimard, Paris ; *Cher Écran*, Seuil, Paris.

À CONTACTER

APA La Grenette, 10, rue Amédée-Bonnet, 01500 Ambérieu-en-Bugey.
Tél. : 04 74 38 37 31.
celec.grenette@wanadoo.fr.
http//perso.wanadoo.fr APA/

on corrige, on efface. On veut que ce soit impeccable. Du coup, on réfléchit plus à ce qu'on écrit. On construit. Le passage au traitement de texte impose une mise en ordre des idées, qui aide sans doute à la lucidité sur soi-même, mais avec une sorte de distance et du travail à l'appui. On peut, cependant, noter que la plupart des diaristes sur ordinateur impriment leurs textes et en font des cahiers.

Si l'on cherche aujourd'hui sur le Net à la rubrique « Journaux intimes », on trouve plus de 40 sites. Certains sont ceux d'associations ou de réseaux qui regroupent des diaristes échangeant ainsi leurs confidences sur écran. D'autres sont des sites personnels, ambigus, où des hommes et des femmes se racontent avec la protection de l'anonymat, mais aussi la quête du lecteur. On y trouve du pornographique ou du plus que banal. Et souvent on perçoit, derrière l'exercice, soit de l'exhibitionnisme, soit la quête de l'éditeur miracle, ou encore une solitude qu'on tente de rompre par ce biais.

Mais, dans ce cas, le journal intime ne l'est plus vraiment, encore que, comme son ancêtre de papier, il donne de notre société un instantané plein d'enseignements.

Hubert LAPLUME

EN BREF

Toujours d'actualité

Contrairement aux idées reçues, le journal intime est toujours pratiqué, selon les enquêtes, par 10 % des Français, et sans doute bien plus.

Des contenus variables

Chacun parle selon ce qu'il est : obsessionnel, irrégulier, greffier méticuleux des événements, distrait, etc.

Spontanéité contre recul

Avec l'arrivée de l'ordinateur, le journal intime perd son élan naturel. On le corrige, on le construit. Mais, dans les deux cas, il aide à se comprendre et, peut-être, à vivre.

Table des auteurs

Direction d'ouvrage

Sylvie ANGEL, docteur en psychiatrie, a exercé ses activités dans les champs de la pédopsychiatrie, du traitement des toxicomanies et de la thérapie familiale. Créatrice (1980) puis directeur médical du Centre de Thérapie Familiale Monceau, cofondatrice (1993) puis vice-présidente (jusqu'en 1999) de la Société Française de Thérapie Familiale de Paris, directrice de la collection « Réponses » aux Éditions Robert Laffont, elle a publié entre autres, outre de nombreux articles scientifiques, *La poudre et la fumée. Les toxicomanes : prévenir et soigner* (1987, en coll. avec P. Angel et M. Horwitz), *Des frères et des sœurs - Les liens complexes de la fraternité* (1996), et *Comment bien choisir son* psy » (1999, en coll. avec P. Angel).

Illustration

Soledad BRAVI, diplômée en art graphique (ESAG) a été directrice artistique en agence de publicité durant cinq ans avant de se consacrer à l'illustration de magazines (notamment pour le Figaro-Madame et Elle) et à l'édition de livres pour enfants, collections « Soledad explique » et « Soledad raconte » chez Hachette-Jeunesse). Elle a aussi illustré *La sexualité expliquée aux ados* et *Être belle en 24 heures chrono* (Lamartinière).

Collaborateurs

Patrick AEBERHARDT, cardiologue, cofondateur de Médecins sans Frontières et de Médecins du Monde.

Tarik AISSANI, médecin et attaché des hôpitaux de Paris, acupuncteur, hypnothérapeute et tabacologue.

Erik ALBERT, psychiatre à l'IFAS (Institut français de l'anxiété et du stress).
N'obéissez plus !, Éditions d'organisation, 2001
L'anxiété au quotidien (en coll.), O. Jacob, 1999
Comment devenir un bon stressé : le stress au travail, O. Jacob, 1994

Carole ANDRÉ, consultante en art, critique, conférencière.

Pierre ANGEL, professeur des Universités, psychiatre des Hôpitaux, directeur général du Centre Monceau (Paris), directeur scientifique de Pluralim.
Toxicomanies (avec D. Richard et M. Valleur), Masson, 2000
Comment bien choisir son psy ? (avec S. Angel), Robert Laffont, 1999

Corinne ANTOINE, docteur en psychologie, enseignante à l'Institut d'Enseignement de la Faculté de Paris VIII.

Julie AUSSENBERG, psychologue, psychothérapeute familiale, formatrice et enseignante en thérapie familiale.
Heurs et malheurs de la vie quotidienne, Syros, 1994

Marie-Frédérique BACQUÉ, docteur en psychologie, maître de conférence à l'Université de Lille 3.
Le Deuil à vivre, Odile Jacob, Paris, 2000.
Deuil et santé, Odile Jacob, 1997, Paris.
Mourir aujourd'hui, Odile Jacob, Paris, 1997

Jean-Paul BERTRAND, formateur en relations humaines, intervenant en entreprise, Paris.

Alain BRACONNIER, psychanalyste, psychiatre des hôpitaux, Paris.
Adolescence et psychopathologie (en coll. avec D. Marcelli), Masson, 1999
Guide de l'adolescence, Odile Jacob, 1999
Abrégé de psychologie dynamique et psychanalyse, Masson, 1998

Philippe BRENOT, médecin psychiatre et anthropologue, directeur d'enseignement en sexologie à l'université de Bordeaux II.
Inventer le couple, Odile Jacob, 2001
Les médecins de l'amour, Zulma, 1999
Relaxation et sexualité, Odile Jacob, 1998
Éloge de la masturbation, Zulma, 1997

Roland CAYROL, directeur de recherche à la Fondation Nationale des Sciences Politiques, directeur général de l'institut de sondages CSA.
Sondages, mode d'emploi, Presses de Sciences-Po, 2000
Médias et démocratie, la dérive, Presses de Sciences-Po, 1997
Le grand malentendu, les Français et la politique, Éditions du Seuil, 1994

Stéphane CLERGET, pédopsychiatre, praticien hospitalier, Paris.
Nos enfants aussi ont un sexe, Robert Laffont, 2001
Adolescents, la crise nécessaire, Fayard, 2000
Ne sois pas triste mon enfant.
Comprendre et soigner la dépression au cours des premières années de la vie Robert Laffont, 1999

Véronique COHIER-RAHBAN, psychologue clinicienne dans la thérapie parents-enfants et la thérapie de couple, centre Pluralis, Paris.

Guy CORNEAU, psychanalyste diplômé de l'Institut Carl Gustav Jung de Zurich (1981), écrivain, conférencier, fondateur des Réseau Hommes Québec et Réseau Femmes Québec, groupes d'entraide et de réflexion dont la formule s'est répandue dans plusieurs pays francophones.
La Guérison du cœur. Nos souffrances ont-elles un sens ? Éditions de l'Homme et Robert Laffont, 2000
N'y a-t-il pas d'amour heureux ?, Robert Laffont, 1997
Père manquant, fils manqué. Que sont les hommes devenus ?, Éditions de l'Homme, 1989

Annie COTTET, psychologue clinicienne et coach à Pluralis et Praxeos.

Boris CYRULNIK, directeur d'enseignement à l'université de Toulon-Var.
Les Vilains petits canards, Odile Jacob, 2001
Un merveilleux malheur, Odile Jacob, 1999
Les Nourritures affectives, Odile Jacob, 1993

Martine DASSAULT, rédactrice en chef d'un magazine d'art et d'art de vivre sur Internet.

Geneviève DELAISI DE PARSEVAL, psychanalyste, ex-attachée à la maternité de l'Hôpital St Antoine, Paris.
L'art d'accommoder les bébés, Odile Jacob, 2000
La part du père, Éditions du Seuil, 1998
La part de la mère, Odile Jacob, 1997

Caroline DEVERNAY, psychologue et conseillère d'orientation au collège-lycée Saint Sulpice, Paris.

Florent FARGES, docteur en psychologie, psychiatre, chargé de cours à l'université Paris VIII.
Approche communautaire des toxicomanies, PUF, Paris, 1998

Marie-France FLORENT, psychosociologue.

Dominique GARGUILO, psychologue clinicienne, psychothérapeute individuelle, thérapeute du couple et de la famille exerçant au Centre Monceau, expert judiciaire, chargée de cours de troisième cycle à l'université de Paris VIII.

Bernard GEBEROWICZ, ancien psychiatre des hôpitaux, co-rédacteur

en chef de la revue *Générations.*
Heurs et malheurs de la vie familiale, Syros, 1994

Emmanuel GUILIANO, psychologue en gérontologie, hôpital Bretonneau (AP-HP), chargé d'enseignement à Paris V.

Marie-France HIRIGOYEN, médecin psychiatre, psychanalyste, psychothérapeute systémique, chargée de cours en victimologie à l'Université de Paris V.
Malaise dans le travail ; harcèlement moral, démêler le vrai du faux, Syros, 2001
Le Harcèlement moral, la violence perverse au quotidien, Syros, 1998

Marc HORWITZ, journaliste en santé publique, conseiller de la rédaction du *Journal du sida et de la démocratie sanitaire,* chargé d'enseignement à Paris VI.
Voyage au bout de la vie, série documentaire, TF1, 1986

Zorica JEREMIC, psychologue thérapeute familiale, Centre Monceau (Paris), Malakoff.

Patrice KERVINIO, médecin du sport, chargé d'enseignement à Paris XIII.

Marie-Lise LABONTÉ, psychothérapeute corporelle, formatrice, conférencière.
Mouvements d'Antigymnastique, naître à son corps, naître à soi-même, Éditions de l'Homme, 2001
Se *guérir autrement c'est possible, comment j'ai vécu ma maladie,* Éditions de l'Homme, 2001
Au Cœur de notre Corps, comment se libérer de nos cuirasses, Éditions de l'Homme, 2000

Éric LAINEY, psychiatre, spécialiste des troubles du sommeil, médecin consultant à l'hôpital européen Georges Pompidou, Paris.

Hubert LAPLUME, homme de lettres.

Anne-Solenn LE BIHAN, psychologue clinicienne et thérapeute familiale au Centre Monceau et à l'hôpital Albert Chenevier (AP-HP).

Maryvonne LECLÈRE, chargée de cours à Paris VIII, psychologue à l'hôpital européen Georges Pompidou, consultante au Centre Pluralis, expert auprès du Tribunal de Grande Instance.

Jacques LÉNA, ancien interne des hôpitaux de Paris, attaché aux Hôpitaux Necker-enfants malades et Sainte-Anne, Paris.

Jean-François MANGIN, psychologue clinicien, thérapeute du couple et de la famille, Paris.

Arnaud MARTY-LAVAUZELLE, psychiatre, thérapeute Familial, Médiateur de Santé Internationale.
Les salons de Marie, Éditions Anne Carrière, 1985

Laurence MASSÉ, maître de conférences en psychologie clinique et pathologique à l'Université de Paris VIII.

Philippe MEIRIEU, professeur des universités en sciences de l'éducation, directeur de l'IUFM de l'Académie de Lyon.
La Machine-école, Gallimard, 2001
Des enfants et des hommes, ESF Éditeur, 1999
L'École ou la guerre civile, Plon, 1998

Catherine MUSA, enseignante à l'Uiversité René-Descartes Paris V, consultante en psychothérapie comportementale et cognitive (Hôpital Saint-Anne, Paris).

Hiria OTTINO, diplômé en médecine traditionnelle chinoise.
Dictionnaire de la médecine chinoise, Larousse, 2001

Denis RICHARD, docteur en pharmacie, pharmacien hospitalier (Centre hospitalier Henri-Laborit, Poitiers), chargé d'enseignement (Université de Poitiers, Nantes, Paris VIII).
Dictionnaire des drogues, des toxicomanies et des dépendances (avec J.-L. Senon), Larousse, 1999
Le médicament, « Dominos », Flammarion, 1996

Marie-Rose RICHARDSON, Ph. D. en clinique psychosociale, psychothérapeute familiale à Pluralis et Pluralim (Paris).

Gérard SALEM, maître d'enseignement et de recherches, FMH psychiatrie et psychothérapie, Lausanne, Suisse.
L'approche thérapeutique de la famille, Masson, 2001
Soigner par l'hypnose, Masson, 2001

Jacques SALOMÉ, diplômé en psychiatrie sociale de l'EHESS, psychosociologue, formateur en relations humaines, écrivain.
Le courage d'être soi, Pocket, 2001
Pour ne plus vivre sur la planète TAIRE, Albin Michel, 1999
Jamais seul ensemble, Éditions de l'Homme, 1995.

Jean-Louis SERVAN-SCHREIBER, journaliste, essayiste, directeur de la publication de *Psychologies Magazine,* Paris.
Le Métier de Patron, Fayard, 1990
Le Nouvel art du temps, Albin Michel, 2000
À mi-vie, Stock, 1977

Victor SIMON, médecin spécialiste des maladies de l'appareil digestif et de la nutrition et des maladies psychosomatiques ; traitement des maladies psychosomatiques par hypnose ericksonienne et thérapie brève stratégique, Paris et Lille.
Du bon usage de l'hypnose, Robert Laffont, 2000

Stéphane SZERMAN, psychothérapeute comportementaliste, centre Pluralis, Paris.
Le Guide du bien-être, Robert Laffont, 2001
Je m'auto-évalue en psychiatrie, Éditions Heures de France, 2000
À la rencontre de l'éthique, Éditions Heures de France, 1998

Jacques TENCÉ, psychologue clinicien, Paris, Clamart.

Serge TISSERON, psychiatre et psychanalyste, Paris.
Nos secrets de famille, histoire et mode d'emploi, Ramsay, 1999
La Honte, psychanalyse d'un lien social, Dunod, 1992
Tintin et les secrets de famille, Aubier, 1990

Stanislaw TOMKIEWICZ, pédiatre et psychiatre, ancien directeur de l'INSERM.
L'adolescence volée, Calmann Lévy, 1999

Gilles-Marie VALET, psychiatre, praticien hospitalier, Pontoise.

Denis VALLÉE, psychiatre, thérapeute familial au Centre Monceau et à Montrouge.

Patrick VINOIS, psychiatre, psychanalyste, thérapeute familial au Centre Monceau, membre de la société française de thérapie familiale et de la société d'étude du psychodrame pratique et théorique (S.E.P.T.)

Régine WAINTRATER, psychanalyste, thérapeute familiale, maître de conférences à l'Université de Poitiers.

Bernard WAYSFELD, nutritionniste et psychiatre, assistant à l'hôpital Saint-Michel à Paris.
Alimentation et Sport (en collaboration avec A.Garnier), Maloine, 1992

Caroline WEILL, astrologue.

Christian ZACZYK, médecin psychiatre, activité hospitalière et libérale, Paris.
L'Agressivité au quotidien, Bayard, Paris, 1998

Index

Imprime en Italie par Officine Grafiche De Agostini